致 谢

本书的出版,得到教育部高校人文社会科学重点研究基地黑龙江大学俄罗斯语言文学与文化研究中心、黑龙江省"头雁"团队"大数据驱动的当代俄语学创新研究团队"资助,在此致谢。特别要感谢黑龙江大学孙淑芳教授、叶其松教授和易绵竹教授的大力支持。

俄罗斯当代语言学研究系列学术丛书

主编　孙淑芳

教育部高校人文社会科学重点研究基地
黑龙江大学俄罗斯语言文学与文化研究中心

语言的起源和语言相对论

The Origin of Language and Linguistic Relativity

蒋国辉　著

中国社会科学出版社

图书在版编目(CIP)数据

语言的起源和语言相对论/蒋国辉著. —北京：中国社会科学出版社，2023.3

(俄罗斯当代语言学研究系列学术丛书)

ISBN 978 - 7 - 5227 - 1280 - 2

Ⅰ.①语… Ⅱ.①蒋… Ⅲ.①语言起源—研究②语言学—研究 Ⅳ.①H0

中国国家版本馆 CIP 数据核字(2023)第 021163 号

出 版 人	赵剑英
责任编辑	张　玥
责任校对	季　静
责任印制	戴　宽

出　　版	中国社会科学出版社
社　　址	北京鼓楼西大街甲 158 号
邮　　编	100720
网　　址	http://www.csspw.cn
发 行 部	010 - 84083685
门 市 部	010 - 84029450
经　　销	新华书店及其他书店
印　　刷	北京明恒达印务有限公司
装　　订	廊坊市广阳区广增装订厂
版　　次	2023 年 3 月第 1 版
印　　次	2023 年 3 月第 1 次印刷
开　　本	710×1000　1/16
印　　张	37.5
插　　页	2
字　　数	598 千字
定　　价	199.00 元

凡购买中国社会科学出版社图书，如有质量问题请与本社营销中心联系调换
电话：010 - 84083683
版权所有　侵权必究

总　序

阳春三月，万象更新。教育部高校人文社会科学重点研究基地黑龙江大学俄罗斯语言文学与文化研究中心牵头组织的"俄罗斯当代语言学研究系列学术丛书"由中国社会科学出版社付梓出版。在语言学、认知科学、心理学、大脑神经科学、人工智能快速发展的今天，俄罗斯当代语言学在这些领域的新理论、新观点和丰硕成果极具借鉴价值。在这一背景下，本丛书汇聚国内外知名学者和青年才俊，全面展示他们在俄罗斯语言学理论及应用研究方面的优秀成果，涵盖语义学、语用学、语法学、认知语言学、词典学、俄语教育、俄汉语对比研究等领域。在对语言学理论整体上的把握，尤其是对俄罗斯语言学理论深刻理解的基础上，对这些研究领域众多课题作出了独到阐释和独立的理论创新，并提出研究成果的应用方案。

语言是人类交流的重要工具和文化载体。在语言学发展的历史进程中，语言学不仅受到自然科学、社会科学和人文科学的影响，同时也影响很多其他科学的发展。俄罗斯语言学的兴起和发展，几乎是与欧美国家同步的，形成了诸多独具特色的理论体系、学术流派和研究方法，涌现出一大批举世闻名的语言学家，研究范围不仅涵盖语言学所有分支领域，还包括语言学与其他学科的交叉，彰显出俄罗斯语言学研究独树一帜的魅力，也是俄罗斯语言学对世界语言学作出的巨大贡献。

在世界语言学大格局中，俄罗斯语言学占据重要的一席之地。对于19世纪形成的历史比较语言观，许多俄国历史比较语言学家都奉献了自己的学术智慧，如俄国逻辑语法学派杰出代表布斯拉耶夫（Ф. И. Буслаев）的语言逻辑观；俄国心理语言学派领军人波捷布尼亚（А. А. Потебня）关于词的学说，他主张把词的意义分为远义和近义，以新的视角提出词的内部形式问题，其语法形式学说和句法观同样具有重要的学术影响；喀山语言学派领军人博杜恩·德·库尔德内（И. А. Бодуэн де Куртенэ）关于语言的动态和静态学说、语言的系统性、语言符号、语言结构、语言演变规律等学说，内容丰富、影响深远，与索绪尔结构主义语言学思想互补互鉴，为后来的世界语言学发展奠定了基础；莫斯科语言学派领军人福尔图纳托夫（Ф. Ф. Фортунатов）提出了词的语法形式思想以及语言类型学主张。维诺格拉多夫（В. В. Виноградов）作为 20 世纪俄罗斯最伟大的语言学家之一，几乎在俄语语文学的所有领域都有重要建树，他在构词学、形态学、句法学、成语学、词汇学与词典学、普通语言学、历史词汇学、历史语法学、修辞学、俄国语言学史以及俄罗斯作家语言和风格、文艺学等领域的研究极具开创性。从某种意义上说，这些世界著名语言学家的研究刷新甚至颠覆了一系列传统语言学的思想和观点，关注到了以往忽视或无力探究的领域。

俄罗斯当代语言学研究自成体系，大家林立，璀璨耀目。以阿鲁秋诺娃（Н. Д. Арутюнова）、斯捷潘诺夫（Ю. С. Степанов）为代表的逻辑语义句法学派和自然语言的逻辑分析，重点关注句子语义，主张运用逻辑学相关理论和研究方法分析句子意义，突破了以往重词轻句的研究模式，指出句子的称名功能，是语义学研究的重大突破；以梅里丘克（И. М. Мельчук）、阿普列相（Ю. Д. Апресян）等为代表的莫斯科语义学派，提出语言整合性描写理论，主张词汇、语法、语用一体化描写方式；帕杜切娃（Е. В. Падучева）领衔的词汇语义动态模式研究，注重说话人的观点、评价、目的和预设、语境等语用因素；以库布里亚科娃（Е. С. Кубрякова）、博尔德列夫（Н. Н. Болдырев）等为代表的俄罗斯认知语言学研究，强调语言认知功能和交际功能的统一，从认知视角探讨词类、构词意义，以及语言中人的因素对话语生成的影响，并对言语交际活动进行称名研究；以科博泽娃（И. М. Кобозева）为代表的语言语义学，融入"人"的因素，使俄罗斯当代语义学研究更具备前所未有的现实意义。

学习和借鉴俄罗斯当代语言学理论并在我国语言学研究中加以运用

和发展是中国俄语学者义不容辞的责任。在这一方面，黑龙江大学俄语学科语言学研究走在了前面，尤以李锡胤、华劭、张会森、张家骅、郑述谱等先生为杰出代表，他们在俄语理论语言学、术语学、词典编撰与研究等领域作出了卓越贡献，取得了辉煌成果。《现代俄语语法新编》《最新俄语语法》《语言经纬》《俄罗斯当代语义学》《新时代俄语通论》《俄汉详解大词典》《新时代俄汉详解大词典》《大俄汉词典》《新时代大俄汉词典》等一部部经典巨作鼓舞和激励着一代又一代中国俄语学人不断成长和进步。

峥嵘岁月，薪火传承，继往开来。我们作为后学者将砥砺前行，努力将黑龙江大学俄语学科语言学研究优良传统不断发扬光大，积极推动我国的语言学研究与发展。丛书著作主要依托作者所主持完成的国家社科基金项目、教育部重点研究基地重大项目以及其他各类高水平科研项目结项成果，体现了较高的理论价值、学术价值和应用价值，对推动俄罗斯语言学引介与诠释以及本土化研究具有重要意义。研究或以建构某一学科学术理论体系为主线，或以俄罗斯著名语言学家为专题，或致力于语言学理论与词典学交叉融合、俄语教育、俄汉语对比等领域的研究。

丛书开篇之作《语言的起源和语言相对论》基于语言相对论假说，探讨语言与思维、文化、生理、心理、社会等方面的问题。认知语言学是当前引领世界潮流的一门学科。认知语言学的崛起，把语言与思维、语言和人对世界的认识这些在语言学、哲学和心理学领域，自语言研究起始之时起至今悬而未解、但研究者不得不面对的根本问题，再次推到了关注的中心。认知语言学实际上是站在了这个领域中的多数派阵营，认为概念（思想）是人在通过感知觉对世界的认知中产生出来，人类对世界的理性认识直接来自感知觉经验（所谓"肉体的哲学"），语言只是包装和表达概念（思想）的工具。这个领域中的反对阵营，即语言相对论假说，面对认知语言学、生成语言学和心理语言学联合的强大阵营，虽有一段时期的消沉，现在正越来越强地发出自己的声音，并运用可信的观察事实和严谨的推理，论证语言对思维的形成力作用。在这一点上，以认知语言学为代表的主流思想，迄今并没有理论和观察事实方面的优势，这是因为没有大脑神经科学的直观实验数据，来真正检验语言和思维在人的大脑中的相关性，当前所有关于语言与思维相关性的论述，不论是认知语言学还是语言相对论，都只能视为假说。

俄罗斯语言学家专题研究包括引介与诠释阿鲁秋诺娃、梅里丘克、帕杜切娃、阿普列相、库布里亚科娃，以及一定程度上可以归属俄罗斯语言学研究体系的澳大利亚语言学家韦日比茨卡（А. Вежбицкая）等学者的语言学思想。阿鲁秋诺娃、杰米扬科夫（В. З. Демьяков）等学者发展了英国哲学家奥斯汀（J. L. Austin）的言语行为理论，对言语行为类型、结构和功能提出了独到见解。在欧美和俄罗斯学者对言语行为理论研究基础上，进一步探讨言语行为理论与功能意向类型，在言语行为理论框架下，创新性地阐述交际者如何实现交际意图。梅里丘克"意思⇔文本"模式是与生成语言学不同的句法语义阐释模式，它模仿人类言语行为过程，完成从意思到文本的双向转换。以梅里丘克形态意义思想为理论支撑，以事实与参与者为参照系，重点分析形态语法构形意义，尝试从梅里丘克形态学理论视角分析汉语语料，以此验证梅里丘克形态学理论具有广泛普适性。在俄语否定问题研究中，帕杜切娃语言学思想占据重要地位。否定是一个涵盖所有语言的泛语言范畴。尝试从句法、语义和语用视角出发，对帕杜切娃语言否定思想展开研究，阐释其独树一帜的语言否定理论，为汉语否定问题研究提供一定借鉴。就学术取向和研究方法而言，韦日比茨卡综合了欧美国家和俄罗斯当代语言学思想，特别是在自然语义元语言理论、语法语义学理论、跨文化语用学理论和文化关键词理论等领域内，具有独特的理论创新。在对韦日比茨卡语言学思想内涵的系统性阐释基础上，尝试通过对比分析不同语言的语料，探索将其文化语义学思想融入国内语言研究的路径。

语言学理论与词典编撰交叉融合，互通互鉴。以莫斯科语义学派句法语义对应关系研究为基础，将该学派"意义⇔文本"转换模式理论、语言整合性描写原则、语义元语言理论、系统词典学和积极词典学等，与相似的其他语言学理论相比较，探索并阐明其主要理论、原则、概念和方法及彼此之间的联系，并通过探讨该学派在配价结构设置、语义结构表征，多义词词汇单位划分与排列，以及语用、句法、形态、语用及交际等特征标注等方面的优缺点，为自然语言处理的新型积极词典编纂提供参考，为词典释义模式化、形式化、数字化提供有益借鉴。与此相关，还包括俄罗斯词典编纂史研究，目标是追溯词典史演进过程和科学词典史研究体系的构建，阐述俄罗斯词典编纂实践在世界词典编纂史中的地位和价值，探讨俄罗斯词典编纂与社会、政治、经济、语言、文化等领域的关系，关注词典学与语言学之间交流互鉴等。词典学领域更深入研究在于，聚焦俄语词典编纂用于解释词义的语句——释义元语言，立足词典类型学理论分析不同俄语词典释义元语言词汇和句法特征的异同，尝试对俄汉语文词典的释义元语言进行对比研究。

语言学研究服务国家战略。这方面内容涉及俄国俄语教育史、俄罗斯普通教育阶段俄语教学现状、俄罗斯高等院校俄语教学现状和发展趋势、俄罗斯少数民族地区俄语教育、俄罗斯侨民俄语教育等问题。在此基础上，全面梳理并系统阐释俄语在后苏联空间的总体现状及俄罗斯采取的应对措施，俄语在原苏联各加盟共和国的现状及原苏联各加盟共和国语言字母的改革等。

语言对比始终是国内外学界重点关注的领域。通过两种或多种语言对比可以更好地认识所对比语言的本质，掌握所对比语言的特点，找出它们的共性和差异，为跨语言比较研究提供范式和路径。俄汉语用对比研究重点关注俄汉语在实际交际运用中受社会文化、民族心理、社会言语习惯而反映出来的异同。俄汉人际语用对比探究俄汉政治话语中语言单位在建构交际者身份和调节人际关系过程中的人际语用功能。借助认知语用学相关理论，阐释语言单位选取的认知理据，探究话语、思维、文化之间的关系。

可以看到，丛书并非仅限于对俄罗斯当代语言学理论的引介与诠释，这些著述还有一个共同点，就是对俄罗斯当代语言学服务于汉语相关领域研究进行了有意义的尝试。在深入理解和阐述国外，主要是俄罗斯当代语言学理论和成就的基础上，通过对比，将极具前瞻性的语言学理论和思想融入汉语相关研究，且在理论创新和实践运用方面，取得了令人瞩目的成果。他们提出的比较研究范式不仅适用于俄汉语对比，也不仅适用于若干语言单位对比，这种范式提供的是两种或若干语言的系统比较路径，可以在其他与语言研究相关领域中被借鉴，比如语言文化对比研究等。

丛书成果呈开放性，成熟一本推出一本。希冀"俄罗斯当代语言学研究系列学术丛书"能够为我国语言学理论及应用研究贡献一份绵薄之力。

孙淑芳

2023 年 3 月

自 序

《语言和语言相对论》一书完成付梓，是我多年学术思考的一个阶段的结束，按理可以有如释重负的感觉了。然而能够让一个著述者放松的愉悦，却几乎一瞬即逝，随之而来的是挥之不去的欠缺感。并非我对自己的理论体系没有信心，而是在这个体系初步建立以后，几乎立刻就有新的想法开始困扰我，迫使我不得不反复审视自己的理论。这倒不是某种完美主义情结，也不是一些细节和技术上的疏漏被我自己发现，检讨这些细节反倒可以成为进一步探讨和发现更多观察事实的契机，而是我几乎直觉地感到，有些问题在我的体系中可能会面对更深层的质疑和挑战，这样的质疑其实已经从我自己开始了。不解决这些问题，我建立的那一套语言相对论理论体系，给人的感觉似乎并不比自然逻辑，或者所有认为语言只是包装和传递已经在语言之外形成的思想的学说更有说服力。

现在，这些起初只是模糊一团的欠缺感，逐渐有了一个比较清晰的轮廓，它最终指向了对所有语言相关的研究最基本的问题：

——人类的语言是什么？

尽管我已经说明，语言相对论不是传统意义上的语言学理论，它并不研究语言这个符号系统本身，不过，既然涉及语言，从本体论的角度对语言的一些思考，是避免不了的。我在自己建立的理论体系中，尚未对这个最基本的语言学问题作出明确的、不一定无懈可击但必须与我的体系没有内在矛盾的解释。

纵观当前语言学领域内的众多新理论、新学派，似乎也没有人对这个问题寻根问底，但是这并没有影响各种新的语言学理论如雨后春笋般地不断涌现。关于语言的那些最一般的、并且至今仍是是含糊不清的定义，似乎就能满足这些语言研究课题的需要。尽管 Whorf 本人在使用"语言"这个术语时，似乎也并未特别在意它的定义，但是如何定义语言，却是语言相对论探讨语言和真实世界、语言和人的思维的相关性时，必须正视的一个前提。只是对于语言相对论的研究，这样的定义并非必须、也不可能是对语言的一种全面的、对语言的本质作出终极解释的定义。

自然逻辑以及类似的观点认为语言只是包装并传递思想的工具，语言相对论认为思想只能在语言中形成。语言和思维相关性的研究，一般都满足于这种从功能的角度对语言的定义。不过，这个基于功能的定义，可以将我们引向另一个思考，因为这两种对立的观点似乎有一个共同点：语言和思想（至少对于语言研究可以）是分离的。承认这种分离，我们就需要解释：如果按照最一般的定义，认为语言是一个声音和意义结合的符号系统，那么语言符号的意义是不是思想？

如果将语言符号的意义和在语言研究中被语焉不详地沿用的"思想"区别开，将语言符号的意义和语言表达的思想看作两个各自独立的存在，那么自然逻辑和语言相对论的冲突，似乎并不在我界定的语言相对论解释范围内。然而，我们并没有足够的理由否认意义和思想在本质上的同一。于是，要论证思想只能在语言中形成，看来无论如何也回避不了语言和思想孰先孰后这个"鸡生蛋、蛋生鸡"的几乎无解的哲学难题。

对"语言符号的意义 vs. 思想"的思考，似乎不可避免地将讨论语言相对论的思路引向了语言的起源和进化。虽然将语言相对论关于语言—思维—真实世界相关性的讨论追溯到那个研究领域，对于我很可能是一种力不从心的工作，但是从起源的角度来观察，也许能为语言—思维相关性的研究提供一个思考的契机。而且，要最终回应对语言相对论思想的质疑和挑战，我必须努力从这个方面再作一些尝试。

蒋国辉
2022 年 12 月

目 录

语言相对论和我们认识的世界（代绪论） …………………………（1）

第一章 语言、人和世界 ……………………………………………（15）
第一节 关于世界 ………………………………………………（15）
第二节 与人无关的世界 ………………………………………（19）
第三节 客观世界与人的认识 …………………………………（25）
第四节 存疑与搁置 ……………………………………………（28）
第五节 语言相对论的视角 ……………………………………（31）
第六节 人对世界的认识 ………………………………………（34）

第二章 动物的"思维" ………………………………………………（52）
第一节 动物的思维 ……………………………………………（53）
第二节 概念 ……………………………………………………（61）
第三节 动物的智能行为或认知能力能否被称为思维 ………（76）

第三章 从语言相对论的角度看LOTH ……………………………（97）
第一节 LOTH ……………………………………………………（97）
第二节 在语言中想（思考） …………………………………（100）
第三节 LOT 并未证明脑电波和思想的关系 …………………（104）
第四节 自然语言以外的语言？ ………………………………（109）
第五节 "准语言" ………………………………………………（116）

第六节　从"历时与共时"原则看 LOTH ·················· (127)

第四章　语言起源和进化的若干问题 ·························· (136)
　　第一节　语言的起源和进化:语言相对论必须面对的一个问题 ····· (136)
　　第二节　语言的起源和进化:语言研究的难题 ·················· (142)
　　第三节　语言起源和进化的若干假说 ·························· (149)

第五章　从语言相对论的角度看 HPL 假说 ···················· (241)
　　第一节　HPL 假说 ··· (241)
　　第二节　灵长目动物的叫声→原始人类的整语话语 ·············· (249)
　　第三节　Arbib 的观点 ····································· (261)
　　第四节　Wray 的观点 ····································· (270)
　　第五节　从语言相对论的角度看 ····························· (307)

第六章　语言起源和进化语境中的语言相对论 ·················· (319)
　　第一节　语言相对论假说的延伸 ····························· (319)
　　第二节　词和语法的产生与语言相对论 ······················· (327)
　　第三节　词的产生 ··· (343)
　　第四节　现代语言的词汇系统和语言世界图景 ················· (410)
　　第五节　构建世界图景的语言规则 ··························· (435)
　　第六节　语言单位的重新分类:描述真实世界和构建世界图景 ····· (489)
　　第七节　一点题外话 ······································· (513)

参考书目 ·· (522)
后记 ·· (586)

语言相对论和我们认识的世界（代绪论）

将两个事物放在一起并用"A 和 B"这样的形式来描述它们之间的关系，本来是一个人们习以为常的言语思维活动。不过，如果这样的并列形式超出了人们日常生活的经验范围，或者不符合人们习惯思考问题的逻辑，它就可能让人对这种联系是否存在、怎样存在产生疑虑，并产生对解释这些疑虑的期待。文学创作者经常用这种方式来吸引读者的注意；理论研究者也利用这样的疑虑和期待，使用简短的表达形式来强调自己研究涉及的范围和对象，由此导向一些包含众多假说和论证的研究领域。比如，我把"语言相对论"这个语言学的哲学理论和"世界"并列，虽然对于了解语言相对论的研究者并不是过分奇特的表述，但是它至少表明，被这样表述的联系引起的需要解答的疑虑，并非一个三言两语就能说清楚的话题。将这个话题引入语言相关的讨论，我其实是给自己出了一个难题。然而研究语言相对论，这个难题是绕不过去的。这当然并不完全是因为语言相对论思想的倡导者之一——Whorf 已经为后来的研究者留下了这个难题。Whorf 的下面这段话（Whorf，1941b，原文着重号），或许是对"语言相对论和（我们认识的）世界"这个表述的一个现成的注释：

"这个思想非常极端，很难用一个现成的方式表现出来。我宁愿先不为它命名。这个思想就是，一个本体的世界，一个超空间的、更高层次的世界，正等待着所有的科学去发现；它将在这一过程中结合并统一各门学科。这一有待发现的领域，首先是模式关系（patterned relations）的王国，它纷繁复杂，但又与语言丰富、系统的结构有着清晰可辨的联系；例如纯数学和音乐，它们从根本上说与语言同类。关于这一话题我唯一可能表述的新意，就是那个未知的、更广阔的世界在语言中的前兆，我们置身并从属于这一未知世界，而物理现象不过是它的表面或表皮。"

引用 Whorf 的这段话，包含了两层意思。一方面是我对 Whorf 在语言相对论这个领域内先驱者的地位从未改变的敬重。语言相对论的研究，无论今后可能怎样发展，也无论在多大程度上还可能从 Whorf 最初倡导的思想框架内来讨论和验证，追根溯源，我们都应该感谢 Whorf 用"相对论"这个思想，为后来的研究者指示了这个研究领域所涉及问题的实质，给出了观察语言、思维和世界相互关系的一个独特视角。

另一方面，当我用 Whorf 的这段表述来结束《语言和语言相对论》（蒋国辉，2016）一书的讨论时，我正是希望有机会在我已经初步建立的体系的基础上，进一步完善语言相对论思想。我的看法始终是，语言相对论——尽管这个名称是在不到一个世纪以前才被 Whorf 提出来——并不是一个偶然兴起的学术流派，不是要用一些标新立异的说法，来一时地或较长期地吸引学术界的注意，造成某种轰动效应。语言相对论涉及的问题，从古代哲学家开始思考语言、思考世界和思考人自身之时起，就一直是引人注意的话题。当前和这个具有久远传统的哲学议题相关的语言哲学、心理学、认知科学和普通语言学，本质上都不过是这个哲学议题在不同研究领域中的延伸和发展。语言相对论对这个议题的贡献是，它将语言放到了这个议题的中心，认为在个议题涉及的那些相关领域中，语言起了决定性的作用。语言相对论以这个大胆的假说，在若干至今仍旧是语言学理论研究的重要领域里引起了震动；并且因为它至今尚未被证实或证伪甚至真正被检验的希望至今也仍旧渺茫，语言相对论曾一时成为众矢之的，甚至被指责为"臭名昭著"，即使一直在试图挑战语言相对论的批评者，也并未取得真正的成功。

Whorf 在他这段话里表述的语言相对论思想，听上去更像一个饱含抒情的憧憬，而不是科学的假说。在他之后的语言相对论研究中，特别是在语言相对论被引向语言文化对比研究后，他的这个思想似乎并没有，或许也不会被仍在这个领域中努力的研究者，当成对语言相对论思想的本质，以及语言相对论研究目标的一个界定，而是如果研究者确实注意到并思考过这段话，把它当作 Whorf 对于语言、世界和人的相互关系可能被证实为如何的一个美好憧憬。

不过，就我已经和将要讨论的问题，Whorf 的这段话再次让我们面对了语言相对论的解释范围这个问题。在从更深的层次上继续讨论语言相对论之前，我想就 Whorf "一个超空间的、更高层次的世界""未知的、更广阔的世界在语言中的前兆"之类的表述，再一次说明语言相对论论及的语言、思想、世界的相关性到底是什么。换言之：语言相对论到底要研究什么，到底可以研究什么。

一个科学部门的研究对象是什么，似乎不言而喻。"不言而喻"当然不是关于研究对象在本体论意义上的一个严格表述。不过，尽管一个学科的研究者对本学科的研究对象和研究范围的界定还可能存有争议，在自然科学的范围内，我们至少可以大致地认识到"某个学科的研究对象不是什么"。比如，动物学不会研究桥梁的重力结构，地质学不会研究阿兹海默症的病因、天文学不会研究人的心理活动、数学不会研究动词的语法时态，等等。相比起来，语言学至少在这一点上比其他学科面临更大的困境。

我们或许可以认为，这是因为（语言学之外的）任何一个科学部门研究的对象，究其与人类的关系而言，都只是与人类生存环境和人的生存状况有关的一个相对确定的部分；而语言无论是否从语言学研究的角度涉及的，是人类除了本能行为之外的所有活动。我们似乎不能想象人可能有非本能的且与心智状况（或者叫作言语思维活动）全然无关的行为。从科学家的科学研究、到普通人的衣食住行包括最简单的体力劳动，都不可能没有言语思维活动的参与。于是，研究语言，似乎就不可避免地涉及了人类生存环境和生存状况的全部。五花八门的语言研究部门，我当然不是指那些确实将语言作为唯一研究对象的传统和新兴的语言学学科的名称，也为我们展示了语言研究的这个"困境"，比如：肢体语言学、教育语言学、美学语言学、临床医学语言学、计算语言学、表演语言学、艺术语言学、国情语言学、法律语言学、数理语言学（代数语言学）、宇宙语言学、生物语言学、生态语言学、地理语言学、物理语言学，等等。作为比较，我们似乎至今没有看到、相关学科的研究者大概也不会"突发奇想"地认为或者发现存在着某些相应的对象，让他们可以开创语言物理学、语言生物学、语言化学、语言医学之类学科来研究它们。

我没有专门关注过这些"××语言学",但是哪怕浮光掠影的观察,也让我对这些"语言学"的研究对象及其作为一个学科的存在价值产生怀疑。虽然科学研究同人的任何精神活动领域一样,不可能离开语言,但是我并不认为,观察和分析语言在某一个科学或人文领域中的使用特点(说到底不过是一些专业性的词汇汇集),就足以构建让"××语言学"成为一个学科的理论体系。在这一类研究方向上的努力,我认为除了这类名称可能短暂地吸引一下人们的注意,对语言本身的研究,以及对这些"××"科学部门自身的发展,不会有任何实质的推动作用。

尽管在Whorf已知的著述中也有一些与此类似的表述,比如他认为,说SAE语言的物理学家和说Hopi语的物理学家,可能建立不同的物理理论体系,不过我们并没有看到他立足于语言现象,探寻这一"未知的、更广泛的世界"的系统性努力。Lakoff在谈论他的隐喻理论时,称他的隐喻理论改变了西方的思想体系(Lakoff et al.,2000),这不禁让人联想到,如果Whorf的语言学学术活动能够持续得足够长,他是否也会在他的语言相对论理论研究中,发展出与Lakoff类似的立场,并赋予语言相对论改变西方思想体系的意义?

我们当然已经无法揣测Whorf可能的思想发展轨迹。在语言和思维的相关性这个语言研究(也是人对自身心理及心智能力的所有研究)面临的最本质也最困难的问题没有真正解决时,我们确实很难评价Whorf或Lakoff那些"语言(隐喻)凌驾一切"的思想,对我们探讨人类语言本身的属性、探讨语言在人对世界的认识活动中的作用,有什么实质性的意义。就自己的研究和思考,我并不认为至少在人类认识水平发展的现阶段这类思想,以及上文提到的那些"语言学",能够真正为语言研究中若干最基本也最亟须解决的问题,提供有价值的理论和可靠的论据。将人类的一切知识都和语言联系在一起,或者在语言中寻找同所有科学部门的某种联系,甚至将一个语言现象(比如隐喻)解释为人类思想和人对世界的整个科学认识的基础,在我看来,并不是严谨的学术态度,也很难取得倡导这类研究的人们预期的成就。

就我的学术思想和研究范围,我当然不可能在最一般的本体论意义上谈论语言学的研究对象；不过，我想我至少可以尝试着大致说明，什么不是语言学研究的对象。为此我的切入点，或许可以是说明语言相对论的研究应该怎样处理这个问题。

我在讨论语言相对论的解释范围时（蒋国辉，2016），曾较为详细地讨论过这个问题。概括起来，在关于语言相对论的讨论中，我们需要将（a）人在生物—生理属性层次上对世界的感知觉经验和（b）人在所谓"思想（科学）领域、上层建筑"里对世界的思考和探索，排除在语言相对论能够而且应该涉及的研究范围之外。关于人在生理属性层次上对世界的感知觉经验，涉及研究人怎样认识世界的所有科学部门，语言学当然也不例外，问题只在于，怎样观察和理解感知觉经验和语言的关系。我在下面的讨论中还要回到这个话题上。

Lakoff 的学术激情和 Whorf 的美好憧憬，其实都与 b 相关，所以在更深入地讨论语言相对论之前，我需要再一次涉及这个话题。

当我们这些普通人抬头仰望星空时，或许不会产生像 Kant 那样充满哲理的敬畏，但是至少可能产生这样的念头：那里还有多少我们不知道的世界。很少有普通人会认为这些星球、这个宇宙的存在，与我们这些地球上的人可能有什么联系；受过一定教育的人，或许可以这样理解这种联系：地球和人类的存在，最终应该追溯到宇宙的产生。或许没有人会反对这样的说法：地球之外的宇宙中可能存在各种事物，发生各种事件（这里说"事件"，只是一个无奈的表述，因为我实在没有办法在我存在的这个物理环境中、在语言的制约下，用其他方式来指出宇宙中发生的"什么"以及它们到底是不是我们在地球表面环境中可能经历的那种"事件"）；这些事物怎样存在，这些事件怎样发生，是否有自己的规律，其实都与我们这些普通的地球人无关，因为我们不可能用任何方式参与（认识当然也是一种参与）其中。如果以能否以某种方式参与作为标准，我们的观察范围其实可以大大缩小，缩小到我们的地球表面环境。然而，这里同样有不计其数的、我们人类不能以任何方式参与其中的事物和事件。不能以任何方式，当然也包括不能以言语行为的方式。

普通人不能参与，当然不意味着从事专业研究的科学工作者不能以某种方式探索这些事物、事件及其存在和发展的规律。科学研究者的努力，是要建立相应的理论体系，以探求和说明这些现象及其规律；他们努力的最终目标是尽量接近或许可能找到这些现象及其规律的真实状况。这种真实状况，并不会因为作为不同语言母语者的研究人员用不同的自然语言来表述而改变；更何况在今天人类的认识水平上，涉及不同领域的科学研究都有自己的科学语言。在这个意义上，我并不赞同 Whorf 的说法，认为说 Hopi 语的印第安物理学家，能够建立一套与说 SAE 语的物理学家完全不同的时空理论。

说不同母语的科学工作者，大致可以用任何自然语言来表述我们身处其中的地球表面环境乃至宇宙（a），与某种自然语言或许能够让人们更加完备、准确地表述对科学研究对象的认识（b），并不是同一个层次的现象。我更愿意相信，涉及自然语言的任何研究及其结论，对物理学或其他自然科学的理论，并不会有科学意义上的影响。越出这个范围来谈论语言对自然科学理论和普通人的科学知识的影响，比如像 Lakoff 那样，认为人类的整个思想体系都建立在隐喻的基础上，因此隐喻对所有科学研究都有决定性的作用；又比如像 Whorf 那样，认为一个超空间的更高层次的世界是同语言联系在一起的，可能会以假说的形式，成为某些有兴趣的研究者的思考对象，但这同语言相对论思想基本上没有什么关系；或者更严肃地说，同语言研究本身都没有可以被真正证实的联系。因为，如果我们不以上帝作为最终的评判标准，就没有任何理由认为，以物理世界为对象的所有科学研究，都与语言甚至某种语言现象有关甚至以其为基础。

从物理世界转向人文环境，语言在各种社会环境、人际关系和人文学科领域内的作用似乎就凸显出来。尽管在物理世界里，人们不可能用一句话改变物理规律，比如让石头从山下滚到山上，但是在人文环境里，却可以有"一句话引发一场战争"之类的现象，它们似乎展示了语言对人类社会的某种影响。或许是基于这样的现象，有人（Harvey，1996）试图用语言相对论的思想，来解释西方哲学传统流派的差别，认为西方哲学流派的区别是由哲学家的母语导致的。还一些研究者（Clark，1996：324—351）认为，语言相对论的解释范围应该包括人的交际活动、文化—社会规约和风俗习惯对言语行为的影响；就思维活动而言，思想应该包括心理意象（mental imagery）、社交技巧（social skills）、技术知识（technical know-how）以及人对音乐、诗歌、地方和人物的记忆等。这几乎就涉及了人类人文及社会活动的全部领域。如果能够科学地证明语言在人文及社会领域中确实有如此重大的作用，对检验语言相对论假说自然不是坏事，但是我们看到的是，对语言相对论思想这种充满理想主义的解释，实际上很容易受到立足于语言相对论的理论根本无法辩解的诘难。

我对语言相对论研究范围的一个基本界定是，语言相对论只是而且也只能讨论。

1）语言为什么能，以及怎样制约普通人对真实世界的朴素和前科学的认识、塑造人的世界观。

2）人为什么，以及怎样感受不到这种制约；或者说对于普通人的认识行为，对世界的语言描述和感官信息不是分离的层次。在语言的制约下，普通人并不会认为也意识不到，比如他关于某个情景说出的一句话，和他在纯粹感知觉层次上经验到的这个情景的物理状况是不同的。相反，按照 Grice 交际合作原则的解释，每个人都只会认为"我说的就是我看见（听到、感受到……）的"。

当人说出一句话时，我们大致可以在他的话语中区分出两个层次（两者之间当然不是泾渭分明，否则很多对语言相对论思想的误解和指责就可以避免了）：

——他这句话说的是什么事情，这件事情是怎样被他说出来的。这是语言相对论相关的语言现象。

——他在这句话中有意识地表达自己对世界或社会或人、物的什么看法。对话语内容的这类思考和评价，语言相对论不需要也不可能解释。我们来看一些例子。

（1）他来得不是时候。

这个句子描述的事件，在真实世界中是以什么状况被人作为一种感知觉信息接收到的，语言描述的事件是否就是感知觉经验的镜像反映，用否定句形式描述的事件，是否能够被我们在真实世界中以"否定"的形式看到，等等，这是语言相对论应该解释的问题。这个句子包含的说话人对现实中这个场景的思考和评价，比如为什么"来得不是时候"之类，则不在语言相对论的解释范围内。

（2）鲸不是鱼。

科学研究者也是普通人，单就言语、思维活动本身而言，用自然语言说出这句话来叙述一项科学知识时，否定句怎样表述这项知识，这是语言相对论要说明的问题。科学研究者说的这句话是不是表述了一项知识，这项知识是不是可以用这样的语句来表述，则不在语言相对论的讨论范围内。

不过，为了不偏离语言、思想、世界的相关性这个语言相对论研究的基本方向，我们似乎还需要从一些更基本的问题开始讨论；虽然这些问题并不一定都和我的论述直接相关，却是深入语言相对论实质的前提。这些问题是：

1）自在的物理世界与人的关系，或者说是否有存在于人的任何经验之外的物理世界。这当然不是我在自己的研究范围内能够或者应该讨论的问题，因此我只能非常浅表地涉及这个哲学最基本的范畴，简略地观察它和语言相对论思想可能的联系。

2）被人认识到的世界是什么。对于普通人，大致来说这就是他们时时接触到的事物和事件。从语言相对论的角度，这两个世界的区别和联系，是我已经讨论过并且还将在这本书里更深入讨论的一个重点。

人在生物—生理层次上对物理世界的感知觉经验（不涉及本能的"刺激—反应"生理状况），基本上同语言无关。从感知觉经验的角度来观察语言对人认识世界的影响（比如一些有关颜色辨识、颜色记忆与语言刺激的联系的实验），因此不是语言相对论必须依靠的研究方法，尽管这类实验有时可能提供支持语言相对论的观察事实。

3）知识：包括（a）一个生活在社会中的心智健全的成年人应该具备的基本知识或者叫常识和（b）科学知识。在语言相对论的讨论中涉及人的知识，我们需要明确的是，一个语句是否讲述了一项知识、讲述了什么知识，都不是语言，当然也不是语言相对论相关的话题。不过，有一些语言事实似乎让我们看到，以命题形式表述的一项知识，在一定程度上也可能被语言引导。

（3）鲸是鱼。

与例2相比，它表述的是另外一项知识（无关知识是否正确）。这两项知识的不同,似乎可以归结为表述它们的句子:肯定句与否定句。

不过,这样简化语言和知识的关系,得出的结论显然过于草率,对于严肃的科学研究并不足取。况且对于语言相对论的研究,这样的观察事实也没有实际上的价值。在语言相对论的语境中讨论语言和知识的关系,有意义的话题是,在人的知识系统中那些确实被语言引导、语言的作用却不再被人意识到的知识。比如,普通人在日常生活中关于空间的知识、关于时间的知识等。

现代科学知识和普通人今天的各种常识,本源上都是人类对世界最原始的认识不断发展的产物。或许在某种意义上,普通人的常识(百科知识)和他拥有的科学知识,并非界限分明,但是这个界限对于科学研究应该是明确的。比如,虽然"时间"在日常生活和在(目前的)科学语言中都被描述为线性的、朝着一个方向不停运动的"事物"。这个认识对于普通人,就是他的的世界观,普通人并不能意识到,他对时间的这种认识是在语言中形成的。物理学研究者当然知道,这样的表述并不是"时间"的明确定义,它并没有对"时间"这个存在做出本体论意义上的解释,但是用自然语言,他只能这样表述时间。

说到"知识"这个话题,我想顺便指出的是,将隐喻和人类思想体系以及自然科学的发展联系在一起的研究者,正是试图从"语言表述"这个角度,论证隐喻几乎就是所有科学的基础:科学是人为的系统→人为的系统建立在概念上→而人的概念系统是隐喻的〔"隐喻的概念系统"这个说法包含的谬误,我在(蒋国辉,2016)中有过详细的论述〕。隐喻和科学的关系不是我要讨论的问题,不过在我看来,这样的结论如果不能说是谬误,至少缺乏得出这种结论应有的逻辑性。

要谈论隐喻这个语言现象对科学乃至对人类思想体系的影响,研究者应该首先令人信服地证明,一个科学概念使用隐喻的语言手段表述出来,是否表明科学家除了用别的事物或现象的名称来"隐喻"地指称他的研究对象,他对这个对象并没有也不可能有更多的认识。比如物理学家说"太阳发出的光要经过 8.3 分钟才能到达地球",他是否就只能像普通人那样,认为时间的真实属性就是它可以被切分成片段、可以不停地朝着某一个方向流逝?这样理解隐喻这个语言现象对科学和人类思想体系的作用,未免有本末倒置之嫌；而这个本末倒置的根源，归结起来仍然类似对语言相对论解释范围的误解，也就是对语言在人认识世界的理性行为中的真正作用的错误理解。科学家和思想家的整个思考和研究过程，当然不能脱离自然语言，而自然语言能够为他们提供的思考及表述形式，包含了若干源于隐喻的语言手段。很多时候，因为只能使用自然语言来表述思想，所以除了使用隐喻形式，他们确实别无选择。与普通人的区别在于，在创造新术语来描述自己的研究对象之前，他们清醒地知道他们在这些场合使用的表述是隐喻；更重要的是，他们思考和阐述的理论以及科学发现，并不受语言包括隐喻的制约。我们几乎可以断言，在科学史乃至人类思想史的研究中，下面这样的表述并不真正具有参考价值，尽管这实际上就是以 Lakoff 为代表的研究者对隐喻这个语言现象的理解：思想家和科学家在自己研究领域内的思考和论述都是用自然语言完成的，因此他们是在隐喻的表达形式引导下，完成了深邃的哲学思考、做出了科学的发现。

世界图景（世界观）：普通人在日常生活中对真实世界朴素的、前科学的认识。在语言的制约下，普通人不会意识到，被他用语言传递的关于他身处其中的真实世界的信息，并不等同于他对真实物理世界的感知觉经验。就我对语言相对论的解释，这是语言相对论研究应该涉及的最基本的领域。

通过以上是个问题我们看到，语言相对论涉及的是在"人和世界"这个宏观大范围内层层递减下来的一个狭窄的范畴：普通人的思维活动受语言制约，在这种制约下，人不能区别（a）由语言引导的理性认识行为，和（b）基于感觉器官和相应的神经元系统的感知觉经验。这种理性认识就是人由语言塑造的世界观。

从这个角度研究语言相对论，我们需要观察的对象是整个语言系统，而不是个别的语言单位和一些特殊的语言现象。然而仔细思考对语言相对论研究对象的这种界定，思路缜密的研究者可能会想到另一个问题：整个语言系统指的是什么？这个问题实际上涉及 Whorf 和研究语言相对论的人们在谈论语言相对论时的一个（我宁愿把它称为）误区。此前我自己在思考语言相对论时，也或多或少地被局限在这个误区里。平心而论，这个误区其实是一个阶段性的局限，它最初显然是来自研究者包括我自己的一种认识：在相应科学研究发展的现阶段，我们的确不可能找到一种没有被语言规定也不是任何人的世界观，来同由某种语言塑造的世界观对比，以此说明语言怎样塑造了人的世界观。因此，在传统的观念中，语言相对论的思想与其说是同人类语言作为一个整体相关，不如说是同每一种具体的语言相关。确切地说，研究者应该或者只能通过研究每一种具体的语言，来说明语言相对论的原则。如果研究若干语言能够得到相同的结论，我们或许可以将"语言对思维的形成力作用""语言塑造人的世界观"这类通过研究不同语言得到结论，归结为适用于所有人类语言的一条普遍规律。将语言相对论理解为语言—文化对比研究的学者，或许也是基于这样的思考。

Whorf 在谈论语言和思维的相关性时，也曾特别强调 languge 和 tongue 的区别，以及他在这个区别的基础上提出的语言相对论思想（Whorf，1941a）："或许根本就没有那种被称为'Language'的东西（大写的 L）！'思维是一个语言（language）问题'这个表述，是对更接近正确的表述'思维是一个语言（tongue）问题'的不正确概括。不同的 tongues 之间的区别是真实的现象，它不能推及像'Language'那样的普遍现象，这个结论不会减少，反而会增加中间语言（intertongue）研究的重要性，并揭示这个领域的真实状况。"

Whorf 强调这个区别，就范畴的意义而言或许是正确的。我们确实不能在语言学（不是语言学的哲学）的研究中指出，被称为"Language"的那个研究对象是什么，我们面对的，只可能是诸如英语、汉语、日语之类的一种具体语言。不过，一个基本的事实是，在科学研究中，尽管研究人员也只能经验到个体，他却是把他面对的每一个个体，都当成一个范畴的代表；他对这个个体的观察和分析，并不是针对这个个体，而是针对由这个个体代表的范畴；由此得到的结论，是关于一个范畴而不是关于他在研究中面对的那一个个体。由此我认为，Whorf 主张在他的理论中用 tongue 代替 language，实在是对语言相对论思想应该达到的理论高度的一个退而求其次的缺憾。语言相对论应该研究的以及最终要探索的，是人类语言，无论取这个范畴中的任何一个实例——这个人类独有的心智能力和心理机制，与人类思维这个大脑神经生物生理机制之间的全面、系统的相关性，从而解释语言的实质，解释语言和人的思维活动的本质联系以及人在语言的制约下对真实世界可能的朴素认识。这个相关性可以在不同的实例（一个具体的语言）中得到验证，但是语言相对论不是仅仅对实例的说明，哪怕这个说明是基于一个较好的理论。

关于这一点，Pinker这个语言相对论的激烈反对者倒有一个值得借鉴的说法（Pinker，2007：17—18）："（受过教育的人都）知道语言渗透到思想中，不同的语言使它们的说话者以不同的方式解释现实……一些认知科学家将语言描述为心理能力，心理器官，神经系统和计算模块。"顺便需要指出，或许是与语言的这种定义相呼应，在语言起源和进化的研究中，一些研究者的观点似乎是对Whorf的观点进一步发展，认为在谈论语言起源和进化的时候应该明确的是，语言是一种"认知计算机制"（computationalcognitivemechanism），语言的起源因此并不是话语（speech）的起源（Bolhuis et al.，2014；并参看 Bolhuis et al. 2010；Berwick et al.，2011）。

当代的认知科学基本上对语言相对论持怀疑或反对的立场，但是上述那些关于语言是心理能力之类的观点，却给了语言相对论研究一个可以摆脱上述（我姑且称为）"Whorf局限"的切入点。

实际上，当我们在语言相对论的语境中谈论语言、思想、真实世界的相关性时，无论认为思想只能在语言中形成或者认为语言只能传递在语言之外形成的思想，从本体承诺的角度，我们确实把语言和思想看作两个对象，探讨它们之间的关系，就像 Vygotsky 论述的两个部分相交的圆。给人的印象是，即使坚持语言相对论的立场，我们也只能认为，语言或许在发展的某个时候获得了一种制约思维的特性。然而，即使仅仅从逻辑上，这种特性也可能被证明是不存在的。这或许就是语言相对论假说至今无法摆脱的困境。

当"语言"和"思维"在现今所有的相关科学研究中都没有严格的明确定义时，认知科学对语言的那些描述，其实也可以在不导致任何内在矛盾的前提下用于描述思维。虽然我们至今未有相关学科的直观实验数据，证明语言和思维的同一性，不过认知科学的这个说法，倒是可以引导我们从另一个角度思考语言相对论：从起源和进化的角度来看，人类之为人类，与任何进化阶段的动物处于不可逾越的鸿沟两边，根本在于人具有

"言语思维"机制。由于语言的产生，动物那些基于"刺激—反应"、基于普遍逻辑规律以及可能基于生存需求或情绪的智能行为，才有可能发展成人类的思维。从语言的起源来看，语言从一产生就是形成思想的唯一途径；在语言产生之前，并没有学者们现在谈论的（人类）思维和思想。

这样表述语言和思维的相关性，似乎是对引领当前语言研究潮流的认知语言学的某种挑战。不过，尽管我的研究并不是也不可能以追求从整体上挑战认知语言学为目标，我却也不会由于触及认知科学的话题，而放弃自己的立场。实际上，无论是认知语言学还是语言相对论，在没有被关于大脑言语思维机制的神经生物、生理科学研究能提供的直观实验数据真正检验时，都只能是假说；语言相对论和认知语言学，在这里都不过是对语言和思维相关性的某种可能的解释方案的探讨。

从这个角度讨论语言和思维，当然是一个冒险的尝试，因为它仍旧不可避免地面对了"先有鸡和先有蛋"那个哲学的千年难题。在本书的讨论中，我将依据相关研究已经提供的知识，尽可能符合逻辑地推论：在语言中产生出人类的思维，这是人类进化过程的必然环节；没有语言，人类思维的产生和发展是不可能的。尽管这样的推论可能永远得不到相关科学的直观实验数据的检验，不过，一个经验事实是，语言其实已经成了现代人整体生存活动的组成部分，以致没有人，包括科学家，可以真实地、哪怕内省地经验没有语言的状况，包括"前语言"的思维。关于这一点，我很赞同一些研究者的观点（Deacon，1990，1992）：人的大脑也是灵长类动物的大脑，只是它被选择与语言共存并被语言扩展性地修改了（modified）。在这个意义上说语言是"心理器官"，我们或许可以大胆地断言，人类大脑区别于任何动物的大脑，是因为拥有"扩展性地修改了"的大脑的人，不再可能完成任何脱离语言的非本能行为。我们可以仿照"直立行走的动物"这个定义，将人称为"语言动物"：没有生理缺陷的人，生下来就注定要直立行走；同样，没有生理缺陷的人，生下来就注定要使用至少一种语言说话，他的所有非本能行为，也都注定要在语言中或者在同语言相关的背景下完成。下意识或无意识的行为，或许同语言无关，但是这并不能成为我的观点的反证，因为这样的行为其实也同思维无关。

本书分为六个章节。第一章的论题是，当我们从语言相对论的角度谈论世界时，我们谈论的对象是什么。这里不可避免要涉及一些哲学话题，不过它们只是一些同我的研究有关的零散观点，当然不是关于某个哲学家的思想体系或者对某个哲学流派的哪怕稍微详细的讨论。第二章和第三章的议题是似乎可以直接挑战语言相对论的所谓"动物的思维"和 LOT 假说。第四章是对语言起源和进化研究中各种假说的简略评述。在第五章，我专门讨论了我认为同语言相对论思想有关的整语原始语假说。

第六章是全书的重点，在这一章里，我尝试从语言起源和进化的角度论证语言相对论思想。在这一章的讨论中，我把原始语言中"词的产生"和现代语言中"词的创造"，大致看作同质的现象。虽然从本体论的角度，这样界定讨论的对象，可能会引起争论和批评，不过从语言相对论的角度，它们确实是基本相同的观察事实，都可以用来示例语言怎样从一产生，就已经拥有了对思维的形成力作用。

第一章 语言、人和世界

第一节 关于世界

从关于世界的话题开始语言相对论的讨论，并不是因为语言相对论这个关于语言的理论，与真实世界有什么能够从物理学角度来观察的联系。在语言研究中谈论世界，我们要讨论的是，我们可以怎样审视和描述人与世界的关系；或者说，语言相对论在这里应该怎样或者能够怎样解释这个关系。不过，从"世界和人"或者"世界和语言"这个视角，来开始一个研究领域似乎比较狭窄的语言学问题的讨论，看似有点不着边际。或许人们会觉得，专门建立一个语言相关的理论体系来讨论这种关系，未免故弄玄虚，因为对这个问题的回答看来很简单：人可以说出一些话，来描述他关于这个世界的经验；也可以从听到的一些话中，得知别人关于这个世界的经验。除此之外，对于日常生活中的普通人，语言和世界还可能有什么关系？

我想这样来解释我的出发点：一方面，关于世界、关于人、关于语言以及它们之间相关性的研究，几乎涵盖了人类所有的科学研究领域；对此的学术讨论，当然可以从任何一个角度开始，也可以涉及这个宏大议题的任何一个部分。另一方面，我在这本著述中正是想要说明，世界和人，都是研究语言和思维的关系、研究语言在人认识世界的心智行为中的作用的语言相对论必须涉及的对象。

我们马上就会遇到一个需要说明的问题：在一个语言学的研究中，当我们把人和世界作为讨论的对象并谈论人和世界的关系时，我们指的世界是什么。这其实是任何涉及语言和人的认识行为的哲学研究,尤其是研究人怎样通过语言(虽然更多的人宁愿说"运用语言")认识世界的语言相对论不可避免要涉及的问题,而且哲学家和语言学家都努力在自己的理论体系中,或多或少对此做出相应的说明。我在阐述自己关于语言相对论的理论时,对在这样的研究中涉及的世界是什么,也做出了一些说明(蒋国辉,2016)。重新提出这个问题,我是想进一步思考,语言相对论作为关于语言的一种哲学理论,在什么范围内具有解释力,从而尽量清除这个理论系统内部的不确定性,虽然就解释"什么是世界"而言,我的努力并不一定成功。

世界是什么,物理世界是否(不依人对它的认识而)真实存在,是一个本体论和认识论相关的经典哲学问题,哲学界至今仍旧没有各学派一致认同的解释。在大多数主要哲学问题上,曾经有若干默认的立场(default position),其中之一就是:有一个独立于我们存在的世界,它独立于我们的经验、思想和语言(Searle,1999)。哲学研究中这个默认的立场,其实也符合普通人的日常生活经验。比如,我要去一个超市购物,我这个行为的前提是我相信,超市和超市中的商品的真实存在,并不依赖于我是否有愿望或者有行动去购物。但是这个默认的立场并不被许多哲学家认同,而且一些研究者还认为,在普通人日常生活中被认为是理所当然的观点,在哲学研究中不应该被采纳。这是许多哲学大师的立场,比如 Hume、Kant、Hegel、Berkeley、Descartes,都要么怀疑,要么否认独立于人的经验、思想和意识的世界。这些唯心主义哲学大师之后,当前"一些看起来很像唯心主义的观点开始在知识界受到重视"(Rorty 1997:275),比如视角主义(perspectivism),解构论(deconstruction),民族方法论(ethnomethodology),实用主义(pragmatism),社会建构主义(social constructionism)等。它们的共同点在于,都主张人对真实世界的认识不可能是直接的、无中介的(unmediated)。人的认识接触到的,并不是真实的物理世界,人对真实世界的认识必须通过一些中介。这样的中介,可能是语言、概念、社会结构,等等。

不过,无论怎样看待这个默认的立场,在哲学本体论和认识论的研究中,研究者或多或少总会为这个问题所困惑。好在这个问题不是我在自己的讨论中必须深入涉及的领域，所以我可以不至于太深地羁绊这个我并未深入研究也不在我的学术旨趣范围内的话题。我能够而且我的讨论必须涉及的，只是在我的理论需要涉及的层面上，观察世界以及人对它的认识，一步一步地导向对语言在这个认识行为中的作用的解释。关于物理世界是否真实存在、怎样存在之类的物理学或者形而上学的问题，我需要做的，就是尽可能避开哲学界关于这类问题的争论，不就这个哲学问题提出任何可能基于某个哲学学派思想的，或者可能与某个哲学思想产生龃龉的看法，只将它作为讨论语言相对论的一个引导。因此，在这个话题和我讨论的语言现象和理论没有直接关系时，我尽量避开它，以免使关于语言的讨论由于离题太远而变得过于繁杂甚至陷入谬误。不过，这个话题并不是讨论语言相对论能够完全避免的，在下边的讨论中，我将尽可能就这个话题和我的理论有关的部分，做一些必要的说明。

在此前的研究中，就上述关系我使用了"真实世界"（reality）这个概念，并对这个概念做出了我的解释，它指的是：

——人作为感知觉和心智均健全且具有理性的动物，在生物属性层次上经验到的那个物理世界；

——人在其中完成个体行为和社会行为的自然环境和人文环境，包括人的内心世界。

这样的理解，大致相当于在相关学科研究中区分的客观世界（objective world）和环境（environment）。从这个角度，我们似乎还可以这样来理解真实世界：对于作为观察者的人，客观世界和环境可以说都是"外部"，相对于人的内心世界这个"内部"。在此前的讨论中，我把"外部/内部"两个部分都看作语言相对论的研究需要涉及的对象，并将它们统一在"真实世界"这个范畴内。在这里的讨论中，我要对涉及的"真实世界"这个概念做一些修正，暂时不再将"人的内心世界"作为讨论中涉及的"世界"的组成部分。这并不是因为人的内心世界不能成为语言相关的哲学研究的对象，而是出于以下两个方面的考虑。

一方面，所有相关科学部门的研究者都可以很有信心地认为，生存于地球表面环境中的人类所有成员，经验到的是一个共同的物理世界。这是因为，除了地球表面环境是人类并不能对其施加某种作用而改变其实质的认识对象，迄今为止的生物学、生理学研究还告诉我们，作为人类这个物种的成员，所有人的生理构造和生物属性本质上是相同的。也就是说，人类的任何一个成员在没有生理缺陷或疾病，没有外界特殊条件干扰的正常状况下，通过感知觉能够接收和辨识的物理世界的状况，是人类所有成员对客观物理世界的共同经验。这是哲学和语言学在讨论人和人能够或已经认识到的世界的一个头等重要的前提，因为在这个基础上，也是人类成员的研究者对客观物理世界的观察和认识，至少在生物—生理属性的层次上，可以毫无疑问地由自己推及人类的其他成员。换言之，如果人们能够以某种方式（尽管没有任何科学研究能够告诉我们这是一种什么方式）直接交流他们对客观世界的感知觉经验，则他们可以确认，他们涉及的是同一个世界。

另一方面，什么是人的内心世界，我们或许可以粗略地认为这是（a）人的各种心理状况如高兴、悲伤、愤怒、害怕、欲望等情绪的总和；（b）人对所有他能够经验到的事物和事件的感受和思考。人的心理状况是纯粹私人的。任何人包括心理学研究者，都不可能将他在某个时候、面对某个事物或事件时的心理状况推及他人，哪怕他们处在相同的情境中，有相同的感知觉对象和感知觉经验。心理学研究或许可以通过大量的观察事实，在外界刺激和人的心理状况之间找出一些规律性的联系，由此对所有人或者某一群体的人的共同心理特征，做出某种推论。但是，如果我们将人的心理状况作为人认识的真实世界的一部分来观察，那么这样的"真实世界"的普遍性（如果这样的普遍性能够在心理学研究中被发现和证实），语言研究者并不能通过内省来推论。人的内心世界的这个部分，因此应该只是心理学研究的对象。

人对事物和事件的思考，与外部刺激引起的心理状况一样，也是纯粹私人的领域。如果不是被完成思考行为的人自己说出来，旁人（包括研究者）并不可能通过自己的内省来推论思考者的思想。当我们谈论人的思维时，有一点是明确的：思维必须在"内隐或外现的语言"中表现出来，才可能成为观察和研究的对象。内隐的语言指的是：只要有思维活动，就有语言的参与。外现的语言则可以理解为：如果需要，思维的过程和结果必须能以说同一种语言的所有人都可以理解的形式表达出来。换言之，凡是以正常方式完成的思维活动，都必须表现为（姑且用语言相对论的反对者也能接受的说法）以正确的语言形式完成的言语行为。

由此，如果某种学科、比如语言学的研究者能够在某种程度上谈论人的内心世界的这个部分，并不是因为他们可以基于自己的内心世界，通过内省来推及别人的内心世界，而是因为他能够观察言语行为。这样我们就回到了语言相对论的思想：人对事物和事件的思考或者说是出现在人的思考中的世界，是人通过语言对客观世界的认识，而不是至少对于现阶段的语言相对论研究不是客观世界（真实世界）的一个组成部分。

内心世界必须而且只能通过语言来观察和认识，站在语言相对论的立场，看来是不言而喻的。至于这里涉及的所谓心智理论（theory of mind，是一种能够理解自己的心理状态并由此推及他人心理状况的能力，这些心理状态包括情绪、信仰、意图、欲望、谎言、知识，等等）问题，我在下面的讨论中还会谈到。

第二节 与人无关的世界

必须承认这个表述并不是很成功，它马上就让我卷入了我一直声称要尽量避免的关于客观世界是否真实存在的哲学争论，因为"与人无关的某个事物"这个表述本身，已经蕴含了对"某个事物"存在的肯定。在没有对某个事物的存在做出可信的断言时，就轻率地谈论它与人有关或无关，自然会让一直在思索客观世界是否真实存在、以什么形式存在，并为此绞尽脑汁的哲学家们嗤之以鼻。在这一点上哲学家是对的。不过，我并不是要用"与人无关的世界"这个表述，就客观世界真实存在与否这个哲学议题，阐述自己的观点，这只是我为自己在这里的讨论设计的一个切入点。语言相对论的基本线索，归结起来就是"相关性"：就人对真实世界的认识而言，语言和思维、语言和真实世界、语言和人的世界观、世界和语言世界图景是怎样相互关联的。所以，我想我们应该而且可以将注意力集中于我的表述中的"有关/无关"，暂时避开"存在与否"这个哲学议题。

回到我在"绪论"中涉及的那个话题：将两个或更多事物放在一起谈论，出发点必定是谈论者认为这些事物之间存在着某种联系。有些联系人们已经习以为常，因而似乎是不言而喻的，比如桌子和椅子、父母和儿女之类。但是，如果被作为话题谈论的，是诸如"街道和矿泉水""议员和烟囱"之类对于普通人的日常生活并非寻常的联系，这样谈论事物的人就需要说明或者通过自己的谈论让人明白，这样两个事物可以在什么基础上被放在一起谈论。概括地说，要使事物之间的关系可以这样或那样被谈论，前提是这种关系是否存在。"世界和人"这样的并置，可能在某些生活领域或研究领域中，是习以为常的；但是作为语言学的话题，这并不是一个不言而喻的关系。因此，将这样的关系作为语言研究的一个对象，就需要说明：我们是否能够断言它们之间永远存在某种可以从语言相关的角度来观察和解释的联系。如果存在这样一种状况，即人和某个世界之间根本没有也不可能有任何关系，谈论人和这个世界时，我们谈论的是什么？

其实，如果话题是"与人无关的世界"，我们的讨论或许已经不在哲学通常涉及的范围内，因为这既不是本体论（探究世界的本原或基质）也不是认识论（研究认识与客观实在的关系）的议题。而且，这个话题本身似乎就包含了矛盾：一方面，与人没有任何关系，即与人的任何身体和心智行为、生理特征和心理状况都没有关系。另一方面，对这种关系的思考，本身就是人的一种心智（言语—思维）行为；将这个话题作为讨论的对象，人其实已经与同他"没有任何关系的"世界联系在一起了。不过读者稍后可以看到，正是基于这样一种矛盾的状况，我们的思路将会被引向语言相对论，虽然这个引导过程涉及的现象，并不总是在语言相对论的解释范围。

说到无关，我姑且将谈论的对象假定为：坐在自己家里的我和亚马逊热带雨林中一棵破土而出的树苗。就人们的日常生活而言，说我和亚马逊雨林中的树苗没有任何关系，当然不会引起异议。不过这样的无关，并非绝对无可辩驳的事实，因为当我坐在家里，比如我在写这段文字时，谈论到在遥远的亚马逊雨林中可能存在的一棵树苗，"我"和"那棵树苗"这两个事物，至少在我的想象中已经联系在一起；对于我此时此地的思维活动，它们不再全然无关。

进一步看，如果谈论的对象是在人的想象中，似乎就不再有"与人无关的世界"了，因为普通人或许都相信，他的想象力不受他在真实世界中的经验限制。比如，人可以没有任何困难地想象外星人或者从低处往高处流的河，等等。但是，人的想象力真的不受任何限制吗？我们来设想两种情况。

其一，比如"我进入了五维世界，在那里快速前进"这样的描述，听上去似乎并不是一种无法理解的想象。但是如果我们把它和"外星人"这样的想象比较，就会发现，对于后者，我们可以在某种程度上有感知觉经验，比如可以做一个模型，画一张图；不会做模型也不会绘画的人，至少可以在听到这个表述时，在头脑中"呈现"相应的画面。但是对于前一个描述，任何人无论是普通人还是科学家都不可能真正想象，更遑论描述他在"这个情景"中的感知觉经验可能是什么。作为三维存在的人，其想象力达不到多于三维的世界。最贴近的例子就是，人虽然身处其中，却没有能力真正认识作为四维时空之一维度的时间是什么。但是普通人并不能意识到这一点。他可能会认为，他描述的是一个他没有经历到却可能存在的世界状况；他也不能意识到，他在想象和描述三维以上世界中的某种状况时，他实际上描述的还是三维空间的世界（"在那里""进入""前进""快速"之类）。这样的描述，说到底是他身处其中的"我们这个世界"，而不是某个"与人无关的世界"。离开了这个基础，他其实不能知道也不能想象他描述的世界是什么。

其二，任何人都能全无心理障碍地说出"圆形的方块、冰凉的钢水、长在石头上的人"这样的语句，但是如果问他这些东西到底是什么，他可能就会意识到，他其实根本没有经验过也不可能经验到被他这样描述的事物和事件。在我看来，这也是人类生存环境对人的想象力的制约，因为除了愿意深入思考的人比如哲学家，人们一般都会安于认为这样的描述很奇怪（语言学术语叫"语义异常"），而不会更深入地想：有没有那样一个环境，在那里确实可能存在被这样描述的东西？

这种状况还可以从另一个角度来说明。

在这类情境中，普通人的想象力其实很难，如果我们尚不能断言它完全不可能被引向所谓"与人无关的世界"。比如，听到"他哪里也没有去过，因为他长在石头上"这类话语，如果听话人能肯定说话人有健全的思维能力，他最可能的第一反应是：哪里有这样的事。他的这种反应，实际上是将他听到的话语描述的事件，放在他熟悉并身处其中的环境里来观察和判断；或者说，在这个场合是语言描述引导了他的想象。但是这个想象，并没有被引导到"这件事可能发生在与我们无关的某个世界里"。

至于说话人，比如我自己在想象这样的事件并将它作为一个信息来传递时，倒的确感受到了我的想象力受到的限制。这倒不完全是因为，基于我在这个世界里的经验和关于这个世界的知识，基于"在我们这个世界里可能与否"这个前提，我并不太可能构想不能被我的感知觉经验到也不在我的知识范围内的事物和事件。我指的是，人们通常的经验是，想象中的这类"事物/事件"的，并不是可以不受任何限制地信手拈来，而是需要花费心思去编造。"花费心思"这个表述，可能马上会受到普通人的质疑：我并不需要绞尽脑汁，就可以轻松地构想出一个我从来没有见过、别人也不可能见到的东西或者画面。比如我可以想象，我们熟识的事物，获得了在我们这个世界里不可能具有的属性；或者我们已经或能够经历的事件，被我想象成以在我们这个世界里不可能的方式发生了，比如"男人生孩子""松树走出了树林"，等等。

不过在这里我们看到的是，普通人这样的质疑，实际上体现的仍旧是语言相对论的思想：在语言的制约下，普通人已经意识不到，他编造出来的，其实并不是在我们这个世界里不可能的事物或事件，而首先是他能够对自己描述这种想象的语句。如果他不能编造出一个语句，来描述自己想象的那个"不可能"，这种他相信自己能够想象的东西或画面，他其实是想象不出来的。但是普通人已经意识不到这一点。

就上面这段论述，我们可以在 Wittgenstein "我的语言的边界，就是我的世界的边界"这个思想的基础上，做如下思考：（a）在日常生活中不可能与某个（些）人有任何关系的但确实存在的事物，这个（些）人可以通过谈论它们，至少将自己的思考与它们联系起来；（b）在地球表面环境中根本不可能与人实际发生任何关系的事物，人们最终仍旧可以通过语言来想象甚至谈论它们。由此我们是否可以追问：某个世界是否与我们相关，归根结底是我们有否能够描述它的语言手段？

其实，这是普通人通过内省也不难领会的一种状况：没有人能够让自己的头脑中呈现出某一个根本不能用任何语言手段来描述的事物的形象或事件的画面。换言之，人能否想象他根本不可能经历的事件和根本不可以感知的事物，决定性的因素是语言能否对那些事件和事物作出描述。而且，在语言的制约下，人对任何世界的描述，都被局限于他在日常生活中能够经验到的真实世界，也就是能够通过语言"看到"的世界图景。我在前边提到的事物在五维世界中的运动，可信地例证了我的这个观点。

普通人似乎已经根深蒂固地相信，他能够用语言描述的，虽然可能荒谬，但至少也是一种"可以想象的事物/事情"。人不能意识到的语言的制约在于：没有人能够离开语言，去完成哪怕是"想象"这样的心智行为。"现代人类如此依赖语言……语言已经成为无处不在的，基于神经的适应系统。"（Schepartz，1993 脚注）

就此我们应该说，"不可能想象"的实质，就是"不可能被说出来"：反过来也是同样：不可能被说出来的，就不可能被想象；而某种"东西"一旦被说出来，它就至少通过语言与人相关了。在这个意义上，与人无关，最终的界定就是甚至不可能通过语言与人相关。下文这个表述可能佶屈聱牙，但是如果认为人可能以某种方式，脱离语言去想象全然与他无关的世界，我们其实是说"试图想象根本不可能想象的东西"。

换一个角度来表述，这个思想就是：我们并不可能知道是否存在与我们无关的世界，因为我们的语言和我们的整个存在一样，都是地球表面环境这个三维空间的存在物；语言也不可能逾越这个限制直接接触三维以外的"环境"。思维方式受到语言的制约，普通人当然也不可能哪怕想象我们这个真实世界以外的任何世界。我正是在这个意义上谈论所谓"与人无关的世界"。

如果我们就此认同语言对思维的形成力作用这个语言相对论思想，当然还显得草率，因为这里讨论的现象并不是都在语言相对论的解释范围。但是这些现象至少可以让我们认为，是否存在与人完全无关的世界，其实并不一定只能从传统的哲学层面上来讨论，我们完全可以从语言相关的角度、比如在语言相对论理论体系中来考察。

按照能否被想象来谈论"与人无关的世界"，我们就触及了一个对于语言相对论至关重要的问题：什么是在语言之外形成的所谓"前语言思想"。这是因为，如果存在"前语言思想"，那么，人的想象力受到语言的制约，就不再可以逻辑地推论出来，上文论述那些人的想象能力，都可以归结为这个"前语言思想"的作用，而不是语言的制约。

从被 Whorf 称为自然逻辑的观点（在本书的讨论中，我将所有认为思想在语言之外形成和存在的立场统称"自然逻辑"）到当今引领语言研究潮流的认知语言学，"思想（思维）"似乎已经被约定俗成地当成了一个不用任何解释就能自由运用的术语，用来指称在语言之外形成然后被语言包装并传递的那个实体（entity）。认知语言学将这个实体包括到所谓的"认知结构"或"认知能力"中。但是直到今天，除了与"思想"有关的一些隐喻性表述，比如"形成、储存、被包装、被传递"等，被语言研究包括认知语言学作为当然存在的实体的前语言思想，还没有被任何相关科学研究以实验数据的形式，向我们直观地展示过。这样看来，众多研究者已经习以为常的"前语言（或语言以外的）思想"，实际上只存在于他们的想象中。

认定思想是在语言以外形成的研究者是否能够以及怎样想象这个"前语言思想"？关于人的大脑中枢神经的言语思维机制，神经生物生理科学和神经解剖学能够为语言研究提供的，至今没有超出对大脑皮层、神经细胞、脑电波、突触之类与言语思维活动相关的物质形式的观察事实。如我在（蒋国辉，2016）中已经指出，即使研究者可以捕捉到运行中的脑电波，并在屏幕上将其展示出来，我们是否能够断言这就是语言之外的思想？退一步讲，姑且承认这种被观察到的脑电波就是"思想"，我们能否判断这是关于什么的思想？比如，假设被测试者在他的脑电波被捕捉并被观察时，实验设计者正好拿着一朵花放在他眼前，我们是否能够从屏幕上不断闪烁的光斑里，读出这个思想是"这是一朵花"还是"这是什么"还是"这朵花是红色的"，等等？

这并不是对认知科学以及类似观点的苛求，但是思想可以在语言以外形成的断言，必须要有这种形式的直观实验数据支持：将屏幕上不断闪烁的光斑，直接对应为"这是一朵花"之类的"思想"。没有这样的直观数据却谈论语言以外的思想，研究者最多也只能想象这种在语言以外形成并存在的思想，而且他们实在也不能真正想象出这种思想的形式和内容。所谓形成、存在、储存等关于思想的各种"状况"，实质上与想象五维世界里的运动，是同样的思维活动。虽然研究者在这一点上超越了普通人的认识能力，知道他们只能用隐喻的形式来表述他们并不知道其实质的事物，但他们归根结底是在"想象不可能想象的事物"，他们的想象力并不能达到被想象事物的真实状况。因此我们可以说，无视语言对思维的形成力作用而奢谈"前语言的思想"，研究者在某种程度上也不过是在谈论一个与他们无关的世界。

第三节　客观世界与人的认识

客观世界存在与否、以什么形式存在，是哲学领域中最重要的似乎也没有哲学学派能够回避的本体论问题，尽管问题的提出和对这个问题的立场，但并不能归结为如此简单和直截了当的表述。哲学家对此的论述当然不是我考察的对象。事实上我在自己的研究中能够做的，不过是在这个问题不能回避时，不加评论地沿用哲学家对这个问题的一些观点，以此说明这个问题的纠结状况。我比较悲观地认为，哲学领域以外的任何研究，如果涉及客观世界存在与否之类本体论问题，都应该而且只能安于哲学研究的这种现状，尽量使自己的理论在这样的语境中不产生内在矛盾，仅此而已。

继续第一节关于真实世界的话题，我想我应该可以基于自己的研究目标提出这样的问题：当语言相对论谈论语言塑造人的世界观、构建语言世界图景时，被研究者谈论的真实世界可能是什么。就这一点而言，哲学家有一个说法，即客观世界被理解为感觉材料（perceptions）的集合。这似乎符合普通人对外部世界的经验：他的世界，就是他可以通过所有感觉器官经验到的万事万物。对于一些哲学流派，比如近代的经验主义或逻辑实证主义，感觉材料占据极其重要的地位，它们的存在被看作是不证自明的。比如 Carnap 强调（1961：74），（就人认识世界而言）构造工作可以沿着不同的方向进行。我们既可以从感觉材料出发构造物理世界，也可以反过来做。不过他认为，以感觉材料为起点的构造工作仍然有一种天然的特点，即它与人的认知顺序相吻合。它们是直接被"给予"认知主体的，因此也是真实存在的。

与 Carnap 的思想相关，哲学研究现在倾向于认为属性分为两类，"自然属性"与"非自然属性"。具体地说，我们的世界观中有一部分内容涉及世界的客观结构。这个客观结构的具体特性即自然属性，完全不依赖于任何认知主体。就这类属性而言，它们被示例或不被示例，以及被什么物体示例，是客观世界本身结构的一部分，是客观世界自行决定的，与认知主体看待世界的方式无关。换句话说，客观世界是否存在，并不依赖有无认知主体。但是，就认知主体相应于客观世界这一部分的世界观而言，的确存在着它（世界观）是否正确再现了世界客观结构的问题，因为我们的世界观只要涉及这类问题，就可能有两种情况，即它或者正确或者错误地描述了客观世界。在这个领域里，我们有对客观世界做出错误描述的各种可能性，而且我们不一定知道客观世界中实际出现的状况，是否被我们正确或错误地描述了。比如，在客观世界中，某个属性被示例了（或没有被示例），而我们却错误地认为它没有被示例（或被示例了）。同样，我们还可能在一个属性究竟被哪些物体示例这方面犯错误。

一些研究者运用了这样的例证（蒋运鹏，2018）：我们从认知主体的角度对微观世界的认识是，如果物理世界确实存在，那么，在没有任何认知主体的情况下，它在客观上就是一群基本粒子（这种说法实际上并没有脱离认知主体，因为作出"一群基本粒子"这样的判断，是基于当前物理学关于客观世界的认识水平。脱离这个认识我们并不能断言，物理世界的终极状况客观上就是一群基本粒子）。存在哪些基本粒子，这些基本粒子示例何种属性，也是世界客观结构的一部分。就我们对物理微观状态的看法而言，这里的问题在于，它们（基本粒子）在我们的认识中是否确实再现了客观物理世界的结构。

世界观的另一些部分涉及的非自然属性，则是单纯来源于我们习惯的描述世界的方法。对非自然属性而言，这一部分看法反映我们（作为认知主体）按照我们的兴趣、人为地给世界附加上去的结构。它们被示例或不被示例，以及被哪些物体示例，都不属于客观世界结构的某一部分。客观世界本身在此保持沉默。就这个领域而言，不存在认知主体的世界观对客观世界的描述是否正确的问题。

在我看来，哲学家将客观世界的属性分为两类的观点，似乎并未最终说明，客观世界的"某一部分"，是否确实不依人对它的认识而存在并成为判断人对其认识是否正确的终极标准。我们或许可以将科学研究的结论看作人对客观世界超然于认知主体的认识，是人能够真正认识到那种"客观世界自行决定"的结构。然而这样的成就，说到底只能是科学试图达到的理想境界。比如 Einstein 的相对论力求最终脱离观察者的因素来解释物理世界的结构，但是人的认识乃至科学家的研究，实际上并不能达到那个层次。所有的科学研究，本质上都是为自己划定一个范围，并只在这个范围观察和解释物理世界。从这个角度来理解科学研究的真谛，我们或许应该说，物理世界总是在某种与人相关的角度被观察，科学研究的结论因此并不能理所当然地被视为描述了物理世界本身（离开了认知主体）的结构。

对这个问题的另一层思考是，甚至从非专业哲学和科学研究的角度来观察，客观世界是否有其自行决定的结构，如果不是不可能也是很难证明的。在科学尚未宣称人类已经认识到了客观世界的全部时，谈论客观世界自行决定的结构，自然应该考虑它尚未被我们认识到的那些部分，但是那些部分从定义上已经被排除在人的认识之外。通俗地说，我们并不知道客观世界的那些结构是否存在、怎样存在。当科学家相信客观世界的结构中仍旧存在未被我们认识到的部分或者说存在没有被我们认识到的世界，只是科学在其发展的现阶段尚不能证明它的存在和存在的形式时（a），当哲学家断言存在一个与认知主体无关、由客观世界自行决定的结构时（b），支持他们信念的是这样的事实：随着人的认识能力发展，科学可以不断发现之前没有被认识到的事物。这类事物当然也是客观世界"自行决定"的结构的组成部分，它们的被发现，证明了和将会证明包含它们的某种还没有被我们认识到的客观世界结构的存在。

既然科学家和哲学家的这种信念只能相对于因科学发现而被他们认识到的世界或者说相对于被人类认识到的世界，那么，世界的客观自然属性的存在，实际上还是以是否被人认识到为标准：说客观世界的结构是自行决定的，只是就人已经认识到的那一部分客观世界而言；对于人没有认识到的客观世界的那些部分，科学家并不能断言它是否有自行决定的结构，因为他们根本不知道它是否存在、是否有某种结构。因此，以科学的发现来推论客观世界未被人认识到的部分，进而推论客观世界自行决定的结构，仍旧是以这样的结构能否被人认识到作为判断的依据。

因此，我们或许应该说，被科学发现的事物对于我们的认识是存在的；没有被科学发现的事物并没有被我们认识到，所以对于我们的认识是不存在的。

第四节　存疑与搁置

尽管关于客观世界的存在和人对它的认识的哲学争论一直在延续，不过上文的观察让我们看到，客观世界在人的意识之外有无独立的存在，或者意识和物质孰先孰后，似乎已经不再是哲学关注的焦点。哲学家更多关注的，是客观世界和主观意识究竟是什么关系，人是否能够真正认识到，以什么形式认识到客观世界。对这一点，我想哲学家的态度可以大致表述为存疑。以下内容基于 Russell（1945）关于西方哲学的论述。

这样的存疑几乎可以追溯到 Descartes 在他的哲学中采取的那种思考方法。Descartes 对"已经存在着的"世界事物和一切观念的真理性提出怀疑。这种怀疑使他对世界事物和现存观念，采取了暂时搁置不论的态度，而集中思路去寻找自明性的东西。按照 Descartes 的说法，人们可以怀疑外界客体对象的存在，可以怀疑所有科学研究的成果和结论，也可以怀疑一切现存的思想观念、风俗习惯和道德以及信仰的正确性，人们还可以怀疑自己的思维、感觉和判断的正确性……，但是人们无论如何也不能怀疑"自己当下正在怀疑"这个事实，认为只有这个怀疑是千真万确地存在的。这就是他那个著名的表述"我思故我在"。

后来的哲学家比如 Hume，也持与 Descartes 类似的观点，只不过客观世界是否存在，并不是 Hume 怀疑论哲学思想的全部，只是其中的一个组成部分。Hume 并不否认外界物体的存在，他只是对外界物体的存在提出怀疑，并且认为我们不可能（至少他本人没有）找到一种可靠的理论，来证明外界物体的存在。因为，虽然我们对外界物体的存在有不可动摇的信念，但是当我们试图从感官本身、从想象的功能和从哲学的思辨几方面寻找这一信念的依据时，我们都只能失望。根据 Hume 的原则，原始感觉是一切经验推理的最终基础，是一切概念和意义的标准。如果物体存在的信念有感官直接感觉的根据，它的真实性就有了保证。但是 Hume 认为这样的保证是不存在的，我们的感官既不能提供对象不呈现于感官时继续存在的概念，也不提供对象在感觉之外独立存在的概念。如果对象不呈现于感官，意味着就此对象而言，感官的活动停止了；而这时要说关于感官提供对象的概念继续存在，无异于说感官继续在活动，这就产生了矛盾。因此，对象未呈现于感官时的继续存在不能得到感官的证明。对此 Hume 提出了一个问题：是什么促使我们相信外物存在，相信外物是持续存在的并且独立于感知觉之外？他认为这只是现象的一贯性。

Hume 的这个说法，与自 Locke 以来关于知觉—对象双重存在的哲学假设在一定程度上是吻合的，即现象的一贯性其实是知觉连续性的结果：在我们想象时，知觉是连续的；而在反省时，知觉间断了。我们却就此虚构了知觉的间断而对象是连续的。由此 Hume 讨论的，是靠非论证性推论、仅从经验的资料所得到的那种不确实的知识。这里面包括我们有关未来的全部知识以及关于过去和现在的未观察部分的全部知识。这是一种"盖然的"知识。除去直接的观察结果，再除去逻辑和数学，这种知识实际上包括了其余的一切。通过对这种盖然的知识的分析，Hume 得出了一些怀疑主义的结论，这些结论因为既难反驳同样也难接受，结果成了给哲学家下的一道战书，"到现在一直还没有接到对手的应战"（Russell 语）。

Kant 的不可知论，本质上也是对客观世界是否存在的一种怀疑。唯心主义主张，除了能思的存在体，没有别的存在之物，我们以为是直观地感知到的其他东西，都不过是能思的存在体内在的表象，实际上在外界没有任何对象同它相对应。Kant 对这种观点并不以为然。他认为，作为我们感官对象而存在于我们之外的物是已有的，只是这些物可能是什么样子，我们一点也不知道，我们只知道它们的现象，也就是当它们作用于我们的感官时，在我们（的思想）之内产生的表象。现象界背后的自在世界则是人的理性无法认识的。按照 Kant 的说法，人的想象力即大脑形成形象的能力，是介于理解和感性之间的中介能力。知识是通过想象的创造性活动实现的，因为它把模式强加到自然界中，在这个过程中，感官体验的内容根据理解的类别被图式化。Kant 认为，我们固然完全不知道在我们之外的存在物本身是什么样子，但是由于它们的影响作用于我们的感性而得到的表象使我们知道了它们，我们就把这些东西称为"物体"，这个名称所指的虽然仅仅是我们不知道的东西的现象，然而无论如何，它意味着实在的对象的存在。

关于客观世界和人对它的认识，Schopenhauer 的"世界是我的表象"这个思想，几乎是对 Kant 哲学思想的直接继承。通过对现象界和自在之物的划分，Schopenhauer 认为世界存在于两个层次：一是表象世界，二是意志世界。Schopenhauer 的这个思想，并不是主张世界是由"我"创造的，他不否认物质世界的客观存在，而只是说世界对我们呈现，为我们所表象，而这个表象是我们关于世界的一切话题的前提：世界就是它向我们表象的那个样子。整个世界只是同一意志的客体化。表象是由意志客体化所转化成的现象，表象不是实体，只是一种现象。世界与人的关系是表象和表象者的关系。表象的世界是"现象"的世界，在它之外还有一个世界，即被作为"自在之物"的意志。意志的客体化就是理念，而理念的显现就是现象。

现象学的主张，看来是为哲学家对客观世界存在与否的疑虑和争执，寻求解决方法的一个尝试。这个尝试的依据，从学派的名称来看，似乎可以认为是上述哲学家在认知主体和客观世界之间设定的最重要的中介——"现象"。这个尝试就是 Husserl 的所谓"中性"处置办法，即"搁置"（epoche）：把客体对象暂时搁置起来，对它暂时不做出任何陈述和判断。按照 Husserl 的思路，现象学必须从简单自明的事实出发；这个简单自明的事实，就是对于人的认识直接显现的事实。人们自然的思想态度，总是从客体对象出发；但是，因为客体对象并不是自明的事实，而是超验的对象，所以我们在以现象学的方法认识事物的时候，应该避免那种从客体对象出发的思路。由于在认识之前，我们并不能断定客体对象是否存在，因此又不可轻易地对客体对象采取否定的态度。传统的哲学家认为知识的重要来源是客观世界的感性材料，但感性材料受制于感觉，因感觉的变幻而变动不居，因此，为了得到必然的、绝对的知识，就要超越客观世界，在纯粹的精神世界里寻求知识的可靠根基。Husserl 采取对客观自然事物"搁置"的态度，就是将客观世界是否存在的问题搁置起来，但这并不是否认客观世界，只是说不去问它，对它"存疑"，将观察、认识和思考指向表象世界的现象。

第五节　语言相对论的视角

我在（蒋国辉，2016）中已经表述过这样的观点：语言相对论并不是偶然出现的一个语言学理论，而是西方哲学那些永恒的哲学论题，是在语言学领域里的响应和延续。比如，人能不能以及用什么方式认识客观世界，感觉材料是否可靠，人认识到的客观世界在什么程度上吻合于那个世界的真实状况，等等。因此，当我们从语言相对论的角度谈论语言、思维、真实世界的相关性时，我们的讨论就应该也可以从与哲学家的思想大致相应的角度来展开，这就是说，如果我们坚持语言相对论的核心思想"语言对思维的形成力作用""语言为人构建其认识、观察和描述真实世界的语言中间世界，并塑造人的世界观"，那么语言相对论面对的认识论问题就是：如果客观世界是可以被认识到的，那么在语言的制约下，我们以什么方式认识客观世界。换言之，通过语言被我们认识到的客观世界，是否契合于作为感觉材料集合的那个客观世界、是否等同于在日常生活中普通人对外部世界的感知觉经验。

从这个角度来响应关于客观世界的哲学讨论，似乎可以让语言研究者松一口气：加上"在语言的制约下"这个限定条件，语言研究中的"客观世界"，就不必包含哲学家关于客观世界是否存在那个艰涩的本体论话题，也不必包含人是否能够真正认识客观世界那个也颇具争议的认识论的话题。语言研究者需要做的，只是观察和解释语言在这个认识活动中可能或者确实起到的作用。这是因为，在语言相对论这类语言相关的哲学研究涉及客观世界时，语言研究者虽然并不可能都是现象学相关思想的追随者，但是他们真实的立场，实际上是"搁置"了这个问题，甚至不需要对客观世界的存在与否存疑。我在自己的语言相对论理论中的一个基本观点，相应也就是：在哲学家并不最终断言作为感觉材料集合的客观世界存在与否时，语言研究者仍旧可以这样提出问题：人通过语言为其构建的语言中间世界观察、认识和描述的那个真实世界，与他通过感知觉直接经验到的那个客观物理世界，是否同一。

站在语言相对论的立场，我对此的回答是否定的。

在其解释范围讨论日常生活中的普通人对真实世界的前科学认识（而不是基于生物属性、生理机能的感知觉经验），并主张这个认识不是由真实世界的物理属性决定，不可能超越语言规定的框架时，语言相对论并不是要证明语言有凌驾于物理世界和人的感知觉之上的力量，也不是要讨论诸如"自在之物与表象"（现象）这类哲学思想。这个理论要说明的，是语言对人观察和认识世界的规定性作用。这个作用表现在，普通人并不能真正区别感知觉经验和语言描述。对此的一个经验事实是，普通人在对真实世界的观察和认识行为中，都会（尽管可能是无意识地）持这样一个信念——交际合作原则其实就是对这个信念的语言学理论表述："我说的就是我看见的（听见的，等等）。"

在我的理论中，语言相对论试图说明的是，人在语言的作用下认识到的世界，与没有语言参与、作为感觉材料集合的客观世界并非同一。语言在人对真实世界的认识行为中的作用不是反映，而是创造，它创造了一个引导人观察和认识真实世界的世界，或者叫作"语言中间世界"，它是一个介于人和真实世界之间的棱镜，人通过这个棱镜观察、描述和认识真实世界。

说语言中间世界是真实世界在语言中的投影，逻辑上预设了一个前提：语言中间世界和真实世界是分离的。语言相对论强调人只能通过语言中间世界来认识（要记住的是，在语言相对论的解释范围，我们并不是全面地谈论人的认知能力。稍后我会回到这个话题）真实世界；或者更确切地说，被人观察和认识到的，是真实世界的语言世界图景。不过，这样定义语言中间世界，似乎暗示着真实世界并非必定被语言投射到语言中间世界，也就是认同了哲学家们都基本肯定的那个客观世界的存在。尽管在人类知识发展的某一个阶段，那个世界能够或不能够被人的认识达到，但是理论上应该存在这样的可能性，即人可以在某个时候、用某种方式，避开语言去经验和认识自在的客观真实世界。然而我想说的是，如果我们不在与动物相当的层次上谈论普通人对真实世界的经验，那么，人通过感知觉经验到的世界，并不是他在理性的层次上观察、认识和描述的那个世界。

普通人在日常生活中能够而且实际上观察、认识和描述的那个世界，在很大程度上（如果在语言相对论尚未真正受到检验并被证实时，我们不能说"完全"）是语言为他构建的。所谓的语言中间世界，因此并不能仅仅视为真实世界在语言中的投射，它实际上就是普通人在日常生活中能够认识到的世界，它是由语言构建的，不论我们把这样的世界称为现象或者表象。在人类进化到拥有成熟的语言之后，对于日常生活中的普通人的世界观，或者说普通人关于客观世界前科学的、朴素的观察和认识（不是源于刺激—反应的感知觉经验），就不再有语言为他构建的这个世界以外的任何世界。在这个意义上，借用 Lakoff "我们生活在隐喻里"这个表述，我们应该说：我们生活在语言中。"现代基因型（modern genotype）之所以如此成功，是因为它拥有一个完整的语言系统，类似于我们自己的语言系统。"（Clark，1989：581）

这样理解语言相对论，我们的思路似乎已经越出了迄今为止研究者（在一定程度上也包括我自己）习惯的讨论范围，比如关于语言描述如何影响人的时间观念，比如语言对颜色辨识和颜色记忆的影响，比如语言对范畴知觉的影响，等等。在这些领域中，支持和反对语言相对论的观察事实，都没有压倒性的优势。给人的印象是，没有直观的神经生物生理科学实验数据的支持，就语言对思维的形成力作用、语言塑造人的世界观这些语言相对论的假说，持不同立场的研究者都可以通过自己的观察事实来支持或反对，并由此得出见仁见智的结论。这种相持不下的争辩，或许是源于语言相对论的支持者和反对者一个共同的思考：语言是否以及怎样在某个（尽管几乎不可追溯）的发展阶段，获得了规定人的思维模式、塑造人的世界观的特质。

没有相关科学直观实验数据支持，评判这种见仁见智的争辩，当然非常困难。不过我们似乎还有另一种可能的思考角度：语言相对论力图证明的语言的这些特质，并不是语言在发展到某个阶段才获得的，而是语言从它产生之时就"与生俱来"的。是语言的起源，导致了人类思维（思想）这个人类独具的心智能力的起源。这个假说实际上比研究者当前争论的语言相对论假说更难检验，因为它根本不可能期待任何直观实验数据或考古发掘的支持。不过，既然语言的起源和进化是一个被语言学界认可的研究领域，我们就可以合理地思考，语言产生后，到底为人类的进化贡献了什么，是不是语言使人类有可能产生出理性地观察和认识世界的思维能力，尽管这样的思考与思考语言的起源一样，可能永远停留在"笔和纸"的研究范围。

本书的讨论就是围绕这个话题展开的。在进入正题前，我们不妨再沿着哲学的思路简略回顾一下语言相对论思想的脉络。

第六节 人对世界的认识

回到上一节关于"认识与认知"的话题。

我对"语言世界图景"（语言中间世界）这个在语言相对论中被沿用的基本概念的理解是：对于普通人，这个语言世界图景，就是他在日常生活中可能观察和认识到的那个真实世界。这个说法听起来显得极端并且可能让支持语言相对论的人们感到困惑，因为依照对"语言世界图景（语言中间世界）=（被人观察和认识到的）真实世界"字面上的理解，语言相对论的反对者似乎马上就可以让语言相对论思想陷入困境，他们也确实可以据理充足地争辩：如果我们把面对世界的认知主体（人），看作其所有生理—心理机制综合的整体，则人对世界的认识，他们说的其实是"认知"显然并非都同语言相关。

人对客观世界的全部知识，当然不可能只从一个语言学理论的角度来观察、分析和解释；语言相对论涉及的普通人在日常生活中受语言制约的思维活动，也远不是人作为生理—心理机制综合机体的全部理性认识活动。语言相对论支持者的困惑和反对者的依据，在很大程度上仍旧可以归结为对语言相对论解释范围的错误理解。认为人能够观察和认识到的真实世界就是语言为其构建的语言世界图景，是基于我对语言相对论解释范围不变的立场：语言相对论的解释范围，仅仅限于普通人在日常生活中对真实世界前科学的、朴素的理性认识，这是"语言世界图景 =（被人观察和认识到的）真实世界"这个表述的必不可少的前提。"前科学"是指，比如"太靠近火焰会被灼伤"这句话描述的，是普通人在日常生活中认识到的火和他身体间的关系，并不包括诸如神经末梢受到高温刺激可能的反应、神经信号怎样在中枢神经系统和神经末梢之间传递、肌肉怎样在相关神经系统指令下动作等生理学和解剖学提供的科学知识。"朴素"是指，比如一个人说"我看见了火"，他表述的就是他通过视觉经验到的这个真实世界片段。在他的观察和描述中，没有关于被看到的火焰是否真实存在、他看到的是物体还是现象之类哲学思考。"理性"区别于本能，可粗略理解为人对来自真实世界的物理性刺激的延宕反应，而不是被火灼到马上缩手之类的本能反应。这类延宕反应是在语言的制约下完成的。

基于哲学家关于客观世界的存在、关于人是否能够或怎样认识这个客观世界的论述，以及我在（蒋国辉，2016）和本书绪论中已经阐述过的语言相对论解释范围，在语言相对论研究领域里谈论人对客观世界的认识，我们并不讨论：（a）人对外界的感知觉经验和生理反应，以及与"刺激—反应"模式相关的行为；（b）高于日常生活层次的人类精神生活层面，比如哲学、科学、艺术、政治、伦理道德、经济、法律，等等。语言相对论当然不是一种包罗万象的理论，它不可能基于语言，解释人在生理和精神层面上对客观世界完整的经验和认识、解释所有被认知科学纳入研究范围的人经验和认识客观世界的生理—心理机制。语言相对论涉及的，只是语言在这个认识活动的那个朴素的、前科学的理性部分中的作用。

对语言相对论解释范围的这种规定，是因为人类语言永远不可能与那些领域有语言相对论表述的那种相关性，还是囿于语言相对论研究在当今人类整体认识能力和科学知识的水平上只能达到的境界，我现在当然不能断言。下文的观察和讨论，或许能给更深入的研究提供一个切入点。

一　感知觉经验中的世界

（一）真正的感知觉经验

在我关于语言相对论的讨论中，排除与人的生物—生理属性相关的对客观世界的认识行为，应该说是与当前人类对自身认识的局限性以及与我的研究方向和学术造诣相关的一个权宜之计。过多地涉及自己不熟悉的也是人类的认识能力当前还达不到的领域，可能会因为无法驾驭讨论的对象，而导致理论系统内部的矛盾。不过有一个问题，不论是语言相对论的研究，还是任何一个涉及人对世界的认识能力和认识过程的科学研究，可能最终都无法回避，这就是：如果不认为动物也可以完成的、对于来自外部世界的物理性刺激的直接反应（相对于延宕的反应）行为，也是人认识世界的一种形式，那么我们应该说，人对世界的感知觉经验并不是（或者说已经不是）人关于世界的一种独立的认识方式。然而，如果感知觉经验是人认识世界这个完整的生理心智行为的组成部分，它是否必然并怎样同这个认识行为中的其他因素比如语言相关？我相信这个问题迟早会被纳入语言、思维、真实世界相关性的研究中，必然会与语言相对论的思想联系在一起被观察和思考。当前一些从事语言相对论研究的人关于语言可能引导视觉（e.g. Gilbert et al., 2006）或者语言影响人的行为方式（Salminen & Hiltunen 1993，1995；Johansson et al.，1995；Salminen & Johansson 1996，2000）的研究，就是在这个研究方向上可贵的尝试，尽管可能并没有取得无可辩驳的成就。

就相关科学研究的现状，在语言相对论的研究中，我们可以比较粗略地将人通过感知觉（从神经生物生理科学角度，不加区分地说"感知觉"，本身就是一种相当粗略的观察方式）怎样认识客观世界表述如下：

当前神经生物—生理科学关于大脑中枢神经系统接收和加工来自外界物理世界信息的研究告诉我们，来自外界的物理刺激在神经生物生理层次上被接收和加工，是一个完整的、同语言和其他心智行为无关[①]的生物生理活动过程。比如人对物体的视觉感知可以极其简化地描述为：外界的光线进入眼睛，经过角膜、晶状体、玻璃体等屈光系统的折射后，聚集在视网膜上，形成光刺激。视网膜的感光细胞受到刺激后，就会发生一系列物理和化学变化，产生电流（神经冲动）。这些冲动传至双极细胞，再传至视网膜上的神经节细胞，这些神经节细胞的突触集合为视神经。在视觉刺激传入通路和皮质视区时，视网膜上不同的点按空间对应原则，将投射的光通过折光系统在视网膜上成像。两眼的视神经在脑垂体附近汇合，然后传入大脑视觉中枢。当视网膜的兴奋达到皮质后，枕叶区的脑电图便发生

---

① 为了不使讨论过于繁复，我在这里暂时避开感知觉与言语思维活动可能的联系。随着对语言和思维、语言和人的认识能力的相关性研究更加深入，这个领域可能成为一个重要的研究对象。

变化，产生带有断续频率的振动，这时便产生了视觉，人就可以分辨所看到的物体的色泽、分辨其亮度，从而可以看清视觉范围的发光或反光物体的轮廓、大小、颜色、远近和一些表面细节。

相关研究告诉我们，具有发达程度不同的视觉神经系统的动物以及尚未掌握语言的初生婴儿，都可以通过这样的神经生物生理机制获得视觉信息。这样被相关神经系统接收和加工得到的视觉信息（以及所有感知觉信息），如果仅限于与物体的轮廓、颜色之类相关的生理经验，的确同语言没有任何关系。不过需要指出的是，即使与语言无关，仅从神经生物生理的层次上看，物理世界也不是以被人感知的状况而存在。被人感知到的"真实世界"是人被介导（mediated）而构建的；人被介导而构建"真实世界"的这种能力，受制于人的生理机能。比如，人只有3种感光细胞（photoreceptor），因此人不能感知比如红外线、紫外线等光波；换句话说，在人的感知觉中的物理世界也就是人被介导而构建的真实世界里，不存在比红色的波长更长、比紫色的波长更短的颜色。

除了这种形式的"被介导"，如果仔细观察人获得感知觉信息的方式和感知觉信息的实质，我们似乎还有必要考察一下，这样的感知觉信息是不是人对客观世界的认识；或者站在语言相对论的立场更确切地说，我们能否将上文描述的那种感知觉信息，与人在语言的制约下对客观世界的认识，看作人对客观世界的同一层次上的认识。在我的理论中，这个问题显然不可能也不必要全面讨论，但是有一点似乎可以肯定：普通人相信他们获得的感知觉信息就是客观世界的真实状况，并不会意识到或许也不会认同，这种真实状况并不是仅仅通过感觉器官和感知觉神经系统就可以经验到。下文的看法可能是关于这个问题的一个较好的说明（蒋运鹏，2018；也可参看 Morris，2005：63—63 关于被概念引导的感知觉），尽管这样的看法更多的是哲学思辨：我们之所以倾向于将物理世界的某些部分划分出来，称为比如"桌子"，无疑与我们使用的概念系统有关。现有概念系统的形成，首先取决于我们的生理状况。这种状况使普通桌子大小的物体容易引起我们的注意。假设我们的视力精度停留在基本粒子层面，我们很可能不会将我们现在称为桌子的那个物理区域看作一个整体。其次，现有概念系统的形成也取决于另一些偶然因素。比如，我们倾向于将特定的空间区域看作是由"物体"占据的,而将另一些空间区域看作是"空"的。但是另外一种看法原则上也是完全成立的:我们也可以将围绕桌子的空间看作一个物体,而将桌子占据的部分看作这个物体内部的空洞。若采用这种概念系统,我们也许不会认为世界上有桌子这种"物体"。

如此看来,人从客观世界中能够获得什么样的感知觉信息,并不是感觉器官和感知觉神经系统单独决定的。或者从另一个角度表述:在神经生物生理科学研究中被视为一个独立、完整过程的感知觉信息接收和加工的神经活动,输出的结果或许并不是普通人习以为常的、能够意识到的感知觉经验。我指的是,比如说人"看见"了什么,我们谈论的显然是人的视觉经验。依照神经生物生理科学(当然不是从严格的神经解剖和物理学原理的角度)的解释,人看见的应该就是轮廓、大小、颜色之类的"东西",或者这些"东西"的一个集合,这是人在生物生理层次上真正能够获得的感知觉信息。然而普通人并不能意识到这一点,也不会认为他只是看见了如此这般的一些"东西"。在外界条件(光线,视觉分辨能力能够达到的距离,等等)和生理条件(视力健康、意识清楚,等等)都正常的状况下,他会认为他看见的并不是轮廓、大小、颜色之类"东西"或者这类"东西"的一个集合,而是看见了比如一张桌子。在这个意义上,看见一张桌子并不完全是视神经生理过程的结果,它还要依赖一个重要因素即人的概念系统;而人的概念系统和语言的相关性,是语言相对论关注的一个基本问题。我这样说,当然不是断言语言能够引导甚至决定人的感知觉经验,这当然不是语言相对论单独能够研究并得出相关结论的问题,尽管我们已经看到,不少对语言相对论感兴趣的研究者,正在努力从这个角度,寻找支持语言相对论观察事实。

(二)语言能否引导感知觉

哲学家其实也一直在关注这个问题。Berkeley 下面这段话,可能是对语言引导视觉的一个很生动的说明(转引自 Corbett,2009:91):你从不同的角度看一本书,你都看见它是一本书。实际上在你的视网膜上你只能看见了一个红色的斑块,我们能够看见的也就是这些。(为了能够看见一本书)我们必须知道它是一本书。我们相信对象物是一个事物,仅仅是因为我们能够据悉推论(learned inference),我们并不能直接觉察到事物。

重复的经验让我们能够将纯粹的感觉（bare sensations）解释为有意义的。

Russell 的表述同 Berkeley 的思想也非常接近（罗素，1983）：我们认为我们自己关于物理世界所知道的全部知识，其实都建立在我们认为有因果律存在的假定之上。感觉以及我们乐观地叫作"知觉"的东西，是发生在我们身体内的事情。我们实际上看不见物理上的物体，正像我们听无线电广播时听不到电磁波一样。

Husserl（Husserl，1962）大致也是从这个角度在谈论人对真实世界的经验，他强调的是所谓被引导的心理内容（directed mental contents）在人的感知觉经验中的作用。Husserl 认为，除了凭借被引导的心理内容，我们并不能经验到任何事物。比如，看见了颜色和轮廓，我们说看见了"一张棕色的方桌子"，我们说出的是自己的看法，而不是真实世界本身的状况。Husserl 的思想的另一层意思是，人要抛开心理内容而直接感知真实世界，并不是那么轻而易举的事。语言相对论原则在 Husserl 的思想中似乎也得到印证：普通人其实不能意识到，在生物生理层次上他真实的感知觉经验是什么。

如果抛开与此相关的神经生物生理属性，这也是我关于语言相对论解释范围的界定，从语言相对论的角度来理解哲学家的思想，我们或许可以认为，我们实际上并不知道我们凭感知觉经验到的物理世界真实状况。在语言中形成的概念以及思维方式将我们的观察和认识怎样引向物理世界，我们就能够经验到什么样的物理世界。

这个结论在人类的认识能力和科学发展的现阶段，或许显得武断，不过我想，如果将这个思路作为一个问题而不是作为一个结论提出来，我的立场或许更容易被接受：普通人认为他通过感知觉经验（认识）到的客观世界，是否仅仅是感觉材料的集合？

这个问题大致可以分为两个方面。一方面，人的生理结构及其机能，让人的感知觉不会停留在分子（或更基本）的层次，因此，当人的嗅觉被激活时，人只会觉得他是闻到了某种气味，而不会认为他的嗅觉器官受到来自某个物体的游离分子的刺激。与此相同，当人的听觉被激活时，人只会认为他听到了声音，而不会认为这是从某个声源开始并达到了他耳鼓膜的一波一波振动的气流；人的视觉能够分辨物体的轮廓、颜色等，但是人并不会认为他的眼睛感受到了不同波长的光波刺激。普通人不能意识到人的感觉器官接收到来自外界的真实物理信息，并不是人的感觉器官没有实实在在地接收到这类（比如分子层次上）的物理信息，而是人类进化至今，其感觉器官和感知觉神经系统不再（抑或对人类而言从来没有？）停留于加工和输出分子之类层次上的物理信息，尽管人的感觉器官真正接收到的，正是这些层次上的信息。将真实的感知觉信息"转换"为人们通常的感知觉经验，也不是人能够意识到的生理—心理活动过程，比如视觉对象在视网膜上的投影被纠正，已经是普通人在常态下根本无法意识到的神经生理活动。

另一方面，如我在前面已经提及，虽然相关科学研究告诉我们，视觉神经生物生理过程的结果，是人的视力能够分辨物体的轮廓、尺寸、颜色、距离和一些表面细节，但是人通过视觉获得的对客观世界的认识，并不会停留在这个层次上。人显然不会在他看见了一个物体时，认为他"看见了一个××形状、有××颜色和××尺寸的物体"，他只会认为他是看见了比如一张桌子、一只狗或者一栋房屋。相关科学研究或许能够告诉我们将真实的物理信息合成（转换成）人能够辨识的物体的神经活动过程；哲学家或许能够用概念系统来解释，为什么人"理性"的视觉经验与神经生物—生理层次上的视感觉和视知觉信息有区别，等等。然而，归根结底我们看到的是，神经生物生理意义上真正的视觉信息，并不是普通人自己能够意识到的视觉经验。在这个意义上，我们是否需要从另一个角度来谈论人对客观世界的感知觉经验？我们是否可以据此认为，人的某种大脑神经活动机制讨论至此，我还没有充足的理据立即诉诸言语思维机制，使人不能意识到，他能够谈论的关于物理世界的信息，并不是那些被他经验到的事物对他的相应感觉器官的刺激并通过感觉器官进入感知觉神经系统的真实物理信息，而是由神经生物生理过程以外的某一个神经活动过程进一步加工的结果。

回到关于语言是否引导感知觉的问题，除了哲学家关于我们使用的概念系统的作用外，可能还有一个现在看来几乎不能克服的障碍，影响研究者对这个问题的思考和判断，那就是我们还无法知道，那些在发达程度上或多或少可以与人类做比较的动物的感知觉，能够让动物怎样经验到客观世界。比如我们现在无法断定，狗是否能够在同等程度上，获得人在看到具有桌子的形状、颜色、尺寸、表面状况的"那个物体"时获得的那种视觉经验；也不知道在获得这种视觉经验时，狗是否能够跟我们一样看见了桌子①，而不是看见了某些属性或一个东西。如果研究者能够在这个问题上有所突破，那么我们就可以得到一个支撑点，来讨论人的概念系统的作用，并进一步观察和思考语言是否能够引导人的感知觉。

相关研究关于人和动物的空间感知能力可能的区别，或许能为这个观察提供一点线索。

神经生物生理科学的研究告诉我们，所有灵长目动物包括人，在通过视觉接收来自真实世界的物理信息时，关于空间位置的信息和关于对象物的信息的区分，是由视神经和大脑皮层相应部位决定的：由视神经通向大脑侧壁皮层的背侧路径接收空间位置信息（where—路径）；由视神经通向大脑颞下皮层的腹侧路径接收对象物的信息（what—路径）（Ungerleider et al., 1982；Milner et al., 1998）。这种多重的、复杂的皮质器脏—大脑皮层联系（cortico-cortical connections）是稳固的，是人的视觉能够分辨对象物及其空间位置的神经生理基础。Landau 等人在这项研究的基础上，认为语言中存在相应的次系统：where—系统相关于空间表述，如前置词；what—系统相关于事物的称名，如名词和代词（Landau et al., 1993）。

在这个空间感知的神经生物生理活动过程中，人和灵长类动物甚至可能更低级的动物如狗、猫等，对空间位置的纯粹视觉感知可能是相同的。比如，拿一个物体在这些动物眼前晃动，如果物体确实被它们注意，它们的视线就会随着物体的移动而移动，就是说它们感受到了物体空间位置的变化。人也会对这样的视觉信息做出同样的反应。但是在这种视觉感受中的空间位置（where—路径），看来并不是我们习惯用语言表述的"前/后、左/右、上/下"之类，更可能仅仅是这样的空间位置：物体所在的位置是否需要我们抬高或降低视线才能看到；若干物体所处的位置是否能让它们同时进入我们的视线，或者需要转动头部才能依次看到它们；若干物体的

---

① 我们当然没有任何依据，在这里谈论狗（或任何动物）对客观世界的范畴化行为，并看见了由它的范畴化行为确定的、相当于人的范畴化行为划分出的"桌子"，却有另一个"名称"的事物。

空间位置是否互不影响，我们可以同时看见它们，或者一个物体被另一个物体遮挡，我们需要移动自己的身体位置，或者做出其他相应的动作，才能看见被遮挡的物体，等等。

但是我们似乎没有理由就此认为，人对空间的感受就停留在与动物相同的这个层次上；人的空间感知能力，归根结底也是人对真实世界的一种认识。作为理性的动物，人对空间的认识早已不仅是对外界刺激的条件反射，比如随着物体的位置移动而移动视线或者通过某种身体动作来辅助视觉行为，等等。在感知到空间位置时，人似乎已经是无意识地需要对这样的空间位置做出理性判断，这当然不是 Russell 描述的那种以经纬度为标准的对空间位置的认识，而是"上、下、左、右"这种空间位置的判断和表述。一只氢气球在我眼前上升，我的视线随着它移动，这时我不仅感受到我的视线（更准确地说是眼部的肌肉运动或者还有头部的运动，不过这并不是普通人在常态下的感受）在移动，而且知道到我的视线是在向上移动。后一种判断当然不再是来自条件反射，而是对空间位置的认识；这样的认识显然不是在感知觉层次上完成的。如果我旁边站着一只狗，它也注意到这只气球，因此视线也随着气球移动。这时我们并没有任何日常生活经验或科学知识，认为狗也知道它的视线在向上移动。换句话说，人和动物对真实世界的感知觉经验不同在于，人是在更高级的层次上接收感知觉信息，人要真正认识通过感知觉进入人的认知系统的真实世界，必须通过思维活动。换句话说，人对空间的真正认识，并不只是感知觉的结果，更是思维活动的结果。这种思维活动的一种表现形式就是，要使人的视线上下左右移动，视觉信息并不是必不可少的，只需语言信号，就足以让人做出同样的反应。说出和接收这样的语言信号，不再可能仅仅是生物属性层次上的视觉经验，而是需要通过对语言信号的理解，做出空间位置判断。

在这个认识过程中，语言的作用是显而易见的：语言并不是表达人在感知觉层次上对空间位置认知的结果；没有语言，我们在日常生活中早已习以为常的那些空间位置，根本不可能出现在我们观察和认识真实世界的思维活动中。这当然不能理解为，没有语言，我们仅仅是不能对这样的空间位置做出任何语言表述、传递关于空间位置的信息。实际上，当我们试图自己思考或者对别人描述这些空间位置时，我们就会发现，没有语言为我们提供的空间位置名称，这样的思考和描述是完全不可能的。现代人在认知空间位置时，已经不再可能经验到没有语言的心理状况。这个表述，普通人其实也可以通过内省来检验，比如他可以尝试完成如下的思维操作：强制自己不使用空间位置词语，然后判断，没有对空间位置的语言描述，他是否还能信心十足地说，自己在感知觉层次上，确实经验到了"上、下、左、右"之类他自认为已经习以为常的空间位置。由此，基于人无法脱离语言的对空间位置的认识，我们是否还能断言，没有语言的动物对空间的感受，与人对空间的感受是相同的？

鉴于相关科学研究现状，诸如人仅仅通过感知觉是否能够和怎样认识客观世界；这个客观世界在人的感知觉中是什么形式；人对空间的感知觉和对空间的理性认识之间的关系，是否能够推及人的所有感知觉能力，并据此从语言相对论的角度来探索语言对感知觉可能的引导作用，等等，对这类问题，我的讨论大致也只能限于以上的叙述。好在暂时搁置对这个问题的进一步讨论，并不影响我的理论阶段性的完整性。不过，暂时的搁置，并不意味着这个议题今后不会在更加广泛的范围，成为研究语言和人能够认识的世界、语言和思维的相关性的一个切入点。

其实，无须深入关于感知觉、认识、知识等的相关科学理论，我们只需要观察若干几乎所有人都熟悉的事实，做一些符合逻辑的简单推理，就可以说明，语言一方面能够让普通人意识不到，只有在语言世界图景的框架内，他的感知觉经验才是他对真实世界的认识；另一方面，语言能让人在一定程度上意识到，离开了语言，他不可能清晰地确认自己的感知觉经验到底是什么。我们来看下文这个经验事实。

按照最一般的解释，认识是认识主体产生知识的活动。姑且搁置这个活动的过程是什么、知识怎样产生、产生的知识是什么这类与我的讨论并不直接相关的问题，我们可以将作为认识结果的知识简化为一个表述：人对某个对象有了知识，最起码的一个前提或者表现是：他知道了这个对象的名称。在各种交际场合，我们大概都不会听到也不会同意这样的说法，"我知道这是什么，但是我不知道它叫什么"，因为这个表述包含矛盾，它的逻辑是"有关于对象的概念（知识的基本单位）与没有关于对象的概念（对象名称的内容）"。然而，涉及比如物体的形状，"我看得出这个东西的形状，但是我说不出这是什么形状"这类表述，在日常生活中是完全正常的话语，这里没有上述那种逻辑的矛盾状况。看来，这或许就是因为"看得出（视觉经验，也可以是其他感知觉经验）"≠"有概念（知识）"。

事实上，当我们谈论知识的时候，我们起码默认了一个前提：人如果获得了一项知识，那么这项知识至少就会以一个或若干概念的形式存储在他的记忆中，能够随时被他提取并可以用于不同场合的言语思维活动。提取知识用于言语思维活动是人自主的理性行为，如果认为知识（概念）独立地存在于语言之外，我们就只能同意人可以自主地、有意识地储存和提取没有语言表达形式的概念。迄今为止。没有相关科学用实验向我们展示这样的心理活动。由此我想指出的是，虽然许多人对于概念在名称（词）中形成这个说法可能会不以为然，但是我相信，主张概念独立存在的研究者，既不可能自己经历也不可能以任何方式示例语言（词）以外的概念。

基于现阶段的相关科学研究，我们只能说，从语言和思维相关性的角度来看，拥有一个概念，要以掌握表达这个概念的相应语言形式、即被认识事物的名称为前提。因此，"说不出这是什么形状"，实际上是普通人对"没有关于这个形状的概念"的日常语言表达，也就是说没有关于某一个形状的知识，或者说没有认识到某一个形状。普通人当然不是从有没有某个概念的角度，来看待自己对形状的视觉经验和关于形状的知识，但是他能够意识到，不知道相应的名称（语言形式），是他不认识某个形状的原因。

没有关于某个形状（或者广义地说是关于某个物体）的知识，人是否能清晰地确认自己对这个形状（物体）的感知觉经验，涉及所谓的形象思维，这是我在下一节中要讨论的话题。

（三）形象思维

当讨论涉及感知觉、思维、概念、认识这类话题时，我们或许就已经面对了另一个问题，这就是所谓的形象思维，因为形象思维从定义上似乎就直接与感知觉联系在一起。什么是形象思维，在迄今的研究中我们大致可以看到如下表述：形象思维反映的对象是事物的形象；形象思维是将视觉、听觉、嗅觉、味觉、触觉这些感知形象直接储存在记忆中的一种方法；形象性是形象思维最基本的特点；形象思维反映的对象是事物的形象，其思维形式是意象、直感、想象等形象性的观念，其表达手段是能为感官所感知的图形、图像、图示和一些形象性的符号，等等。与思维相关的大脑中枢神经生物生理机制，对于研究者目前仍旧只能是黑箱。在这个机制被真正认识之前，上述形象思维的定义，以及关于形象思维与抽象思维的争论，基本上仍旧限于研究者基于内省的思辨和推理，加入这样的争论，对语言相对论的讨论并没有太多的意义。但是，如果语言相对论的反对者依据形象思维，来反对语言相对论主张的语言对思维的形成力作用，我就不得不对此做出一些回应。

我的回应当然不是对所谓形象思维研究的全面挑战，我要说明的只是，为什么形象思维不能成为语言相对论的反证。基于观察事实和相关科学现有的研究结论以及符合逻辑的思考和推理，我并不赞同关于形象思维是能够与抽象思维相提并论的一种独立思维方式。关于这一点，我此前（蒋国辉，2016：上卷5.1）有过较详细的讨论。总的来说，我认为与抽象思维相比，形象思维如果确实存在而且确实是所有人都具备的一种思维能力，它也只能被看作一种较低级的思维形式，是抽象思维的辅助形式，比如一些人习惯或倾向于在思维活动中借助形象。

在语言相对论的研究中谈论思维，我们谈论的是同语言相关的抽象思维。即使不从心理学的专业研究角度，我想我也可以对这种思维活动的特征做出以下的推论：

——既然抽象思维活动的基础是概念系统，而且相关科学并未证明(a) 概念系统是全人类所有成员都拥有的一种相同的大脑神经生物生理属性，因此我们人类拥有一套共同的概念系统；或者（b）人类的每一个成员都有各自的独特概念系统，那么，我们谈论的抽象思维，就不可能是一种因人而异的个体禀赋，也不可能是与感知觉能力相提并论的、人类作为一个物种共有的特质（我指的是思维的过程和形式，而不是人能够在概念系统中完成抽象思维的能力）。即使采用自然逻辑的说法，认为语言之外已经形成了和存在着的概念，语言只不过是包装并表达这些概念，那么一群人至少（我们现在能够观察到的是）以同一语言为母语的一群人的抽象思维活动的形式和过程，应该是相同的，因为他们是使用相同的语言（形式）来包装（过程）不太可能是私人的概念系统。

——至于"（相同的）前语言概念系统"，迄今不过是未被任何相关科学证明的假说。判断所有人或某个群体的人拥有 per se（自身）就相同的概念系统，我们能够拥有的经验事实不过是而且自然逻辑也不能否认：思维的过程和结果，至少能够在同一语言的母语者之间自由传递。所谓自由传递，我指的是，一个有健全思维的人在正常的言语行为中说出来的话，至少可以作为有某种意义的表述，无障碍地被同一语言的所有母语者理解。

把这两个特征归结起来就是，即使不认同语言对思维的形成力作用，我们至少也可以断言，任何一种语言的母语者群体，可以有而且只能有一种相同的方式，表达他们抽象思维的结果；对这样被表达出来的抽象思维的结果，同一语言的母语者有相同的理解。

既然形象思维被断言是人的一种与抽象思维并存的思维活动形式，那么，形象思维就应该也是一种普遍的思维形式，而不是个别人具有的特殊禀赋；也就是说，除了（当前普遍认为的）不是通过语言来完成，它同抽象思维在其他方面应该是相同的。但是，我们至今还没有相关科学的实验报告，说明形象思维在整体上至少具有类同于上边列举的抽象思维那两个基本特征。问题在于，一方面，如果形象思维是一种同抽象思维并存的思维方式，那么它也应该有一套可以让思维得以完成的符号系统，或者叫作"形象系统"，相应于抽象思维需要的语言系统。对于能够完成形象思维的人，这个系统中的每一个符号都应该像语言系统中的词语那样（姑且不谈论像语法系统那样能够组织形象的一套规则系统），有它能够把握的同真实世界片段的固定联系。这种固定联系就是：感知到真实世界的一个片断，相应的形象就会出现在形象思维活动中；接收到一个"形象符号"，就像听到一个词语，思维就会指向相应的真实世界片段。但是这种"形象符号系统"的存在，并未被任何相关科学研究用直观实验数据向我们展示；也没有相关科学研究能够说明，储存在大脑中的形象同真实世界片段有固定的联系，使形象思维的过程和结果可以像抽象思维的过程和结果那样，通过一个符号系统（形象系统）被传递。

形象思维在这一点上让人联想到 Searle（1969：19—20）的"感受性（impressibility）原则"："能够被说成是什么和（相应于交际意图）说出来，其反面则是不能被意味也不能被说出来。"形象思维的结果，显然不能在普通人的日常交际活动中被意味也不能被说出来。与此相应，尽管研究者可以认为人能够将感知觉经验作为某种形象储存在记忆中，但是如果人不能将自己的感知觉经验说（用形象表达）出来，依照感受性原则，我们至少不能判断，他是否清晰地确认了或能够确认自己的感知觉经验。

另一方面，如果形象思维是一种同语言无关的思维活动，我们就没有理由认为，以某一语言为母语的人们能够拥有的"形象符号系统"，是这一个语言集团特有的。对于形象思维的拥护者，这是一个两难的困境。如上文列举那些关于形象思维的定义所说，形象思维操作的对象（形象）直接来自感知觉经验；然而，以某种标准（人种？性别？社会阶层？职业？……我并不认为某个科学部门能够找到或制定这样的标准）划分的不同人群的感觉器官和感知觉神经系统，并没有被相关科学证明可以以不同的方式接收和加工来自客观世界的物理信息。由此我们只能认为，全人类所有成员单纯的感知觉经验是相同的。相同的感知觉经验可能导致不同形象的产生，对于神经生物生理科学，看来是一个几乎无法证明的难题。但是与此同时，相关学科也没有为我们提供实验数据和观察陈述，让我们能够认为全人类拥有一套共同的形象符号系统；通过这个系统，形象思维的过程和结果，可以在人类的所有成员之间自由传递。这当然不是指所谓"音乐无国界"之类浪漫的文学表达，而是指形象符号（如果存在的话）以其形式和意义，能够被人类的所有成员用作完成形象思维并交流其结果的载体。

由于相关科学并没有证明形象思维机制拥有一套全人类，或者至少以某个标准划分的人群共享的符号系统，能够像抽象思维的语言符号系统那样，用于完成形象思维的操作、传递这种思维活动的结果，我们就没有可信的依据，断言形象思维是与抽象思维同等且平行的独立思维方式；也没有依据进一步推论，因为形象思维不需要语言的参与，所以语言相对论关于语言对思维具有形成力作用的观点是谬误。

无论形象思维的研究者怎样力图证明，形象思维在人的生产和生活、科学和艺术的各个领域都有非常重要的作用，并似乎理据充足地列举出形象思维有若干抽象思维不具有的优势，甚至引用诸如 Einstein 这些科学巨擘的话作为佐证，平心而论，从种系发生的角度，形象思维相对于抽象思维而言，不过是思维的一种较原始的形式。人的大脑机能和认识能力发展到今天，人类的知识绝大部分（如果不那么极端地说"全部"）都是由语言表述的命题知识；人类的感知能力和心理状况，也是因为语言的描述才能被划分出多种细腻的层次。如果人能够通过形象思维获得某些知识，那也是一种完全私人的心智状况，并不是全人类甚至不是同一语言文化集团所有人共同拥有的知识，因为我们并没有相应的手段比如一套由图形、图像、图示和形象性的符号组成的"形象符号系统"，可以将形象思维的结果作为知识，在感知觉经验相同的人类成员之间传递。

所谓形象思维的存在，研究者不能用任何观察和实验来检验。在最好的情况下，也只能是研究者根据被询问者对自己心理状况的语言描述作出的推论。如果论证形象思维存在的唯一依据，就是相关人员对自己心理状况的语言描述，那么，我们甚至不能断言形象思维完全不受语言制约；没有语言，这样的思维对于现代人类已经无法脱离的社会生活和社会行为，实际上是不存在的。形象思维归根结底不过是进化至今的现代人类最基本的也是任何理性行为必不可少的抽象思维的某种辅助形式，是在现代人类智能中保存下来的只作为一种私人心理状况的大脑神经活动。它的存在并不能推翻语言相对论关于语言和思维相关性的结论，也不能示例思维在语言以外的存在。

在人类智能发展的现阶段，我认为更恰当的表述应该是：形象思维只是抽象思维的一种辅助形式。这种思维方式是否能够完全不受语言制约、怎样在语言之外完成，或许可以被认为是一个尚未充分论证的领域；不过，据此就能用所谓的形象思维挑战语言相对论，不过是语言相对论反对者的一个美好愿望。

二 人对世界的理性认识：科学知识和常识

我在之前的讨论中，将人对世界的理性认识分为科学知识和日常生活中前科学的、朴素的认识，这显然不是关于理性认识的严格科学定义，它只是我对自己的研究目标的一个方法论考虑，以便将讨论限定在语言相对论的解释范围。

虽然"科学知识"（一般地可以说是"人类的知识"）一直是一个非常重要的哲学研究领域，虽然语言相对论是一个关于语言的哲学问题，但是关于"知识"的讨论，并不在语言相对论的研究范围，其实也基本上不在语言学任何部门的研究范围。就科学知识与语言研究的关系取这种立场，是因为这类知识与普通人的日常生活，基本上没有可以从人们习以为常的言语行为中追溯的联系。因此，在语言相对论的研究中提到人关于世界的科学知识时，我的看法是，我们需要明确科学知识只是人对客观世界认识的一个组成部分，并且大致了解哲学家关于这个部分有些什么表述；参照这些表述，来观察在语言研究中可能涉及的相关问题，不必将讨论引向什么是科学知识这类话题。在此基础上，我们就可以比较有信心地在语言学相关的讨论中涉及科学知识，而不至于卷入不必要的哲学争论。比如我在这里的讨论，可以满足于借鉴 Russell 对这个问题的一些表述（罗素，1983：引论）：

——科学知识的目的在于说出人类集体智慧的发现，但是（人类的）科学知识只限于宇宙中微乎其微的一小部分；

——谈论知识并不能完全排除主观的因素，因为每个人的经验和个体特质的差异，整个社会拥有的知识和每个人独立拥有的知识，并不完全重合；

——语言是我们借以表达科学知识的唯一工具。

可以看到，尽管普通人关于客观世界的科学知识不是语言相对论的议题，但是普通人能够获得的科学知识，大致上可以说都是命题知识；这些命题知识又都是由自然语言的语句表述，因此这样的命题知识可能或多或少地涉及一些语言相对论的思想。比如我们前边看到的诸如"鲸不是鱼"之类表述了科学知识的语句。

我在这里提到的"科学知识"，其实是一个很宽松的定义，它并不是科学家和哲学家讨论的那种科学知识，只是普通人在日常生活中对客观世界的理性认识的一部分，我们也可以把它称为"普通人的百科知识"或者 Russell 所说的"科学常识"。这样的科学知识，包括人通过受教育获得的关于客观世界物理结构和规律的知识，以及他在日常生活中用各种方式获得的各种常识。不过我们仍旧可以对科学知识和常识作一些大致的区别，比如关于日照这个自然现象，我们可以有两个表述：

表述1　在北半球，七月的太阳高度角大于十一月的太阳高度角。

表述2　夏天的太阳比春天灼晒人。

表述1是人需要通过学习才能获得的关于日照这个自然现象的知识（科学常识），表述2则是常识，它来自人的生活经验。说表述1表述了一项科学知识，因为这个表述至少有如下的特征：

——这是一个可以验证的观察陈述，这个表述的内容，不会因随机条件比如观察时的天气变化而变化；

——"太阳高度角"（观察点与太阳的连线与地平线的夹角）是一个明确定义，被它定义的现象可被重复观察，观察的结果也可以比较。

——"在北半球"是这项知识的一个必要条件，因为这个观察陈述在南半球并不适用。

比较起来，表述2并不包含上述三个部分的内容，它不过是人对自身经验的一种理性的概括，而且这样的概括能够被所有具有相同生理物理经验的人接受，成为他们的一个生活常识。"科学知识"和"常识"的区别也就在于，前者具有更明确的适用条件，并具有预见性和普遍性，经得起进一步观察和实验的检验，或者说可以证伪。

由于普通人的科学知识和常识都是用自然语言的语句表述，而人对世界朴素的、前科学的认识是由语言（按照Chomsky的定义，我将语言理解为人们日常言语行为中所有语句的总和）介导的，我们可以进一步推论：姑且不从研究者阐述科学知识的角度来观察科学语言和日常语言的区别，对于日常生活中的普通人，科学知识、常识和由语言介导的人对真实世界前科学的、朴素的认识，在他的理性认识中并不是界限分明的、能被他意识到的几个组成部分，这样的划分仅仅存在于相关学科（比如语言相对论）对人的认识行为的研究中。正如将语言看作符号系统并将其划分为语音、语法、语义、句法等组成部分，也只是语言研究的本体论承诺。

又比如关于时间的描述，科学家对宇宙起源可能的科学语言描述是"宇宙起源于数百亿年前的大爆炸"；普通人关于历史事件的一个知识（科学常识）是"世界普遍使用的历法把耶稣诞生以前称为'公元前'"；在日常生活中人们说"两天前他就回来了"。我们看到，无论是科学家还是普通人，也不论是科学论述还是日常生活的信息交流，时间都是被看成一个呈线性、可以被划分成先后出现的片段的事物；它的存在形式，被语言描述为空间在人的认识中的存在形式。这并不是时间本身的属性，而是人对时间的语言描述，人对时间的认识，也就被这种语言描述规定；哪怕科学的描述，也无法摆脱语言的制约。迄今为止，除了比如"时间是与空间的三个维度并存的第四个维度"这种对于普通人基本上没有什么可理解信息的表述，科学知识并没有告诉我们时间到底是什么。

又比如我在关于句子的结构和事件的结构的论述（蒋国辉，2016：下卷第五章）中，说明了普通人理解和描述的事件，并不是"事件"在真实世界中被人通过感知觉经验到的状况，而是语言为我们构建的世界图景。比如"某甲给了某乙一本书""某乙从某甲那里拿到一本书""这本书由某甲交给了某乙"这三个句子，如果按照命题和事件的对应关系，显然是讲述了三个不同的事件；但是人在真实世界里看见的，实际上只是同一个物理性的情景。科学知识为我们描述的发生在客观物理世界中的"科学"事件，如果是在人的感知觉可以接收到的范围以内（我相信如果人的感知觉能够达到更宏观或者更微观的世界，我们也可以得到相同的结论），本质上也是语言事件。假设有一辆外壳透明的汽车，它在实验台上开动时，我们能够看见其内部的机械运动状况。汽车技师或许告诉我们"发动机通过传动轴驱动车轮""传动轴将发动机产生的动能传导给车轮""传动轴连接车轮和发动机"，等等。这些被技师用自然语言语句描述的事件，并没有在真实世界中被人通过视觉以不同的方式"看到"，但是它们在人的语言世界图景中显然是不同的事件。

第二章 动物的"思维"

语言相对论假说中最可能让批评者认为不堪一击的观点，或许就是语言对思维的制约，或者叫作语言对思维的形成力作用。一些批评者似乎认为，日常生活中的一些常识，都可以让语言相对论的支持者无力反驳。比如 Pinker（1994：57）说，我们大家都有这样的经验，说话或写东西时会突然停下来，因为意识到这不是我们真正想说的，感觉到"我们打算说的"并不是我们说出来的，这说明思想是在语言以外形成的，并不受语言制约。

按照我提出的语言相对论解释范围（蒋国辉，2016），类似 Pinker 那样的批评其实是无的放矢，因为语言相对论并不涉及人"打算说什么"那个层次上的问题。语言对思维的形成力作用，并不是语言可以强制人对于他面对的世界想什么或不想什么，说什么或不说什么，这是每个人自己的精神世界，它可以大到深奥的哲学思考，小到操心日常生活的柴米油盐。描述与否（情景或心理状况中的哪些细节与当下的交际相关、哪些细节不是我关心的对象，等等）和怎样描述（简单几句话、详细地描述、平静地说、带情绪地说，等等）这样的心智活动，不是语言相对论需要或者可以解释的问题。语言对思维的形成力作用，在语言相对论中指的是语言制约人在观察、思考和描述真实世界时的思维方式①，这种制约并不是普通人

---

① 我在前边的讨论中，使用了"思维的形式和过程"这样的表述，这里使用的"思维方式"，大致就是这两者之和。这可能不是相关科学对思维方式的严格定义，我在自己的讨论中将它作为一种工作定义，大致不会导致谬误。

在言语思维活动中能够意识到的,更何况普通人根本意识不到自己的思维方式。更确切地说,普通人并没有这样的知识:他在观察、认识和描述真实世界时,在他的头脑中发生着一种叫作"思维方式"的大脑神经活动。因此,Pinker 描述的那种感觉,并没有涉及思维方式这个层次。

作为某种语言的母语者,语言研究者的思维方式,当然也与普通人一样受到语言的制约。而且,除非将语言和思维的关系作为研究对象,他们与普通人并没有言语思维活动方式和能力的根本差别,所以他们实际上也不能意识到这样的制约。认为思维可以在语言之外完成并产生前语言思想的研究者,可能最初也只是意识到 Pinker 描述的那种状况,并基于这种状况,假设思想可以不依赖语言而独立存在,然后试图从不同的角度来证明它。

与 Pinker 的批评以及所有反对语言相对论的传统论点相比,动物的"思维(思想)"(a)和思想的语言(LOT)(b),才是对语言相对论思想不可忽略的挑战。没有语言的动物的思想和 LOT,只要其中之一能够真正受到相关科学的直观实验数据检验并被证实,它就可能是语言相对论的终结者。所以,在进一步讨论语言相对论思想之前,我需要观察这两个假说。我当然不是要讨论这两个假说本身并试图挑战它们。我要做的,只是论证它们并不能在相关科学发展的现阶段真正受到检验,为批评乃至推翻语言相对论提供依据。

第一节 动物的思维

从并非严格的心理学专业角度,语言对思维的制约可以比较宽松地表述为:当大脑受到某种信号(刺激第一信号系统或者第二信号系统的信号)刺激时,无非有两种反应。一种反应我们姑且称为即时反应,包括条件反射和非条件反射,这是人不受理性控制的"刺激—反应"生理过程。另一种反应是所谓的延宕反应(delayed reaction)。延宕可能并不会被普通人意识到,但这已经不是对刺激的直接反应,延宕是一个理性活动的过程,或者说就是某种思想形成的过程。语言对思维的形成力作用,在语言相对论中大致就是指语言在这个过程中所起的作用。

能否对来自外界的刺激有延宕反应，在 Thorndike 的行为主义心理学理论中被认为是动物与人的根本区别：动物不拥有在刺激和反应之间作为调节（mediation）的精神生活；而人拥有纯粹的心理联系，拥有并不需要关联于对刺激的直接反应的自由思想和冲动（Walker, 1983: 64）。要以没有语言的动物拥有思维能力和思想为依据来反对语言相对论，一个必不可少的前提是，在涉及"动物思维（思想）"的研究中，动物的思维（思想）必须被明确定义为与人的思想相同的大脑神经活动，尽管处于不同的发展阶段。在这个意义上，行为主义心理学反倒比较接近语言相对论思想。

迄今为止，没有任何研究方法和仪器，可以让我们直接观察到人的大脑中枢神经系统中，语言和思维在本体论层次上到底是什么存在，以及它们怎样相互关联。因此，如果能够用某种实验数据证明，没有语言的动物也能完成思维活动并产生思想，那么语言相对论的反对者就有充分的理由，断言语言相对论假说是谬误。这里的逻辑是：人类语言最早也只能在人类从他与黑猩猩的最后一代共同祖先（chimpanzee-human last common ancestor, LCA）分化出来，再经过一个漫长的时期之后，才产生出来。这就是说，人类在没有语言的时候，就已经至少跟黑猩猩一样，能够完成思维活动并产生出前语言的思想。这样的思想可能是什么形式、有什么内容，对于用作反驳语言相对论的论据，看来并不重要，因为只需论证这个阶段有思维活动，就足以推翻语言对思维的形成力作用这个语言相对论的基本思想。

在研究动物的思维能力时，动物行为和动物智能的研究者似乎都没有刻意关注语言和思维的相关性；也少有语言相对论的反对者借用关于动物思维能力的研究结论来批评语言相对论。后一种状况，或许是因为语言相对论至今仍旧主要被视为基于语言文化对比的研究，这样的研究并不需要从动物能否思维的角度，来观察语言和思维的相关性。不过，我在这里涉及动物思维的话题，并非在语言相对论的研究中标新立异，这是语言相对论终究不可能回避的一个问题。这是因为，一旦人们真正从 Whorf 关于"相对"的本意来探讨语言、思维、真实世界的相关性，对没有语言的动物是否有思维活动的各种研究结论，迟早会进入语言相对论的讨论中，成为争辩的论据。

第二章　动物的"思维"

思维到底是什么，同语言到底是什么一样，在人的大脑中枢神经系统的言语思维机制及其运行状况对于相关研究还是黑箱的今天，仍旧是一个只能基于有限的观察事实对其做一些思考和推测却不能被直观实验数据检验的对象。论述人的思维活动可以最终归结为大脑中枢神经的一种机能，研究者其实只有一个可靠的观察事实，可以借助来证实人确实能够而且完成了思维活动，这个观察事实就是，在内隐或外现的言语行为，或者被观察到的动作中表现出来的思维活动结果。依据这个观察事实，要论证动物也有思维活动，研究者首先就遇到了一个无法逾越至少是相关科学研究在现阶段无法逾越的障碍：除了没有语言，动物也没有任何可以被观察到的行为可以让我们确信，某个行为是它们思维活动的结果。

在这一点上。动物行为和动物智能研究者甚至不能退而求其次地认为，我们不能用关于人的思维活动的判断标准，来解释动物的思维活动，动物的思维，可能与人的思维是截然不同的智能行为。这是因为，假定这样的解释成立，我们就不得不说，用动物的思维来证明人可以完成前语言思维活动，违背了前语言思维倡导者自己的逻辑，因为"前语言思维"归根结底是现代人类的思维活动。研究者似乎不太可能符合逻辑地证明，与人类思维活动截然不同的"动物思维"，可以用什么方式、不需要语言参与而直接进化为现代人类思维。即使按照自然逻辑的观点，推论人类思维和"动物思维"的本质区别仅仅在于前者可以用语言表达，那么，动物思维和现代人类思维的"截然不同"，逻辑地仍旧要归结为人类语言的出现：语言使得人类思维成为区别于动物思维的可以用语言来表达的思维。这个推论还可以表述为：是语言的出现，导致了与动物思维截然不同的人类思维的出现。如是，语言和人类思维仅仅就起源而言的先后，逻辑地只能是语言在先。而且，如果动物思维与人类思维截然不同，它就与语言相对论的研究没有任何关系，即使相关研究确实证明了动物可能有某种形式的"思维"，这样的研究结论也不能用来反驳语言相对论，因为语言相对论涉及的是与"动物思维"没有任何关系的人类语言和人类思维。

一些研究者认为，研究动物行为和动物智能，不能以单个的动物为对象。单个动物是研究人员为自己的研究而使用的"人造物"（artifact），而动物的自然状况是群体。在观察了动物的群体运动（比如蜜蜂采集花蜜，狗群追捕猎物）后，研究者得出的结论是"在这种范式转换中，我们可以说，思维并非'只是'在头脑中，它也存在于跨越个体的运动中"（Morris，2005：17。参看 Whiten et al.，1988；Rendell et al.，2001）。将集体合作完成一个目标时，动物的身体动作和相互协调看作动物的"思想"，可能成为这类研究的对象和成果；这样的"思维（思想）"，或许是物种进化链上一个智能相关的环节，但是这与我们在语言相对论的讨论中谈论的"思维（思想）"，基本上没有什么关系。如果再由此推论人的思想也同动物的群体行为类似，存在于脑、面部、手、足之类人体器官的相互配合动作之中，就像一个群体的成员之间的配合行动，则它不仅同语言相对论无关，而且与现在研究人类思想（思维）的相关科学，似乎都不再有共同的研究对象。

因此，要立足于没有语言的动物可能完成"思维活动"，来批评语言相对论关于思维只能在语言的制约下完成，思想只能在语言中形成的观点，批评者需要认为动物行为和动物智能研究涉及的动物思维，在本体论意义上与现代人类思维是同一个观察和研究的对象，尽管前者处于一种我们几乎无法想象的原始状况。

为了让动物思维可能成为人类拥有前语言思维能力的证据，研究者还需要确认的是，动物的什么思维是他们的观察对象。我指的是，在相关科学研究中，人类思维大致被分为三种类型：抽象思维、形象思维和所谓的灵感思维（灵感思维与我的讨论基本无关，下文不再涉及）。在语言相对论的框架中谈论语言和思维的相关性时，我们谈论的是抽象思维，即人的大脑中枢神经的言语思维机制，借助概念系统对客观事物的概括和间接的反应过程。外显的言语和行为这个标准，使形象思维不能与只能在语言中完成的抽象思维相提并论。这是因为，作为一种私人心理状况，形象思维的过程及结果，不可能在人的任何行为中表现出来，成为一种交际有效的信息。

我推测，动物行为研究者，可能会将形象思维作为动物也有思维活动的例证。不过，即使研究者能够用某种方式证明动物能够完成形象思维，比如动物能够将图像储存在记忆中，并在相应的状况下，运用这个形象来完成某种行为。但是，没有外显的行为和言语为依据，研究者并不能证明动物的"形象思维"是什么，"动物思维"因此也不可能成为"前语言思想"存在的证据。

一些研究者提出一个假说（Baars，1998，2002；Carruthers，2011，2013），认为在人（和动物）的大脑中，存在一个所谓的"非模态工作空间"（amodal workspace）。在这个空间里，概念可以自由组合，可以和决策、推理系统相互作用，为各个耗费系统（consumer systems）提供输入，"并在这个工作空间中以形象表征（imagistic representations）传播"（Carruthers，2013：238）。虽然这些概念及其自由组合怎样以形象的形式在非模态工作空间里传播，仍旧仅仅是猜测，并不是已经或者能够被任何实验检验的某种大脑神经活动，不过，这个假说描述的那种状况，在研究者的无意之中契合了我的观点：形象思维如果不被语言描述，只可能是在这种私人的心理状况（姑且称为非模态工作空间）中存在的"思维活动"。

要从动物思维能力，也就是从前语言思维的角度来批评语言相对论，批评者至少需要论证：（a）在语言相对论的解释范围，我们可以从形象思维的角度谈论人的前语言思维；（b）动物的思维活动和这个活动的结果，可以类比人类的思维活动；（c）动物思维与人类思维在本体论意义上是不同进化阶段的同一性质的现象。如果动物行为和动物智能的研究最终得到的结论，说明动物至多只可能有相当于现代人类形象思维的思维活动，或者动物的思维和人的思维在本体论意义上并不是同一性质的现象，那么，这样的结论就不能用来批评语言相对论。因为在这个前提下，我们不能从动物没有语言的角度，来观察人类语言与人类思维怎样相互作用；也不从动物有无思想的角度，来观察人的思想有什么属性。

我对形象思维已经做出了与我的讨论相关的足够说明，下面的讨论中，如果没有特别的说明，"思维"这个术语只用于"抽象思维"含义，不再涉及形象思维。

可能还需要提及的是，关于动物是否能够完成思维活动，早已是哲学家关注和争论的话题。许多哲学家都思考过这个问题，而且也与当代相关科学的研究者一样，就动物有否思维这个问题持对立的观点。比如 Descartes（以下各个哲学家的观点，都转引自 Walker，1983：24—39）认为动物只是自动机器，不可能有思想。Locke 更进一步认为，人和动物的根本区别在于抽象能力，抽象能力与用词来表现思想密切相关，而动物没有也不能使用词语或其他的符号。Hume 则认为，动物的思想和人的思想并没有本质的区别，因为他们的思维机制是相同的；动物无疑也可以感觉、思考、爱、恨、意志表露甚至推理，与人的区别仅在于程度。Hume 的这个思想在当代哲学研究中也得到呼应，比如 Armstrong 认为动物也有信念、意向、意识的认知，甚至能够对它们的意向做出内省。Schopenhauer 就动物的思维这个问题表述的观点，在某种意义上和语言相对论要说明的问题非常一致。Schopenhauer 并不否认动物也能感觉和感知，但是他承袭了 Locke 的观点，认为动物的心理状况仅仅可以归结为表现（representation）即对客体的感知，它们没有与人类似的思想或知识，因为它们没有形成抽象概念的能力。人的思维能力以语言和词语从本质上区别于动物智能，人的思维和推理能力在于个体可以怎样熟练地掌握和运用语言。

哲学家对动物思维能力的思考，或许并不是基于相关科学的实验数据和观察陈述；作为经验科学，当前的动物行为和动物智能研究也并非要以哲学家的论述为指导思想。从语言相对论的角度来观察没有语言的动物是否可能完成思维活动，当然也不能以哲学家的这些论述作为检讨的依据。不过，哲学家的争论再次让我们看到，对于不可能用直观实验数据来检验的语言思维相关性的本质，所有的理论都只可能以"可信/质疑"而不能以"对/错"的标准来评价。

如果我们没有听到一个人说任何话，我们可以问：这个人现在是不是在思考？或者在我们看见了他的一个动作，而这个动作在思维正常的状况下，由我们自己的心智理论无法推论，我们就可能产生疑问：他是不是在正常地思考？然而，即使我们可以提出动物能不能思考这样的问题，似乎也不太可能提出或听到这样的问题，尽管下文这个问题在逻辑上是成立的：这只动物（比如狗）现在是不是在思考？这个问题在普通人的日常生活中，更可能会被当成一种幽默。比如一个人和一只狗站在一起，人已经闻到了野兽的腥臊，而狗却没有任何反应。思维健全的人在这个时候一般会想：这只狗的嗅觉是不是有问题；而不会想：这只狗是不是在想它闻到的气味是什么。后一种情况或许只能出现在童话故事和开玩笑的场合。

"心智理论"在动物行为和动物智能研究中，是一个引人瞩目但是各种观点争执不下的课题，而且这里的争论并不仅限于动物（实际上当前的研究基本限于灵长类动物）是否有心智理论。我当然不可能也不打算过多地涉足这个经过30多年的研究尚未得出可信结论的领域（Premack et al., 1978），只是作为一个相关的线索在这里大致提及。作为一种假说，它与我的讨论在整体上并没有太多联系。关于灵长类动物有心智理论，似乎多数研究者都持支持的立场（e.g. Hare et al., 2000, 2001, 2006; Flombaum et al., 2005; Melis et al., 2006; Santos et al., 2006; Buttelmann et al., 2007, 2009, inter alia），但是也有研究者对此表示怀疑（e.g. Cheney et al., 1990a, 1990b, 1996, 1997; Heyes 1998; Tomasello, 1996, 2006; Povinelli, 2001; Seyfarth et al., 2003, inter alia）。对此一些研究者认为，黑猩猩和大型猿类动物有心智理论，但是猴类动物没有（e.g., Gallup 1982; Jolly 1991; Waal 1991; Whiten et al., 1991; Cheney et al., 1992; Povinelli 1993; Byrne 1994, inter alia）。怎样界定灵长类动物是否有心智理论，研究者也各执己见。一些研究者认为，有否心智理论的标准，是能否将自己的某种心理状况推及他人，猴类动物缺乏心智理论，就是因为没有这种能力（e.g. Cheney et al., 1990b; Povinelli 1993; Tomasello and Call 1997, inter alia）。不过，这样的能力也有一些限度，比如黑猩猩可以理解同类攻击的意向，但不能理解合作的意向（Carruthers, 2013）。当前意见较为一致的是，心智理论并不能被理解为一种高级的心智技能，而是一些较为低级的属性和能力，比如自我意识（self-recognition）、自我驱动的运动（self-propelled movement）、眼睛注视跟踪（eye-gaze tracking）、识别目标导向动作（recognizing goal-directed action）、模仿（imitation）、共同注意（joint attention）、社会关系、欺骗（deception）、角色扮演（role-taking），等等。一些研究者认为，拥有这些心智技能，可能尚不能完全证明拥有心智理论，但它们至少可以看作心智理论的前奏（Povinelli，2001）。一些研究者将上述心智技能概括为 ToM-1，是一种较原始的心智理论；相应的 ToM-2 是一种较高级的心智理论，包括推理，信念、概念区分，语境意识和记忆（Malle，2002）。动物是否具有 ToM-2，在这个研究领域中争论较大。一些研究者认为（Harris，1996；Smith，1996），ToM-2 必定和语言交织在一起，没有语言的动物因此不可能拥有 ToM-2。人类语言和动物交际的根本区别，就在于后者没有心智理论（Cheney et al.，2005）。相反的意见认为，心智理论在语言之前就形成，语言只不过是扩展了心智理论的复杂程度（Premack，1990；Byrne et al.，2001；Byrnit，2006），上述那些简单的心智理论并不需要语言的介入（Farroni et al.，2000；Meltzoff et al.，1977；Gergely et al.，1995；Wellman et al.，2001；Woodward et al.，2001；Baldwin et al.，2001）。但是也有研究者提到了语言在心智理论中的决定性作用，尽管他们的声音还很微弱（Gray et al.，1998）："将心理状态延及他人，以便解释和预测他们的行为，这不仅是心理上的，也是语言上的。"与此相应，还有研究者认为，每个人的心理状况是什么，判断的标准只能是他的自我叙述（self-report），也就是说，人的心理状况在某种程度上应该说是"语言的"（Goddard，2010）。一些研究者由此质疑，讨论没有语言的灵长类动物有否心智理论，是不是有意义（参看 Green et al.，1998；Parker，1998；Slaughter et al.，1998）。

在我的讨论中涉及心智理论，在很大程度上与 Heyes 的一个观点相关。Heyes（1998：101）认为，"如果个体拥有'相信''知道''想要'和'看到'等概念，并运用它们来预测和解释行为，则该个体具有心智理论"。顺着这个思路，要推测动物（灵长类动物）是否拥有心智理论，须假定它们拥有概念，于是从语言和思维的角度，反对者就有了一个突破口：如果能够证明动物拥有心智理论，就说明动物拥有概念，如此，思维在语言以外产生的结论就可以推论出来了。

第二节 概念

关于狗的"想法"那一类经验事实,当然不可能成为研究动物思维的论据;相关科学在研究动物是否有思维能力时,原则上也不会以哲学家的思辨作为论据。不过我的讨论倒是可以从上述哲学论述中的两个问题着手。第一个问题是哲学家关于动物的感觉、思考、信念、爱、恨、意志表露甚至推理等能力的观点。这些观点中有的部分,我的讨论不可能也无须涉及,比如动物的爱、恨、害怕等感觉;另外一些部分比如动物的信念、思考、推理等能力,最终都可以归结到动物是否有思维能力。讨论和证明动物有否思维能力,需要从说明动物有否概念着手,并考察动物的"概念"是不是现代人类拥有的那种概念,尽管从 Darwin 到 Russell,许多哲学家和科学家都持动物拥有"概念"的立场。

第二个问题就是 Locke,Schopenhauer 等哲学家坚持的立场,认为动物智能与人的思想的本质区别,在于动物没有抽象的能力。这一点对于语言相对论思想有重要的意义,因为在没有足够的观察事实和实验数据来确认或否认动物有信念、思考、推理等能力的语境中,讨论动物的思维能力或许需要做出相应的区分,如果我们能够这样区分"动物思维":

一方面,动物的"思维"可能是在一些相互关联的情景或事物的形象中完成,或许可以比照人的形象思维。不过,即使动物的这种思维能力能够得到检验和证实,它也不可能成为讨论语言相对论的话题。我已经论述过,人的形象思维(即使承认这是人的一种思维方式)并不能与抽象思维相提并论,成为前语言思想存在的证据;尚未被真正检验并被证实的动物的"形象思维",应该从关于语言相对论的讨论中排除。

另一方面,为了证明人类的抽象思维能力是一种在没有语言参与的状况下独立产生和发展的智能,我们就必须证明从进化的角度,论证动物有(哪怕很低级的)抽象思维能力。我们并不可能假设,动物,包括与人类有 LCA 的黑猩猩只有形象思维能力,抽象思维能力是人类在进化为人类之后,基于与动物共有的形象思维能力,独立地发生和发展起来的,因为这样我们就必须找到促使(动物也可能拥有的)形象思维能力直接向抽象思维能力进化的驱动因素，并用直观实验数据来展示它们。脑容量可能是一个重要因素，但是相关研究迄今未能在容量远超黑猩猩的人类大脑中，找到黑猩猩不具有的主观抽象思维的独立神经生物生理构造。事实上，在人类现有的知识水平上，相关科学并未能检验和证明动物的"思维能力"和人的抽象思维能力在进化链上有直接的传承关系。在相关研究的现阶段，除了语言的作用，相关科学研究还没有人的抽象思维能力能够产生和发展的其他解释。

　　动物是否有思维能力，并不在我的研究范围。将这个问题和语言相对论联系在一起，是由于如果动物的思维能力被检验和证实，语言相对论假说就失去了立论基础：动物没有语言却有思维，说明思维可以在语言之外、不受语言制约地发生。如此，关于语言相对论的争辩似乎就可以终结了。不过，要从"动物思维"的研究中获得挑战语言相对论的论据，仅从方法论的角度来看，是一项即使并非完全不可能也是成功希望渺茫的工作。实际上，检验和证明动物有思维能力，比直接检验语言相对论假说更困难。在语言相对论的研究中，我们至少可以观察直接与思维相关的语言，而且研究者可以采用内省形式的思辨，来检验自己是否可以脱离语言完成思维活动，由此判断某种推论可信与否。动物智能研究在现阶段能够做出的推测，只能依靠对动物行为的观察；要证明这样的行为直接与思维相关，本来就很困难，更何况研究者的推论完全不可能由内省来支持。

　　谈论语言和思维（思想，为简化讨论，我在这里姑且将"思维"和"思想"当作同义表达使用，这并不影响我的推理和结论）的相关性，人们大致上是将语言和思维看成两个可以放在一起谈论有某种对应关系的实体。这个对应简单地说，无论认同思维只能在语言的制约下完成还是语言只是表达在语言以外形成的思想，语言和思维都有各自的结构。要讨论语言和思维的相关性，我们或许就应该从思维和语言的结构单位着手。因为语言相对论涉及的是普通人在日常生活中使用的语言，所以在这里的讨论中我们姑且认为，语言的结构单位是词。思维的结构单位，则通常被认为是概念，比如"概念是通过使用抽象化的方式从一群事物中提取出来的、反映其共同特性的思维单位。概念通过称名（和定义）在语言中表达出来"（引自 DIN, 2342）。对于心理科学、神经科学和认知科学，这样定义概念或许过于简单。不过我要讨论的,并不是概念本身是什么,而是语言以外是否可能存在概念,对于这样的讨论,我们可以满足于粗略地将概念定义为一种实体的存在,是思维的基本单位。

因此,要论述动物有思维能力,我们首先需要证明动物拥有作为抽象思维活动基本单位的概念。一些动物行为和动物智能研究者正好就持这样的观点(Jolly, 1972; Walker, 1983; Allen et al., 1991; Tallerman, 2014a, inter alia),认为现代人类掌握的概念与动物能够拥有的概念相比,只有数量上的优势;人类远古的(语言产生之前)的祖先、现代的灵长类动物甚至其他动物,都可能拥有概念。走得更远的研究者认为(Hurford, 2003a: 45),"猿类动物或许不能像人类那样储存如此复杂的(概念)结构,但似乎可以肯定的是,它们已经拥有谓词论证形式的心理表征"。甚至(Walker, 1983: 114)"在人类语言发展之前,就存在相应于香蕉之类事物的'抽象概念'。黑猩猩可能有'香蕉'的概念(和相关的概念,如'很多香蕉'),熊可能有一个非常明确的'蜂蜜'概念,猫则有'鼠'的概念,尽管它们没有关于这些概念的词"(参看 Craik, 1943; Bindra, 1976)。

研究灵长类动物行为和智能的学者通过对灵长类动物行为的观察(Cheney et al., 1997, 2005; Seyfarth et al., 1980, 1990),得出了灵长类动物拥有概念的结论。比如,等级制社会群体中的一只狒狒,可以分辨出另外的狒狒针对破坏了社会等级而发出的不寻常的威胁叫声,它自己在另外的场合也可能发出同样的威胁性叫声。这说明作为理解和分辨叫声的心理表征(mental representations),与发出叫声的心理表征并没有性质上的区别,而这种叫声的心理表征,至少就是一种原始形式的概念。灵长类动物这种自然的交际行为,可以有力地反驳没有语言就不能掌握概念的观点。灵长类动物(以及其他动物)能够听辨不同的声音,能够学会很多声音意义的对应,但是受发音器官的限制,只能发出有限的声音,所以它们不能给自己掌握的概念贴上标签。猴类和猿类动物都拥有很多没有词语表达的概念。比如 Cheney 等人(Cheney et al., 1997)曾对若干母猴播放一只幼崽叫声的录音,观察到所有母猴会将目光投向被录下叫声的这只幼崽的母亲。用这个观察事实,他们推论灵长类动物有辨别亲属关系的能力,因而有亲属关系的概念,只是没有表达这些亲属关系(概念)的词语。这就像猴类和猿类都能凭借声音和相貌，辨别自己所在群体中的每一个个体，但是却不能用名字来表示这个区别。

猴类（其他动物同样如此）能够辨认母子关系，是所有动物固有的天性还是有"亲属"的概念，已经不是语言和思维相关性研究能够讨论的问题。不过，将在这种亲子关系中必然起主要作用的基因遗传归结为概念使然，未免失之草率。难怪上述研究者在另外的研究中（Cheney et al., 1986），也未免显得踌躇，承认他们观察到的那种状况，可能是由于某个成年母猴在某个时候、对某个幼崽的行为做出了激烈的行为反应，导致了幼崽的那种叫声，在群体中留下了相应的印象。此外还需要指出的是，个体的辨认和指称个体的手段在语言中是专有名词，并不是概念相关的现象。

动物行为和动物智能研究者对动物的"概念"的这些间接观察事实和由此推导的结论，归根结底仍旧是无法真正受到检验的假说。虽然对此的争论和对这些结论的质疑也并非理据充足，但是我想我们至少可以基于能够直接观察到的语言事实，来思考没有语言的动物是否可能拥有我们在谈论人类抽象思维时涉及的那种概念。这里的逻辑是，人拥有概念应该是不争的事实，如果我们能够通过相应的观察事实或者设计出能够提供直观数据的实验，检验并证实了人拥有的概念可以在语言之外形成和储存，那么，没有语言的动物不可能拥有概念的观点，就失去了成立的基础。

由概念着手来观察语言和思维的相关性，我们的讨论大致就可以归结为两个问题：（a）概念能否在语言（词）以外形成；（b）在语言以外形成的概念以什么形式存在。虽然这样的观察角度仍旧没有摆脱"鸡与蛋"这个哲学难题，不过，解决这个难题，或许正需要通过对这类具体问题的探讨。

概念在语言（词）以外以什么形式存在，是在语言和思维相关性的问题上持自然逻辑立场的人们不得不面对的一个难题。坚持自然逻辑立场，人们就不得不承认，概念不仅可以，而且必须能够在语言将其表达出来之前独立存在；同时他们还不得不承认，如果概念能够在语言之外形成并独立存在，那么这样的存在就可以在时间上一直延续下去，也就是说，这种概念是随时可以被观察到的存在物。随之而来的问题就是：独立于语言的概念以什么形式储存在于人的大脑中，中枢神经的什么部位——比如相当于控制人的言语行为的布洛卡区和韦尼克区以什么方式控制没有语言表达形式的概念的形成、储存和提取。以当代神经生物生理科学和神经解剖学的研究水平，辅以人工智能技术，研究者已经可以通过特殊的仪器和仪表、运用相应的观察方法和中介理论，观察到人在完成言语思维活动时大脑神经组织的活动，比如以屏幕图像形式，显示出脑电波的运行、突触的形成，等等。但是这类研究并没有而且在可以预见的将来也不能告诉我们，出现在显示屏上的脑电波的什么波形或者神经突触的什么形式，表示了某个概念正在形成已经形成或者正在从被储存的地方提取出来，更不可能截取连续的脑电波波形中的某一部分，断言这段脑电波是相关于什么的概念。在研究者尚不能从神经生物生理和神经解剖学的角度解释概念在人的大脑中的独立存在时，推测没有语言的动物可以拥有概念，显然很难成为可信的观察陈述。

研究大脑结构和功能的学者，确实希望从这个角度来解释思维活动。他们认为（Walker，1983），"如果我们推测作为知晓（knowing）的内在行为即思想发生了，大脑中就应该有相应于这个心理事件的一组特别的东西。心理状况的组成于是就简化为神经元电路的组织（97—98）在神经系统中就会产生一些关于这类信息所在位置的模糊和短暂的东西，类似电磁场或者将信息编码的无线电波（100）"。

在语言起源和进化近期的研究中，有研究者持这样的观点（Bolhuis et al.，2010，2014；Berwick et al.，2013）：语言是一种以层级句法结构为核心的认知计算机制（computational cognitive mechanism），言语（speech）只是语言系统的外延接口（external interfaces）之一。发声能力的进化以及听觉及发音的学习，可以提供语言进化的信息，但这不是语言及其进化过程本身。基于这个观点，如果再遵循生成语法关于句法独立的思想，则我们似乎应该认为，语言是可以离开其外延接口而独立存在于大脑中的。于是，谈论语言，就成为与谈论概念一样的神经生物生理和神经解剖话题。

将语言视为独立的神经生物生理过程，当然是一个有价值的研究方向，而且很有可能在这里找到论证语言和思维相关性的终极论据，尽管现在以及在可以预见的将来，这仍然是一个在语言思维相关的神经科学研究中并无任何优势的假说。而且，这项研究并没有以语言相对论需要说明的问题为观察对象；思维和语言这两个独立的神经生物生理过程是否和怎样相互作用，终究未在这个假说中得到解释。

Bolhuis 等人定义的语言，如果沿用在语言相对论这种探索语言和思维相关性的研究中，逻辑上也并非无懈可击。一个很明显的问题是，如果语言是独立于其外延接口言语而存在于大脑中的系统，那么我们就只能认为，这个系统是大脑的一种神经生物生理属性。然而从进化的角度来看，研究者很难符合逻辑地解释这个系统的形成。将言语定义为语言系统的"外延接口"，直接蕴含的就是：系统须在形成之后，才可能产生出对作为一种外显形式的"接口"的需要。问题在于，这个系统作为神经生物生理属性，是怎样形成的；在没有任何可能被传感的形式的时候，它怎样"不约而同"地在所有人的大脑中同时形成？而且，能够被观察到的语言的外延接口，是以地域和人群而不同的（不同的语言集团），这样的不同，怎么可能以纯粹神经生物生理过程的方式独立地产生出来？或者换句话说，语言作为独立的、表现为神经生物生理属性的系统，在人类所有成员构造基本相同的大脑中，怎样产生和进化到我们现在观察到的数千种不同的语言。

虽然我的论述并不能真正挑战 Bolhuis 等人这项研究的结论，但是我认为这个困境的本质，是对语言和言语的关系的一种本末倒置的解释。实际上，单就我们今天面对的人类语言的多样性，我们似乎更应该认为，语言的起源和进化正是从言语开始的。在人类语言的预适应阶段已经完成，即人的大脑和发音器官已经进化到足以产生有声语言或者说已经具备了广义的和狭义的语言能力（FLB + FLN）的时候，语言最初就是被说出来的言语。语言系统是在被说出来的言语的基础上逐渐形成而不是从内到外的神经生物生理属性进化的结果。顺便需要指出，Bolhuis 等人认为在脱离外延接口时，语言系统的形式就是思想的语言（LOT）。我在下一章会专门讨论这个话题。

在语言相对论的讨论中其实也是在所有的语言学研究中，我们谈论的是人类的有声语言，以及有声语言在人的大脑中的心理印迹，而不是独立于其"外延接口"的语言系统。这样，观察并比较概念和词语这两个实体，我们就不会受困于上述关于语言和言语关系的那种假说。

在谈论语言和思维相关性时持自然逻辑立场的人，或许可能借助Bolhuis等人的研究结论，从神经科学实验数据的角度来反驳语言相对论：当作为认知计算机制的语言在大脑中被激活的时候，人们同样不能从出现在显示屏上的连续脑电波波形图上截取一段，断言这是一个词或句子；也不可能凭借脑电波和神经突触的形式，得知语言（词）储存在大脑的什么部位。

我们当然不能单凭脑电波和神经突触来展示词（或句子）这个语言实体，但是我们也不会陷入与自然逻辑相同的直观实验数据困境，因为关于概念在语言之外形成和储存，现今的任何研究结论，最终都只能归结于思辨，没有任何经验事实可以示例这个结论；而语言现象本身就是一个直观的经验事实。除了发出声音的物理现象，我们至少可以基于两个观察事实逻辑地推论，言语行为就是一个独立的大脑神经活动过程，虽然这个过程怎样进行，语言（词）储存在大脑的什么部位，我们现在仍旧没有神经科学的直观实验数据。

事实之一是，我们不能观察到言语行为的大脑神经活动过程，但是我们能够直接观察到这个过程的结果，即人说出来的和听到的话语。说话这个行为当然不是单纯的发音器官动作，我们至少可以断言这是一种智能的、理性的行为，这种行为与大脑中枢神经活动有必然的联系。这种联系，我们其实可以从普通人的行为中观察到：听见外国人在某种交际场合发出了一串他听不懂的声音，普通人最直接的反应是"他在说什么？"而不是"他发出的是什么声音？"普通人可能不知道什么是大脑中枢神经的言语思维活动，但是都会无意识地将"说话"和"头脑中发生了什么"联系在一起。我们当然可以把普通人的这种意识解释为心智理论：普通人能将他听到的人发出的一串声音，看成人的头脑中一种"活动"的结果，而不是单纯的一串声音，因为他自己也不能"不经过头脑"就说出别人能够听懂的话，也不能在"想"说一点什么的时候，胡乱地发出一串声音。

与普通人的反应不同，研究者可以断言，他观察到的言语行为即人们说出来的话语，是大脑神经活动的结果。研究者的观点是基于一个逻辑的推断：我们或许没有观察到一个事件发生的过程，但是从能够观察到的、必然与事件相关的某种状况，可以推测这个过程确实发生过。根据可观察到的结果来推测事件发生的过程，无论在科学研究中还是在日常生活中，都是基本的推理行为。从事言语思维神经活动相关研究的人们其实都明白，现在我们不能直接观察到大脑中的言语思维活动，仅仅是因为在科学技术发展的这个阶段，人的观察能力还不能延伸到这个领域。但即使这样，我们现在也可以断言，当人们说话的时候，一种与这个活动相关的电化学反应正在大脑中发生，因为在科技成就能够提供相应的观察手段时，与这个电化学反应相关——也就是同被观察对象在观察时说出的每一个词、每一句话相关——的神经元、突触、脑电波等及其运动状况，肯定能够被观察到。

相比之下，说概念的形成是语言之外的一个独立过程，我们并没有任何观察事实，可以示例这个独立的过程，并以此来推测这个过程的存在。虽然一些研究者认为（Konorski，1967）"将大规模的认知功能指派给特定的神经元，这个简单的假说版本推测，每一单独的心理概念都相应于一个单独的神经元（89—100），当想到'祖母'而且只有这一个思维活动时，就只有一个大脑细胞被激活（305）"。然而这样的假说并没有告诉我们，脱离了语言（词），这个单独的心理概念怎样激活相应的大脑细胞，以及被激活的大脑细胞（神经元）可以通过什么外显的形式被辨识。而且，正如我已经多次表达了的疑惑：即使有了相应的科技手段，研究者怎么能够从观察到的神经元、突触、脑电波等，判断它们就是相关于这一个（那一个）概念的电化学反应？

事实之二是，我们不能观察到言语行为的神经活动过程，但是相关科学研究已经用直观实验数据向我们展示了，大脑神经组织的相关部位——布洛卡区和韦尼克区——可以影响这个过程，这个影响表现在，这些部位受损会导致什么样的非正常言语行为结果。虽然这类研究并没有直接让我们观察到这些部位在言语活动中怎样发挥作用，它们至少证明了，言语活动是一个确实存在的中枢神经活动过程，因为这个过程被一些因素影响的后果可以直接观察到。从这个角度来观察所谓语言之外形成的概念，神经生物生理科学和神经解剖研究至今没有发现可以与布洛卡区和韦尼克区相提并论的大脑中枢神经系统中的某个部位，可以影响概念在语言之外独立的形成过程，以及如果这些部位受损，会怎样影响到概念的正常形成①。

对于坚持概念在语言之外独立形成和存在的立场的人们，这两个观察事实或许并不是有说服力的论据。他们似乎可以理据充足地反驳说，正因为语言不只是发出声音的物理现象，语言单位是有意义的，比如词的意义粗略地说就是概念，所以我们并没有充足的理由，说言语行为是一个独立的而不是至少伴随概念的形成而发生的神经活动过程。如果言语活动不能被证明是一个独立的神经活动过程，我们有什么依据，断言思想（概念）只能在语言（词）中形成而不是语言（词）只能伴随思想（概念）出现？

需要指出的是，我在这里说的"独立"，并不是"孤立"的，而是原初的并非"伴随"另一个过程的神经活动。这正是语言相对论和自然逻辑争论的焦点所在：从词语产生的方式来看，语言单位原初地或者说独立地产生了。在已经产生的语言单位中——也许在语言起源的原始阶段，这样的单位并不等同现代语言的语言单位——形成了概念，而不是相反：概念的形成导致了表达这个概念的语言单位的产生。这个过程当然不能从时限的角度来理解，比如认为语言单位可能作为一个没有任何内容的语音形式产生出来，存在一段时间，然后一个概念在其中形成。我在这里强调的只是：产生词语的言语思维活动，初始是从言语，更确切地说是从有指称替代功能的语音串开始的，概念是在这个言语行为中而不是在一个独立的神经活动过程中形成的。

其实，要循着自然逻辑的立场来证明言语行为是一个独立的神经活动过程，我们只需要提供与概念无关的语言现象作为观察事实。现代人类语言中确实存在这样的语言现象，这就是不包含任何概念的专有名词和所谓

---

① 从布洛卡区受损病人的言语思维活动特点，我们似乎可以做一个大胆的假设：病人不能正常地说出话语（词汇缺损、语法规则混乱等），但却能正常听辨、阅读并理解，是否说明布洛卡区的损伤，使得相应的语言单位不能在病人大脑中初始地（initially）形成，相应的思想（概念）也就不能形成；但是在外来的语言刺激下，这些思想（概念）就形成了。这时思想（概念）的产生，就是一个可以观察到的、在语言引导下完成的神经活动过程。

的象声词。持自然逻辑立场的研究者，显然不可能提供可以与这些语言事实相提并论的"概念事实"，来证明概念可以在语言之外形成和存在。其实，专有名词和象声词还不仅仅以其在现代语言中与概念无关，来证明言语行为是一个独立的神经活动过程，它们还可以作为观察事实，从语言起源和进化的角度来逻辑地推论词（名称）先于概念出现、思想（概念）在语言（词）中形成。

从语言起源的角度来讨论词的产生和概念的形成，就人类现在的知识和科学发展水平，不可能得出能够被相关科学实验检验的结论，但是我们至少可以从推论是否具有逻辑性的角度，讨论语言的产生和概念的形成有什么相关性。人类语言的第一个词是怎样产生的，研究者只可能做出一些永远不会有答案的猜测，不过在这些猜测中相对合理的是，第一个词是用一串声音给某一个事物贴上标签，来代替此前指示它的身体动作比如手势。关于这一点我在后边的章节还要详细讨论。说这样的猜测相对合理，是因为我们自己也可能会有类似的经验。

普通人在经历类似 Quine 所说的 Gavagai（这是 Quine 在解释语义问题时编造的一个陌生语言的词）事件时，虽然不可能做出像 Quine 那样的哲学思考，但是普通人在这种场合，大致也可能经历与哲学家相似的困惑。我指的是，就自己的母语而言，人们都知道普通名词和专有名词的区别：前者是类名，后者是一个特定事物的语言标签。在对母语以外的语言没有任何知识的状况下（前语言的婴幼儿和语言产生之前的原始人对语言的知识，大致也处于这样的状况中），我们看到说另一种语言的人指着某个我们完全不认识的事物且同时听到这个人发出一串声音时，因为相信发出这串声音的人，是一个和我们一样的现代文明社会的成员，所以不会怀疑他发出的声音，就是他说的语言中的一个成分，但是我们却不能确定这串声音是这个陌生事物特有的名称（专有名词）还是这个事物所属类别的名称（普通名词）。稍后，如果在面对若干同样陌生的事物并再次听到此前那一串声音，我们最初的反应，想必是在这些事物中（哪怕仅仅是在想象中），寻找我们第一次听见这串声音时看到的那一个个物（判断为专有名词），尽管我们这时看到的所有这些事物，在发出这串声音的人的民族文化中可能是同类事物，都可以用这串声音组成的那个名词来指称（实际上是普通名词)。后一种判断,会在我们没有找到那一个个物时产生。

这个经验事实可以说明的是,从起源来看,语言的词并不是为了表达概念甚至不是为了让概念能够在其中形成而产生出来。产生之初,词只是一个特定个物的语音标签。尽管对于早已拥有成熟语言的现代人,类似与 Gavagai 相关的那些经验,可能仅仅存在于研究者的思辨中,因为现代人的语言交际能力和理性思考能力,不再会让这种经验成为人通过非母语认识陌生事物的必然过程。

在远古时期,原始人显然不太可能像掌握了成熟语言的现代人那样,有能力用某种方式解释和理解一串声音和一个个物之间的关联。在用身体动作指示事物的智能行为中,每一次这样的指称动作都只可能以一个特定的个物为对象。由此我们或许可以猜测,当一个原始人群中的某个智力超常的个体使用了一串声音,来代替作为指称行为的身体动作时,他发出的这串声音最初只是替代一个具体的指称动作,而不太可能是对若干指称动作的概括。换句话说,这串声音最初就是那个指称动作指向的那个个物的有声标签。后来——我们当然不可能知道在这个"后来"之前经历了多少时间:一分钟还是若干年乃至几代人——当人们注意到被这串声音指称的个物并不是独特的存在,在他们的生存环境中,还有许多与这个个物在一些方面(形状、用途、某种属性,等等)相同的事物,因此也可以用这串声音来指称它们。

与此同时,人们还发现了语音标签相对于指示性身体动作的优势:语音标签对于每次发声行为能够指示的对象没有数量限制。于是,这一串声音就由一个事物的特指名称(专有名词)转化为若干事物的共同名称(普通名词)。这样的转化实际上就是概念形成的过程:用一串声音来指称的若干个物中,显然不太可能有两个以上绝对相同的个体,这些个物之所以相同,只是因为人们从某个或某些方面认为它们相同。根据这个或这些方面,将若干个物视为相同的事物,人们必定是将这个或这些方面视为事物本质的或对于观察者特别突出的属性。

当人们将若干事物放在一起观察并找出它们共同的属性时,他们已经是在思考他们面对的世界。这个思考的过程,本质上就是判断能不能用同一个语音串来指称被观察的那些事物;思考的结果就是产生出相关于被思考对象的概念。概念形成的肇始，就是将一个特定个物的语音标签延及若干事物；而延伸的依据，是被人观察到的它们的共同属性。这里的发生学顺序是：某一个体偶然发现，在用身体动作指示某个个物时可能伴随发出的声音，可以代替这个起指示作用的身体动作→意识到语音标签可以固定地代替指示事物的身体动作，成为指示一个个物的主要方式→使用语音标签的优势，让使用者能在指示行为的过程中，更容易地将注意力同时指向若干事物→观察导致对若干事物相同属性的发现→延伸使用语音标签，使其不再指称一个特定个物，而是指称一组事物，成为具有一组共同属性的事物的语音标签→语音标签固定成为以一个（一组）属性为特征的一类事物的共同名称→关于类别的概念在名称中形成。

这样的推测当然只是思辨的结果，可能永远无法被考古发掘或者神经生物生理科学和神经解剖的实验数据检验。不过，这种推测依据的是一个虽然无法展示但却可以逻辑地断言其曾经存在的事实：从没有语言到第一次发出一串声音作为对外界刺激的延宕反应或者简单地说用一串声音来指称事物，是人类现代语言起源必然经历的事件。然而断言概念在语言以外产生，然后被语言包装，相关科学部门的研究者并不能用任何方式肯定地告诉我们，对于原始人类，概念从无到有这个事件是怎样发生的。

一些动物行为和动物智能的研究，或许会让在语言和思维相关性问题上持自然逻辑立场的人认为：我们并不需要推测人类的概念是怎样从无到有地产生，因为动物也有概念，人类的概念不过是由更原始的动物概念进化而来。但是这样的说法只能让自然逻辑的立场陷入矛盾："动物有概念"并不是已经被相关科学实验证明的结论，而"人类有概念"则是无可置疑的科学知识；既然人类的概念是从动物的概念进化而来，那么人类的概念和当前动物行为研究者能够接触到的"动物概念"之间，就应该存在一种可以追溯的联系，尽管追溯这样的联系，可能永远不会超出猜测的范围①。事实上，通过动物行为来推测动物的"心智理论、概念、思想"等，并不是动物行为明确地向观察者展示（哪怕暗示）了这些行为和"概念"（思

---

① 一些研究者其实已经断言这样的联系不可能存在，因为"我们不会像动物一样存在于世界上，因为我们必须创造一些世界，而对于一种动物来说，事物已经被如此布置了。对我们来说，这个世界的某些东西与语言和解释有关"（Morris，2005：57）。

维)的联系，而是研究者基于人类的心智理论，以推测自己同类的心理状况的方式，来推测动物的心理状况。迄今为止的所有相关实验报告，归根结底都不过是研究者通过内省，推测动物的某种行为可能是对外界刺激的延宕反应、是操作概念的结果。基于这类实验报告，关于动物的概念这个话题，任何结论都不过是较为可信，或不太可信的猜测。

关于仅存在于猜测中的"动物概念"与确凿存在的人类概念的分界在什么地方，或者说研究者可以怎样确定，动物的概念在什么时候和什么条件下进化成了人类（前语言）的概念，如果不是为坚持而坚持某种立场，那么，即使认同自然逻辑，研究者的思路也只会被导向一个结论：是语言的产生，使得人类的概念与"动物概念"截然区分开，成为可以被确认的存在。换句话说，语言使得人类的概念成为我们现在能够科学地谈论的存在。这实际上也就是认同了语言相对论的思想：在语言和思维的相关性中，人类的概念只能是语言的。无论相关研究者如何言之凿凿，事实只能是，没有语言，作为（抽象）思维单位的概念，在今天的科学发展水平上，并不能被观察到，因此也不是可以独立地成为科学研究对象的存在。事实上，没有任何科学研究，可以脱离语言向我们直观地展示"纯粹的概念"，也没有任何科学实验向我们展示了研究者怎样在语言之外操作这些纯粹的概念。尽管"不能被观察到"并非逻辑地蕴含"不存在"，但是基于不能被观察到的"东西"，来挑战能够被观察到的事实，并不是可以导出可信结论的研究方法。

人们当然可以说，在动物是否有概念（思想），人类的概念（思想）是否由动物的概念（思想）独立进化而来这类假说没有真正受到检验时，语言相对论倡导的那种语言和思维的相关性也不过是猜测。这当然是毋庸争辩的事实。不过，另一个毋庸争辩的事实是，在人类知识和科学发展的现阶段，将人类语言和人类的概念（思想）的相关性作为研究的对象，可以不囿于"动物的概念"这类前提，而被独立观察和检验，并得出一些并非仅仅止于猜测的结论。

我假定的概念产生的那种发生学顺序，当然还需要检验。不过，即使我们不能依赖这个尚未被证实的假说，一些关于概念可以独立于语言而存在的说法，也很容易被证明是谬误。比如根据不同语言可以互译这个现象，人们或许会认为，汉语的"狗"、英语的dog、德语的Hund、法语的chien和西班牙语的perro，俄语的собака等，如果不是表达了同一个概念，它们之间的互译是不可能的。一个单一的概念可以用任何语言来表达这个事实，似乎说明概念是独立于语言的，只是在不同的语言中被不同的词表达出来。批评这个说法，我们其实只需要一个很简单的反证：认为不同语言集团的人只是用不同的语言表达了所有语言集团的人共有的概念，我们需要假设存在全人类共同的"概念集"。但是这样一来，我们就回到了离开语言概念的起源无法解释这个困境中；这种概念集的产生及其存在，甚至无法作为零假说来接受相关科学的检验。这是因为，姑且不论这个概念集本身是怎样产生出来，一个不容否认的事实是，现代人类能够拥有的关于真实世界的所有概念，都不可能是在某个原始时期一夜之间形成的，而是人类认识逐渐发展的结果；另一个不能否认的事实是，说不同语言的民族在人类历史进程中，可能在相当长的时期内是相互隔绝的。这两个事实，让基于语言互译的可能性来证明概念独立于语言的人们，面对一个健全思维无法接受的荒谬：一个新的概念在一个语言集团中出现后，世界上所有不同语言集团的人们的头脑中都会出现这个概念，等待他们创造一个词来表达它。

顺便提及一个与我的讨论在整体上关系不大的语言现象，它或许能够辅助理解，为什么需要认为概念只能在语言中产生。我指的是生成语言学最简方案中的"边缘特征"（edge features）。Tallerman运用这个理论来批评概念产生在先（internalization-first view）、语言只是将概念外化（externalization）的手段。她认为，概念不具有任何形式特征，但是人们在使用概念完成思维操作比如形成命题（说出一个句子）时，这个操作要受到词语的边缘特征限制。Tallerman由此得出结论，概念并不等于词汇单位，也不能简单转换为词语。虽然Tallerman并未将概念的产生归结于语言（词）的产生，但是她对Chomsky关于在共享词汇出现之前，心理概念拥有私人标签（private labels）的解释表示怀疑，因为"证据表明，我们创造私人标签的能力，寄生于我们对公共标签存在的认识"（Tallerman，2014a：209）。如果遵循语言相对论关于"相对"的真实思想，所谓"公共标签"，指的就只能是"语言标签"。由此，Tallerman这个观点已经很接近概念只能在语言中产生这个语言相对论的立场：公共标签（语言形式）先于私人标签［尚未在语言中形成概念的私人心理状况，用 Saussure 的话来说就是"模糊、混沌的一团"（索绪尔，1982：157）］。

无论是我的推测还是 Tallerman 的论述，或许都并未触及对语言（词语）和思想（概念）相关性的真实状况。虽然 Chomsky 对此有自己的解释，但是他在整体上对这个问题也持悲观态度，因为"概念和词汇单位（就它们有区别而言）远非一个简单的问题"（Chomsky，2010：57）。不过他认为"我们没有理由相信词汇单位和概念之间有什么区别"（Chomsky，2012：27），倒也在一定程度上可以从语言相对论的角度来理解。还有一些研究者的观点，差不多就是对 Chomsky 的直接响应（Goddard，2010：86）："几乎不能否认词义（语言概念）应被称为'概念'。坦率地说，一个词（以及相应的词义）的存在是心理上真实存在的概念的证据。"

尽管我们尚不能将这类观点看作支持语言相对论的论据，不过它们的存在至少说明一个问题：概念在语言之外形成、独立储存在大脑中等待语言表达的说法，并不能作为公理性的结论，在谈论语言和思维的相关性时，用来论证概念的前语言存在，用来反对语言相对论关于概念只能在语言中形成的立场。

基于用内省来推论人类的概念只能在语言中形成，当然并非逻辑地蕴含没有语言的动物不可能有概念这个结论。这个结论还需要相关科学的实验来检验。不过，也正是这个不可能成立的逻辑蕴含关系，让我们有理由相信，即使相关科学会在将来的某个时候，用直观实验数据证明动物拥有概念，这个结论也不可能成为人能够在语言之外形成概念的证据。如果我们不能否认，我们断言人类拥有概念，是因为只有语言能够让我们确信我们的概念的存在；如果我们不能证明人类的概念可以脱离语言而存在、并独立于语言而被用于思维活动，我们就没有理由认为，我们在谈论语言和思维相关性时谈论的人类概念，与动物行为和动物智能研究者谈论的动物可能拥有的"概念"，从本体承诺的角度是同一个对象。虽然没有可靠的论据支持，但是我认为，即使动物被证明有概念，这种所谓的"概念"，也不过是研究者对于比形象思维更原始的动物智能状况的一种说法而已。我已经论述过，形象思维并不是可以同抽象思维相提并论的人类思维方式，它的存在，并不是概念能够在语言之外产生和存在的证据。

第三节　动物的智能行为或认知能力能否被称为思维

如果认同——虽然只是基于符合逻辑的思辨，而不是科学实验提供的直观实验数据——动物不可能产生概念，至少不能产生能够与人类的概念相提并论的、作为思维基本单位的概念，那么，对动物思维的讨论就失去了基础。显然，争论动物可否完成能与人类的思维相提并论的思维活动，我们至少需要证明，这种思维活动的基本单位等同于人类的概念。不能证明动物能够拥有人类拥有的那种概念，即使研究者仍旧热衷于讨论动物是否能够思维，那么他们的讨论对象与人类思维已经基本上没有什么关系。正如一些研究者指出（Walker，1983），"为了某种目的，可以完全合理地将'思想'定义为一种只有人可以完成的事，然后将在动物的大脑中能够发生的所有状况都称为另外的东西"（113）；因为我们应该合理地认为"作为人类思想过程的感知，记忆，理性，抽象和感觉，受到语言能力的支配"（388）。

如果动物行为和动物智能的研究者将动物的思维（思想），定位于与人类思维（思想）无关的"另外的东西"，我在关于语言相对论的讨论中，自然无须涉及这个问题。不过，主张思想是只有人可以完成的行为的研究者，看来是从另外的角度在"合理地"定义这类思想（Walker，1983：106）："在'十八世纪的思想''希腊思想''舰队街今天在想什么'这些表达中的'思想'，显然不是我们所知道的任何其他物种能够产生的。"在关于语言相对论解释范围的讨论中我已经说明，语言相对论的原则并不涉及这一类"思想"。在语言相对论的解释范围内谈论语言和思维的相关性，我们谈论的是普通人在日常生活中对真实世界的观察、描述和认识这样的思维活动，人在这种思维活动中无意识地受到语言制约。因此，用动物是否有那一类"思想"来论证动物是否有思维能力，同语言相对论的研究并没有任何值得考察的联系。

不过，在否认动物可能有属于人类精神创造层次上的思想的同时，动物行为和动物智能的研究者看来并没有认为，那种"另外的东西"不是在诸如语言相对论之类研究中涉及的人类思维活动。曾经也是动物行为研究者的Piaget就曾非常明确地表示了坚定的信念（转引自Griffin, 1976: 98—99）：动物的思想是人类思想的延续，而且与人类思想有共同的属性。

类似Piaget的思想，在我看来是基于这样的推理：动物没有语言，但是其感知觉却没有受到限制，因此，动物的思想是基于它不能用语言表达出来的感知觉；人类的优势，不过是能将这样的感知觉用语言表达出来。一些相关实验表明，动物似乎有可以被称为"思维"（包括观念、信念、记忆、期待等）的心理状况，比如Pavlov的狗分泌唾液，是因为它们"相信"蜂鸣声之后会有食物；Thorndike的猫拉开门闩，是因为它"记得"这样它就可以跑出去；Skinner的白鼠按下杠杆，是因为它们在上一次实验的基础上，"期待"这样做可以得到食物。

后来的研究者这样解读早期行为主义心理学在动物行为研究中获得的观察事实，似乎并不符合上述行为主义心理学家就此得出的结论。比如设计了Skinner-Box实验的Skinner在解释自己的实验结果时，认为用于实验的小白鼠在完成反应行为时，并没有在"知道"这个心理状况的任何意义上，知道自己在做什么。Skinner还以猫捕捉老鼠的事例重申了自己的这个立场（Skinner, 1977）：猫的动作是遗传的反射性行为（inherited reflexes），我们不应该认为猫的大脑中有某种东西相应于捕捉老鼠的努力，或者猫喜欢追捕行为。由此Skinner不认为小白鼠和猫有任何认知能力。按照行为主义的传统观点，动物的观念（belief）不过是反应的内在组织（inner organization of responses），仅此而已。我们或许不能否认，Skinner的研究可以被评价为只注重描述行为，不注重解释行为；只注重外部反应和外部行为结果，而不探讨内部心理机制。他把内部过程看成一个黑箱，他的思想体系有时也被称为描述性的行为主义。不过必须承认的是，Skinner时代的黑箱，现在仍旧是黑箱，其结构并没有被发展至今的动物行为和动物智能研究真正揭示出来，尽管认知科学确实在这方面取得了长足的进展。

认知科学把人的认知心理功能看作信息加工系统，它是一个由"信息的获得、编码、储存、提取和使用等一系列连续的认知操作阶段组成的、按一定程序完成信息加工的系统"（Stillings et al., 1987: 1）。在个体认知活动这个信息加工的过程中，信息的获得就是接受直接作用于感官的刺激；信息的编码是将一种形式的信息转换为另一种形式的信息，以利于信息的储存和提取、使用，个体在知觉、表象、想象、记忆、思维等认知活动中，都有相应的信息编码方式；信息的储存就是将信息保持在大脑中，在记忆活动中，信息的储存有多种形式；信息的提取就是依据一定的线索，从记忆中寻找所需要的信息，并将它凸显出来；信息的使用就是利用所提取的信息，完成对新信息的认知加工。

在信息获取和信息加工的意义上研究动物的认知能力，从方法论的角度为研究动物行为和动物智能开拓了新的思路。无论从行为主义或从认知理论来研究动物行为和动物智能，研究者能够观察到的动物行为并没有本质的区别，但是新的指导思想可以引导研究者设计新的实验，或者从新的角度，发现此前在行为主义的框架内被忽略了的观察事实，由此推测与动物行为和动物智能相应的动物大脑神经活动。与行为主义仅从外部观察动物行为来推测它们的大脑机能相比，认知理论尽管归根结底仍旧是推测，但它似乎较行为主义更接近"黑箱"的结构。比如，早期的行为主义研究为了观察动物是否有记忆，曾经有一个相关实验（Hunter, 1913）：让一只狗面对四扇门，经过训练的狗知道上方有灯闪亮的门内有食物，它就会在灯亮起来的时候，跑向那扇门取得食物。重复这个实验时，在灯闪亮的时候阻止狗立即的反应，几秒钟后灯熄灭，再将狗放开，它仍旧跑向曾经有灯闪亮的那扇门。研究者对狗的这种行为并没有单一的判断，不能断定狗所以能在被阻滞了即时反应时仍旧做出正确的选择，是基于被它储存的感觉信息还是已经蓄势待发的肌动指令（motor instruction），让它继续需要完成的身体动作。后来的研究者在认知理论的框架中，通过对狗、青蛙和狒狒（Beritoff, 1965, 1971）、黑猩猩（Menzel, 1973；Olton et al., 1976）等动物行为的研究，推论这种延迟了的反应是基于动物的记忆，也就是信息的储存。这被认为是动物具有认知能力的一个可信的论据。

关于动物的记忆，在当前关于动物认知能力的研究中，一些研究者甚至认为，动物有不依赖语言的"语义记忆"（Hurford, 2007：49ff），否则，当动物产生出要与其他同类分享意义的欲求时，就没有什么实际的东西可以分享。"意义"是这些研究者对"概念"的另一种说法，"当一个公众的信号被习惯地联想到一个概念时，可能发生的情况就是，一个动物能够在另一个动物的心灵中激活概念的指令性内容"（63）。用通俗易懂的话来说就是，当一个动物向另一个动物发出操控的叫声或动作时，这个叫声或动作被接收者首先同它头脑中的概念联系起来。

也有研究者认为（Ryle, 1949; Tulving et al., 1990; Squire, 1994, inter alia），从哲学的角度来观察，人能够掌握的知识分为两种，即"知道怎样"（knowing how，比如骑自行车）和"知道什么"（knowing that，比如知道象比狗大，狗比老鼠大）。心理学也相应地将记忆分为程序记忆（procedural memory）和陈述记忆（declarative memory）：前者在一定的条件下缓慢地获得，是刻板的和无意识的；后者则是迅速获得的，灵活的，并且会作为言语事实有意识地表达出来。动物的记忆本质上是程序记忆，因此并不能从是否依赖语言的角度来谈论。

除了记忆，在认知科学的框架内对动物行为和动物智能的研究，也已经开始讲述动物认知能力的其他各种表现。比如对象的辨识，即能够看到树就是树，而不是只能看到某种形状和颜色。这体现了认知科学对"认知"的解释：所谓认知，并不是个别的感觉和部分的知觉，而是对 Gestalt 心理学所说的形态知觉这种更大的整体性的认识。又比如动物可以产生选择性注意（selective attention）；完成简单的双向归类（能吃的与不能吃的）；或者对可能发生的状况的期待。这些能力，表现出动物的行为是有目的性的，是基于对环境中的目标和导致这一目标的手段之间的关系的认知。在这种关系中，包含了行为对象间的相互关系和意义关系，即对对象间的手段—目的关系（means-end relation）的期待。与人类有 LCA 的黑猩猩和其他灵长类动物，可能还具有更优于其他哺乳动物的认知能力，比如，它们不仅能够在表面上理解同类的行为，而且可以理解作为行为基础的意向和行为的目的；它们甚至可以理解同类看见了什么，由此得到关于同类的行为结果的更简洁的解释（Seed et al., 2010: 412）。

在早期动物认知能力的研究中，对于在实验室条件下和在自然条件下动物的反应是否可以作为同等的观察事实，研究者存有疑虑，比如动物被训练、以获取食物奖励为动机，等等，可能并不能反映动物认知能力的实际状况（Walker, 1983: 314）。又比如前边提到一些研究者的观点，认为动物行为和动物智能都是动物的群体属性，单个动物在相关实验中只是人造物，将它作为研究对象，并不能获得关于动物认知能力的真实观察事实。针对这类疑虑，近期的研究倾向从认知的起源，来观察动物实际的认知能力。比如，物理环境中的选择压力会导致的"情景记忆"（episodic memory），这是认知能力的组成部分。研究者观察到（Byrne，2000）：食果的灵长类动物与食叶的动物相比，能够发展出更强的认知能力，因为前者需要额外地注意：（a）水果的季节性→时间意识，（b）水果藏匿在树叶中→空间概念，（c）水果成熟与否→视觉辨认，（d）为在树间攀爬，要估计自己的体重和尺寸→自知意识和空间意识。从古老的物种到早期的人类比如尼安德特人，这样的生存压力在很大程度上都与觅食相关，比如选择作为食物的对象，围猎、圈养动物，等等，都是认知能力不断发展的原因（Schild et al., 1988; Chase, 1989; Mellars et al., 1989; Schepartz, 1993, inter alia）。

认知科学的研究成果固然不容否认，但是行为主义心理学（认知心理学从根源上也是由行为主义心理学结合 Gestalt 心理学发展而来的）一些与之相左的观点，也并非毫无道理。就人的行为而言，我们有或没有一些技能比如试鞋子、穿衣服、洗餐具以及演奏乐器等，明显是基于过去实践活动的积累，并不需要对重要情景或过去经验中某些特殊之处的记忆。许多事实说明，肌肉的协调是熟练动作的重要因素；在这些动作发生的时候，我们并不记得甚至不知道它们发生了。Watson（Watson，1924）或许正是据此认为，凡是不可经验的对象都不能作为心理学的对象，因此主张在心理学研究中放弃内省法，放弃所有与意识有关的范畴，如感觉、情绪、思维，等等。认知科学并没有对此提出反驳。一些认知科学研究者甚至也提出了类似的怀疑（Seed et al., 2010）：是否能够从行为中外推出违反普遍逻辑规律的任意规则（比如看见可能导致忽略）；或者换句话说，被认为是认知能力所致的那些行为，是来自普遍逻辑规律的限制还是认知能力发展的结果？

认知科学对动物行为和动物智能的研究，固然可以让我们相信动物（当然）有智能，或者说也有与人类相似的一些认知能力，然而以这样的认知能力，动物是否能够完成与人类类似的思维活动、产生出"动物的思想"，仍旧是动物行为和动物智能研究并未解决的问题。动物行为和动物智能不是我要讨论的问题，但是如果这个领域的研究者认为，动物能够产生和人类同样的感知觉，以及关于这些感知觉的思想，只是因为没有语言，它们无法将自己的思想表达出来，从语言相对论的角度，我就需要做出一些回应。

很多动物行为和动物智能研究者都认为动物可以产生思想。比如，圈养的海豚（Herman et al. 1984）、海象（Schusterman et al., 1984）、非洲灰鹦鹉（Pepperberg et al., 1991）等动物，都可以被教会理解、在某些场合甚至"使用"描述性修饰语。Cheney 等人（Cheney et al., 2005）似乎观察到灵长类动物能够区分 Hannah threatens Sylvia 和 Sylvia threatens Hannah，能够理解描述性修饰语（大豹子与小豹子）以及表示地点的前置词（豹子在树上与豹子在树下）。黑猩猩在完成一个任务遇到困难时，可以在离开任务现场后，过一段时间再返回现场将任务完成，这说明它在这段时间内有思考的行为。由此得到的结论是（Byrne, 1998: 151）"灵长类动物能够以句子的形式产生思想，它们未能主动地追求对自己的思想的加工和解释，是因为它们不能理解同类可能忽略它们的思想，而且意识不到信念和行为之间的因果关系。结果就是，它们主要是不能创造新的词语，不能意识到思想需要明白地说出来"（关于"以句子的形式产生思想"，我在稍后的讨论中还会详细阐述）。

Cheney 等人（Cheney et al., 2005: 152）将这种不能说出来的思想用诸如"Hannah 在威吓 Sylvia，Sylvia 在尖叫。Sylvia 是 alpha 家族的成员，Hannah 是 beta 家族的，它的这个行为表示 beta 企图推翻 alpha 家族"这样的句子来描述。另一些研究者（Walker, 1983: 106—113）则认为，当我们说"我觉得饿了""我想我要生病了"这类话的时候，我们不过是用语言将我们和动物都能产生的感觉表达出来了。换句话说，动物也可以像我们使用句子那样思考（Cheney et al. 1995; Itakura et al., 1993），尽管这可能不是现代语言意义上的"句子"，因为（Cheney et al., 2005: 153）"如果语法作为计算（computation）演替，那么灵长类动物的社会知识，包括它们发出一串声音来'解码'命题信息的能力，可以看作现代语言中各种计算的先驱"。

在对动物的认知能力和动物的"思想"的这类猜测的基础上，论证一些并不能被真正检验的观点时，研究者往往无法不陷入两难境地。比如，Cheney 等人在推测灵长类动物（非洲黑面猴）能够区分"豹子在树上与豹子在树下"之后，立刻又推论说，灵长类动物没有心智理论，不知道向同类描述和解释事件的必要性，因此它们可能不明白需要区分豹子在树上还是在地上。每个个体都知道区分，因为区分有生存相关的重要意义；但是每一个个体都不知道其他个体是否知道区分，每一个个体都不认为其他个体有必要区分，每一个个体不会特别关注那些忽略这个区分的同类，也不会注意和纠正其他个体错误的区分。这种推理的两难境地在于，一方面，既然生存相关，这种区分就应该是一种选择压力。选择压力可以导致没有任何基因信息基础的行为方式和习惯，经过许多代的传递，最终进化为具有基因信息基础的行为习惯，或者说是本能的行为。解释这样的行为习惯，显然并不需要引进"动物的思想"这类无法捉摸的概念。

另外，如果这不是一种具有基因信息基础的行为，而"每一个个体都不认为其他个体有必要区分，每一个个体不会特别关注那些忽略这个区分的同类"，也就是说，这样的行为技能不会以某种方式代代承传。那么，每一代新生的个体，是怎样也掌握了并实践了这个具有生存相关之重要意义的行为？

仔细观察这样的论述，还会让人产生的困惑是：没有心智理论，动物不能相互理解心理状况，那么一个动物不能理解其他动物心理状况的这种心理状况，是怎样被研究者理解的？尽管心智理论本身也是假说、不能为相关研究提供无可辩驳的论据，但是为了论证这样的观点，研究者却必须依据这个假说来证明：以人的心智理论，人可以解读尚未被证明有心智理论的动物的"思想"。缺乏直观的实验数据，这样的研究结论听上去更像是在复述人能够听懂"兽语"的传说。

持这种观点的研究者还认为（Slezak，2002：359），"毫无疑问，我们无法解读狗的思想，并用我们自己的语言来表达它们，但这并不排除通过科学理解它们的可能性"，因为否认动物的"思想"其实是"极不恰当地将理解（verstehen）一个有意义的表达，与科学对这种表达的解释（erklären）等同起来"。我当然没有直观的实验数据或者可信的观察事实，可以用来认同或质疑这个观点，然而仅就叙述的逻辑，这样的说法几近本末倒置：我们（并非动物行为和动物智能的专业研究人员）无法解读动物的"思想"，但是却必须假设这样的"思想"存在。也就是说，我们必须认定，动物（包括叫声在内）的一些行为，就是表达了动物的"思想"，而且这个"思想"在一定的条件下，是能够被人理解的，否则，通过科学的解释，动物行为和动物智能的研究者能够让我们理解的是什么？然而，我们不能理解动物的"思想"，正好就是因为我们并不知道也无从知道这样的"思想"到底是什么样存在。这样看来，研究者努力"通过科学理解"或者"科学地解释"动物的思想，首先需要将能够观察到的一些动物行为，可信地解释为动物思想的表达形式。不过就这一点，迄今为止的"动物思想"研究，也仅仅停留于假说。由此看来，区分"（非专业的）理解与科学的解释"，除了在表述方法上标新立异，并没有为这个研究课题提供任何新的思想，因为通过这样的解释能够得出的结论，仍旧停留于"动物有思想""动物的一些行为表达了它们的思想"这类假说，并没有为我们解释因而让我们理解动物的思想到底是什么，动物的某个行为为什么能够被解释为某种思想。

Morris（2005）给出了一个观察事实，看似可以作为对 Slezak 的观点的例证：狗不会表达否定，但是它可以对其他狗做嬉戏式的撕咬动作，以此表达"我不会咬你"这个思想。但是，正如我在（蒋国辉，2016）中已经论述过，除了语言，并没有任何方式可以否定真实世界中的任何片段。所谓"通过科学"可以理解狗的"否定"思想，只不过是人自己对狗的行为的解读，而且是在语言中形成的解读：撕咬会造成伤害。当一只狗的撕咬没有造成伤害时，我们说它不是真的要撕咬。这并不是狗自己能够将这一个行为，作为另一个行为的否定形式来完成。我们或许可以认为，这种并非真正撕咬的动作，是狗与狗之间示好的一种智能行为，这种智能行为是本能还是通过学习获得的，对于我要讨论的问题并不重要；重要的是，这样的智能行为并不能表达人可以用否定句表达的任何否定含义。

姑且搁置"否定"，如果我们从另一个角度来分析，对这个观察的解读仍旧让研究者自己陷入了困境。一个经验事实是，不仅狗可以以嬉戏撕咬的方式表示友好，其他动物，比如所有的食肉猛兽，都会以同样的方式嬉戏。但是，无论是普通人的经验还是科学的研究，都没有观察到狗对狮子（狼对老虎……）做出同样的行为，表达狗对同类完成这种行为时表达的"思想"。研究者显然没有令人信服的理由，将狗与狗之间用行为表达的"思想"，解读为与比如狼与狼之间用同样行为表达的"思想"截然不同。既然如此，为什么同样的行为表达的同一个思想，不能在非同类动物之间传递、被非同类动物理解？我并不认为，持"动物有思想"这个观点的研究者，可以用"不同物种的动物表达的同一'思想'，由于物种的差别而不能沟通"来解释这种现象。一个显而易见的事实是，研究者使用的观察事实，已经是他自己这个解释的反例：得出"狗的否定思想"这个结论，恰好就需要研究者（一个物种，而且是在进化链上比所有食肉动物与狗的距离都更远的物种）对狗（另一个物种）的"思想"的理解。

　　从进化的角度追根溯源，所有的食肉类动物都源于共同的祖先。我们显然不能认为，从某一代原始的食肉动物分化为如今的众多分支后，每一个分支都独立地发展出了与其他所有分支相同的智能行为，用来表达相同的但却由于物种的差别而不能沟通的思想。更符合逻辑的解释或许应该是，这些在进化链上已经分道扬镳的动物，基于基因遗传的一些行为方式，仍旧是共同的（事实上也可以观察到许多这样的行为，比如以特殊的叫声威胁敌对者，发情期雄性之间的争斗，等等）。由此我们似乎应该认为，这类以嬉戏形式来示好的动物行为，并没有表达某种"思想"，而是基于基因遗传的一种刺激反应行为或者本能行为。事实上，当前动物行为研究者能够用来支持"动物思想"的观察，大都没有脱离这个窠臼。

　　我当然不能仅以这个观察事实来质疑关于"动物思想"的研究。我只是认为，如我们在上边的分析中看到那样，在没有已经或者能够被实验检验的大脑神经活动相关的观察事实为依据时，从"语言""思想"这样的角度来谈论动物智能，研究者很容易陷入自相矛盾的困境。

　　我们还有若干可以佐证以上分析的观察事实。虽然依据它们，并不能直接否定对"动物思想"做出科学解释的可能性，但它们却可能成为"动物思想"之说的反例。其中之一就是关于动物——包括与人类有 LCA 的黑猩猩——是否有递归思考的能力。

　　Hurford（2008）提出了这样一个问题：为了理解 John's father's brother's

neighbor's cat 指的是什么，我们需要确认 John, John's father, John's father's brother, John's father's brother's neighbor 的指称对象。动物是否有这样的递归思考能力，还是一个没有答案的问题。Hurford 的观点是，如果认为动物有这样的思考能力，那么人的广义语言能力①，就不过是以各种形式存在于语言之外的因素，像马赛克那样的拼凑（就我的理解，这实际上不过是关于所谓的形象思维的另一种表达方式）。

要论证这种递归的思考能力是否是语言对思维的形成力作用所致，不是仅在语言学的领域内就可以展开讨论的问题。不过，并不需要深奥的理论知识就能完成的内省告诉我们，我们人类并不能看到可以成为一个真实世界物理片段的 John's father's brother's neighbor's cat 这个事物，或者说，语言之外并不可能有这样的马赛克形式的拼图。我们能够看见的只是一只猫，它与其他事物的（所属）关系，不是被看到的，而是在已有知识的基础上思考的结果；我们能够这样思考，仅仅是因为语言的递归性。这种心理状况有些类似反事实推理：没有掌握这种递归表述的幼儿，并不会这样思考，或者思考会受到一定的限制。同样的道理，一只狮子可以同时看见一棵树、一片草地和一只鹿，但是我们并不能认为，它能够凭这样的视觉印象，获得并储存"一只站在那棵树下边的草地上的鹿"这个信息。因为这个信息是被"组织"起来的，而不是被看见的。这个组织的手段就是语言。

需要注意的是，我们虽然还不能从语言相对论的角度断言语言的这种作用，但却可以逻辑地推论，这样的信息并不等于视觉感知的画面：虽然我们不知道狮子真正看见的画面是什么，但是我们知道，在自己的视界里，我们看见的画面肯定不止于这个句子的描述。没有相关研究已经或者可以告诉我们，狮子的视觉可以将它看到的画面过滤成这个句子描述的、仅由"它认为"相关事物组成的那种单纯形式。

动物可以产生这类先于语言的命题思想，不仅是动物行为和动物智能研究者的立场，语言学和心理学的一些研究者也有这样的倾向。比如 Pin-

---

① 广义语言能力（faculty of language in the broad sense, FLB），相对的概念是"狭义的语言能力"（faculty of language in the narrow sense, FLN），这是 Hauser, Chomsky 和 Fitch（2002）提出的两个概念。

ker 和 Bloom（1990：713）就认为，从进化的角度来看，"自然语言以其复杂的语法结构，能够最理想地完成将命题思想结构投射到系列介质以实现交际目的的功能：口头语言的语法必须将命题结构投射到系列的通道，减少上下文的模糊性"。换句话说，人的命题思想（注意"命题思想"和语言相对论关于语言思维相关性讨论涉及的"思想"，并非对同一对象的不同表述）存在于语言之外，其结构和明确的意义要被投射到语言表达（所谓"系列介质"）之后，才能以可以被理解的形式进入交际。然而，如果人拥有语言之外存在的命题思想是一个已经被检验并证实的科学结论，我们就没有足够的理由，否认没有语言的动物也可能产生出哪怕模糊的、不能相互交流的命题思想。Hurford（2007：331）恰好就是这样认为："我们可以推断，我们的南方古猿祖先具有与人类命题相当的基本心理表征，即谓词论述结构。这个结构没有被表达出来，是因为它们（动物）没有形成彼此分享心理表征的愿望或需要；而语言的出现是因为有了分享的愿望。"

在动物行为研究和人类思维活动研究的现有水平上，我们或许没有充足的理据赞同或否认 Hurford 的这个假说，不过有研究者（Zawidzki, 2000）对此提出了较有分量的怀疑：如果没有语言的人类祖先可以拥有命题思想系统，我们就没有足够的理由，否认这个系统是从 500—700 万年前人类和黑猩猩的 LCA 传承下来的。然而，这是一个可以被检验和证实的假说吗？

语言学和心理学的这种观点，还可以追溯到行为主义心理学。比如 Watson（1919，1920，1924）认为思维也是一种感觉运动的行为。他说，语言习惯有两种，一种是外显的语言习惯，这就是言语；另一种是内隐的语言习惯，这就是思维。两种习惯动作本质上是等值的，因此，言语是有声的思维，思维则是无声的谈话。就此 Watson 还提出了一个重要的思想：内隐的语言习惯是由外显的语言习惯逐渐演变而来的。开始是儿童独自一人不断地对自己讲话，以后在大人与社会的要求下，变为小声的讲话，最后又变为只在嘴唇内出现（Vygotsky 关于儿童语言发展的观点，也可以追溯到 Watson 的这个思想）。Watson

认为，人类除了语言形式的思维之外，还有非语言形式的思维。比如，聋哑人说话时就是用肢体运动代替词汇的，他们的言语和思维都是以同样的肢体反应进行的。甚至正常的人也并不总是用词汇来完成思维活动，当一个人在思维的时候，他不仅发生着潜在的语言活动，而且还在发生着潜在的肢体活动和潜在的内脏活动。而在后面这两种活动占据优势的时候，就发生了没有语言形成的思维。

能否将动物那些与人类相同或相似的对外部世界的感觉称为动物的思想，无论支持还是反对，在当前相关研究的水平上，都不过是见仁见智的立场，所以对此我不争辩。但是那些极端的立场，比如认为没有语言的动物（以及没有语言的人类祖先）可能产生出命题思想，认为所谓的"动物思想"与人类思想的区别，仅仅在于它不能被动物用语言表达出来，在于动物没有主动创造词语和表达思想的意愿，等等，在我看来，完全可以被有逻辑地反驳。

我们在前边看到的那些动物的"命题思想"的例子，动物行为和动物智能研究者可能会认为是对动物思维能力很合理的推论，因为人在有了类似的感觉时，并不需要特别的思考，就能确认自己有某种感觉，也就是有了关于这种感觉的思想；是否说出来并不是强制性的。在没有说出来的那个阶段，人与动物的思维活动基本上是相同的。动物是否真能产生出类似的思想只是不能说出来，动物行为和动物智能的研究不能证实，我当然也不能从人类现有的科学知识的角度做出反驳。不过，我们也许并不需要等待相关的神经科学研究提供直观实验数据来做最后判断，因为单从语言的角度，我们几乎就可以理据充足地认为，这样的思想只能在语言中产生，没有语言的动物，根本不可能产生关于自己有某种感觉的思想。

就"我想我要生病了"这个表述，我们来观察几个细节。

1）"我"不是存在于语言之外、可以被没有语言的动物作为自知意识的结果产生出来的思想（概念）。动物是否有自知意识，并不是症结所在。我们当然不能否认，当前的相关研究已经或者可能证明动物，特别是灵长类动物确实有自知意识，但是自知意识并不等于"我"。"我"是一个语言范畴，具体地说是"我—这里—现在"这个语言最基本的指示语系统的组成部分，它的意义和作用并不是表达自知意识，而是人在言语行为中，宣示自己是完成该言语行为的行为者。理解"我"的意义和正确使用它，并不是自知意识形成的表现，而是掌握语言的阶段性结果，比如幼儿一般要在两岁左右才能掌握和使用第一人称代词"我"①，但是在此之前（8个月到1岁），自知意识就开始形成。我当然不是断言作为语言形式的"我"和自知意识无关，但是没有语言，即使有自知意识，"我"也不可能作为"思想"的一个成分产生出来。

2）"生病"并不是 per se 存在的一种状况，而是一个典型的语言范畴。如我在（蒋国辉，2016）的讨论中分析过的那些语言事实，比如"工作、学习、勇敢、弱小"等语言描述的行为或者属性，会被人在语言的制约下，看作存在于真实世界的物理片段。实际上，脱离了语言，这些行为或属性并不存在于真实世界中，它们并不能被人的感知觉作为一种来自外界的物理信息经验到：没有人能够像指示桌子、汽车、树木等那样，将"学习、勇敢"之类作为真实世界中的物理存在指示出来。在一些条件下，人可以感受到疼痛、无力、恶心②，或者看到流血的创口、红肿的疮疖等，"生病"只是语言对这些物理现象的归类和描述，是语言构建的世界图景。没有语言，人可以经历生理上的各种不适，但却不可能经验到"生病"的状况；在语言的制约下，普通人并不能意识到语言世界图景和他的生理经验的区别。没有语言，人并不能产生"我要生病了"这个思想，更遑论动物。

3）"我想/我感觉到"这样的论据，在我看来，更是将研究者自己带入了困境。这类表达，在语言学研究中被称为元语言成分，这是说话人对自己的话语陈述的内容的一种评价。我们说出来的每一个陈述句都包含元语言成分（生成语法把这称为超句成分），尽管这个成分不一定显现地出

---

① 我实际观察到一个女孩。她在两岁多的时候，还不能正确使用人称代词"我"。在该用人称代词"我"的时候用"你"。比如想叫爸爸她他一起玩，她说，"爸爸跟你一起玩好不好"，很明确的自知意识与错误使用的人称代词同时出现。

② 更仔细地观察和分析可以表明，"疼痛"之类其实也是被语言描述出来的、作为一连串真实生理过程之和的状况。这些真实的生理过程可以被人感受到，但却不能像说"痛""恶心"那样在普通人日常的言语行为中被说出来。这是因为，人类语言不能描述比"痛"之类更细部的生理感受，当然不是指我们不能把这种种状况想象出来或说出来。我指的是，这样的描述已经无关于语言本身的属性，不在语言相对论关于语言思维相关性的解释范围。对这类现象的描述，运用的是科学的或（文学）叙事的表达手段。在后面章节的讨论中，我还会回到这个话题。

现在有声地说出来的句子里。一个显而易见的事实是，元语言成分是对已经形成的话语的评价，也就是说，诸如"我想/我感觉到"这类元语言成分，必须在"我生病了/我饿了"之类的话语而不仅仅是某种感觉已经形成后，才会产生。于是，主张动物有思想的研究者，可能就会不情愿地被导向一个他们根本无法检验、更遑论证实的结论：动物不仅能产生思想，还可以形成跟人类语言同样的句子！困境在于，一方面，形成这样的话语的前提，是动物能够产生就某一生存环境相关的情景，向同类［当然也可能是对自己（有声话语的心理印迹）］作出陈述的愿望，但是迄今为止的动物行为和动物智能研究告诉我们的是，动物的交际行为仅仅限于操控。我们没有实验报告，证实动物，哪怕与人类最接近的黑猩猩，有"陈述"这样的交际行为，动物也不会有完成这类交际的愿望。在上文的讨论中我们已经看到，当前动物行为和动物智能研究者，大致都持这样的立场。

另外，研究者可能争辩，动物确实能够产生这样的思想，并用自己的方式将这种思想表达出来，不必以人类语言的结构来检验动物的思想和"语言"。然而这样的辩解是脆弱的。当研究者倡导"动物的思维"（思想）时，他们正是以人类思维（思想）为参照，观察动物是否有接近或类似人类的智能。没有这个参照，倡导"动物思维"（思想）就失去了意义，因为动物的行为和智能本身就是一个独立的研究领域，并不需要将它与人类的行为和智能研究放在一起观察。既然把这两个研究领域联系起来，并将动物的智能提到"思维"（思想）这个出现在大脑神经系统进化的相应阶段、人类被证实已经达到的智能高度，那么倡导动物思维（思想）的研究者，就必须以人类思维（思想）的属性为基础，来论述动物是否可能拥有同样性质的哪怕尚未达到人类高度的智能。而这些属性之一，就是思维结果需用语言表达出来。

事实上，在谈论动物的"思想"时使用"句子"这个表述，确实是不少动物行为研究者都采用的方法（Terrace，1979a；Itakura et al.，1993；Cheney et al.，1995；Byrne，1998；参看 Terrace et al.，1979a 关于"猿类动物不能创造句子"的说法）。"句子"（以及"词语""说出来"）是关于人类语言的概念。我并不相信研究者在使用这些概念时，确实认为动物能够用人类语言完成思维活动。我们或许可以认为，研究者在这里使用了隐喻，来表达他们用人类语言无法表达的东西。也就是说，他们事实上并没有办法表述，实际上也就是不知道动物的思维是以什么形式完成的。在这个前提下谈论"动物的思维活动"（思想），无异于将一个根本无法捉摸的、虚无缥缈的"东西"，当作一个可以观察对象来谈论。

由此，从动物行为和动物智能研究的角度更可信的说法或许是：动物可能有与人相同的饥饿感，或者对病痛的生理状况的感受，并且可能采取相应的行为来应对这些感觉，但是却不可能产生出关于这些感觉的"思想"，诸如"我感觉到饥饿/我想我要生病了"之类。

这样的说法当然涉及我们并不能观察到而且至今没有被直观实验数据证实的言语思维活动的大脑神经机制。不过，借助内省，最有可能的结论或许是：我们确实不能在没有任何语言表达的时候，断言他人是否和怎样在完成思维活动。在这种状况下，与其猜测这种语言之外的思维是否存在，更合理的结论或许是，没有语言表达，这样的"思维活动"对于我们的认识并不存在；或者用语言相对论的表述：这样的思维活动只存在于语言中。断言没有语言的动物能够完成思维活动并产生（比如关于自己身体状况的）思想，研究者甚至不可能通过内省来检验。

"对于我们的认识不存在"，当然并非逻辑地蕴含"不存在"，更何况我们现在的许多知识，都是曾经被认为不存在的事物和规律，被相关的科学研究发现并证明了其存在，因此，我并不打算也不可能在这里的讨论中，全面挑战或许在将来的某个时候确实可能被相关科学证明存在的"动物思维"（思想）。不过我想说的是，如果从对动物行为的观察，推论出动物的认知能力，可以在一定程度上得到相关科学试验数据的支持，那么，从动物的认知能力推测动物有思维能力，这样的推测还缺失了若干必要的中间环节，这些中间环节，比如，认知能力（无论是人或动物的）是否等同于思维能力，动物的认知能力怎样发展成为它的"思维能力"，等等。在相关科学研究的现阶段，尚不能被实验检验，至少不能像检验和证实人的思维活动那样检验和证明。人能够完成思维活动，现在其实已经不需要用相关科学实验来检验和证明，只需通过外显（向别人展示）或内隐（为自己证实）的言语，或者完成的某种行为，普通人也能判断被他观察的人，或者他自己正在或者已经完成了一个思维活动。言语行为当然能够确凿无误地说明完成这个行为的人的思维活动，因为思维活动就是在语言中形成的。通过行为来推测思维活动，如我在（蒋国辉，2016）中讨论过，则需要有心智理论作为推测的出发点。然而，从动物的认知能力来推测"动物思维"，研究者唯一可以依赖的观察事实，仍旧只是看得见的动物行为。就那些能够观察到的动物行为，研究者尚不能依据心智理论，得出关于动物认知能力的完全可信的结论，更何况猜测动物的"思维"。将"动物思维"（思想）与据称已经被证实了的动物认知能力联系在一起，因此最终也不能为"动物的思想"之说，增加论据上的优势，除非我们能够依据大脑神经科学实验数据得出结论：（无论是人或动物的）认知能力能够独自发展成思维能力。

要说明动物认知能力的观察事实和结论不能为猜测"动物思维"提供可信的依据，我们其实还可以观察一下动物的认知能力本身。我当然不能否认，动物行为和动物智能研究者在动物认知能力的研究中，确实取得了可观的成果，我也暂时没有足够的依据，否认研究者可以将动物的认知能力和"动物思想"看成同一个层次的智能，否认他们可以谈论没有语言的动物能够产生命题形式结构的思想。但是平心而论，关于动物认知能力的结论，并没有超越通过动物行为做出推测的局限。

动物具有一些认知能力，在相关研究的现阶段，或许确实可以被认为是科学的结论，比如对生存环境的感知和适应，在避险、捕食、迁徙等行为中对空间的知觉和判断，对事物和事件的记忆，等等。这类认知能力实际上就是行为能力，只要观察到某种行为，研究者就可以理据充足地断言动物有相应的认知能力。

不过，近期被研究者报告的一些动物认知能力，我认为并不具有同上文那些认知能力同等的可信度。这些认知能力包括：动物能够形成概念（Herrnstein et al., 1976; Wasserman, 1976; Wasserman et al., 1994），具有延迟的、符号性的和连续的样本匹配能力（matching-to-sample, Kendrick et al., 1981; Wright, et al., 1984），数字推理的能力（Hauser et al., 1996; Boysen, 1997; Brannon et al., 1998; Biro et al., 1999），时间的意识（Meck et al., 1983, 1984; Breukelaar et al., 1998）以及系列学习的能力（Sands et al., 1980; Terrace, 1987; Swartz et al., 1991, 2000;

Chen et al.，1997）。基于这些研究结论，有研究者就认为（Terrace，2001），虽然人类的语言和思维不可分割地联系在一起，但是随着对动物认知能力研究的日益深入，我们已经可以得出动物可以在语言之外完成思维活动的结论。

这类认知能力，特别是动物有形成概念的能力，如果能够真正被证明存在，确实可以成为动物能在语言之外完成思维活动的证据。但是这个推论一个先天的弱点在于，这样的认知能力，说到底并不是可以直接观察到的动物的行为能力，而是研究者基于观察到的动物行为，假定人——或许就是研究者自己，在完成这类行为的时候，心理状况可能是什么。看见一头大象攻击若干年前曾经伤害过它的那个人，我们当然可以信心十足地断言：大象记得这个人。然而，如果我们观察到比如一群猴子，每年在某种果实成熟的时候，到有这种果实的地方去觅食，我们能够同样信心十足地断言：猴子每年到某处去觅食，就是因为它们有时间意识而不是成熟的果实这个生存环境中的现象，激发了它们的觅食行为？

我们或许也没有完全可信的观察事实和实验数据，来否认动物确实具有这些认知能力。但是，即使认同这样的认知能力，我们仍旧不能信心十足地断言动物有思维能力，因为，相对于我在上边的讨论中指出的尚未被证实的中间环节，这个断言至少还需要基于对以下两个问题肯定的回答：(a) 动物的这些认知能力是否就是人的认知能力的低级但是本质相同的版本，(b) 动物的这些认知能力是否等于思维活动。

关于a，研究者似乎可以比较有信心地做出否定的回答（Tallerman，2014a）。虽然没有确凿的考古发掘事实，但是与早期的海德堡人、尼安德特人以及其他原始人类（更不用说同人类有共同祖先的灵长类动物）相比，可以确信的是人类的智人这一分支的大脑和神经结构，发生了临界性质的变化，让智人获得了他之所以为人的认知能力。也就是说，人类的认知能力与动物相比，不是量的区别，而是质的不同。联系我在前面提及的关于动物的记忆，我们可以认为动物的认知能力在一定程度上是先天的（Walker，1983：386），因为这样的能力是在先天的"刺激反应"行为中缓慢积累形成的。人的认知能力（当然也包括思维能力）并非"刺激—反应"行为积累的结果，而是大脑容量的增加和大脑皮层结构变化导致的神经结构重新连接所致：大脑的这种变化，使得人可以通过学习别人的经验获得对环境的认知。

关于 b，虽然尚未有相关研究用直观实验数据做出了证明，然而这似乎并不妨碍动物行为和动物智能的研究者理所当然地将动物的认知能力等同于它们的"思维活动"，比如上文提到的关于动物有"说不出来的思想"的论述。一些研究者将思想定义为"心理配置（mental disposition）、形象、意向或期待以及大脑的活跃"（Walker，1983：388），其实也是对思维活动和认知能力不加区分的说法。

在动物行为和动物智能的研究中，思想（思维活动）和认知能力未能清晰地被区别，可能还与"思想/思维活动"本身并未被明确定义有关。认知科学对什么是人和动物的认知能力，大致有在其研究领域中普遍认同的定义；然而所有涉及"思想/思维"的科学研究，至今未有对这个心理现象的普遍认同的定义。因此，人们在谈论与"思想/思维"相关的话题时，可能都需要至少说明自己是在什么范围内谈论"思想/思维"，才不至于涉及在自己的研究领域内无法解释的现象。在语言相对论的话题涉及语言的起源和进化以及动物行为和动物智能时，我想我需要再一次说明，我们在这个语境中谈论的思想/思维是什么。就此我对思维（思想）的一个简短的工作定义是：

"从区分认知能力和思维/思想的角度，语言相对论谈论的思维/思想，指的是普通人在日常生活中，或者在可能通过感知觉来经验的生存环境中，完成观察、认识和描述（'操作'的一种形式）世界的行为，并将源于这些行为的对世界的前科学的、朴素的经验，最终以条理清晰、可以在自己的文化语言集团成员之间交流的形式组织起来的过程（思维）和结果（思想）。"

基于这个工作定义以及动物行为和动物智能研究的观察事实，我们就可以检视，是否能将动物的认知能力等同于思维（思想）。

这个工作定义将人（或许也包括动物）相对于世界的理性行为，分为两个组成部分：（a）观察、认识和操作世界的理性行为本身，（b）将这些行为作为经验、以层次可辨的形式组织起来，并在需要的场合，以信息传递的方式交流这些经验的理性行为。在上文的讨论中我们已经看到，a 类智能行为并不是人类独有的，动物也可以观察、认识并操作物理世界，尽管迄今为止研究者还没有可信地证明并向我们展示动物的这类观察、认识和操作的心理实质。这样的智能行为大致就是当前被谈论的动物认知能力。我将这样一些认知能力包含到对思想/思维的工作定义中，并不是认同认知能力就是思想，而是因为从进化的角度，人和动物对世界最早的认识源于感知觉经验，在这个意义上我们大致可以说，人的思维能力是在认知能力的基础上进化而来的。

不过，如果认知的心理功能被定义为信息加工系统，如果人类的认知心理功能是共同生存于地球表面环境中的人类所有成员的共同属性而不是某个（某些）个体或人群的特质，那么进化至今的现代人类的认知能力，并没有被任何科学研究证明可能以某种非语言手段编码并保存为（语言形式的思想以外的另）一套人类全体成员共享的知识和信念系统（参看第一章关于所谓形象思维的讨论）。在这个意义上，我们应该同意 Tallerman 的观点（Tallerman，2014a）：我们虽然不能断言人的认知能力就是人的思想（世界观），虽然也不能从这个角度来否认动物的认知能力，但是我们或许应该同意，人的认知能力和动物的认知能力在整体上并不是同一个层次的、有可以比较之特点的观察对象，比如动物能够区分能吃和不能吃的食物的能力，并不能用人能够认识"有毒与无毒"来类比。

按照 b，我们至少可以从两个方面论述动物的认知能力不是思维（思想）。一方面，在完成对世界的观察、认识和操作之类行为时，行为者实际上完成的、能够被称为"思维"的行为，就是条理清晰地将对世界的感知觉经验组织起来。语言相对论论及的，就是这种组织感知觉经验的理性行为即思维活动。要说明动物有这样的行为能力，研究者首先需要说明，动物确实能够意识到，它正在完成的行为是观察、认识和操作某种对象。我当然不是从哲学的角度形而上地谈论，比如在这种状况下，动物需要意识到它是观察和认识的主体，也能够意识到在它以外的世界是它观察和认识的对象，等等，但是我们至少有一些可以作为思考对象的现象。比如一头狮子捕食，在准备最后一跃扑向猎物时，全神贯注地盯着猎物，我们是否可以认为，除了狮子之所以是狮子的遗传基因的作用，使它在这个过程中本能地调节和控制全身与捕猎相关的肌肉和器官，包括眼睛，由此将自己的整个身体肌动指向猎物，这是狮子对客观对象认知的结果，它还能够产生出与立刻要发生的捕获动作并不直接相关的某种大脑神经活动，比如"我在观察这个猎物"这种"思想"，而且能够意识到"观察"猎物是可以与捕捉猎物的身体动作区分开的另一种行为。更极端的状况是，当狮子并未从事捕猎行为时，它能够有意识地控制自己的视力，以实现"我要（我在）观察×××"这类主动的认知行为。迄今为止的动物行为和动物智能研究，都没有提供与此相关的实验报告和观察事实。长期观察和研究黑猩猩行为的 J. Goodall（Goodall et al., 1971），也没有报告过黑猩猩的类似智能行为。我们当然不能苛求这些研究者，因为这样的观察事实根本不可能获取。组织感知觉经验这种理性行为是否发生、怎样发生，只可能从行为者自己的表述（self-report）中得知，而这样的表述能力只有掌握了语言的人才具有。

谈论这样的表述能力，我们谈论的就是我对思维（思想）的工作定义的另一个方面：以能够交流的形式组织信息。即使按照动物行为和动物智能的研究者的观察和论述（Cheney et al., 1990a, 1990b, 1997, 2005; Seyfarth et al., 2003; Povinelli, 1993; Tomasello et al., 1997, inter alia），动物也不可能完成这种形式的智能行为。从交际的角度，人说话是为了告知、为了说服或者以某种方式改变其他人的想法；这种交际愿望和交际目的能够实现，最重要的前提是要知道自己的言语行为能够作用到其他人的心理，影响他们的知识和信念。动物甚至灵长类动物都没有这样的心智能力。没有这样的心智能力意味着（Cheney et al., 1997: 198）"它们不能互相得知心理状况，因此它们不能用它们的方式告知和指导其他个体，或者描述和评论发生在世界里的事件。这不是因为它们不能认识到和参加事件，而是它们不能认识到，并非所有的个体都拥有关于事件的同样的知识"。这是动物行为和动物智能研究者从他们的角度对动物的认知能力和"思想"的区分。

这样，如果我们必须将认知能力和思维（思想）放在一起，考察它们的区别和相关性，那么，从我对思维（思想）的工作定义出发，我们应该说，意识到自己有认知能力并能够将这种意识表述出来，是"思维（思想）"能够产生的基础。

在认知、思想和语言相关性问题上，一些研究者表述了与语言相对论接近的观点（Aitchison 1996；Noble et al.，1996；Goody 1997；Jablonski et al.，1998；Vaas，2000，inter alia）：语言是表述（representations）和元表述［meta-representations，包括意向性立场（intentional stance）、自我归属（self-attributions）、我意识（I-consciousness）、高阶意志（higher-order volitions）、自主代理（autonomous agency）等］的工具和媒介。这些能力被认为都不在动物的认知能力范围。研究者认为，这些在人类高阶水平上的能力是基于语言，并在语言中得到加强。认知能力是语言起源和进化的重要因素，在这个基础上对语言起源的描述可以不再具有太多的神秘性。语言与自我或他人的认知表现共同作用，使这些表现能够有效地、抽象地被运用。语言使信息能够被更有效地分类、储存和传送，也是想象未来（动物的心智只能反映过去经验，它们不可能有想象未来的智能行为）的最重要的工具；语言使得信息在个体之间能够轻松地甚至在没有视觉接触的交际中传递。所有这些与语言相关、基于语言的能力，才可能被称为思维（思想）。

其实，Darwin 在他的进化论研究中，已经或多或少地论述了类似的思想（Darwin，1981：57）："持续使用语言与大脑发育之间的关系无疑更为重要。某种人类最早期的祖先，即使使用最不完美的言语形式，也必须比以前任何一种猿类都具有更高的智力。这种力量的持续使用和发展，会在人的心智上得到反应，如果不借助口头或沉默的语言，人就不可能进行漫长而复杂的思维。同样，似乎即使是普通的思想，也需要某种形式的语言。"

第三章　从语言相对论的角度看LOTH

第一节　LOTH

将语言相对论的讨论延伸到"思想的语言"[Language of Thouoght，简称LOT，也被称为"心理语（mentalese）"，这是Pinker（1994）的术语。"心理语"是汉语译文的表达，mentalese这个英语词本身，并未逻辑地包含了lamguage这个语义成分]假说，当然不能简单归结为这个假说的名称包含了"思想"和"语言"这两个与语言相对论假说密切相关的概念。我已经说过，如果正确理解Whorf关于"相对"的真正含义，那么在语言相对论的解释范围内，能够给这个假说"致命一击"、彻底终结其作为一种学术思想之地位的，已经不再是半个多世纪以前基本颜色词研究得出的那类结论，而正是所谓的动物思维和LOT，因为这两个假说都是要证明，存在不依赖人类自然语言而完成的思维活动，以及产生于语言之外的思想。它们和语言相对论假说倡导的语言思维相关性，只能是不可共存的二择一选项。对于语言相对论的反对者，这是彻底推翻语言相对论最有力的依据，因为"认知科学家现在知道如何去思考思维，将会更多地脱离因为语言比思想更显见而受到的诱惑，认为语言等同于思想的"（Pinker 1994：59）。

LOT假说（LOT Hypothesis，简称LOTH），据说是关于具有命题内容的思想和思维的本质，是对一些心理现象，如经验、感受性（qualia）、感觉过程、心理图像、视觉和听觉想象、感觉记忆、感知模式识别能力、梦想、幻觉等的本质的研究。它可能适用或者不适用于精神生活的其他方面（Aydede，2015）。如果LOT的研究对象仅仅是上述心理现象，我们在关于语言相对论的讨论中并没有必要谈论它，因为它们涉及的是人在经验真实世界时的生理心理特性，并不是语言相对论在语言思维相关性的讨论中谈论的思想。在我看来，LOT和语言相对论可能的关系或许在于：从根源上，这些心理现象都来自人对真实世界的感知觉经验。在语言相对论解释范围谈论思想，我们谈论的是一种可以被表述、被传递和被理解的信息；这种信息，是通过言语思维神经活动对感知觉经验及其结果，也就是LOT谈论的那些心理现象的整理和组织而产生的。这个组织和整理的过程，被语言相对论称为思维；这个过程的结果，被语言相对论称为思想。这是人在语言的制约下，能够自主完成的一种理性行为。

不过，LOTH还对什么是"思想的语言"做出了这样的解释：心理学各个部门（从心理物理学到心理测量学）对心理表征（mental representations）到底是什么，可能有各种假设，而LOTH将心理表征定义为一个跟自然语言类似的语言系统。一簇心理表征就像是语言中的一个句子。或者用Fodor的表述（Fodor，1987：284—285）：信念、愿望、期待等框架（box）中的每一种状况就是LOT的一个句子，它是由句法和语义组织起来的、有组成成分的结构。包含这些"句子"的心理表征［LOTH有时也把心理表征作为想法（idea）的同义表达使用］，因此也是一个有结构句法和组合语义的类语言（language-like）结构。这样被定义的LOT，已经让语言相对论无法回避。况且Fodor本人在倡导LOT的时候，也考虑到了语言相对论的立场，虽然似乎只是作为一种无足轻重的观点轻轻带过（Fodor，1975）：一些理论家比如Whorf及其追随者认为这个观点是可信的，即如果人没有学会某种语言，有一些思想他无法思考。比如狗不能想到：明天大概会下雨（84—86）。不过Fodor随即就批评说，这样的观点虽然在某种意义上可以被认可，但是其严重的错误在于，包含在第一语言（Fodor特指LOT）中的初始计算（computation）过程，不可能发生在通过学习掌握的语言中，不能用LOT表达的东西，都不可能在自然语言中被表达，因为人不可能学会一种语言（自然语言），其表达力强于他已经知道的语言（LOT）（88）。

但是我不得不指出，在Fodor对语言相对论的批评中，有一些根本的错误，比如Fodor指责语言相对论可能导致"没有语言的儿童感觉混乱"

(sensory chaos)(Fofor，1975：88f)。Fodor 的这个指责，让人联想到 Fishman（1960）对语言相对论的那些批评：如果萨丕尔—沃尔夫假说被证实，就会出现两种恐惧。一种是所谓的无助恐惧（horror of helplessness）：既然我们无法不说话，我们就无法逃脱语言的摆布。另一种是所谓的绝望恐惧（horror of hopelessness）：在语言的控制下，人类没有希望能够交际和相互理解。这样的批评，现在已经更像是一个不适时宜的笑话。

又比如 Fodor 指责语言相对论，认为它倡导的是语法和词汇对成年人认知体系的规定作用，因为依照语言相对论的思想，语言的区别是无限的，所以说不同语言的人的认知体系差异也是无限的［参看 Kay & Kempton（1984）在批评语言相对论时表述过的类似思想］，然而当代认知科学的研究并不支持这个结论。这种指责显然也是无的放矢。一方面，语言相对论并不以人的认知体系整体为观察对象，也并未否认人类的认知能力在整体上是同质的，没有语言导致的差异；另一方面，语言相对论原则并不是建立在不同语言的差别上，这是我一再强调的在 Whorf 界定的"相对"的意义上，研究语言相对论的基本出发点。

关于计算过程和语言的学习，我在下文的讨论中还要涉及。不过，除了上述 Fodor 涉及语言相对论的简短表述，无论在 LOTH 还是语言相对论迄今的相关著述中，尚未有研究者将 LOTH 与语言相对论放在一起观察和讨论。从语言相对论的角度，这或许是因为在通行的对比研究的氛围中，研究者并未将语言相对论真正作为从整体上研究人类语言和人类思维相关性的领域；从 LOTH 的角度，可能更没有研究者认为语言相对论的思想在他们的研究中，应该是一个不可忽略的相关话题。

谈论语言和思维的相关性，在语言相对论中涉及的是自然语言，它与 LOTH 谈论的"思想的语言"，看来并不是同一个研究对象。从语言相对论传统的研究方法（对比研究）和研究对象（语言文化差异）来看，研究者似乎有理由不从 LOT 的角度来讨论语言相对论。然而在我构建的语言相对论理论体系中，讨论语言和思维的相关性，并不只是从不同的语言中收集、比较和分析一些观察事实，说明讲不同语言的人可能怎样不同地思考，而是要研究语言（言语行为）作为其输出可以被观察到的人的一种高级神经活动，对另一种（我们现在似乎还只能这样认为）不可能被直接观察到的人的高级神经活动（即思维）的形成力作用。对此语言相对论的立场是：人只能在语言中思维，人的思想只能在语言中形成；而且，我们在这里谈论的语言，是现代人类的自然语言。持这个立场，语言相对论在一定程度上就成了 LOTH 对立面，因为后者主张思维/思想是在自己的一套语言 LOT 中完成/形成的，而 LOT 并不是自然语言。自然语言只用于传递在 LOT 中形成的思想。换言之，自然语言并不具有对在 LOT 中完成的思维的形成力作用。因此，认同 LOT，我们就需要同 Whorf 始终反对，我也在自己的体系中将其作为语言相对论对立面的所谓自然逻辑妥协。

立即需要声明的是，LOTH 这个研究领域包含了若干神经科学、认知科学和心理学问题以及相关的哲学问题，我并没有可以参与讨论这些问题的全面和深入的相关知识，我也不必冒险对 LOT 提出自己的见解，更遑论挑战 LOTH。除了与语言相对论相关的问题，我在这里的讨论中不会对 LOT 做出更多的关注和评价。我的讨论只限于对 LOTH 的一个主张提出怀疑：如果 LOT 存在于人的大脑中却不是现代人类使用的任何一种自然语言，人是否拥有两套不同的语言系统，而且其中的一套即自然语言，与人完成思维活动、形成思想的心理活动无关。这个怀疑实际上也是捍卫语言相对论的一种努力，因为如果 LOT 被证实，尽管我怀疑检验它比检验语言相对论更困难，语言相对论理论体系（不是传统的比较研究）差不多就失去了立足点，因为证实了 LOT，就是证明了语言相对论的对立面：思想是在与自然语言无关的神经活动过程中形成的。

我从以下几个方面来讨论对 LOT 的这个质疑。

第二节　在语言中想（思考）

普通人的一个生活经验是，如果在某个场合——比如说不同语言的人相遇被问到"你说什么语言（用什么语言说话）"时，除了双语者可能有一些犹豫，人们几乎都可以不假思索地回答"我说××语"。然而如果被问到"你用什么语言想"时，被问的人可能会感到困惑：除了我用来说话的语言，难道我还有什么专门用来"想"的语言？LOTH 实际上就是试图从科学的角度来回答普通人可能的困惑：人确实不是用他说话的语言，而是用一种叫作"思想的语言"来想（思考）。然而这样的回答，并不比 Boas 早其半个世纪的回答更容易受到神经生物生理科学的实验检验："当我们试图明确地思考时，我们从整体上是在词中思考。"（Boas，1911：71）

用什么语言想，语言相对论（在语言相对论的解释范围内）的表述是：普通人的思想是在（自然）语言中形成的，这是语言对思维的形成力作用。不过很多语言研究者对此不以为然，认为 In which language do you think（用英语举例，是因为介词"in"的"在……中"这个意义，还会被多次用在下文的讨论中）这种由英语语法规定的表达形式，并不能被用作例证，解释为语言对思维的形成力作用；也不能由此断言，"思想在语言中形成"可能近乎普通人的常识。Jackendoff 这样表述了他的立场（Jackendoff，2002：273—274）："当前一个重要的观点是，思想独立于语言，并且可以在没有语言的情况下发生。这个观点与思想是在'一种语言'中发生的通常直觉比如'Do you think in English or in French?'，是格格不入的。"Jackendoff 还认为，语言形式仅仅是让思想能够被意识到的一种手段，视觉形象也能完成同样的功能。通过语言我们"听到了头脑中那个小小的声音"，由此"知道了我们在想"。

"听到声音"的说法，还见于另一些研究者的论述中。比如（Carruthers，1996）：人在思想的时候，"就像听到了被有声地说出来的句子"（49），因此"我们大多是以想象出自然语言的句子来思考（当思考是有意识的时候）"（228—229）。不过在我看来，这两种看似相同的表述实际上大相径庭：Jackendoff 认为思考这个行为不是发生在语言中，是已经在语言之外发生后，通过语言被我们意识到。Carruthers 的观点则是，如果我们意识到自己在思考，那么这样的思考只能在语言中发生，有意识的思想是"在"自然语言"中"形成的。Carruthers 的立场，在某种程度上已经很接近语言相对论的立场，因为他就"在语言中想"的话题，还表述了一个观点（Carruthers，1996：122）：按照认知的观念，在说话人说出一个句子来表达思想时，这样的表达是构建（constitute）思想，而不是编码或者发出信号（signal）。

不过，Jackendoff 的观点在当今的语言研究中，占据着主导地位，相同的观点几乎可以信手拈来。语言相对论在这里大概是所有相关观点的对立面。一些研究者对此表述了与 Jackendoff 几乎完全相同的观点。比如 Ryle

(1968)认为,在语言中思考是一种没有说出来的、自言自语的内心独白,就是我们低声地、不让旁人听见地复述词和句子;他明确表示(Ryle,1968:13):"我甚至不认为,在一般的场合我们可以提出这样的问题,即有某一种或某一类东西,让我们可以在其中思考。将'想'和'在什么中'放在一起不过是人为的虚构。"比"人为的虚构"更严厉的批评是(Magee,1997):人的所有经验都能够在词语中表达出来的思想是"惊人的盲目"(Magee,78),是"一时的荒谬娱乐行为"(Magee,86)。从"所有的经验"层面上展开批评的出发点,看来包括了我在第一章里详细讨论过的所谓形象思维,这被认为是一种同语言无关的的思维活动。重复我的观点:无论语言学、心理学的研究者们赋予形象思维何等重大的意义,用什么术语来描述它[生动的经验和视觉形象(Carruthers,1996)、图画记事(Kosslyn,1994)、隐性知识(Pylyshyn,1973),等等],形象思维并不可以同抽象思维相提并论。作为语言和思维相关性研究应该涉及的对象,虽然我并不能否定它也是一种与认知相关的心理状况,或许也是一种可以通过观察脑电波而被检测到的思维形式。

Ryle对"人为的虚构"的批评,被一些研究者进一步延伸,不过这类延伸实际上是基于对"语言"本身的错误定义。比如一些研究者认为(Slezak,2002:363—364),"在语言中想"这个说法的错误在于将外在的事物或者"物质(matter)"比如形象、签章(signatures)、字符(characters)等,当成了内在的、心理对象的模式,将外部交际符号比如自然语言当成了思想可能的载体。这是人在还不能将他的思想足够抽象化时,将这些本来只相关于物质的术语,以同样的意义运用于心灵,谈论心灵的状况就像是在谈论物质的对象,比如以同样的方式谈论事物的形象和标记(marks),谈论思想的萌芽和知识,等等。因此,主张在自然语言中思考,是试图"将内在的、本源的意向性和外在的、派生的意向性同化"(Yolton,1996:96),并以此来解释内在的心理符号怎样获得语义内涵。这类观点实际上是说,语言仅仅是外部的交际符号,是与思想在本源上无关的"物质"。

还有研究者对Jackendoff和Ryle关于"在语言中想"不过是内心独白的观点,做出了一些修订(Pinker et al.,1990),认为我们其实很难将

"表达思想"的内心独白和言语交际行为真正区别开，因为内心独白也不可能脱离存在听者这个前提，否则我们无法解释，为什么人们并不能运用任意的私人语言来表达他们的思想，为什么内心独白也需遵循语言的语音规则、各种语用规则比如话题焦点原则，等等。顺便需要指出的是，Pinker 等人对"在语言中想"的观点，并不是语言相对论谈论的"语言对思维的形成力作用"，因为他们在这里谈论的思想（比如"欧几里得的相关性"思想），并不都在语言相对论关于语言和思想相关性的解释范围。

值得注意的是，或许不愿意卷入语言相对论的辩论，一些研究者似乎倾向于将"在语言中想"这种关于思想形成的命题，替换成了"用语言表达"，尽管这样的"表达"并不等同于 Jackendoff 那个"小小的声音"。比如（Glock 1997：167，我的着重号）："看来，除非思想能够在语言中被表达，我们不能将思想个体化，也不能描述它们。"

Fodor 倡导的 LOTH，看来也是始于对"在语言中想"的思考。Fodor 的立场大致可以这样表述（Fodor，1975：33—34，55）：认知心理学认为行为、学习和感知的整合（perceptual integration），都是基于计算的过程，而计算必须要有内在的心理表征作为它可以在其中完成的媒介；问题在于，这个媒介几乎没有显性的形式，它有什么属性，在研究中只是偶尔涉及。为了完善这类研究，Fodor 借助"语言"这个实体，认为内在的心理表征不可能脱离内在的语言，这个内在的语言就是"思想的语言"。"思想的语言"是构建严肃的认知心理学理论必不可少的前提，是研究心理的理论需要完成的工作的一个重要组成部分。

姑且不讨论 LOTH 使用的"思想"这个概念，就其内涵和外延，与语言学研究（包括语言相对论）使用的同一个术语表达的概念是否相同，LOTH 似乎给"在语言中想"做出了有别于 Jackendoff 等人的另外一种解释：人确实是在语言中想（思考），只不过这种语言叫作"思想的语言"。LOTH 实际上是从另一个角度支持了 Jackendoff 的观点，因为 Fodor 坚决地认为，他倡导的 LOT 不是自然语言（Fodor，1975：56）："对自然语言是思想的媒介这个说法最明确（而且我认为是足够）的否定是，非语言的机体也可以想。"Fodor 指的是，行为、概念学习和感知整合这些心理状况（看来 Fodor 是将这些心理状况解释为"思想"，这当然只能看作一家之言），于人和动物，以及尚未掌握语言的人类婴儿，是同质的。

人们当然不能仅以否认自然语言是思想的媒介，来反证 LOT 的存在。哪怕 LOT 只是认知心理学为了描述人的认知能力和认知行为、为了将非显性的心理表征自然化（物理化）而做出的一个本体承诺，LOT 的倡导者和支持者也起码需要用某种直观的方式，为我们展示这种"语言"的存在。然而，通观 Fodor 和其他研究者的论述，除了关于 LOT 拥有结构句法和组合语义的论断、在谈论 LOT 时用自然语言表述出来的 LOT 句子，以及一些隐喻性的描述（比如装载各种命题态度及其对象的 LOT 句子的框架），我们并没有看到他们真正向我们展示的 LOT 实例。

第三节 LOT 并未证明脑电波和思想的关系

对于 LOT 实例的期待，其实并不是对 LOTH 的苛求，因为 Fodor 倡导 LOTH 的初衷之一，就是挑战 Brentano 和 Descartes 关于意向（intentionality）与理性（rationality）不能用物理术语来解释的观点。为此目的，LOTH 对思维活动以什么物理性形式在人的大脑中实现的解释，显然不能仅仅基于内省和符合逻辑的思辨，而是需要用直观的实验数据，来展示让思维活动得以在其中完成并产生出思想的那个媒介即思想的语言。

LOTH 被认为最有吸引力的特点，据说就是它涉及将心灵自然化（物理化）这个心理学的哲学研究中心话题。心灵自然化，粗略地说，就是构建一个理论框架，使得心灵在其中可以被看成物理世界的组成部分，而不必假设一些不可还原的精神实体（psychic entities），以及心理事件或属性的过程。LOTH 的基础，据说是 20 世纪对人工智能和认知科学关于信息处理的研究有重大意义的两项成就：（i）逻辑思维可以形式化（符号逻辑）和（ii）形式化过程可以机械化（Turing 的思想）。Fodor 自己的解释是（Fodor，1981：202）：思想是体现在计算过程中心理表征；或者用一个隐喻的说法，人的大脑就是一部计算机，思维过程就是在计算机中运行的程序，这是表现有机体和命题之间相关性的机制。LOT 的研究者对此的思考，大致也与 Fodor 相同。比如思维（思想）是以电化学状态储存在大脑中的句子，相当于计算机里的电流运动（Crane，1990）；LOT 是一个物理媒介物，可以物理性地将句法及形式特征编码（Aydede，2015）；LOT 是用于心智理论的计算过程或心理表征的"物理性符号体系"，这样的符号对于认知科学，具有细胞学说对于生物学或者板块构造对于地质学的意义（Pinker，2007：78），等等。

LOTH 倡导者和支持者的愿望和努力当然应该肯定，不过遗憾的是，就以直观实验数据对 LOT 做出检验这一点，这个假说仍旧没有比其他同类的研究走得更远。从 LOT 研究的现状来看，一方面，由于语言相对论思想被不公正地忽视——尽管这种忽视可能源于传统的，可能导致本体论谬误的语言相对论研究本身，已经在研究对象涉及语言的所有领域中成为一种常态，因此，LOT 的研究者在思考人类思维活动相关的问题时，似乎并不在乎如何界线明晰地区分 LOT 和自然语言这两种语言，也不在乎基于自然语言来研究语言思维相关性的语言相对论对这个问题的立场。

另一方面，自然语言对于思维活动的作用虽然也没有最终被直观实验数据检验，但两者必然相关却是一个不可否认的经验事实。或许正是为此，Fodor 似乎宁愿冒更大的风险，去假设存在一种专门用于形成思想的"语言"，而不将自然语言作为选项，以避免自己的假说与另一个假说的纠结（这里实际上并不仅仅是纠结，如果不假设心理语，Fodor 的立场就是语言相对论。看来，他显然不希望自己被这样理解）。然而一个可能让 LOTH 研究窘迫的事实是，这种"思想的语言"的存在，最终仍旧只能通过在自然语言中被说出来的话语来推测。

平心而论，如果不深究"语言"在语言相对论和 LOTH 中指称的是不同对象，我们可以看到这两种理论有一个共同的基本点，即人的思维活动不应该被看成一个不可捉摸的神秘过程，而是有可以被观察的物质存在形式。这个形式就是语言。用 LOTH 的表述：思想是在思考的人头脑中的句子。我当然不是要比较 LOTH 和语言相对论在解释语言和思维相关性时孰优孰劣，更不是要对 LOT 做出实质性的评述，但是我仍旧打算通过对 LOTH 比较粗略的观察来说明，就进化至今的人类对自身的认识，与 LOTH 相比，语言相对论仍旧是解释语言和思维相关性的一种更好的理论。

LOTH 从认知心理学和哲学的角度对发生在大脑中的思维活动过程的物理属性的解释，并不是这个假说对大脑神经科学的新贡献，甚至不是一种新的猜测。如果从物理属性或电化学反应的角度来解释，人的思维活动，归根结底是大脑神经细胞的活跃，是通过神经突触在神经网络的神经元之间，以脑电波的形式传递信息的过程。将这种脑电波用仪器收集并以相应的方式向研究者展示出来，已经是大脑神经科学研究能够完成的工作。比如在屏幕上看到闪动的脑电波信号，人们可以说：这就是大脑正在完成思维活动。尽管对脑电波的科学观察和记录最早可以追溯到19世纪末到20世纪初，但是，因为任何相关研究都无法真正"进入"人的大脑，观察并解释神经回路、神经元、突触和脑电波与思维活动真实的、直接的联系，相关科学研究者对脑电波的认识，迄今仍旧只停留在推测脑电波和思维活动之间可能的神经生物生理属性相关的联系。比如，β波通常出现于人处在清醒状态的时候，主要是智力（逻辑思考、推理、计算，等等）所需的脑电波的来源。泛泛地将这种观察到的现象归结为思维活动在大脑中的物理形式，并不需要假设LOT的存在。而且，在对大脑神经生物生理学研究的这种水平上，LOTH并不能真正解释什么是人的思维活动，更遑论断言有一种专门为完成思维活动而存在的语言。

LOTH的确也试图解释LOT在大脑中的物理形式，即将认知活动看作计算过程，用计算机的工作原理，来说明为什么LOT是人在完成思维活动时必须具有却又无法触及的语言（Fodor 1987：23—26）：计算机将输入的运算任务转换为只有1和0两种状况的机器码。在这个机器码的编码程序中，有很多记录（tokening）发生，但是在这些记录被相应的程序编制并作为实际的计算结果输出之前，不能被使用计算机运算的人觉察。LOT的物理性符号在大脑中的活跃过程与此相似，它们的活跃不能被看作是人的参与，而是次级（subpersonal）计算组件的运行状况，就像血液循环、食物消化、呼吸和氧气交换等生理过程，不是人可能触及和主动控制的。形成一个思想的大脑电化学过程，就是通过次级的计算组件，从心理表征中获取一个记录、产生出一个LOT的句子。

然而，除了用计算过程来隐喻性地谈论LOT，LOTH并不比相关科学早已观察并试图说明的关于大脑神经回路、神经元、突触、脑电波在思维活动中的物理状况和机能，解释了更多的东西；它也并未以此成功地证明思维活动是人体器官的各种生理过程之一。用这样的隐喻表述，并不能真正证明 LOT 的物理性存在，除非在相关神经科学和人工智能技术的支持下，LOT 的研究者可以（a）在显示屏上指着某种脑电波闪动的图像告诉我们，这就是在观察者头脑中产生的、以 LOT 形式呈现出来的关于什么的思想；（b）分析并解释表述了这个思想的那个 LOT 句子的物理形式即物理性符号（即思想神经元）的结构，比如，脑电波的哪一个闪动表示了 LOT 句子中的什么成分，等等。否则，LOTH 以物理化形式解释思维活动的尝试，仍旧不过 LOTH 研究者的一个美好愿望。

这当然不是 LOTH 单独面对的困境。所有研究语言、思维及其相关性的科学，包括语言相对论，都不可能真正受到神经生物生理科学提供的直观实验数据检验，从而进入科学理论发现的证伪程序。一些 LOT 的研究者也意识到，以计算机的运行过程来隐喻，并不能真正可信地证明 LOT 的物理存在形式，因此转而试图从功能的角度来说明 LOT 的物理性。比如，认为可以以人体监测和调节体温的生理机制为例，说明当一个复杂的系统不能从物理的角度得到充分解释时，对这个系统合理的理解只能借助于理解其功能结构（Bekermann, 1994）。又比如，认为 LOT 的句子是一个具体的对象，是一个有起因、有作用的事物，这样的起因和作用是思考者固有的属性。当思考者处在与某个内容相关的状态时，内容的"起因替代物"（causal surrogate）作为思考者固有的属性，就产生了相应的作用即产生出思想或者行为（Crane, 1990）。

虽然从功能的角度证实一个难于直接观察的系统的物理性存在，在任何科学研究中都是可行的研究方法，但是用这个方法来证实 LOT 是一个物理性的符号系统，似乎并不能得到研究者期待的结果。这是因为，一方面，在相关科学现有的水平上我们已经知道，在思维活动发生的时候，大脑中必然有相应的物理状况，比如神经元和突触的活跃、脑电波的产生和传送，等等。这些物理状况，并不需要 LOTH 从某个新的角度，它也并未给出任何新的检视角度来证明和解释。另一方面，根据 LOTH 倡导者的观点，在思想的语言中，每一个思想都是被看成由 LOT 这个物理性符号系统的符号，被称为"LOT 的词汇项（vocabulary items）"或"原初符号（primitive symbols）"构成的一个 LOT 句子。将这个符号系统及其结构规则，解释为一个不能直接观察到的物理性存在，即使从功能的角度，也不能仅仅归结为声称"思想能够在物理性的 LOT 符号体系中产生，取决于大脑的物理构造固有的功能"。这是因为，从功能的角度来证实一个难于直接观察的系统的物理性存在，需满足一个必要条件：这个系统如果能够完成某种功能，那么，我们必须观察到它的输出。

这当然不是对 LOTH 的苛求。以 LOT 研究者提到的人体温度调节机制来看，生理学的研究已经向我们揭示了调剂人体体温的神经结构，以实验数据直观地展示了物理性存在的散热中枢（下丘脑前部）和产热中枢（下丘脑后外侧部），以及促进散热反应的热敏神经元和促进产热反应的冷敏神经元。这个神经结构系统完成体温调节的各项生物生理属性的细节，比如刺激这个神经结构，就激发引起体温变化的内分泌腺、骨骼肌、皮肤血管和汗腺等组织及器官活动的改变，等等，与一些更微观的层次比如各类细胞的活动、蛋白质的转换等相关。这些细节可能尚未被相关研究彻底揭示，但是从功能的角度我们至少已经看到：物理性地刺激这个神经结构的什么部分，可以引发哪一类神经元的反应、产生什么效应。换句话说，我们观察到：在什么条件下，这个系统的输出会是什么。

从功能的角度来解释思维活动和 LOT 的物理存在，如果确实解释了什么，我们就有理由对 LOTH 提出如下的要求：假设 LOT 这个系统的功能在于，大脑中枢神经结构的某一个部位受到刺激、激活了一类神经元、脑电波会在一类突触之间传递，形成了相当于自然语言中的一个句子的一簇心理表征，那么，要证实 LOT 系统确实完成了这个功能，LOTH 需要让我们直观地看到这个系统的输出即 LOT 的词汇项按照相应的规则组成的 LOT 句子。没有这种可以被观察到的 LOT 系统的输出，研究者就不能从功能的角度解释 LOT 的物理性存在。他们的解释，因此仍旧回到了那个无法被检验的起点：从大脑中枢神经系统的结构和脑电波运动来解释思维活动。

我们还可以以自然语言为参照来说明这一点。

自然语言的语言机制，或者叫语言系统，终极地也应该被归结为由大脑某一个或几个特定区域制导的脑电波运动，以及与此相关的神经元、突触的状况。这个系统这也是一个不可能被直接观察到的物理存在。语言学，比如转换生成语法对这个系统的解释，本质上也与 LOTH 对心理语的解释相同，比如，语言是人的大脑中存在的一套句法规则和词库。断言它们的存在，并不是这套规则和词库被研究者直接观察到了，但是研究者能够直接观察到这个"黑箱"的输出，这就是每一次言语活动的结果：我们直接观察到的说出来的句子是有结构的，这个结构显然不是发音器官发出的声波的属性使然。于是，研究者的推测自然会被导向控制人的一切智能行为的大脑中枢神经。基于能够被直接观察到的输出，研究者就能足够可信地推论，大脑中语言结构的存在，可以从它的功能来推断。问题在于，LOT 的输出是什么？如果它不是像自然语言的机制那样，有以物理形式的符号构成的一串有意义的、可以被直接观察到的"心理话语"作为输出，LOTH 断言的 LOT 词汇项以及由它们构成的 LOT 句子是什么？没有这种可以直接观察到的输出，在科学研究现在的水平上，断言 LOT 是大脑中物理存在的系统，并不能为论证 LOTH 提供任何可信的论据。

LOTH 的支持者当然也没有可能，将 LOT 的工作状况哪怕部分地归结到布洛卡区和韦尼克区，因为这个假说的基本立足点是：LOT 不是自然语言，然而，布洛卡区和韦尼克区还没有被任何神经科学研究证明是自然语言和另一种语言共同的语言中枢。由此引出下边的讨论：人是否可能，或确实拥有自然语言之外的另一种语言即思想的语言。这个问题直接关系到语言相对论倡导的（自然）语言对思维的形成力作用。

第四节 自然语言以外的语言？

倡导 LOTH，是因为研究者认为，作为信念、意图、愿望、预期等命题态度的直接对象，心理表征系统是有结构的；这个结构是复杂的符号结构；这种复杂性，使对于它可以采用句法和语义的分析。如果 LOTH 只是使用一种隐喻的方式，将这种心理表征系统的结构和意义称为"句法"和"语义"，那么在语言相对论的研究中（当然也是在语言学的所有研究领域中），确实没有必要涉及这种"语言"。

况且，这个假说赋予 LOT 的那些自然语言不可能具有的属性，使我们似乎不太可能用观察和研究自然语言的方法来理解 LOT。这类属性是：LOT 是先天的（innate），它不可以被学习、不能被理解，而且人在思想的时候，LOT 在大脑中完成的编码和操作，是正在思考的人不可能触及的。

对自然语言和 LOT 的区别，Fodor 还有一个解释（Fodor，1975）：一个装置（人也是这样一种装置）可以用两种方式理解一个表述（predicate）。一方面，这个装置拥有这个表述的外延的一个表征并能够运用它，这个表征是在该装置能理解的语言中给出的。另一方面，这个装置的构造使它能够使用这个表述（比如通过计算），通过在这样的表征中指定的条件来指示（import）自己（64）。把这段佶屈聱牙的表述换成通俗易懂的话就是：前一种理解的方式，是在人通过学习获得的自然语言；后一种就是人们用来思考的思想的语言。按照 Fodor 的说法，LOT 和自然语言的区别，类同于计算机编程语言和界面语言的区别。并且，正如所有不同的输入在机器编码程序中都没有区别，人在思考时，大脑的计算过程是等同；换言之，抽象思维（听和读的方式）和形象思维（看的方式）有相同的心理结果，它们在 LOT 中的心理内部码是一样的；而且"实际上可以转换语言信号的耳—口装置，以及执行任何计算操作的中枢神经系统，都是通过言语交流的信息来定义的"（117）。

LOTH 对 LOT 属性的这类晦涩的解释，其实并不能让人对被解释的对象有单义、明确的理解，所以我不再继续关注它们。不过作为类比，我们看到的是，生成语言学理论在可以直接观察到的语言现象的基础上推论的人先天固有的语言机制，迄今尚未真正受到检验并在所有相关科学中被普遍认同。在这个背景下，将 LOT 归结为不可学习、不能理解、不可触及，显然并不能可信地解释这种语言的先天性，除非对 LOT 就是脑细胞的那些电化学反应的断言，获得了神经科学直观实验数据的支持。不过到那个时候，不仅 LOTH，包括生成语言学和语言相对论在内的涉及 I 语言的所有语言研究，都将受到终极的检验。在此之前，用不可学习、不可理解、不可触及来说明先天性，除了给假说徒增某种神秘色彩，并不能提供实质性的论据。

既然将心理表征系统定义为"语言"，那么，无论 LOTH 的研究者怎样努力论证不能从观察和分析自然语言的角度来理解思想的语言（e.g. Crane，1990；Laurence et al.，1997；Beckermann，1994），他们也不可能完全脱离在所有相关学科中对"语言"这个术语通常的理解，创造出一个内涵和外延都不同于这个术语的另一个词，用来非隐喻性地指称 LOTH 倡导的那种"语言"。LOTH 的研究者,实际上也是将 LOT 看成与自然语言并存的另一种语言,而且正是要从通常对"语言"的定义和理解的角度,来讨论他们的研究对象,否则,他们完全可以将这个研究对象称为比如"心理表征系统(思想/思维活动)的结构和内涵",没有必要借助"语言"这个术语。

事实上,对这样的系统是否能够被称为语言,Fodor 自己似乎也没有十足的信心(Fodor,1975:78,我的着重号):"两种表征可以类比。既然公共语言是约定的,而思想的语言不是,它们最多也就只能类比。如果类比让你印象深刻,你会希望将这种内部编码称为语言。如果类比让你无感,你会希望将这种内部编码称为某种意义上的表征体系,但它不是语言。对于我重要的问题只在于:计算心理学的方法论假设是否连贯。在我的讨论中没有什么能够证明它们不连贯。"按照 Fodor 的观点,与理解自然语言相比,LOT 应该在不同于自然语言的另一种意义上被理解;LOT 句子的意义并不是取自另一种有意义的语言,而是可能来自它们表征的某种因果关系或者因为它们拥有某种计算形式(computational profiles)。

Fodor 的踌躇,当然并未影响他和 LOT 的研究者继续将心理表征系统称为"语言",并且以人们在语言学研究中观察到的自然语言的属性为参照,赋予 LOT 若干与自然语言相同的,或其独有的属性(e. g. Fodor,1975;Laurence et al.,1997;Pinker,2007;Karz:2008):

——LOT 是一个物种所有成员共有的(我想我们在这里讨论的应该是人类这个物种,但是 LOTH 支持者指的范围可能还不仅限于此,下文我还要回到这个问题)。

——一套有语法属性的词汇项。这是基于 20 世纪以来,认知科学研究者已经很认真地接受了的一个概念:我们的心灵拥有一套具有词汇意义的词典(e. g. Johnson-Laird,1987)和一部概念的百科全书(e. g. Pinker,1999)

——将这些词汇项组合在一起的语法规则;

——每个词汇项有其自身的意义,并在按照句法组织起来后,有组合的语义;

——人(思想者)的头脑中,每一个作为命题态度直接对象的心理表征(想法),就是按照上述句法和语义规则组织起来的 LOT 句子。

——LOT 是先天的，人掌握自然语言，须以拥有 LOT 为前提。也就是说，要解释自然语言的意义，要学习和理解自然语言，都需要借助思想的语言。

关于"先天的"，需要立即说明的是，或许 Fodor 自己也意识到，要倡导自然语言之外的另一种语言，可能很难哪怕在逻辑上自洽，更遑论接受大脑神经科学的实验检验，因此在倡导 LOTH 时，他给自己的理论留下了可辩解的余地（Fodor，1975：156）。"思想的语言可能非常像一种自然语言。内部代码的资源可能直接被表示在我们用于交际的代码资源中。关于这一假说我们至少可以认为，如果它是真的，它在某种程度上可以解释，为什么自然语言如此容易学习，为什么句子如此容易理解：我们能够学习的语言与我们生而所知（innately know）的语言没有太大的不同，我们能够理解的句子与表示它们的内在模式（formulae），没有太大的不同。"不过，这样的辩解，归根结底还是脆弱的，因为"生而所知的语言"，并没有摆脱我在下文将要讨论的 Pinker 的"准语言"导致的困惑。

LOTH 倡导，除了自然语言，人还"先天"地拥有另一套专门用于思维活动的"思想的语言"。这个观点逻辑地蕴含"思想是在这一套语言、而不是在自然语言中形成"的结论。这个结论同语言相对论的思想显然不相容。我当然不认为，作为一个认知心理学的理论，LOTH 在整体上可以从语言相对论的角度来观察和评述，因此，在语言相对论相关的讨论中谈论两种理论相容与否，我仅限于考察，在现代人类拥有的自然语言之外，是否可能存在另一种人不能意识到其存在，而且即使在自主地思考时也不能主动使用、但却必须在其中完成思维操作的语言。LOT 是否存在，当然也不可能在语言相对论的框架内做出最终的判断；我能够做的只是：基于 Fodor 等人赋予 LOT 的那些属性，思考并判断有这类属性的语言的存在，是否可能基于相关学科对语言和思维的研究结论，符合逻辑地推论出来。

被定义为一个独立语言系统的 LOT，其存在已经受到不少质疑。例如，存在一种独立的、不依赖社会功能语言的 LOT 的论据是"虚弱无力的"（Davidson，1997：20）；"心理语与能够被意识到命题思维不相容，因为它（指心理表征的符号系统 LOT）不是我们的意识能够企及的、为了有意识的命题思维而存在的那种符号系统"（Slezak，2002：366）。"我们不会为我们的思想持有私人语言，而是使用我们用来与他人分享信息的相同代码"（Hurford，2007：175）。更多的批评则来自联结主义（Rumelhart et al.，1986）：LOT 系统不能处理某些认知任务，如感知模式识别；它太僵硬，具有过度的确定性，因此不太适合用于构建人类满足多重软约束（soft-constraints）能力的模式；它不是生物学上的现实，等等。

比较极端的批评认为（Hacker，1987：488—497），说大脑能够拥有自己的一套语言"根本是无稽之谈"，这不仅因为我们并不能真正证明，这套完成接收信息并对其作出编码、译码和解释的语言，拥有和自然语言一样的、被定义为"语言"必不可少的词汇系统和语法系统，还因为我们几乎不可能哪怕想象，大脑可以怎样"使用"自己拥有的这一套语言，就像人可以使用自己掌握的自然语言那样，来表述自己的思想、完成言语行为、互相传递信息，等等。有的研究者（Slezak，2002：354）甚至认为，不可理解的是，LOTH 这样一个"公开不受欢迎的理论，竟仍然经常被其批评者讨论，仿佛它还是一个可能获得某种认可的讨论选项，哪怕这样的讨论仅仅是为了反驳它"。

还有一些相对温和的批评，实际上是试图从不同的角度完善 LOT 的理论。比如（Bekermann，1994：207f）认为，不需要从字面意义上理解 LOT 中"语言"的含义，而应该像我们说计算机语言那样，从功能的角度理解 LOT，更恰当地将其看作"大脑的语言"。这是大脑活动时神经被激活的模式，就像电脑存储设备如记忆芯片通电后的 bit 模式。基于神经科学关于大脑在各种神经活动包括言语行为（比如发出声音）中的活跃，我们当然可以认为，LOT 运行的时候，大脑中确实发生了某种计算；也可以设想那里出现了类似句子形式的表征（有组合语义的结构性表征）。

将大脑神经活动隐喻为计算，其实并不是 LOTH 的创新；"计算"也不是仅与 LOT 相关的大脑特殊活跃形式。如果 LOTH 确实以这种温和的批评所建议的方式定义思想的语言，我们就没有必要从语言相对论的角度来讨论这个假说，甚至也没有必要从 Hacker 那种批评的角度来评价它，因为我们确实不能在相关科学现有的水平上，评价 LOT 是否存在、是否拥有那些类同自然语言的属性。但是 LOTH 的问题在于，其倡导者和支持者或许走得太远，以致他们赋予 LOT 的一些特征，让他们关于现代人类除了拥有自然语言，还无意识地拥有另外一种语言的论断，几成悖论。比如，如果将 LOT 的活跃定义为人不能有意识控制的言语行为，并在这个基础上将 LOT 归结为广义的语言能力，那么，除了需要解释 LOT 那些并不太可能与自然语言相提并论的"语言"性质，研究者随之还必须面对另一个问题：即使可以不从字面上理解 LOT 涉及的"语言"的含义而将其理解为计算的过程，我们还可能怎样不从字面上理解"词汇项、句法、语义"这些似乎并不可能在语言之外存在的实体类型？

现在我从以上 Fodor 及其追随者列举的那些特征，来观察 LOT 是否可能是人类在自然语言之外拥有的另外一种语言。

认为 LOT 是一个物种共有，看来是基于全人类相同的大脑结构和功能以及发生在大脑中的思维活动相关的电化学反应不会（或者被推测不会）受人种、地域和文化差别的限定。不必深入哲学和心理学的细节，我们可以粗略地认为，存在于同一个物理世界里，人类的每一个成员对他经验的世界的态度（信念、期待、追求、满足、喜爱、愤恨等）以及这些态度的对象（日常生活的衣食住行，生存环境、人际交往、精神世界等），基本上是相同的。这当然不是指所有人对所有事物的态度相同，而是指：对世界的这样一些心理状况，人类的每个成员都能以相同方式经验到。也就是说，人类所有成员的心理表征系统，仅就其包含的"簇"的数量而言，可能是一个无限的集合；但是每个普通成员一生中可能产生的心理表征簇的数量是有限的，而且所有个体的心理表征系统基本上是重合的。这是因为，大脑结构和功能相同的人类所有成员都可能，而且只可能经历为数有限的一组心理状况；也因为人类所有成员大致都有相同的，可能经历的和不可能经历的世界状况。这应该是一个经验事实。

然而，LOTH 表述的"物种共有"，看来并不是指人类所有成员的心理表征系统的共性，而是指作为心理表征簇的思想产生于其中的"思想的语言"（LOT）的共性，这种"思想的语言"被 LOTH 定义为一种有组合句法（combinatorial syntax）和组成语义（compositional semantics）的语言。于是，如果 LOT 是全人类共有的，那么 LOTH 的结论就只能是：这种语言的句法和语义是全人类共有的。或者，因为 LOT 是完成思维活动的人不能触及的，所以更确切的说法是：LOTH 断言人类每个成员的头脑中都存在着他意识不到的一套遍及全人类的 LOT 句法和语义系统。

这样理解 LOT 的"物种共有",研究者显然无法忽略这个解释必须依赖的一个前提。我指的是,要论证 LOT 是"物种共有",这个假说需要区分:(a)由它定义的这种思想的语言中(如果 LOT 确实是一种语言)的一个句子的句法语义结构,和(b)思想(想法)的一个心理表征簇的内容。我指的是,按照 LOTH 的说法,每一个思想作为心理表征系统的一个簇,大致包含两个方面的内容:命题态度和作为这种态度之对象的命题。LOT 句子的句法语义结构是否也包含了这两个部分(可参考生成语法关于超句成分?和语用学关于交际合作原则的论述),LOTH 并未做出明确的解释。如果这个前提被满足,LOTH 需要面对的就是:为了说明一种语言而不语言表达的思想是"物种共有",我们必须证明这种"语言"的句法语义结构是物种共有的。

我当然不会认为,对生成语言学颇具造诣的 Fodor,在倡导 LOTH 时赋予了 LOT"物种共有"的属性,是因为得到来自生成语言学的启示。众所周知,生成语言学倡导的普遍语法,并不是传统语言学意义上的语法,而是人能够掌握语言的一种内在的心理机制。迄今为止的研究虽然并没有揭示出这种普遍语法的实质是什么,但是至少有一点是肯定的:这种普遍语法并不是也不可能用来解释某种属于全人类的普遍语言的(语法)结构,因为为此目的,我们首先需要的是这种"普遍语言"的实例。然而一个公理性的事实是,除了依照某一种语言的语法规则构建的这一种语言的句子实例,我们并没有按照"普遍语法"规则构建的"普遍语言"的句子。

LOTH 恰好就断言存在这种"普遍语言",这就是 LOT。尽管 LOTH 相关的论述,都无一例外地至少提到了 LOT 的句法、语义和词汇项(或者被称为心理表征的符号),但是并没有研究者在任何地方为我们展示过这种句法结构和词汇项与自然语言有区别的,可以被直接观察到的形式。这样的语法和词汇项能够被观察到的存在,或者称为 LOT 的实例,是 LOT 的存在以及 LOTH 能够作为一种假说接受检验的最起码的条件。研究者显然不能用"思考的人不能触及"这个表述,来为他们无法展示 LOT 的语言单位辩解:由普通人不能触及,并不能推及倡导 LOTH 的研究者也不能触及,除非我们能够接受这种科学研究方法:有人在某一天突发奇想地虚构了一个没有被任何科学研究观察到、没有在任何一个相关实验中出现过的对象，然后绞尽脑汁地用猜测和推论，而不是用实例来证实这个对象的存在。

依照对生成语言学倡导的普遍语法的正确理解，我们或许应该认为，下文的表述是任何语言研究都需要认同的一个前提：迄今为止的（自然）语言研究中，研究者并没有事实上也不可能观察到抽象于每一个和所有自然语言之上的语法（句法）和词汇系统。不过，在倡导 LOTH 时，Fodor 可能并不认为他倡导的 LOT 也必须遵循这个前提。依照定义，LOT 及其单位是大脑中的电化学反应，而且这种电化学反应，被认为就是 LOT 的物理形式，它只以所有人的大脑结构和功能的相同为基础。这就是说，如果不能证明大脑中的电化学反应在人类（以某种标准划分的）不同族群成员头脑中，有类似自然语言那样的区别，我们就只能认为 LOT 是一种全人类的普遍语言。于是，如果 LOTH 断言思想的语言是一种确实存在的、可以用自然语言来类比，因为 LOT 的研究者使用的语法、语义、词汇项等，都是自然语言的系统组成部分的语言，它就至少应该能够以人类的任何一个个体为受试对象，向我们展示 LOT 最基本的单位即词汇项，哪怕是以电化学反应形式存在的这种 LOT 基本单位，就像语言研究可以让人类任何一个成员，展示以语音形式存在的一种自然语言的语言单位，尽管这些语言单位在大脑中以神经活动存在的形式，我们尚无法真正得知。但是 LOTH 并不能做到这一点，正如生成语言学也不能拥有"普遍语言"的实例。由于没有可以观察的实例，迄今为止，LOTH 研究的各种论述给人的印象是，LOT 是一种只能用某些特定的思辨形式假设其存在的语言；其存在并不能真正受到相关科学的检验。

第五节 "准语言"

LOTH 的支持者可能也看到，将 LOT 解释为全人类普遍的大脑神经机制，很难自圆其说，因此试图对此做出一些辩解。然而这样的辩解，反而让 LOTH 陷入了更大的困境。Pinker（2007：81—82）曾经这样描述 LOT："人们并不是用英语、汉语或阿帕契语来思考，他们是用 LOT 在思考。这种 LOT 看上去有点像所有这些语言，说英语的人可能使用某种简化的、注释性的准英语（quasi-English）思考①，说阿帕契语的人用简化的、注释性的准阿帕契语思考。在使用这些语言完成适当的推理时，它们就远比它们那些被说出来的形式更为相似，它们就像是相同的、普遍的心理语。"Pinker 对 LOT 的思考，看来已经超前于假说的倡导者，他似乎想让我们直观地看到 Fodor 和其他研究者并未涉及的 LOT 的实例：LOT 是每一种语言的准语言形式。

然而，Pinker 的解释不但没有让 LOT 摆脱"普遍语言"的困境，反而让 LOTH 的研究者沿着他的思路，面对了更多几乎无法解决的难题。最显见的谬误在于"准××"这个术语：就一般人的知识而言，"准××"的特征大致是"在一些方面类似××，但并不能充分地被定义为××"；换言之，"准××"的存在，须以××的存在为前提。Pinker 的这个疏忽——我宁愿相信这不过是他的疏忽，几乎动摇了 LOTH 整个立论的基础：LOT 是一种不可能学习、不可触及的、全人类普遍的大脑神经机制，它却须以自然语言的存在为前提，因为 LOT 是一种"准自然语言"。在我看来，这一谬误引出了人们对于 LOTH 的一连串质疑。最重要的是，这个解释与 LOT 的"物种共有"这个基本属性绝不兼容。

人的母语是习得的，而这种自然语言的"准语言"却不可能学习，"准语言"之说导致的这个几近荒谬的推论，我放在稍后分析。要使"准语言"成立，我们首先需要从 LOTH 的角度探究作为 LOT 的各种"准语言"的物理属性。LOT 的物理存在被认为是大脑的电化学反应，那么由此可以推论出的是：每一种"准语言"，就应该相应于只发生在使用这些"准语言"的人大脑中的特定电化学反应。但是并没有大脑神经科学的研究，为我们揭示了这个电化学反应可以按照某种标准，区分为与各种准语言相应的那些特定的电化学反应。没有这样的电化学反应，准语言的物理属性在 LOTH 的解释范围是什么？

搁置电化学反应这个基本上什么也没有解释的虚玄话题，回到比较实际的讨论中，我们看到的是，Pinker 并没有真正让我们看到准××语是什

---

① Pinker 的例子是，已经说出的若干英语句子比如 Sam sprayed paint onto the wall. The wall was sprayed with paint by Sam, 等等。在心理语中的形式都是（Sam spray $paint_i$）cause［$paint_i$-go to（on wall）］。

么，他给出的形式，不过是在语言研究中特别是自生成语言学兴起之后，研究者经常采用的解析句子结构的符号形式。但是这并不能证明一个思想在没有说出来的时候，在人的大脑中就是这个形式（顺便指出，如果没有说出来的思想就是这种"准语言"的形式，我们是否又回到了语言相对论的立场：思想是在语言中形成的）。比如，Pinker 让我们看到的"准英语"的 LOT，并不是按照全人类"普遍"的句法形式来组合"普遍"的词汇项，而是研究者自己按照英语母语者可以理解的句法形式（即使是简化的和注释性的）对英语词项的组织，它并没有全人类的普遍性。LOT 的句子 Sam spray paint 这类对于英语母语者（比如 Pinker 本人）是"简化的、注释性的"或者说不符合英语语法的形式；但是用没有屈折形式的汉语句子说出来，却是完全正常的并未简化的汉语句子。

进一步观察，如果这些准语言在被看成 LOT 时相似甚至相同，把它们定义为不同准语言的依据是什么？如果这些准语言是相似甚至相同，那么，为什么说英语的人（比如 Pinker 本人）只能用准英语而不能用准汉语或准阿帕契语来思考？对此我们的问题还可以更尖锐：如果用准英语思考的人，只能说出英语的句子，那么，制约他们不可能一方面用准英语思考，另一方面却说出汉语或阿帕契语句子的大脑神经机制是什么？Pinker 的"准语言"之说，在此只会导致循环论证：一方面，英语母语者只能用准英语形式的 LOT 思考；另一方面，一个人的母语是英语，是因为他必须在准英语 LOT 的基础上习得自然语言，这就是说，只有用准英语思考的人，才能成为英语母语者。

就"准语言"，LOT 的研究者或许还需要回答一个问题：如果 LOT 是思考者不能触及的，研究者却断言一种语言的母语者只能用这种语言的"准语言"来思考，依据的是什么？如果是内省，则不仅研究者在思考时可以触及 LOT，他同样可以指导任何人用内省的方式来"触及" LOT，这样，我们还能断言 LOT 是不能学习、不可触及的吗？

Pinker 对 LOT 的解释，实际上并不符合 Fodor 倡导的思想。Fodor（1975：55—56）正好也运用了与 Pinker 大致相同的方法，但却是在论证 LOT 不可能的形式。他的论述，是批评很多哲学和心理学研究者认为自然语言是思想的媒介的观点，得出的结论是，LOT 不可能具有自然语言的形

第三章 从语言相对论的角度看 LOTH

式。按照 Fodor 的观点，心理表征是认知能力，这样的认知能力并非掌握了自然语言的人类成年成员的特质，没有语言的动物和尚未掌握语言的人类婴幼儿也有认知能力。如果将心理表征看作是以计算过程在 LOT 中完成的思考，则动物和人类婴儿同样也是思考的主体（将认知能力等同于思考思维，是我在自己的体系中绝对不认同的，这里我暂且搁置这个问题）。因此，作为思考结果的思想在其中形成的 LOT，就不可能是任何自然语言。

这里我们看到的是，支持 LOTH 的 Pinker，反倒被 Fodor 的这个批评逼进了无法摆脱的两难困境：尽管就发生顺序而言，Pinker 的"准语言"之说似乎是对 Fodor 的理论的发展，然而"准语言"之说实际上并没有发展 Fodor 倡导的 LOTH，反而让这个假说的解释范围大大缩减，因为用"准语言"根本无法解释动物和语言前人类婴幼儿的 LOT。

Pinker 的困境还在于：LOT 不是自然语言但又是准语言的说法，必须基于一个前提，即人类与黑猩猩从 LCA 分手后、在（自然）语言产生之前，就已经分化为不同的语言集团；否则我们只能认为，LOT 是在自然语言产生后，而且人类已经按照自然语言分化为不同的语言集团之后才产生的。由此的结论是：LOT 的基础是自然语言。这个结论显然是 LOTH 的倡导者和支持者（包括 Pinker 本人）不能接受的。

继续循着 Fodor 的思路，我们看到的是，无论研究者怎样试图为我们描述 LOT 的形式，他们都会陷入与 Pinker 相似的两难境地。Fodor 本人也未能幸免。我指的是他（1975：177—181）倡导的所谓"图标英语"［Iconic English（IE）］。粗略地说，Fodor 认为，虽然 IE 不是标准英语，但是除了在 IE 里词是图标，标准英语的其他属性在 IE 中都保留下来。未掌握语言的儿童的表征系统就是被 IE 表达的。换言之，当成年人用 LOT 完成思维活动时，儿童用 IE 完成同样的行为；成年人的 LOT 的句子不可能是 IE。

无须深入讨论 IF 或 LOT 的属性，只需一个问题，就可以让这个假说陷入逻辑上的困境。姑且同意没有语言的儿童用图标思考，我们依据什么将这种基于图标的心理表征表达形式称为 IE，而不是 IC（iconic Chinese）、IR（iconic Rassian）、IG（iconic German），等等？如果不认为英语是全人类天生就拥有的共同语言（?!），在 LOTH 的语境中我们就必须同意，与感知觉直接相关的图标,会依儿童所属语言集团的语言差异而不同。这里的结论逻辑地只能是:图标语言 IE,IC,IR 等的基础是自然语言。此外,如果没有语言的儿童使用图标思考,成年人使用符号(symbol)思考,儿童的图标怎样在他成年后被符号取代?这个问题其实已经自然而然地指向一个答案:如果不纠缠于一些根本无法检验的假说,比如儿童可能会经历大脑神经回路的重构,从而使图标转换为符号,我们就只能有一个可信的解释:图标转换为符号,是因为儿童习得并掌握了一种语言,即自己的母语。由此,LOT 实际上仍旧是以自然语言为基础的一种"语言",前提当然是这种思想的语言的存在,而且能够被相关的直观实验数据证实。

　　LOT 不可触及,思考不是在任何自然语言中完成的,这类说法看来也不符合人们一个近乎常识的看法:思考和无意识的行为是不相容的。LOTH 的批评者也正是从这个角度,不赞同人拥有不同于任何自然语言的、其形式和结构他都不可能接触到的某种心理语的说法。Carruthers(1996:256)批评说:"我们不可能在心理语中思考一个思想,然后(并非推论地)思考我们使用过的心理语的句子。内省告诉我们,我们有意识的思考是在自然语言中完成的。如果我们在一种自然语言(自己的母语)中完成了有意识的思考,这样的思考就不可能同时在另一种语言中,更不用说是我们意识不到的、先天的心理语中完成。这就是说,如果内省的论据是可靠的,结论就只能是……没有公众语言,人不可能完成有意识的(命题)思考。"

　　没有神经科学直观实验数据的检验,我们当然不能认为支持或反对 LOTH 的阵营所能提供的论据,各有什么决定性的优势,不过,LOTH 的支持者的争辩,似乎会让他们更深地陷入逻辑上的困境。比如,遵循 Fodor 关于 LOT 为什么不可能是自然语言的论述,Pinker 说:"没有语言的人仍旧拥有心理语,婴儿和非人类的动物相应也有(心理言)较为简单的方言。实际上,如果儿童不是将心理语翻译成英语或者反之,我们就不清楚学习英语是怎样进行的,甚至不清楚什么是学习英语。"

　　动物是否有心理语,就 Pinker 直观地向我们展示的 LOT 句子,是一种根本无法检验的状况。姑且搁置"方言"这种并不成功的隐喻,在 Pinker 解释中的 LOTH 的困境还在于,我们不能想象比如一只狗看见某人在往墙上涂漆的时候,会产生出 Pinker 列举的那种(尽管是"方言")心理语句子，因为这与动物行为和语言起源相关研究的一些可信的推论不相容。在这个领域里的一个共识是：甚至智能已经高度发达、只是还没有语言的原始人类的交际形式，都仅限于操控性、而没有描述性，如此，我们有可信的理由来推论狗会产生出这种描述性的心理语吗？

如果按照 LOTH，动物的心理语也包含了与命题态度相应的心理状况，比如信念、好恶、期待之类，那么，LOTH 的反对者似乎也不能理据充足地做出反驳：作为经验事实，我们似乎确实可以观察到动物基于这类心理状况的行为，比如害怕、狂躁、友好、不感兴趣之类，虽然动物的这类心理状况，至今仍旧只是研究者根据动物行为做出的猜测。不过这里会遇到的问题是，按照 LOTH，LOT 是思考者不可触及的，也就是说，普通人在思考的时候，不可能意识到 LOT，这样，我们就显然没有理由认为，观察这个思考者的人，比如 LOTH 的研究者，能够意识到他的观察对象自己也意识不到的头脑中的 LOT。推论 LOT 的存在，看来研究者只能基于人的心智理论。或者更确切地说，是他能够通过听到的话语，依照自己在说出同样的话时，头脑中可能有什么思想（研究者能够意识到自己头脑中的 LOT），来推知他人（说话人）形成了的思想（参看 Gray et al., 1998; Green et al., 1998; Parker, 1998; Slaughter et al., 1998）。然而研究者显然不可能以任何方式推知动物的"思想"。在对动物是否有心智理论都未有定论的时候，他们可以依据什么谈论动物的心理语？

回到"生而所知的语言"这个话题。Fodor 在 LOTH 中倡导的另一个重要思想是，LOT 是学习和理解自然语言的前提。Fodor（1975）引用 St. Augustine 和 Wittgenstein 的争论来印证"你不可能学会一种语言，除非你已经会运用这种语言的单位"（61—62）以及"人不可能学习语言 L，除非他已经知道 L 之外的另一种语言，而且这种语言丰富得足以表达 L 述谓的全部外延"（80）。St. Augustine 将学习自然语言比作儿童来到一个说陌生语言的国家时，或许已经能够想，但还不能说；"想"就是"自己对自己说"。Wittgenstein 则认为这是荒谬的。姑且搁置 Wittgenstein 的批评，我们似乎不能认为，Fodor 引用 St. Augustine 这个例子来说明 LOT 是母语习得过程的必要前提，是一个成功的论据。St. Augustine 在做出这番论述时，显然预设了他谈论的对象是会说话的儿童，因为对于没有习得任何一种语言的儿童，不可能有"陌生的语言"。将会说话的儿童面对陌生的语言这个可能的观察事实，当作 LOTH 的论据（儿童已经掌握了一种语言，可以用于思考，在思考的基础上才能学会另一种语言），结果确实就会导致所谓的退行（regress）理论（Laurence et al., 1997）：如果学习任何一种语言都必须基于另一种语言，那么，将 LOT 定义为一种语言，它就不可能例外，这样就可能出现困境：学习自然语言基于 LOT，学习 LOT 基于什么？如此的推论，将会是无止境的退行，无法得知不通过另一种语言来学习的语言在哪里。为避免退行的理论，LOTH 只能假定 LOT 是天生的和内在的。

　　基于天生的和内在的 LOT，Fodor 把自然语言的学习解释为自然语言与心理语的翻译过程［Fodor 大致是将"翻译"和"投射（mapping）"当作同义词在使用］。例如（Fodor，1975：31）"句子 Snow is white 在英语中为真，当且仅当 P，这里的 P，就是说这个英语句子的人的 LOT，这是人必须拥有的、形成和确认这个表述的一个表征媒介，它至少能够表征自然语言句子的真值条件即'雪是白的'"。按照 Fodor 的解释，自然语言之所以能够被学习和理解，就是因为这样的理解是通过表征媒介，将自然语言翻译成了在 LOT 中形成的思想。换言之，Fodor 认为学习一种语言，就是学习这种语言的句子的真值条件（注意 LOTH 未加区分地混用了"意义""思想""心理表征""真值条件"这些概念），而这种真值条件是在 LOT 中形成的，在这个意义上，自然语言话语具有的意义，来自相应的 LOT 句子的意义，没有先天的 LOT，人不可能学习自然语言。

　　将学习据说是在 LOT 中形成的真值条件，解释为学习自然语言这个过程的实质，是 LOTH 中一个同语言相对论并没有太多联系的话题，我也不必花费过多的篇幅，来论述这个在我看来并未被 Fodor 表述得条理清晰的结论。关于 LOT 是学习自然语言的预设条件，倒是 Pinker 的说法比较简单明了，而且涉及了语言相对论。Pinker 将语言学习的过程具体描述为将人先天拥有的心理语翻译成自然语言[1]，这个观点虽然也不能受到大脑神经科学的真正检验，但是我们或许可以用若干从这个角度根本无法解释的事

---

[1] 将关于 LOT 和自然语言相关性的各种表述归结在一起，我们看到的是，LOTH 将人的言语和思维活动描述为一种独特的心理状况：学习自然语言是将 LOT 翻译成自然语言，理解自然语言的句子是将自然语言翻译成 LOT。

实,来质疑LOTH的这种语言学习理论的可信度。

Pinker（2007：99）认为,自然语言的词属于什么词类,是在心理词典（LOT的词汇项）中指定的。Pinker的观点在认知科学研究中并不孤立,其他一些研究者也表述过类似的观点（Gentner,2003：225）"词语的学习,为以前仅仅是含蓄的思想提供了明确的内部标签（如果不使用'内部标签'这个很难清晰定义的概念,我们在这里是不是可以隐约看到Saussure的思想?）,语言学习的一个（认知）结果,可能是将内部语言从一个受限的隐式系统,转变为一个更强大的显式系统"。

没有大脑神经科学的实验检验,这一类观点自然只能停留于假说。不过,因为LOTH并不认为思想的语言是一种"LOT机制",比如类似生成语言学倡导的人类普遍语言机制,LOT就是一种全人类普遍的语言。于是,从逻辑的自洽性来看,这种关于自然语言学习过程的观点,就同Pinker自己关于LOT是准语言的说法直接矛盾了。这个矛盾首先在于,按照Pinker自己的示例,"准语言"是一种自然语言"简化的和注释性的"形式,所以,每一种"准语言",都需要有自己的一套词汇项,用于构造这种准语言的哪怕"简化的和注释性的"句子。但是,每个"准语言"自己的一套词汇项,与所谓"普遍语言"的心理词典,并不能兼容,因为"普遍语言"之说,蕴含了这样一条推理链：按照对"普遍语言"的理解,LOT是先天固有的、全人类普遍的语言→LOT的形式是准语言→准语言的词汇项因此也只能是先天固有的、全人类普遍的。结论：不存在与一种自然语言相应的"准语言"及其独有的词汇系统。

矛盾还在于,语言学中一个普遍认同的经验事实是,不同语言的词类划分并不吻合。比如,印欧语的许多语言（俄语、德语等）划分动词和名词,一个重要的依据是,它们的词类归属在句子之外可以仅凭词的语法形式确认。汉语却不能这样划分名词和动词,以致汉语是否有与印欧语相当的词类,在汉语语言学界并未有一致的立场（高明凯,1953,1954,1955,1960）。如果词类划分已经在LOT的词典中决定,而且LOT是全人类普遍的,它规定了学习自然语言的过程,那么,不同语言不同的词类划分,能够怎样从LOTH的角度来解释？更何况不同的语言的词汇系统的差别几乎无法统计,它们怎样共存于"普遍的"心理词典中（认同"准语言"之说，我们就必须同意，LOT 的心理词典中包容了全人类所有语言的词汇）？在将 LOT"翻译"成自然语言时，是什么（物理的、电化学的抑或生物生理的）机制，制约着这个心理词典中特定的一部分词汇项被翻译成某一特定自然语言的各种词类的词？或者采用一种更不可思议的说法：是什么（物理的、电化学的、抑或生物生理的）机制，将这个心理词典的所有词项"翻译"（转换）为各种语言特有的词汇系统。

稍加仔细地观察翻译之说，确实会让人有些不解：如像 Fodor，Pinker 这样的学者，怎么可能倡导如此经不起推敲的观点：学习是将 LOT 翻译成自然语言；理解是将自然语言翻译成 LOT？

说到翻译，我们至少应该认可以下事实：（a）存在两种独立的并无依存关系的语言；（b）翻译是人主动从事的一种理性行为。这样我们马上就可以提出一个问题：我们可以将一种语言的所有母语者看成一个学会了一种自然语言的整体，他们的学习过程就是将先天存在的 LOT 翻译成这种自然语言，那么，在这个整体还没有学会这种自然语言之前，它以什么形式、存在于什么地方？也许人们会反驳：我们并不可能有这样学习语言的一个整体人群，每一个人都是在幼儿时期习得母语，在每个人学会这种语言前，它早已存在于这个语言集团所有人的大脑中并出现在所有日常的交际行为中。然而循着这个思路，我们就只能认为，每一个个体在学习自己的母语时，受到了这种已经存在于他所在语言集团"群体智能"中的自然语言的限制，他是在学习这种自然语言，而不是在"翻译"LOT，否则我们就有理由质疑，为什么拥有全人类共同 LOT 的幼儿，不能将 LOT 翻译成任何一种语言，只能翻译成他所在那个语言集团的母语？

理解的过程同样让人费解。掌握了一种作为自己母语的自然语言的人，我们至少应该认为他已经掌握了这种语言的语音、词汇系统和语法规则。按照我已经提到的关于"翻译"的基本事实，这种语言应该是完备的、自足的，理解它的每一个词和每一句话，并不需要依赖另一种语言。一个掌握了这种语言的人，为了理解用这种语言说出来的话语，还必须将它翻译成一种"简化的、注释性的或者不符合语法的语言"。这听上去让人不禁要产生这样的困惑：倡导 LOTH 的学者会不会觉察到，这种"翻译"之说，已经让他们前言不搭后语了？

由此引出的问题，似乎就不再可能有符合逻辑的答案了：（a）如果人掌握了一种语言，要理解这种语言却仍旧要借助另一种语言，他学会并掌握的是什么？（b）一种语言必须依靠另一种语言才能被理解（才有可以理解的意义），我们还有理由将自然语言称为一个符号系统吗（形式、结构和意义）？（c）如果自然语言没有可以独立被理解的意义，为了理解而将其翻译成 LOT，我们翻译了什么（如果通俗地将翻译理解为以不同的形式传递相同的信息）？

由自然语言和 LOT 的这种关系，甚至可能导出一个几近荒谬的结论。学习和理解自然语言仅仅被归结为自然语言和 LOT 之间的交替，那么，自然语言就不再与外部世界有任何联系。就我们现在对普通人的知识的粗略表述，作为人观察和认识世界结果的知识，包含在以命题形式说出来的自然语言句子里；然而依照 LOTH，这样的自然语言句子不过是翻译已经存在的 LOT 句子。这实际上是说，人与外部世界接触获得的感知觉经验要成为知识，首先是要成为 LOT 句子的语义内容。人对世界能够有怎样的认识，并不取决于他的感知觉和认知能力、思维能力，而是取决于他翻译 LOT 的能力。这是因为，LOT 是人意识不到的，但是人不可能意识不到自己掌握了什么知识，所以，人能够掌握什么和多少知识，在于他能够把多少 LOT 句子翻译成他能够意识到的自然语言句子。

LOTH 的支持者或许可以争辩，将 LOT "翻译"成自然语言，就是一个获得知识的过程，而产生这些知识的感知觉经验、认知能力、等等，都直接与 LOT 而不是与自然语言相关。没有大脑神经科学实验数据的检验，我当然不能断然否定这样的结论。但是问题在于，这样的假说无法解释普通人认识世界的一个最基本的现象：观察到一个新的事物，普通人最直接的反应是"这是什么"，也就是产生了完成为这个事物称名的理性行为的冲动。现在，根据 LOTH，这个称名行为必须首先在 LOT 中完成。这样一来，LOTH 就需要解释，（a）称名这种人能够主动控制的理性行为，怎样在人根本不能意识到的 LOT 中完成；(b) 这种在无意识中完成的称名（构词）行为的结果，是否某种可能或不可能被行为者意识到的"东西"；(c) 是什么大脑神经机能，把这个在人不能意识到机制中出现的"东西"，"翻译"成自然语言的词；(d) 学会并使用这个词的人，怎样把它纳入自己意识不到的 LOT 系统——因为今后每一次理解这个词，都要将它翻译成 LOT，也就是在 LOT 的心理词典中搜寻这个词。

再进一步观察，认同人类先天固有 LOT，而且幼儿习得自然语言是以 LOT 的存在为前提，Pinker（当然也就是 LOTH 的立场）关于学习自然语言的论述也会陷入悖论。我们当然不能认为 Pinker 会做出这样的推论：婴儿出生后，改变其成长和生活的地域，就会改变他与生俱来的 LOT。但是从 Pinker 关于 LOT 是准语言的观点，我们只能得到这样的结论。比如，父母都是英语母语者，且出生在英国的婴儿，先天拥有形式为准英语的 LOT；但是如果他出生后，且在语言习得之前迁移到只能接触汉语的语言环境、并在那里长大，他的母语就会是汉语。如果他能够习得汉语是基于先天的准汉语 LOT，我们无法避免的一个结论就是：从英语环境去到汉语环境后，这个婴儿的 LOT 就由准英语变成了准汉语。这个结论听起来像是科幻故事，但是 Pinker 对 LOT 的解释和 LOT 被赋予的先天性属性，只可能导致这个几近荒谬结论：LOT 是生存环境与地域相关的。

Pinker 以及 LOTH 的支持者当然可以辩解说，LOT 也有一个形成的过程。比如他们似乎可以（甚至只能）编制这样一个故事：儿童在开口说出自然语言之前的那段时间内，不停地听到在他周围被说出来的一种自然语言的语句，于是在他的大脑中逐渐形成了作为这种自然语言的准语言的 LOT。但是这个故事告诉我们的是，LOT 并不是先天的，而是……在自然语言的基础上形成的。

这两个故事将我们带入的两难困境在于，认同 LOT 是先天的、是学习自然语言的前提，我们无法解释儿童在不同条件和环境中习得母语的过程；认为 LOT 是某种形式的准语言，实际上就是否认了 LOT 先天的存在，因为这样假设的准语言，不可能与生俱来，除非准语言与种族特征相关，而人是依其种族特征而被先天"赋予"了一种"准语言"。

第六节 从"历时与共时"原则看LOTH

下文我要讨论的这个问题，在我看来是LOTH整套理论的阿喀琉斯之踵。

LOT被假设为一种有词汇项、有组织这些词汇项的结构规则的语言。这就是说，只要我们不能（我们也确实不能）将这种"语言"看作从最原始的生物体在产生时就固有的某种生物属性进化而来的一种神经生物生理状况（大脑神经回路中发生的电化学反应），我们就必须假设它有一个产生和发展的过程。换言之，对这种"语言"的观察，既可能涉及它产生和发展的过程，也可能涉及它的某种实时状况。因此，从方法论的角度与所有语言相关的研究一样，在对LOT的研究中，我们不能忽略现代语言学的奠基人Saussure提出的语言研究的"历时与共时"原则，以避免将语言的一些属于共时的特征，归结为从历时的角度固有的特征，导致错误的结论。

Fodor及其追随着对自己研究的"语言"，并未就此表明自己的立场。我们或许不能苛求一个心理学理论遵循语言学研究的原则，而且，如果LOTH（a）将自己的研究范围定为共时的研究，（b）不断言LOT的先天固有性质，（c）不探究LOT形成的根源和途径，那么，我们倒确实没有大脑神经科学的直观实验数据，来否认作为心理表征计算过程媒介的LOT的存在及其属性。然而"先天、固有"这样的表述，已经脱离了共时研究的范畴，将LOT研究放到了历时的角度：既然是先天和固有的，那就需要从历时的角度证明，它与从某个起点发展进化的历史进程无关。因此，无论LOTH的支持者如何宣称这个假说全面、详细且理据充足地解释了人的认知能力、心理表征和自然语言的相关性，如果这个假说的一个重要基础是LOT的先天、固有性质，以及它对于人类所有成员的普遍性，那么，假说的倡导者和支持者就需要面对并解释一个问题：现代自然语言并不是人类起源之始就是全人类先天共有的。当自然语言还未产生，或者还没有进化为现代语言时，先天、固有而且普遍的LOT以什么形式存在；在人类进化的那些阶段，LOT对于人类（以及同样被假设拥有LOT的动物至少是与人类有LCA的灵长类动物）的作用是什么。

我仍旧从自然语言的学习来开始这里的讨论。LOTH认为语言学习

（更确切地说是婴幼儿的母语习得）必须以 LOT 的存在为前提。为了避免退行性的结论，LOTH 声称，并非所有已知的语言都是通过学习而掌握的，其中必定有一种不是学习到的，但是比任何一种学习而来的语言都更强大（对照上文提到的 Gentner 的观点：语言学习是将内部语言从一个受限的隐式系统，转变为一个更强大的显式系统"，给人的感觉是，LOTH 面临太多的两难困境，姑且不用"自相矛盾"这样的贬义词）。这种语言就是 LOT。用学习一种语言就是学习这种语言的真值条件来证明 LOT 先于自然语言存在，或许就现代人类学习现代语言而言，是一个尚可争辩的话题；然而，人类的自然语言原初地并不是从什么地方学习而来，而是从无到有产生并发展至今。如果推论学习一种自然语言必须以 LOT 的存在为前提，我们就需要在语言起源和进化的语境中来思考 LOTH 的这个推论。因为在人类有语言可以学习的时候，语言、哪怕只是原始语言中的第一个词，当然已经产生出来了。一旦进入这个语境，LOTH 似乎就不再能够避免悖论：无论推论语言起源是否与 LOT 相关，推论都只会陷入困境。

推论一：如果人类语言（比如第一个词以及随后产生的所有语言成分）的起源与 LOT 没有关系，而 LOT 又是先天固有的，接下来的推论就几近荒谬：在原始语言的第一个词被创造出来之前，作为人类大脑神经回路电化学过程的 LOT，已经存在于原始人类所有个体的大脑中（由动物的 LOT 进化而来）。这样的 LOT 有结构句法和组合语义，并且有一套词汇项，但是正好就没有这个第一次被创造出来的词。原始人群中的某个个体创造出了这个词，于是，在某种神秘力量的作用下，其他个体在学习到这个词之前，他们的 LOT 就拥有了这个他们并不能意识到的词项，然后在 LOT 的作用下，他们学会了这个词。而创造这个词的那个个体的 LOT 中，初始地并没有这个相应的词项，因为他的大脑中并没有发生学习这个词的电化学反应：他不是学习，而是创造了一个词。

又因为 LOT 是大脑的属性，所以这个个体的大脑神经回路，至少在"创造词"这个电化学反应发生的那一瞬间，与其他个体是不同的。问题在于，原始语言并没有被证明是由原始人类的某个个体单独创造出来的，原始语言的词项，因此可能被群体中的若干个体、在若干世代里分别逐一创造出来。如此，我们就必须假定，这个群体中，推而广之可以认为是原始人类所有按某种方式划分的群体中的各个个体，其大脑神经回路的结构，会随着每一个词被创造出来，而交替地变得与其他个体不同。

这个推论还蕴含了一个用任何逻辑都根本无法解释的问题：如果所有的词都是人创造的（或许除了LOTH，迄今为止还没有任何科学研究能够否认这个判断），那么这个LOT词汇项是由什么"词"组成的。这些从起源上不是被人创造出来的词，其存在能够怎样被证实？它们的存在，对人的所有生存行为和智能行为什么意义？

推论二：由于推论I根本无法被任何逻辑接受，我们似乎必须假定语言的起源要以LOT的存在为前提。语言的产生开始于最原始的称名行为（这并不是关于语言起源的唯一假说，不过无论采用哪种假说来观察LOT，结论都是相同的）；而由这种称名行为导致的、有一定数量词汇的人类语言原始某个阶段性状况，并没有被任何考古发掘或古人类研究证明是一夜之间一蹴而就，它更可能是一个漫长的过程。于是我们就需要说明，为什么原始人类在已经拥有了完整的LOT词汇项系统和句法时，不一次性将这个词汇项系统实现，将其完整地"翻译"成自然语言的词汇，而要在漫长的进化过程中，逐渐地将这些LOT的词汇项先后（以什么为选择先后的标准？）"翻译"为自然语言的词汇？为什么人类语言没有一开始就在LOT的作用下，呈现为具有完整语法体系的现代语言，而需要经历漫长的发展和变化过程？LOTH显然不能以自然语言的物质外壳，即每一个词的语音形式不可能在一夜之间被原始人创造出来，来摆脱这个困境，这样的辩解只会让假说陷入更大的混乱。比如，原始人（甚至现代人也是如此）为什么要创造一个语音串？他们怎么知道在他们意识不到的LOT词汇项里有什么"词"，可以用这个语音串来翻译？按照正常的理解，"翻译"是人能够自主完成的理性行为，然而循着LOTH的思路，我们就需要解释，是什么力量，使人能够有意识地将他根本意识不到的东西翻译成自然语言中的词[①]？

[①] 有意思的是，如果我们将这类叙述中的LOT换成"思想"，结果就是我们早已熟悉的自然逻辑。迄今为止，自然逻辑和语言相对论的争论，还是一个有价值的研究课题，还停留在见仁见智的阶段，而且双方都有一套理论和作为论据的观察事实。但是，如果硬要把"思想"换成有语法、有词汇的"语言"，将自然语言看成这种"语言"的外显表达形式，由此导致的谬误，就使LOTH完全无力回应语言相对论的挑战。

可能的解释或许是，LOT 也不是一夜之间一蹴而就的系统，也经历了某种发展过程。但是这样的解释也不能将 LOTH 带出困境。这是因为，LOTH 并不能符合逻辑地推论 LOT 的发展过程：在生物进化的哪个阶段、LOT 在哪一个物种内产生，然后怎样分化成不同的 LOT "方言"，由哪一种"方言"进化到现代人类的 LOT，等等。而且，按照 Pinker 关于准语言的说法，LOT 具有自然语言的简化和注释性的形式，这就让 LOTH 陷入了"鸡与蛋"的困境：是 LOT 的进化引导了自然语言的起源和进化，还是自然语言引导了 LOT 的产生和发展？

坚持认为心理表征的计算过程不可能在自然语言中完成，Fodor 的两个依据是：(a) 没有语言的动物和尚未掌握语言的人类幼儿的心理表征，与成年人的心理表征是同质的；(b) 没有语言的动物和尚未掌握语言的人类幼儿的心理表征的计算过程，不可能在自然语言中完成。Fodor 的这个结论，看来是认同 LOT 也有一个进化的过程（"同质"蕴含了"并不是在同一个发展阶段"，除非我们认为，动物和人对于外部世界有处于同一发展程度的心理表征），尽管它的起源并没有被 LOTH 明确地追溯到具有现代心理学意义上的"心理表征"的最原始状态，如果这种可以观察、可以检验的原始状态确实存在过。但是，在 LOTH 自己设定的原则下谈论 LOT，却在这个议题上再次将该假说带入了无法摆脱的困境，因为这样一来，LOTH 起码必须解释它自己也许是现在人类能够掌握的任何科学知识都无法解释的三个问题：

问题 1：动物的 LOT 怎样进化成人类的 LOT。这当然不能仅仅归结为相关科学尚可解释的智能和认知能力的发展，而是要说明动物的 LOT 是什么，有什么样的结构句法和组合语义，以及它怎样进化成了还没有自然语言的原始人类，以及尚未掌握语言的现代人类幼儿大脑中有结构句法和组合语义的 LOT。

问题 2：与黑猩猩从 LCA 分道扬镳后、自然语言产生——我们甚至应该说是在人类已经可以用自然语言说出有句法结构的句子。以前，原始人类大脑中的 LOT 是什么。换句话说：这个阶段的 LOT 的结构句法和组合语义是什么。

问题 3：基于现代人类语言的多样性，LOTH 需要解释：当人类分化成拥有不同语言的人种、族群（这个分化大致可以认为是发生在所有现代人类语言发展成型之前的事件）后，全人类普遍的 LOT 怎样继续规定对句法结构和词汇系统截然不同的自然语言的理解和学习。

讨论至此，我们的思路或许应该被引向与 LOTH 相反的方向，虽然最终检验和解释 LOTH 涉及的这些问题，并不是我在这里需要，而且能够完成的任务。如果不先入为主地以 LOTH 的观点为依据，那么这些问题以及上边提及的所有同语言起源和进化相关的现象实际上已经表明，如果不否认现代人类语言从无到有的起源和进化，那么，即使认可 LOT 是一种确实可能证实的大脑属性，它也不是——至少在 LOTH 倡导的现代人类 LOT 的意义上不是——全人类先天的和固有的，而是随着语言的起源和进化，大脑神经回路在自然语言的作用下逐渐"重新布线"（rewiring），LOT 才最终成为现代人类大脑神经系统的一种特质。这种特质从根本上不同于动物的 LOT（即使后者也被假设存在），因为动物的 LOT 确实可能具有某种普遍性，而现代人类的 LOT，即使被假设为人类大脑普遍具有的一种特质，也只能以自然语言规定的形式存在，其词汇项、结构句法和组合语义，都因语言而异。

从起源和进化的角度，我们很难符合逻辑地推论出 LOT 是一种先天、固有而且截然区别于自然语言的语言。但是这个表述和上边那段推论，并不表明我们应该同意，LOT 确实可能存在，并且需要从其他的角度来检视和证明。我要说的是，如果 LOT 可以最终被归结为大脑的电化学反应，而且（a）这个物理性发生的过程使得心理表征自然化，（b）这个物理性的电化学反应过程，确实能够被相关研究提供的直观实验数据检验，那么，这类检验更有可能导向的结论是：LOT 的根基仍旧在自然语言。或者换一种表达：要使心理表征成为有结构、有条理的思想，自然语言是其唯一的形成力量。这是因为，以自然语言完成的言语行为，在通过发音器官成为可以真正被研究者观察到的物理性存在之前，归根结底也是大脑中的电化学反应。此外还应该看到的是，排除 LOT 涉及的那些心理因素和认知结构，单就语言形式而言，LOT 只不过是 LOTH 将尚未以声波形式物理化的言语（思维）行为的输出，或者说是言语行为的心理印迹，假设为一个独立的实体，并基于这个假设，来描述这种"语言"和各种心理表征的相关性。

由此让人不禁怀疑，我们是否应该揣测 LOTH 的倡导者误用了"语言"这个概念？Saussure 的"语言与言语"这个对立，是所有语言相关的研究的基本原则之一：语言并不仅仅是能够被说（写）出来、被听（看）到的言语活动的输出。

我从明确的语言相对论立场来观察和评论 LOT，或许会被指责为偏颇。不过我仍旧认为，假设一种相对于自然语言的"思想的语言"，LOTH 的倡导者或许深受反语言相对论思潮的影响，而且他们大体上都错误理解了（比如上边提到的 Fodor 的观点）或根本不认同语言相对论。但是，即使通过内省他们也无法否认，没有语言，他们自己的思维活动也根本不可能完成。陷于既不能示例脱离语言的思维活动，又不认同语言相对论假设的困境，假设一种所谓的"思想的语言"，或许是他们摆脱这种困境的一个尝试。然而我并不认为这是一个成功的尝试。

LOT 实际上是以心理印迹形式存在的、尚未物理化为声波的自然语言，显然不是 LOTH 的立场。然而，LOTH 并未条理清晰地解释，我们到底能够依据什么，认为存在 LOT 这样一个不是自然语言的语言系统。

在这里我们看到的是：

一方面，依照一些研究者给出的定义（e.g. Pylyshyn，1984；Fodor et al.，1988：12—13；Laurence et al.，1997：65；Aydede，2015），认知行为、学习和感知整合都是计算的过程，这个过程以心理表征为媒介，而心理表征是一个有结构的系统。LOT 是在认知架构（cognitive architecture）层次上的一个基质的或符号的功能，它将这个没有显性形式的（心理表征）结构系统自然（物理）化；有意识的思想或者其他的思想，都在这个系统中被编码。LOT 所以有结构句法和组合语义，是因为它要呈现的心理表征是有结构的。引入 LOT 之后，心理表征的结构大致就可以被描述为：结构复杂的心理表征由结构简单的成分构成；这个表征中的任何一个部分或者叫一簇（token）心理表征就是一个思想，它是句法和语义交织的、类似语言的句子的组成结构；一个思想就是思考者头脑中的一个 LOT 句子。这个定义归结起来就是：心理表征是一个具有（无显性形式之）结构的系统，因此将这个系统显性化的 LOT 是有结构句法和组合语义的语言系统。

但是另一方面，Fodor 还表述了这样的思想（Fodor，1987：294—295，原文的着重号）："需要捍卫的是，认知能力是系统的，但并不是认知能力的系统性就意味着思想有组合的结构，我们怎么知道认知能力是系统的？最先出现的论据就是，认知能力至少要像语言那样有系统性，因为语言的功能就是表达思想。你不可能认为语言表达了思想并且语言是系统的，除非你认为思想也像语言一样是系统的。"从 Fodor 的这段话我们看到的是：我们能够判断思想（一簇心理表征）是有结构的系统，是因为表达思想（将心理表征物理化）的语言是有结构的系统。

将这两种表述放在一起观察，我们就看到了类似被一些反对者强加于语言相对论的那种循环论证："因为 A（心理表征是有结构的系统），所以 B（将心理表征显性化的 LOT 是有结构的系统）。因为 B（LOT 有可以类比自然语言的结构），所以 A（由 LOT 表达的心理表征有不能触及的隐性结构）。"

没有以声波形式被说出来却可以"形成思想"的语言到底是什么，在心理学研究中，比 LOTH 早 40 年就已经被设想过了，这就是 Выготский 的内部语言说。Выготский（Выготский，1934：330—331）主张，人在内心无声地完成思维活动时，使用的是与他说出话语时不同的语言即内部语言；内部语言是来自外部即说出来的语言。外部语言在内部言语中并没有消失，后者只是没有像外部言语那样清晰地区分为词和句子结构，而是由思想的单位构成。思想单位不等于语言单位，但并不是另一套语言，而是在相当程度上以纯粹意义完成的思考。我不打算进一步讨论 Выготский 的思想，想指出的只是，Выготский 的内部语言并没有被他定义为一套专门的语言，它只是没有说出来的话语，但是仍旧在自然语言的范围。

Выготский 谈论的思想涉及范围很广，包括了并不在语言相对论解释范围内的哲学、文学思想之类。相比之下，LOTH 关于 LOT 的每一个句子就是一个思想（一簇心理表征）的定义，更接近或者说基本上就是语言相对论论述语言和思维相关性时使用的"思想"这个术语的指称对象。就这一点来看，LOTH 是语言相对论的对立面，虽然它的倡导者或许并非刻意针对语言相对论关于思想只能在（自然）语言中形成的观点。这个对立的实质在于，LOTH 根本排除了自然语言在"形成思想"这个层面上的任何作用。LOT 并不是思想在其中形成的语言，而是将已经以非显性形式存在的思想自然化的手段即内部表征码（internal representation code）、符号系统；LOT 不能被描述为某种我们可以在其中"想"的实体，"更适当的理论应该是思想'自己在思考'（think for themselves'）"（Dennett，1978：101）。

与 Выготский 的内部语言说相比，LOTH 的困境在于，研究者根本无法真正解释清楚，被他们用来将心理表征自然化的 LOT 到底是什么。而内部语言说的优势在于，它并没有违背心理学研究者自己和普通人相同的内省，即任何人都不可能在思考的时候，不"默默地说出一串词"（Sapir 语）。在没有成为有物理属性的声波形式，从而能够被传递并被他人接收和理解之前，这串词出现和存在于大脑中的形式，就是 Выготский 设想的内部言语。它可能在语法结构和词语使用方面不同于被说出来、也就是用生成语语法倡导的转换生成程序生成的句子，但是，如果我们谈论的是普通人的心智能力和大脑神经活动，而不是心理学或其他研究用"语言"这个述语来（隐喻或非隐喻地）指称的、普通人并不能意识到的某种心理状况或神经活动，那么内部语言说并没有试图挑战"人类只有一种语言"这个原则。

LOTH 的支持者比如 Pinker，实际上也试图用与 Выготский 类似的方式（准语言），来向我们展示 LOT。我当然不能由此推测，Pinker 在如此描述 LOT 的时候，是否会由于意识到他没有其他途径来描述"思想的语言"而感到无奈。不过我相信，他不会没有努力却没有成功地寻找过更好地方法来展示"思想的语言"，因为以他的学术造诣，他应该很清楚，他现在以"准语言"形式向我们展示的那种"思想的语言"，确实是非常脆弱的论据。

论据的脆弱，在 Fodor 的论述中也能看到。比如他在论述 LOT 的词汇时，实际上是沿用了生成语法对句子转换生成过程的描述，将 LOT 的词汇项和自然语言词汇的区别，视为出现在深层结构节点上的词汇项和出现在表层结构节点上的词汇项之间的区别。然而生成语法在讨论句子转换生成规则时，并没有假设自然语言以外的另一种语言[①]。由此，LOTH 在这里不

[①] 当生成语法发展到极简主义（Strong Minimalist Thesis）时，一些研究者（e.g. Berwick et al.，2011；Bolhuis et al.，2014）认为，合并（merge）这条语法原则加上映射到概念性系统的语言内部接口，就产生了所谓"思想的语言"。将这个思想用于 LOTH，结论就是：LOT 以自然语言为基础。

得不面对的一个事实是，在大脑思维活动的电化学反应过程没有被相关科学用直观实验数据检验、证实并向我们展示出来之前，除了自然语言，LOTH 其实并没有任何方式，来展示将心理表征自然化的 LOT，这就是说，LOT 至今仍旧只存在于他们（甚至无法内省）的思辨中。

因此我的结论是，人类不可能拥有区别于自然语言的其他语言，包括"思想的语言"。认同这一点，语言相对论关于语言对思维的形成力作用的观点，并不会成为 LOTH 的对立面。其实，即使从 LOT 确实是本体论意义上之存在的立场出发，将 LOT 定义为尚未经过发音器官物理化的自然语言，也不会对从心理学、认知科学和哲学的角度观察和研究心理表征、命题态度、思想等的 LOTH 本身，有颠覆性的影响。相反，以 LOTH 现在的论述方式和采用的论据，这个假说可以看作讨论（自然）语言和思维相关性的一个新角度，是 Выготский 内部语言说的延伸：在思想还只是人的头脑中没有被说出来的"一串词"的时候，自然语言以什么形式对思维有形成力作用。

第四章 语言起源和进化的若干问题

第一节 语言的起源和进化：语言相对论必须面对的一个问题

对于所有涉及语言和思维的研究，语言和思维的相关性至今仍旧是一个没有终极答案的难题。如果不纠结于几乎无法被直观实验数据检验的"动物的思想"和 LOTH，这个问题说到底其实也很简单，用一句话来表达就是：是思想只能在语言中形成，还是语言只不过是包装（表达）在语言之外的某个大脑神经活动中已经形成的思想。这个问题，在我看来有些类似哲学界关于客观世界结构的问题：哲学研究者不能断言客观世界到底有什么结构，语言研究者也不能断言语言和思维到底怎样相互关联。不过这里的区别在于，至少有哲学家对于这个哲学尚无法给出单义的明确解释的问题，采取了"搁置"的立场；语言研究者（甚至不仅是语言研究者）在这一点上似乎较哲学家更为武断。当他们的研究必须涉及语言和思维的相关性时，绝大多数研究者的基本立场也可以说是"搁置"，但并不是将它作为尚未解决且难以解决的问题而搁置，而是作为已经解决而无须争议的定论而搁置。我们看到的是，在相关论述中，他们几乎都信心十足地、不带任何保留地采用"语言表达了思想""语言传递了思想""语言是思维的工具"之类表述，来解释语言和思维的相关性。正是在这一点上，语言相对论，当然是在正确理解语言相对论的解释范围、不把语言相对论作为语言文化对比研究的前提下，几乎就是整个语言学界的对立面。在如此断言语言和思维相关性时，似乎并没有人哪怕想到过，就我们现在对语言和思维能够拥有的知识，"语言只是表达在语言之外形成的思想的工具"这个断言，同语言相对论相比，并不是基于更有效的直观实验数据、因此更可信的一个结论。

Bickerton 和 Fitch 在讨论语言起源时的一些表述，或许可以让我们看到，一般研究者心目中的"思想"（很多时候并不是语言相对论在自己的解释范围内涉及的"思想"）以及为什么语言只是"表达"思想，实际上都是一些现在还无法通过实验检验的推测。Bickerton（1990：207）认为"句法模块不是大脑中一个孤立的区域，而是一种特定的神经组织形式，这种神经组织渗透并连接那些作用于更高的推理过程、概念和词汇的区域"。评论 Bickerton 的观点，Fitch（2010：409）认为"复杂的语法是由于在整个神经皮层发生广泛的变化。在某种程度上，这一观点对于语言的概念性方面是正确的，因为我们能够谈论任何我们能想到的东西（语言可以'进入'所有的皮质感觉形态和运动区域）"。Bickerton 和 Fitch 的观点，用通俗一点的话来说就是，思想是大脑皮层某些区域的某些形态，我们能够谈论思想（而不是形成思想），是因为语言可以达到并进入这些区域。

哲学家采取"搁置"的态度，或许是基于一种信念：我们不讨论这个问题，因为我们不知道（或者不可能知道）实际的状况是什么。语言研究者的"搁置"，则可能是基于另一种信念：我们不讨论这个问题，因为实际状况公理性地就是如此。然而，比起哲学面对的客观世界，语言学以及所有研究语言和思维相关性的学科真正面对的"实际状况"，其实是一个更艰深莫测的领域。哲学研究面对的客观世界，可以说只是人的认识行为的对象；研究思维、语言及其相互关系的学科面对的人类大脑及其神经活动，不仅是人类认识行为的对象，还是认识行为的"发源地"。基于（a）进化至今的人类的知识水平，（b）当今科学能够为人的认识提供的方法和工具，以及（c）对人自身的科学研究还要受其制约的伦理道德理念，人的大脑以什么方式完成认识行为，以及在这样的行为中大脑本身的状况是什么，对于研究者的观察只能是一个控制论意义上的黑箱。无论语言研究者的立场最终可以归结为支持或反对语言相对论，他们都面临两难的境地：谈论语言和思维的相关性，他们需要从他们并不确切知道的大脑皮层和大脑中枢神经系统的那些状况出发,来观察和解释人的大脑在认识行为中执行了什么功能和怎样执行这类功能。

所以,同哲学研究相比,研究语言和思维的人们似乎完全没有理由,对语言和思维相关性问题采取比哲学的"搁置"更激进的立场。正因为如此,我们应该将上边那些在语言研究中似乎已经习以为常的关于什么是"思想"的表述,通通称为假说,它们都应该在平等的基础上,和语言相对论一起接受检讨和论证。就这一点,语言和思维相关性的研究并不能超然于这一类状况:每个认知考古学家都知道,明天的发现将可能推翻今天的任何复杂的解释方案(Gardner,1997)。

或许因为语言学界的"搁置"态度已经如此普遍地被认同,而语言相对论本质上是质疑导致这种"搁置"的信念,所以它备受责难似乎也顺理成章。我们当然不能将这样的责难完全归结为大多数语言研究者对一种信念的捍卫。实际上,不仅专业的研究人员,就是普通人,只要稍作一些思考,或者对语言相对论假说有一些了解,似乎都能针对语言相对论提出若干疑问。比如,普通人或许会这样思索:语言是人通过学习(母语的习得过程)才掌握的,但是相对于"学说话"(学习/习得语言),人似乎并没有经历一个"学想"(学习思维/思想)的过程。这样看来,思维能力是人"天生"具有的,而语言是人通过学习才掌握的,难道学而致会的东西可以制约生而具有的东西?这是不是有点像说人穿上一件衣服,这件衣服就可以规定人的身体可能长成什么形状?普通人的这个问题,还可以比较简单地表述为:语言被"发明"之前,人能不能思想、怎样思想?

普通人的这些疑虑,其实并不"普通",因为语言研究者(就语言相对论在语言学界的处境来看,我甚至认为是大多数语言研究者)在潜意识中也没有摆脱这种疑虑。比如 Whorf 坚决反对的自然逻辑,比如认知语言学对人的认知能力的解释,本质上都是基于"天生、固有的认知结构(思维能力)与习得的语言"。这种解释的依据大概在于,人从出生到掌握语言之前,显然有一个可以被观察到的没有言语行为的时期,但是却没有任何相关科学研究报告过,人在掌握语言前的婴幼儿阶段,有一个没有认知行为的时期。如果遵循语言研究中被认可的一种研究方法,即对于不可能观察甚至很难构拟的人类语言和思维产生和发展的过程,研究者大致可以通过对婴幼儿思维能力和语言能力发展过程的观察来假设和推论，那么，我们或许就可以理解，为什么研究者都很容易就站到了自然逻辑的立场，尽管他们的研究与 Whorf 提及的、同语言相对论对立的那个自然逻辑立场，并不直接相关。

当然也不是所有研究者都心存疑虑，比如 Jackendoff（1999，2002，转引自 Fitch，2010：410）就认为，在语言出现之前，就已经有了丰富的概念结构和基本的符号能力，它们可以将声音与任意的指称物匹配。

在对语言和思维相关性的研究中，还应该注意的是 Saussure 的观点：无论我们能够将语言的历史追溯到多么久远，它永远是人们从前辈继承下来的遗产（索绪尔，1982：107—108）。我们能够观察到的任何语言现象，都是从某个时期开始已经存在的语言事实，而不是某种理论预测的实例。Saussure 并不是唯一持这个信念的学者，与他几乎同时代的语文学家 Max Müller 也认为（Müller，1873），尽管语言能力可能是先天的，但是所有的语言都是传统的。这就是说，当我们在语言相对论的研究中谈论语言对思维的形成力作用、谈论语言塑造人的世界观时，我们谈论的语言是在 Saussure 的表述中那个无论追溯到多么久远都已经是完整成熟的自然语言，并不是最原始的、"刚产生出来的"人类语言。这种语言已经无法追溯。由此我们是否可以这样问自己：如果我们并不能知道语言产生时，语言和思维之间存在什么样的相关性，那么我们能够谈论的 Saussure 意义上的语言，能不能被理解为"异化"的产物？我指的是，语言是人创造出来的，在被创造的那个时候，它并不具有对思维的形成力作用，并没有塑造人的世界观。只是在发展的过程中，通过异化作用，控制了人的思维能力，就像被人创造的资本，经过异化成为人类经济行为的主导力量；或者人创造的机器人，似乎能够通过异化，超越创造它的人，成为地球的主宰。

不过稍加思考就能看出，"异化"之说其实并不可取。因为这样一来，一方面我们似乎就要面对两种不同的或者说两个不同阶段的人类语言，而且这两种人类语言在与人类思维的关系上，似乎具有完全不同的性质。另一方面，如果我们将异化的那一刻（或许是一个相当长的时间段）作为一个起点，我们仍旧需要面对异化的语言怎样产生和发展这个问题。异化说因此并不能给语言和思维的相关性提供新的观察角度，因为异化的那个起点，对于研究者仍旧是不可追溯的。

上文的讨论，实际上已经让语言相对论的研究面临这样的问题：既然语言永远是前辈的遗产，而且我们不能认为语言相对论坚持的语言和思维的相关性始于某种"异化"，那么语言对思维的形成力作用和由语言塑造的世界观，应该被假设为语言自产生之时就 *a prior*（最初的、本源的）具有的一种性质，而不是在某个时候，语言突变地或者渐进地获得了对人类思维的形成力，并由此开始塑造人的世界观。于是，要从根源上解释语言和思维的相关性并坚持自己的立场，语言相对论就必须将对语言思维相关性的观察追溯到语言产生时的状况，并解释为什么可以认为，无论在多么原始的状况下，思想都只能在语言中形成。

由此看来，要让语言相对论关于语言和思维相关性的解释更有说服力，我们必须将对这个问题的讨论追溯到语言的起源和进化。从这个角度来讨论语言相对论，我立刻就让自己面对了看来无法摆脱的困境：语言相对论本身还是一个未能真正被大脑神经科学检验过的假说，在对这个假说的讨论中又引入了语言的起源这个同样处在争论中的假说，同时还不能回避另一个哲学的世纪难题：语言和思想孰先孰后。面对这样的困境，我完全认同 Bickerton（Bikerton，2007：524）的立场：关于语言起源和进化的讨论，至今仍旧不过是"笔和纸的领域（pencil-and-paper field），加上大量的阅读和思考"。由此，如果我的讨论最后能够得到某种结论，它归根结底仍旧只能是假说。这样的假说或许在很长一段时期内甚至永远不可能获得直观实验数据支持而被证实或证伪，不过，如果我的讨论能够再留下一个"笔和纸"的领域，让后来的研究者能够在这个基础上做进一步的思考，它也不失为一个有意义的成果。

其实，如果我们把人对世界的认识能力大致分为科学和哲学两个部分，那么所有的哲学研究和哲学家的思考，归根结底也只是笔和纸的领域。所以，即使在语言学的研究中至今，或者永远都只能留下一些笔和纸的领域，这也并不是因为语言研究只是纸上谈兵，也不是因为这样的领域是研究者自娱自乐的玄学，而是人类自身的生物生理属性、人类存在受到的时空限制，以及人类社会的价值观，将人对世界和对自身的认识完全局限在某个范围内。人对这个范围以外的世界的认识，因此就只可能是以逻辑为推理工具的思辨，也就是一个"笔和纸的领域"。

我曾在（蒋国辉，2016）中推测过的原始词产生过程，就是一项"笔和纸"的研究。这里的逻辑推论是：人类的语言并不是一经产生，就是一种与动物行为截然分离了的心智现象。人类在与其有 LCA 的黑猩猩分化之初，与后者应该有相同或相似的身体行为、相同或相似的叫声。由这些行为和叫声，人类逐渐发展出较高级的身体行为、较复杂的叫声；再发展到用一串声音来代替指示一个事物的身体动作，然后发展到用这一串声音来指称两个以上被他们看作是相同的事物①。这是在现代意义上的语言逐渐进化成形前的一个漫长时期。我们不能认为在这个时期中的人类及其身体动作和"语言"，与同他来自共同祖先的灵长类动物之间，有一条一夜之间就划定了的清晰界限，尽管当前一些研究证实了语言和基因突变的联系。就语言而言，更合理的推测是，当人用一串声音来代替之前指示事物的身体动作时，这一串声音，或许可以说是词最原始的形式，并不包含任何概念，就像我们很难认为，一只狗扯着主人的裤腿将主人拉到某个物体旁边，用这样的方式来指示一个事物时，狗的这个动作包含了关于这个事物的概念。

只是在人们开始用早先代替身体动作的一串声音来指称两个以上对象时，或者说当一串声音成为具有优于身体动作的指称功能，即一串声音不再只完成不能离开身体动作的"现场实指"时，这串声音才成为一个原始词，这样的词才是具有了概念意义的类名。这是因为，用这种原始词来指称两个以上的相同事物，人需要看出并认为这些事物有共同的特点，这已经是一种哪怕很原始的抽象思维过程，思考的结果就是概念。但是需要注意，这样的原始概念，是在使用一串声音完成不再是身体动作替代物的指称行为时形成的，或者说是一串声音在由特殊的替代功能向普遍的指称功能发展时，在这串完成指称行为的声音中产生的。概念不可能在一串声音之外的某个过程中形成，然后被某种力量赋予这串声音。没有最早作为身体动作替代物的语音串，以及由这个语音串发展出的普遍指称功能，概念

---

① 比较一些语言起源和进化研究者的论述（Arbib，2012：39）："指示手势（例如指向）可以伴随甚至在第一个词的产生或两个词的第一个关联之前观察到。"

是不可能产生的。

我当然不能断言,在这样的叙述中被极端简化了的过程,就是原始词的产生过程;原则上我们也不能认为,离开了概念的一串声音可以被称作词。没有语音形式或者没有概念的"东西",都不能被称作词。不过从我假设的那个过程,我们至少可以认为,词的语音形式从语言产生和发展的最原始阶段开始,就不是包装先于它产生出来的概念,它是概念能够产生,而且能够被表达出来的前提①。我们甚至可以说,形成于原始词中的原始概念,仅仅是原始词发展了的指称功能(指称一个以上事物);词的概念意义,是从这个指称功能发展出来的。由此我想说明的,仍旧是语言相对论的那个基本思想,即思想(概念)是在语言中,而不是语言之外的某个大脑神经活动过程中形成的。语言和思想的这个关系,看来可以追溯到语言产生的原始阶段。

为了说明语言相对论的这个思想,我们需要简略回顾一下语言起源和进化的相关研究。

第二节 语言的起源和进化:语言研究的难题

无论研究者怎样努力,怎样坚信自己拥有的观察事实的可信度,以及基于此得出的结论,语言的起源和进化,实际上是一个根本无法用人类现在拥有的任何科学理论、研究方法和实验手段来检验的、"最纯粹"的假说。语言显然只能在人类自身起源——更遑论生命的起源——之后才能出现和发展,似乎是离我们"更近"的事件;然而对于研究者,这个更近的事件,却比那些早于它的事件更神秘,更难于探究。关于比语言的起源这个事件更早消失在地球历史长河中的事件(物种起源、生命起源、物种灭绝等),虽然对它们的研究绝大部分仍旧停留在假说阶段,研究者终究可

---

① 特别需要注意"能够被表达出来"这个说法。认为概念可以在语言之外形成,实际上是将动物也可以对其完成的辨识、储存、记忆、提取和运用等智能行为的对象,即形象,等同于只能在词语中形成的概念。我在讨论所谓形象思维时已经一再说明,形象和概念的本质区别就在于后者是不可以被传递、被其他个体理解的纯粹私人心理状况。我们必须将这样的形象和形象思维排除在语言相对论的讨论之外。

以期望能够在某一天找到这类事件的考古学证据，来证明相关的假说或者其中的某一部分，因为这样的事件归根到底是"物质性"的，人们终归可以期待，考古研究或许能在某个时候、在地球某个地方的某一地层中，找到与这类事件相关的诸如化石之类的证据。对大约 6000 万年前恐龙灭绝这个事件的考古发掘，就是一个很好的实例。

然而对于人类语言起源和进化的研究，这样的证据注定是不可期待的。研究者现在知道的（姑且称为）"语言化石"，最早只能追溯到 6000 多年前的楔形文字。然而这种已经有文字记载的语言，比起人类永远是从前辈继承而来的遗产的那种成熟语言，已经晚了不知多少年；它与被一些研究认为最早可能是在 200 万年前起源的原始人类语言，已经没有了任何可以追溯的联系。作为一种以肌肉运动和气流振动为表现形式的智能行为，语言在文字记载出现之前，当然不可能留下任何痕迹，可供后来的研究者追寻。任何考古发现——甚至原始人头骨化石能够显示的颅腔容量和大脑某个部位可能被假定的原始状况——都不可能对语言起源和进化的研究贡献真正有价值的发掘物。

一些研究者认为，所谓的"洋泾浜"（pidgins）语言和婴幼儿言语行为初期的简单话语，比如单词句之类，可以类比人类原始语言的状况，从而具有语言"活化石"的价值。我认为这其实不过是研究者自己希望赋予这些语言现象的性质，因为这些形式的语言在任何一个个体学习、掌握并运用它之前，早已存在，它并不能向我们展示语言从无到有的产生和进化过程；而语言的产生，就是一个从无到有的智能活动，语言的进化，也不仅是一个学习某种已经存在的"东西"的过程。即使可以从这类"活化石"现象中得到些许提示，语言起源和进化的研究（至少其中的大多数领域），基本上仍旧只能是思辨和推理，不太可能超越"笔和纸的领域"。

或许因为缺乏对于科学研究必不可少的观察事实，从 17 世纪就被一些学者注意到的语言起源和进化问题，直到 20 世纪中期仍旧停留在人文学科比如哲学、语言学的领域。即使在 Darwin 的进化论之后，仍旧没有研究者从生物属性、生理结构和神经解剖等经验科学的角度，真正探讨过语言的起源和进化。在人文学科的范围内，19 世纪的不少学者认为语言的起源和进化不是严肃的研究课题，它甚至可能导致悖论。比如被公认为首倡了后来被 Whorf 发展为语言相对论思想的语言民族文化对比研究的 Humboldt，就认为关于语言的起源是一个根本没有意义的问题，因为"没有语言人不可能成为人；但是为了掌握语言他必须已经是人"（Humboldt，1903：16）。比 Humboldt 更早的 Rousseau 也有过类似的思想，这在关于语言起源和进化的研究中被称为"卢梭问题"（Rousseau's problem）（Rousseau，2002：28）："如果人类需要言语是为了学会思考，那么，为了找到说话的能力，他们更需要知道怎样思考。" Humboldt 和 Rousseau 的思想，甚至在当代的研究者中也得到了呼应，比如 Pinker（Pinker，1994：351—352）就认为，追究语言的根源没有意义："走向人类语言的最初那些阶段是神秘的……如果强迫我去想那些中间阶段，我就不得不思索黑面猴的报警吼叫声……但是我认为这样的思想不可能找到比所谓 ding-dong 理论更好的证据。"巴黎语言学会或许也是基于相同的理由，在 1866 年禁止了当时的和将来可能的关于语言起源问题的争论。

直到 20 世纪后期，对语言起源和进化的研究才重新活跃起来。自 20 世纪 90 年代以来，语言学、考古学、遗传学、生物学、生理学、神经科学、基因科学和心理学采用了若干新的研究方法（Bickerton，2003），认为在语言起源和进化研究中，至少以下学科必须涉及：语言学、古人类学、进化生物学、神经学、心理学和灵长类动物学，就这个"科学领域内最艰难的问题"提出了若干假说，而且在一些争议的问题上，研究者也逐渐取得了一致的看法。不过所谓"一致"，我认为更多的是指研究者逐渐共同认识到，哪些领域或现象可能对研究语言的起源和进化有重要意义，因而可以而且应该从那些方面努力；并不是某个或某些假说真正受到了检验，因而被一致认同为一个科学理论。迄今为止在这个领域里，研究者大致已经达成了以下的共识（Bickerton 的总结，2007：524），不过它们都没有对语言的起源和进化做出任何实质性的解释：

1）人类直接的祖先南方古猿（Australopithecus）或许没有语言，不过人类拥有语言不会晚于 50000 年前。这个共识的依据大致是：南方古猿的生存期是 400 万—200 万年前，而布洛卡区是在 200 多万年前的原始人类头骨化石中被发现的（Stringer et al.，1988）。由此的结论是，南方古猿的大脑中没有主管语言（言语活动神经机制）的布洛卡区，因此不可能有语言。不会晚于 50000 年，大概是基于原始智人（Homo sapiens）的生存年代是 25 万—4 万年前这个考古发掘；同时，所谓的整语话语原始语（holistic protolanguage，以下简称 HPL）假说认为，这种原始语在进化为现代人类语言前，曾经稳定地被使用了 100 万年。由此，原始语似可以追溯到 190 万—70 万年前的直立人（Homo erectus）。

2）可能存在某种类型的原始语，尽管关于这种语言是什么，几乎没有一致的观点。

3）某种形式的选择压力导致了原始语的出现，而且当前大多数人都认为这是某种与社会智能（social intelligence）有关的东西。但是 Bickerton 认为这种看法显然是错误的，因为"让我们走上现代人类语言之路的选择压力不可能来自社会智能"（Bickerton，2002：209）。

4）语言的进化或许与认知能力的进化有某种联系，尽管关于这种联系是什么，几乎没有一致的观点。

比较起来，Bickerton 对语言起源和进化研究的进展是比较乐观的，他终究对这个领域的研究对象说明了一些什么。另一些也谈论共识的研究者看到的共识，最多只是一些可能在这个领域中采用的研究方法，对语言起源和进化本身，几乎什么也没有说，比如这样一些共识（Christiansen et al.，2003）：

——语言起源和进化是一个多学科合作的研究领域；

——语言的进化可以通过计算模型来探索。

我们还可以看到的是，这个"笔和纸的领域"里的研究得出的结论，或许不太可能被认为是真正的科学发现，但是它却似乎带动了一些相关领域的研究，尽管这些相关领域的研究在相当长的时间内，甚至永远都只能停留在假说的阶段。比如关于 FOXP2 基因对人类语言产生和发展的作用；由对 FOXP2 基因的研究延伸到人类大脑结构的某些区域（比如已知的布洛卡区和韦尼克区）与人的语能力和言语行为的关系，与语法和人类固有的语言机制和的联系，等等。我尝试从语言起源和进化的角度，来探讨语言相对论关于语言对思维的形成力作用、语言塑造人的世界观这类问题，也借鉴了这个领域里的一些观点和结论。Bickerton（2007）在将关于语言起源和进化的研究称为"笔和纸的领域"时，还曾告诫说，这个领域虽然是年轻的和雄心勃勃的学者一试学术身手的理想领域，但那也是一个危险的雷区，随时可能炸毁最先进的新理论。我的讨论显然也在一定程度上进入了这个雷区，因此我在这里能够提出的观点，在某个地方就可能触雷而被炸毁。这其实并不可怕，因为在这里的失败，或许能证明语言相对论在这个研究方向上不可能成功，这也不失为对检验语言相对论起到了某种促进作用。

在语言起源和进化的框架内思考语言相对论，Hurford 的观点（Hurford，2003a）或许可以看作一种方法论的提示：寻找"在什么时候发生了什么"这类"以经验为原则的问题的答案，并不是语言进化研究的目的。这种研究的目标是解释现在（38）……配合演化语言学，现代的语言现象能够更全面地被理解，因为演化语言学的对象处于一个漫长的进化过渡系列的终端"（40）。由此我们不妨认为，现代语言学的研究对象位于这个进化链的另一端。这些研究对象都经历了漫长的发展过程，与其相关的许多现象不过是浮出水面的冰山一角。如果能够尽量远地追溯到这个进化过程的另一端，并尽量多地"观察"到进化过程中的相关现象，对现代语言学研究涉及的各种对象的解释，或许会更清晰、更合理。

我的讨论当然不可能涉及研究语言起源和进化的所有学科，及其它们提供的众多观察事实、观点和结论。我只是根据我的研究目标，大致观察其中的一些观点和论述，讨论它们与语言相对论可能的联系。因为这个领域中的研究一直在发展和更新，所以我沿用的观察事实和观点，或许并不能说明当前语言起源和进化研究的即时状况。不过，我自信我要说明的语言相对论相关问题，在涉及语言的起源和进化时，基本上没有脱离这个领域中被论及的那些主要议题。至于从这个角度能否较为可信地论证语言相对论思想，我认为与上述领域中的研究者是否能够，或者怎样论证语言的起源和进化，并没有逻辑上的必然因果联系。

这一章的讨论分为两个部分。前一部分按照我的理解并根据我讨论问题的思路，整理并简单叙述关于语言起源和进化在若干相关领域内的研究状况。因为语言的起源和进化不是我的学术旨趣所在，而且这个领域涉及的学科很多，其中许多我都不甚熟悉且与我的研究对象没有必须论证的联系，所以我并不打算也不能全面深入这个领域。这里谈论的观点和理论，都是这个领域中的一些甚至可能只是很少一部分可能与语言相对论有关的论述。并且，由于这个领域里的几乎所有理论都是假说，我在叙述中提到的每一个观点，都能遇到数量不相上下、论据同样充足、推论同样符合逻辑的支持和批评，我当然不能一一顾及。如果这些观点以及对它们的支持和批评，与我要阐述的语言相对论思想没有可以观察到的关联，我提及它们就没有任何倾向性，因为在这个领域中我不是一个研究者，只是一个用心的文献阅读者和带着问题的思考者。因此，我在这里及后面关于语言起源和进化的讨论，没有也不尝试对这个领域本身有什么新的贡献，语言起源和进化问题的研究者和熟悉这个领域的读者，自然不可能从我的论述中看到任何与此相关的新思想、找到新的观察事实。不过，因为我的目的在于从语言起源和进化的角度来论证语言相对论，所以在这类问题涉及我要论述的语言相对论思想时，我会做一些必要的、带倾向性的评述。这些评述，当然不是基于观察事实或实验数据而理据充足的批评或支持，它们更多的是对相关问题的一些疑问，这是为了将我从这个视角对语言相对论的阐述置入一个更大的框架，使读者较有条理地把握语言相对论思想与语言的起源和进化可能的联系。

后一部分提出我自己的推测，即为什么说语言从起源之时就对思维有形成力作用；为什么说人类思维是而且只能随着语言的产生而产生。按照我的理解，当前关于语言起源和进化问题研究涉及的问题，大致可以归结为这样几个方面：

i. 语言产生的动因（为了交际与为了思考）；

ii. 语言的生物生理属性、神经解剖特性和遗传基础，以及语言本身是一个什么存在（语言能力与语言系统）；

iii. 语言的起源和进化在物种进化链上的位置（连续与非连续）；

iv. 语言起源和进化这个事件的"内容"（词汇单位与语法规则），即是什么"东西"产生并发展了。

从什么角度来研究语言的起源和进化，依研究者不同的学术领域和学术旨趣，迄今为止也是一个见仁见智的问题。比如一些学者（Fitch, 2007，2010）按照原始语言可能的形态，将语言的起源归结为三个可能的假说：词汇原始语言（lexical protolanguage），手势原始语（gestural protolanguage）和音乐原始语（musical protolanguage），这三种假说本身，也包含了若干假说，而且它们之间并没有截然分明的界限。另一些研究者（Hauser et al., 2002）从另外的角度归纳出关于语言起源和进化研究中的几种相互争议的假说：人类语言的独特性与人类语言和动物交际系统的共性（unique vs. shared）；语言进化的渐进与跳跃（gradual vs. saltational）；语言起源和进化的连续性与扩展适应（continuity vs. exaptation）。

这几个方面研究涉及的对象，应该说在时间上有某种先后顺序、在逻辑上某种因果联系，不过它们仍旧可以在时间顺序和因果联系之外，各自成为独立的研究领域。我只是按照自己的思路的目标，来观察在相关研究领域内已经完成或正在进行的语言起源和进化的研究，所以不必遵循这些顺序和关系。语言相对论与语言起源和进化的联系，就我构建的理论体系而言，实际上只涉及 iv（或许多少也涉及 ii）类假说；而且，仅就这类假说，我也不是要针对它们本身说明一些什么。我的工作只限于按照某种条理，观察这些研究中同语言相对论思想有关的观点和结论，然后从这些假说的角度，进一步阐明语言相对论的思想，即思想只能在语言中产生。

这里的思路是，对语言相对论的检验，应该包含对下边这个假说的检验：语言作为一个系统，如果规定了人的思维方式、具有了对思维的形成力作用，那么这个作用应该从语言产生之时起就开始了。因此，iv 类假说在生物生理科学和神经科学相关的领域里可能会怎样发展、会取得什么新的进展，哪些假说可能被证实或推翻，或者可能提出什么新的假说，对于我从语言相对论角度的研究，都没有决定性的影响。我关注的只是，"语言产生"这个事件产生出来的是什么，以及这个事件在我论述的语言相对论理论体系中怎样定位。换言之，如果我们将语言的"第一个"有现代语言意义的单位的出现看成一个事件，那么我的观察是，在这个事件能够发生的所有必要条件都已经准备就绪，所有这个事件可能需要经历的"前阶段"都已经过去，这个事件已经开始并且处于进展中的状况。

至于 i、ii、iii 类假说，如果它们与语言相对论的思想没有直接的联系，那么我认为比较明智的是承认：除了一些简短的评述，我在这部著述的讨论范围，并不刻意阐述自己的观点和表明自己的立场；而且，就我对语言起源和进化问题了解的深度，我也不可能对这个领域内的重要问题有确实值得一提的立场。涉及它们，只是为了我的讨论的连贯性和条理的清晰，需要稍微详细地观察专业研究者对这些相关部分的研究和结论。

第三节　语言起源和进化的若干假说

一　连续与非连续

人类语言的起源和进化，在从与黑猩猩的 LCA 到原始人类再到现代人类的进化链上，是一个连续的过程，还是在进化中的某一个时刻，由于某种原因比如基因突变，人类突然就获得了语言能力，并因此成为灵长类动物中最特殊的一支，基于对这个问题的思考，在语言起源和进化的研究中有两种截然对立的假说（模式）："连续"（continuities）模式力图在黑猩猩乃至其他灵长类动物的交际行为中寻找人类语言的前身；"非连续"（discontinuities）模式否认有这样的可能性。

这个对立也被称为"适应（adaption）与扩展（extension）"。在物种起源的意义上，这或许是人们在观察和讨论语言的起源和进化时首先需要面对的问题。尽管同所有的假说一样，这两个对立的假说本身，对于研究者要探索的语言起源和进化，并没有特别的优势或劣势，不过在我看来，它们可能会特别纠结于一个问题：当我们谈论语言起源的"连续与非连续"时，我们谈论的到底是什么，因为对这个对立的理解似乎模棱两可①。

一方面，基于人类和灵长类动物在物种进化链上的共同祖先，我们判断"连续与非连续"的标准是什么？主张非连续，是否以人类与黑猩猩分道扬镳后开始创造语言那个时刻为分界点，认为自此人类和灵长类动物各自的进化就不再有什么关系，语言的进化，也不再是灵长类动物交际手段进化过程的延续？但是这样的理解需要面对的一个问题是，我们在这里谈

---

① 我的讨论当然遵循关于语言起源和进化相关研究的共同原则。在这样的讨论中我们应该区分（a）生物生理结构和属性的进化与（b）心智能力的进化。"连续与非连续"显然只同后者相关，这里并没有模棱两可。

论的人类语言（发展至今的有声语言），是否不仅与灵长类动物（可能）也是不断进化至今的也是群体内部交际手段的肢体动作和叫声截然有别（这或许能够或者已经被证明），而且与人类自身在语言出现之前用于交际的肢体动作和叫声也截然有别？虽然这确实是非连续论者认同的观点，但是相关科学研究并没有告诉我们，(a) 从与黑猩猩的 LCA 分化而来的原始人类，是否不仅由于基因突变而具有了语言能力并"创造"了语言，而且自身也是因这个基因突变而出现的新物种；(b) 拥有共同祖先的所有灵长类动物智能的共同进化链，是否就中断于这个基因突变。

持非连续论的研究者的麻烦，很大程度上也就在于，他们很难证明来自共同祖先的、处于不同进化阶段的各种灵长类动物（包括原始人类）的肢体行为和叫声，在交际行为中具有完全不同的属性和功能。这样，如果我们需要认为人类语言的进化也经历了一个以肢体动作和叫声作为交际手段的阶段，我们似乎就没有理由断言，人类语言和灵长类动物的肢体动作和叫声是截然分离的、非连续进化过程的产物。由此看来，"连续与非连续"的对立，就只是研究者从各自的立场，理解和解释不同的肢体动作和叫声之间有否联系、怎样联系，而不再是一个进化相关的原则性对立。

另一方面，考察语言的起源和进化，研究者并非必须观察其他灵长类动物甚至更低级物种的进化过程，他们可以仅就人类自身在离开与黑猩猩的 LCA 之后的进化过程，来谈论"连续与非连续"。比如，语言是人类由于基因突变而偶然获得的一种能力：是基因突变，导致了大脑神经的重构（re-wiring of the brain），出现了新的"神经元工作空间"（neuronal workspace）（Chomsky, 2010, 2012; Boeckx, 2013; Bouchard, 2013; Tallerman, 2014a, inter alia）。因此，从基因突变那个时刻开始，人类语言的产生和进化，就是一个与基因突变之前的智能进化中断了的过程。然而，从基因突变在一个个体发生（我不涉及直立人、能人、智人等进化阶段或物种的划分），到起因于这个基因突变而出现的一个拥有新的属性和能力的群体的形成，是一个漫长的过程。语言在这个过程中的什么地方开始出现，当前的任何相关科学都不能确切地告诉我们。这样一来，我们就面对了几个时间点：(a) 基因突变的发生，(b) 能够创造第一个"原始词"的那个原始人的出现，(c) 第一个具有现代语言意义上的"词"的雏形的出现。

第四章 语言起源和进化的若干问题

谈论语言起源和进化的"连续与非连续",我们针对的是哪一个时间点?这样的问题似乎过于学究,但是我们大概不能否认,从基因突变那一刻起,到一个新群体的形成,再到第一个词被某个原始人(并不是基因突变首次发生的个体,因为至少要有一个由经历突变者的后代形成的群体,语言的创造和接受才可能实现)说出来的那个漫长过程中,以基因突变之前的形式存在的智能行为,包括交际行为,并没有中断。在"连续与非连续"的讨论中,这是一个不可不考虑的问题。

我的这些思考当然并不影响研究者关于"连续与非连续"的争论。事实上,我们在语言的起源和进化研究领域中观察到的任何一个假说,都可能是研究者深思熟虑的结果,但对它的批评和反驳同样言之凿凿。因此,尽管关于"连续与非连续"这个议题本身可能会让人产生诸如我提出的那些疑问,但这并不影响研究者在这个方向上的继续努力。而且,从宏观的角度来看,作为关于语言起源和进化的一种假说,"连续与非连续"在各种假说中,与Darwin的进化论关系最密切,因为它直接关系到人类在自身的进化过程中与动物界特别是与灵长类中现存的大型猿类的联系和分化等问题。因此,在观察语言起源和进化是否是一个连续的过程之前,我们不妨哪怕及其简略地回顾一下Darwin对这个问题的论述。尽管在当今的相关科学领域内,对Darwin的进化论尚有争议,但是他的思想在任何关于人类及其语言的起源和进化的研究中,都是一个无论如何绕不过去的话题。

Darwin关于物种起源和进化的论述,并没有真正涉及人类的起源和进化,他只是很含糊地说(Darwin,1859)"光亮将会投向人的起源",以此回避对这个敏感问题所有可能的争论。尽管一些激进的达尔文主义者,比如Huxley,坚决反对宗教对人类起源和进化的解释,维护进化论的思想,认为人类也是动物,其进化因此与其他动物的进化没有任何本质的差别。然而,或许是Darwin对人类起源和进化问题这种近乎惶恐的小心翼翼,导致了后来的一些达尔文主义者对他这个思想的理解,仍旧近乎宗教的教义。比如有学者(Wallace,1864)认为,虽然Darwin的物种起源理论适用于我们这个世界上的全部物种包括人类,但是这个理论并不涉及人的心灵(mind)或灵魂;人类的心灵是由"更高的理性"(higher intelligence)决定的。

此后在进化论相关的争论中，或许 Darwin 意识到了，语言的起源和进化问题在关于人类进化的理论乃至整个进化论理论中，是一个至关重要的部分。他在后来的《人类的由来》（*The Descent of Man*）一书中，专门用"语言"一章来讨论人类语言的起源和进化，并明确指出语言是人类和较低等的动物之间主要的区别之一。Darwin 的这个结论，实际上也关系到语言的起源和进化"连续与非连续"问题，只是 Darwin 没有更详细地就这个问题展开论述；他所谓的"主要区别"，自然还不足以作为对"连续与非连续"之争做出判断的依据。倒是他关于语言起源和进化的另外一些观点，同关于语言起源和进化的若干假说有一些关联。这些观点是：

——原始的语言是类似歌唱的语句（song-like phrase）；

——人类语言的起源与手势并没有直接的关系；

——区分语言能力（language faculty）和语言系统本身的起源和进化。

在关于语言起源的研究中曾经有一些假说，看上去似乎都同 Darwin 所说的音乐性原始语有一些联系（抑或正是受他的启发？）。所谓的"音乐性"，并不是现代社会意义上的音乐，它不过是原始人类那些不同于动物单纯的吼叫嘶鸣，而是更加复杂并可能有某种节奏的叫声。即便如此，Darwin 的音乐性原始语，也显然不能归结为这类假说涉及的那些现象，后者不过是依据现代人类语言中一些偶然的、数量微不足道的语言现象，做出的一些相对浅表的猜测，比如所谓的"ding-dong"假说、"pooh-pooh"假说之类。在当今语言起源和进化研究中，这些假说已经基本上被摈弃，即使偶尔被提及，也不过是作为一些"漫画"似的背景资料，甚至被一些研究者（Pinker，2013：118）讥讽为"愚蠢的非适应论假说"。不过我倒不认为，这些虽然在现阶段的研究水平上已经不足以被严肃看待的"假说"，确实应该被称为"愚蠢"，因为至少在以下几个方面，我们可以看到它们与这个领域内当前研究的一些联系，而且它们的主张也并不是没有任何根据的臆想。

1）出现在这些假说中的原始语言，都不是动物任意的吼叫声，而是原始人类对来自自然现象或者此前属于动物本能的一些声音的自主模仿。由此，这些假说就有了一个共同的基本前提：这些形式的原始语言能够产生,是因为原始人类已经具有了自主控制发声的能力。这其实也是当前关于有声原始语能够产生的一个生物生理科学研究结论。从这个角度来看,这些或许不能被严肃看待的假说,与当前这个领域中严肃的科学假说相比,不过是忽略了,或者由于科学发展的阶段性局限而未能触及这些被构拟的原始语言形式的生物属性和生理构造等基础问题,因此成了无源之水,不能对语言起源和进化做出有科学意义的解释。但是这似乎不应归结为这类假说本身是愚蠢的,它们与当前这个领域内的假说并没有原则性的冲突,研究者的思路也是正确的,尽管可能浅表。

2)"ding-dong"之类假说,确实没有也不可能达到当前多学科配合研究语言起源和进化的那个高度,当然也不能对语言起源和进化作出令人信服的、实质性的解释。但是我认为我们不能否认的一个事实是,这类假说确实较为可信地描述了人类语言最原始的词汇产生的原因和方式。一个或许不能被考古发掘和进化生物科学用任何经验事实证实,但逻辑上却只能认可的状况是,原始人类在语言起源和进化的过程中,不太可能有一个漫长的"前期等待"过程。我指的是,语言产生之时,原始人类的声道、喉、舌、唇、齿等受运动神经控制的发音器官,当然还没有进化到现代人类那种复杂、灵活、控制自如的程度,可以发出任何现代语言中的语音和语音组合;原始人类的智力也尚未达到现代人的高度,可以"想出"任意的音位和语音组合。尽管如此,原始人类并不是在发音器官和智力的进化过程彻底完成之后,才开始"创造"语言。"创造"语言,更准确地说是发出一些声音来指称一些事物,创造出原始形式的词的过程,和发音器官与智力的进化、完善,应该是同步的过程。

事实上我们也应该认为,"创造出"一个新的音位和把这个音发出来,对于原始人并不是轻而易举的事;现代人可以易如反掌地完成的言语行为,比如创造性地将两个或更多的音位组合在一起,对于原始人的发音能力和智能,同样不是轻松自如的事。比较合理的推测应该是,原始人更容易因此也更倾向于运用自己日臻成熟的发音能力,模仿他们熟悉的来自自然界的各种声音,或者琢磨他们能够发出的那些灵长类动物都能发出的叫声,由此产生出原始词语的语音雏形。基于原始人发音器官和智力状况来推测语言的起源和进化,研究者的思路被引向这一类假说是顺理成章的。现代各种语言的词汇中有若干词语(并非象声词),其根源或许确实可以追溯到对其所指称事物相关的声音的模仿。比如英语词 crash 来自雷声、boom 来自爆炸声,印第安 Chinook 语的 tun-tun(心),Basque 语的 ai-ai(刀),(ding-dong 假说的实例);又比如对狮子的吼叫拟声而来的 lion,由模拟风声而来的 wind,模拟笑声而来的 happy(比较 bow-wow 假说的实例);等等。

3)这类假说都主张语言起始于词,这基本上符合原始人类发音能力和智能水平的进化历程。就这一点来看,我认为这类假说或许比当前研究中的一些似乎"严肃的科学假说"更接近事实,因为它们本质上没有违背事物发展由简单到复杂的规律。我们似乎没有理由认为,语言的发展可以成为这个规则的例外,因为语言的起源和发展受人类发音器官进化和智力发展的限定,后者的发展当然不可能不遵循生命进化由简单到复杂的一般规律。仅就这一点来看,我们或许没有理由同意,在有声语言产生之初,当原始人发音器官如 Condillac(1971)所说还如此呆板、只能发出很少的声音时,当他们还不能"创造"和发出太多清晰的单音节时,就能够"创造"并发出包含若干音节的一串语音组合(我暂且搁置语言必须是声音和意义的结合这个问题),说出所谓的整语话语(holistic utterance),之后他们才能从这一串语音组合中分解出简单的音节,"创造"出词。

Darwin 的这些观点,现在成了关于语言起源和发展的假说之一,即音乐性原始语(musical protolanguage)的基础。有意思的是,就这一点来看,"连续与非连续"从 Darwin 开始,就是一个相当模糊的概念。Darwin 自己一方面认为,语言是人类和较低等的动物(比如灵长类动物)之间主要的区别之一,也就是说,原始语言和动物叫声之间的区别是界限分明的(非连续);另一方面他认为,语句类似歌唱的原始语言表达了一些情绪,比如爱慕、嫉妒、胜利的欢呼等,这与鸟类在择偶时的啼鸣相似,因此人类语言甚至与鸟类(更不用说猿类)的啼鸣也有哪怕是很微弱的关联(连续)。

Darwin 关于人类语言起源和进化的这种立场，或许在某种程度上可以理解为对 19 世纪或者更早的哲学（语言学）和经验科学对语言起源问题的观察和思考的一种反思。19 世纪的不少哲学家和语言学家，对语言起源和进化连续性的观点都持否定的态度，这或许是 Darwin 的进化论问世之前语言研究中较为普遍的状况。比较有代表性的是德国语言学家和哲学家。比如，除了认为追溯语言的起源是一个没有意义的问题，Humboldt 还认为（转引自 Trabant，1989：509），语言并不是回应某种"需要"而产生的；没有任何一种被经验（科学）检验过的语言，显示出具有"发展的"语法。换言之，所谓"原始"语言是不存在的，语言从较低级到成熟的发展，并不能得到经验（科学）的支持。因此 Humboldt 认为，探究语言在时间上的起源没有任何意义。对此真正的哲学问题应该是"它是从哪里涌现出来的"。

Humboldt 的思想，在我看来就是关于语言起源和进化非连续论的另一种说法：因为没有任何语言的语法被证明是"发展"而来，它是从某个"源点"一蹴而就地涌现出来的，所以语言同"（灵长类动物）没有语言"的状况，从本源上不相关。这在一定程度上让我们联想到 Saussure 的思想，即语言并不能追溯到比任何一代人从前辈继承而来的遗产更远的源头，"因此，追溯语言的源头并不像人们一般认为的那么重要"（索绪尔，1982：108）。Humboldt 关于语言没有从低级到高级的发展过程的思想，似乎比 Saussure 走得更远，因为 Humboldt "没有语法是发展而来"的说法，几乎就是"未存在过原始的语言"（primitive languages）的同义表达。

在当前的研究中，不少研究者也倾向"非连续"观点。Graffi（2005：20）对当前在语言起源和发展的研究中一个几乎大家都习以为常地使用的概念"原始语"（protolanguage）提出了怀疑，认为这个概念其实非常含混，因为不清楚所谓原始语是"物种特有的"（species-specific），还是"跨物种的"（cross-specific）[①]。具体地说：原始语是指为掌握一种发展成熟的语言所需要的、人类和其他动物共享的一组（必要但不是充分）条件

[①] 可参看 Arbib（2018）对原始语的定义。他认为"protolanguage"这个术语有两种用法：（a）猿类交际系统和现代人类语言的桥梁；（b）充分发展的早期自然语言，相对于现代语。

即"广义的语言能力",还是指语言发展中的一个"内置的"(internal)阶段,因而是人类这个物种特有的属性?如果将句法的出现,视为由原始语到严格意义上的语言的"进化跳跃"(evolutionary jump, Bickerton 的说法),那么"原始语没有句法"指的是什么?

Steinthal (Steinthal, 1877) 将语言的起源喻为"语言病菌"(germ of language)的作用(69)。就这个"病菌"源于某种创造力,还是由动物的理性发展而来这两种观点,Steinthal 认同前者(原文着重号):"基于如今的儿童来研究语言的产生,实际上已经设定了人类(homo)这个前提。这样的研究展示的,只能是植株如何由病菌发展出来,鸡怎样从蛋里孵化出来。可是病菌本身从哪里来?这个问题仍旧并没有被研究"(305);"我们能够教授的,只是儿童如何学会说话,而不是语言的起源……语言病菌显然是儿童先天具有的;原始人没有这个语言病菌。语言病菌需要自己在原始人(的机体、头脑中)形成"(309)。这也可以看作语言起源和进化的"非连续"观点,因为"原始人才能产生出来"的说法,显然完全否定了在原始人类出现之前,任何动物同语言的产生有某种关系的可能性。

在语言的起源和进化问题上,Max Müller 被认为是最坚决的反达尔文主义者。他承认低级的动物也有感觉、记忆和情绪之类;至于语言,Müller 坚定地认为(Müller, 1873:175):"语言是划分人和兽畜的 Rubicon 河,没有任何动物能够逾越它……语言科学需要帮助我们抵抗达尔文主义者的极端理论,要在人和兽畜之间划出一道硬性的界限。"不过从 Müller 自己的这段表述中,似不能看出他与 Darwin 在这一点上如此尖锐的对立,因为 Darwin 也曾并明确指出,语言是人类和较低等的动物之间主要的区别之一。

其实无论是 Müller, Darwin, Steinthal,还是 19 世纪的语言学家和哲学家,在论及语言的时候,使用的"语言"这个术语,似乎都是指 Saussure 意义上的现代人类语言,这当然是人和动物之间不可逾越的鸿沟。从人类现代语言的角度谈论语言起源和进化的"连续与非连续",看来并没有涉及问题的实质。

关于语言起源和进化的非连续论思想,在某种意义上曾经将研究者的思路导向了用当前的眼光来看是非科学的立场。Fitch 指出(2010:390):

"圣经在20世纪以前西方学者对语言进化探索的影响是难以估量的,几乎所有关于语言起源的思想,都至少是含蓄地被放在圣经的语境中做出评估。"比如所谓"卢梭问题",尽管Rousseau并没有谈论过语言起源和进化"连续与非连续"的问题,但他依照圣经的解释,将语言的起源归结为"上帝的创造"(Grimsley,1974:28)。

就上帝创造说,特别应该提及德国统计学家Süssmilch,因为他并未将语言是上帝的创造视为依据圣经的不言而喻的事实,而是采用理性的思辨方式,来证明语言的起源并非人为而是上帝的创造。Süssmilch的论证(转引自Graffi,2005:12—13)似乎是对Humboldt"语言不是人'发明'的,它必须'被认为是瞬间就被植入人(的头脑)中'"这个思想的一个展开的注释:语言的起源只可能要么是人的发明,要么是上帝的创造。如果它是人的发明,那么它只能来自本能(这是人和动物共有的),或者来自推理(reason)。然而语言的比较研究告诉我们,人类语言的多样性不可能来自动物也可能拥有的本能,因为动物的交际形式在全世界都是普遍相同的。不同语言的对比还告诉我们,语言之间的差别缘于声音与其所表示的对象之间联系的任意性。这种任意的联系不可能是偶然性的产物,否则语言将是一片混乱,而不是我们现在看到的那种井井有条的形式。因此,语言不可能是本能的产物,它只能被归结为推理的结果。然而没有符号(sign),推理是无法完成的,符号来自何处?是造物的赋予。结论就是:是上帝创造了语言。

与此相关的是Herder的观点。Herder(Herder,1966)认为,人类语言的起源,与动物的行为没有任何联系。动物的所有行为都由本能引导,这种本能可能很奇妙,但是它们局限于一个狭小的范围。人和动物之间的差别不是程度的不同,而是种类(kind)的不同。人缺乏动物那些本能,但具有天赋的特殊气质即"冷静的判断力"(Besonnenheit)[①],人类语言就是"冷静的判断力"的产物,或者可能与"冷静的判断力"就是同一。虽

[①] 与Kant使用的Weltanschauung一样,Herder的这个表达也着实难为了使用英语(自然也包括汉语)的作者。为解释Herder的思想,Besonnenheit被译成reflection(反思)、consciousness(意识)或awareness(意识)。我在这里使用的汉语译文,也只能视为仅表达了其大致含义的权宜之计。

然 Herder 不赞同 Süssmilch 的上帝创造说，但是平心而论，除了明确认同语言起源和进化的"非连续"立场，他用天赋"冷静的判断力"之说对语言起源能够做出的解释，并不比 Süssmilch 更多。

我们当然不能认为，上帝创造说至今仍旧困扰着研究语言起源和进化的人们，不过在这个问题上，一些与宗教相关的痕迹仍旧不时可见。在一些难题不可能用正常的科学理论和方法来解释时，研究者似乎（当然不是必然）又会联想到"造物主"，虽然我并不认为他们会指望从这个角度可以严肃地讨论相关问题。比如一些当代的研究者（Bates, et al., 1989: 30—31）认为"如果语言的基础结构原则既不能学习（自下而上），也不能派生（自上而下），那么对其存在就是剩下两种可能的解释：要么普遍语法是直接由造物主赋予我们的，要么就是我们这个物种经历了堪比宇宙大爆炸的、空前的重大突变"。

随着科学理论和研究方法的发展，生物学、生理学、神经科学、心理学、心理语言学、考古学、认知科学、人类学、人工智能等经验科学的研究者，开始参加关于语言起源和进化的讨论。18—19 世纪哲学家和语言学家基本上依靠思辨的关于语言起源和进化的"非连续"观点，逐渐放弃了自己的阵地，因为当代科学领域的研究似乎表明，人类语言并不是产生于某个突发事件，而是一个循序渐进的进化过程，与动物的交际行为之间，并未被证明有绝对不可逾越的界限。尽管这种进化的"连续论"至今也只是假说，但是比起"非连续"的假说，似乎更容易被接受。这可能是因为语言起源和进化的非连续论与 Darwin 的进化论明显龃龉；而且，生物生理科学、神经科学和认知科学的研究，都似乎在证明人和灵长类动物的生物属性进化连续性，并由此不断为语言起源和进化的连续性，提供经验科学能够验证的观察事实。更有研究者持续不懈地努力，力图用实验证明黑猩猩可以学会人类语言。这些研究领域的结论，似乎应该是深入探索人类语言起源和进化的"真正的"科学基础。在这个基础上，连续论似乎就成了这个领域中主导的潮流。

不过，持非连续论立场的研究者并没有完全放弃，因为就相关科学研究当前的水平，相比坚持非连续论的研究者能够提供作为论据的观察事实，能够作为连续论假说依据的观察事实，并不具有更强的说服力。曾经似乎被以进化论和行为主义心理学为依托的连续论观点压倒的非连续论观点，在近60年来（这大致也是生成语言学开始兴起并引领语言学潮流的时期）重新受到重视。比如，Lenneberg（Lenneberg：1967）考察了若干关于语言起源的进化论观点，认为它们并非理据充足。Lenneberg明确表示，能够用于构拟语言起源的可靠的经验科学证据少得可怜，比如，头盖骨化石可以让我们得到关于原始人类大脑的一些信息比如脑容量，但我们并不能由此推测这样的大脑容量必定会对原始人类的语言产生某种影响。Lenneberg也否认关于人类语言起源和进化的非连续论必然会让人联想到上帝创造语言的立场。

另外一些持非连续立场的研究者也从不同的角度论述了这个问题[①]。比如Piattelli-Palmarini（1989）认为，对这个事实（即语言的起源和进化）的解释的核心问题是"许多特性显现为具有生存适应的价值，但是它们却是因为另外的原因被选择的（13）……因此，基于适应说或基于扩展说的解释来解释进化，其区别其实可以归结为一个简单的思考：评价某个生物特性当前的效用是一回事，就当前的效用来解释特性的起源则是另外一回事（18）……既然语言和认知可能是我们这个物种最突出和最新异的生物属性……重要的就是展示它们可能源于完全不同的特异适应（extra-adaptive）机制（23）"。还有研究者认为，即使从生物属性的角度，人们也没有找到支持连续论的证据，"现有的研究结果不支持非人灵长类动物呼叫侧化（lateralization），与人类语言左侧神经系统之间连续性的假设"（Meguerditchian et al.，2008：77）。Botha（2003：49）则认为，对于这项研究特别应该强调的是。"语言或者它的某些属性，最初是作为另外某种东西的后果或者副产品而出现的。"Berwick和Chomsky（Berwick et al.，2011：29）则明确主张，是一个关键的基因突变产生了语法，"一个简单的推测是……这个生成的过程是一个微不足道的突变的结果"，因此（Ber-

---

[①] 除了Chomsky基于内在语言机制的非连续论思想，在非连续论的阵营中还有另一种反对连续进化论的观点，即基于社会学理论的所谓文化主义（culturalist）。社会学理论倾向于将人类的生物本性和社会性区分开，语言只与人的社会属性相关。文化主义者否认Chomsky激进的天赋论思想，他们的基本观点是，人是不受约束的学习机器；人创造了文化，然后由文化派生出人的心灵的所有相关属性，包括语言。关于文化主义我不再单独讨论。

wick，2011：70），"为了解释自然语言的许多甚至全部特性，适应主义的所谓增量发展（advance incremental），即假设原始语和完善的自然语言之间存在若干中间步骤，是没有必要的"。

坚持非连续论的研究者可能为数不多，但是这个阵营却拥有研究语言起源和进化的两个重量级人物。

Bickerton 至今仍旧是关于语言起源和进化的几乎所有研究和讨论都不能不提及的名字，是坚持语言起源非连续论的中心人物。Bickerton 以其专著《Language and Species》（1990），被认为是自巴黎语言学协会 1866 年禁止了关于语言起源和进化问题的争论后，让这个研究领域在科学的基础上重新振兴的首倡者之一。在这部著述中，Bickerton 明确地表述了他自己的非连续论立场（Bickerton，1990：16）："除非我们不再认为语言原初地是交际手段，转而认为它原初地是表达（representational）手段，我们就没有希望摆脱连续性悖论（Continuity Paradox）。"

不过，可能是由于这个研究领域整体上的困难，以致任何一种假说或者推论，都可能包含某种程度上的矛盾或龃龉，Bickerton 的非连续论观点也不例外。比如他在同一部著述中说：存在于高级脊椎动物中的语义复杂性空间，显然在人类语言之前很久就进化出来了［Bickerton 对语义的解释是（Bickerton，1990：45），它表现为大脑中细胞配置和连接的实际状况，比如"existence, location, position, ownership"等在大脑中的语义空间］。他的这个表述不能不让人产生困惑：高级脊椎动物的语义空间和人类语言的语义是否同样的现象？如果根据"语义"的字面意思理解为同样的现象，那么我们应该怎样解释语言起源和进化的非连续性和语义进化的连续性？

这也是 Bickerton 一贯的立场：用具有某种含义的符号来完成某种功能，是语言的共同特征，无论这是猿类动物的原始语［Bickerton 在上述论著中认为猿类的语言（ape language）是四种类型的原始语之一，大致可以同两岁以下幼儿的语言相当］，还是现代人类语言。猿类的原始语是一个呼叫声系统，与人类语言的区别在于（Bickerton，2004），这个系统中的各种呼叫的基础是基因，呼叫声在语义上相当于人类语言的命题，呼叫声没有述语性（predicate），呼叫声是指示性的（indexical），即它只能有现场直指的功能。一些研究者的结论与 Bickerton 相似（Zuberbühler，2000，

2001），认为猴类的报警叫声在一定程度上具有区分捕食者种类的指称功能（referential labelling）。不赞同 Bicketon 的研究者则认为（Cheney et al., 1990, 1992; Owren et al., 2001），更符合动物叫声的实质的结论应该是，比如草原猴的报警吼叫并不是以某种象征的方式指示捕食者（蛇、鹰或豹），而更可能是在不同条件下警告捕食者的出现以及相应的逃遁方式。

与猿类的语言相反，人类语言的词基于文化，词的意义不是命题，人类语言是述语性的，语言符号是象征性的，可以在指称对象不在场时完成指称功能（Bickerton, 1990）。基于这些考虑，Bickerton 倡导的语言起源和进化的非连续性，按照他的说法仅仅是：

——人类语言不是从动物的呼叫声进化而来；

——人类语言的语法是从无到有的一个跳跃发展结果。

具体地说，Bickerton（2003）认为，关于语言起源和进化的问题应该分为两个部分：一方面是一个包括符号在内的交际系统即"有意义的单位（词或符号）怎样进化"；另一方面是这样的交际系统怎样获得了非常特殊的结构，即"句法怎样进化"。句法是人类语言最关键的部分，因为没有任何其他物种的交际系统有句法结构，所以人类语言的起源和进化可以归结为句法的起源和进化。按照 Bickerton 的说法，从考古发掘的事实来看，在人类这个物种出现之前，在（灵长类动物）进化的过程中，有 200 万年左右的认知能力发展停滞期。然后在某一个时间，就像跨越了一个门槛，创造能力突然大爆发，于是符号倍增（symbols multiplied）。

就此我们可以看到的是，Bickerton 说"倍增"而不是"出现"，似乎蕴含了这样的逻辑：新创造的符号是认知停滞期之前（抑或也是在这个时期内？）产生的符号连续发展的结果，并不是从无到有，尽管剧增的符号可能已经将旧的符号排挤出了系统。或许正是由于 Bickerton 的这个观点，使他在一些研究者的评价中，并不是一个坚定的非连续论者（Talleman, 2005）。Bickerton 这种并不坚定的非连续论立场，曾经受到一些研究者严厉的批评（Balari er al., 2010）。

Bickerton（2003：92，原文着重号）接着说，符号系统扩展了，但是结构并没有出现。这是因为"由于缺乏足够的神经元数量和正确的连接，结构无法产生和发展"。神经元的足够数量和正确的连接都满足后，大脑才能促使原始语言急剧地发展为我们今天看到的那种语言。"第一个跨越某个门槛、获得无限地组合单词和想法的能力的群体，恰好是我们（人类）。"正是这个"门槛"，阻断了语言起源和进化的连续性。

与 Bickerton 相比，Chomsky 被公认为最坚定的非连续论者。以 Chomsky 在语言学界的影响，在当前语言起源和进化研究领域内，他的思想被当成了非连续论的旗帜；而他的存在，似乎使得非连续论阵营有了坚实的核心，"连续与非连续"对立在这个研究领域中，也因此常常被称为"Chomskian 与 anti-Chomskian"对立。Chomsky 本人就语言起源和进化的问题提出了若干假说。对 Chomsky 这些假说的观察可以让我们看到，他的假说是基于与 19 世纪的哲学家和语言学家在本质上并不相同的立场。其实，Chomsky 整个语法理论体系的基础问题，如语言能力和语言运用，人内在的语言机制等，本质上也涉及语言的起源和进化问题，我把它归结到我要观察的问题 ii。

Chomsky 关于语言起源和进化的非连续观点，被认为是在这个研究领域中对 Descartes 哲学思想的回归，即语言是人的本质属性（property of human nature），或者叫作心灵的属性（property of mind）。我当然不可能也不会在这里卷入对 Descartes 哲学思想以及 Chomsky 的语法理论与 Descartes 哲学思想相关性的讨论，不过生物学的研究倒是可以从某个角度，为"人的本质属性"提供一个注释。就"本质属性"而言，有两种生物属性上的不可能：第一，人不能飞，这是生物物理条件的不可能；第二，同类在一定环境里不互相攻击，这不是物理属性，而是有一定的规律控制。黑猩猩不能掌握人类语言是属于第一种不可能，因为它没有相应的发音条件，比如模仿人类发声必要的大脑皮质表征（cortical representations necessary）。除了发音能力，研究者还指出（Limber，1982：32），"自然选择可以从基因层次上内化那些非人类灵长类动物显然缺乏的自我组织语言结构的机制。即使以不同的方式为猿类提供人为结构化，且相对直观感性的语言环境，它们也丝毫没有展现出儿童迅速自我组织的潜力"。如果从这个角度理解 Descartes 对人的本质属性的定义，那么 Chomsky 的立场确实可以作为这种哲学意义上的解读（也可参看 Lieberman，2007）。

　　Chomsky 对关于人类语言的各种进化理论始终持怀疑态度，因为他认为（Chomsky，2001：186）"事实上，语言在生物学意义上是孤立的现象，它不可能在交际系统的归类清单中被定位，比如灵长类动物的呼叫、鸟类的啼鸣等。你可以使用语言来自我认同，来完成繁衍（reproduction），警告捕食者的临近。但是你不可能在这些基础上认真地学习语言"。Chomsky 的观点，显然是直接针对语言起源于手势、叫声等交际相关的手段的假说。Chomsky 认为，语言在生物学意义上其实是"非功能化的"（disfunctional），而语言起源于交际（完成某种功能）的需要，正好是连续论倡导的假说。

　　一些持非连续论观点的研究者提供了若干经验事实（Piattelli-Palmarini，1989：25，原文着重号），说明"生存条件、交际的需要和某种具体行为的策划，并不能解释我们人类特殊的语言天性"。Chomsky 在另一篇论述（Chomsky，1973：176）中这样解释他主张的"突变"："我们知道在进化过程中有某种东西出现了，但是它出现之后，并没有任何显示进化演变的迹象。这种东西出现过一次，而且我们知道这发生在最近……在进化论的意义上，这种出现似乎相当突然地发生在一个拥有大容量大脑的机体里，这个机体由于某种原因发展起来。而且可以想象，通过这个大脑的某种重构，一些物理过程也发生了，这些过程导致某种东西以最佳的方式开始工作，就像病毒的外壳。没有必要从历史进化的角度解释语言的起源。更可能的是，人的天性在定性上是不同的：我们并没有条件来推测，那些比较突然和剧烈的突变可能导致智能品质（的变化），这种智能，据我们所知是人类独有的，而掌握语言，就人而言是这种品质最具特色的指征"。所以（Chomsky，2006），"……推测人类语言起源于较为简单的体系是没有意义的（59）……关于人类语言不过是某种存在于动物界的东西之更复杂实例的观点，并没有实质性的内容（62）"。

　　某种"微生物"的观点，在这个领域中是被作为一种严肃的假说在讨论。除了 Steinthal 的"病菌"和 Chomsky 的"病毒"，还有研究者将语言的起源归结为阿米巴细菌的作用（Szathmary，2001）。Piattelli-Palmarini 等人（Piattelli-Palmarini et al.，2004）关于语言病毒的表述是：随着大脑和心灵的重构，人有一个基本的句法体系，就像是一个免疫系统。对于这个体系，某个外来的刺激就像入侵的病毒，句法体系的免疫功能在于，由其抗体决定这个外来的形态病毒（morphological virus）是否能够生存。

研究者还从一些与"微生物"假说类似的角度猜测语言的起源和进化，尽管这些猜测或许永远不能被相关科学用实验或观察事实真正检验。

Keller（1994）的"第三种产物"说，认为语言不同于植物、动物之类自然产物，也不同于房屋、车辆之类人造物，是由一只"看不见的手"（借用 Adam Smith 的说法）创造的第三种产物，类似蚂蚁和鸟类的群落。语言的起源和进化不是有由某个个体或者集合在一起的若干个体的共同创造，而是由看不见的手操纵的一个自我组织的过程。这个自我组织的过程也被表述为"语言以自身发展来适应人这个寄体"（Christiancen，1994：126）。

语言的自我组织被 Hurford（2008）从 Baldwin 效应的角度解释为（又让我们联想到 Saussure 关于永远作为前辈遗产的语言）：语言的每一个新学习者都以理想化的方式复制他观察到的语言模式。语言的特征因此不是任何一个人的发明，也不直接受基因指令，而是世代重复使用的结果。就来自基因的直接压力而言，每个个体都可以以不同的方式参与这个过程，成百上千的微小的无意识临时行为（facultative acts）的积累，导致了语言本身存在的现状。

Jakobson 试图从基因和细胞遗传的角度来猜测语言的起源和进化。他认为（Jakobson，1968，1973，并参看 Fox-Keller，1995；Segré，2000，2002；Katy，2008），遗传代码可能是语言代码的遥远祖先，语言的句法基础就是这个遗传代码的模型。自然语言的深层结构可能来源于嵌入活细胞的生化祖先（biochemical ancestor）。人类言语包含的那些不可剥夺和不可改变的特征，主要起源于发声器的下部，位于腹膈区和咽喉之间；这就是说，人的语言能力根植于发声器，是特定的生理范畴。这样，语言的遗传禀赋就可以假设为：原始代码可能经历了不同的进化阶段，逐步地修改了它的表达方式（而不是句法基础）：最初是核酸的，后来是蛋白质的，最后终于在生理上（发声器官）达到了言语阶段。

Crow（2000）将语言起源归结为发生于一个男性的 Y 染色体的离散变化（discrete change），这种突变由发生在性染色体上的一种罕见但经过选择的变化所介导。对语言起源的这种解释，需要坚持一种物种形成事件的突变理论。

Chomsky 立场，让我们联想到 Humboldt 关于追溯语言起源没有意义的观点。Chomsky 似乎是从当代大脑神经科学的角度，阐述了 Humboldt 的哲学思考，同时也表露出对从大脑进化的角度研究语言起源和进化的怀疑乃至悲观的态度。持这种观点的，并不仅仅是 Chomsky，不少研究者也认为，语言的起源和进化与大脑的进化有关联，但是这个关联是什么，确实很难追寻。这种悲观和怀疑的态度，其实并不是非连续论者对语言起源和进化独有的看法，行为主义心理学和行为主义语言学，差不多都持这样的观点：语言以其显然是无限的文化差异，与人类神经系统只有非常间接的联系。大脑容量在 200 万年内倍增，但并没有增加新的结构，只是个别部分比例的变化，比如，主管言语短期记忆、组合分析和顺序行为能力的皮质额叶区的突出。

联系 Chomsky 的表述，我们看到当前在语言起源和进化研究中的这样一种立场：语言的产生和发展，并不是在人类和灵长类动物源自共同祖先的进化链上必然的环节，它更有可能是在大脑进化到一定程度时，由某个偶然事件（比如基因突变）在这个进化链上触发的产物。这个事件只对人类发生了。从这个事件的发生来研究人类语言的起源和进化，并不等于从物种进化的角度来追寻语言的起源和发展。我想这可能是 Chomsky 强调"非连续性"（扩展）的初衷。这与 18—19 世纪的哲学家和自然科学家（包括 Darwin 本人）从语言是人和动物之间不可逾越的鸿沟这个角度来谈论"非连续性"，并不是同一个立场：后者谈论的"鸿沟"，其实是指现代人类成熟的自然语言，绝对不可能被动物包括黑猩猩掌握。

除了大致与其他持非连续论立场的研究者相同的观点，Chomsky 或许是基于他创建生成语言学的那个基本立场即人拥有内在的语言机制，还几乎独树一帜地提出了支持语言起源和进化非连续论的一个论点，即语言能力是起源个体而不是集体，不是社会智能的产物，因为基因突变不可能集体发生（Chomsky，2008：20）："但是我不认为以下思想可能有能够自圆其说的替代物，即突变只能是个体的而不是集体的，因此，大脑的任何重新布局，并由此产生出显然是独一无二的语言，产生出层级结构表达的特殊递归生成方式，都只能发生在个体，然后在继承了这种能力的个体间被运用。"Chomsky 的这个思想，连同他关于人的内在语言机制的思想，都涉及我在上文归纳的问题 ii，即在语言起源和进化的讨论中，关于"人的语言能力与语言系统本身"的区分。这同我讨论的语言相对论有密切的关系，我在下文相关的论述中还要涉及它。

一些研究者（Graffi，2005：7—8）注意到在"连续与非连续"对立之外的中间立场，与 Chomsky 同属生成语言学阵营的 Jackendoff 是这种中间立场的代表。从 Jackendoff 的立场来观察，Chomsky 之所以坚持不认同连续进化的观点，是基于他对自己的理论体系的所谓的"传承策略"（rhetorical strategy）：在生成语法中，Chomsky 倡导的是句法自主，并不需要"语法能力以外的证据"来解释；而语言的起源和进化假说中的连续论，恰好就是语法以外的证据，所以 Chomsky 拒绝了它。Jackendoff 认为语言的进化是一种"基本的'声音—意义'映射"，但这个观点不能解释句法的来源，为此 Jackendoff 假设，句法是"音韵和概念结构之间预先已有的信息链接，经过提炼和阐述而进化出来的"（Jackendoff，1990：738）。Jackendoff 的这个观点，后来也被 Chomsky 等人部分采纳。按照 Chomsky 等人最近的观点，语言的起源并不是言语的起源（e.g. Berwick et al.，2011；Bolhuis et al.，2014）。按照极简主义原则，语言的起源是基于内在语言机制产生出"合并"（merge）这条语法规则，它向外映射到声音接口，就产生了言语。换句话说，语言（语法）的产生，是在进化链上只对人类发生了的一个偶然事件的结果，它与发音器官和发音能力的进化连续性并不相干。

与此同时，Jackendoff 并没有放弃连续进化的立场（Jackendoff，2002：236）"我认为我们可以基于现代人类语言，来重构超越灵长类动物叫声的那些独特创新的序列……每一个这样的创新，都是交际的表述和精确性的改进";他还认为(Jackendoff,1999:272)"……可以在人类语言的结构中,辨别出许多基于灵长类动物叫声的独特创新,一些创新出现在Bickerton的原始语言之前,另一些则是在之后……(人类语言)被认为是逐渐发展的,而不是一次出现在一个不可分解的整体中"。

就其基本的学术观点,以Jackendoff为代表的持中间立场的研究者,其实是支持连续进化论的。看来,或许是出于对Chomsky本人和他的学术思想的敬重,他们才试图为Chomsky的立场找到一个解释,使其与当前语言起源和进化研究领域的大趋势不那么尖锐地冲突。此外,也许由于并不坚定的非连续论立场,Bickerton等人将Jackendoff关于"提炼和阐述"的观点表述为"跳跃"(jump)(Bickerton,1990;Calvin et al.,2000)。Bickerton认为,在灵长类动物的交际体系和人类语言之间有一个"进化的跳跃",原始语由此过渡到了成熟的人类语言(注意前面提到Bickerton关于符号系统与符号结构的说法)。他的依据是,被观察到的现代语言的各项语法规则都是相互关联的,因此它们只可能是同时产生而不是逐渐发展出来的。这个跳跃的发展可能源于突如其来的基因突变。

然而用"跳跃"或者"进化过程中的突变"来缓和"连续与非连续"对立的努力①,似乎并没有对这个问题的讨论产生实质性的影响。这个研究领域中的基本趋势,看起来仍旧是对连续进化的认同。对手势语、音乐原始语言、语言产生于交际需求的研究,特别是近年来研究者对黑猩猩和其他猿类动物学习人类语言的各种实验和观察事实,似乎都支持一个假设,即从这些状态中产生并发展的人类语言,与动物特别是与人类有LCA的黑猩猩,并非完全没有承续关系;依据Darwin关于物种起源的进化论思想,这样的承续看上去更接近经验科学。然而非连续论的立场,在人类现有的科学知识阶段,似乎更多是思辨的结果,或许因此在这场争论中处于劣势。

相对于折中的立场,坚持连续论的研究者可以理直气壮地声称(Bates

---

① 从Tallerman对Bickerton和Jackendoff立场的评价可以看到,他们的立场的确可以用"折中"来描述(Tallerman,2005:98):"在这个模式的基础上,可以推测人类出现之前的灵长类动物和早期原始人之间的连续性,但是这个连续性主要是在认知部分,并不涉及灵长类动物的有声交际(vocal communication)。"

et al.，1989：8）："……我们不能不摒弃与非连续论相关的、以普遍语法为特点而持续了 30 年的任何强势理论。我们必须在我们和其他物种共同的心理素材（mental material）中，找到通向符号和句法基础的道路。"

一般来说，连续论坚持的，是在所谓"新达尔文主义"框架内，从"社会交际"的视角来探讨语言的起源和进化问题。为此，需要承认社会因素对语言起源和发展的重要性，并由此假设灵长类动物的交际系统和人类语言之间，存在确实可以追溯的连续性。至于交际的需求是否是语言起源和进化的第一动因，在这个研究领域中其实并没有普遍认同的结论。

持连续论立场的研究者大致都同意以下两种假说之一：

其一，人类语言起源于手势，随后逐渐约定俗成地语音化，隐喻的介入则决定性地扩展了语言的原始形式；句法并非突兀的出现，而是语言渐进的发展结果。

其二，灵长类动物叫声的各种变体的集成，是人类交际系统原始形式的来源。由 Darwin 最先提出的所谓"音乐原始语"假说和 Wray 提出的"整语原始语"假说，是这个研究方向的代表（我把手势语、音乐原始语和 HPL 放在后边相应的章节里分别讨论）。

交际系统的进化，或许是连续论最重要的支撑点。研究者大致是从这样几个与交际相关的方面，来论证人类语言与动物特别是与人类有共同祖先的灵长类动物的交际系统是一脉相承的：

1）交际是社会性动物的生存手段之一。人并不是唯一的社会性动物，灵长类甚至更低级的动物都有"社会"组织，人类社会不过是强化了的灵长类动物社会。就特殊接受能力而言，社会智能在我们人类这个物种出现之前很久，就存在于动物的交际行为中，而社会智能是语言最基本的组件（building block）（Maynard Smith et al.，1995；Dunbar，1998；Knight，1998；Worden，1998；Nettle，1999；Szathmary，2001；Seyfarth et al.，2003；Fitch，2004；Szamado et al.，2006，inter alia）。

2）人类语言和动物的交际方式有相同的功能，使用的都是信号（signal），区别只在于信号的耗值和信号的性质。动物的交际都是运用"诚实的信号"（honest signaling），而这种信号的耗值很高。对人类语言的研究表明，话说是一种低耗值的信号，其能量消耗低到很难用一般的代谢技术来度量（Moon et al.，2003）。这种低耗值信号的产生和发展，不仅使人类可以自由地、不间断地与同某个事件无关的人分享关于该事件的信息，避免使用任何高耗值的信号，而且使"拒绝"对诚实信号的需求成为可能。实际上，人类语言至少在表面上规避了所有理论上可能导向诚实信号的途径（Dunbar，1996；Dessalles，1998；Knight，1998；Power，1998）。

在语言起源和进化的各种假说中，确实有所谓的"欺骗假说（lying hypothesis）"。Sturtevant（Sturtevant，1913）认为，既然所有真实的意图和情绪都是用手势、目光和声音不由自主地表达出来（即"诚实的信号"），那么自主的交际必然只会基于说谎或欺骗的目的而被发明出来。Sturtevant 的推论是，说谎和欺骗——即运用语言达到与现实不相符的私人目的——的需求导致了语言的产生。

Sturtevant 的推论，听起来更像是一种文学描述，而不是科学论述。不过确实有研究者从科学的即进化论的角度，对这种"欺骗假说"做出了解释。根据物种进化、适者生存的原理，动物都具有保护自己和后代，使自己和自己的种族强壮而得以生存，这就使个体具有自私的天性，不会产生与其他同类分享对于生存有利的信息的动机。对此，Ulbaek（Ulbaek，1998：39）的说法是："语言……并不是事物'自然'进程的产物：分享信息是利他的行为，这样的行为依照达尔文学派的理论是不应该发生的。"

"欺骗假说"认为，语言是传递信息的可靠而便捷的手段，原始人类创造和使用语言，并不是为了交流和分享有利于生存的信息，而是用虚假的信息将接收信息的一方导向于他的生存不利因而对自己的生存有利的结果，也就是欺骗。就此一些研究者认为（Vaas，2000），语言也为更复杂的欺骗（即谎言）铺平了道路，并影响他人按照自己的目标行事。语言基于象征性和抽象性思维，反过来也促进了后者的进一步发展。结果，语言导致世界和我们自己的模式越来越复杂。

在当代的生物生理学领域中，一些研究者也提出了所谓"语言共谋论"（language as conspiracy）的观点（Elman，1999），不过这并不是支持"欺骗假说"的经验科学观察事实，甚至不是上文那种意义上的欺骗。这个观点实际上由胚胎学和发育遗传学文献中两个非常稳定的调查结果组成：第一，微小的发育变化对产出结果的非线性效应；第二，基因组的保守性质和它们在发展中重要的相互作用。由这两个事实推论，语言的创新在于其起源、进化和发展从根本上区别于同类物种的交际行为的观点，是值得怀疑的。更可能的是，语言应该被视为一种导致了异速生长和转换的行为，这个行为与（同人类）密切相关的那些物种的一组行为同源，但超出了后者。语言不过是一系列发声和戏玩的结果，每一个这种行为可能微不足道，但是它们总合起来并通过相互作用，结果就是一种截然不同的新的行为。语言也就是在这个意义上被称为共谋。

3) 与非连续论相比，连续论似乎有一个很大的优势：相关科学研究已经为我们提供了若干或许是无可辩驳的观察事实，证明人类语言和动物的叫声、人类的手势和猿类乃至所有灵长类动物的肢体动作，有共同的功能，即传递信息。与此同时，教授黑猩猩模仿人类语言的实验似乎也证明了，这些灵长类动物就智能和发音能力而言，与人类并没有被此前的学者宣称的那道不可逾越的鸿沟。据此，坚持人类语言是自然选择结果的学者认为"肌动程序（motor programs）是句法规则的预适应（preadaptations）"（Lieberman，1976），或者"从交际的手势过渡到语言称名"（Greenfield et al.，1976）。从连续论的角度讨论语言起源和进化，研究者的注意力几乎都集中在讨论灵长类动物手势和动物的叫声如何进化为现代人类语言，这是目前这个领域内最主要的课题。

至于为什么黑猩猩没有发展出语言，一些研究者（Passingham，1979）认为，原因在于"无需要则无能力"（no need-no capacity），认为语言能力并非人的特质，因为在实验室条件下黑猩猩可以学会人类语言。在野生环境下它们未能产生出语言，仅仅是因为没有相应的选择压力，语言在这里并不具有生存必需的价值。实验室条件下黑猩猩的表现，说明它们实际上确实具有语言能力，因此，语言并不是一些学者（比如 Chomsky）界定的人类的物种特征。

根据对黑猩猩的观察，一些研究者（Ulbaek，1998）认为，它们既有足够的掌握和使用简单符号的智能（人也是从这样的智能阶段发展而来），也有使用符号来完成任务的需要，比如守护领地、狩猎、向食物充足的地方迁徙等。黑猩猩没有语言，一定是有什么力量阻止了它们的发展。只不过我们现在并不清楚这个力量是什么。

Chomsky（Chomsky, 1975: 40）坚决反对这样的解释："认为高等猿类动物具有语言能力但从未将其付诸实行，实际上是主张生物界的一个奇迹：几乎微不足道的语言技能具有巨大的选择优势。这个主张很有意思，而且在当前的研究中很流行，但却是错误的思路，因为它实际上是说，发现了某些动物，它们有翅膀，却从未想到过飞行。"一些研究者也理据充足地认为（Diller, 2000），训练黑猩猩说人类语言的尝试，最终得到的结果却显示出黑猩猩根本不具有说话能力。实际上，若干黑猩猩行为研究者（J. Goodall, H. Terrace, D. Premack, R. Gardner, B. Gardner, F. Patterson, C. Patterson 等）观察到的是，黑猩猩其实连真正的 ASL 符号都不能学会。Goodall 观察到那只著名的黑猩猩 Nim 学会的每一个所谓符号，与她在野外观察到黑猩猩能够完成的行为，并无明显的差异。按照 Pinker 的说法（1994: 337—341），正因为困于这些观察，黑猩猩行为研究者甚至数十年不介入研究黑猩猩（"语言能力"）的科学圈子。

在"连续与非连续"的争论中，需要专门提及的是 Pinker 等人的思想（Pinker, 1994; Pinker et al., 1990），因为他们观察这个争论的角度，在我看来比较特殊。

Pinker 和 Bloom 看来是坚定的达尔文主义者。按照他们的说法，持非连续论立场的学者并没有透彻领悟 Darwin 进化论的本源思想，而他们中的一些人，竟然将"适应"（adaption）、"自然选择"（natural selection）等术语，变成了认知科学研究中的贬义说法，反而批评使用这些术语的研究者是错误理解了进化论的"幼稚适应主义者"（naive adaptationist）。批评"非连续"观点的 Pinker 等人的基本出发点，就是坚持认为语言的起源和进化是自然选择的结果。基于物种进化、自然选择的思想，他们激烈地批评被称为 Chomskian 的"非连续"立场。然而在批评的同时，Pinker 等人也认为自然选择的理论从整体上不可能证伪，因此从种系连续性（phyletic continuity）的角度，语言的起源和进化连续与否，其实是无法证明的。为此"我们必须准备接受一个坏消息,即没有任何生物具有人类语言的同系物(homologues),关于会使用符号的猩猩的争论,最终也只能不了了之"(Pinker et al.,1990:726)。Pinker 等人从语言起源和进化是自然选择结果的立场对非连续论的批评,涉及很多问题,我在这里只观察在我看来比较重要的两点。

一方面,持非连续论立场的研究者认为,语言是大脑进化过程中某种物理状况的改变,比如脑容量的扩大,而附带产生的结果。"现在我们还不能想象,10 条物理规律怎样在特殊条件下、在人类进化的过程中,作用于被置放于一个篮球般大小的物体中的 10 个神经元"(Chomsky,1982:321);"基于此(发生在一个无限的数字系统中的进化),关于自然选择的猜测,并不比其他很多猜测更可信;或许这不过是在人类进化的某些特殊条件下,大脑某些物理属性的出现,使其达到了某种程度的复杂性(Chomsky,1988:22)";"我并不怀疑了大脑的扩大对于人类进化,是一个通过选择而适应的基础。不过,如果认为它(大脑)现在可以完成的许多特定行为,是直接'为'该特定行为而选择的产物,会让我感到有些惊讶。一旦你建立一个复杂的机器,它可以执行许多意料之外的任务"(Gould,1979:386)。

针对这类观点,Pinker 等人的批评是(Pinker et al.,1990),大脑容量的扩大虽然不能被认为是语言产生的充分必要条件,但是大脑的扩大,并不是简单地将神经元一个接一个地置入神经网络,再将这些网络一个接一个地置入大脑,然后某些有趣的能力就会随着这种量变在我们并不知道的物理规律作用下出现。更可能的情况是,数量的变化导致大脑质量的变化,最终的结果是出现一个随机模式发生器(random pattern generator)。因此,"关于语言的出现是物理规律以未知的方式在大容量的大脑中发生作用的假说,得不到支持。与此同时有一点无可怀疑:就这个系统中那些可以从历史的、发展的或随机过程的部分,对于语言能力这个复杂结构最可能的解释是,这是作为对进化压力的回应而强加于神经回路的一种设计(design)"(721),而"语言显示的,是以命题结构形式的交流为目的而复杂设计的符号,而对于拥有复杂设计的器官起源的唯一解释,就是自然选择的过程"(726)。

不过，仔细琢磨 Pinker 等人的批评和被他们批评的观点，我们可以看到，在相关科学发展的现阶段，Pinker 等人运用心理学和生理学理论来论证的观点，整体上仍旧是基于思辨的假说（且不论这些心理学和生理学的理论本身，是否都是已经通过严格证伪程序的科学理论），并不比被他们批评的假说具有更强大的解释力。而且，Pinker 等人的出发点，归根结底仍旧是"为交际而产生的语言"，这其实也是连续论和非连续论对立的一个核心问题。这是因为，如果语言作为交际工具而产生的假说本身被理据充足地质疑，那么，无论研究者怎样在相关学科中寻找深奥的但本身基本上是假说的理论，来支持语言起源和进化连续论，进化连续论假说仍旧没有稳固的立足点。

另一方面，Pinker 和 Bloom（Pinker et al. 1990）的批评指向了所谓的"普遍语法"（universal grammar）[①]。援引生物学研究的结论（Mayr，1982；Lieberman，1989），Pinker 等人的出发点是，当今引领潮流的"先天论"（nativist）语言学理论，与现代生物学已经失去了联系，因为根据构建对生物学有意义的先天论理论的一个基础原则，本质论（essentialistic，即将人的语言能力定义为假定的统一普遍语法）并不能用来恰当地描写生物体的天赋能力。真正的先天论理论必须适应遗传变异，而认为细节化的、基因遗传的普遍语法对于我们这个星球上的所有人都绝对同一的观点，已经不在生物学意义上的合理范围。

除了所谓生物学意义上的不可信，Pinker 和 Bloom 还从语法系统本身的角度，论述了"非连续论"立场的弱点：尽管语法（普遍语法）是一个"全 V 无"的系统，但是语法系统并不是一产生就处于它发展至今的那种"全"的状态。系统是由细节组成的。我们可以认为每一个细节的出现都是一次突然变化比如基因突变的结果，但是整个系统在这个意义上是渐变的。一次突变可能使得没有任何语法规则的语言，变成具有唯一一条语法规则的语言，也可以使对上一辈人还是拥有 n 项规则的语法系统，变成对下一辈人具有 n+1 项规则的语法系统，等等。这样看来，普遍语法的发展

[①] 在 Pinker 等人的论述中，普遍语法和内在语言机制看来是作为同义表达在使用。但是关于普遍语法是不是由若干规则组成的系统，我们并没有看到 Chomsky 这样定义自己倡导的普遍语法。

是一个连续渐变的过程，语言进化因此也只能是一个选择交际手段的历史过程。

在一定程度上与 Pinker 和 Bloom 的观点相呼应，Corballis（2012：218）认为，人类语言（与人的其他生物—生理—心理属性相同）在进化的过程中，大约需要 4000 代人才能够固定 1% 的变化。原始的手势语经历了几百万年的使用和发展过程，有声语言只在最近 50000 年左右才出现并开始发展。因此，谈论人类语言的起源和进化却只提及有声语言，研究者或许是在某种程度上混淆了语言和言语。

不过，我想我们或许可以对 Pinker 的这种整体"渐变"的观点提出一个质疑：如果一种语言只有唯一一条语法规则，就像 Pinker 描述的那种状况，我们是否能够而且以什么系统为参照，认为这个语言的语法系统是"全"或"不全"的？我认为，语法（当然也包括 Pinker 所谓的普遍语法）规则的数量逐渐增加，并不是语法系统可能渐变的有效论据。人类语言区别于动物"语言"，或许就是因为出现了人类语言的语法。哪怕这个语法只有一条规则，它就是那个语言的完整语法系统。Pinker 自己也没有否认这个从无到有的变化是突变。至于由无数的突变逐渐形成的系统是否应该定义为渐变，其实已经与语言起源和进化的"连续与非连续"基本无关了："连续与非连续"是关于人类语言起源那个事件发生的方式，而不是关于语法规则是突然为"全"，或者一条一条出现。

Pinker 和 Bloom 还从学习机制的角度论述了突变和渐变的关系。他们认为，如果将语言的进化看作一个学习的过程[①]，那么，语言的进化就只能是连续渐变的。由此 Pinker 和 Bloom 认为，尽管选择压力总是将可以被学会的联系变成内在的（innate），但是由于大多数这样的联系原本就是内在的，这使选择压力急剧地减少。并且，通过学习获得的内在联系是不停增长的，不太可能出现从某一个时刻起学习不再起作用的状况。这一点与一个猜测是一致的：人类语言的多重性，部分是学习机制的结果；而学习机制的出现先于（至少是独立于）为语言而特定的机制。这类学习装置可

[①] 模拟实验的结果告诉我们，这就是一个学习的过程：一些研究者（Hinton et al.，1987）在人工智能系统中的模拟实验表明，学习可能引导进化过程。

能是阶梯上的分段，没有必要将它们从进化过程中排除。

需要特别提及的是，动物行为研究者似乎为语言进化的连续性提供了论据，认为（Seyfarth et al., 2005: 264）"作为语言基础的机制，可能是从我们的无语言祖先的社会知识进化而来"（参看：Kummer, 1978; Cheney et al., 1995; Silk et al., 1999; Bergman et al., 2003; Rainey et al., 2004; Kaminski et al., 2005, inter alia）。这就是说，语言进化的连续性，并不表现在灵长类动物的发声交流与人类语言的连续进化，而是涉及理解和分类物理环境和社会环境的高级认知过程，这个过程作为语言的基础是连续发展的。

不过，持非连续论立场的研究者对此并不以为然，他们认为（Hauser et al., 2002; Fitch et al., 2005），连续论的立场在这里混淆了广义的语言能力（FLB）狭义的语言能力（FLN）。依据神经科学和比较心理学对动物和人类感知觉、认知和行为的研究，FLB 是指同语言和言语相关的所有神经—生理机制，无论这样的机制是否与其他物种的认知领域重叠。在言语行为领域中，并没有（生物生理意义上）真正新的属性被发现；FLB 的所有成分，都是人类与其他物种，与人类非语言领域共有的，只有这些成分特殊的组合与组织，才产生出人类特有的 FLN。毋庸置疑，在 FLB 中有一个广泛共享的同源机制基础，但是这并不能从认知过程的角度，为连续进化论提供依据，因为仅对这一基本机制完成渐进的、微小的修改，似乎不足以导致语言和所有已知动物交流形式之间的根本差异。

FLN 是一个简单却强大的递归机制，它只包括出现在狭义句法以及将它向各个界面投射（mapping to the interfaces）的递归计算机制（computational mechanisms of recursion）的核心部分（Berwick et al., 2011; Bolhuis et al., 2014），是人类和人类语言独有的。因此，如果 FLB 可以被视为适应（adaptation）的结果，FLN 却不是"为交际"而适应的结果。按照 FLB 和 FLN 的区分，连续论看来是混淆了这两种语言能力：连续进化的只可能是 FLB，FLN 则不是连续进化的结果。基于这样的考虑，倾向于非连续论的观点的研究者认为（Fitch et al., 2005: 195—196）"目前最安全的假设是，基于一般的听觉或发声的特定感知过程的人类语言感知，其基本机制在语言进化之前就已经基本就位"。

与此相关的是，在连续与非连续之争中持连续论立场的研究者可能并没有意识到，他们实际上混淆了两个非常重要但是完全不同的概念，或者在自己的论述中并没有赋予这个区别应有的意义，即"人类语言的起源和进化"与"人类交际系统的起源和进化"。人类语言和人类交际系统，并不是在本体论意义上的同一个实体的不同表述形式，这是显而易见的事实。然而，在语言起源和进化的研究中，这两个实体往往被不加区别地作为同一个对象来观察和讨论（这甚至不仅仅是持连续论立场的研究者的疏忽），由此产生出许多分歧和不当的结论。对此 Deacon 的观点非常中肯（Deacon，1997），他认为，在语言起源和进化的研究中，我们特别需要抛弃将"索引式的"（indexical）交际系统（比如草原猴报警的叫声或黑猩猩与食物相关的叫声）当作完整的"符号"或命题交际的可能前身的观点。

对于持非连续论立场的研究者，这个区别尤为重要，因为所有灵长类动物以及其他社会性动物，都有各自的交际系统，要断然否认人类交际系统与这些较低级的交际系统在生物进化链上的联系，可能很难做到理据充足。然而否认人类语言与这些低级交际系统在进化链上的连续性，却可以阶段性地——我指的是在尚无考古发掘的证据和神经解剖学的直观实验数据支持的时候理据充足，为此研究者只需说明语言不是为交际而产生的，也就是说，语言究其起源而言不是交际系统。在现阶段的研究中，这一点或许不难用观察事实和逻辑推理来说明。

关于"连续与非连续"对立，还需要提及 Tallerman 的一个说法（Tallerman，2005）：将这个对立视为两种截然不同的立场已经是比较陈旧的观点，在目前的研究中，对"连续与非连续"有各种不同的理解，往往并非非此即彼的绝对对立。作为对 Tallerman 观点的印证，我们看到，同是倡导"整语原始语"，Arbib 和 Wray 对连续和非连续的理解就完全不同。Arbib（2003：186）认为灵长类动物的叫声和原始人的整语话语相似之处，仅仅限于它们都具有"非组合性质"（non-compositional nature），"只是因为若干情境如此频繁发生，以致可以用一个特定的发音来给它们'命名'"，在种系发展关系上，整语话语和灵长类动物的叫声并没有连续性。Wray（Wray，2000：287）则认为，原始人类的整语话语是从灵长类动物的叫声发展而来，并且一直延续至今，成为所谓的"程式化语言"（formulaic language），"比较今天的程式化序列和灵长类动物使用的那些整体性的声音/手势话语，我们可以发现明显很密切的对应关系"。

二 语言能力与语言系统

与"连续与非连续"的对立不同，"语言能力与语言系统"并不是在语言起源和进化的研究中两种不同立场的对立，而是两个平行的研究领域，有各自的研究对象。就字面意义来看，人类获得语言能力，应该是语言系统能够产生和发展的基础，但是它们之间真正的联系是什么，可能在相当长的时间内都只能停留于假说。语言能力和语言系统的区别，Darwin 在他的进化论中就已经论述过。Darwin 认为，两者中语言能力是关键，语言起源和进化的第一步是智力的全面发展。Darwin 的这个思想，也是当前语言起源和进化研究领域中的一个课题。

我当然不会认为自己对 Darwin 的进化论有能够就这个学说说一点什么的了解。我在《语言和语言相对论》中就语言能力和语言系统的相关性，表述了与 Darwin 的理论大体相同的见解，不过这并不表明我的立场来自达尔文主义，我更愿意说，在语言系统和语言能力相关的问题上，符合逻辑的思辨，大致都会导向相同的结论。在那本书里，我将这个问题表述为"语言从哪里来"，包括人类语言如何产生和人怎样获得了语言技能两个部分，涉及的实际上也就是研究者在关于人类语言起源和进化的讨论中，论述的语言系统本身和人类语言能力的起源和进化问题。迄今为止，语言相对论的研究基本上是一种共时的研究，我构建的语言相对论理论体系，也没有超出共时研究的范围。其实，就 Saussure 关于语言永远是从前辈继承而来的遗产的表述，现代语言学在研究语言系统本身时，无论是共时还是历时的研究，其对象都是成熟的自然语言，历时的研究也只是在努力寻找这种成熟语言可能被追溯的古老形式、这些古老形式和现代形式的关联，以及由前者到后者的发展过程。这样看来，如果同语言研究的所有部门（除了语言起源和进化的研究）一样，只涉及成熟的自然语言而不涉及人类语言的起源和进化问题，并不会使语言相对论这个关于语言的哲学研究失去正确的研究对象从而动摇其理论的基础。

不过，如果我们研究的对象是语言和思维这两个人类心智活动最基本的元素，目的是要探索这两个元素之间的相关性，那么，无论认同语言相对论倡导的语言对思维的形成力作用，还是认同所有可以用自然逻辑来概括的立场，即思想在语言之外独立形成，语言只是包装和传递已经独立存在的思想，研究者都不能不考虑的一个问题是：语言和思维的这种相关性，仅仅与成熟的现代人类语言有关，还是自人类语言产生以来一直存在。

我在这一章最开始就说过，如果要将语言相对论思想表述为一个完整的理论体系，将"语言"仅仅定位于成熟的现代人类语言，可能会导致我在绪论中已经提到过的所谓"异化"说，即语言和思维在语言形成的时候，并没有语言相对论论述的那种相关性；这样的相关性是在语言发展到一定的时候，由于某种特殊的原因才形成的。这样，我们实际上回到了 Vygotsky 的立场：语言和思维在起源上并不相关，两者只是在发展的过程中有一部分相交，语言和思维的相关性也只能在这一部分观察。但是，这样的解释归根结底会让我们面对更多的问题：没有思维内容的语言和没有语言形式的思维（注意语言相对论的解释范围）以什么形式产生和存在？它们在什么时候开始相交？是什么原因导致了它们必须相交而不能永远分离？我们有什么理由认为相交前的语言（思维）和相交后的语言（思维），在本体论意义上是同一个观察对象？等等。

当 Vygotsky 从部分相交的角度论述语言和思维的关系、主张"智力前时期的语言"和"言语前时期的思维"并由此断言语言和思维就种系发生而言各自分离时，他实际上已涉及语言的起源和进化问题。在 Vygotsky 的学术活动时代，语言起源和进化的研究尚处于沉寂中，他的这些论述，基本上是建立在一些学者对黑猩猩智能行为的观察事实基础上，他所论及的语言实际上也是现代人类成熟的语言。Vygotsky 可能并没有真正思考过原始人类的所谓"智力前时期的语言"和"言语前时期的思维"到底是什么状况。但是，如果从语言能力和语言系统的起源和进化角度来观察，Vygotsky 的理论实际上是对语言做了如下定义：（a）语言系统分成两个部分：没有内容的语音串组成的系统在与思想交会后，成为与思想相关联的符号系统；与此相关，（b）人的语言能力分成两个部分：产生、运用和记忆没有内容的语音串的能力与掌握和运用成熟的现代语言的能力。

虽然在当前语言起源和进化的研究中，也有关于意义从外部被"赋予"原始语音串这类主张，但是从整体上看，Vygotsky 对语言和思维相关性的结论逻辑地导向的这两个关于语言的定义，很难被研究语言起源和进化的人们认同。我们看到的是事实，比如，主张连续进化的研究者并未认为，被视为人类语言起源的动物（甚至包括鸟类）作为交际行为的叫声，是没有任何内容的；主张非连续进化的研究者，也没有论述过原始人类在创造语言的过程中有这样的阶段：没有任何动机，纯粹为了发出一串声音而创造出语音串，然后在某个时候，赋予这个语音串某种意义。

我们当然不能认为，在关于语言起源和进化的任何主张和观点都基本上是假说的时候，可以基于某种或某些假说，来批评 Vygotsky 关于语言和思维相关性的思想。不过我们至少已经看到，要按照 Vygotsky 所谓的种系发生根源不同来批评语言相对论，单从语言起源和进化的角度，这样的批评就可能面临若干并不那么容易解释的难题。实际上，在语言起源和进化的研究中涉及语言和认知能力时，似乎也没有某个假说是以 Vygotsky 的思想为基础，虽然 Vygotsky 的思想本质上也是关于语言和人类认知能力在起源上的相关性，而不完全是我们在语言相对论的语境中讨论语言和思维相关性时所说的"思维"。我坚持反对将思维和认知能力混为一谈，这实际上是讨论语言和思维相关性的一个至关重要的问题。

从语言起源和进化的角度，研究者未能（或者不能）证明"智力前时期的语言"和"言语前时期的思维"，然而这个事实本身，显然不能成为充足而且可靠的论据，用来反证语言相对论倡导的语言和思维的相关性。不过我们仍旧可以认为，如果能够考察人类语言和人类思维在原始语言产生的时候和在语言进化的整个过程中有什么相关性，那么我们至少可以为更全面地思考语言相对论，增加一个观察的角度：语言对思维的形成力作用，并不仅仅是成熟的现代人类语言的一个属性，这个属性是语言"与生俱来"、伴随着语言产生而出现的。

就"语言能力与语言系统"这个话题，从语言能力的角度来观察语言的起源和发展，我能够谈论得并不多。而且，就我的讨论而言，我看不出，更确切地说是尚须深入研究，因而暂时无法谈论人类语言能力的神经生物生理机制和神经解剖基础同语言相对论思想直接的相关性。所以，在这一节的讨论中，我只是简略地回顾在这个领域内，研究者对语言能力的一些论述和他们提供的观察事实。至于语言系统的起源和发展，是一个对语言相对论也有重要意义的研究领域，不过，因为我的研究对象并不是语言的起源和进化，所以我把对此的讨论分散在稍后各个相关的章节内。

根据我的观察和理解，语言起源和进化研究涉及的语言能力，似乎还不是 Chomsky 在创建生成语言学时提出的内在语言机制，而是比内在语言机制更基本的大脑神经结构属性，或者可以说是内在语言机制的基础。这个领域的研究者，更多的是从神经生物生理机能和神经解剖的角度，研究人的大脑（大脑皮层）结构和功能的进化，以及这样的进化怎样规定了人类语言能够产生和发展，形成一个人类独有的符号系统，区别于灵长类动物以各种叫声组成的交际手段。在这个领域内对语言能力的研究大致包括三个方面。

镜像神经元（mirror neurons）或镜像系统（mirror system）。这是人类语言起源和进化研究中一个意义重大的发现。研究者认为（Ramachandran，2000），"镜像神经元的重要性对于心理学，就像 DNA 对于生物学，它提供了一个统一的工作框架，并帮助解释一系列在此之前神秘的心理能力……镜像神经元是人类向前进化一大步的动力"。对镜像神经元与语言起源和进化相关性的研究，大致可以分成两个部分：镜像神经元在手势语发展过程中的作用（e.g. Rizzolatti et al., 1996a; Rizzolatti et al., 1998; Iacoboni et al., 1999; Ferrari et al., 2001; Kohler et al., 2002; Iacoboni et al., 2005; Gazzola et al., 2006; Arbib, 2012）；镜像神经元在手势语向有声语言转化过程中的作用（e.g. Martin et al., 1996; Kohler et al., 2002; Tomasello, 2002; Keysers et al., 2003; Arbib et al., 2005; Bangert et al., 2006; Arbib, 2012）。

镜像神经元是运动神经元，对猴类动物大脑的研究探明，它的位置在大脑初级运动皮层（primary motor cortex）前边的运动前区（premotor region）。对它与语言产生相关的作用的一个极其简化的描述是：不仅在发出一个动作时，猴子的镜像神经元会被触发，在观察到同类的一个运动时，它的镜像神经元也会被触发。镜像神经元在均势确立系统（parity-establishing system）的神经活动中，起了关键的计算作用：它将被观察到的运动标示为（自身）在执行的运动。结果就是，在重复的模仿过程中，两种不同运动的等量，产生了关于运动的抽象表达形式，手势语就产生了。

Rizzolatti 等人（Rizzolatti et al.，1996a，1998）的研究进一步表明，对语言起源和进化的"镜像系统假说"，并不仅涉及手势语，也涉及手势语语音化的大脑神经生物基础。研究者将这个进化过程归结为以下几个阶段：

1）所有的灵长类动物：攫取物体的手的动作；
2）从共同祖先分化之后的部分灵长类动物：攫取动作的镜像系统；
3）手势交际系统：提供一个开放的信号系统；
4）言语取代手势[语音区域"入侵"或"局部取代"（collateralization）镜像系统]。

就第 4 阶段的实现，上述研究大致提供了两个方面的观察事实。一方面，神经生物生理科学研究表明，猴类动物的运动前区和人类控制言语行为的布洛卡区，大致位于大脑皮层相同的区域。这似乎可以说明，人类大脑容量的扩大与神经系统的进化和重构，使言语中枢布洛卡区逐渐侵入并局部取代了猴类镜像神经系统的功能。另一方面，镜像神经元的研究表明，镜像神经元并不仅仅在执行或观察肢体运动时被触发。除了这种"被视觉触发"的属性，最新研究发现了所谓"听觉镜像神经元"，表明镜像神经元还可能被声音触发，把完成一个动作与伴随这个动作产生的声音标示为等量（Jürgens et al.，2000）。这就是说，镜像神经系统是一个多种模式（multi-modal）系统；并且，因为它提供了一个开放的信号系统，口腔运动的声音也可能为这个信号系统增加新的信号。这是手势语向有声语言转化的神经生物生理基础。

同所有关于语言起源和进化的假说一样，镜像神经系统假说也受到了各种批评。比如，模仿的行为并非基于镜像神经元，就大脑的结构和功能而言，这是一种普遍现象，大脑发展处于不同阶段的动物，都可能发出模仿的动作。又比如，模仿性的手势符号受到情景的局限，并非任意的，这同语言符号的任意性并不相容，将镜像神经系统的作用视为具有任意性的符号系统的起源，因此并不是可靠的结论。支持镜像神经系统假说的研究者，自然也在不断寻找新的观察事实，以完善自己的结论。

布洛卡区。在生物生理科学、神经解剖学和心理学的研究中，大脑皮层的这个言语中枢（也包括另一个言语中枢韦尼克区）已经被相当详尽地研究过，而且研究仍在继续。不过，研究者关于布洛卡区的构造和功能的描述，仍旧只能基于大脑这个"黑箱"的输出。比如，确认布洛卡区是大脑皮层言语中枢，并不是研究者通过相应的试验，直接观察到了这个区域在人的言语行为中处于什么状况，比如脑电波在这个区域里如何相应于每一个言语动作而运动、如何形成了同言语活动产出相应的突触群，等等。研究者能够观察到的，只是布洛卡区受到病理性损伤的病人的言语行为异常。比如所谓失语症，研究者能够观察到，病人丧失了按照句法规则组织口头语句的能力，他们只运用实词艰难地说电报式的话语，在口头交际中很难理解词序比较复杂的句子或准确地复述较长的词语（卢利亚，1975；Cooper，2006；Hunt，2007），等等。由此，研究者推测布洛卡区与运用语法的能力有关，但是并未就此对布洛卡区怎样影响和控制语法能力，提供直观的神经科学实验数据并据此做出科学的观察陈述。比如，有的研究者（Berndt et al.，1980）认为，遭受布洛卡失语症的病人的言语行为与幼儿和黑猩猩类似，不能掌握和运用句法，只能依靠认知解读的策略（cognitive interpretation strategies）来理解语言。然而，什么是认知解读，人如何依靠认知解读，在没有某种语言能力的状况下理解某种形式的言语，并不是可以用这样的推测来最终解释的问题。

在语言起源和进化的研究中，关于布洛卡区的讨论并不多。与相关科学部门对现代人类的这个言语中枢的研究相比，试图追溯至今仍旧基本上是黑箱的大脑结构和功能的史前状况的研究者，面对的是更大的困境，因为他们能够拥有的观察对象，最多只能是某个远古时代原始人类的头盖骨化石；在这个基础上产生的各种假说，因此更是而且可能永远只是见仁见智的猜测。比如下面这样一些困扰着研究者的问题。

问题一：布洛卡区是人类独有还是至少与来自同一远祖的猿类动物共有。如果这个问题能够被验证，就可能给语言起源和进化的连续性提供有一定可信度的神经生物证据。然而迄今为止的神经生物学和大脑神经解剖实验都没有证实这一点。研究者在黑猩猩大脑位于大脑皮层额下回后部的44、45区，确实发现了与人类布洛卡区有相似特点的部位，比如左右半脑这个部位的不对称（Cantalupo et al., 2001; Schenker et al., 2010），可以类比人类的布洛卡区在（语言）优势半脑即左半脑中，明显大于右半脑中的同源神经组织。另一些研究者则认为（Nishitani et al., 2000），人类大脑的布洛卡区被包括在其与猿类动物相同的、控制知觉、想象和完成手的动作的镜像神经系统中，因此镜像神经系统和布洛卡区是同源的大脑神经组织。不过，黑猩猩或其他猿类动物大脑的这个部位，是否有与人类布洛卡区相同的结构和功能，仍旧是一个悬而未决的问题。

问题二：根据大脑神经生物学和大脑神经解剖提供的观察事实，一些研究者认同在灵长类动物大脑皮层中，存在着与人类的布洛卡区（也包括韦尼克区）同系（homologues）的部位（Myers 1976; Bradshaw et al., 1993; Rizzolatti et al., 1998; Arbib 2002）。不过，这类区域在灵长类动物大脑中，并不相关于发声行为。灵长类动物的发声行为，由与人类言语行为相关部位完全不同的部位控制。比如，从恒河猴的大脑中摘除布洛卡区同系部位，并不影响其发声行为。据此有的研究者认为（Ploog, 2002），灵长类动物的新皮层（neocortex）神经元结构不是用于控制发声的。此外，Rizzolatti et al. 还注意到一个事实：动物的叫声和人类的语音无疑是完全不同的现象，它们的区别是基于大脑神经的解剖结构。动物的叫声主要由扣带回皮质（cingulate cortex）协同某些间脑和脑干结构控制；控制人类言语的布洛卡区和韦尼克区，则位于外侧皮质表面（lateral cortical surface）。一些研究者（Corballis, 2003）据此推测，布洛卡区负责的只不过是发声动作，而不是语言本身。

问题三：与问题二相关，根据一些考古研究对化石的分析（Tobias, 1987），布洛卡区在人类进化过程中的能人（Homo habilis）阶段，是大脑扩张的一个目标区域（比如上面提到的布洛卡区向镜像神经系统部位的扩张）；布洛卡区的病变研究显示（Jürgens, 2002），猿类动物的发声行为并不相应于人类自主控制的发声行为。以上观察事实让研究者认为，与布洛卡区相关的神经系统的变化，对于人类发声肌动控制具有关键作用。Broca 本人也由此认为，布洛卡区就是人类大脑中的言语（不是语言，蒋）中枢。然而，布洛卡区位于大脑运动前皮层（premotor cortex）的底侧部，也正好是在控制面部、颚和舌头运动的运动皮层的前部，这个部分包含了对哺乳动物的咀嚼和吞咽动作的肌动控制。由这个部分控制的那些运动虽然都同言语行为相关，但它的作用并不仅仅限于控制人说话时的相关部位动作。由此，研究者迄今尚不能断言，布洛卡区在神经活动中的这些功能仅限于语言，或者较为一般性地反映了主动的发音控制、手的运动控制或注意力等方面的状况（Thompson-Schill et al.，1997）。

一些研究者就此对布洛卡区（也包括韦尼克区）被定义为语言中枢的传统观点提出了怀疑（Stuss et al.，1986；Dronkers et al.，1992；D'Esposito et al.，1995；Liebermam，2000，inter alia）。

FOXP2 基因。FOXP2 基因突变的发现，或许应该说是语言起源和进化研究中一个最振奋人心的事件，以致这个基因突变现象在 20 世纪 90 年代刚被发现时，有的研究者就认为已经找到了人类的语言基因甚至是专门负责语法的基因（Gopnik，1990b；Gopnik et al.，1991，Pinker，1994）。经过二十多年的研究，这种观点现在已经不再被普遍认同（Sampson，2000；Marcus et al.，2003；Hunt，2007）。尽管如此，人们仍旧"没有理由怀疑基因突变在语言进化中的潜在影响力；只不过关于这一点，我们现在还不能说出更多有趣的事例"（Limber，1982：439）。其实，就其在人类语言能力和言语行为中所起的作用而言，对 FOXP2 基因和对布洛卡区的研究并没有实质的区别，都是就被观察到的异常状况（功能障碍），对大脑"黑箱"结构和功能的推测，研究者并没有对这种基因突变，做出已经被神经科学直观实验数据证实的观察陈述。

对 FOXP2 和对布洛卡区的研究的不同在于，研究者至今仍旧没有直观的实验数据为依据，断言在其他灵长类动物的大脑皮层中是否存在布洛卡区；但是关于 FOXP2，有一个被确认的观察事实：这个基因并非人类独有，其他哺乳动物甚至鸟类，也有这个基因。FOXP2 基因的主要作用，是控制在胎胚发育过程中肺、心和胆脏的发育，并控制神经基板的产生。以老鼠为对象的研究（Shu et al.，2001）表明，FOXP2 基因在人与老鼠的共同祖先的大脑发育中，已经发挥了显著的作用，包括比如肌动控制的神经基板模式化。人和老鼠的 FOXP2 版本的区别仅在于 FOXP2 蛋白质中三个氨基酸的差异，其中的两个氨基酸，在人类世系从人类与黑猩猩的 LCA 分离出来后，发生了改变（Enard，2002；Zhang et al.，2002）。对人和黑猩猩的蛋白质序列的电脑对比分析发现，这些变化之一改变了蛋白质调节 FOXP2 功能的方式，对 FOXP2 的功能产生了重要的后果。对 FOXP2 基因种内变异的基因组位点的数学分析表明，在人类进化史上相对较晚的时期，FOXP2 基因一直是进化选择的目标。这项研究的结论是，人类特殊的 FOXP2 基因是在最近 20 万年内固定下来的，这正好是现代意义上的人类出现的时期。这个结论被一些考古发现证实为与人类熟练的口头语（这应该是指原始人类能够发出的一些自如且可控的、可用于交际的叫声，并非现代语言意义上的口头语言）出现期相吻合（Boyd et al., 2000; Klein et al., 2002）。

对 KE 家族成员（发现 FOXP2 基因和语言障碍相关性的源对象）的研究发现，有语言障碍的家族成员，都遭受到遗传缺损：他们的 FOXP2 基因都只有一个复本，而不是所有正常基因应该拥有的、来自父母双方的两个复本。基于 FOXP2 基因的主要作用，研究者推测，有障碍者通过遗传，缺损了控制神经基板产生的基因复本，因此其神经基板发育受到阻滞，语言障碍可能与此相关。被研究的 KE 家族的 FOXP2 基因缺损成员，都有不同程度的语言障碍，这似乎很自然地让研究者得出了"FOXP2 基因缺损导致言语运用的发育障碍"这个假说（Hurst et al., 1990）。将 FOXP2 基因视为语言基因的假说，似乎都是这样解释这个基因的作用。比如所谓的"功能盲视"假说（featureblindness hypothesis），认为 FOXP2 缺损的后果，是患者运用语法形式比如性、数、格、时态等的障碍（Gopnik, 1990a; Gopnik, 1990b; Gopnik et al., 1991）。一些研究者（Watkins et al., 2002）并不从这种较为狭窄的角度，解释 FOXP2 基因缺损造成的言语运用障碍，他们认为，这种障碍的表现是更一般的言语行为障碍，比如难于掌握词形变化和词语派生，理解复杂的句法结构的困难，不能正确辨认词和非词的界线，音位操作困难，等等。

另一种假说是（Vargha-Khadem et al., 1995; Vargha-Khadem et al., 1998），FOXP2 基因缺损导致的是口面运动障碍（orofacial dyspraxia），患者因而不能正确控制发音器官。这种假说现在被许多研究者认为是 FOXP2 基因缺损的最直接的后果，患者与正常人的区别也仅在于此。由此一些研究者认为，语言障碍不过是肌动障碍的必然，但却是第二性的后果，与较高级的认知能力并没有真正的相关性。

不过，近期的研究发现，至少有以下 4 种事实，能够支持 FOXP2 基因和语言能力直接相关：

1）患者单独的简单口唇运动并无异常，没有肢体失用症（limb praxis）；

2）患者确实有非言语行为相关的、复杂的口唇运动异常，但是不同患者的表现不一样，因此言语障碍不能只用口面运动障碍来解释；

3）患者不仅有口语障碍，书面语也有障碍，语言理解和语言产生都有障碍；特别受影响的是对形态句法规则的掌握；

4）患者大脑皮层相应区域也有功能异常，可能表明言语障碍并不是肌动障碍的结果。功能磁共振成像还发现了 FOXP2 基因与布洛卡区的联系。

这类对语言的神经生物生理基础的研究，让我们又一次看到了人类当前的认识能力在面对大脑这个"黑箱"时的困境：无论是布洛卡区还是 FOXP2 基因的研究，都是在相应的非正常现象被发现后，研究者追溯到大脑的某个区域，发现了它的病变，由此在一定程度上检测到被观察的非正常现象和发生病变的区域之间的联系。但是大脑的相应部分在正常的状况下如何运行，它们与人的语言能力和言语活动到底有什么关系，并没有因此被证实。

Hewes（1973）提供了一个观察事实：如果用电流刺激布洛卡区或韦尼克区，并不能导致言语行为发生，反而会抑制或扭曲正常的言语行为。然而在一般状况下，如果一个装置按照设计有某种功能，那么在正常状况下启动——也就是用相应的方式刺激这个装置，它就会依照设计输出某种结果，而不是输出异于设计方案的结果，或者根本不输出任何结果。这个事实也许可以说明，人类大脑语言中枢在正常状况下怎样工作，归根结底是我们不能直接观察，因而也就不能直观地认识的黑箱。我们并不知道这类语言中枢怎样接受刺激、接受什么刺激，才能输出正常的结果。我们能够观察到的，只是被输入大脑的感知觉信息或语言信号，以及已经产生的言语产品。这有些类似一个复杂的电网：如果某一部分出了故障，电网不能正常供电，维修人员可以找到这个故障点，并肯定这就是电网不能正常供电的原因。但是在电网正常运行的时候，我们并不能说正是，而且仅仅是因为有了这个可能发生故障的部分，电网才能正常供电。

这一类观察和假说，给 FOXP2 基因在语言起源和进化过程中可能起的作用，提出了若干选项，然而没有一种选项具有解释力的优势。一种可能性是在人类进化的最近 20 万年内，FOXP2 基因的突变最初是被作为语言适应，包括扩展布洛克区控制更复杂的句法功能而被选择的。另一种可能性，或许能更好地解释 KE 家族一些成员发音特点的现象：FOXP2 基因突变与布洛卡区具有对言语的补偿作用（recruitment），而不是影响语言本身。研究者发现，尝试教会黑猩猩人类语言，运用视觉信号比如手势或键盘，比运用语音信号效果更好；而教黑猩猩"说话"的尝试，几乎无一例外地失败，原因或许在于黑猩猩大脑对发声皮层的控制较差。而且，不论采用什么方式，黑猩猩能够"学会"的远不是具有完善句法结构的语言[①]。由此一些研究者认为，语言的句法进化比有声言语言交际更早，FOXP2 基因突变的作用在于让言语行为完全独立，使有声的语言成为一种独立的交际媒介（Corballis，2004）。

在当代语言学的语境中谈论语言能力，Chomsky 的生成语言学理论是绕不过去的话题。不过就我的观察，作为生成语言学理论基础的"内在语言机制"假说，似乎并不是从神经生物生理属性和大脑神经解剖的角度在谈论人的语言能力。比如，掌握出现在很多句子之间的复杂层级关系，是人无须通过特殊训练就拥有的技能。生成语言学理论认为，研究人类语言的任何一种语言理论，都必须提供某种方案来解释人的这种能力。为此，生成语言学推测人可能具"内嵌"（embedding）这种狭义的语言能力，这是语言递归性的一种表现形式。一种语言的母语者可以不经特殊训练就无意识地、自如地运用内嵌原则，说出和理解这种语言的任何一个语句，由此实现语言的无限性和开放性。保持并运用"内嵌"这种语言能力，或许最佳地体现了人类语言使用者的某种（按照生成语言学的理论）必须被认为是内在的其他非人类物种不具有的特性（Elman，1999）。

[①] 将这个观察与 FLB 和 FLN 的区分联系起来，我们可以提出的问题是：(a) 训练动物学习人类语言，训练者是把语言作为什么来教会并不具有 FLN 的动物，(b) 动物是将人类语言作为什么来"学习"。最有可能的是，它们只不过学到了一串声音和实物之间的对应关系。这种研究的前景其实并不乐观：我们并不能真正知道动物在"学习"语言之前是否，以及怎样认知这种对应关系，被它们"学会"的语言是怎样巩固或改变了它们的认知。

参数理论假说（hypothesis of Parameter Theory）显然也是一种关于内在语言能力的假说。这个假说推测，在儿童习得语言的过程中有这样一种可能性，即儿童（的大脑）已经被预先配置好，使儿童生来就已经拥有了"名词""动词"这些概念。由于这样的配置，他们还拥有关于允许出现的结构类型或者对这些结构完成语法操作的知识。这些都是人类大脑中预置的"语言参数"，它们可以帮助语言学习者判断某种结构或者操作，在他学习的语言中是否正确（Chomsky，1981）。

可以看出，这样的语言能力或者内在语言机制，实际上是被描述为人对语言的属性的某种先天（内在）的知识。这类知识的神经生物生理基础，是否可以归结为前边提到的那些大脑神经生物属性和基因层次上的特征，是相关领域的研究者还在探索的课题。不过有一点看来是清楚的：一方面这是语言的属性，另一方面这是人关于语言的知识。这样的属性和知识，从定义上都只可能是在语言产生之后，至少是在语言产生的同时出现的。这种内在的语言能力（a），与在语言的起源和进化研究领域内谈论的、人类可能区别于其他物种的语言能力也就是FLN（b），基本上不是同一个概念。对于后者我们大致可以说，没有它语言就不可能产生；对于前者，我们却似乎不能这样断言。从生成语言学的角度谈论现代语言的这些属性，并不等于从语言起源和进化的角度谈论它们。归根结底，语言是人创造的，因此，这些属性从本源上，也是人在神经生物生理属性上已经获得了语言能力之后，创造出来的事物的属性。对语言这些属性的知识，可能在语言不断发展和完善的过程中，由于Baldwin效应，成为人在基因层次上的一种先天能力，这样的能力可以通过遗传，最终成为人的内在语言机制。

三　手势原始语与有声原始语[①]

手势原始语（gestural protolanguage）假说与有声原始语（vocal proto-

[①] 除了手势原始语和有声原始语，Fitch（2010）认为还存在过所谓的词汇原始语（lexical protolanguage），尽管这并不是这个研究领域中被公认的一种原始语言。语言的词汇和语法如何产生和发展，正好都同我要讨论的语言相对论思想有直接的关系，所以我把与此相关的问题放在后面一并讨论。

language）假说，在语言起源和进化的研究领域内可能是最受关注的话题。提出这类假说的大前提，是将语言视为交际工具，并且是与人类有共同祖先的灵长类动物交际系统的延续。有的研究者（Christiansen et al.，2003）甚至认为，这是这个研究领域中至今仍旧存在的两个主要争议话题之一（另一个争议是，语言的进化是生物性的还是文化性的）。在我看来，这个话题备受关注的原因，一方面可能是因为，能够参与语言起源和进化研究的所有科学部门的研究者，都能够对这两个假说提供与自己的学科相关的观察事实，并提出自己的观点。另一方面可能是因为，这两个假说之争从 Darwin 时代就已经开始。Darwin 认为语言起源于模仿和改造自然界的各种声音、各种动物的叫声和人类自己本能的喊叫声，并辅以符号和手势。从 Darwin 的这个说法中，我们似乎可以看到前文提到的那些现在据说已经成为笑料的所谓 ding-dong 假说之类的源头。这类早期假说的倡导者，并没有将他们的观点追溯到 Darwin 的理论，尽管他们似乎可以从那里找到支撑。后来关于语言起源和进化的一个重要假说"有声原始语"，就被持这个这个假说的研究者认为是来自 Darwein 提出的"音乐原始语"（musical protolanguage）假说。

不过在我看来，这两个假说的对立，在这个研究领域内是一种并不太"对称"的对立。所谓不对称，我指的是自 Darwin 始，在语言起源和进化的研究领域中，几乎没有研究者否认语言和动物（灵长类动物）的叫声有种系进化的联系；人类语言也是由简单的叫声逐渐发展成熟（这当然是控制发音的大脑神经系统和发音器官进化的结果）的，也几乎是一个公理性的事实。然而手势原始语假说，却遭到来自各方面的质疑和批评。在下文的讨论中也可以看到，手势原始语假说确实包含了若干互相抵触的论据，因而造成了不少易受攻击的弱点。

不少研究者认为，在人类语言起源和进化过程中，并没有经历手势原始语的阶段，至少这不是一个独立的阶段，而是发声的原始交际行为的辅助手段。极端的批评者甚至完全否认手势原始语的可能性，"口头语言的声音—听觉形态，是语言的第一个也是唯一的输出机制"（MacNeilage，1998a：238）；手势从来就不是必要的，因为"这一切都可以通过声音来完成"（Dunbar 1996：141；参看 MacNeilage，1998b；MacNeilage et al.，2001，

2005；Corballis，2003 以及该文的 open peer commentary；Cheney et al.，2005，2007；Seyfarth et al.，2005；Arbib，2008）。

尽管如此，坚持手势原始语的研究者，却拥有坚持这一立场的一个强势论据，那就是时间因素：人类语言的起源，到底应该追溯到多么遥远的远古时代。一些学者认为，我们现在谈论的人类语言，应该出现在大约 50000 年前的旧石器时代晚期，那时人类已经进入智人时期。不过，语言就其复杂性而言，应该经历了 200 万年的逐步发展：人类祖先开始直立行走、以解放前肢完成手势的进化，在两百万年前已经完成；而且人类大脑容量急剧增加，也是发生在这个时期。相反，发声器官的解剖属性以及神经属性的适应性改造，发生在较晚的不会超过 200 万年的时期内（Bickerton 1995；Crow 2002；Corballis，2003）。就此 Lieberman 指出（2007：39）："人类完全的言语解剖特征，最早出现在约五万年前的旧石器时代晚期的化石中，尼安德特人和更早的人类都没有这种特征"。

就时间因素，研究者（Corballis，2012：210）还认为，从生物生理进化的角度看，灵长类动物的听受能力比发声能力进化更早，"对语言产生而言，非人物种的发音系统的欠缺，使得语言的进化初始地限于视觉手动模式（visuo-manual mode），这种模式被用于对感知觉和意向行为的预先适应"。

其实，除了时间因素，研究者还可以找到若干支持手势原始语假说的论据，这些论据之一，就是来自对动物，主要是黑猩猩行为的观察。

非专业研究动物行为的人们或许会认为，对手势原始语的批评，似乎更符合普通人的观察。就动物——身边的宠物或者动物园里的猿猴而言，我们这些普通人能够观察到的，基本上就是它们在不同场合发出的、对于我们并非专业的听觉可能有某些区别和某些含义的叫声。然而我们并不能看到或者看到了也不会认为，它们做出了某种有意义的肢体动作。观察和区分灵长类动物有某种意义的手势，即使对于专业研究者，也是一项高难度的工作。Hobaiter（Hobaiter et al.，2014）领导的研究小组，在乌干达热带雨林中跟踪观察了 80 只野生黑猩猩，辨认出它们用于交际的 66 个不同手势，可以"表达" 19 种意义；但是通过对 4500 个以上情境的观察和分析，研究者最后只确认了 36 个真正有意义的手势。

无论研究者的初衷是什么,他们的这项研究,实际上为手势原始语假说提供了一个可能的观察事实。

这类手势数量的多少,持不同观点,或者观察对象不同的研究者,可能还会争论。不过从这项研究我们至少可以看到:我们不知道,研究者的统计是否就是黑猩猩"手势语"的真实状况。但是,如果我们不怀疑研究者的观察方法和分析能力,那么可以肯定的事实是,36个"真正有意义"的手势,可以表现为66个明显有区别的手势。这个事实说明,黑猩猩的手势并没有一(个手势)对一(个意义)的明晰性。由此我们当然不能断言这种不明晰是否会导致黑猩猩的交际障碍,但是却可以看到,灵活的手指动作,可以使表达同一个意义的手势被不同的个体完成得如此不同,以致被观察者看成了不同的手势。这起码说明,使用手势交际,需要在一个相当大的范围内容忍手指、手臂、手掌组合可能的差异。配合交际情境,手势的差异在什么程度上可以不导致信息传递的失败,在群体内应该有相应的默契。对于黑猩猩群体,这或许不会导致信息无法传递,但很可能在某种程度上阻滞交际行为:使用不是基于有声语言或者没有有声语言配合的手势单独作为交际工具,要在一个大范围内,协调符号(手势)的形式与它能够准确无误传递的信息,这需要耗费更多的生理和智力资源。看来这是手势交际手段无法补救的劣势。从选择压力、适者生存的角度,如果有声语言先于手势语出现,则劣势的手势语很难有甚至根本没有出现的可能性。这可能是支持在有声原始语产生前曾经有一个手势原始语阶段的观察事实。

Hobaiter等人的研究,可能引申出支持手势原始语假说的另一个推论。黑猩猩的66种不同手势中,有36种表达了19种意义,就这个观察事实我们可以推测,黑猩猩的手势至少曾经经历过一个发展的过程。这是因为,一个在群体成员间传递一条能够被所有成员正确理解的信息的符号(手势),必须对于群体的所有成员有辨识无误的同一性,或者叫"约定俗成"。如果一条信息开始用另一个符号来传递,要使交际能够成功,这"另一个"符号就必须被群体的所有成员认可为传递这一条信息的一个新增加的符号;这就是说,符号(手势)的数量就此增加了,符号系统发展了。这个过程现在是否仍旧在继续,传递同一信息的不同手势会不会发展为用于传递不同的信息，这样的发展会不会在某个时候发生质的变化或者完全停止，都是这个领域面临的课题。不过，仅就对黑猩猩手势的观察，我们似乎没有足够的理由否认，在人类和黑猩猩从 LCA 分手后，黑猩猩的手势经历了发展的过程，人类却绕开了这个过程，直接进入了有声交际的进化阶段。

黑猩猩的"手势语"也在发展或者至少也曾经发展过这个事实，还可能导向一个结论，事实上这也是许多研究者的思路：如果有声语言仅仅为交际而产生，则它可能不会产生，因为没有需要。手指的灵活性远远超过发音器官，几根手指的组合以及手的动作与身体其他部分动作可能的组合方式，远远多于发音器官可能的组合。有声语言只是在产生之后，在很多场合表现出了对手势的优越，比如传递信息的低耗值，才被用于交际。

细心的读者或许已经发现了上文几段论述中的龃龉。一方面，由于发声动作相对于肢体动作的低耗值优势，如果有声原始语作为交际手段先于手势原始语产生，则仅用于交际的手势原始语，大概率没有产生的可能性。另一方面，以手指的灵活性和肢体动作组合的多样性，有声原始语如果仅仅是作为交际手段而产生，则手势原始语在传递信息以应对生存环境的功能上，有选择的优势；然而我们看到的是，在这种"劣势"状况下，有声原始语仍旧产生了。由此，根据相关研究者提供的观察事实，我们似乎不难推论：（a）人类的交际手段不可能不经历从猿到人这个进化链上的手势阶段，研究者的争论或许在于：这样的手势是否可以被视为与有声原始语等同的一种原始语言；（b）有声语言确实取代了（注意我说的是取代）手势，成为现代人类最基本的交际手段。这个事实可能逻辑地导向那个有利于语言相对论的结论：人类（有声）语言并不是作为交际手段而是为了形成思想而产生的。下文的讨论中，我还会详细地从这个角度来讨论语言起源和进化同语言相对论的联系。

我们当然不能否认，Hobaiter 等人的研究成果，是关于黑猩猩的智能和社会行为的重大发现，而且研究者自己也认为，他们这项研究证明了"其他物种也能够完成有意义的交际行为，这并非人类独具的能力。黑猩猩与我们，比它与其他猿类动物有更近亲的关系，我们并非像自己想象的那样远离了（其他物种）"（Hobaiter et al., 2014）。不过，如果将这项研究成果用来证明黑猩猩的手势以及它们运用手势完成交际行为的能力，与人类语言和运用语言完成的交际行为之间，只有进化程度的差别，从而进一步认为这样的手势可以看作人类原始语言的雏形，由此推导出人类语言与黑猩猩的"手势语"有进化的连续性，则似乎超出了这项研究可能涉及的有效范围。他们提供的观察事实，并不能成为连续进化论的充足论据，而且他们的推论预设的前提"人类（有声）语言是作为交际手段产生的"，也只是一个尚未被证明的假说。

这当然还不仅仅是因为一些研究者已经指出，手势的模糊性，可能表示黑猩猩并非依靠它来交际；也可能我们还没有发现它们包含在手势和行为中的许多信息。从并非黑猩猩智力和行为专业研究者的角度来看，我认为一个更重要的事实是，仅限于对黑猩猩行为的观察，并不能得出"手势（肢体动作）可以具有意义而被用于交际"这个结论。要得到这样的结论，观察的范围应该扩大到所有能够自主发出某种身体动作的动物。有些这样的肢体动作，普通人在日常生活中也可以观察到。如果研究证明，从最低级（可能是鸟类）到最高级（姑且认为是黑猩猩）的有意义的肢体动作有进化的连续性，我们就会面对一个很有趣的观察事实：就黑猩猩而言，它们的进化历程至少应该与人类同样漫长；人类在这个进化过程中不仅创造了语言，而且手势语发展迅捷，也远非黑猩猩能比。黑猩猩在数百万年的进化过程中，至今只"创造"出大概66个手势。与人类的进化相比，黑猩猩创造和使用手势的能力的进化，基本上是一个缓慢得无法被若干代科学家观察和证实的过程。不仅是黑猩猩，其他能够自主发出肢体动作的动物，在自身的漫长进化过程中，这种能力的进化，对于科学的观察，也基本上处于停滞状态。由此我们是否可以这样推测：可以独自用于交际、传递一些信息的动物肢体动作的进化，实际上是一个有限的发展过程，到了一定的阶段，其发展缓慢的程度就几近停滞，并不能由此发展出更高级的交际手段。

我们或许应该认为，当今人类发达的手势语，其实是在有声语言的基础上创造的，与黑猩猩的"手势语"并没有在进化链上的联系。对此一个重要的事实是，手势的标志性（iconic）和指示性（indexical），只能相应于可能存在于头脑中的形象。比如，表示"抓"这个动作的手势，必定相应于头脑中那个攫取物体的动作的形象,由这样的形象,不太可能导致用举起一根手指来表达"抓"这个意思的手势。我们不能推测动物有某种能力,想象出与头脑中的形象不同或者表现头脑中不存在的形象的手势,因为这种想象要基于逻辑推理和比较乃至构图能力。由此的推论是,人类的现代手势语,如果能够被认为是与自然语言等效的交际手段,它就不是基于直观的形象更多的是基于语言能够传递的信息而创造出来的。虽然我并没有专门研究过手势语,但是有一点我们似乎仅凭常识也无法否认:使用手势语和使用自然语言的人之间的交际,是以自然语言而不是以手势语为基础来传递和理解信息;也就是说,交际的目的是否达到,须以自然语言传递的信息,是否被交际的双方基本同等地接收到了为准。

虽然我们不能用这个现代语言相关的事实,来推论手势原始语的产生和发展也是基于有声语言,不过,仅仅依据黑猩猩行为研究的成果,来推论手势原始语是人类语言进化过程中确实经历过的一个阶段,可能无法避免一些逻辑上的瑕疵。因此,讨论手势原始语的产生和发展,看来不太可能完全依据这类动物行为研究提供的观察事实。事实上,手势原始语的研究现在确实也并非主要依靠这类观察事实。

从下文的讨论我们可以看到,支持和反对手势原始语假说的研究者,都有从自己的角度思考这个问题的逻辑和依据。其实,对手势原始语和有声原始语感兴趣的,并不仅仅是相关领域内的研究者,哲学家也很早就开始思考这个问题,尽管更多是逻辑的思辨。比如 Rousseau & Herder（1996：11—12）就推测,需要导致了第一个手势的出现,激情刺激了第一个词的出现。引导原始人说出第一个词的,不是饥饿也不是干渴,而是爱、恨、怜悯、愤怒。因此,手势与生存相关,言语应用于社会环境。

（一） 手势原始语

动物（灵长类动物）能够做出有一定意义的手势,是被不少研究者观察到的现象（Gardner et al., 1969; Leavens et al., 2004; Call et al., 2007; Cartmill et al., 2007; Arbib et al., 2008, inter alia）。基于这些观察事实,认同语言经历了"从手到口"进化过程的研究者,将手势原始语和有声原始语看作语言进化的两个阶段。以这类观察事实为基础的假说,似乎符合推论的逻辑：如果灵长类动物比如黑猩猩群体内,存在一些可以传递信息的肢体动作或者手势；从种系进化来看，人类和灵长类动物已经被证实有共同的祖先。由此我们似乎不能否认，在人类与黑猩猩分道扬镳后，在人类的原始群体内也曾存在过可以传递信息、成为交际手段的手势，包括手的动作、面部表情、身体姿势和一些初始运动（incipient locomotion），并可能有伴随的发声。对于认同手势原始语的研究者，语言不过是一种比手势更加完善的交际手段。这样看来，推测语言的起源和进化循着"肢体动作→手势原始语→有声原始语→现代人类语言"这样的过程，应该成为语言起源和进化的一种看似符合进化论的假说。一些研究者把这个进化总结为"微型化（miniaturization）过程"（Corballis，2012：220）："……这个系统包括了身体的大躯段如手和脸部的运动，最终被压缩为口和与之相关的内部器官的姿势，从而提高了表现效率并有效地分配了身体资源。"

这个假说的支持者有18—19世纪的哲学家，比如前文提到的Rousseau和Herder，以及Condillac（Condillac，1971）、Vico（Vico，1953），也有不少当代的语言学和心理学研究者（Arbib，2005；Armstrong，1999；Armstrong et al.，1995；Corballis，1992，2002，2003，2012；Donald，1991；Givón，1995；Hewes，1973；Rizzolatti et al.，1998；Place，2000；Malle，2002；Ruben，2005；Stokoe，1974，1980，2001；Kendon，2015，inter alia）。20世纪初的心理学家W. Wundt指出（转引自Corballis，2012：202），普遍的手势语（sign language）是所有语言的起源。神经学家M. Critchley（1975）也认为，在人类的进化过程中，手势肯定是（有声）言语的前驱。

早期的哲学家和语言研究者对手势语假说的这种立场，或许基本上还是一种基于经验而且符合逻辑的推论：动物如灵长类动物的叫声没有指称或叙述的功能，只是由内部或外部刺激物激发的情绪反应；这类叫声基本上不是有针对性的信号，而是泛泛的散播（broadcast），就像人惊叫、呻吟等，并不以旁人为信号接收者。近期有实验表明（Jürgens et al.，1967；Robinson，1967；Jürgens，1969），猴类动物的这类叫声可以由电击引发，但是这样的叫声并不是来自人大脑中"言语区"同系的大脑皮层区域。手势则是一种操控行为，它是受控制的、基于对由视觉接收到情景的较高级认知分析（Hewes，1973）。由此可以认为，有声语言之前存在过另外的交际形式即手势原始语。

当前神经生物生理学、神经解剖学和心理学的研究已经能够提供若干实验数据，作为这种假说的经验科学基础。比如前边提到的镜像神经元的发现和对这个神经系统的研究，被认为是支持手势原始语的神经生物学和神经解剖学证据。

手势原始语假说的另一个神经生物生理学观察事实是（Ploog，2002），灵长类动物（包括人）有两套神经系统与发声行为相关：扣带回皮层（扣带回路径）和皮层下结构（subcortical structure，皮层路径）。非人类灵长动物的发声行为，主要地，如果不是绝对地依赖扣带回皮层，结果是，灵长类动物主动控制发音的能力很弱；而依赖皮层下结构的主动控制发声行为，是产生言语行为相应声音的关键。研究者现在都基本认同，教授黑猩猩"说"人类的有声语言，基本上是不可能的，这个观察事实可以视为黑猩猩这种发声能力，或者更确切地说是"无发声能力"的神经生物生理属性的表现形式。在这种无声的状况下，基于视觉的标志性和指示性的手势，就显示出优势，加上大量"区位信号"（locational signaling）的使用，标志着早期的语言可能是手势语言（Corballis，2002）。对直立人和南方古猿头盖骨和口腔化石的研究表明，这些原始人类（类猿人）可能尚未具有发出人类语言语音的能力（Hewes，1973）。这有可能成为支持手势原始语的一个考古学和古人类学的独立观察事实。

支持手势原始语假说的研究者对这个假说还需要做出的一个重要说明是，手势原始语是否可能并且怎样逐渐发展成有声的原始语言。对此，研究者最近提出了所谓"关节音韵"（articulatory phonology）的观点（Browman et al.，1995）。这种观点认为，"言语"不是一个发出声音的系统，而是一个产生"发音肢势"（articulatory gestures，对照 Corballis 的所谓微型化过程）的系统；这些发音肢势是独立的行为，它们来自六个发音器官：嘴唇、小舌、喉、舌端、舌身和舌根。当人类开始有能力控制这些发音器官分别独立动作时，这些动作就形成了所谓的无声面部肢势（nonvocal facial gestures），尽管并非一定有发出的声音伴随这些动作。无声面部肢势似乎可以视为由视觉肢势向有声言语转化的过渡阶段。支持这个观点的一个经验事实是，面部的动作特别是口唇的动作，越来越广泛地被认可为手语的组成部分。这项研究现在刚刚起步，但是它已经提出了语言进化一个可能的形式：口唇动作逐渐取代了手动作的主导地位,而口唇动作终归是会被伴以经舌头和声道运动而发出的声音（MacNeilage 1998b；Emmorey, 2002；Corballis, 2002；Ferrari et al., 2003）。面部和口唇的动作,大量介入最初以手势为主的交际行为,发声行为逐渐取得了主导地位,有声语言也就由此产生。根据至今仍旧可以大量观察到的言语手势同步的言语行为,有研究者（McNeill 1992）认为由手势到发音的转化过程至今尚未完成[①]。

原始的手势语为什么会转化为面部和口唇动作,再进化为发声的语言,研究者的解释是,口唇运动和手的动作,原初地有最紧密的联系：自原始人类手足分工以来,人类最基本的生存活动即摄食行为,需要手和口的配合。这种手口联动,现在从人的一些本能反应中还可以观察到。比如手里拿一个苹果或一颗樱桃,当人出现进食的愿望比如将手往嘴的方向作一点移动,嘴就会有相应地却是无意识的运动反应（kinematic resonance）：嘴张大（手里拿的是苹果时）或者稍微张开一点（手里拿的是樱桃时）。这样的配合甚至在手里并没有真正拿什么,只是手掌和手指不同的张合程度,也会导致嘴产生相应的肌动反应（motor resonance）（Gentilucci et al., 2001, 2004a, 2006a）。有的研究者据此甚至认为,词的语音形式和词所指物体的尺寸有某种程度的联系（Sapir, 1929；Taylor et al., 1962；Holland et al., 1964；Weiss, 1964, 1966；Hinton et al., 1994）,这样的联系或许并不是任意的。比如,指称大的事物的词常常带有后元音和低元音（/a/或/o/）,指称小的事物的词常常带有高元音和前元音（/i/或/e/）；辅音/t/、/k/容易让人联想到锋利、尖锐的物体,/l/、/m/则常常让人联想到柔软、平滑的物体。实验表明,不同语言和文化集团的成员对这种"语义语音联系"的反应,大致是相通的。

手的动作和口头语言之间这种密切的联系,也得到神经科学研究的支持。神经影像学研究报告,在手做出有意义的手势时,可以观察到布洛卡

[①] 发音器官的进化,有时被连续进化论者用作论据。比如（Fitch, 2000）认为,从动物喉头可以动态地（dynamic）下降,论证人类开始时也处于这种状况,后来随着发音动作的复杂化和词汇量的增加,喉头动态下降增加了发音动作的耗值,喉头因此在进化过程中固定下来。婴儿和动物喉头结构相似,可以呼吸和吞咽液体动作同时完成,以此可以证明口头语言的进化是渐进的过程,没有不可逾越的鸿沟。

区的活跃（Decety et al., 1997；Grèzes et al., 1998；Buccino et al., 2001；Gallagher et al., 2004）；运动想象（motor imagery）中的手部动作，也能导致布洛卡区和运动前腹神经（anterior abdominal motor nerve）的活跃（Parsons et al., 1995；Rizzolatti et al., 1996b；Gerardin et al., 2000；Hanakawa et al., 2003；Kuhtz-Buschbeck et al., 2003）。

　　一些研究者（McNeill, 1992）认为，从行为学的角度，词语和手势都是交际符号，它们来自同一个集成的系统，因此是同步发生的。若干实验报告也支持语言和手势集成的推测。研究者（Gentilucci et al., 2001；Gentilucci, 2003；Bernardis et al., 2006）通过一些实验观察到，与单独说出一个词语相比，说出词语同时发出一个有相应意义的手势，语音的音频参数会增强。反过来，在说话和手势同时完成时，说出词语可能减缓手势的速度；然而如果说出的词语是"假词"（pseudo-words），这种现象不会发生。这种语音增强和手臂抑制的效应，可能源于手势的一些特性（比如密切互动的意向）被传递给词语。研究者还发现，对话语和手势结合传递的信息的言语反应，也不同于接收单独的语言信息或手势信息：听到话语并同时看到说话人具有相应意义的手势，回答者说话的发音音频会增强，就像他自己也在完成同步的言语和手势。由此的推论是（Gentilucci et al., 2006b），布洛卡区可能包含了对做出手势和说出词语的同步控制。有研究报告（Gentilucci et al., 2004a；Gentilucci et al., 2004b；Gentilucci et al., 2006b），重复经颅磁刺激（transcranial magnetic stimulation）造成这个区域暂时失活时，手势作用于词语的发音这种效应就消失了。据此，一些研究者（Corballis, 2002）认为可以得到结论：在语言进化的早期，与行为的意义相关的交际符号（比如用抓的行为获取物品，或者用手将食物送到嘴里），可能与口腔中的特殊发音器官的活动有关联，这些器官在进化过程中被"增补"为言语行为的参与者。

　　一些较早的研究者认为，大脑功能偏侧，即右手动作和语言都由左半脑控制，是手和语言有关联的证明。比如 Brain（Brain, 1945）认为，动物并没有被发现有左手/右手偏侧现象，所以人类的右手优势应该是源于人类大脑左半球言语运动中枢的出现。Roberts（Roberts, 1949）也认为，右手优势出现于语言产生之后，"它（右手优势）的基本性质是由言语决定的"。布洛卡区因此可能是手与发音动作相互作用的发生地，它让发音的不对称，产生出手的动作不对称。这类推测似乎还得到考古发掘的支持。Holloway（Holloway，1983）发现，距今约 200 万年前的能人（Homo habilis）就具有突出的左前额叶，正好相应于现代人大脑的布洛克区。

近期的一些研究者似乎还发现了支持右手优势和语言相关的观察事实（Kimura 1973a，1973b）：右手优势的人在说话时倾向于用右手做手势，左撇子则倾向于用两只手同时做手势。

手势原始语的假说，在语言起源和进化的研究领域中并不被普遍认同，对它的批评甚至从 Darwin 就开始了。Darwin（1981：58）认为，所有哺乳动物都具有的"与我们人类总体构造相同的"发音器官，只会将交际行为的发展导向发音器官，而不是引向手指。

归结起来，这类批评主要集中在两个问题。一个问题是，如果手势原始语是人类语言进化过程的第一个阶段，那么它在进化过程中为什么没有完善自身，而是过渡到了发声的原始语言，正如一些研究者质疑（Kendon，1991），如果语言确实是从手势开始，它为什么没有保持这个发展的路径？事实上，聋哑人已经向我们展示了一种虽然不能被（有声地）说出来但仍旧可能是完全成熟的语言；这种语言显然有一个由简单到成熟的发展路径。这个问题，我想坚持手势原始语的研究者或许并不难用进化的选择压力来解释。比如依照 Darwin 的进化论，物种进化最基本的动力是生存和繁衍的需求，有声交际行为取代手势交际行为，正好符合适者生存的原则：与肢体动作相比，发音动作能够减少能量的消耗，从而更有效地利用有限的食物；用声音发出信息的速度比肢体动作更快，承载的信息量更多；基于听觉的有声交际，具有基于视觉的手势交际不具备的优势，比如可以不受光亮、距离等的限制，有利于群体在黑夜中能够继续交际，也有利于在视觉受限的环境中合作猎食；在迁徙的过程中，体弱者与落伍者能够凭声音找到群体，增加存活的机会；有声交际可以腾出手来完成其他生存相关行为，而且交际范围可以不仅仅限于面对的一个对象，可以扩大交际范围，有利于群体的繁衍扩大、成员增加，并由此提高群体合作和成功的机会，等等。

Arbib 对此还提出了一个解释（Arbib，2012：270）："如果手势视觉系统产生出越来越多的独特有意义的元素，那么这些元素不可避免地会越来越多，而且在外观上彼此相似。"联系我们在前边的讨论中提到过的 Hobaiter 等人对黑猩猩手势的观察，Arbib 的解释的合理性在于，外观上的相似，使得本来含义不同手势，已经很难单独传递清晰可辨的信息。于是，手势被另外的更有效的交际手段取代，就是进化的趋势。

不过这类解释仍旧可能受到挑战。比如，从交际手段的角度来谈论有声语言取代手势语言的进化过程，手势原始语批评者可能会提出另一个更难回答的问题。这个问题就是，如果原始的手势是我们这个种系曾经拥有的一个交际体系，并且它是有声语言产生的先决条件，那么手势原始语假说并没有提供令人信服的解释，说明手势原始语怎样在进化的过程中过渡到有声语言。按照 Fitch（Fitch，2010）的说法，将手势原始语视为语言作为一个整体的起源，是这个假说的致命弱点，并且这个弱点在该假说的范围是不可能克服的。Fitch 认为，手势和面部动作只是原始语言内部与发声形式共存的一个组成部分而且是辅助成分。取这样的立场，才能消除手势原始语假说的致命弱点，触及语言起源和进化问题的实质，即那个迄今悬而未决的问题：我们的祖先怎样经过语言起源和进化的预适应过程，产生出人类特有的高效能的发音装置、特殊的记忆系统和声音模仿的能力，然后创造和发展了有声的语言。这包括至关重要的、作为学习发音基础的发音控制能力①，以及建立在语音之上的指称任意性。

我在前边的讨论中，曾经提到过坚持手势原始语的研究者解释这个问题的尝试，比如手和口在摄取食物时的配合。不过这并不是证实"怎样取代"的充足论据，因为动物摄取食物的行为，从本源上是口的动作，肢体的配合才是附加的、第二性的行为。比如食肉猛兽用前肢踩踏猎物，以辅助嘴的撕咬动作；可以单独用后肢支撑身体的动物比如松鼠，可以用前肢捧起食物，辅助嘴的啃噬动作。只是在观察前肢进化到相当程度的灵长类动物时，我们似乎才不太能够断言，它们的进食行为是以手辅助口还是必然从手开始的行为。由于摄取食物本源地是始于口的行为，所以认为始于

---

① 人是已知的能够模仿声音的唯一一种灵长类动物。不过，Darwin 认为鸟类比如鹦鹉在这一点上与人类有共同之处，海豚的声音模仿能力也被相关研究发现。

手的语言必然进化为以口和面部动作为主的发声语言，并不是一个逻辑上必定成立的推理。

不少倡导手势原始语的研究者自己也承认（Hewes，1973；Corballis，2002；Arbib，2005），无论这个假说有多少长处，在尚未发现和证明由手势语过渡到有声语言的详尽、完整的路径时，这个模式是不完整的。

尽管这个问题似乎难倒了支持手势原始语假说的研究者，但是在我看来，就批评者提出的这个问题本身，支持手势原始语假说的研究者仍旧可以找到反批评的切入点。我们暂时不能证明人类语言从整体上经历了从手势原始语到有声原始语的进化过程，但是这个事实并未提供一个牢靠的、无懈可击的立足点，基于它，可以彻底否认手势原始语是现代人类语言在起源和进化的原始时期经历过的一个阶段。当前对黑猩猩群体行为的研究已经提供的黑猩猩"手势语"的观察事实，虽然并不能作为人类的手势原始语和黑猩猩的手势在起源和进化上有连续性的可信论据，但是却可以由这个观察事实，合理地推论人类也曾经经历过用手势交际这个进化阶段。这是因为，既然与人类有 LCA 的黑猩猩在没有发展出有声语言的状况下，发展了作为交际手段的手势，我们似乎没有太多的理由否认一个推论：如果人类的祖先曾经经历过有声语言的预适应阶段，那么，在这个还没有有声语言，或者更确切地说，没有某种比单纯的叫声更发达的有声交际手段的预适应阶段，人类的祖先也应该拥有用于交际的手段也就是手势。

至于手势原始语和有声原始语是否共存，前者是否只是后者的辅助手段，我们从前边提到的 Hewes 等人的观察和实验中或许可以找到一些线索，证明真实的状况或许正好相反：基于生理构造的特点，动物（包括灵长类动物）的叫声并不是由其主动控制的交际方式，而是对刺激的本能反应。至于这样的叫声包含了某种信息并可能在群体中引发某些行为，也是因为这种叫声对神经系统产生了物理性刺激（Rendall et al.，2000，2009），导致同类的本能反应，而不是在理解信息的基础上的延宕反应。在目前的研究中，还没有研究者理据充足地否认人类也经历了这个进化的阶段，在这个阶段，如果发展出了用作交际的手势，则这样的手势的确可能比叫声包含更多的信息，因此并不是后者的辅助手段。

关于手势原始语是否和怎样被有声原始语取代、现代人类语言是否按照这个路径发展的争论，在我看来，是源于一个我们可能最终必须承认的事实：手势原始语的支持者和批评者在这里都陷入了同一个困境，我把它称作"交际手段困境"。我指的是，如果将手势语言和有声语言在起源上同等地看作用于交际的符号系统，争论的双方就走不出这个困境。这个困境本身，也来自语言起源和进化研究中的两种不同假说之争，即语言是作为交际手段还是作为分析思想的工具（analytical tool of thought）而产生的。我们不妨引用坚决反对交际工具论假说的 Chomsky 的一段话（Chomsky, 1966：77），作为"交际手段困境"的一个简明注释："当前（关于动物交际）的研究，并没有提供笛卡儿假设的反证，即人类语言是基于完全不同的原则"。

坚持手势原始语（当然也包括坚持有声原始语）的研究者，应该也能从 Chomsky 这段话中听到批评，因为这些研究者主张的，就是人类语言与动物交际手段同源的观点，比如坚持交际手段说的 Corballis（Corballis, 2003, Response）认为："黑猩猩不能说话，但是它们可以用手势来完成类似语言的交际。这对于我的启示在于，如果你想要就人类与黑猩猩拥有共同祖先（的事实）来建立语言，你就必须从手势开始。"

关于手势原始语，还应该提及的是 Donald 的所谓"拟态"（mimesis）（Donald, 1991），这似乎是对手势原始语假说的一个补充说明。Donald 用"拟态"来定义一个标志式（iconic）的交际和思维模式，用通俗的话来说就是，用肢体的动作及其组合，来模仿出自然界的各种事物、运动和现象。这个模式需要有意识并有目的地控制情绪表达行为，包括有声的表达。这是灵长类动物不具备的能力。按照 Knight 等人的理解（Knight, 2000），与原始语言类似，拟态也是我们这个物种特有的一种统一表达模式。这不仅因为这个模式独立地与语言分离地产生在聋哑人和失语症人群中，还因为它至今仍旧是一些表达艺术比如舞蹈、戏剧、哑剧和各类仪式等的基础。拟态和语言的可分离性，表明它是在语言出现之前的一种独立进化模式。在以语言为主要交际模式的今天，拟态的持续力量仍旧不可低估。按照 Donald 的说法，拟态奠定了原始人有目的的交际的基础，为基于自然选择而产生的认知需求和相关神经机制，完成了解剖学意义上的预适应；在这个基础上，产生出作为符号思维和交际载体的词和句法。

（二）有声原始语

"有声原始语"是我的表述，Darwin 将语言的这个原始形式称为"音乐原始语"（musical protolanguage）。这个假说本质上是手势原始语的对立面。有声原始语假说认为，人类语言自起源就是有声的，即使原始人在交际中确实使用过某些肢体动作和面部表情，它们也不过是有声原始语的辅助形式，或者说是以有声形式为主的多种模式交际手段的组成部分。不过，在阅读相关文献时，我注意到一些颇耐人寻味的现象：手势原始语假说的批评者，数量似乎远远超过了支持者，按理说，这些批评者应该掌握了大量的观察事实和实验数据，可以从正面论证有声原始语假说，这比单纯的批评更能证明手势原始语假说的不成立。然而有声原始语假说的支持者似乎不仅没有论据上的优势（就这个领域的研究对象而言，这当然也无可非议），并且也没有做出在批评手势原始语时所做的那种努力，通过相应的试验或者寻找相关的观察事实，来验证有声原始语假说。比如，持手势原始语假说的研究者确实努力在寻找而且似乎发现了若干神经科学和解剖学的观察事实，可能支持"由手到口"的语言起源和进化假说。尽管由于大脑这个黑箱无法解构，通过这些观察事实做出的解释也往往模棱两可，但是我们至少可以说，证实（或证伪）手势原始语假说，并没有仅仅停留在"笔和纸"的层次上。

再看有声原始语假说，研究者提供了一个看似较为可靠的、有考古发现支持的经验事实，即发声能力可能是自最远古的祖先以来，哺乳动物就具有的生物属性，由此可以肯定人类和其他动物在发出声音这一生物属性上一脉相承。这就是说，运用声音听觉通道，可以生成复杂的、层级性的信号结构，这种结构可以被学习并通过学习迭代相传。除此以外，研究者实在没有什么神经生物生理属性和解剖学的发现，可以理据相对充足地声称人类语言只可能起源于原始的叫声，而不可能起源于肢体动作（手势）。一些有声原始语的坚定支持者，对此也未免感到沮丧。按照 Fitch（Fitch，2010：496）的说法，虽然在这个领域中对手势原始语的批评不断，但是在当前的研究中，几乎没有人真正将（被作为有声原始语前驱的）音乐原始语作为一个严肃的话题。提到音乐原始语，就会让人联想到"ding-dong"之类现在已经几乎是笑话的假说。"就现代的命题和词汇而言，意义与音乐原始语结合的过程仍旧是一个未能解决的问题。"

事实上,有声原始语最初的形式,是被猜测为没有意义的声音串,即所谓"先语音,后语义"的进化过程,比如研究者认为(Fitch,2010:411),在原始语出现之前,语言的进化经历的一个重要阶段是合成的语音系统,这是一个"一个独立于意义的生成系统,提供无限的单词形式库(pool of word forms)"。由此我们看到的是,解释无意义的语音组合怎样进化到音义结合的语言形式,其难度并不亚于解释有意义的手势怎样过渡到有意义的有声语音。有声原始语能够依据的唯一可靠的经验事实,只是所有哺乳动物都具有的发出声音的能力。而且在我看来,认为意义(思想)原初是独立存在然后附加到原初没有意义的声音上,不仅是有声原始语假说的一个基本上不可能有令人信服的解释的猜测,而且它或许就是 Whorf 批评的自然逻辑最早的根源。这已经是一个语言相对论的话题,我在后边的讨论中还会多次涉及它。

一些研究者按照 Darwin 的思路,将语音系统和音乐的所谓"设计属性"(design features)做了一些比较(Hockett,1960;Fitch,2010),认为它们确实有很多相似之处,并由此认同人类语言起源于动物叫声的假说。但与此同时,Fitch 还觉察到一个在科学研究中不太正常的现象:音乐原始语假说是 Darwin 最早提出的;也持这个观点的 Jespersen(1922)在讨论这个问题时,大量论述了语言的起源和音乐的关联,实际上是继承和发挥了 Darwin 的思想,但是他却只字未提 Darwin 的音乐原始语思想。当前持有声原始语假说立场的研究者,则既不提 Darwin 也不提 Jespersen,仿佛这是一个新开辟的研究领域,尽管他们的观点并没有为 Darwin 和 Jespersen 的思想增加实质上的新意。这是否印证了 Fitch 注意到的另一个事实,即音乐(有声)原始语假说并没有真正被当成一个严肃的话题,以致相关的早期思想都被忽略了?

Fitch 指出的那种"不太正常"的现象,其实在语言研究中并不鲜见,它甚至和一些响亮的名字联系在一起。比如20世纪90年代初,Chomsky 在他的"最简主义"(SMT)理论中,修改了转换生成语法理论中的词库这个概念,给词库中的词增加了若干范畴规则和次范畴规则，对词库中的词在动词和名词之间加以限制，以限定词语的适用范围，比如在句子中作主语、述语或其他成分。但是这个思想早在20世纪70年代初，就由苏联的语言学家Золотова以"词的句法功能说"提出来了（Золотова, 1973）。另一个例子是，在21世纪初被提出的所谓"程式性语言"（formulaic language）（Wray, 2002），被一些研究者划分为三种类型：成语（idioms），双名结合词组（binomials）和固定搭配（collocations）。这种划分，其实不过是用另一些术语重复了苏联语言学家Шахматов和Виноградов早在20世纪40年代就详细观察和分析过的语言现象。这种语言现象被称为熟语（phraseology），Виноградов（Виноградов, 1944）将其分为融合型熟语、熟语整体和结合型熟语。

然而，无论是Chomsky，还是程式化语言的研究者，都不曾提及在相应领域里那些已经贡献出来的思想。我并不能认为，无法接触到这些早期研究的文献或者由于语言障碍无法参考这类文献，是对这种无视的合理解释。

在Darwin关于语言起源和进化的学说中，人类语言与动物的叫声从发生的角度同源，是基于这样一些事实，它们被现代生物学视为人类语言起源和进化的生物基础：

1）Darwin强调动物的"呼叫"是动物的交际行为，可以向同类传递"概念"和信息，尽管这种叫声并不等同于仅为人类特有的有声语言。然而这个结论在当前的研究中并不被普遍认同。我们在前边已经看到，在这个领域当前的研究中，有更多的事实说明动物的叫声并不是一种交际手段。根据Hurford（Hurford, 2003a）的观察，在野生的环境中，许多动物都能发出有限的一组表达情绪状况的叫声。在某些状况下，这样的叫声可能系统性地与某种恒定的环境相关，但是至今没有任何证据，证明这类叫声明显是通过学习掌握的。在野外环境中的动物叫声，因此不能说明动物有学会将信号任意投射到讯息上的能力。

此外，动物可以向同类传递"概念"，并不是一个 *de facto*（事实上的）的研究结论，它不仅是这个假说也是所有研究语言和思维相关性的学科包括语言相对论尚未解决但却必须面对的一个难题。放弃动物的叫声包含了概念这个过于玄虚的说法，认为动物的叫声与人类语言一脉相承的研究者自己，就不能不承认他们在这一点上陷入了困境，因为理解这个理论的最大障碍，是其基本思想的非直观性（Fitch，2010）。尽管从语言的结构二重性（duality of patterning）角度我们确实可以认为，语音在被作为有意义的形式使用之前就出现了①；但是要思考"意义之前的言语"这个概念，需要我们有意识的努力，来消除一个先入为主的观念：原始语言在早期发展的阶段应该是什么形式的。用不那么佶屈聱牙的话来说就是，当无意义的音素组成词素和词（依据语言结构二重性原则）时，我们能不能哪怕想象出作为无意义的纯粹语音串存在的词或词素。

从语言和思维相关性的角度来观察，Fitch 所说的障碍其实是双向的，而且不仅涉及进化早期阶段的原始语言，同样涉及已经成熟的现代人类语言：批评语言相对论思想，人们必须有意识地努力，想象（但是几乎没有成功的可能）没有思想/意义的语言形式（a），和没有语言形式的思想/意义（b）。

2）鸟类叫声有若干特性与人类语言相似。关于这一点，一些研究者（Hauser et al.，2002，Jackendoff，2002，Fitch，2010）特别强调，这样的特性只是相似，而不是同源。鸟类的啼鸣声和人类语言的语音系统之间没有"进化上的联系"，因为鸟类并没有利用这个系统来传达复杂的意义。这些相似特征中最重要的是：鸟类的"唱歌"能力是通过学习获得而不是天生具有的；鸟类的啼叫有"方言"的区别，这也可能是学习过程中环境和选择压力的影响；鸟类"学习"啼鸣有一个与人类学习语言类似的临界期，超过这个临界期，同成年人学习外语一样，成年鸟也很难再学会另一种啼鸣；类似人类的婴儿，鸟类幼雏也有一个"喃喃"发声的时期，等等。由此可以推论，学习的本能并非人类独具的特性：通过学习掌握和迭代相传，是语言的基本属性之一，也是鸟类"唱歌"能力的属性。尽管人类和鸟类的共同祖先对于研究人类起源和进化，已经不再有直接的相关

---

① 需要注意的是，如果我们谈论的是语言的起源，那么，这里的"语音"只应该被理解为人类以其发音器官的生理构造可以发出的，在语言起源之后，可能被作为语言符号的声音外壳来使用的各种声音，而不是某种语言已经成型的语音系统的组成部分。

性，不过这种相似仍旧可以为有声原始语假说提供一个观察点。

基于大脑和发音器官的生物生理基础，Darwin 将语言的起源和进化分为三个阶段：

——智力的全面发展，包括人类脑容量的扩大以及超过任何类人猿的心理能力；

——发音模仿能力的进化，能够发出具有真正的音乐节奏的声音；

——拥有这种发音模仿能力的原始人类，能够将这样的语音信号和意义结合起来，于是，其来源备受争议的有意义的词语（包括象声词）就出现了。

Darwin 之后，语言学家 Jespersen 也认为语言起源和进化最初阶段是有声原始语，而且 Jespersen 对语言和音乐的相关性，大致也持与 Darwin 相似的观点。Jespersen（1922）认为：直立行走、对偶结合和人类幼儿哺育期的延长，将人类与其他灵长类动物划分开，为人类提供了有利于发音的条件。"语言起源于半音乐的、针对个体和单独事件的不可分析的表达（441）。"谈论这样的音乐原始语，当然不能按照现代的概念来理解音乐和语言，"我们遥远的祖先根本就没有想到，比如向别人交流思想和感情这类事情是可能的……（对于人类的远祖）谈话不过是为了取乐自己或他人而发出的一些好听的或者可能是奇怪的声音。他们没有意识到……他们是在为语言铺平道路"（436—437）。

Jespersen 的观点中，已经包含了后来被作为语言起源和进化一个阶段的所谓"整语原始语"的思想。也正是在这里，我们可以看到他与 Darwin 的分歧：Jespersen 的观点是，语言进化的过程是分析，词是分解句子的结果；而 Darwin 主张这个过程是综合，即词语出现在先。分析或综合的发展过程，也是语言起源和进化研究领域里一个有争议的问题，它同将语言看作优势的交际手段或者分析思想的手段而产生和发展的争议相关。我在稍后会继续讨论这个问题。关于分析思想，我更愿意表述为"形成思想"。这里其实都涉及 Saussure 所谓的"模糊混沌的一团"。问题在于，我们是否能把这"模糊混沌的一团"定义为"思想"。如果语言相对论谈论的是语言对思想的形成力作用，那么这个假说在这一点上与 Saussure 的观点并不完全吻合。

我在 Jespersen 的论述中读出的另一个重要思想是，语言的起源"针对个体和单独事件"。Jespersen 的这个思想，同我就语言的起源和进化问题主张的语言相对论思想是吻合的：原始语言（词语）最早是用作替代身体动作的指示手段。针对个体和单独事件，正是身体动作以及替代它的原始语言成分（原始词）完成的现场直指功能。概念（思想）是在指示功能的基础上发展出来并在词语中形成的。

Darwin 和 Jespersen 将原始语言和音乐密切联系的观点，在近期的研究中也得到了响应。一些研究者（Mithen，2005，Mithen et al.，2006）从音乐和原始语言关系的角度，将原始语的性质总结为 Hmmmm：holistic（整体的），manipulative（操控），multi-modal（多种模式）和 musical（音乐性），此后又增加了一个属性 mimetic（模仿），修正为 Hmmmmm。他们认为，自南方古猿时代开始，人类始祖的音乐（特别是唱歌）能力就在不断地发展，语言本身不过是因为跨模式的智能不断发展而导致的音乐在近代的创新，成为我们这个物种的典型特征。

近期科学研究通过对脑部损伤或有认知障碍的病人大脑扫描检测到，音乐和语言并非完全分离的，这两种能力各自在大脑中都没有认知的优势。神经科学研究者（Peretz et al.，2002）通过对失乐症病人的研究，发现语言和音乐都是由大脑中一系列相对独立的模块组成的，其中一些模块很可能是共享的，还有一些模块仅用于一种能力。考古学对非洲首次发现的数万年前的智人化石的研究，没有发现语言介导行为（language-mediated behaviour）的证据；而动物行为研究却发现，猿类和猴类用于交际的叫声，往往具有音乐的性质。这似乎表明，早期智人的叫声同其他猿类动物一样，具有音乐性质，因此他们可能会有音乐介导的行为。就此我们似乎没有理由预期，在进化过程中，生存的选择压力必然会导致我们今天所知道的人类语言。

在这些研究的基础上，研究者似乎有理由认为，人类祖先和近亲物种的交际系统，本身就具有一定程度的音乐性，它是表达和诱导情感以及发展群体认同的手段，对于史前社会所要求的高度合作至关重要。因此音乐不是语言的非适应性副产品（non-adaptive byproduct），不是语言的这个"建筑物的拱肩"（Pinker 的比喻），也不是"技术的创新"，它自身就是进化过程中适应的产物。

"副产品"之说，在音乐原始语这个研究范围，倒是一个颇具争议的话题。两种对立的观点是（Brown，2000）："原始语言"是进化的主线，音乐是进化过程中的副产物，这是所谓的"音乐赘生物"（musical outgrowth）模式；或者音乐是进化的主线，语言是进化过程中的副产物，即所谓的"语言赘生物（language outgrowth）模式"。此外还有所谓"音乐语言模式"（musilanguage model）的折中说法。不过，这样一些假说，甚至在立场基本相同的研究者中也得不到认同，比如 Fitch（2010）就认为，这些所谓模式，除了术语的新奇，并没有为音乐原始语的研究提供新的观察事实和理论。或许正是针对音乐原始语的这种研究状况，对它的批评有时甚至以偏激、讥讽的形式表现出来（Weiss，1974：103）："推测人类的语言生涯始于像鸟叫一样的唱歌，是纯粹的骗术，……为印刷这样的资料而被砍伐的树，是可悲的浪费。"

当然也有不少对音乐原始语严肃中肯的批评。比如有研究者（Steklis et al.，1973）认为，鸟的啼鸣和人类的歌声只是相似，而不是同源，因此鸟类啼鸣和人类语言的进化是不相干的。还有研究者（Call et al.，2007）指出，音乐原始语假说不能解释言语活动的辅助手势，至今仍旧大量存在这个事实，也不能解释具有完整语言功能的手势语（出现和存在）的可能性。后一种批评已经涉及语言是否作为交际手段而产生，我在下一节会回到这个问题。

坚持有声原始语立场的 Fitch 或许意识到了音乐原始语这个术语本身以及由此演绎出来的假说的纰漏，也或许是接受了批评者的意见，由此提出了"音韵原始语"（prosodic protolanguage）假说，来代替音乐原始语。他给音韵原始语的定义是（Fitch，2010：476）："音韵原始语是一个具有语音生成性（phonological generativity）的体系，它使用为数不多的一组元素来构成层级结构。这个结构就其发音而言是可以生成的、受到自主控制的并且是能够学习的，它拥有言语和音乐共享的核心成分。此外，这些成分在文化团体内共有，且被注入了不甚明确的'意涵'（meaningfulness），但是它们却缺乏原子的、可分解的、命题相关的意义这些作为语言的语义核心特征，没有命题意义蕴含、没有结构二重性，音韵原始语具有语音和部分句法，但是没有词汇和命题语义。"

Fitch（2010）总结 Darwin、Jespersen 以及近期的研究，并基于他的音韵原始语假说，将语言的起源和进化表述为四个阶段。

1）音韵阶段：在类似唱歌，但没有命题意义的交际起始阶段，获得复杂的发音学习技能；

2）任意的、整体的意义阶段：将整体的语义综合体（情景相关的行为、重复发生的事件、仪式等）投射于整体的语音信号综合体（短语或"歌"）；

3）分析性意义阶段：关联的整体逐渐分解为部分，此前的整体转化为独立词汇单位的组合；

4）现代语言由分析催化的遗传稳定性：随着群体语言不断分析化，儿童分析学习的压力也不断增强，成为一种选择压力。

有声原始语各种假说中一个比较引人注目的假说，是我在前面已经提及的 HPL 假说。HPL 假说看来也与 Fitch 的音韵原始语假说来自同一个思路。我在第五章专门讨论这个假说。

四 思想的分析工具与交际手段

在开始这一节的讨论之前，我们需要考虑一些问题。

一个问题是，在当前关于语言起源和进化的研究中，研究者实际上涉及的是两个不同的领域：手势原始语和有声原始语之类假说，谈论的是语言怎样起源和进化；而思想的分析工具和交际手段之类假说，谈论的则是语言为什么起源和进化。虽然这两个领域的研究已经互相渗透、互为印证，但是它们的研究对象和研究方法，似乎不可混为一谈。

讨论手势原始语和有声原始语以及与此相关的连续与非连续进化，研究的对象是人的语言能力和语言本身；研究依据的是古人类学、考古发掘、神经生物生理科学和神经解剖学能够提供的观察事实，在这个基础上做出推论和猜测。

讨论交际手段与思想分析工具，研究的对象并不是语言本身，而是语言的一些属性，比如功能。上述经验科学，其实并不太可能为这样的研究提供观察事实，让研究者的推论和猜测，能够在某种程度上接受经验科学研究方法的检验。这样的研究因此更多的是基于不导致悖论的思辨和内省。不过，思辨和内省，至今仍旧是研究语言和思维相关性的基本研究方法，科技进步提供的先进研究工具和仪器，以及由此导致的对人的大脑神经系统及其功能的划时代的全新认识，并未真正揭示大脑这个"黑箱"的运行状况，因此也未能改变相应研究的思辨性质。"交际手段与思想的分析工具"之争，除了比较两者在推论上的逻辑性，并没有（似乎也不可能有）真正可信的结论。

另一个问题是，交际手段与思想分析工具是一个从功能的角度谈论语言起源和进化的话题；从这个角度展开研究，研究者其实很难有所建树。因为就任何事物的现状能够归纳出来它的功能，并不能说明这种状况（属性）原始的就是为完成某种功能而产生的。正如 Fitch 等人（Fitch et al., 2005）关于这样的研究提出的一个很有启发的质疑：在数十年大脑神经次系统的研究中，虽然对"小脑有什么功用"这个问题的很多结论都被一一否定，但是详细的、有效的经验科学研究并未被阻止。与此同时，"小脑是为什么功能而形成的"这个问题，却几乎很难成为一个讨论的话题。

再看一个比较通俗的例子。现在的科学研究，很难证明第一只具有了声纳功能的蝙蝠使用声纳来完成什么功能。与人制造的声纳探测仪作比较，以功能的相似来说明蝙蝠的声纳装置源于导航的需求，似乎比较可信。但是这个假说并不能检验也不能证伪。

研究者就此认为（Fitch et al., 2005），从经验的角度来看，就现有的许多似是而非的推测，我们没有也可能永远没有可信的数据，来辨认语言（正如音乐、数学推理或其他重要的人类能力）的原始功能[①]。

（一）交际手段

同"手势原始语与有声原始语"之争相比，语言是为适应交际的需求还是作为"思想的分析工具"而产生的，在关于语言起源和进化研究中，似乎并没有非常激烈的争论。没有激烈争论，并不是因为这两种立场可以或者已经找到了共同点，而是因为在我看来，迄今为止在这个研究领域内

[①] 关于原始语的功能，研究者大致有以下表述：断言（assertives，比如通知关于食物的位置），承诺（commissives，比如威胁、提供食物等），指令（directives，让别人做一些事情）和表达（expressive，比如迎接）。

较为盛行的各种假说，本质上都是将语言的起源和进化视为在选择压力下，为适应生存环境而必不可少的交际手段不断完善的结果。研究者长期且至今仍旧热情不减地尝试教授黑猩猩人类语言，并对黑猩猩的手势不懈地跟踪研究，都是希望从功能的角度，在这类观察事实中寻找人类语言起源和进化的蛛丝马迹。正如在讨论语言和思维相关性的研究中我们看到：语言是表达思想的工具之说，尽管并没有被真正证明，却已经被很多研究者不假思索地随意使用；在语言起源和进化研究中，除了一些坚持语言起源和进化非连续立场的研究者比如 Chomsky，大多数研究者似乎已经将"交际手段"假说作为追寻语言起源和进化的一个前提条件，而不再将它视为一个尚未得到证实的假说。比如 Jackendoff 就认为（Jackendoff，1999：273）"我认为这是理所当然的（尽管有争议），语言适应首先是为了增强交流，其次才是为了增强或提炼思想"。

手势原始语假说和有声原始语假说的基础，其实都是"交际手段"假说。这可能是基于行为科学研究的一个毋庸置疑的结论，即交际对于所有社会性的动物的生存活动，有至关重要的作用。所以，越是有利于生存、有利于物种进化的交际手段，在各种交际手段的竞争中越容易因其优势而突出并迅速发展，最终取代其他可能的交际手段。因此，语言归根结底也就是作为优势的交际手段而产生并逐渐发展到现在的形式。

我不打算更深入地讨论"交际手段"假说，不过仅仅通过一些简单的思考，我已经可以对这个假说提出一些疑问。比如，假定语言是作为应对生存压力的交际手段而产生，那么我们首先可以比较在物种进化链上来自共同祖先且分手时的生存环境也基本相同的人类和大型猿类如黑猩猩。迄今的考古发掘并未为我们展示，原始人类在进化链上与黑猩猩分手后，在语言尚未出现的漫长年代里，单独在我们这个星球上经历过能够被考古学、地质学和古生物学的考古发掘证明的、更加复杂和剧烈的生存环境改变，从而遭受到比黑猩猩更多的生存压力，需要使用一种更好的交际手段，来应付这样的生存压力。上述这些科学研究也没有为我们证明，一种更好的交际手段，确实就是应对这种生存压力首选的，且必不可少的方式。如此，我们能够依据什么来推论，原始人类迫于某种特殊的选择压力，创造出最初只用于交际或者辅助交际的语言？语言在交流关于食物和生存环境的信息时的作用,并不是语言独具的优势功能,因此,语言本身的产生,很难被认为是选择压力的结果,正如一些研究者认为,"语言不是为交流而设计的"(Berwick,2011:70—71);"没有证据表明我们的第一代语言祖先一定比他们的直接祖先有更好的生存机会"(Tallerman,2014a:208—209)。

与此同时,我们或许可以推测,将语言用于交际,则是选择压力的结果,因为语言在觅食、避险和繁衍之类本能行为以外的其他一些生存攸关的场合,比如合作狩猎、迁徙、御敌等,确实是一种更方便、更有效的交际工具。

"交际手段"之说的拥趸,当然也可以以此为依据来争辩:交际可能并不仅仅是生存活动相关的合作形式,它也可能是为了交流某些生存压力以外的信息,比如表达某种情绪。这样,交际手段假说就可以解释为:生存活动相关的信息以非语言的形式交流,语言只是用来交流更深层次的并非源于生存压力的信息。

不过这样的解释,仍旧不能让交际手段假说摆脱困境。这是因为,虽然持这种立场的人们或许可以认为,人类语言的产生,是由于产生了需要用语言来表达的、其他动物不可能具有的情绪,但是,比较人的情绪和动物的情绪,显然不是仅在语言起源和进化的研究领域中就能争论出可信结论的问题。人们或许还可以认为,动物也有各种情绪,也有一些简单的原始表达手段,可以表达和交流这些情绪;然而只有人类才能用语言来交流与情绪相关的信息而不仅仅是表达和交流情绪本身;语言正是为了交流这些信息而产生的。只是这样一来,我们又回到了争论的起点:如果人类的情绪同也是社会动物的比如猿类动物相比,只是程度更加复杂;为了表达和交流复杂的情绪,相应地发展出更复杂的交际手段(语言),那么,在生存环境和选择压力并没有灾变性差别的状况下,为什么人类的情绪和相应的表达手段能够发展;而在猿类动物,这种进化没有发生。

就此,Chomsky 反复表述过这样的观点(参看 Chomsky,1975):人们对语言的使用并不严格地服务于交流的功利主义目标,而是一种表达思想的自主能力。换言之,如果交流只限于集体生存活动,则语言并不一定需要。语言的功能是向别人表述思想;作为表述思想的语言产生出来后,才被用于交际。另外一些研究者也认为（Hurford，2007：174）：用于描述性的信息的出现，晚于（不需要语言的）用于交际的信息，它可能有一条独立的发展线索，最初是用于将私人的思想外显地表达出来。因此就起源来看，人类或许有两套完全不同的语言：用于交际的公众语言和用于描述的私人语言（注意"私人语言"这个述语在这里的特殊用法）。

从信息交流的角度，一些研究者（Deacon，1997；Knight，2000）似乎提供了理据充足的解释。依照他们的解释，语言及其独特的表达层次固有社会属性，从根本上只能在社会的选择压力下产生，而不是回应生存的自然环境的压力。Deacon从行为和大脑科学的角度认为，语言是与社会契约同时产生的。社会契约是一种非物理性存在的强制，它只是一个被有义务承诺和履行它的人共享的思想，关于这个思想的信息，自然需要交流。非人的灵长类动物之所以没有迫于选择压力而产生出语言，是因为它们没有面对社会契约这个问题。交际是一种即时行为。当人类社会和社会契约随着人类的进化而产生后，基于指示和相似性仅用于即时交际的手势、表情、叫声等，就远远不再能满足更加复杂的信息传递需要。这类信息包括：作为"许诺"的社会契约，存在于物理世界的什么地方，它是什么样的，有什么能够证明它确实存在，等等。既然社会契约只在相信它的人中间存在，除了制订一套约定俗成的符号来表达它，人类社会没有其他选择。这套约定的符号最原始的形式，就是一些巩固这种社会契约的仪式。这种本身也是选择压力的社会契约，以及对表达这种契约的符号的需要，最终导致了大脑的重构和容量增大。

其他一些研究者（Steklis et al.，1976；Donald 1991；Kendon 1991；McNeill 1992；Armstrong et al. 1995；Tomasello et al.，1997，Arbib，2012，inter alia）也从这种表达思想的角度，假设了原始符号的各种形式，比如有层级的递归结构手势，"拟态"（mimesis）、标记式的手势，等等。对于人类和灵长类动物，它们都是自然的、直观的表达思想的媒介。当这类手势约定俗成后，一套离散的、任意的符号就产生了。

相比关于原始人类采取更有效的交际手段，是基于环境和生存的自然选择压力的假说，从行为和大脑科学角度对语言起源和进化的解释，似乎更能触及问题的实质：群体比个体拥有更多的生存机会，而群体要存在，其成员之间必须有某种约定，然后才能有共同的、为生存而发生的各种行为。语言是这种约定的产物和载体，而不是仅仅为了便利觅食、迁徙、繁衍等目的而产生的交际手段。单就后者这类基本的生存活动而言，我们并没有足够的理由断言，原始人类的语言相对于他们自己的，或大型猿类动物的其他交际手段，拥有绝对的生存竞争优势。

然而，社会契约假说预设了作为社会契约基础的群体成员共同心理状况的存在，却没有（我认为也不能）解释在将社会契约定义为"思想"时，我们必须面对的一些至关重要的问题：(a) 在社会契约和语言产生之前，这个心理状况以什么形式存在；(b) 怎么断定它以相同的形式存在于群体所有成员的头脑中（当今的研究者怎样判断只是一方面，更重要的是，为了达成社会契约，群体中的每一个个体都需要知道其他个体与他有相同的心理状况。在没有语言的时候，这个共识是怎么取得的）；(c) 这个心理状况随后怎样演变成一种思想（社会契约）；(d) 在语言产生之前，这样的思想怎样出现、以什么形式存在（Deacon 认为，关于这个思想的信息是需要交流的，显然是肯定思想在没有语言的状况下的存在，而且是比觅食和繁衍等更高级的、没有物理表现形式的心智状况）；(e) 既然作为社会契约的思想可以在语言之前出现，而且是由群体成员共同的心理状况演化而来，那么我们有什么理由断言，也有社会组织的其他动物，其群体成员之间在也没有语言的时候，不可能产生出社会契约相关的共同心理状况，并由此也能产生出社会契约；等等。导致困境的原因，在我看来，一方面是社会契约之说并未脱离"交际手段"假说的框架；另一方面，研究者或许忽略了一个前提：要使社会契约假说能够在逻辑上成立，需要首先解释一个至关重要的问题：是思想只能在语言中产生，还是语言只是表达独立产生的思想的工具。

回到本节一开始就提到的那个问题："作为交际手段而产生"和"怎样被当成交际手段使用"，并不是对同一个问题的不同表述。在上文的讨论中我们已经看到，从语言起源和进化的角度，认为语言是作为交际手段而产生的观点甚至如像 Deacon 所持的那种看似触及更深层次的观点，都面对着若干几乎（至少在可以预见的将来）不可能有答案的难题。我们当然不能认为，将语言视为"思想的分析工具"，这类难题就可以迎刃而解；

不过从这个角度，我们确实能够更好地解释若干现象，而且这些现象看来与语言相对论思想有比较密切的联系，是进入我的研究领域的一个紧要的切入点。

观察语言作为交际手段而产生的各种假说，我注意到一个被研究者忽略的现象。这个现象是否能够成为交际手段假说的反证，还需要大脑神经科学和动物行为研究的参与，我在此仅限于提出问题。一个经验事实是，所有专门用于交际的手段，包括没有语言的灵长类动物的叫声或肢体动作，以及现代人类创造的各种手势语，都是作用于交际对方的手段，可能是为了操控对方的行为，也可能是为了向对方传递信息而作用于对方的理性。为了完成这样的功能，交际手段起码应该有一个特点：它们只能作用于交际对方，不能作用于使用这类交际手段的主体自身。我指的是，（a）完成一个交际行为，发出行为的主体不会是为了向自己传递某种信息或者操控自己的行为；（b）在没有交际行为的时候，各种专门为交际而创造只运用于交际的手段，并不会被用于个体自身的思维活动。灵长类动物是否有思维活动，并不是一个已经有科学定论的问题，所以它们的叫声和肢体动作是否还可以在交际行为以外完成其他的功能，不在我的研究范围。不过从对聋哑人运用手势语完成言语行为的观察中，我们可以有把握地做出推测：没有相关科学研究告诉我们，正常人在清醒的状况下且没有交际行为发生时，他们的大脑可能一直处于没有任何思维活动的休止状况；但是在日常的生活环境中，我们并不能看到人们都在大声或小声地对自己说他在想什么。现代人类聋哑人使用的手势语是在自然语言的基础上、为聋哑人在社会生活中参与（同正常人或者聋哑人之间的）交际而创造的；正因为手势语是不被用于思维活动的交际手段，所以，正如我们看不到在独处时不停地自言自语的正常人，在日常的生活环境中，我们也看不到在独处时不停地对自己做各种手势的聋哑人。如果看到这样的聋哑人，我们基本上能够判断，他与不停地自言自语的健听人一样，患有某种精神疾病。

聋哑人怎样完成思维活动、他们有没有不依赖自然语言而类似灵长类动物那种生就固有的交际手段，是另外的研究课题。就上文的观察事实以及迄今为止相关研究能够提供的结论，我想提出的假设是，仅就具有承载信息的能力这个性质而言，专门为交际创造出来的系统——无论是手势的还是有声的，与为"分析思想"而创造的系统相比，是低一级的形式，不能用于完成更高级的智能行为。为分析思想而创造出的语言是更高级的系统，除了这个系统本身的功能，它同时可以完成低一级系统的功能。这是任何一个较高级的系统相对于与其在功能上部分同质的较低级系统必然具有的本质属性；这与一个系统本身可能发展、完善没有关系。正如为改进书写方式而发明的打字机，经过若干改进和完善，甚至发展成带屏幕且具有存储功能的文字处理装置，但是它永远不能发展出能够完成信息处理的人工智能。为实现人工智能而发明的电脑，却可以取代打字机、完成后者所有的功能。

关于语言是适应选择压力的交际工具，还是由基因突变导致的个体发生（ontogenesis）结果的争论，也可以纳入关于语言起源和进化这个难题的整体框架中。关于这个整体的难题，Limber（Limber，1977）认为：被过分简化了其进化过程的语言起源构拟方案，与忽略或过分简化了人类语言特征的那些设想一样，都是不足取的。虽然人类语言具有多种功能，语言起源的理论却往往取其中的某一个，作为人类语言产生的选择优势。虽然我们可以想象语言的某一种功能事实上就是选择压力的结果，其他功能不过是它的副产品，但是我们却很难认真地思考某一种设想，如果这种设想没有涉及某种基础的东西，比如语言的句法结构。

Limber表述的难题中涉及的语言起源的生物—生理—神经属性的部分，或许在人类认识的现阶段不可能不被"过分简化"从而得不到可信的结论。不过这个难题的某些部分，比如我们在这里观察的交际手段和思想分析工具之争，在一定程度上还是思辨和推理的问题。我相信对于这样的部分，我们至少可以做出一些符合逻辑的推论。

（二）思想的"分析工具"

据一些研究者的观察（Graffi，2005；Foucault，1966），哲学和语言学对语言起源和进化的思考，在16世纪（文艺复兴时代）到17—18世纪，发生了一个认识论相关的转变：语言从被视为表达系统的工具，转而被视为思想的分析工具。Graffi 认为这个转变可以追溯到《Port-Royal 普遍唯理语法》"说话就是用为解释思想（pensées）而发明的符号来解释思想"（Graffi，2005：3，参看：Bickerton，2003；Piattelli-Palmarini et al.，2004；Bolhuis et al.，2014）。普遍唯理语法自然并未涉及语言的起源，它研究的是已经成熟的人类语言；我当然也不能理据充足地判断这部著述使用的 pensées 这个多义词，本源地应该被理解为"思想"（Idée）还是"思考的能力"（Faculté de penser）。但是无论怎样理解这个表述，在我看来，与"表达思想"相比，"解释思想"之说更接近语言和思想相关性的真实状况，即语言的作用是"形成思想"。尽管我们显然不能认为，Port-Royal 普遍唯理语法和语言相对论有任何可以追溯的联系。

在沿这个思路继续讨论之前，我们首先需要考虑一个很重要的细节，就是应该怎样理解"分析"这个表述。我在这里使用的汉语表述，似乎没有两可的理解；但是在 SAE 比如英语中，analyse 这个词是多义的，使用不同的意义理解 analytical tool of thought，对从语言起源和进化的角度来解释语言和思想的相关性，就可能是截然不同观点。

如果理解为"分析"，语言和思维的相关性，本质上就是当前语言研究中似乎已经没有争议的观点，即"语言是表达思想的工具"。这样的理解实际上蕴含了一个观点：思想在语言之外已经存在，语言的作用只是让拥有这个思想的人能够将它表述（分析）得条理清晰，以便能够更好地被理解。

但是我想指出的是，这样理解"分析"，并没有解释已经存在的问题，反而可能派生出新的问题。比如有的研究者（Ulbaek，1998：37）依据 LOTH 认为，"语言的确可以看作思维的机制，但是我认为（语言）这样的功能不是第一性的，因为这个功能更可能由内部语言来完成。这种思想的语言的确已经作为思想的先决条件，存在于非人的动物"。关于 LOTH，我在第三章已经讨论过，这里的问题在于，把这个内部语言（思想的语言）放在语言起源和进化的语境中来讨论，研究者必须面对的一个问题是，哪怕认定它已经存在于非人的动物，内部语言也只能从无到有产生和进化而来。在没有真正解释这种"语言"的起源和进化，将它作为思想可以存在的先决条件，实在有强词夺理之嫌。

在下文的讨论中我们可以看到，Chomsky 也使用了"思想的语言"这个表述形式。从形式上看，Chomsky 和 Fodor 的表述是相同的，但是从语言起源和进化的角度谈论"思想的语言、内在的语言"，Chomsky 的出发点是语言产生于个体。所谓只在内心使用，应该是指语言为了形成思想的需要，在某个个体"内心"产生，而不是指人们运用已经成熟的语言，"独自内心"地、"非公开"地思考和解决问题的过程。

但是 analyse 还有另一个意思是"分解"。按照这个理解，人们当然也可以争辩说它与"分析"并没有本质上的区别：思想仍旧存在于语言之外，只不过它是一个浑然的、无法清晰表达的整体，语言可以将这个整体分解为其组成部分，并且按照一定的条理将这些部分组织起来，使得思想在一个能够被理解的表述中呈现出来。

不过，在语言起源和进化的研究中，提出语言因分解思想的需要而产生和发展的观点，无论其倡导者的初衷如何，我认为我们至少可以看到它在两个方面与语言相对论有关，虽然我们还不能说这样的假说可能成为支持或批评语言相对论的论据。

一方面，我在不同的场合已经多次提及 Saussuer 关于思想在语言出现之前是模糊混沌一团的说法。我认为在语言出现之前的那个"模糊混沌的一团"，实际上并不能被称为"思想"，至少不是能够被思想者自己清晰地意识到并表述出来的思想，它不过是各种生理心理状况的混杂，包括对外界各种刺激的情绪反应、欲念、本能的冲动、潜意识或者还加上一些形象。这样的状况当然不是人类独具的心理特征，许多相关学科的研究者，都断言动物也能够或多或少地处于这样的生理心理状况中。人与动物的区别在于，人能够整理这种混合的生理心理状况，意识到这是一种或几种什么情绪或欲念等，使其不再是不能区分的"混沌一团"。然后，人可以将它们有条理地储存在记忆中，并且在引起这类状况的直接刺激已经不再或者还没有出现的时候，将这些生理心理状况作为某种信息，条理清晰地表述出来，让这种信息在被并无类似经验的人接收后，也能够依据这些信息，获得与发出信息的人在直接刺激状况下获得的基本相同的经验。这样的信息才能被称为"思想"；这样的思想能够形成，仅仅是因为人能用语言来分解（分析）这个"模糊混沌的一团"。

动物能否完成这样的智能行为，迄今没有相关的观察事实和实验报告，但是我们至少可以肯定的是，如果研究者没有或者不能哪怕表面上观察到比如两只以上黑猩猩聚在一起，在没有任何外界刺激的状况下用手势或某种声音完成某种信息的"交流"，同时证明黑猩猩在这样的交流后，心理状况发生了相应的变化，那么我们就不能认为，动物的任何智能相关的行为或状况，可以被视为它产生了某种"思想"。而人所以有这种心智能力，是因为人有语言。是语言而不是其他任何哪怕进化到更高级阶段的生物生理属性，让人能"分解"模糊混沌的生理心理状况，形成思想。这样的"分解"是而且只能在语言中完成的。

另一方面，语言作为思想分析的工具而产生之说，似乎可以从某个角度为语言起源和进化的另一个假说即语言产生于个体，提供一些论据。

首先必须清楚的一点是，语言起源于个体，并不是说语言是在远古的某个时候，被某个特别聪明的原始人创造出来，然后他把他创造的语言教授给其他人，或者提交给其他人"约定"，然后"俗成"，尽管每一个语言单位（词或者语法规则）的产生，确实经历了这样的过程。现代语言的新词也是在这样的过程中产生出来的。在语言起源和进化的语境中，语言产生于个体，指的是由基因突变开始，到预适应阶段，到语言相关的各种生物生理属性的出现，到原始语言的第一个"词"被说出来，一直到语言不断进化到现代人类语言这个绵延了数十万至上百万年的过程，原初地开始于一个个体。

考古学、古人类学和生物学提供的相关证据是，根据 DNA 线粒体的分布，现代人类是 22（±7）万年前一个出现在非洲的女性智人的后裔；语言能力相关的基因突变，大致可以推测就发生于这个女性（Cann et al., 1987；Bickerton, 1990: 196）。这可能与另一些研究者关于语言出现在 400 万—200 万年前（或者 10 万—5 万年前，或者其他年代）而且并非源于非洲智人的推测有冲突（近期德国的一个考古发掘，似乎也在挑战非洲起源的结论）。不过我关心的不是这类考古事实，而是一个原则性的问题：无论年代和物种在不同的研究中有什么龃龉，基因突变和语言产生，只能源于个体。

Chomsky 坚定地认为语言只能产生于个体，因为基因突变只能发生在个体（Chomsky，2008：20）："我无法想象，关于（基因）突变发生于个体而不是社团这个说法，还可以逻辑连贯地被另外的说法取代。因此，由大脑的结构调整而产生的语言显然独特的性能，特别是递归生成的具有层次结构的表述，只能发生于个体，只是后来才在继承了这种能力的个体间被使用。"Chomsky 认为自己的观点中已经包含了神经生物学家 S. Luria，F. Jacob，N. Laureates 等人的思想，"任何产生出诸如语言这样的系统的重大选择压力，都至关重要地与抽象的或能产的思维相关联……语言作为个体之间交际系统的作用只是第二性的，让语言成为唯一的那个性质，并不是它在行为中作为交际指令的作用，或与其他动物交际系统共同的特征，而是它以其对符号的无穷组合并对可能世界的心理创造，完成符号化或唤起认知形象，'铸造'（mold）我们关于现实的概念，并产生出我们思想和计划的能力"（Chomsky，2008：20，我的着重号，注意比较 Chomsky 这段表述和语言相对论思想）。

依照近期生成语言学的主导思想即所谓的最简方案，Chomsky（2010，2012）认为，是某一个人类的祖先经受了关键的大脑重构，由此导致了施加于概念的并合操作（merge operation）首次发生。原初地，这只是一个内在的过程，"最初阶段的语言应该是思想的语言［注意 Chomsky 是把'思想的语言'定义为（自然）语言的最初阶段，而不是 LOTH 定义的自然语言之外的另一种语言］，只在内心使用"（Chomsky，2010：55），但是由于它能产生更丰富的思想和更有效的解决问题方案，因此成了进化过程中的适应结果。"语言不是为交际而设计的。对语言设计的最终解释显然必须是生物学的，不是在表达性或交际效率的层面上"（Berwick，2011：70）。即使语言必定能够被用于交际，那么交际在语言的设计和进化中并没有特别的作用，因为"语言是作为内在思想的工具而进化的，其外化（externalization）是第二性的过程"（Berwick et al.，2011：32）。

"内在与外化"，在 Chomsky 之前已经被一些研究者论述过。比如 Schepertz（1993）认为，作为人科动物普遍的系统，语言固有内在和外在两个方面。内在方面包括对世界和意识的复杂映射和模拟（思想），外在方面包括个体之间以手势、发声或清晰表达之类形式共享的表达系统（交际）。

生成语言学的崛起以及 Chomsky 在当代语言学界引领潮流的影响力，使在语言起源和进化研究领域中，关于语言是思想的分析工具这个开始于 17 世纪但被 Darwin 的进化论倡导的交际手段说压倒的假说，重新受到研究者的重视，Chomsky 的立场也正在逐渐被研究者接受。Berwick（2011：67）几乎是独立地表述了与 Chomsky 类似的观点："所有近期的生物学和进化研究都指向一个结论：语言的外化过程是第二性的，是在概念化和人类语法核心原则之后发生的。"Limber（1982：12）则认为："虽然现在很多人都倾向于认同大量的结构是被个体带入语言环境的，不过关于这个结构的实质和特点还有相当激烈的争论，语言结构可能是早先的进化事件或者个体天才的产物。"这样的争论被一些研究者表述为（Bouchard，2013：42）"还有待证明的就是，与非语言的思维相比，这种假定的思维语言有什么选择优势"。Bouchard 实际上并不认同 Chomsky 等人关于语言起源于个体的推测，他认为就进化过程而言，并不存在私人的思想或者纯粹的内在语言。这里的主要问题是，"既然符号在我们所知道的语言中连接了能指（声音/手势形象）和所指（概念），内在语言的支持者就有责任说明，为什么在那个早期阶段，能指不是由相似的物质构成，以及它们可能是由什么构成的"（Bouchard，2013：44）。

也有一些研究者尝试从另一个角度，即根据在语言学甚至哲学研究中早已是老生常谈的约定俗成论，论述语言源于个体的思想。比如 Burling（2000：37）认为：我们根本不应将先天的叫声视为原始语的起源，语言其实是一个物种的所有成员创造的一套约定俗成的符号（动作的和有声的），但是产生于每个个体的符号并不相同；"这样的符号是通过学习获得的、约定俗成的和离散的"。Burling 似乎想从一个新的角度来谈论所谓的约定俗成论，因为说语言作为一个符号系统是由一个群体的所有成员共同创造的，实在过于牵强，就像 Russell（Russell，1921：190）曾经批评过："我们很难想象我们那时还不能说话的先人的议会，他们聚在一起，商量并一致同意将牛称为牛，狼称为狼。"说"产生于每个个体的符号并不相同"，听起来似乎同意了语言产生于个体的假说，但是将这个符号系统的形成最后归结为约定俗成，Burling 其实仍旧没有完全摆脱 Russell 的批评：一个群体的某个成员"想出"了指称一个事物的词，然后由群体的全体成员，至少是若干权威的成员在一起讨论，决定是否采用。

在我看来，问题的症结在于，"约定俗成"和语言的产生，并不是同一个层次的现象。我的这个论断当然没有相关科学的观察事实佐证，但是单就字面意思来推论，约定俗成是一种集体的高度智能行为，这个行为能够被付诸实行，起码应该以有完成这个行为必需的手段为前提。为适应生存压力的原始交际手段比如手势或叫声，显然都不是完成"约定俗成"这个智能行为的手段；约定俗成这个行为本身只能用语言来完成。这个观点，也见诸早期的研究。比如 Alston（1964：57）似乎从语言研究的角度表述了 Russell 上边那个思想："赞同或约定，须设定已经存在使这项活动能够完成的语言存在。无人知道语言如何产生，但是我们可以肯定不会是以这样的方式产生的。"

由此我们有理由认为，所谓"约定俗成"，是语言已经进化到相当程度时，一种可以称为"语言动物"的群体行为，比如一个该群体尚不熟悉的事物的出现，可能导致群体成员商量约定该怎么称呼它，由此为已经存在的词汇系统增加新的成分［比如我在（蒋国辉，2016）中列举的那个德语新词 Euro 产生的过程］。

Burling 的观点看来并不是无源之水，这个立场可以追溯到 Jespersen。Jespersen（1922：437）认为，"如果有一定数量的人一起目睹了一些事件，并伴随着一些即兴的歌曲或吟诵，这两种东西之间就会产生联想，之后，同一首歌就会倾向于唤起那些在场的人对整个情况的记忆"。不过从根源上看，Jespersen 的观点并不是"约定俗成"这个行为本身，而是一种已经约定俗成的行为的表现；为什么一定数量的人在同一个情境中会唱同样的歌，并未得到解释。现今一些研究者的论述，似乎正好是对 Jespersen 论述的注释（Arbib，2005：120）："一个人最初说出了一个整语性的话语'拿着你的矛，绕着动物的另一边走，我们将有更好的机会一起杀死它'。之后，如果这个陈述中相应的每个符号都足够重要，或者该陈述经常发生，整个部落就会认同一个符号（例如任意的音素串），并且部落的每个成员都会用这个原始符号或原始话语，来代替先前炮制的与这个情景相关的手势。"

暂时抛开"整语"之说，从发生学的角度，Arbib 的观点应该是可取的。它与 Condillac（见 Fitch，2010）关于语言起源和进化的表述大致相同：最初的语言是行为的语言，即身体的动作，包括面部表情、手势和含混不清的声音。虽然这种语言原初地是思想的私人表述，但是他人对这种表述的社会认同，使它们被"编写成"交际的信号，并最终转化为言语。

归结起来，我仍旧坚持我在（蒋国辉，2016）中讨论 Lakoff 的隐喻理论时，曾经表述过的思想：不仅隐喻的表达手段，语言同人类所有非本能的文化相关行为一样，都起源于个体。至于这样的个体创造结果——包括作为符号系统的语言怎样转化为群体事件，Condillac 和 Arbib 的论述或许是一种可取的解释。

就我的观察，大多数研究者对关于语言能力和语言本身的起源是个体事件而不是集体事件的观点保持沉默。这当然很可能是学术旨趣使然。不过，如果从"分析思想的工具"这个角度来看，我认为我们可以对这个问题做出较为肯定的答复，即语言只能产生于个体。论述我的这个观点，或许并非必须涉及 Chomsky 关于由基因突变导致的语言能力只能发生于个体的论述，一些不违背逻辑的思辨就可以导向这个结论。

一个可信的心理学事实是，如果我们将 Saussure 所说的那种"模糊混沌的一团"看作一种心理状况，那么这种心理状况只可能是私人的：相同的刺激或相同的感知觉，并不导致不同个体的相同反应，然后出现所有个体都相同的心理状况。在这种心理状况还没有被表述出来的时候，无论它是因人而异的，或者是一个群体的若干人甚至所有人都相同的，它都只能是一种公众不可知的"东西"。现在，假定这样的事件发生在人类还没有语言但已经具备了自主控制发声行为的能力的时候；再假定这个群体的若干人甚至所有人在相同的刺激作用下，产生了相同的心理状况，并且都有把这个状况表述出来的愿望，那么，如果我们不认为语言是上帝创造、普遍且同时赋予一个群体的所有成员（我们可以这样谈论人类所有群体的所有成员）的一种物种层次上共同的技能，我们似乎就没有充足的理由推论，所有这些有了要把自己的心理状况表达出来的愿望的人，可以同时但独立地发出一个或一串相同的声音;并且这个声音形式的内容,恰好就是他们都拥有的那个完全相同的心理状况。然而,如果否认语言产生于个体,我们就不能不同意这个听上去似乎荒唐的推论;而这个推论的基础,其实就是语言神赋之说:一个词或者一条语法规则,在同一时间内突然就被赋予一个群体的若干人甚至所有人。

基于语言起源于个体的假说,我想我们还可以推测,为什么"人类语言在很大程度上是学习到的系统(learned system)"(Hurford,2003a:6)。Darwin(1871:55)曾经表述过这样的观点:"语言不是真正的本能,因为任何语言都需要学习。但是语言不同于所有普通的艺术,因为人都本能地趋向说话,这从婴儿的咿呀声就可以看出。"后来的一些研究者(Marler,1991)也复述了Darwin的观点,认为是语言不是(通常意义上)的本能,它是一种"学习的本能"。

学习行为是一个专门的研究领域,包括生物学、心理学、行为科学、神经科学的研究和众多的学习理论(Lindblom et al.,1984;Mitani et al.,1989;Hurford,1989,1991;Batali,1994;Byrne et al.,1998;Whiten,2000,inrer alia),以及通过计算机模拟人的语言学习过程的实验(Kirby,2002)。这些理论和实验,显然都不在我的研究范围。研究者或许也很难想象,或者用什么方式构拟出,在原始语言从无到有发展的漫长岁月中,学习语言是一个什么过程;人类语言的"第一个"词怎样被某一个原始人说出来然后通过他人的学习,成为原始语言的一个成分。不过我想我们或许应该假定,就像Russell所说,原始人群不可能以召开会议的形式,来决定把什么东西叫作什么,第一个说出了一串有意义的声音(词的原始形式)的那个原始人,似乎也不可能在自己的群体中以"教学"的方式将这个词推广到群体的每一个成员,因为这实际上也是Russell说的那种"议会形式"。语言由个体产生到被群体掌握,归根结底是一个经历了漫长进化过程的学习机制的结果。

我们当然不能否认,生存技能包括交际手段,在原始群体中可以通过某种"学习"的方式迭代相传,但前提是能够学会这些技能的成员,都经过了相应的预适应阶段,具有了相应的掌握这些技能的生物属性和生理条件,就如镜像神经系统是手势的产生和模仿的神经生物生理条件。人类语言起源和进化的预适应,当然不是类似一群人共同通过了某种测试或检验那种过程,而是遗传进化的结果。也就是说,既然我们假定语言起源于个体,并且假定语言起源的最初动力来自基因突变,而基因突变是在一定的外界环境条件或生物内部因素作用下,DNA 在复制过程中发生的偶然差错,使个别碱基发生缺失、增添或代换,因而改变了遗传信息,那么,假定这样的突变更有可能发生于一个偶然的个体,看来并不与物种进化的理论相悖。这样,语言起源的预适应过程,最初也只能从这个个体开始。这种由基因突变带来的生物属性和生理机能,作为语言能力的预适应,就从这个个体开始,通过种系遗传的方式代代传递,并且逐渐加强,日趋完成,使得始于这个个体的群体拥有了进化的优势,由此逐渐形成了能够"创造"和使用语言的群体。

这样,我们是否可以推测,通过预适应而获得了说话的生理和智力条件的这个群体的成员,就同时具有了接受、理解并掌握从前辈传授而来的语言的生理和心理驱动能力?我指的是,后辈从前辈那里获得语言技能的学习过程,在人类进化的过程中,会逐渐成为一种不再受意识控制的遗传机制最终导致 Darwin 说的"人说话的倾向"。有的研究者确实这样认为(Hurford,2003a:22):"这项工作(指通过计算机模拟学习语言的过程)的一个惊人结果是,在人的死记硬背以及通过由递归模式归纳出的形式—意义映射规律而获得的能力中,存在着语言的选择压力,这种压力产生出能够成分清晰地表达的意义。至少我们在语言中看到的有规律的组成形态,不是人学习某种形式的语言的内在学习偏好的结果,而不过是由于一个简单的事实:语言通过有限的通道即'瓶颈'代代相传。"

语言学习的"瓶颈"理论(瓶颈假说,Bottleneck Hypothesis),与所谓的"迭代学习"(iterated learning)相关。迭代学习是一个没有学习者任何主观意向的传输过程,大致指的是,人类代代相传的语言只是有限的语言知识,而不是说一种语言的所有人能够说出来的全部语句。这样的知识可能是将有意义的语音串组合起来从而构建语言符号的规则,就此将标示不足的现象(underspecification)作为进化的死路排除,从而增强语言"可被学习"的性质。语言也正是以其有限的成分(而不是一个潜在的无限集合),被反复从这个瓶颈挤压通过,由此"生存"下来并代代相传(Kirby et al.，2002；Kirby et al.，2008）。

Darwin 关于"说话倾向"的形成之说，显然已经超出了我的研究范围，不过我想，瓶颈理论或许可以为语言作为思想的分析工具而起源的假说，提供一些可供追寻的线索（或许这类研究已经有了相应的结论，只是我在这里的讨论未能也似乎不需要更深入地涉及语言起源和进化的研究领域）：根据遗传学和进化理论，后天获得的特性也可以遗传（Baldwin 效应），那么，为了说出话语而获得的将发音和意义结合的能力以及将词语组合成为句子的能力等，都是通过学习（学习瓶颈）获得的大脑中枢神经的属性（功能），它们是否也因为遗传最终成了人类的普遍内在语言机制？

瓶颈假说被一些研究者（Slabakova，2013）用普遍语法（universal grammar，注意不是生成语言学讨论的普遍语法，而更近于 Greenberg 研究的语言普遍特征）加以解释。根据这个解释，在所有使语言之成为语言的特征中，比如词序、语义关系、动词屈折等，有些特征已经在大脑中固化（hard-wired），因此是所有人类语言共有的，这是语言共性；另一些特征则因语言而异，是参数变化（parametric variation）的结果。

这个理论可以让我们合理地相信，这个"瓶颈"的现代状况，也是漫长的进化结果，它可能最初只是一个或几个原始的词语，然后发展为一个（若干）词语加上一条语法规则，再发展为若干词语加上若干语法规则，等等，最后进化到现代人类能够掌握语言（自己的母语）所需要的全部语言知识。研究者认为，成分组合语法（compositional syntax）就是在这个学习过程中产生的（Kirby，2000，2002，2007）。

语言是思想的分析（分解）工具这个假说以及由此推导出语言起源于个体的结论，也是对语言起源和进化连续论的挑战。持非连续论观点的研究者也正是这样表述自己的立场（Bickerton，1990：16）："除非我们不再认为语言原初地是交际手段，转而认为它原初地是表达手段，我们就没有希望摆脱连续性悖论。"

"思想的分析工具"假说对连续性悖论的否定，我们或许可以这样来理解：既然语言起源的初始动因是偶然发生于个体的基因突变，由此导致了语言机制产生和发展的预适应；既然源于个体的语言不太可能以在群体内传播（broadcast）的方式，成为原始人群的某种共同技能（群体发展），而只能通过基因遗传和迭代学习（个体发育），成为在此基础上形成的群体共性，那么，如果以语言，而不是以相同的或相似的生物属性和生理结构作为分界的标志，我们就只能符合逻辑地认为，掌握了语言的群体（现代人的祖先）和没有掌握语言的群体（现存的或已经灭绝的灵长类动物、类人猿和类猿人）之间，没有进化连续性。语言是在个体基因突变的那一刻，突然就被预设了出现的可能性，有语言的物种和没有语言的物种，就此中断了种系遗传的联系。

由上文的讨论我们还可以看到，在语言起源和进化研究领域中，倡导手势原始语和有声原始语两种假说的研究者，虽然可能并没有在"连续与非连续"和"思想的分析工具与交际工具"的争论中明确表述自己的立场，但是这两种原始语的假说，实质上都是立足于语言进化连续论和交际工具论。这样的立场和这些假说，在整个研究领域的所有推测和结论都只能是假说的语境中，与其他假说有相同的价值和相同的被证实或证伪的可能性，虽然这样的可能性或许永远只能停留在"可能"的层次上。不过，从分别认同这两种原始语之一的研究者的相互批评中或者从并不认同这两种假说的研究者对两者的批评中，我们已经能够看到，认同这样的原始语假说并基于此而持连续论和交际手段论的研究者，已经必须面对他们哪怕仅就思辨的逻辑性而言，也很难解释的难题。

手势原始语的困境：它无法说明有声语言为什么会代替手势成为主导的交际手段。

支持手势原始语假说的研究者对此有各种看上去理据充足的解释，比如我们已经看到的语言进化"由手到口"的神经生物生理学观察事实，有声的交际手段在生存竞争中的优势，等等。然而，如果认为语言只是为交际需求而产生和发展，我们至少有两个观察事实，可以显示手势（肢体）语言相对于有声语言的优势。这当然不是说，人类进化至今，手势语还可能有对于有声语言的优势，但是从"优胜劣汰"的进化原则来看，现有的研究结论并没有理据充足地证明，在人类进化的原始阶段，有声语言具有顺理成章地取代手势语的优势。

其一，有声语言的使用范围比手势语言狭窄。我们现在能看到的情况是，手势语（理论上）可以被所有人和任何人学习与使用，有声语言却不能被（文盲的）聋哑人学习和使用。以这个事实为依据，在起源和进化的语境下谈论使用范围，我指的是：在原始人类的群体中，如果有声语言以其进化的优势取代了手势语，那么，群体中的聋哑成员就被排斥于群体之外，从而失去了生存的机会。虽然我们无法得知，这样的事件在人类进化过程中，是否就是这样发生了，但是迄今并没有研究告诉我们，有声语言取代手势语，导致了群体中聋哑成员被生存竞争淘汰。更可能的情况似乎应该是，为了整个群体的生存，手势语言和有声语言一直共存并同步进化。那么，适用于群体全体成员的交际手段（手势语）与不适用于群体某些成员的交际手段（有声语言）相比，哪一种更具优势，似乎不能一概而论。

其二，直立行走让人的发声器官（喉咙和声带）下降①，由此增强了唇、舌、口腔和面部肌肉的灵活性，发出不同声音的能力得到发展；直立行走同时解放了人的双手，使人的手指动作更加灵活。于是，我们或许不能否认的一个事实是，人的唇舌、面部肌肉和手指的动作灵活性是同步发展的。我指的是，原始人类不能发出现代人类能发出的所有语音，原始人的手指也不具有现代人手指的灵活性，不过，如果我们谈论的是"进化"，人类在原始时期的发音动作和手势，应该是在同等的进化阶段，就此谈论有声语言对手势语的优势，似乎并非理据充足。作为推测的依据，现在我们可以看到的是，人能发出并且能组合成音节的声音，远远少于人的十个手指可以相互配合做出的不同手势，如果再辅以面部表情、身体姿势和口唇动作（不一定是对有声语言发音动作的模仿），手势语有"意义"的组合（理论上）可能远远超过一种语言数十个音位可能的组合（电视新闻的同步手势语至少可以让我们看到，手的动作加上口唇动作和面部表情，手势语可以编码和传递有声语言能够传递的任何信息）。因此，仅就交际手段的表现力而言，有声语言的产生和发展，也并非基于其表现力对于手势语必然的优势。

手势原始语假说的这个困境，归根结底得咎于交际手段假说。从生物生理属性的角度来看，手势语需要耗费的能量，包括完成手指和其他肢

---

① 近期的研究似乎证明，若干此类生物生理特性（包括喉咙和声带的下降）的进化，并非人类特有（Fitch et al., 2001；Weissengruber et al., 2002）。不过这类基本上属于所谓广义语言能力的问题，并不影响我最终对语言相对论思想的阐述。

体的动作需要的能量，以及将这些动作组合起来时，控制（手势发出者）和理解（手势接收者）其间细微的差别需要的能量，远远超过使用有声语言时发音器官需要耗费的能量。而且，使用有声语言解放了手，让人类可以在交际过程中同时用手完成其他的行为。这些都是有声语言取代手势语选择优势。不过，关于这样的优势，是从研究的角度，比较现代人类自然语言和手势语能够得出的结论。就原始人类有限的交际行为而言，如果语言是作为交际手段而产生，那么，在原始人类的生存条件下和生存行为中，手势语的耗能，似乎不可能达到降低原始人类的生存竞争能力需要寻找低耗能的交际手段那个程度。作为交际手段，有声语言仍旧不太可能从这个角度，被证明有顺理成章地取代手势语的选择优势（类似的表述和质疑参看 Arbib，2012；Emmorey，2005）。

有声原始语的困境：它无法说明意义怎样被赋予了原初并无意义的声音（组合）。

持手势原始语立场的研究者，正是从这个角度在批评有声原始语。Arbib（2012：240—241）假设手势与意义一开始就是相关联的，任何用于交际的手势，都以某种指示来完成一个交际目的。这个交际目的，粗略地说，就是手势包含的意义。做出一个手势可能伴随某种声音，这个声音后来就可能取代手势，完成此前手势完成的交际任务，同时获得了手势表达的意义。对于手势原始语，意义不是外来的。Arbib 认为在这一点上，手势原始语假说优于有声原始语假说。

我认为，解释意义怎样"从外部"被赋予了声音，其实还不是持有声原始语假说的研究者必须面对的唯一难题。更重要的是，这种假说还需要说明，"意义"在没有语音的时候，是以什么形式存在、存在于什么地方。在这个至关重要的问题没有得到令人信服的、基于直观实验数据的解释时，思考"意义"怎样被赋予了此前没有意义的声音，当然不可能得出任何有价值的结论，这不过是用假说来解释假说的典型。在迄今为止的语言学以及与语言有关的、研究语言和思维相关性的学科中，意义（思想）的前语言存在，似乎是一个公理性的前提；虽然这个"公理"并不拥有任何已经被证实的科学依据，但它却没有像"人的认识之外，客观世界是否存在"这个哲学难题那样被搁置，而是被广泛运用到关于语言起源和进化的假说中。

　　Arbib 的观点，还会将我们的思路带向一个值得注意的问题。一方面，手势原始语假说并没有假设存在无意义的手势，意义是后来从外部被赋予了本无意义的手势。单从肌肉发出运动这一点来看，手的运动和发音器官的运动，对于用来传递信息的交际行为，并没有在"运动机能"（motor-function）意义上的本质区别。如此，依据手势原始语和有声原始语两种假说，同样是由大脑中枢神经控制的、要达到同样目的的肌体运动，在动作发出时就可以原初地区分为"有意义的（手势语）"和"无意义的（有声语言）"。

　　另一方面，如果手势的意义就是交际目的，那么为交际而发出的声音，其意义同样可以符合逻辑地归结为交际目的。这个交际目的作为一种可以被传递、被理解的信息，只是在为这个目的而发出了声音后，才能成为一种公众的存在，否则它只是一种私人心理状况。这是"意义"的一个基本属性。在这个意义上我们似乎应该说，有声原始语的意义，与手势语原始语一样，原初是在有物理属性的形式（发音器官的动作）中形成的。或者更确切地说，私人心理状况在发出的声音中转化为能够被传递、被理解的信息，这个信息就是这一串声音的意义。这个推测，最终还是指向了倡导思想在语言中形成的语言相对论。

　　回到我在这一节开始提到的那个区别，即"作为交际手段而产生"和"怎样成了交际手段"，我认为"思想的分析工具与交际手段"这个对立，实际上应该只是一个观察角度的问题。较为合理的推测或许应该是：语言作为思想的分析工具，是个体发育的结果；之后，由于它显示出来的相对于其他交际手段的优势而被运用于交际，并逐渐成为有语言的物种即人类最主要的交际手段。进化的逻辑链条在这里应该是：有声语言起源和进化是一个独立的与交际手段无关的过程；原初它不是作为优势的交际手段、为替代手势语而产生和发展的。

　　上文的讨论已经表明，在语言起源和进化相关问题上，我的立场实际上也是坚持语言相对论必须而且只能持有的立场是"非连续+思想的分析工具+语言产生于个体"，因为这个立场与语言相对论的根本原则是吻合的。这当然不能理解为，在语言起源和进化研究中，持这类立场的研究者一定支持语言相对论,而是从关于语言起源和进化的这类假说出发,我们可以更好地解释语言对思维的形成力作用、语言塑造人的世界观这些语言相对论倡导的思想。这些假说还为研究语言相对论提供了思考的切入点和若干细节的技术支持。我把这些技术问题放在后面的章节详细讨论。

五　词(符号单位)与句法(符号结构)

将词和句法看作对立的两方,研究者讨论的是,作为语言这个符号系统组成部分的词和句法怎样起源和进化:它们的出现是有关联的还是各自独立的事件,它们的产生是否有先后顺序、是什么顺序,等等。与前面那些语言起源和进化研究领域中的对立立场不同,追溯词和句法的起源和进化,似乎并非只能停留在"纸和笔"上,因为这样的研究不仅有实实在在的对象物,而且似乎不是一个深奥到只有研究语言起源和进化的专业研究者才能理解和议论的话题。这样的对象物包括:现代人类语言的符号(词汇)和结构规律(句法),以及虽然十分有限但仍旧有某种线索可以追溯的语言"化石",包括可以符合逻辑地构拟的某些古代语言形式,尽管它们并不能提供关于原始语言的真正线索。作为现代成熟语言使用者的普通人(我是指受过相当程度的教育,并且有能力思考关于语言的一些问题的人),稍加思考也会同意关于语言的一种尽管过分简化的说法:语言就是一部词典和一套句法规则。对于这样的普通人,说词和句法可能是分别产生然后共同发展为现代人类语言系统,似乎也不无道理:原始人最初有能力说出一些简单的词,指称单独的事物;然后才逐渐发展出更强大的能力,将这些简单的词结合在一起,说出一个句子来表述更加复杂的对象。

普通人的这种理解,实际上也是一些关注语言起源和进化的语言研究者思考这个问题的角度,这样的角度看起来似乎比较符合事物发展由简单到复杂的客观规律。原始语言可能在起源之初而且在产生后的很长一个时期内,都只有一些能够指称事物的"词",原始人类也只是使用这些词,来指称说话时刻在场或不在场的事物。在表达更复杂的思想的需求产生后,原始人将若干词语放在一起,由此逐渐产生了"如何放置"的规则,由这样的规则发展出现代语言的句法。这样理解词和句法的产生,自然是将它们看作有关联的事件，出现的先后顺序不过是事物发展的普遍规律。

一些研究者从科学的角度似乎支持普通人这种基本上是直觉的看法。比如 Donald（Donald，1991，1998）和 Deacon（Deacon，1997）在批评语法先于词汇出现的观点时指出，拥有非符号化原始遗产的人类用符号来表达他们的知识，是语言进化的中心问题。词是作为符号指称的承担者而出现的，它是语言的入口（threshold），没有词，句法既不可能也不需要。

Bickerton（Bickerton，2007）原则上也与 Donald 和 Deacon 持相同的观点，认为符号单位（词）和符号结构（句法）并非同时并且基于同一原因出现。逻辑上，材料出现在将其连接起来的方式之前。

然而这种似乎符合逻辑的发展顺序，并不是语言起源和进化研究领域中被普遍接受的观点。虽然看似不太符合事物发展的常理，但是确实有研究者将词和句法的产生和发展看作并无关联的独立事件。按照他们的观点，词和句法不仅各自独立产生和发展，而且句法在词出现之前就已经存在了。被 Donald 等人批评的、持语言起源和进化连续论立场的 Dunbar（1996：115—116）的观点是"在旧大陆的猴类动物那里，我们已经看到许多人类语言的特点。草原猴的叫声可以看作一种典型原始语，（在那里）声音被用来任意指示特定的对象。当梳毛（grooming）① 这个行为获得意义时，人类就掌握了语言，但这时的语言还不是符号化的语言，没有对抽象概念的指称对象。由此可见，语法在（人类）语言出现之前很久就已经存在，这是原始认知包括社会智力的中心"。依照 Dunbar 的这段表述，在有语法的"语言"已经出现的时候，现代语言意义上的词还没有出现。

Dunbar 的观点听起来似乎有悖事物发展的逻辑，但是在语言起源和进化的研究中，他的观点并不是孤立的。不少研究者都认为句法的产生是一个独立的事件，虽然并没有多少人像 Dunbar 那样，明确断言句法存在于语言符号（词）出现之前。Limber（Limber，1982：438）的看法与 Dunbar 很接近："对正常儿童、聋哑儿童和现代猿类语言的研究以及历史重构一致支持这个观点，即大型灵长类动物和人类共有一个古老的，由遗传和认知规定了结构的非语言交际系统，其最原始的表现形式是手势和相应的无

---

① 在语言起源和进化的研究中，相互梳毛（groom）被视为猴类和猿类动物的一种交际形式。

结构的发音。句法就是依赖不断完善的听觉/发音通道,从这个系统进化而来。"

Chomsky 对此也表达了听上去类似的观点。尽管他并没有强调词和句法产生的先后,但他确实认为词和句法的产生是各自独立的事件,比如在所谓"狭义语言能力"假说中,最基本的递归语法"可能是基于与语言不同的原因而产生的"(Hauser et al.,2002:1578)。Chomsky 的这个立场,可能与他认为句法的抽象核心是语言的生物属性中心成分,以及生成语言学倡导的"句法自主"思想相关。不过,在语言起源和进化的研究领域,Chomsky 的假说并不比其他的假说在观察事实和思辨推理方面更具优势。

虽然 Bickerton 强调词和句法产生先后顺序的逻辑性,不过就句法和词各自的起源,他的立场更接近 Chomsky(Bickerton,2007):"就语言的进化/变化而言,符号象征(词和手势)和句法源于不同的选择压力,实际上,符号象征可能向句法施加了选择压力,两者源于完全不同的选择机制(511—512)。""我们可以有把握地断言,句法需要人类大脑实质性的改变,由符号组成的原始语言则不需要。没有理由认为在第一个符号单位出现后,增加新的符号单位会有什么遗传限制。符号单位从起始就是基于文化,所以可以没有任何困难、不受任何限制地添加于任何语言;语法结构则是基于生物属性,不能添加、改变或者取消"(515)。关于生物属性,Bickerton 等人(Calvin et al.,2000)的说明是,人类非凡的大脑容量和他掌握句法有某种特殊的联系,这可能是(人类)这个物种展现出的所有独特之处中最突出的两种特性。

除了 Bickerton,还有一些研究者也尝试从生物属性的角度来解释句法的产生。Lieberman(Lieberman,1984,1998)认为,语音系统形成后,是肌动控制的神经装置为其提供了句法结构。Corballis(Corballis,2002:99)和 Armstrong 等人(Armstrong et al.,1995)确信,大脑偏侧化和右手主导,是句法产生的神经生物基础。还有研究者(Donald,1991)的解释是,大脑神经研究可能揭示,句法的秘密在于大脑各区域间联系的模式,而不是任何一个区域或几个区域(比如被简单化为布洛卡区)单独的作用[近期一些研究者还从大脑神经影像研究的角度,试图证明词义的结构也是大脑中几个区域相互作用的结果(Kemmerer,2010)]。这种联系比此前那些幼稚断言的联系要微妙得多，它不能归结为：硕大的大脑使我们聪明，我们的聪明使我们能够发明语言。

这其实不全是近期的研究成果，更早期的研究者已经提出了类似的观点（Lashley，1951；Miller et al.，1960）：语言句法的关键特点可以被称为行动句法（action syntax），这是一个构成运动控制基础的、高度结构化的认知系统。

并非所有研究者都同意句法与生物属性相关。Tomasello（Tomasello，1999，2003，2006）认为，句法并非以生物属性为基础，语言的句法装置是由文化派生的：人和黑猩猩的区别是先天固有的，这种区别反映在人能够文化相关地使用语言。句法规则是由趋向"语法化"的文化过程派生出来的。另外一些研究者（Heine et al.，1991；Heine et al.，2002）对这种"语法化"的解释是，有内容的基本词语比如名词和动词，在历史发展中被改造为功能词语，比如前置词和限定语。这样的改变，是词汇中特殊的功能词和至少一些更为抽象的语法结构的来源。

就句法是否源于神经生物属性的争论，我想我们应该注意的一个事实是：语言的起源和进化是一个涉及多种学科的研究领域，每个学科都可能从自己的角度提出假说。检验这类假说的论据和结论，固然可以被运用到研究语言起源和进化的其他学科，甚至可能对整个研究领域有重大影响，然而归根到底，每个学科的论据和结论能够解释的，也只限于语言起源和进化涉及这一个学科的那些问题。从不同的角度对一个现象的各种解释，并不一定形成学派或立场之争，因为这些学科可能完全没有会导致争论的接触点，比如，大脑偏侧化和右手主导是句法产生的神经生物基础（a）与词类改造而导致的语法化（b）。从生物属性的角度解释句法的起源，更多的是神经生物学生理学的研究对象，这样的研究可能解释，人类语言为什么会产生出句法。将句法规则的产生看作"语法化"的结果，则更多的是语言学的研究对象，这样的研究可能解释，某种句法规则是怎样从无到有、从简单到复杂地演变和发展。我更倾向于将前者看成后者的神经生物生理基础，但却不是在语言学领域研究语言起源和进化必须涉及的问题。

所谓的词汇原始语（lexical protolanguage）假说，就主要是语言学领域内的研究对象。讨论词汇原始语言假说，并非必须涉及语言的生物属性或者神经生物生理学的研究领域。这个假说甚至可以成为现代语言学的研究对象。词汇原始语假说将词和句法的产生与发展，看作同一个进化过程中相关且有序的事件，句法是在词汇发展到一定程度后产生的语言现象。这个假说的逻辑似乎简单明了：人最早能够发出一些简单、孤立的声音（音节），这些以某种方式具有了意义的声音成为原始的词；这些词被单独地运用于交际活动，没有任何规则将它们组织起来，用于表述某种有命题结构的思想，或传递某种相对复杂的信息；随着这种词汇原始语的发展，句法在某种条件下以某种形式出现了，它可以将单个的词组织起来，现代语言意义上的句子也就能够被说出来了。

关于词汇原始语假说，比较引人注目的争论在于，句法在这个进化过程中是突然出现的还是渐变的结果。前者的代表大致可以认为是 Bickerton，后者的代表是 Jackendoff。

Bickerton 断言，在语言进化过程中，存在过以词为基础的原始语阶段，句法是这个进化过程中最后的也是关键的一步。Bickerton（Bickerton, 1998）认为从词汇原始语言到句法的过渡是突然发生的、灾变性的，其原因是某种基因突变。我不打算仔细讨论 Bickerton 的基因突变之说，不过我想指出的一点是，这样的基因突变和句法本身的产生，正好是我刚才表述过的两个不同的领域（神经科学和语言学），虽然同是关于语言的起源和进化，但是研究的范围和对象并非同一。如果说基因突变和句法的出现有因果联系，那么更合理的说法或许应该是：基因突变造成的"突然的、灾变性的"后果，并不是句法这个语言现象本身（我当然不是指 Chomsky 倡导的普遍语法，因为普遍语法作为一种内在的语言机制，本质上并不是一般意义上的语言现象），而是句法这个语言现象能够产生的可能性。

一些研究者对此的表述（Simon, 1962; Orr et al., 1964; Lieberman, 1984; Allott, 1989; Kimura, 1993; MacNeilage et al., 2000, inter alia），在我看来更接近问题的实质：这个系统（Simon 指的是认知系统）的两个关键的能力，在于它包含了（a）经过超量学习获得的或"自动化"了的若干子程序构成的各种层级结构，以及（b）对这些层级结构相应的要求，即为了处理新的情况，它们需要快速且有效地重新组合。这两种能力在必要时可能表征为肌动控制和句法特征（aspects of syntax）。暂且抛开认知系统是否是语言系统的基础这个问题，我认为这样的论述较为可信地解释了基因突变（获得能力的原因）和句法的产生与发展（能力的表现形式）的相关性，在一定程度上避免了句法本身就是某种灾变直接结果的缺陷。

与 Bickerton 相反，Jackendoff（1999，2002）坚持句法的产生是一个渐变的过程，并坚决否认所谓的突变论。他将人类语言的进化描述为一个多阶段的过程，从词汇原始语到完整的现代语法的发展，是由若干增量步骤（incremental steps）组成的。这个发展过程由三个阶段构成（其他与 Jackendoff 持相同观点的研究者，如 Christiansen et al., 2003a；Nowak et al., 2001；Luuk et al., 2014 等，对这个发展过程有不同的划分，与 Jackendoff 的划分并不完全吻合。这些观点其实是互补的，比如 Luuk 等人的四阶段说：符号（sign）→符号数量的增加→符号无规则的自由并置（concatenation）→语法→符号并置的限制+语义嵌入）：

1）词汇原始语之前的单词（one-word）阶段。这个阶段并不被研究者普遍认同。一些研究者认为在人类语言最原始的阶段，句子并不是由可区分的词汇单位组成，而是表达一个完整"命题"的不可分析的整体，这个阶段因此被称为"整语"阶段。我在下一章专门讨论这个问题。

2）Jackendoff 发展模式的第二阶段是所谓的语音组合系统，这是一个不依赖意义的独立生成系统，为词的形成提供了一个无限的（语音）储存库（pool）。Jackendoff 的主张，显然是意义从外部被赋予了语音形式。在当今语言学界几乎已经默认意义（思想）独立于语言之外的背景下，Jackendoff 的立场似乎无可非议。

3）以生成能力和递归性为特征的现代语法（Jackendoff 在这里指转换生成语法），在 Jackendoff 的假说中是人类语言发展的最后也是最高的成就。在这个阶段，语言完成了词的并置、反映语义角色的词序规定（行为主题领先，话语主题在后之类）等语法化过程。这个阶段主要的创新是有引领词的短语（phrase with head），语言中就此出现了与词的功能相当的短语（名词与名词短语等）。关于这一点，Jackendoff 引用了现代英语状语短语没有强制词序的现象，作为证明语法产生于词的组合方式的活"化石"。Jackendoff 认为，句法范畴即"名词与动词"的区分相应于"实体与事件"

的语义区分,是句法发展的这个最后阶段的重要成果。

Jackendoff 关于语言由词到句法逐渐进化的观点也是这个领域中许多研究者的立场,虽然表述的角度和涉及的内容可能并不相同。比如 Graffi (Graffi, 2005) 也认为,现代人类语言与原始语言的区别,在于后者没有任何组合词语的手段;一些心理学研究者(Brown, 1973; Tomasello, 2000a; Fisher, 2002)依据个体(ontogenetic)发育、言语(glossogenetic)发育和系统发育(phylogenetic)的线索,认为从幼儿学习语言的角度,语法是以片段的形式,一个词素一个词素,或一个动词一个动词地逐渐被掌握,幼儿由此缓慢地获得了语言能力。幼儿学习已经成熟的现代人类语言的语法,尚且是一个缓慢的渐进过程,原始人类"创造"并掌握语法的发展过程,显然不可能有另外的形式。Limber(1976,1977)的看法是,句法是人类语言最特出的部分,它原始是源于对语言称名范例(naming paradigm)的关注。

尽管有上述争论,在语法产生和发展的论述中,Bickerton 和 Jeckendoff 在两个问题上的观点,看来是一致的。一方面,他们都认为"概念"和"符号"系统不仅存在于人类,也存在于所有的灵长类动物;另一方面,不仅人类,灵长类动物也拥有原始语,它们的原始语由几个孤立的词组成,可以互相传递思想,但是这种原始语没有句法。经过训练的黑猩猩能够掌握的,也就是这种形式的"语言"。

暂且搁置灵长类动物的所谓"概念""传递思想"之类话题,Bickerton 在这个问题上的立场让我们看到,语言起源和进化的确是一个非常困难的研究领域。由于没有可以被单义解释的观察事实和直观实验数据支持,对于大多数现在能够获得的材料,研究者似乎都可以做出见仁见智,有时几乎是矛盾的,但却都理据充足的解释。这样的状况很容易让研究者对一些问题持一种观点,对另一些问题持另一种观点,而往往忽略了,或者只能无奈地回避一个事实:这两种观点可能并不兼容。我在前面的讨论中已经提到过,虽然 Bickerton 是公认的非连续论者,但是他的若干论述却显然是支持连续进化论的。比如,就 Bickerton 的立场,句法的产生和发展是灾变性的(非连续论);而词的产生和发展可以追溯到灵长类动物(连续论)。然而,我们似乎很难在这两个假说之间,找到能够对语言作为一个完整系统的起源和进化做出解释且不会导致悖论的联系。

* * *

通过对语言起源和进化研究领域中各种假说和理论的观察,作为并非这个学科的研究者,我的总体印象是:在语言(这里特指词和语法)起源和进化的研究中,我们当然不能否认对语言相关的生物生理属性和神经解剖特征研究的重要性,但是这样的研究确实可能永远停留于假说。我不是说这类研究不可能有成果,乃至重大发现,但是归根结底,研究者对现代人类相关于语言和思维的生物生理属性和神经解剖特点,尚不能(或许由于种种限制,在相当长的时期内不可能)获得可靠的直观实验数据,更何况这个领域里的对象,是研究者永远不可能直接面对的原始人类。考古发掘固然可以为研究者提供一些通过中介理论可以解释的观察事实,比如脑容量的对比、大脑某一部分的原始状况、发音器官的生理构造和进化,等等,但是这些化石资料和观察事实最多只能说明,原始人类的生物生理属性和神经系统构造,为语言的出现和发展创造了一些可能的条件,它们并不能单义地告诉我们,人类语言就是怎样起源和进化的。正如 Limber(1982:441)所说:"我们拥有了普遍的原因,诸如自然选择、基因突变、平行进化、趋同进化、遗传同化,等等,但是我们没有关于这些原因如何协同作用并由此产生出明确地将人和灵长类动物区分开的语言知识,我们并不缺乏关于语言起源模式的相关进化装置;我们缺乏的是关于人类语言本质的可靠知识。我们对人类语言起源的理解中真正缺失的环节,在于个体发育的功能,和句法及语音系统发展。不能指望并非针对语言的这些方面提出的那些设想,可以解释灵长类动物之间的语言断裂。"

因此,虽然遗憾,我们却不得不安于这样的事实:我们地球人对自己原始的生物—生理—神经属性的研究,可能会在某个时候止步于一个没有终极结论的状况。在这个领域里的研究最终能够取得的较为可信的成果,或许也只能是基于生物—生理—神经科学或考古发掘提供的经验事实,对猜测中的原始语言本身的状况,做出一些不违背逻辑的思考和论述。

我们或许不能不认为,研究词和句法的起源和发展以及它们之间的关系,采取 Jackendoff 等研究者的立场,将目标定为"纯粹"语言学的解释,从语言自身来研究其产生和发展,在现阶段或许是一个更好的、更现实的选项。说"更好",并不是这样的研究从整体上能够比生物生理科学、神经科学、考古学和人类学更好地解释语言的起源和进化,而是因为对于科学研究而言,原始语言本身的状况,看来比原始语言的生物—生理—神经基础更容易"触及",因为这个研究至少有现代语言作为参照。按照一些研究者的说法。现代语言中似乎保留了若干被研究者视为原始语言遗迹的现象,比如 Bickerton 着眼的洋泾浜语言中没有结构规则的词串,或者让 Wray 感兴趣的程式化语言(formulaic language),等等。虽然这些都不是原始语言遗留下来的真正意义上的"化石",但是研究者可以通过推理和思辨,构拟出哪怕相当粗略的一些原始语言的可能状况。因为"语言进化过程中缺失的环节,似乎不太可能从当今灵长类动物的行为中,而应该从合成人类语言的各种语言成分的功能中来寻找,比如对句法和语音过程以及布洛卡区的深入理解"(Limber,1982:441)。

第五章 从语言相对论的角度看 HPL 假说

第一节 HPL 假说

语言的起源和进化领域中各种假说和观点之争,本应该在我的讨论范围之外;而且,在研究语言起源和进化的语境中讨论语言相对论,也并非必须从批评这个领域中的某个假说着手。对 HPL 的批评,因此不能看作我以自己的立场和观点参加这个领域的争论。平心而论,我似乎没有太多的理由,将对 HPL 假说的批评当成语言相对论研究的一个部分,因为 HPL 假说的倡导者声称,HPL 是灵长类动物共同祖先的交际系统和现代人类语言之间的桥梁,这实际上是说 HPL 和现代语言是两个完全不同的实体,尽管他们并没有将这个立场坚持始终。如果认同 HPL 假说倡导者的立场,那么,以现代人类语言为研究对象的语言相对论,并非至少在我的体系中不涉及任何形式、包括整语形式的原始交际系统,因为语言相对论思想涉及的范围只是现代人类语言(我说的现代人类语言,指的是第一个词被创造出来之时就开始存在的那种语言。这可能不符合语言起源和进化研究领域内的共识,不过对我基于这种定义研究语言相对论,并没有负面的影响)。况且,当 HPL 假说的研究者只是依据一些虚构的事例来论述这个假说时,我们似乎没有必要将对它的批评,作为讨论一个基于真实的语言事实建立的语言学哲学理论的前提。

HPL 假说的基本观点,就是假设在语言起源和进化过程中,在原始词产生之前有一个整语话语（holistic utterance，以下 HU）阶段①。迄今为止的语言相对论研究，包括我（蒋国辉，2016）在语言学范围的研究，并未从语言起源和进化的角度论述词是怎么产生的，因此我似乎没有理由指责 HPL 关于分解 HU 产生词的假说，同语言相对论的思想发生了冲突。不过 Fitch 对 Tallerman 的批评，倒让我们有了一个讨论切入点。Fitch（Fitch, 2010：499）批评道："Tallerman 认为没有关键的对照（应读作'语义对照'）以区别音位，要从没有意义的声音流中抽取语音单位是不可能的。然而这只不过是缺乏想象力的表现，没有任何语义线索的引导，鸟类可以学习歌唱，儿童可以学习音乐旋律，就是很好的反证。"这段话用更直白的表述就是：没有意义的声音串可以作为实体产生，并且被学习、被使用；意义（思想）也可以在没有意义的语音串之外形成和存在。

将对 HPL 假说的批评，纳入我在语言起源和进化语境中对语言相对论的讨论，是因为如果坚持语言相对论的思想，我们就需要认同语言起源和进化研究中的以下几个假说：

1）语言是作为分析"思想"的工具而产生的；

2）语言的起源和进化是非连续的；

3）语言的进化是词的产生和语法的形成；人类语言从起源上是组合型（compositional）语言；

4）语言起源于个体的创造。

语言起源和进化的研究领域中的假说当然不止这几个。所有这些假说，都并非孤立的存在，它们是相互关联的。只是在这个研究领域中，研究者都有自己的侧重点，他们的基本研究对象可能是这些假说中的某一个或几个；在对一个假说的论述中，可能对相关的其他假说也表达了一些看法。然而就我的了解，并非所有的研究者都特意将这四个假说组合在一起，表述了对它们在整体上的认同或批评。认同这四个假说中的某一个（些）却批评另一个（些），是常见的立场，一些研究者比如 Tallerman，Jackendoff 等，坚持人类语言从起源上是组合型语言，却反对语言作为分解

---

① 这样的观点，其实早在 HPL 假说之前就已经被表述过了。比如，对语言起源颇有兴趣的 Rousseau 就认为，原始语言的符号是"整体话语"（holophrastic），用来表述完整的命题（*Discours* etc.，1755，Part I，转引自 Graffii，2005）。

"思想"的工具而产生的假说，也在一定程度上反对非连续论思想。

很有意思的是，被在错误方向上研究语言相对论的人们认为是语言相对论对立面即语言普遍论代表的生成语言学，就这四个假说，竟然与我坚持的语言相对论立场完全相同，特别是 Chomsky 等人近期倡导的 SMT，就是在整体上认同了这四个假说。对 Chomsky 等人的这些思想我并没有专门研究，只是他们可能与我的讨论有关的观点，散见于这部著述的各个章节。

就这一点来看，HPL 假说与语言相对论思想在基本出发点上是对立的，因为认同 HPL 假说，研究者需要在整体上对这四个假说持否定立场。这个立场归结起来就是：

1'）语言是作为交际的工具而产生的；

2'）语言的起源和进化是连续的：灵长类动物的交际系统到原始人类的整语话语交际系统，再由分解整语话语产生词，最后进化到现代语言；

3'）人类语言从起源上是整体性的话语；

4'）HPL 假说似乎也告诉我们，分解 HU 产生词的理性行为，开始于原始人群体中智力超常的个体（Wray，1998；2000a）。但是这个解释与 HPL 假说的基本立场是矛盾的。

我在（蒋国辉，2016）中一再强调的是，人的任何非本能行为都只能起始于个体，这看来已经是一个公理性的事实，就连 HPL 假说也无法否认。但是与此相关的另一个不应忽略的事实是，组合型语言假说告诉我们，在第一个（原始）词出现之前，原始人类没有语言，只有原始的交际系统（虽然有时也被称为 speech）。HPL 假说却认为，在第一个（原始）词出现之前，原始人类已经有语言，即整语原始语。这是语言，而不是只能被称为 speech 的原始交际系统。然而原始交际系统，比如人与黑猩猩的 LCA 的交际系统，原初并不是非本能行为，它源于动物的叫声（De Laguna et al.，1927）；动物的叫声显然是本能的行为。直接传承原始交际系统而出现的 HPL，因此也不可能产生于个体。按照这个逻辑，HPL 假说中主张的分解 HU 产生词这种个体理性行为，实际上是发生在语言（HPL）已经产生之后，这个行为并不等同于在（组合型）语言从无到有的起源过程中词语产生这种个体的智能行为。

这里我们还可能遇到的挑战是：即使认同原始语言起源于词，我们也没有理由否认最初被用来作为"词"的那个声音，同样是直接从灵长类动物的叫声承续而来，与整语话语在这一点上并没有区别。不过，这样的反驳可能忽略了一个关键问题：灵长类动物的交际，只具有操控的功能；由这个交际系统直接传承而来的整语话语，显然也只具有操控功能（我们并没有看到 HPL 的研究者"创造"的描述性整语话语，或许他们在意识深处，也不能不坚守"操控"和"描述"之间的界限）。整语话语的操控功能，显然不太可能是原始人类在与黑猩猩分道扬镳后、由某个智力超群的个体另起炉灶地创造出来，然后将这种功能赋予与黑猩猩基本相同的叫声。比如，黑猩猩和人的 LCA 可以在捕食者（豹子）临近时发出报警和促使同伴逃离的叫声。没有相关研究告诉我们，原始人类同黑猩猩在进化链上分手后，可能分别发展出物种独有的一套报警叫声；更有可能的是，他们都从 LCA 那里承续了大致相同的报警叫声。虽然 HPL 假说可以将原始人类这样的叫声，或许随着发音器官的进化，可能更扩展了或者更清晰了——想象为一句话语，但是这样的"话语"的声音和功能，归根结底都是由灵长类动物本能行为直接传承而来，没有个体的创造。

而词的创造，完全是另一种智能行为：虽然创造第一个词的原始人使用的那个叫声，仍旧可能是从人类与黑猩猩的 LCA 那里直接承续而来，但是这个叫声的实质已经剧变：它不再是为操控，而是作为指称手段而发出来，具有了最原始的叙述功能。个体的创造在于将原始交际系统的操控，变成人类语言的叙述。

从语言相对论的角度批评 HPL 假说的动机，因此是源于对上述四个假说的立场，而不是仅仅针对一些观察事实和论述的分歧。

Fitch（Fitch, 2010）对 Wray 的 HPL 假说的评价，虽然在我看来并不贴切，但也不失为认识这个假说的一个角度。按照 Fitch 的说法，Wray 强调的是，HPL 与"分析性的、基于规则的、具有被认为是语言之核心的生成系统的现代语言，没有进化的连续性。真正的句法并非产生于交际的需要，而是由于它被运用于思想"（499）。这与 Chomsky 和 Bickerton 等持非连续论立场的研究者关于完整的句法语言本源地是用于表达思想，而不是用于交际的观点是相符的。Fitch 的这个评价，看来也是基于他自己所持的所谓音乐原始语假说，他认为在人类进化的那个阶段，"音乐原始语是用于操控的、基于情绪的交际系统，而不是无限制表达思想的载体"（504）。音乐原始语按照 Fitch 的看法，HPL 与音乐原始语是一脉相承的，这个特点因此可以视为语言起源和进化非连续性的依据。

说 Fitch 对 HPL 假说的评价不贴切，我并不是要批评他的音乐原始语假说，而是从 Wray 和 Arbib 等人对 HPL 假说的论述中，我们似乎并不能看出这个假说与语言起源和进化非连续论的联系：

一方面，如果这里是指 HPL 和现代语言的非连续性，而 HPL 假说认为现代语言的词在起源上是分解 HU 的结果，并认为 HPL 是连接 LCA 的交际系统和现代人类语言的桥梁，那么 HPL 和现代语言的非连续性表现在什么地方？另一方面，如果这里是指 HPL 和 LCA 作为交际系统的叫声之间的非连续性，那么 Wray 自己已经否认了这一点（Wray，2000a：289）："黑猩猩交际的整语性话语是人类语言整语话语的子集（subset）"；而且，与灵长类动物相比，人类祖先发声器官的逐渐变化，"使得更多的声音可以发出，更多数量的离散话语也就被创造出来"（Wray，1998：51）。

Tallerman（Tallerman，2007，2008）也对 Wray 主张的原始语的 HU 与灵长目动物的叫声是语言进化的连续阶段的观点提出批评，她认为，Wray 混淆了语义映射和语音结构的区别。Wray 强调两种交际形式在语义内容上的连续性，实际上只是它们在功能上的相似；而且 Wray 过分强调了两种交际系统在语音形式上的非连续性。我在稍后的讨论中会指出，Wray 强调的这种语音系统非连续性，正好是她的 HPL 假说一个关键的谬误。

在开始对 HPL 假说细节性的讨论之前，我还需要说明，在并不掌握优于 HPL 假说的直观实验数据和诸如考古发掘之类的观察事实时，我们是否能够有效地评论 HPL 假说。

虽然在语言起源和进化的研究中，研究者一直没有间断过报告新的观察事实和实验数据（考古发掘）、提出新的理论和推测，不过在这些成果背后，始终有一个或许让研究者沮丧但却不得不承认的事实：就已经完成或正在进行的关于语言起源和进化的研究得出的任何结论，对于人类的认识能力，现在都只是而且可能永远只能是假说。这类结论不可能用直观实验数据来检验，无法进入科学理论发现的证伪程序，在很大程度上是因为没有通过考古发掘可能获得的支持或反对某一假说的证据。任何与原始人类活动有关的化石，都不能证明原始人类在相应时期的大脑神经活动（而不是结构）状况；观察化石，也不可能找到关于语言最原始状况的任何记录（参看 Botha, 2000）。因此，关于语言起源和进化的任何两种假说的对立，都不可能是直观实验数据或经验事实的对立。对于语言起源和进化或许具有有效论据价值的考古发掘，一方面基本上不可能获得；另一方面，如果研究者确实通过努力，从考古发掘或者相关科学研究中，找到了一些可以作为有效论据的观察事实，这些事实在支持两种对立假说中的一方的同时，却不一定就是反驳另一方的有效论据。比如，镜像神经的发现可以作为支持手势原始语的观察事实，但却不是反驳与之对立的有声原始语的有效论据；基因突变可能是支持语言起源和进化非连续论的神经解剖学观察事实，却不能以此为依据来有效地反驳语言起源和进化连续论。而且在我看来，即使一些研究者认为，这个领域的研究并不仅仅是 Bickerton 所说的"笔和纸的工作"，他们确实可以通过某些实验［比如 Kirby（2000，2002）通过计算机模拟语音串分解为子语音串，来推测被 HPL 假说假设为原始词产生的过程］，获得能够解释语言起源和进化的观察事实，这样的结论，说到底也只是研究者们自己的一种愿望。人类语言能力（脑容量增加，直立行走、喉头下沉、控制发音器官的能力，等等）的进化，在生物生理科学和神经科学领域，或许可以通过实验发现和检验，但是这样的实验数据，并不能真正用来检验以这些语言能力为先决条件的语言本身的起源和进化。

因此，在这样的研究中，为了让对语言起源和进化的某种猜测能作为一个假说被提出、能成为一个讨论的话题，并且可能为其寻找支持和/或反对的观察事实，研究者起码需要满足一个条件：在观察事实和实验数据有限的状况下，探索某个现象，并希望在理论上做出某种推测并进一步提出一种假说时，这个推测的过程自身不应包含矛盾。我指的当然不是不能出现与这个领域中某种现行的假说,或者某个观察事实的矛盾,因为在这类研究领域里,哪怕基于可信的观察事实的推论,说到底也仍旧是假说;各种假说之间的龃龉,并不能作为肯定一个而否定另一个的依据。我指的是,在没有直观实验数据支持的时候,即使不能奢望某个假说可以进入科学理论的检验程序,对假说的表述本身,至少不应该有内在的矛盾。换言之,假说的某一部分,不能与假说的另一部分相矛盾,也不能与从它可能得出的推论相矛盾,否则它似乎很难哪怕作为零假说被提出。比如在现有的研究中,认同或反对语言起源于肢体动作如手势,或者起源于动物的叫声,除了缺少可以真正依据的实验数据的检验,研究者对这类假说本身的表述,看来并无重大的逻辑瑕疵。

对于思辨的逻辑性在语言起源和进化研究中的意义,Bickerton 认为(Bickerton,2010),人类语言的开放性、创造性、组合性、可置换性、符号性等,是语言的一些获得性特征。它们是同时获得的,还是分别获得的,是研究者首先需要厘清的问题。这些特征很有可能是分别获得的甚至是级联式的,即一个特征的获得激发了另一个特征的出现,这样我们就需要找出这个发展的顺序,"逻辑在这里比考古的作用更大,因为一些特征可以逻辑地蕴含或者先于另一些特征"(170)。

HPL 假说却正好在这一点上不能经受质疑。

如果将手势原始语假说和有声原始语假说称作"第一层级假说",我们或许可以将 HPL 假说这类假说称作"第二层级假说"。我指的是,这样的假说并不是建立在直接相关的观察事实基础上,而是依据其他的假说,在猜测和推理的基础上建立起来的。就 HPL 假说而言,更让人疑虑的是,如果作为推理依据的观点和论据也只是 HPL 假说倡导者自己的猜测,而不是任何观察事实(所谓的程式化语言是否可以作为 HPL 假说的观察事实,我在后边还要讨论),这样的假说是否可能而且怎样避免内在的矛盾?比如 Wray 认为(Wray 1998:52):"一个没有语法的语言不需要词汇,但是却需要话语,因此话语出现在前。没有内在形态结构(morphological structure)的单个整体信号传递的是完整的、复杂的命题,而不是语义原子。"在这里我们看到的是,一方面,将动物的叫声没有语法结构这个在相关科学领域被观察到的事实,作为 HPL 假说的基础,从叫声直接进化而来的

HPL 因此也没有语法，当然不需要词汇。另一方面，HU 之所以是一个整体，是因为它没有形态结构，按照语言学对形态的定义，在没有词的地方当然不可能有形态结构（语法），于是，HU 没有语法是因为它没有作为其组成成分的词。无须深入讨论 Wray 这个思想，这段表述的字面意义就已经将我们带入了循环论证：

——HPL 是一种没有语法的语言，因此不需要词汇＝因为没有语法，所以没有词汇；

——没有词的整体信号（整语话语）没有形态结构，所以这种语言没有语法即因为没有词汇，所以没有语法。

这样看来，检验 HPL 假说，似乎比检验第一层级假说更容易：我们无须借助第一层级假说依据的观察事实，也不需要几近徒劳地寻找能够检验（更遑论支持）这个假说的直观实验数据或经验事实，仅仅指出这个假说通过猜测和推理得出的结论中包含的逻辑矛盾，就可以认为它在语言起源和进化研究领域，并不是一个有价值的假说。在下文的讨论中我们可以看到，HPL 假说的各种论点之间、论点和论据之间，实在充斥着太多的矛盾。

与此相关，我还想指出，在人类当前的认识能力和科学发展的现阶段，任何与人的大脑机能（不是大脑结构）相关的研究，都很难真正受到直观实验数据的检验，在这些领域内的假说，因此见仁见智甚至就同一个观察事实得出完全相反的结论，也是一种常态。比如我在（蒋国辉，2016）中对比过的 Piaget 和 Выготский 关于儿童言语行为发展过程的观点。同样的困境也存在于语言起源和进化的研究中。比如，Bickerton 认为原始语始于没有句法的原始词，我们能够观察到的 2—3 岁儿童的语言，正是这种原始语的遗迹，因为这个年龄阶段的儿童说出的话，是没有结构的两三个词的并置。同样的观察事实，却被 HPL 假说的倡导者和支持者用作 HPL 的论据。Wray（Wray，1998）依据一些研究者提供的观察事实认为，儿童的语言习得过程是从分析整体性语音串开始的，Bickerton 假设的那种儿童语言，要在这个分析之后才能出现。

正如很难评价 Piaget 和 Выготский 相互矛盾的假说，我们也很难评论 Bickerton 和 Wray 这两个基于相同观察事实得出的结论孰是孰非，但是一些经验事实似乎并不支持儿童语言等于整语话语的结论。对 Wray 依据的这类观察事实，我们大致可以提出两点疑问：研究者观察到的，是否从一出生就被单独置放于成人语言环境中，然后仅凭不断地听辨成人话语，就独立地［不用成年人介入，自己就能分解听到的整体性语音串（而不是由词组成的现代语言的句子）］学习并掌握语言的儿童？研究者是否真正观察到，从儿童有语言听辨能力开始，他的父母就只用成人在正常交际行为中可能说出的话语同他交流？普通人的经验似乎正好相反：当婴幼儿对成人的话语有反应的时候，父母总是反复地对他说出一个个词语，目的是让他能够重复听到并说出它们。

至于一些研究者（Jackendoff，1999；Wray，2000a；Nicchiarelli，2014）用儿童说出的 up 不同于这个词用于成人话语中的意思，而是表示相当于命题"把我抱起来"这样的例子，证明儿童习得语言开始于整体性话语，并进一步证明人类语言始于 HPL，在学术讨论中就显得过于轻率。实际上，如果不先入为主地认为儿童学习语言确实开始于整体性话语，儿童说出 up 来表达成人用一句话才能表达的意思这个事例，正好是 HPL 的反例：如果原始人类只发出一个音节（相当于儿童说出一个最简单的词比如 up），就能传递关于一个情景的信息，他们还有必要编制包含若干音节的语音串，来增加交际的复杂性吗？Bowie（Bowie，2008：5）从交谈方式的角度，由观察儿童理解和运用 down 这个词而引申出来的观点，正好与上述关于 up 的观点相反，因为"这只是在功能层次上的使用，而不是在形式和意义层次上传递了'寄复杂于单一'（complexity-within-unity）的思想"。用这样的现象并不证明儿童可以分析他听到的成人整体性话语，理解并学会词语。

比较 Bowie 和 Wray 等人的观点，我们看到的又是我讨论过的"Piaget-Vygotsky-Phenomenon"。

第二节 灵长目动物的叫声→原始人类的整语话语

Wray 认为："原始语是从更古老的整体性交际体系发展而来。"（Wray，1998）如果我们将这个 HPL 假说的逻辑以扩展的形式表述出来，这个发展过程就是：

——人类与灵长类动物的共同祖先乃至更低级的动物都可以用叫声作

为群体内交际的手段；

——作为交际手段的叫声可以传递某种信息；

——人类和灵长类动物在物种进化链上来自共同的祖先；

——这个共同祖先用于群体内交际的叫声，与人类语言的出现因此是一个连续的进化过程；

——人类语言最初也是用于传递信息的交际手段；

——这种传递信息的每一次叫声是一个整体，不可能分解为具有独立意义的组成部分；

——这种作为不可分的整体性叫声发展为足够复杂的形式，就是用一串语音说出的整语话语。

一些研究者认为（Hallam，2010），HPL 假说可以追溯到 Darwin 和 Jespersen 假设的所谓"音乐原始语"；不过就 Wray 的逻辑来看，HPL 的起源，至少应该追溯到灵长类动物作为交际手段的叫声。这已经是毋庸置疑的连续进化立场。

取语言起源和进化连续论立场，认为 HPL 源于灵长类动物用作群体内交际手段的叫声，我们首先需要面对的一个问题或许就是：这种连续性的生物生理基础是什么。许多研究者甚至包括 HPL 的倡导者之一 Arbib，从对人类和动物的生物生理机能以及行为特点的研究中得出的结论是，动物的叫声和人类原始语的区别，使它们之间不太可能存在进化的连续性。这类区别至少包括：

——动物叫声和人类原始语，在大脑神经生物生理结构上的区别。比如 Rizzolatti 和 Arbib（Rizzolatti et al.，1998：190）指出过这样的事实：动物的叫声和人的话语无疑是不同的现象，其中最显著的是这两种发声行为的解剖结构区别。控制动物叫声的神经生物生理结构，是扣带皮质加上一些间脑和脑干结构；控制人类话语的神经回路的主要节点，是位于外侧皮层表面的布洛卡区和韦尼克区。

——动物叫声和人类原始语，有是否自主控制发声行为的区别。不少研究者（Limber，1982；Byrne et al.，1998；Corballis，2002；Arbib 2003；Lieberman，2007）都指出，灵长类动物绝大多数的叫声是非自主控制的。相应的观察事实是，正如人类在没有情绪上的缘由而被要求笑或哭的时候，不能轻而易举地自然欢笑或哭泣，黑猩猩（以及其他灵长类动物）也不能在被要求发声时，自主地发出某种叫声。自主控制发声动作，毫无疑问是言语行为的基本特征。"正是由于缺乏自主的控制，灵长类动物的叫声不能延用于有意向的交际。"（Corballis，2002：166）

——根据 Deacon（Deacon 1997：250）的观察，人类的发声行为包括笑声都是呼气动作，其他灵长类动物的发声行为，则可能是呼气，也可能是吸气。人类和灵长类动物发声行为的这个重要生理区别，可以作为人类语言并非由动物叫声进化而来的依据。

——Studdert-Kennedy（2000：165）认为，声音和意义可以被分解，是其他动物的叫声并不具有的特点。动物的有声信号数量非常有限，不能成为任何"文化改造"（cultural modification）的对象。这种"声音和意义的可分解性"，是隔断人类语言和灵长类动物有声交际系统的最重要的非连续性特征。

研究者对动物（包括灵长类动物）叫声的生物生理属性的描述，对于我批评 HPL 假说的启示在于：HPL 假说在推论过程中的所有谬误，在我看来，正好就是始于混淆动物的叫声和人类语言的发音。根据动物和人类发音器官和发出的声音的特点，它们之间被 HPL 假说描述的那种联系即动物的叫声发展为人类原始语的语音串，既没有发音能力的生物生理属性证据，也不能逻辑地推论出来。Wray（Wray，1998：50）推论："如果想象原始语是从更古老的整体性交际体系发展而来，保留了前者的所有优势并增加了若干新的优势，比如可能的话语数量急剧扩展以及替换指称的潜在可能性，那么，从无语言到原始语的过渡可以说是平缓的、渐进的和有益的。"但是在做这个推论时，她或许忽略了灵长类动物的叫声和人类的语音最本质的大脑神经解剖结构区别，这个区别根本排除了如下的可能性：动物能够发出的某种叫声，与同质的另一些叫声结合，从而导致声音组合数量增加，使这类叫声发生质变而成为人类语言的语音，进一步"平缓地"发展成人类话语。至于在谈论 HPL 时，认为（Hallam，2010：30）"语音体系具有生成能力，它将小的单位合成而产生语音串，它有能力产生出尽管没有意义的新东西"的研究者，看来是忘记了，这段话描述的，其实是人类现代语言的语音系统，而不是语言前的原始人类能够发出的声音，更不是灵长目动物的叫声。

Tallerman（Tallerman，2007：5，着重号是我加的）在这个问题上对 HPL 假说的批评是切中要害的："语言的发音（linguistic vocalizations）（至少）在五个方面区别于灵长类动物的叫声：前者是由结构清晰的神经结构调节；是发声者的自主控制行为；与动物的叫声在生理上是不同的产物；是学习的结果而不是先天的；具有结构二重性。Wray 关于'原始语源于更古老的整体性交际系统'的思想，还忽略了灵长类动物的叫声和所有类型的话语之间，在听觉和发音上（上述的）本质区别。"

主张从灵长类动物共同祖先的交际方式，发展出了人类整语话语原始语，HPL 假说的倡导者还有另一个重要论据，就是这两种有声交际行为具有基本相同的功能。基本相同是指，HPL 与灵长类动物的交际系统能够传递的信息，都没有超出觅食、避险、繁衍等生存相关的领域。Wray 认为，掌握语法语言，并不让智力超常的个体获得生存竞争优势，所以他仍旧只能说在群体所有成员间通行的 HU，她的这个说法，也就是肯定了这两种交际系统在使用环境和功能上一脉相承的共性。然而对动物行为的研究，并没有为这种一脉相承的共性提供支持的论据。按照通常对"交际行为"的理解，交际是为了在个体之间传递信息，但是一些研究者（Cheney et al.，1990a，1990b；Cheney et al. 1996；Rendall et al.，2000；Rendall et al.，2009）指出，动物的叫声即使能够有条件地被称为"交际"，这样的叫声也并不具有（现代人际交际意义上的）传递信息的功能。这是因为，人类近亲灵长类动物发出的叫声或许可以称为表征信号（representational signaling），但是叫声的发出者并没有传递信息的意向。近期的研究（Cheney et al.，1996，1997，2005；Penn et al.，2007）显示，信号发出者和信号接收者并没有信息的衔接，这说明它们并没有共享表征的对等（representational parity），而这种表征的对等，正好是人类话语（用作交际手段）的基本特点。

Rendall 等研究者（Rendall et al.，2000，2009。也可参看：Owings et al.，1984；Owren et al.，1997，2001；Zuberbühler et al.，1997；Owings et al.，1998）将动物报警的叫声作为观察对象，在若干观察事实的基础上得出的结论是，动物叫声这种信号的功能，事实上影响信号接收者的行为，而不是传递有意义的、类似语言表征结构的信息。因此，基于支持适应性行为反应说（adaptive behavioral response）的因素，诸如信号接收者广义的保守性神经、感觉、情感和学习系统，等等，使用非信息的观点，比使用传递信息的、类似语言表征结构的观点（比如将黑面猴的报警叫声解读为"豹子""大猫""赶紧上树"等意义），可以更确切、具体地解释灵长类动物的报警叫声。"虽然发音行为并非完全无意识，但大多数呼叫的类型与特定刺激或背景紧密相关。"（Cheney，2005：149）

Rendall 等人还将对灵长类动物的报警之类叫声的研究，扩展到其他动物（哺乳动物、鸟类、鳄鱼等）。他们发现，这类发音行为可以分别标示为急促的叫声（squeaks）、尖叫声（shrieks）和呼啸声（screams），这类叫声突发且急剧的开始、叫声的频率和声音的振幅剧烈波动、叫声的结构杂乱等特点，具有直接作用于接收者神经系统的作用，而不是传递某种信息。Rendall 等人引用的观察事实是，一个已经断奶的灵长类动物幼崽不能强迫它的母亲再来守护它，但是它能很轻易地发出一些可以引起母亲的注意的声音，影响母亲的行为。其他研究者（Hammerschmidt et al.，1994；Owren et al.，2001；Rendall et al.，2009）报告的观察事实是，在食物链上处于低端的动物，在体力不能抗拒捕食者的时候，会发出一些振幅频率很高，能够强烈刺激神经以致让听者产生厌恶的尖叫声，由此使自己成为捕食者不再感兴趣的目标。在不能用话语影响成年人的行为时，人类婴儿或幼童也会采取与弱小动物类似的行为方式。由此 Rendall 等人认为，这类叫声以其结构的混乱，并不适合作为信息的承载者；以它们作为媒介而被注意到的情境，并不是一个可以在其中完成双边信息交流的环境；相反，在这样的环境中，这类叫声非常适合直接作用于接收者的基本知觉敏感性和中枢神经系统的反射机制，影响和操纵接收者的行为。

通过上述观察和分析，Rendall 等人建议将对动物叫声研究的注意力，从传统的信息传递层面转向影响行为的层面，因为动物的叫声作为一种信号，其细节并不具有类似语言符号的任意性，叫声的物理属性也不是交际过程中的某种次要因素。这些细节，即不同环境中叫声的结构、频率、声音振幅等的区别，毫无疑问就是交际过程的中心。从进化的角度来看，信号发出者谋求对信号接收者的行为产生影响，才是这种交际的目的。"（动物）叫声的初始机制和功能，肯定比将灵长类动物的叫声视为任意编码的符号信

息时隐含于其中的传输机制和功能简单得多。"（Owren et al., 2001: 60）

虽然我们不能从现代人类语言的结构和功能的角度来讨论原始语，但是对动物行为的研究告诉我们的是，不仅从发音行为，而且从形式和功能的角度，HPL 如果的确是人类语言进化的一个原始阶段，它并不太可能由灵长类动物祖先的交际系统进化而来。这是因为一方面，HPL 的基本单位 HU 在任何 HPL 相关的论述中，都没有被描述为由原始人类本能的叫声构成的语音串，它们是任意的符号，这同动物的叫声包括灵长类动物的交际系统，是根本不同的。另一方面，HPL 倡导者虽然也不否认这种原始语的基本功能是操控、影响其他个体的行为，但是与用声音本身的物理特征来完成这些功能的动物叫声不同，HU 是以传递某种信息的方式来完成这些功能的。

由此还会引出的另一个问题是，HU 的内容是否能够被描述为命题。

一个被 Rendall 等人（Rendall et al., 2009）和其他研究者（Zuberbühler, 2000; Zuberbühler et al., 1997 对戴安娜长尾猴；Zuberbühler, 2001 对坎贝尔猴；Kirchhof et al., 2006 对原猴；Macedonia, 1990 对狐猴）观察到的事实是，猴类的报警叫声，可以依照捕食者的种类（鹰、豹子或蛇）而有区别。Meguerditchian 等人（Meguerditchian et al., 2008）对此的看法是，在对外界事物或事件做出情绪感应的状况下，灵长类动物可以发出简单的叫声，听到叫声的动物可以通过简单的行为，学习将不同类型的叫声与相应的环境刺激物联系，由此从这类声音信号中获取信息（适应性行为反应）。换句话说，动物简单的叫声包含的信息是简单的，但是这种简单的信息，就足以让它们对环境做出正确的反应并规范自己与生存压力相关的行为。

考古学和古人类学提供了这样的观察事实：灵长类动物祖先的生存期是在 1300 万年前，人类和类人猿最终分离发生在 1300 万年到 400 万年前，智人（Homo sapiens）这个物种出现在 30 万—10 万年之前。如果 Wray 认为她假说的 HPL 稳定地被使用了 100 万年以上（甚至在火的使用之前）[①]，那么这种语言甚至可能与人类种系中的能人（H. Habilis，生存时期是 210 万年到 150 万年前）和直立人（H. Erectus，出现在 190 万年前）相关。与

[①] Aiello 等研究者（Aiello et al., 1993: 184）关于原始人类大脑容量的古人类研究似乎支持这个推论：最早的人属（Homo）成员开始使用符号语言大约是在 200 万年前，由此开始了语言进化的过程。只是他们并没有明确指明这个过程是始于 HPL。

此相关的还可能有许多问题，不过已经不在我的讨论范围。

问题在于，从人类和类人猿最终分离发生，到猜测的 HPL 出现，当中的几百万至上千万年，除了原始人类的生存方式大致由树栖改变为陆栖，并没有考古发掘和古人类学研究，或者古生物学、古代地理和气候环境等研究告诉我们，和类人猿相比，原始人类的生存环境（自然和气候环境、原始人类在食物链上的位置、种系的延续方式等）和生存方式（觅食、避险、繁衍等），确实发生了灾变性的变化，以致灵长类动物祖先和类人猿用于维持群体联系以适应生存竞争的各种叫声，不再适用于原始人类。后者需要创造一套更加复杂的、由 HU 组成的交际系统，来适应生存压力，用命题来传递信息，尽管这样的交际方式并不比单一的叫声包含更多的信息，况且在紧急状况下，简单的叫声可能更有效。

我们当然也没有理由认为这个进化现象不能发生。特别是还需要考虑原始人类和类人猿分离后，人类语言相关的解剖特征的进化，比如大脑容量增大和大脑神经结构变化，以及发音器官的完善，使得人类可能发出更多的语音、创造出比简单叫声更复杂的语音串。不过，我在这里并不是要讨论这些进化相关的问题，而是在 HPL 假说的框架内，从 HPL 倡导者的立场出发，思考灵长类动物祖先的交际系统，是否会发展为原始人类的 HPL。

当 Wray 在谈论语法语言没有生存竞争优势、智力超常的个体只能说群体能够接受的 HU 时，她也没有考虑大脑容量增大和大脑神经结构变化这些因素，而是从生存环境和生存竞争的角度，在谈论 HPL 产生的可能性。Wray 认为（Wray，1998：48）"交际的最可靠的连续性，是一直采取上述的原始语，然后分解它们……很难想象原始的、生涩的语法对于它的使用者，会有什么相对于（已经）拥有高度成功的互动体系的其他灵长类的优势"。在（Wray，2000a）中，她更详细地说明了自己的这一立场：语法在任何时候都不能成为个体在生存竞争中的选择优势，因为社会的组织和互动是由整体（话语）系统保障的。个体如果不融入社会，就不会有成功的生存和繁衍机会；掌握了语法并不是个体的生存优势，而是恰好就成了个体与社会隔阂的因素。掌握了语法而不再说 HU 的个体比社会其他成员更聪明，但是这并不能让他分得更多的食物，有更多的交配机会，在生病时获得更好的照料。要得到这些社会互动，他只能说跟其他成员相同的

HU。Hurford（1999）也有类似的看法，认为生来具有"邻接"（subjacency）语法基因的幼体，在群体内会遭遇生存的困境。该语法逐渐立足的进程，只能发生于他的后代。

即使站在 Wray 的立场，谈论从灵长类动物祖先的交际系统到 HPL 的连续发展，我们也必须考虑，如果认同进化论的观点，将语言的起源和进化的原初推动力归结为生存环境和选择压力；且如果 HPL 假说认定整语话语有相对于灵长类动物祖先交际系统的进化优势，那么，HPL 假说就需要从考古发掘和古人类学的研究中，取得支持这个假说的论据，并在这些论据的基础上，做出符合逻辑的推论。但是 HPL 假说并没有完成这个基本的论证程序。迄今为止对 HPL 假说的论述，从这个角度都没有符合逻辑地推论出，由灵长类动物祖先的叫声，必定要进化为原始人类的 HU；更遑论推断 HU 是一个包含了类似命题意义的话语。

灵长类动物祖先的叫声，如果只是进化为原始人类为适应生存压力而使用的交际工具，那么依照进化论，这些叫声并没有进化为 HPL 的必然性，而且 HU 也不太可能包含命题内容。Arbib（Arbib，2010：157）关于 HPL 中可能出现包含命题意义的 HU "一只豹子就在附近。危险！危险！赶快上树去躲避，并把这个（原始）词传开（这是 Arbib 的原话，更确切的意思或许应该是：把这个消息传开）"，实际上是研究者自己对原始人针对"豹子来了"这个情境的报警叫声的解释，而不太可能是一个比灵长类动物祖先的叫声更复杂的 HU 本身的形式和意义。Bridgeman（2005）就此批评道：这不过是一个词，说出"豹子"这个词就足以激发所有这些行为。我们甚至可以在现代人的行为中，找到支持 Bridgman 的批评的佐证：若干人中的某一个突然看见脚下或离他很近的地方有一条蛇，他在受惊的状况下最可能的反应，是惊叫一声"蛇！"，而不太可能是说出甚至在头脑中产生出"我看见了一条蛇，我要跑了，大家快跑啊"这样的句子。这样的报警行为，本质上与灵长类动物能区别捕食者类别的报警叫声，并没有功能上的区别。要让同行的人对此有相应的反应，听到"蛇"这个叫声就足够了，并不需要听到且理解有完整命题内容的一个句子。

断言 HU 传递的信息是一个命题，HPL 的倡导者和支持者可能是基于这样的思路：既然 HU 由若干音节组成，它包含的内容，当然比其中任何一个音节（也就是一个简单的叫声）可能包含的内容更多；这些更多的内容在一个表达形式里被结合在一起，人们至少就可以认为，这是与命题类似的一个完整信息的原始状况。但是在我看来，从这个角度讨论 HU 是否包含了一个命题的内容，实在没有太多的意义，因为 HU 本身只是研究者的虚构，我们并不知道它是否存在过、以什么形式存在过，要论述它表达的命题内容，并不比描述美人鱼的头发是什么颜色更有意义。

"HU 传递的信息是一个命题"这个假说以及似乎支持这个假说的动物行为研究者关于动物叫声的论述，认为这是"同时包含主语和谓语的单个话语或思想"的命题（Cheney et al., 2005：150，可参看 Bever 1970；Gleitman 1990），都不太可能被接受。当然，用单个音节替代表达命题内容的句子的情况，并非不可能出现；在现代人的对话中，这甚至是很常见的。我可以用"是"来替代对一个问句的完整回答（比如"默克尔是不是一个失败的政治家？""是"等于"默克尔是一个失败的政治家"）。这时，我就用一个音节表达了一个完整的命题内容。但是，首先，这个音节是现代语言系统中的一个词（哪怕是一个语气词比如"嗯"）；同时，这种语言现象的出现，在概念上预设了一整套复杂的现代语言系统和社会系统的存在。

声称单个发出的音节在某个语言共同体中，表达了完整的命题内容，我们指的是，该共同体中任何一个正常地适应了社会，且拥有完整的语言能力的成员都能够认同，答问者用"是"表达的意思，可以等同于用一个完整的句子表达的内容，即"默克尔是一个失败的政治家"。使用单个发音在某个语言共同体中表达命题内容的前提条件是：这个发音必须是该共同体拥有的那个非常复杂的语言系统的组成成分（a），共同体的每一个成员都掌握了这个系统（b），他们可以使用具有句法结构的句子也在特定场合用一个词来表达命题（c），也有能力判断，不同的语言表达式（完整的句子或者单个的词）的意义是否等同（d）。而这些条件，对于仅限于发出一个单音的动物叫声而言，都没有被满足。这个事实，HPL 假说的支持者自己也没有否认。

在这个基础上，我们再来观察 HU。按照 HPL 倡导者的说法，HU 是一个不可分的整体。如果动物"单音节"的叫声不能包含命题内容，从形式上看并非只有一个音节的由研究者虚构的 HU，是否就能包含命题内容，可能是一个见仁见智的问题。但是，说 HU 是一个不可分的整体，HPL 假说在这里会受到质疑。最直接的经验事实是，仅就人类的发音能力和发音动作而言，HU 的若干音节只能按照一定的顺序，一个一个地发出来。这一个一个的音节，无论是将此前动物的若干单音节叫声结合在一起还是原始人类基于发达了的发音器官自己创造出来，它们都应该是清晰可分的若干独立音节。这个事实已经不支持 HU 是不可分的整体的假设。如果再加上意义的因素，HPL 假说就陷入了两难的困境：一方面，如果单个的音节没有意义，则需要解释为什么它们结合在一起就具有了命题的内容；另一方面，如果每个音节都有意义，HU 还可能基于什么被称为不可分析的整体？

语言单位的结构二重性，并不能用在这里为 HU 辩护。按照语言的结构二重性，语言单位的组合结构，的确表现在两个不同的层次，但是由没有意义的语音单位（音位），只可能组合成语言中具有意义的最小单位，比如现代语言中的词素或者词。也就是说，结构二重性是语言中相邻的两个层次之间的组合结构关系。在现代语言中，命题和音位当然不是相邻的两个层次，前者也不可能由无意义的音素直接组合而成，只能由音位组合而成的、在语言中可以自由运用的最小单位即词组成。在这个意义上，如果 HPL 假说论述的"命题"是现代哲学意义上的命题，我们似乎也不能认为这个假说使用的"命题"，是意义截然不同的另一个哲学实体，那么一个毋庸置疑的事实是，我们只能依照现代语言怎样构成命题来做出判断，这就是说，整语话语表达的命题，是不可能由没有意义的音素（或音节）组成的。

其实，仅仅借助一些基本的思辨，我们就可以理据充足地质疑"HU 传递的信息是一个命题"这个假说。作为一种思路，研究者或许会倾向于将原始人用 HU——前提是他们能够证明 HU 的存在——来表达的信息解读为一个有完整内容的命题，并且将 HU 诠释为一个相应的完整句子。但是，这并不证明，在原始人的群体中，HU 就能表达完整的命题内容。这两个问题要严格区分。

HPL 假说关于 HU 的内容是命题的说法，或许也受到了动物行为研究者的启发。一些动物行为研究者（Cheney et al.，2005：151）通过实验观察到这样的现象：当家族的等级顺序被破坏时，狒狒会发出某种叫声，听到这个叫声的狒狒的反应就像是听到了一个故事："Hannah 恐吓 Sylvia，

Sylvia 在尖叫。但是 Sylvia 属于 alpha 母系，Hannah 属于 beta 母系。这就是说，beta 家族想篡夺 alpha 家族的地位。"研究者据此认为，灵长类动物的知识是命题知识，而这样的命题知识归根结底属于社会智能（social intelligence），后者则是语法产生的基础。我们当然不能苛求动物行为研究者从语言学的角度，认真思考语言研究者需要思考的一些问题，比如语句的表达形式和内容，言语行为依靠的背景知识，就说出的话语而言，说话人和听话人的编码/译码行为在什么范围完成，等等。但是，如果将动物的一个叫声解释为上述那样的命题形式，研究者似乎混淆了动物发出叫声时的心智状况本身，与研究者根据动物的行为对动物可能的心智状况的描述，即研究者以自己的心智理论，猜测动物尚未被证实的心智理论。Hurford（2008：258）也表述过这样的思想："把动物的威胁信号翻译成人类语言的陈述句，比如'如果你不后退，我就攻击你'，可能对我们的研究有用，但没有理由认为，这类复杂的想法能够通过发出威胁的或被威胁的动物的头脑。"

  由于研究领域的限制，我不能从研究动物行为的角度对这个问题做过多的探讨。不过，对狒狒某种叫声的这种诠释，除了基于"看到"的情境，以及研究者经过多次反复的观察，归纳出来狒狒某种叫声可能的含义，他们其实并没有可以真正接受检验的、关于狒狒心智状况的观察事实和结论。回顾我们在第三章提到的研究者对黑猩猩手势的跟踪观察。黑猩猩能够做出的手势，显然大大多于狒狒能够发出的叫声；手势能够具有的含义，显然比叫声所具有的更多也更明晰。但是即使这样，研究者也无法准确解读黑猩猩的手势。就当前动物行为和动物智能研究的状况，研究者其实并没有更成熟的科学理论和更多的观察事实，使他们能够比解读黑猩猩的手势更容易，也更可信地解读狒狒的叫声。

  这样的观察，其实并非只有动物研究者才能完成。看见一只猴子叫着扑向另一只猴子，灵长类动物行为的专业研究者当然可以论证，这是猴子的某种社会行为。不过，如果父母带着年幼的孩子看到这个情景，他们就可能会用讲故事的方式，对孩子描述猴子之间的行为，就像上边那个狒狒的例子。不同的父母，或许会以不同的方式，给自己的孩子"解读"猴子的叫声和行为。然而，我们显然没有任何根据，将这样的讲述，解释为猴子的叫声表述出来的命题，认为猴子通过这样的叫声，会获得某种命题知识。

动物行为研究者观察对象的范围、观察的方式，对观察对象习性的了解、观察的长期性，以及拥有的研究相关的专业知识，当然不是动物园里带小孩的父母可以相提并论的。然而两类观察者能够获得的感知觉信息，并没有本质的区别。我们并没有相关的直观实验数据，证明研究者构拟的动物的命题知识，比父母给小孩讲的故事有更严谨的逻辑性和可靠性。

由此我们或许应该认为，动物行为研究者对动物叫声的这种描述，说到底不过是研究者在将动物的叫声和相应的行为联系起来后，对这种行为的简短说明，而不是这种叫声本身可能包含的意义。HPL 假说关于 HU 包含的命题，本质上也不过是研究者自己对 HU 可能传递的信息的推测，并且在 HU 到底是什么样的存在并不能被检验时，虚构了 HU 形式和内容的对应。

值得注意的是，Bickerton（Bickerton，2010：171）在论述原始词的产生时，对原始人类使用的语音符号的意义做出的描述，同 HPL 假说倡导者对虚构的 HU 意义的描述，几乎是相同的。比如一个原始符号可能具有这样的意义："那边有一只死象，要是我们大家走快一点，我们就可以吃到它（There's a dead elephant out there and we can eat it if we all move quickly）。"不过 Bickerton 特别指出，不能用现代语言的语义来解释原始语符号的意义。原始人类在使用这样的符号时，只要有关于符号涉及对象的心理图像（mental picture）和与这个对象相关情境的思想，就足以让他们使用这样的语音符号。Bickerton 是 HPL 假说的坚定反对者，他认为原始语言最早的形式是未被语法组织起来的原始词，但是对原始语言符号内容的解释，Bickerton 和 HPL 假说的方法几乎相同。由此我们看到的是，在这个研究领域中，描述任何原始语符号的意义的描述，无论是原始词还是 HU，都是研究者自己对他们推测可能存在过的原始语言符号的一种"反向推测"。我指的是，研究者其实并不知道原始语言符号是什么形式（Bickerton 描述了原始词的意义，却没有虚构原始词的形式），他们只能想象原始人类可能遭遇什么生存相关的情境，在这些情境中，他们发出的声音可能传递关于什么的信息，然后将这样的猜想用现代语言的语句表达出来。这样的反向推测，或许在一定程度上可以被接受为对原始语言符号意义的描述，但却不太可能由此推测出原始语言符号的形式,更不要说推测出原始语言符号的形式中,还包含了若干可能被分解出来的"子形式"(subform)。

基于动物行为和智能研究的成果为语言研究提供的观察事实,语言研究者可以推侧动物的叫声作为一个不可分的整体与相关情境的联系,原始语言符号的整体性也可以由此推论而来。但是要证明原始语言符号是由若干以后能够被分解出来的子语音串组成的整语话语,仅仅依靠"反向推测"是不够的。HPL假说还需要哪怕只是逻辑自洽地推论这样的原始语形式有存在的可能性。我们当然也不能就此轻易地否定HPL假说,为此还需要进一步的观察,做出符合逻辑的思考和推论。不过比较起来,认为原始人类用于交际的语音符号,与灵长类动物用于交际的叫声,就发音器官的生物生理属性和声音的物理属性,有物种进化联系,由此推论原始人类用于交际的语音符号是简单的整体,这样的整体,后来直接就进化为原始词的语音形式,并没有经历"(灵长类动物)简单的整体语音形式→(人类)复杂的整体语音形式→分解为简单的(人类语言的)语音形式"这个HPL假说推测的发展过程。这样的推论,起码在逻辑上应该更为可信。

Bickerton描述的就是这个原始词产生的过程。虽然我并不完全认同他的论述中的一些细节,特别是他关于情境的"思想"这个说法(稍后我还会回到这个话题),但是Bickerton关于动物叫声和人类语言的本质区别,看来对讨论语言相对论是一个启示。Bickerton(2010:170)认为,在谈论原始语起源的时候,我们应该问"在什么样的选择压力下,人类祖先怎样从关于一个事件的、能作用于身体状况(fitness-affecting)的信号,转移到以传递事实信息为其功能且不需要立即反应的信号"。换言之,动物叫声以声音的物理性质刺激接收者的神经而导致立即的反应,人类语言以信息(语言传递的思想)引导信息接收者的延宕反应,声音本身的物理性质,在正常交际的状况下已经不再具有表达的作用。没有话语包含的信息,说话的声音单独不会导致声音信号接收者的某种反应。

第三节　Arbib的观点

与Wray一起被视为HPL假说倡导者的Arbib,主要从神经信息学(neuroinformatics)的角度研究语言的起源和进化。他对这个研究领域的重要贡献，是镜像神经和手势之间的关系。尽管在当前的研究中，几乎所有的研究者，包括 Arbib 自己，都将他关于 HPL 假说的立场等同于 Wray 的立场，但是在我看来，如果没有受到 Wray 的观点的影响，Arbib 关于镜像神经和灵长类动物手势的研究，未必能将他的思路自然地导向 HPL 假说。即便如此，他对整语话语的论述，在我看来与 Wray 的观点仍有较大的区别。这个区别，我们大致可以归结为两个方面。

一方面，Arbib 认为作为原始人类语言单位的 HU［Arbib 也将其称为单一话语（unitary utterances）］，与灵长类动物叫声，在作为交际手段的性质上是同源的，都是具有交际作用的肢体动作的扩展而形成的所谓原始符号（protosign）。灵长类动物的叫声可以单独，或者与肢体动作一起传递信息。被原始人类作为原始信号使用的 HU，在最原始阶段，本质上也不过与灵长目动物的叫声相当，或者可能稍许复杂一点。它在相当长的进化时期内，是手势信号的辅助或并存的形式，所以，它能够传递的信息，同手势原始语能够传递的信息，并没有实质性的区别。Arbib（2005：118—119）编制了两个 HU，认为它们是相当复杂的信息的原始信号编码：

1. grooflook，可能是表达一种情绪："那个男子猎获了动物肉，我们部族现在可以一起大吃一顿了。香啊、香啊！" Arbib 的这个 HU，表达的是获得了食物时的满足。但是这样的满足，并非原始人类独有的情绪，也并非只有原始人类才有表达这个情绪的能力，根据动物行为研究者的观察，其他动物在得到食物时也能发出某种特别的声音。

2. koomzash，可能是表达一个指令："拿起你的矛，绕到那个动物的另一边，这样我们有更多的机会来一起杀死它。"

与 Wray 对 HU 的解释不同在于，按照 Arbib 的看法（Arbib，2003，2005），这样的 HU 并不是可以任意地说出来和被理解，"原始人类和非人类动物，都只能就一些情境产生交际行为，这类情境在原始人类的生活中如此频繁地出现，以致被一种特殊的话语给出了名称"（2003：186）。换句话说，这样的 HU 是原始人类生活环境中可能出现的数量有限的情境的名称，它们与手势一样，以同样的形式被群体的所有成员运用和理解，而不是可以任意扩展或与情境任意组合、以表达近似于命题的意义。这样的整体话语实际上只是用一个简短的但可能比灵长类动物的叫声更复杂的语音串，代替了手势。

Arbib 关于情境名称的说法，在我看来是 HPL 假说中一个非常重要的观点。如果 HPL 的研究者能够在考察这个假说的过程中，将 Arbib 对 HU 的这种解释贯彻始终，或许可以避免对这个假说在论述中的许多内在矛盾，而且能够在一定程度上消除 HPL 假说和组合话语原始语假说的对立。遗憾的是，Arbib 和 Wray，以及 HPL 假说的支持者，并没有严格地区分"情境名称"和"描述情境的命题"，而是沿袭了"动物的叫声表达了命题"的立场，这不仅让他们的论述不可避免地陷入矛盾，甚至让他们很难编制出让人信服的 HU。稍后我还会通过可信的观察事实继续讨论这个问题。

能够对复杂信息完成编码的手势或话语（某种简短的叫声）的这种整体性，其实并不是 HPL 独有的特性，也是现代人常用的一种交际手段。比如在施工现场、特种兵的军事行动中，或足球比赛中教练和球员的交流，一个手势可能包含与 Arbib 的例子同样复杂的意思。现代语言中的感叹词，在很大程度上也具有与原始语（假设）的 HU 相同的意思和功能。特别值得一提的是人与动物的交流，特别是在对动物的驯服活动中，驯兽员可以创造一些非常简单的"话语"，指示动物完成相应的行为。人和动物的这类交流方式，广义而言，也是动物行为研究者观察到的那种现象（Cheney et al., 2005）：动物有分辨和理解非同类动物叫声的能力。从语言相对论的角度来看，黑猩猩能够"听懂"人类的话语，本质上不过是能够分辨人类话语的一些语音并将它们与某种刺激物或情境联系在一起，并不能以此证明黑猩猩有所谓的"前语言思维"或"前思维语言"。

另一方面，因为是从神经科学的角度研究语言起源和进化，Arbib 将灵长类动物的肢体动作（手势）作为研究的切入点。手势作为一种原始交际符号，无论对于灵长类动物还是对于原始人类，都不可能分解为组成部分。从手势发展到具有与其相同的交际功能的叫声，再到原始人类的 HU，这种非合成（non-compositional）的性质是同源的。然而灵长类动物用于交际行为的叫声与原始人类的 HU 的共同处，也就仅限于此；从进化的角度看，这两种交际手段已经有了本质的区别。Arbib 强调的是，灵长类动物有一套固定的叫声，这套叫声只可能在世代相传的过程中有所增加；原始人类却能够发明新的话语，这样的话语能够通过学习在一个群体内被掌握，而不（像灵长类动物的叫声）仅仅是一种生物性的进化，也不再像肢体动作和叫声那样，局限为一种特殊的感觉运动模式。换句话说，原始人类的 HU 是一个开放的集合，灵长类动物的叫声则是封闭的集合①。

立刻需要指出的是，当 Arbib 将原始语的 HU 定义为一个开放的集合时，他已经陷入了与 Wray 同样的困境，因为在这样的集合中，被 Tallerman 质疑的 bupakagulodimaladopubogo（当然还可能无限制地更长）之类 HU 的出现，用 Wray 关于 HPL 的理论既无法解释，也无法排除。我把对这个问题的讨论放在下一节。

类似的困境，在 HPL 假说倡导者的相关论述中还有不少。比如关于 HU 的结构，一方面，Wray 把这种 HU 的整体性表述为"这个话语没有可以被再次使用于构建新信息的组成部分"（component parts）（Wray，1998：51，我加着重号的）；但是另一方面她又认为（Wray，1998：49，我的着重号），"事实上，这些部分（part）不能被想象成词语，它们只是话语的组成部分（component），就像 by and large 这个表达中的单位 by, and 和 large，它们在任何可取的意义上都不是单独的词"。Arbib 也有类似的表述，认为 HU "只与命题相关，这个命题的意义取自话语整体而不是它的部分（part）之和"（Arbib，2008：154，我的着重号）。

且不论 Arbib 和 Wray 想在这里表述的思想是什么，他们对术语的使用，已经让 HPL 假说自身的矛盾凸显出来：一方面，HU 并没有可以被分解出来重复使用的 part；另一方面，part 又被承认是 HU 的组成部分。这种表述逻辑地导向一个问题：这样的 part 是什么？看来 part 似乎只能被理解为组成 HU 的一个个音节，然而依照定义，音节就是可以被划分出来重复使用的语言单位。

顺着 Arbib 关于"原始人类发明新话语的能力"的思路符合逻辑地推演下去，就可能导出一个与 Arbib 谈论的 HU 原则上不同的结论。按照 Arbib 的说法，HU 至少在被说出来的形式上是由部分组成的整体，换句话

---

① 也有研究者（Cheney et al., 2005）试图论证灵长类动物能够将已有的声音重新组合，有效地扩充它们的语音信号的数量。这种见仁见智的争论，是假说成分占据主导地位的研究领域的常态。

说，这些部分是可以单独说出来的（否则它们不能被称为整体的部分）。事实上，当 Arbib 编制了 grooflook 这样的 HU 时，他已经假设，说这样的话语的原始人能够控制发音器官，发出任何他们想要发出的语音，而且 g－r－o－o－f－l－o－o－k 中的每一个音或它们的任意组合，都能够单独被说出来[1]。但是这样一来，我们起码会遇到一个甚至会让普通人也感到困惑的问题：既然 grooflook 表达的意思只能取自这个整体而不是它的任何部分，那么我们就必须同意，以下的任何一个语音组合都没有意义：gro，groo，groof……，groofloo。问题在于，既然这些音节都是可能被说出来的，而且，哪怕按照语流在时间上的顺序，原始人类首先能够说出的显然是 gro……，最后才能说出 grooflook。这里并不需要专门的语言学或相关科学知识，只需常识性地区分简单和复杂这两个概念，普通人也可能会问：既然 HU 并不在于由哪些语音、按怎样的方式组合，既然原始人类的智能是有限的，而且我们似乎不能认为，对于原始人类，发出较长的 grooflook，是比发出较短的 gro 是更简单、更容易的发音动作，那么，他们为什么没有运用能够最先说出来的、最简单的一串语音 gro 来表达 grooflook 包含的命题意义，而必须说出更长的一串声音后，才赋予它内容？

我们更没有理由认为，原始人在某个场合不说 gro 而说 grooflook，是由于在他们的 HU 库里，已经有表达另一个意思的 gro，他们必须在 gro 的基础上加上一些音，才能表达新的意思。然而，既然是"加上"，就意味着原始人知道 gro 的存在，知道它可以与被加上的那些音隔离开，是一个单独的音节，而且有单独的意义。就整语话语的定义而言，这是悖论。

如果不能合理地解释这个问题——而且我们似乎也不能符合逻辑地颠覆常识性的"简单与复杂"的观念，我们或许就只能假设，原始人在开始说出 HU 时，他们只能将 grooflook 作为一个整体说出来，不能分辨并单独说出其中的一个音或者音节，因为清晰地区分并说出单独的音或音节，对于他们，是比含混地发出一串（现代人不能分辨的）声音更复杂的发音动作。区分音和音节的能力，是在他们能够分解 HU 创造出词的时候，才相

---

[1] 确实有研究者认为（Kuhl et al., 1975; Hauser et al., 2003; Bolhuis et al., 2014），哺乳动物都有区分 bat 中的 b 和 pat 中的 p 的能力。这或许意味着，在进化到能够发出这类语音的原始人类时，这些语音确实能够被"整语话语原始语阶段的"人类单独发出来。

应地发展起来。但是这样一来，HPL 假说涉及的范围就超出了假说倡导者的设想，因为在这里，研究者就不仅需要解释整语话语怎样被分解成词，还需要解释人类话语的语音是怎样产生的。或者更确切地说，HPL 假说需要解释，在进化过程的什么阶段，原始人怎样开始拥有了那种发声的能力，能够将此前含混不清的一串声音，区分成清晰可变的因素和音节，并发出来。更重要的是，这样的假设蕴含的结论是，HPL 产生的时候，原始人类还没有完全控制发音动作的能力，他们只能含混地发出一串不能区分的声音。然而，假设有一定数量的 HU 同时存在（Wray 正是这样假设的），我们就必须认为，这些 HU 的发音能够被清晰地区分开。如是，原始人类说出在整体的发音形式和意义上都能被区分开但整体语音串内部的语音却不能区分的大量 HU 的能力，是一种什么能力，这样的能力是怎样先于发出清晰的单音和音节的能力而获得的？

我们当然不能基于普通人的疑问来评论 HPL 假说。不过，将语言的起源和进化看成由词到句子的过程，看来更符合 Darwin 关于复杂的系统是由简单的前导进化而来的进化论。我们显然没有可靠的依据，证明原始语言比现代人类语言更复杂。对 HPL 假说关于语言起源和进化过程的一些推论，比如人类语言最早的形式不是词而是表达了一个完整命题的语句，现代语言的词是分解这样的语句而产生，等等，我们当然不能简单地批评为不符合事物发展的普遍规律，因为 HPL 假说的支持者可能反驳说，词在先的假说并没有理据充足地证明，就语言起源和进化而言，词必定比整语话语更简单。不过，一个有趣的现象是，虽然在现代语言中，一句话语也可以是一个词，但是"词是语言中能够自由运用的最小单位"这个语言学对词的定义，可能也存在于 HPL 假说倡导者的潜意识中。比如在 Arbib 关于 HPL 的论述中，我们似乎看到，他从根源上还是认为词是比句子更简单的语言单位，而且更复杂的语言单位是由简单的单位组成的，所以人类语言最早是由"词"开始的，这就是 Arbib 在他的论述中使用的"原始词"（protoword）这个概念。尽管 Arbib 的 protoword 实际上也等同于 Wray 的 HU，不过我们仍旧可以感觉到，他并不打算放弃由简单到复杂的进化规律，也始终认为词比话语更简单〔虽然我们不知道研究者可以怎样处理这个矛盾：分解原始词（复杂）产生现代语言的词（简单），同时坚持现代语言比原始语言更复杂这个几乎不容置疑的事实]。

原始语和我们掌握并使用的现代人类语言，当然不是可以相提并论的现象，所以我们或许也不能用现代语言的"简单与复杂"来评价原始语的语言单位，比较整语话语和原始词哪个更复杂。不过，即使单就分解这个行为，以及整体比其组成部分更复杂这个简单的逻辑，来理解从原始语到现代语的进化，我们似乎也没有理由否认，原始的整语话语至少在结构形式上，比由它分解出来的原始词更复杂。

HPL 假说研究者却是从另一个角度在思考这个问题。关于整语话语比原始词更简单，HPL 假说试图从动物的肢体运动和叫声来解释：动物用作交际手段的肢体运动和叫声，是对某个作为整体的情境的感觉运动反应；整语话语是动物的这种交际手段的承续和发展，在这个阶段，并没有声音与指称对象（事物）的对应。Arbib 正是这样解释整语话语的简单性。他认为（Arbib，2005：118—119），因为是相应频繁出现的情境的名称，"原始符号或原始话语（protospeech）是约定俗成的。使用可以指派给每一个行为者、行为和事物单独的名称（来描述一个情境），需要很多词；而使用这样的原始话语，一个符号就足够了。当这种原始话语多次交叠到超过一个临界水平时，在构建由'反复使用'的成分组成的话语时形成的词语学习系统，就可能积累起来"。

仔细分析 Arbib 的这段论述，我们可以看到，倡导 HPL 假说，要自圆其说有多么困难。首先，用话语来给情境指派一个名称，无论把这个话语称为 HU，protospeech 还是 protoword，实际上都是对一个情境的描述，这与 HPL 作为一个假说的出发点是背道而驰的。按照 Wray 对 HU 的定义，说 HU 的原始人只是用它来完成操控的功能，他们并不会说出描述性的话语。

其次，Arbib 其实并没有证明，整语话语和分解它而产生的词哪一个更简单（似乎也没有整语话语的研究者考虑过要证明这一点），他说明的是，描述一个情境，用整语话语比用多个词组成的句子简单。但是这样的比较有一个前提，就是被比较的事物是同时存在的。换言之，这里假设了原始人有选择的可能性，他们选择了更简单的表达手段。这显然是不可能的状况。如果确实存在整语话语这个发展阶段，那么使用一个符号，并不是对于原始人类"就足够了"，而是他们并没有其他可选择的表达手段。

此外我们还应该看到，用"频繁出现的情境的名称"来解释整语话语，也不成功。问题在于，不仅原始人类，就是认知能力已经高度发达的现代人类，对一个情境的观察和认识，也不可能是在其感知觉范围的全部对象。对于感知觉经验各异的个体组成的一群人（原始人群体就是如此），"同一个情境"只能是一个情境中突出的、所有观察者都认同（而不是凭感知觉都相同地经验到！）的数量有限的若干事物，因为只有这样的情境，才能对于所有人"反复出现"。在这个时候，用一个符号（整语话语）来指称一个情境，实际上已经预设了这个符号是基于这一个或若干个事物，而不是一个在感知觉经验中的整体情境。这其实是所有语言单位的共性，现代人类语言的词的内部形式也同样如此。这就是说，如果同意 HPL 假说关于分解整语话语产生词的观点，那么，这个符号（HU）的出现，已经预示了它此后会被分解成什么。有了这个预示，"反复使用""多次交叠"就不再可能是分解整语话语的前提。

顺便我想指出的是，这样理解"一个情境"，我们的思路实际上已经不可避免地被导向了语言相对论，尽管我们并不能把假设的 HU，当作论证语言相对论思想的可信论据。问题在于，如果仅凭个体的感知觉经验，我们显然不可能假设，原始人群体中的所有个体对一个物理性的情境 *a prior* 有共同的感知觉经验，是什么力量把这些各异的个体经验统一成了一个频繁出现的情境？其实 Arbib 自己已经回答了这个问题：这是因为有约定俗成的原始话语。换句话说，因为有了（哪怕是原始的）语言，原始人群体才能共同认识到而不是仅仅在感知觉中经验到一个情境。

回到 Arbib 的论述。基于"多次交叠到超过一个临界水平"，Arbib 对原始人类创造新 HU、并最终创造出词的过程，做出了这样的猜测。他假设的这个过程是（Arbib，2010：157，这个例子在他在 Arbib，2005 中就使用过，在这里他作了一些修正，使得想表达的意思更清楚）：一个原始部族有两个与火有关的 HU：reboofalik 的意思是"火燃烧"，balikiwert 的意思是"用火烤肉"。它们偶然地包含了相似的子语音串 falik 和 balik；这两个子语音串后来被统一固定的 falik 替换，由此出现了表示"火"的符号。后来，部族的一些成员将第一个 HU 中剩余的语音串固定，得到了意义为"燃烧"的符号；稍后部族的另一些成员将第二个 HU 中剩余的语音串固定，得到了意义为"烤肉"的符号。在这个创造行为中，两个 HU 中的子语音串都被固定成为有独立意义的符号，随着组织它们的原始句法的产生，词就结晶出来了。

我并不打算评价这个例子描述的过程本身是否可信，但是 Arbib 在构拟这个过程时，我认为他至少忽略了两个重要的问题。一个问题是，当 Arbib 使用子语音串（substring，Wray 的术语是 subset）来指原始 HU 中的某一个部分时，他已经预设了这个 HU 并不是一个不可分的整体，它是由若干子语音串组成的。人们当然可以争辩说，这里出现的子语音串是划分 HU 的结果，它们在划分的过程完成之前是不存在的。但是这并不是可信的 ad hoc（为论述自己的观点而设定的、未经严格检验的）解释，因为在这两个 HU 中，相似乃至完全相同的子语音串还有 bo vs. ba，al vs. al，lik vs. lik，等等。如果原始人类并没有先入为主地知道某一串声音是一个子语音串，也不知道它们的"意"，而是通过对比，发现了这两个 HU 中有发音相似或相同的部分，然后将它们划分出来，并固定为一个独立的语言单位，那么他们或许更容易发现我指出的那些相似甚至相同。falik 与 balik 看来不过是研究者解释自己理论的思路，而不太可能是原始人类在语言发展的这个（被 HPL 假说推测存在的）阶段最可能的智能行为方式。

另一个问题可能并不需要从语言学的角度来解释，但却不太符合我们关于原始人类生存和进化的基本知识。尽管并不是确凿的科学陈述，但是考古发掘和古人类学研究差不多已经明确地告诉我们，原始人类学会在生存活动中使用火，是在火作为一种自然现象被他们观察到之后。事实上，火在最初是被动物（包括灵长类动物）当成一种危险而需要逃避的自然现象；与逃避所有危险一样，动物也不太可能没有关于"火"这个危险的报警信号。原始人类显然应该从灵长类动物共同祖先那里，就继承了相对于"火"的报警信号。然而按照 Arbib 的思路我们似乎只能认为，原始人类在能够分解与火相关的 HU、创造出表示"火"的原始符号（词）之前，他们并没有独立的、能够指示火这个自然现象的符号。如果是这样，我们就需要认为，灵长类动物共同祖先就已经能够发出区分不同捕食者的报警信号，但是不知道出于什么原因，却没有关于火这个危险的特殊报警信号。HPL 的支持者或许会辩解说，Arbib 的这个例子可能不太恰当，但是这并不有损于 HPL 关于分解 HU 产生词的基本原则。我的看法是，这正好就是依照 HPL 假说不能解释的一个基本问题：在 HU 被分解产生词之前（据称）的至少 100 万年中，原始人类不能单独观察和认识他们早至 1000 万年前的祖先就已经接触到并能区分开的那些事物、传递关于那些事物的可以辨识的信息，比如报警的叫声。

Arbib 自己对他支持的 HPL 假说，看来也并没有充分的信心。他在批评其他研究者关于情境记忆（episodic memory）和计划并非人类独具的能力时，强调人类独具的并不仅仅是记忆和计划的能力，而且有与他人交流这种情境记忆和计划的能力，并由此认为（Arbib et al., 2008：1069，我的着重号），为了在这个问题上避免鸡与蛋的难题，应该假设对于人类语言"最先出现的是组合性（compositionality），它使得（语言）可以灵活地实时描述日益复杂的情境，这样就可能给对此时此地的事件的描述，增加指示时间相关的标记"。

我们显然不能认为、HPL 就定义而言也不能认为，Arbib 的这个"组合性"之说，可以用来描述原始交际系统和现代人类语言之间的桥梁HPL，因此，他在这里谈论的不是整语原始语，而是现代人类语言的组合性。Arbib 在自己的论述中，并没有这样区分整语原始语和现代人类语言的原始形式。在稍后关于语言起源和进化的讨论中，他甚至几乎放弃了 HPL 假说的立场，转向了组合型原始语的立场（Arbib，2015：3）："我认为原始语言和语言的产生，与（原始）词和（原始）结构日益微妙地交织，这一相同的基础机制被原始人用于发明语言，也被现代儿童用于在交际中掌握已经存在的语言……在这个阶段，（原始）人拥有原始语言的时候……存在着开放的原始词词汇，但是没有类似系统语法的东西将原始词结合起来，产生开放的、可以控制的意义。"

第四节　Wray 的观点

一　一个基于程式化语言的假说

与 Arbib 的思路相比，Wray 的假说，在我看来似乎是"逆向思考"的结果。我指的是，Wray 倡导 HPL 假说的思路，并不仅仅是"动物的叫声传递了情境相关的信息→动物的叫声是整体性的→连续发展而来的原始人类，也使用过整体性的叫声作为交际手段→不可分解的整体性叫声发展成 HU"，从她的论述来看，她的假说在很大程度上受启发于她对程式化话语的观察。Wray 观察到现代语言大量使用的、在结构上可以看成一个整体的程式化话语（或许是为了强调这种话语没有可以分析的语法结构，Wray 甚至称它为 formulaic sequence，似乎这样更近似被称为 string 的原始语 HU），与灵长类动物用叫声传递信息的交际手段在功能上近似。Wray 认为（Wray，2000a：287），"比较当今使用的程式化序列和灵长类动物使用的整体性叫声/手势的功能，我们可以发现它们之间惊人的密切对应"，并由此推测人类语言在进化过程中经历了所谓的整语话语阶段（Wray，1998：51）：原始人类并不需要说出具有指称和描述功能的话语比如"这块石头很重"之类，他们的话语用于社会规范（social-regulatory）、具有操控（manipulative）功能，"这些信号是功能性的，它们通过用命令、问候、警告、威吓等操控其他的个体，作用于说话人和/或听话人的世界，激发后者的某种反应。这些信号是整体性的，它并不包含可以用来组成新信息的组成成分"[①]。

如果"灵长类动物作为群体内交际手段的叫声是不可分解的整体"是一个可信的研究结论，那么 Wray 从功能角度，对比她认为存在过的原始语 HU 和现代语言的程式化话语，也包含了合理的因素。然而用后者来论证前者的曾经存在，并不是一个符合逻辑的思考方式。这或许是因为 HPL 假说与生俱来的悖论——没有结构但是比单个的词更复杂的话语先于更简单的词出现，使得它的推论似乎很难避免陷入矛盾。Wray 关于现代语言程式化话语和原始语 HU 是同类现象的结论也未能例外。

Wray 这样发展她关于 HPL 与现代语言程式化话语相关性的观点（Wray，2010：115，原文着重号）："人类祖先整体性的叫声和手势经过长时期的变

[①] 尽管一些研究者谈论原始语言的立场，也基本上与 HPL 假说相同，但他们不认同 HPL 这类原始语，完成的仅仅是操控功能："最先出现的不是词。语言是从表达式开始的，表达式最初可以从世界的结构导出它们的结构。直接通过经验映射，人们生成连续的、非离散的表达式来表示连续的、非离散的事件。"（Senghas，2010：17）

化,形成了若干以语音形式表达的整体信息,它们具有问候、警告、命令、威吓、要求、安抚等操控功能。这种信息的整体传输形式,我们至今仍旧青睐,当然,我们今天的整体形式已经不是它们原始形式的直接后代。我们继承的不是形式,而是运用整体的语言材料,达到关键的互动功能的策略。"

尽管 Wray 本人声称现代语言中的程式化话语不是由原始 HU 进化而来,而是原始人类的交际策略在现代人类社会中继续被采用的表现形式,但是一些 HPL 的支持者确实将现代语言的程式化话语看作原始语言的活化石(Nicchiarelli, 2014)。Wray 的交际策略之说,或可视为对非常脆弱的活化石之说的修正,但是这样的修正仍未能走出悖论的困境。当 Wray 谈论交际策略时,我认为她忽略了一个关键的问题:原始语的 HU 是她为 HPL 假说编制的语言材料,而不是可以观察到的语言事实。而且,"交际策略"就定义而言是一种选择(比较上文提到的 Arbib 的选择。这或许是 HPL 研究者无法摆脱的思路?)。然而,遵循 HPL 假说自身的逻辑,人类原始语的整体性,是原始人类的生物生理属性、生存环境的压力和大脑神经结构的发展状况决定的语言进化过程中的一个阶段,并不是原始人类通过实践和比较,在若干可供选择、可以相互取代的交际方式中,主动采用的某种更具优势的交际策略。将虚构的 HU 和并不符合相关科学研究结论的所谓交际策略联系在一起,就构成了一个循环论证:因为现代人类继承了原始人类的交际策,所以现代人会使用整体的程式化话语→原始人类运用整体性的话语完成交际,以此实现了他们的交际策略→现代语言的程式化话语也是整体性的,所以现代人类继承了原始人类的交际策略。

一些研究者认为,程式化话语甚至成语和复合词,实际上并不是整体储存和提取(Libben, 1998; Juhasz, 2007; Kuperman et al., 2008; Konopka et al., 2009; Sinder et al., 2012; Molinaro et al., 2013; Siyanova-Chanturia. 2015, inter alia)。而这样的整体性,正是整语话语的基本性质。因此,关于现代语言程式化话语与 HPL 的相关性,在以下几个方面不能经受检验:

1)即使假设确实存在过原始的 HU,它与现代语言的程式化话语在发生学的根源上是截然不同的。虽然现代语言的程式化话语是语义上的整体,但是它是由现代语言词汇系统中的词构成的;而且,(可能)没有可以分析的语法结构,并不是因为现代语言的词可以像原始的 HU 中的子语音串那样,没有任何结构地形成一个整体,而是在使用的过程中失去了这种固定组合的内部形式。现代语言中并没有 Wray 所说的那种"无可争议的自然整体性"(indisputable holistic in nature)话语。关于这一点,一个无可辩驳的事实是,除了可能在行业语或一些社会团体内部,现代语言的程式化话语并不可能不按照现代语言的语法规律被创造出来。

2)Wray 列举的 by and large,to go the whole hog 这种形式的话语,是现代语言的程式化话语的主要组成部分。在现代语言中,这类话语用于正常的描述性话语,并没有原始的 HU 那种影响和操控交际对方行为的功能。

3)除了为数不多的、具有互动的社会功能的话语比如 how do you do,happy birthday 之类,描述性话语中的绝大多数程式化话语,只是语言中的一种替代性表达方式,它们的缺失,除了可能影响表达的多样性,并不会对语言作为一个系统的功能有任何影响。因此,断言这类程式化语言同时拥有整体性和分析性两种形式的话语,本质上相当于说语言的词汇由名词、动词、形容词……组成,这是"语言有什么",而不是"语言是什么"的问题。用现代语言的程式化话语(语言有什么)来推论假设的 HPL(语言是什么),因此并不能得出可信的结论。

二 对 Wray 的批评

对 Wray 的 HPL 假说最严厉、最全面,而且我认为是理据最充足的批评,来自 Tallerman(Tallerman,2006a;2007;2008),她的批评几乎涉及了 Wray 倡导的假说的全部细节。我对 Wray 的 HPL 假说也持与 Tallerman 相同的立场。在下文的讨论中,我将主要就这个假说中可能与我的论题有关的部分提出自己的看法,并在需要的时候参照 Tallerman 的观点。我的批评大致可以归结为以下四个方面。

(一)FLB 和 FLN

动物(包括灵长类动物)不能划分为组成成分的叫声,可以传递与一个情境整体相关的信息,这是动物行为研究提供的一个观察事实。由这个观察事实，能否可信地推论出人类的原始语言最初是 HPL 假说倡导的那种整语话语，Wray 的论述看来有物种进化的背景，并不是纯粹的思辨推理。但是仅就这个部分，我们已经可以看到这个假说包含的内在矛盾。

这里首先涉及 FLB 和 FLN。根据 Hauser, Chomsky 和 Fitch 的解释（Hauser et al., 2002），FLB 至少包含了感觉运动（sensory-motor）和概念意向（conceptual-intentional）这两个机体内在的系统。与所有涉及语言、语言能力和相关神经生物生理机制的研究一样，FLB 是人类独有的，还是非人类的动物在不同程度上共有的，至今仍旧停留在假说阶段。一些学者（比如 Cheney et. al., 1990a, 1990b；Hauser, 1996）认为，作为零假说，我们应该假设人类的 FLB 与动物完成交际行为的能力，在严格意义上是同源的。更进一步看，人类的 FLB 与其他脊椎动物交际行为赖以实施的功能组成部分是相同的（Bolhuis et al., 2014）。"实证的努力得到的结论是，FLB 的所有组成部分，要么是人类与其他物种共有的，要么人类语言的与其他非语言的认知领域共有的，只有这些成分的结合，才是人类语言独有的。"（Fitch et al., 2005：182，原文着重号）

按照上述解释，FLB 所有成分的结合就产生出人类独具 FLN。Hauser 等人（Hauser et al., 2002）认为，FLN 是 FLB 的组成部分，它的关键要素是一个计算系统（computational system）以及狭义的句法。这个计算系统的功能在于，生成内在的表达（internal representations），并将这种表达一方面通过语音系统投射到感觉运动界面，另一方面通过（形式化的）语义系统投射到概念意向界面。Hauser 等人（Hauser et al., 2002：1571）将 FLN 的属性进一步阐述为"所有这些途径都吻合于 FLN 的核心属性，即被归结为狭义句法递归性"。我们可以看到，对 FLN 的这种表述其实就是生成语法的基础理论。

基于对 FLB 和 FLN 的这种解释，我们可以看到，HPL 假说编制的那种没有组成成分、没有语法结构的 HU，即使在一定程度上可能与 FLB 联系起来，却无论如何不能归结为 FLN 的产物。这是因为，就 FLN 的核心即递归性而言，HU 并不具有递归性，因此 HPL 不能被视为人类语言。虽然 HPL 假说的倡导者也承认，HPL 只是动物交际系统和人类语言间的桥梁，但是他们并没有也不能哪怕从连续论的角度证明，当人类拥有了 FLN 后，他们创造和使用语言的智能行为，并不是"生成内在的表达"和"将这种表达通过语音系统投射到感觉运动界面"，而是分解已经存在的表达（HU的整体意义）和语音（HU 没有成分结构的语音串）。

这样一来，HPL 假说就只能同意，原始人类能够说出 HU，只需要拥有动物，或者灵长类动物也拥有的 FLB。虽然我们不能认为原始人类的 FLB 与灵长类动物的 FLB 处于同一进化阶段，但是，并不能归结为基于 FLN 而产生的 HPL，最多也只能被看作比灵长类动物的交际系统有更多表达形式的原始交际系统。这种交际系统产生和发展的推动力，与所有原始交际系统一样，仅仅是生存环境和选择压力的作用；这种交际系统可能的完善，也是"基于哺乳动物吸、舔、吞咽和咀嚼等口舌动作系统发育的结果"（Studdert-Kennedy et al., 2003：239），而不是大脑神经系统的重构，也不是个体发育所致。因此，如果 FLN 是人类能够创造并使用语言的基本前提，则 HPL 并不是一个必需的、可以被证明的语言进化环节。

在谈论语言起源和进化研究中必须考虑的（行为）模式、符号象征和结构的区别时，Bickerton（2003）指出，并非出现了有声的交际形式就是语言：有意义的若干声音是原始信号，可能（在黑暗、远距离和植物稠密时）与手势混用，并长久存在过，没有发展语音（系统）的必要。这实际上也是对 HPL 作为人类语言的原始形态曾经存在过的否定：原始人类的 HU，并不是与灵长类动物用来完成交际的叫声有实质性区别的"人类（原始）语言"。这就是说，HPL 与灵长类动物的叫声完成的是相同的交际功能，即在觅食、避险、繁衍等生存活动中完成群体组织、命令、支配、警告、威吓等行为。灵长类动物行为研究者提供的许多观察事实都说明，完成这样的交际行为，只需要简单的叫声，或者配以手势就能够实施，并不需要更加复杂的、扩展了的所谓 HU。Bickerton 就此指出，"把那个给我"或"离她远一点"这样的操作并不需要用语言来表达，动物的交际手段库藏中，已经包含了这类并无歧义的表达方式，比如请求的手势或威吓的手势。

严格、仔细的检验还可以让我们产生的怀疑是：HU 是否在物种进化过程中、为适应环境和应付生存压力而完成交际的最好选择。这是因为，一方面，如果灵长类动物看见了捕食者，比如一只豹子、一条蛇或者一只鹰，发出只有一个音节——我们应该假设这并不是人类语言那种辅音+元音组合的音节，而更可能只是简短的比如"a～"之类的叫声作为警告，就能有效地让群体内的所有个体都能够迅速避险。是这样的交际方式更能适应生存的选择压力，还是能够说出 HU 的原始人类在看见那些捕食者时，说出一个 HU 比如 bamedu（"捕食者来了"这个和以下的 HU，都我比照 Wray 的例子编制的，并非引用），或者就每种不同的捕食者说出 budace（一只豹子来了）、kalana（一条蛇来了）、wulefo（一只鹰来了），能够更有效地警告同类避险？抛开其他因素，单从时间来看，捕食者的迅猛动作，可能让被追捕者做出反应的每一瞬间都生死攸关，这样比较，我们很难看出 HU 的进化优势表现在什么地方。

另一方面，研究表明，由共同祖先进化而来的灵长类动物和人类的进化程度差距如此巨大，在一定程度上是由于原始人类离开了树栖的生活环境，在平地上处于食物贫乏、气候干燥、捕食者拥有体力和速度的优势等更加艰难的生存环境中，遭受了更多的生存压力。在这样的环境中，原始人类可能需要更密切的群体活动，需要面对和适应更多新的情境，这就需要更多的交际手段。问题在于，更符合适者生存原则的交际行为，是（a）使用尚未充分完善的发音能力并辅以肢体动作（也可能相反），来尽量多地对新的情境、新的事物做出反应，并让这些反应成为交际手段迅速进入群体生活，使群体更有效地适应生存压力；还是（b）将体能和智力集中在发展已经存在的有效交际手段——我指的是将对应生存环境的、由简单的叫声完成的组织、命令、支配、警告、威吓的交际行为，扩展为更加复杂的 HU，更能适应生存压力？

我当然不能对这个问题做出单义的回答。但是，如果将 Wray 的说法贯彻始终，认为在这样的交际活动中的创新，并不能让群体中那些创新者（Wray 指的是最先说出了有语法结构的句子的智力超常个体）获得更大的生存和进化优势，以致创新者不得不放弃自己的创新，退而采用群体已经适应的、有效的旧体系，那么我们就只能认为，相对于原始人类已经拥有的、从与灵长类动物共同的祖先以降连续发展而来的叫声+手势的交际体系，HU 确实是一种创新，但是却并不能被证明是一种更具进化优势的创新。Wray 的观点于是陷入了两难的境地：具有语法结构的话语作为创新，因为没有生存竞争优势，被正在使用的 HPL 交际体系排除；没有语法结构的 HU 作为创新，尽管 HPL 假说不能逻辑地证明其竞争优势，却取代了由灵长类动物的共同祖先传承而来的旧交际体系。

支持 HPL 的人们可能会采用一个 *ad hoc* 假说，认为与灵长类动物一脉相承的原始交际体系能够被 HPL 取代而不能被有语法结构的语言取代，是因为在 HPL 的阶段，人类的大脑神经还没有完成重构、达到产生语法语言的高度。但是这个 *ad hoc* 假说并不能将他们带出困境，因为这样的假说涉及大脑进化和语言起源与进化的核心问题，没有透彻的研究和直观实验数据的检验，这样的 *ad hoc* 假说没有可信的解释力。况且，当 Wray 谈论原始群体中那个（些）能够说出有语法结构的话语的智力超常个体时，她需要同意，这个（些）聪明者的大脑神经已经重构。如此，依照至今在语言起源和进化研究领域内虽有争议但仍旧被广泛采用的所谓"linguistic rubicon"标准（Keith，1948），即大脑容量达到一定的体积（750cm^3）是语言能力的决定性因素，那么我们甚至可以对 HPL 假说提出这样的问题：那个（些）智力超常的、通过大脑神经重构已经获得了 FLN 的个体，与这个群体中其他智力平平的、只拥有 FLB 的个体，还是同一物种吗？

（二）HPL 存在的形式

我把这个问题分成两个部分，是依据 Wray 的下面这段表述（Wray，2000a：297）："如果我们设想第一批片断是随机输入的，那么随着时间推移，就会偶然地有两个、三个甚至更多的支持假说的话语相继出现。只是这个现象会怎样经常地发生，这个假说会以怎样的速度健全起来，有赖于有多少不同的话语被说话人经常使用，这样的话语可能会有多长，以及语音存量的多少。"

1）HPL 作为一个交际体系，包含了多少组成成分（有多少个 HU）。虽然这是一个不可能有答案的问题，但是提出这个问题是合理的。正如我们可以就任何现代语言，统计它的音位数量、音节数量、词汇数量、语法规则数量，等等。HU 既然没有组成成分和语法规则，那么我们就只能"统计"这样的话语本身的数量。其实 Wray 关于 HU 会不断地相继出现的说法，并非基于任何观察事实，我们能够"看到"的 HU，只是讨论这个假说的研究者为说明自己的论点而编制出来的。如果硬要对这种被研究者编制出来的"语言材料"提出诸如数量统计的问题，我们能够依据的，就只能是假说倡导者自己的论述。但是，HPL 是一个数量有限的 HU 集合（a），还是一个可以无限产生的开放系统（b），倡导 HPL 的 Arbib 和 Wray 的观点并不相同。

Arbib 大致持观点 a，从他的定义（2003：186，我的着重号）"原始人类和非人类动物都只能就一些情境产生交际行为，这类情境在原始人类的生活中如此频繁地出现，以致被一种特殊的话语给出了名称"来看，原始人类使用的 HU 只是那些频繁出现的情境的名称。这样的情境有多少，要有怎样的复现率才可以被认为是频繁地出现，当然已经不是假说倡导者和这个领域中的任何研究者能够回答的问题。不过根据野生灵长类动物研究者对黑猩猩手势的研究报告（Hobaiter et al., 2014），我们大致可以推测，参照现代野生黑猩猩的生存行为，原始人类在其生存环境中能够日复一日反复从事的生存相关行为，数量应该是有限的。作为情境名称的 HU，相应的数量当然也有限。

Arbib 的观点还包括了一个假说，即与动物也是相关于一个情境的叫声相比，HPL 的优势在于，原始人类可以基于大脑神经的发达程度和发音器官的完善，创造出新的 HU；相对于动物有限的叫声组成的封闭系统，HPL 因此是一个开放的系统。然而我们可以看到的是，将 HPL 定义为一个开放的系统，与 HU 只是频繁出现的情境的名称这个观点是矛盾的：开放的系统意味着其成员可以无限增加，但是对于在一个有限的生存环境中、认知能力有限的群体，能够频繁出现的情境，并不可能是无限的。

研究者或许可以争辩，开放的系统是一种潜能，并不一定会被示例，不过只要有需要，系统就可以增加新的成员。然而这个说法并不成立。语言系统的无限开放性，是基于语言符号的结构二重性、离散性（discreteness）和递归性，但是按照 HPL 的定义，HU 并不具有这些性质。猜测 HPL 的开放性，将会导致谬误。我在下文的讨论中会涉及这种谬误的状况。

此外，HPL 系统不可能无限开放，还因为 HU 的一个基本特点：原始人类创造新话语的动机，在于给生存环境中各种遭遇到的情境创造出一个名称（Arbib 的观点）。但是，HU 只是功能性而不是描述性的话语，就任何一种可能出现的新情境，应付的方式，包括协调群体的行为、发出警告之类，也不太可能总是新的，用于完成这些行为的功能性话语，自然也不太可能时时创新。

Arbib 在近期的论述中（Arbib，2010：157，原文着重号），对原始人类创造 HU 的能力做了一个表述："最初拥有原始语的原始人，并没有比猿类动物发展出的新手势更多的关于原始语的概念，最早的有声原始词在心理上类似现代灵长类动物的叫声，与灵长类动物的叫声的区别在于，新的话语是可以被创造的（对于早期的世代是无意识的）。"

抛开"早期的世代"这个对于时间的界定没有太多意义的含混说法，在我看来，Arbib 的这段论述似乎并没有更加完善他在此前的相关论述，反而将 HPL 假说带入了一个两难境地。姑且同意 Arbib 的观点，即最初原始人类并没有意识到，他们说出 HU 是创造了一种新的交际手段；姑且认为在原始人的智力发展状况中，音节多的 HU 并不比音节少的 HU 更复杂；那么，当（并非早期世代的）原始人类意识到他们是在创造新的 HU，并且一开始创造的就是多音节的诸如 tebima 而不是 te 或 te-bi（因为如果先出现的是 te 或 te-bi 这样的 HU，tebima 就不再可能是一个不可分的整体），这时，他们仍旧可以无意识地完成这个创造活动吗？我指的是，他们还可能对发音器官和心智活动没有自主的控制，也意识不到他们是清晰地、按照某种顺序一个一个地说出了比如 te-bi-ma 这样的话语中的每一个音节吗？

这里的两难在于，一方面这种形式的语音组合，即使现代人也不能无意识地创造出来；另一方面，如果是自主控制的创造行为，那么，HU 并不是一个起码在形式上不可分的整体这个事实，在创造的过程中不太可能不被意识到。这是因为，在自主控制创造这样的 HU 时，原始人不太可能意识不到 te-bi-ma 和 teb-ima 或 te-bim-a 是不同的语音组合，而他想表述的 tebima 的意思，只能在 te-bi-ma 这样的组合中才能实现。

我们还应该认为，就原始人类可能的活动范围和行为方式而言，新的情境只可能是那些与生存环境相关、对生存行为有重大影响的场合，而不太可能是在已经有比如指示"把一个个体拥有的物体给另一个个体"这种熟悉的、频繁出现的情境的相应话语时，把对物体或者个体的细节描述，作为功能性整语话语的内容创造出来。换句话说，依照 Arbib 关于 HU 是情境名称的说法，我们只能认为在 HPL 阶段，原始人类不会在已经有"把这个给她"这种操控性话语后,再追究细节,创造出"把石头给她/把肉给她/把幼崽给她"这类并非"频繁出现的情境的名称"的话语。

Wray 正好就假设了类似"把石头给她/把肉给她/把幼崽给她"这样的 HU 的存在(Wray,1998:51—52)。这样一来,HPL 作为交际系统就只能是开放的,因为单就"给"这个行为直接作用的对象,在原始人类的生存环境中即使不能认为是无限的,数量也会相当庞大。在对语言起源和进化的研究并未真正证实或证伪某种假说时,要基于 Wray 编制出来的这类 HU,从细节上批评她的这个观点,很有可能是无的放矢。不过,正如我在这一节开始就说过,对于 HPL 这种没有(基本上也不可能有)直观实验数据或考古发掘来检验的假说,重要的是推理不能导致矛盾。

在 Wray 的假设中,既然可能出现"把石头给她/把肉给她/把幼崽给她"这样的 HU,逻辑地我们就没有理由否认,在"＿＿石头＿＿"这个位置上(特别需要注意的是,"位置"已经是让 HPL 倡导者和支持者难堪的句法概念,但是 Wray 的例子已经预设了这个和另外一些句法位置的存在),可能出现的语音串数量众多,它们可以相互置换,并由此产生出新的 HU。然而对 HU 形式的这种假设,导致了与 HU 定义矛盾的结论。矛盾在于,如果列举的这几个作为一种指令的整语话语,要被听到话语的人没有歧义地理解、接受并执行,那么他必须知道,在话语中的"＿＿石头＿＿"这个位置上出现的各种语音串,表示了不同的事物。既然在这个位置上的语音串可能是不同事物的名称,而 HU 是一个不能分析的整体,那么 HPL 的支持者就需要证明,每一个包含"石头"这样的子语音串的 HU,都是一个特定的 HU;其中那个表示"石头"的子语音串,仅仅存在于这一个 HU 中。这无疑是一个非常艰难而且几乎无望成功的任务,因为只需一个简单的质疑,就能让这种论证的企图一开始就陷入困境:要证明在 HU 中可能表述"石头"(以及其他可能的对象)的那个子语音串在一个特定的 HU 之外不存在,人们首先需要明白,他们试图证明的对象是什么。既然这个对象已经被认定为话语中的某个能够被解析出来的子语音串,HPL 假说还能坚守住"HU 不可能分解为可以在其他话语中重复使用的组成成分"的立场并进一步逻辑地证明这个立场是正确的吗?

这样看来,证明"把石头给她/把肉给她/把幼崽给她"这些表达同一类型指令的话语,整体上是完全不同的语音串,其中没有任何可以通过比照而被看作出现在"同一个位置上"的子语音串,是摆脱这个困境的唯一出路。然而,这不仅可能动摇 HPL 假说的核心即分解 HU 产生词这个结论,而且如此我们就必须认为,HPL 作为一个交际体系,其所有的组成部分即每一个 HU,都有完全区别于另一个 HU 的存在形式即没有在两个以上 HU 中重复出现的音节。

基于这种立场,我们就必须以统计一种现代语言词汇的方式,来看待 HPL 中 HU 的数量。要形成这样一个交际体系,即使我们推论原始人类能够发出的语音大大少于现代语言使用的语音,我们也必须面对这样的事实:比如原始人类只能清晰地发出 10 个不同的音素,即使在每个 HU 中不重复使用这 10 个音素的任何一种组合,这些音素能够组成的语音串数量也是惊人的:$10! + 9! + \cdots + 1 = 3628800 + 362880 + \cdots + 1$。我们当然不能认为原始人类充分运用了全部的组合可能性,创造出了数百万个 HU,就像一种现代语言的词汇,也远未用到全部可能的语音组合。但是,因为 HU 在 HPL 假说中被认为是一个开放的集合,我们就无法否认如下的推论:这些原始的语音通过各种方式组合产生的 HU,至少可以被描述为"成千上万"。要在记忆中储存并自由地提取和使用这成千上万的 HU,正如 Tallerman 的批评(Tallerman,2008),对于现代人也是不可思议的超常的大脑功能。那么,我们这些现代人在进化的过程中,是在什么时候、为什么会失去了我们遥远的祖先具有的这种超常的大脑功能?

对这个问题,心理学研究者的观点是,原始语的 HU 能够传递的信息数量,受到两个因素的限制:(a)信息发送者的说话能力和信息接收者的接受能力;以及(b)话语对长期记忆和工作记忆的需求。由此,"如果(原始语的)符号是类似灵长类动物叫声的整体性发音,那么知觉和记忆甚至不能保存 1000 个有区别的符号"(Jackendoff,1999:274)。

HPL 的支持者,当然也可以对 Tallerman 的批评提出反批评:现代人必须在记忆中储存数量庞大的词汇并能够提取和使用它们;词汇归根结底也是真实世界各种片段的名称,这同操作作为情境名称的 HU,并没有本质上的区别。这就涉及关于原始 HU 存在形式的另一个问题:原始 HU 的结构形式是什么、是否等同于现代语言的词?

2）原始语的 HU 被认为是没有结构的，所以这个问题确切的表达是：形成原始 HU 的语音串到底能有多长。这个问题涉及 Wray 考虑的 HU 的长度，以及人类的语音存量。如果将刚才提到的 Tallerman 的批评用到这里，我想 HPL 假说的支持者或许就很难做出辩驳。HPL 假说显然不能否认一个符合逻辑的推论：因为原始人类能创造的 HU 没有任何结构规律，仅仅是一个语音串，所以，这样的 HU 不仅可能是 Wray 编制的 tebima, kumapi, pubatu 之类，也可能是 Tallerman 编制的 bupakagulodimaladopubogo 之类。不过，根据心理学的研究（Miller et al., 1960），现代人（年轻人）的注意和记忆广度是 7 个单位，字母的注意广度则只有 6 个。如果我们认为人类的生物生理机能是在进化而不是退化，那么我们应该不能认为，原始人类的注意和记忆广度优于现代人。心理学的这个研究结论，看来是给 Wray 编制的 HU 的形式做出了解释：注意和记忆广度可以排除 Tallerman 编制的那种 HU 的生成，支持只使用 6 个音素的 HU，因为要将任何随机创造出来的、长度不受限制的 HU 作为情境的名称储存在记忆里、在需要的时候提取并运用，甚至不是现代人类的大脑能够具有的能力。

暂时搁置心理学的结论，Tallerman 的批评给 HPL 假说提出的，首先应该是一个与语言本身的性质相关的难题：超过 6 个音素的 HU 不能被记忆和储存，但是 HPL 却不包含任何生成机制，可以排除 Tallerman 编制的那种超长 HU 的生成。如果勉强将"6 个音素"作为 HU 的生成机制，即超过 6 个音素的 HU 不可能被说出来，那么进一步的推论就只能是：正如现代语言的语法排出了结构不符合语法规则的句子生成，HPL 一定也有某种规则，排除长度超过 6 个音素的 HU 生成；换句话说，"6 个音素以下"，就是 HPL 的一个结构规则。但是这个推论同 HPL 假说断言 HU 没有结构，显然是不相容的。

对 HPL 假说持支持立场的 Fitch 或许也注意到了这个问题，因此对此有一个含混的表述（Fitch, 2010: 294，我的着重号）："在记忆能力的界限内并考虑最基本的可区分性，任何长度和任何语音形式的语音串都可以使用"，就此似乎排出了与"结构"相关的任何生成机制。Fitch 的表述逻辑上虽然无可指责，但是它实际上回到了 HU 的长度这个问题的原点，并没有否认 Tallerman 编制的那种 HU 生成的可能性。对于讨论 HU 可能的形式,这个表述并没有可以借鉴的价值。

回到注意和记忆的广度问题,我们当然不能否认,现代语言比如各种印欧语言里,也有不计其数的超过 6 个音素的词(比如德语"病假条"Arbeitsunfähigkeitsbescheinigung),HPL 的支持者或许会用这个事实来反驳 Tallerman 对 HPL 的批评:现代人在注意和记忆广度的限制下,可以使用如此长的语音串来创造词,我们因此没有充足的理据来否认 bupakagulodimaladopubogo 也是原始 HU 可能的形式。但是这个反驳并不能成立。一方面,一个确切的观察事实是,任何一种语言的基本词汇的成员,大致都是不超过 6 个音素的词,可能因为这些词在创造之时,确实是随机的语音串,符合 Miller 等人的观察结论。由基本词汇派生的词汇系统的其他成员,却是按照一定的语法规律创造出来的、具有构词结构的词,而不是随机的语音串,所以并不完全受记忆广度的限制。另一方面,我认为可能比较重要的是,现代语言单位的储存、提取和使用对于所谓 HU 的优势在于,使用现代语言,我们有文字作为帮助记忆和提取的辅助手段,使语言单位的长期储存并非仅仅依靠记忆,就此不再受记忆广度的限制。原始人类只能依靠听觉,语言单位(HU)的储存只能依靠记忆,受到记忆广度的限制是不可避免的。

Wray 编制的 HU 都是 6 个音素的语音串,似乎符合人类的注意和记忆广度。尽管如此,我并不认为,似乎有心理学理论为依据的 HU 的形式,能够增加 Wray 假说的可信度。这是因为,所有持 HPL 假说立场的研究者、包括 Wray 向我们展示的那些 HU,并不是真实的语言材料,而是研究者的虚构。研究者在编制这些话语时,可能受到心理学相关研究结论的影响,考虑到了原始 HU 可能的长度,然而并没有人能够断言这就是原始 HU 曾经的存在形式。HPL 的支持者或许可以辩解说,人类的这个心理特征,当然可能在原始时期就决定了原始人类心理活动的阈限,原始人类虽然没有关于这个心理特征的知识,但是他们的智能行为,比如创造原始的 HU,自然要受到这个特征的限制。不过 HPL 假说的支持者可能忽略了另一个事实:原始人类的智能行为虽然受到这个他们并不具有任何相关知识的心理特征的限制,但是他们在这个注意和记忆广度限定的范围,仍旧有选择的自由。我指的是,要表达"把这个给她"的意思,如果原始人受注意和记忆广度的限制，最多只能说出由 6 个音素组成的语音串 tebima，那么在 6 个音素以下，说出 bi、ebi、ebim……来表达这个意思，就是他随机的选择了。问题在于，原始 HU 是没有任何语法结构的语音串（a），而且，如果若干行为方式都能达到同样的目的，那么可能不仅人类，任何能够发出自主动作的动物，都会（本能地）首选简单而不是复杂的行为方式（b）。这样看来，符合逻辑的推测是，在上述场合，原始人更可能的选择是 ebi 甚至 bi，而不是 tebima。

为什么 HPL 假说认为原始人类选择的是 tebima，而不是 bi，其实并不需要用心理学关于注意和记忆广度的理论来解释，这不过是 Wray 提出 HPL 假说的一种策略。Wray 当然清楚，如果原始人类开始说 HPL，他们最初说出比如 bi 的概率，显然大于 tebima；而且她并没有理由假设，bi 由于太简单而不能表达"把这个给她"的意思，否则她就不得不承认 tebima 中的 te 和 ma 有区分意义的作用，这显然与 HPL 的基本观点是矛盾的。之所以编制 tebima 这类多音节的 HU，其实是为了配合这个假说关于分解 HU 产生词的推论。然而这只是研究者为了让自己提出的假说没有内在矛盾而采用的一种方法论立场，并不是原始人类（如果确实）说出 HU 时需要考虑的问题，也不是原始语言逻辑地可能具有的形式（参照上边 a 和 b 两个条件）。

HPL 假说倡导者编制的多音节 HU 与这个假说本身的冲突，我在稍后相关的地方还会再次讨论。

（三）关于分解整语话语产生词

分解整语话语产生词，是 HPL 假说的核心，也是这个假说与综合型（syntactic）或组合型（compositional）原始语假说最根本的对立。顺便指出，分解整语话语产生词的观点，并不是 HPL 假说的创新，在相关研究中，早就有研究者做出过这样的猜测。Bentham（1962：322—323）的表述，几乎可以看作 HPL 的倡导者 Arbib 和 Wray 的观点的直接先导，尽管 Bentham 的思想从现代语言学理论的角度来看有些粗浅："最初的词是整个句子，即表达痛苦、快乐、愿望、憎恶等的句子的等价物。被称为感叹词的词类是这种原始语言的证据。现在组成语言的词的形成是分析的结果，原始的句子（通过分析）被分解成词，词又被分解成音节，音节通过书写或视觉符号被分解成字母。"

HPL 假说的倡导者认为，原始语是连接灵长类动物原始的交际行为和人类现代语言的桥梁，据此推论，从原始整语话语中产生出现代语言的词，就是一个必然的过程。然而也正是这个分解整语话语产生词的说法，是对 HPL 假说的批评最集中的部分，我认为也是这个假说最不可信，因此也最容易受到质疑的部分。其不可信，似乎并不是推论的技术细节所致，而是根本基于一个错误的推论出发点。一个无论怎么强调都不过分的事实是，在人类科学发展的现阶段，跨学科地研究语言起源和进化，无论研究者站在什么立场，他们似乎都不太可能忽视 Darwin 的进化论，尽管对进化论本身可能有不同的评价。而 Darwin 进化论的一个重要观点是，复杂的系统是由其简单的先导（precursor）发展而来，而不是相反。按照 HPL 假说，整语话语的内容相当于命题，而词在甚至已经进化至今的现代语言中，（粗略地说）也只相应于一个概念；无论怎样定义，概念（我当然不是指研究人员用来解释一个概念的一句话甚至一段文章）显然不可能比命题更复杂。然而 HPL 假说正好就假设了相对复杂的命题（整语话语）是相对简单的概念（词）的先导。

HPL 假说最坚决的批评者之一 Tallerman，从三个方面批评了 HPL 假说关于划分整语话语产生词的推论。

1）将分解整语话语得到的语音串称为词素（morpheme）的困扰在于"没有音位（phoneme）不可能有词素（因为词素是由音位构成），然而没有词就不可能有音位，因为只有通过一对最小或接近最小的语音组合的语义对比，才能解析出音位。所以，词素是不可能从整语话语中提取的。这就意味着，从语音流中可以得到一组音素（现代人类婴儿具有这种能力），但是一组词却不能由一组随机的（音素）片段来构建，因为没有任何东西可以告诉原始人，哪些是关键的对比。实际上，在那个阶段不会有任何关键的对比"（Tallerman，2007：588）。简言之，以语音分解词，得到的是音位而不是音素，因为音位须有语义支持；但是分解 HU 的结果，只能是一组音素（或其组合），不能得到有语义支持的音位，也就不可能得到由音位组成的词。

一些研究者（Kirby，2000）尝试通过电脑合成的实验来证明，整体性的一串语音确实可以在一定条件下被受试者划分成音节,以此推论原始的HU也可以被如此划分。针对这样的实验,Tallerman的看法是,这样的实验可能成功,仅仅是因为离散的片段从一开始就被纳入了实验的条件。用Bickerton的话来说(2003:86,原文着重号),"在大多数——如果不是全部电脑模拟语言进化的实验中,这不是偶然现象,即这些自我组织的'行为者'(selforganizing 'agent')已经知道他们的对话者想说的是什么意思。如果不用这种方式限定问题的空间,这样的模拟实验不可能进行,受试者也绝不可能被会聚在一个可行的系统内"。不仅如此,按照一些研究者的观点(Studdert-Kennedy et al., 2003:238),最小的语音组合(音节)并不可能被原始人类从HU中划分出来:"组合性能够产生的先决条件,是'整语性'话语已经具有了其离散的成分可能被划分出来的隔断线(fault line),那么这个语音的切断点是从哪里来的?这不可能是标准的单位即元音和辅音,因为这些单位以及它们的描述性特征纯粹是语言的,这正好是进化理论需要解释的。"由此Tallerman认为,HPL关于划分HU产生词的假说,在这个基本点上已经陷入了困境。

就此我还想补充的一点是,设计这类实验的基础,应该是被证明确实存在过的原始语言多音节的整体性语言符号,而不是研究者编制出来的那种HU。然而,我们现在从各种著述中看到的HU,都是研究者按照现代语言的语音系统规则编制出来的,针对它们的实验,并没有充足的理由被认为就是针对原始语言的实验。

HPL假说关于划分HU产生词的一个论据是,现代人类的婴幼儿在接触语言的初期,听到的也是其间并没有分隔的整体语音串。一些研究者认为(Jusczyk, 1997; Saffran et al., 2003),婴幼儿能够运用不同的线索,比如轻重音音节这类音韵结构、音位限制以及从这些声音分布得到的统计信息等,发现词之间的界限。HPL假说据此认为,原始人类分解整语话语产生词的能力,大致就与现代人类的婴幼儿相当。

立刻就可以发现的问题在于,婴儿能够"发现"词之间的界限,是因为这个界限已经存在,是因为在语流中这个界限不可能不以某种形式显现出来(如Studdert-Kennedy等人所指出)。原始人从HU中"划分"出词(如果有这样的智能行为),是一个从无到有的创造性活动,上述那些在词已经存在的前提下才可能搜寻到的线索，对于原始人类根本不存在。他们划分 HU 的智能行为与现代人类婴幼儿分辨音节/词的界限的能力，除了"划分"的字面意义，没有任何相似之处。

Tallerman 也表述了类似的看法。现代人类婴幼儿能够运用的这些线索都是语言线索（linguistic cues），声音分布的统计信息，也有赖于婴幼儿对他们学习的语言中已经存在的词（包括纯粹为实验目的生造出来的词）的分析。前语言的原始人类并没有这些可供运用的语言信息，因此也就不可能有现成可用的线索，支持将 HU 划分成词/词素的操作。

Tallerman 进一步提供的一个可信的观察事实是音位限制：任何语言都有最基本的语音区分，音位只是语音系统中理想的不变体，在一定的范围内允许存在的，是音位变体。比如英语送气的［p^h］和非送气的［p］都是音位/p/在可允许范围的变体，它们的区别，在普通英语母语者的言语行为中是被忽略的，尽管他们能够分辨这两个音位变体。音位和音位变体是人类现代语言（语音）系统的属性，说话人的言语行为基于他们在习得自己母语时获得的语言知识。然而依照 HPL 假说，原始的 HU 是单语素结构（monomorphemic），没有词/词素，也就不可能有音位。但是上述那一类音位/p/的变体，即使纯粹出于发音习惯或临时因素的影响，也完全可能出现在不同原始人个体的话语中，没有（现代人类语言的）语言知识的原始人怎么可以知道，哪些音是同一个音位的变体，包含它们的语音串因此是同一个 HU；哪些音超出了音位限制的范围，包含它们的语音串是不同的 HU？他们怎么在没有这些知识的条件下，将 HU 划分成片断，创造出词？

与语音相关的一个重要事实是，如像 Tallerman 强调的"可以持续一致被听到的固定形式"（consistently audible in a fixed form），是否被证实是原始语 HU 能够具有的性质。在 HPL 假说相关的研究中，假说的支持者实际上是将 Wray 等人的虚构，当成了被观察到的语言材料；然而即使这种语言材料，也只是现在研究者可以看见的书写形式。只能凭听觉而没有任何视觉材料可以借鉴的原始人类，能够依据什么，判断那些他们说出和听到的组成 HU 的（从现代语言的角度大致可以看成是）"音节"，一定是在所有场合都能够重复出现的、固定的"辅音＋元音"的组合，以致他们后来能够以这种方式划分 HU、创造出词？

针对 Tallerman 基于音位变体的批评，Fitch（Fitch，2010：499）的解释是："当一个社团哪怕只从整体性的语音流中'拉出'了一个有意义的语音串（第一个原始词），这个语音串此后的音变对于原始语学习者就不再是问题，就像现代儿童学习在不断变化的语言，随着时间推移，更多的原始词就会被提取出来。"Fitch 的解释其实并没有摆脱被 Tallerman 批评的困境，因为 Tallerman 在批评中已经指出，现代人类的儿童是在已经具有成熟语音系统的现代人类语言系统中学习语言，不断变化的语言在任何可以追溯和预见的时间段里，也只能是在规范允许的音位限制范围内变化。儿童在习得自己的母语时，是依靠规范适应这样的变化，或者按照 Tallerman 的表述，可以忽略这些变化。这是原始人类在原始语时期不太可能具备的语言能力。至于原始社团怎么可能从整体的语流中拉出一个有意义的语音串，涉及的问题是这种语音串的意义是怎么产生的。就此我们继续观察。

2）如果以后可能成为词的语音串能够从 HU 中分解出来，HPL 假说又会面对另一个问题：这样的"词"是怎样被赋予了意义。且不论整体性语音串是否可以被分解而产生词或词素，仅就在语言学意义上可信的条件而言，（原始的）说话人用什么方式获得了一组约定俗成的意义？对此 Tallerman 的例子是，比如 pubatu 在 Wray 的解释中是 help her，但是，因为 HU 的意义是整体性的，每个子语音串并没有独立的意义，所以 Wray 的解释只是一种可能。我们没有任何理据，可以排除这个（虚构的）HU 在不同的场合、被不同的说话人或听话人理解为 help your mother 或者 help the older woman 等。此后，如果这个 HU 被分解得到了 ba 这个词，原始人类用什么方法确定这个词的意义是"她""你的母亲"还是"那个老妇人"？

Wray 在（Wray，2000b）中表述的一个思想，看上去是对 Tallerman 的回应："称名被释放到一个功能强大的认知平台（cognitive forum），它基于词和整语话语的并置，创造一个参数结构（argument structure），并通过对整体话语的分段，事后'识别'新单词和结构……在这个语境中，称名的重要性并不是创造具有一致含义（consistent meaning）的任意语音串，因为在整语的信息首次被制造（coin）出来时，这个障碍已经被克服。称名的区别只在于这个意义单位的大小：它是指称一个人物或事物（然后还会是一个思想、行为、特征等），而不是指称一个命题。"

抛开"释放""认知平台""参数结构"这类我认为并没有被相关学科的试验检验过的陈述，Wray 在这里的表述，用不那么佶屈聱牙的话来说就是，尽管语音和意义对应的任意性是 HU 的性质，分解 HU 后产生的词的意义却不是任意赋予的，而是将被分解出来的词与曾经包含它的 HU 对比而获得的。但是 Wray 的这个回应，并没有实质地解释 Tallerman 的质疑。一个很明显的问题是，如果词的意义是与它曾经位于其中的 HU 对比而获得，原始语中所有只有操控功能而没有描述功能的 HU，能够产生哪怕是原始语言的词汇系统的全体成员吗？

这里我们面对的，其实是一个单纯从数量的角度就很费解的问题：说被"稳定地使用了"100 万年以上的 HPL，从未增加新的成员，似乎不太可信。那么，100 万年的时间可能出现的 HU，如果全部分解，能够产生多少词？现代人类语言意义上的、从 HPL 这个过渡形态中产生出来的原始语言，是否可能从一开始就拥有如此庞大的词汇系统？

我们当然不能将 Wray 的观点解释为：由原始的 HU 只产生少量的原始词，因为基于此并不能解释，没有语音和意义的任意结合，少量分解 HU 产生的原始词以外的人类语言词汇是怎样产生的。我们显然不能推论说，第一批词在分解 HU 而非任意地产生后，语言进化走上了语音和意义任意结合创造词的道路，因为这样一来，即使抛开几乎无法解释的进化方向（非任意与任意）的改变，仅就最一般的语言学理论而言，从历时的角度，人类语言的词汇系统就不再由同构的（isomorphic）单位组成。这虽然并不对现代人的语言能力和语言运用有什么实质性的影响，但是我相信，严肃的语言研究者不会安之若素地将这个问题排除在自己的观察和解释范围之外，然而 HPL 假说却让他们只能无奈地避开这个问题。

关于整语话语和词如何并置、"参数结构"如何识别分解 HU 产生的新词，Wray 的描述（Wray，2000a：297）是：tebima 的意思是 give that to her，但是这里没有任何成分可以被分析为 to her，因为整个话语是任意的。不过，如果两个或更多的话语包含了在 HU 的意义的某一方面（aspect of meaning）可以匹配的语音片段 ma，则可以认为，ma 这个可以称为指女性个体的词被分解出来。

问题在于，HPL假说认为所有的HU都是被任意说出来的，它并不是由可以被解读出某种意义的独立成分（子语音串）组成的，也就是说，诸如kapmab, madegu, omahe之类的语音串，都只是可能被说出来的且只有整体意义的HU。然而，如果我们不先入为主地认为比如ma（而不是eb, ebi, im, 之类）是一个独立的语音串，我们有什么依据，可以将它从若干碰巧都出现了这个片段的HU中分解出来，并且认为，将所有这些ma同它们各自所在的HU对比，都具有同一个意义？

进一步看，如果为了维护一个观点提出 *ad hoc* 的解释，认为两个或若干HU确实可能相似，那么，基于这样的 *ad hoc* 解释，研究者就不再能将比较和分析的范围，限定在某一些他们为了自圆其说而编制的、形式和意思相近的HU范围内。如果将HU的相似归结为某一部分的形式或意义相同，我们似乎没有其他方式来辨识HU的"相似"，如果将HPL假说的思想贯穿始终，即所有的HU都只可能是偶然的、整体的语音串，那么，HPL的研究者就不可能断言，被他们编制出来的ma这个语音串，只能出现在上述那些之后能够被分解出"女性个体"的HU中。我们无疑可以假设，ma这个语音串可以出现在原始人类能够说出的所有HU中，而且这些HU并非一定同"女性个体"相关。HPL研究者并没有依据排除这个假设，因为他们的这种努力，会使他们走到自己的对立面：ma不能出现在不包含"女性个体"的HU中，而由此直接蕴含的就是，HU并不是作为没有组成部分的整体被创造出来的，因为ma这个语音串的形式和意义，使它不能被包容到任意的HU中。那么，指称"女性个体"的ma，是从HU分解出来的吗？

3) Tallerman对Wray编制的那几个经常在HPL假说的讨论中被引用的HU的批评，更让我们看到这个假说的弱点：HPL倡导者不仅思辨推理的论述导致了矛盾，就连编制的例子也不能摆脱自相矛盾的困境。

Wray认为，通过下边这几个HU的对比，原始人类可以划分出具有意义"her"的片段ma，只是在最后一个HU中，her看来是相当于片段ba（这样的叙述听上去就像研究者在玩自己制作的积木游戏，材料、规则和结果都是研究者自己随心所欲，不可能用任何标准来检验）。

tebima: give that to her[①]

kumapi: share this with her

pubatu: help her

对于 ba 这个现象，Wray 提出了若干解释方案，其中之一是 HU 的形式可能变化，以适应其表达的意义。比如，她认为像 pubatu 这样的 HU，可能是以矫枉过正的形式来表达"help her"的意思。参照前两个 HU 中的 ma 相应于 her，这个 HU 也可能被变形为 pu*ma*ta 或 *ma*pubatu。然而这个解释与 HPL 假说的基本思想是矛盾的：一方面，将 ba 改为 ma，或者将 ma 加于一个 HU，都蕴含了 ma 和 ba 可以存在于 HU 之外，并且已经具有某种独立的意义，否则在做这样的修改时，原始人并不能确定 pubatu 加上 ma 之后就被加上了 her 的意义，也不能判断 ba 是否不具有 her 的意义（因为具有另外的意义），因而被具有这个意义的 ma 替换。如果这样，ma 作为一个独立的音节（有意义的词）是怎样且在什么地方形成；如果它可能而且已经在 HU 以外形成，整语话语还能依据什么是一个不可分的整体？

另一方面，如果为了表达的需要（其实更确切地说是为了表述这个假说的需要）可以将 pubatu 扩展为 mapubatu，Wray 的假说就不再能限定 HU 任意扩展的可能性，但是这样一来，她就遇到了原始人类的大脑是否能记忆、储存和反复提取诸如 bupakagulodimaladopubogo 这种 HU 的问题。

对此 Tallerman（Tallerman，2007：585）的看法是，由于不可分的整体性，原始语的话语是单音节的（monosyllabic），这样，"分解"作为一个发展阶段就不可能发生；既然 HPL 假设原始话语可以被分解，那么"在这样的场合，离散片断的事先存在是理所当然的"。这样一来，"整体性的说法就是空洞的，因为我们实际上已经在操作词"。

基于 Tallerman 和其他研究者对 HPL 假说关于划分 HU 产生词的批评，我还想进一步阐述几个问题。

其一，HPL 假说倡导者对原始语言中那个整语话语阶段的猜测，看来

---

① 这是 Wray 在（2000a）中编制的（而不是原始语可能的真正形式）HU。在（Wray，1998）中，她的例子是 *mebita* = give her the food。*ma* 和 *me* 在不同的地方都被解释为 her，而且语音串的顺序不同。我们看到，编制的任意性，甚至无视了自己的立论基础：在没有结构成分和组合意义的 HU 中，两个形式不同的语音串，基于什么被划分出来，并且被"解释为"意义相同？

是受到了对黑猩猩发音研究的启发。Lieberman（2002：8）通过观察得出的结论是，原则上，黑猩猩可以发出人类语言的很多元音和辅音，但是在它们的"话语"中，若干发音特点是黏结在一起的，黑猩猩不能自主地分开这些黏着在一起的成分。它们那些单调的发音中，合并了很多大致是人类语言的词的（音节）成分。只是黑猩猩不能把这些成分分解出来，分别用于相应的状态或情境，产生自主的话语。由此，坚持认为 HU 与灵长类动物的叫声在进化链上的连续性，HPL 假说的倡导者似乎就有了可靠的依据，认为原始人类最初只能说出不能分解的整语话语。在之后的进化过程中，人类逐渐获得了将"黏着在一起的成分"分开的能力。

然而，从 HPL 假说倡导者编制的 HU 来看，我们需要假设，在说出原始的 HU 时，原始人类的发音能力与现代人已经基本上相当（实际上，我们完全无法判断，原始人类可以或不可以发出现代人类语言的哪些音），他们可以发出现代语言大多数（如果不是全部）的元音和辅音并能够将这些音素按需要组合成音节。这个假设的意义在于，原始人当然可以将比如 tebima 这样的 HU 中的每一个"辅音+元音"组合单独发出来，而不太会是在发音器官或神经板块的限制下，被强制性地只能将这几个音节同时发出。这里的逻辑是，即使假设研究者可以观察到黑猩猩或其他灵长类动物可以以黏结的、无法区分的形式发出比如含混的 tebima，但是他们似乎不太可能，我们也没有这样的实验报告来观察到黑猩猩能够发出 HPL 研究者编制的所有 HU。这就是说，被编制出来的那些 HU，已经不再是基于原始人从与黑猩猩的 LCA 那里继承而来的发音本能，而是他们的创造。而要创造与人类现代语言相似的、包含在一个 HU 中的若干"辅音+元音"形式，一个必需的先决条件是，每一个这样的组合都能被原始人自主控制地说出来。

从进化的角度来观察这样的"创造"，我们应该同意的是：如果要用 tebima 传递与一个情境相关的信息，单说 te 自然比说 tebima 更简单。研究者编制的多音节 HU，显然缺少进化论和发生学的依据。HPL 假说支持者唯一可能的 *ad hoc* 假设是，使用单独一个音节说出的 HU 的数量，大大少于用若干音节（"若干音节"其实是语言研究者基于现代人类语言属性的表述，HU 在 HPL 假说中，正如 Tallerman 的批评，其实只能是单音节的）

组成的 HU，这就限制了可用的交际手段的数量。比如 te 和其他所有原始人类能够运用单个的音节，都首先被用于传递关于情境的信息，但是这些单音节的 HU 是有限的。当它们被穷尽后，增加新话语的方式，就只能是将单音节组合起来，比如用 tebi 来传递与 te 传递的信息不同的信息。这样一来，我们就必须认为 bi 是一个 *per se* 独立的音节，因为它是被组合到 HU 中，而不是以后才从 tebi 中分解出来的；而且，这个独立的音节一定有它自身独立的意义，这个意义就是 tebi 传递的信息中，减除 te 传递的信息的剩余部分。否认这一点，就是否定了 tebi 这样的 HU 被创造出来的前提，也就是否认了多音节的 HU 存在的可能性。

揣度 HPL 假说倡导者的初衷，他们可能确实认为，HU 就是由黑猩猩的叫声进化而来的不能分解的整体。只不过由于他们自己说的现代语言的限制（又涉及语言的限制，虽然并不一定与语言相对论有关），除了可以用书写的形式写出 HU，运用现代人类的发音器官，他们并不能有声地构拟没有清晰音节的、真正与黑猩猩叫声相近的原始人类的整语话语。不过，即使这样的 HU 能够以某种方式有声地构拟，比如特意扭曲发音器官，发出一串现代人听辨不清的声音（不是语音！），并将这样的声音串看作原始的 HU，我们还能够把这样的一串声音称为"语言"吗？如果这确实能够被看作语言，我们面对的仍旧是我在（蒋国辉，2016）中指出的那个所谓"前思维语言"的困境，因为这样一来，我们就必须认为人和动物（不仅是灵长类动物）能够发出的任何叫声，都可以理据充足地被称为语言。但即使这样，HPL 假说仍旧不能否认 HU 中的每一个音节（如果能够被称为"音节"）在发生学意义上是独立的，因为要从 Lieberman 界定的黑猩猩那种黏结在一起的声音发展为人类语言的语音，清晰的音素只能一个一个地逐渐进化而来，由它们组成的音节因此也只能一个一个地被创造出来，不可能在某一时刻，所有这些含混声音整批转化为若干清晰的音素，一串黏结含混的声音就此转化为若干清晰音节的组合。

由此，引申前边提到的 Tallerman 的观点，我们就应该说，HPL 关于 HU 的整体性和分解 HU 产生词这两个假设，一开始就互相矛盾。这是因为，HPL 的倡导者并没有假设原始人类说出的 HU 跟黑猩猩的叫声一样，是一串黏结含混的声音，而是假设 HU 由若干音节组成。然而若干音节能够组成一个语音形式不可分的整体，其可能性在逻辑上无法证明。即使将原始语言的发音看作由黑猩猩那种黏结在一起或许可以称为单音节的声音进化而来，作为进化结果的清晰的音节，也只能一个一个被创造出来。换句话说，在由若干音节组成的 HU 被创造出来之前，原始人类已经能够区分并单独说出可能出现的 HU 中的任何一个音节。

顺便需要指出的是，Lieberman 假设的那种"一串黏结含混的声音"，实际上并不能帮助 HPL 假说倡导者解释整语话语的起源。有意借助 Lieberman 的假说，反而会让他们陷入更大的困境。我们当然不可能知道，黑猩猩和人类的 LCA 能够发出的那种黏结在一起的声音串，是否表达了一个意义上也含混的整体，比如一串声音含混地指示了"把一个你手上拿的东西给另外一个人，也可能就是发出这个指令的我"。原始人和黑猩猩都继承了这个含混的叫声和它表达的含混意义。此后，随着人类发音器官的进化和语言的发展，这个黏结在一起的声音串发展为 tebima，相应地，那个含混的意义发展成清晰的命题"把这个给她"。这时，仍旧坚持 HU 是一个不能分解的整体，HPL 倡导者就无法解释：如果 tebima 是一个没有结构、不可分解的语音串，"把——这个——给——她"这样清晰的语义结构是怎样被解析出来的（我们只能从研究者能否解析的角度来质疑，因为这样的 HU 和对它的意义的解释，都不是真正的观察事实）。

姑且搁置我认为更合理的假说，即原始语的出现和发展，更可能应该从原始人能够清晰发出的独立音节开始，即使从 HPL 假说的角度，Tallerman 关于"离散片断的事先存在是理所当然的"这个论断，至少在逻辑上比 HPL 假说更可信。我们假定原始群体中的某一个个体第一次创造出一个 HU 时，他确实可能偶然地、无意识地说出了由若干音节组成的语音串，虽然我不知道有什么依据，必须认为原始人创造 HU 时会无意识地说出一个由若干音节组成，但却不可分的整体。然而即便如此，这个无意识的、不可分的整体，也仅存在于它被第一次说出来的那一刻。因为这样的 HU 要作为交际手段被群体的所有成员使用，他们必须能够清晰地、离散地听辨出它的发音，然后才能用可以被他人理解的形式、不背离创建者的原意地重复这个创造出来的 HU，这个 HU 也才能成为群体内的交际手段。就连创造这个 HU 的那个个体，在第二次说出他"偶然、无意识的创造物"

时，也受到与群体所有成员相同的限制，即他必须清晰地说出这个 HU 中的每一个音节。为了清晰地说出一个音节，原始人必须有意识地控制自己的发音器官。于是，当假设的一个 HU 中的某一个或若干音节出现在后来被创造出的其他 HU 中时，我们似乎没有理由认为，主动控制发音器官以发出清晰音节的原始人不能意识到，这个（些）音节在另外的地方已经被使用过。所以，如果不能证明在 HPL 阶段，原始人类所有的发音行为都是偶然的、无意识的，那么，即使仅从发音行为的角度，我们也只能认为，原始语的 HU 从一开始就是由离散的、可以重复使用的片段组成。

其二，HPL 假说在集中精力论证 HU 怎样分解成词的时候，我认为研究者忽略了一个很重要的问题，就是分解 HU 产生词这个行为发生后，接下去语言进化过程会怎样继续。Wray 认为在原始人类的生存环境中，拥有语法的个体并没有生存竞争的优势，他最终只能使用被群体共同使用的交际手段（在 HPL 假说中就是 HU），才能得到与群体的所有成员相等的生存机会。参照 Wray 的这个说法，我们就可以发现，Wray 关于分解 HU 产生词的推论，与她关于生存压力的说法是矛盾的。遵循组合语言的定义，我们需要认为，语法是在分解 HU 产生了词之后才产生，于是，最先产生灵感去分解 HU 的个体，即使可能不是最先拥有语法的那个个体，也肯定早于后者。他在群体中的处境，与 Wray 描述的那个最早拥有语法的个体，应该是相同的。现在，这个聪明的原始人从通行于他所在群体的若干 HU 中，分解出了 ma 这个语音串并确定它的意义是"她"。但是群里的其他个体并不认同这个智能行为，我们这个与同类相比智力超群的个体，也不可能将他的创造运用到群体的任何交际活动中。此后这个个体和他的创造会遭遇到什么，就是 HPL 假说在谈论分解 HU 产生词的时候，并没有考虑分解 HU 的后续事件，比如这个个体怎样运用和发展他的创造，群体其他成员怎样对待这个新事物，等等。

我在这里可能面临的一个诘难是：如果采用组合型语言假说，那么，创造了第一个词的原始人个体，与分解 HU 创造了第一个词的个体，遭遇到的应该是同一个困境。如此，批评 HPL 假说的依据是什么？虽然需要更多的考古发掘和相关科学的研究，我们才能更深入地讨论这个问题，不过我在这里仍旧可以作一个简单的、符合逻辑的推论：分解 HU 产生词，是在同一个交际行为模式中发生的事件，所以分解出来的"词"，或许不能成为更有效的交际手段进入系统。组合型语言的原始词产生出来后，原始交际系统之外的另一个符号系统就开始形成并发展，这是语言起源的"分析思想的工具"假说。语言不是为交际而创造的，因此，这样产生的原始词，并不需要进入现存的操控性交际系统，创造词的那个智能超常的个体，因此不会遭遇到 Wray 指出的那种交际困境。

在暂不考虑基因突变、大脑神经板块重构、FLB 和 FLN 的相关性、个体发育和群体发展等因素的前提下，仅从 Wray 的思路，我们或许应该做出如下的推论。这当然不是我为了批评 HPL 假说而曲解 Wray 的论述，刻意将我的思路强加于读者。

在创造出第一个词并面对失去生存竞争优势的困境时，这个个体大致可能有两种应对的行为：（a）将这个词保存在记忆中并继续他的创造活动；（b）因为没有生存竞争的优势而放弃这种创造活动。

行为 a 的可能性，至少会受到如下的质疑：没有研究者已经或可能提出假说，认为在人类进化的那个时期，原始人可以运用自己的大脑之外的其他手段来帮助记忆。这样，分解 HU 并创造了第一个词的那个个体，就只能将这个词储存在记忆中。我们当然不可能想象，语言和认知能力都处于原始阶段时，这个智力超群的个体能够像现代哲人那样，通过"思考"，预知他的创造，总有一天会成为人类离开它就寸步难行的财富。为了使自己的创新不致湮灭，在没有被群体接受为交际手段又不能和群体的成员分享时，他必须自己不断地在内心复述自己的创新。这是因为，如果不这种通过重复，将储存在短期记忆中的信息保存到长期记忆中，信息在短期记忆中保存的时间，只有大约 20 秒钟（这是现代人的记忆能力，我尚未掌握关于原始人记忆能力的实验数据），而且短期记忆的储存量有限，只有 7 ± 2 个组块，也就是说，像 ma 这样的"原始词"，在创造者的短期记忆中最多只能保存 5—9 个。如果没有被群体接受为交际手段，而且从事创造活动的那个个体，也没有长期保存自己创造结果的理性行为，那么，即使他全身心地投入这个创造活动，结果还不如那个进入玉米地觅食的猴子：在他的创造活动停止后，他的短期记忆中只剩下 5 个或 9 个原始词，而且它们也会在 20 秒钟后就从他的短期记忆中消失。

在谈论原始人的理性创造活动时，我们还不能忽略一个事实，即原始人极端困乏的生存环境，以及他们尚处于食物链的低端而需要经常躲避捕食者，这使得他们的全部生存行为都必须集中在觅食、避险和繁衍。在这一点上 Wray 是对的。原始人类哪怕是智能出众的个体，也没有可能在生存相关活动之外，还去从事创造词语、掌握语法这一类与生存压力基本无关的，也并非群体活动必需的智能行为。在某个时候，某个个体可能在 HU 之外单独说出了音节 ma，或许还赋予了它某种意义。然而群体内没有谁知道把 ma 单独说出来对于生存活动有什么意义，也不知道 ma 表示什么；我们也不能想象，在一个全部活动都是为了应付生存压力的原始人类群体中，这个个体可能执着地向他的每一个同伙解说他的创造的意义并鼓励他们运用他的创造结果，或者自己在所有的场合坚持运用自己的创造结果，最终被群里的其他个体接受。更有可能的情况因此也许是行为 b：当他单独说出的 ma 被群体置之不理时，他就会放弃，而不是继续这个创造行为。群体中每一个可能因智力出众而完成了类似行为的个体，最终都只能由于生存压力放弃"标新立异"的行为。

  现代人在类似场合的行为方式其实也是如此。一个团体中的某一个人突然说出 bsapl 这个语音串（原始个体分解 HU 产生词的行为也只能是这样），其他的人可能会被他的声音吸引而看他一眼，原始人类在类似场合的反应，显然也不可能超出这个范围。团体中的其他人追问发音者他说的是什么意思，或者发音者自己向别人解释，都是现代人比有意或无意说出一个语音串更高级的理性行为，它源于获取知识的愿望，而不是生存压力。迄今尚未有科学研究结论告诉我们，原始人类可能有类似的、在原始交际活动涉及的范围之外的智能行为。

于是，HPL 假说就会面对这样的问题：既然语言被假设作为交际手段而产生，既然生存压力使交际手段的创新（分解 HU 产生词以及语法）不能得到群体认可,既然任何企图创新的个体,最终都只能回到现有的交际体系中,那么,按照这个行为模式,分解 HU 产生词的行为,就不会有结果。换句话说,由于没有认真思考分解 HU 产生词的后续状况,HPL 假说在这一点上自相矛盾:按照 HPL 假说,分解 HU 可以产生词;同样按照 HPL 假说,这个进化过程不会发生。

其三,如果我们认真思考"分解 HU 产生词"这个语言进化的过程开始后会怎样持续发展,HPL 假说在这里要面对第三个问题是:假定分解 HU 产生词的行为,由原始人类的某个智力超群的个体开始了,而且创造出来的词也作为交际手段,不被他所在的群体排斥,HPL 可能怎样继续存在。

Wray 显然也看到了解释这个问题的必要性,在提出假说的同时,对此也做了简单的解释。她的解释包括两个方面。一方面,对于"如果分解是一点一点的积累,那些没有被赋予意义的语音串会被怎样处理"这个问题,Wray 的解释是(Wray,1998:58,我的着重号):"它们可能轻易地被忽略。它们也可能最初没有什么原则地被附加于其他单位,以后逐渐取得存在的理据,成为某个形式的语音变体。它们也可能跨越一个词素而连接到另一个词素,创造出一个'分离的'、可以接纳词缀的词根。事实上,一个系统内同时拥有整体性和合成(synthetic)性原始语是可能的:整语话语分解成更小的单位,与此同时词结合成简短的话语。它们之间没有根本的矛盾。"

另一方面,关于两种形式如何并存,Wray 认为(Wray,1998,原文着重号)"如果交际体系无论如何继续以整体话语的形式运转,分解就不可能被一代人完成。这样问题就解决了:我们不必再费力去想象,在分析性语言已经逐渐产生的那个或长或短的时期内,交际行为是怎样进行的。一个个体拥有分解的能力,并不成为他的劣势,因为他可以与群体中大多数普通个体用整语话语的形式交际。这个玩'魔术'来创造组成性意义(constituent meaning)的个体的优势,使得他能够在不脱离社会的状况下站在选择的前沿,这种分析的结果可以遗传给下一代,他们就能够平行地掌握两种体系"(参看 Wray,2000a,Arbib,2012:255)。

按照 HPL 假说,组合型原始词和 HU 的共存,似乎是语言进化过程中一个必经的发展阶段;这个假说的支持者,因此都尝试从各种角度论述这个阶段的可能性。比如 Carstairs-McCarthy（2005：176—177）提出的所谓"语素变体"（allomorphy），即在原始的话语中，可能有两种异质的意义成分共现的情形。Smith（Smith，2008）的推测是，在这个发展阶段，人类有一个单一的"获得/试用"体系，它支持表面上看来完全不同的分析和语法化这两个现象的共存。分解 HU 创造词是个体的行为，使用分解的结果并使之语法化，则是由这些个体组成的群体的行为。在群体层次上，随着分解 HU，新的成分进入语言，使得群体语言有了差异；这些差异导致不同的主导变化模式，即由分析转换为语法化。这就是由整语原始语到词与规则系统的发展过程。

因为整语话语的所有例证以及它们分解的方式和结果，都是研究者自己编制的，所以关于这些"事实"，研究者的任何解释都是见仁见智的推测，我当然也不可能据实反驳他们的解释。不过在我看来，可能是因为 HPL 假说在逻辑上确实很难自圆其说，这些支持者对自己的推测或解释并没有充分的信心。Carstairs-McCarthy 在表述了语素变体的观点后，接着又说（2005：176—177）："但是这个整体性系统（指词和 HU 共存）有一个根深蒂固的问题。既然一些'分解'已经发生，在整体性的语境中，必然发生'有意义的单位搭配'这种状况。Wray 的观点很明确，原始词和整体语音串要共存数十万年，然而，如果这些新兴的词干并未始终如一地在听觉上有固定的形式，那些偶然的相似在 Wray 和 Arbib 设想的体系中怎样产生？分解的过程可能怎样持续发展？"Smith 也承认（2008），关于主导的历史发展模式怎样从分析转向了语法化，还需要前后连贯的解释。没有对这个模式的示例，Tallerman 基于发展过程单一性的批评，对于 HPL 的各种观点，都将是严肃的挑战。

HPL 假说推测，整语话语和原始词的共存是语言进化的一个阶段，但是这个阶段是否可以被证明存在、如何存在，或许还是一个会被长期争辩的问题，而且这样的争辩，很难从相关科学研究获取更多的有效观察事实作为争辩的理据。不过，如果换一个角度来审视这个问题：证明这个阶段并不可能存在，我们也许可以避开观察事实不足的劣势，也不必示例假设的模式，就能得到一些逻辑上可信的结论。

暂且搁置 Wray 关于个体超前语言能力的"优势与劣势"的表述（Wray，

1998 和 2000a，从时间顺序来看，Wray 最终倾向于"劣势"之说）是否前后一致，我们集中观察 Wray 在论述整语原始语和组合型原始语，以及这两种原始语的混合形式可以共存时，也就是在 HU 陆续被分解产生出词而现代语言尚未出现时，对人类的语言可能是什么状况的解释。她的这个解释，或许可以看作 HPL 假说中的一个 *ad hoc* 假说。按理，*ad hoc* 假说应该能够在一定程度上补充解释原假说或许忽略了的问题，所以，虽然 *ad hoc* 不一定能让原假说更加可信，但是它至少不应该让其更加可疑。然而 Wray 的这个 *ad hoc* 假说，正好就给 HPL 假说制造了更多的问题。

Wray 编制的 HU、假设的分解 HU 操作及其结果以及关于这个假说的 *ad hoc* 假说，都没有也不可能有考古发掘的观察事实和相关科学提供的直观实验数据，只是一种依据逻辑的推理。因此，对这类结论的检验，也可以是无须依据观察事实和实验数据的推理，实际上，如果有相关的直观实验数据，检验这类假说其实并不需要过多的讨论。在这里我要做和能够做的，就只是在 Wray 的假说范围，论证如果事物按照 HPL 自身的逻辑发展，有没有可能出现她主张那种词和 HU 并存的状况。

首先我要论证的是，就 HPL 作为一个系统而言，分解 HU 产生词的发展过程，不可能是一点一滴的积累；分解 HU 产生的原始词和 HU "要共存数十万年"，因此是一个需要质疑的论断。实际上，如果严格依照 HPL 假说对 HU 的定义，即无论形式还是意义都不可分解为组成部分的一个整体，那么，当第一个原始词经分解 HU 产生或者更确切地说是已经作为词被运用时，HU 就失去了继续存在的可能性。这时，整语原始语作为一个由 HU 构成的体系，实际上就已经解体了。Wray 所说的一点一滴的积累，实际上混淆了这个发展过程中两个不同的方面，即（a）原始人类如何接受（学习）和掌握分解 HU 产生的词；（b）HPL 作为一个系统如何经历这个发展过程。

一个系统不是互不相干的事物的随意集合，系统中任何一个成分的变化，都会导致系统其他成员相应的变化，这是宇宙普遍的逻辑规律，语言系统也不例外。这一点，Saussure 在创建现代语言学理论时就已经明确阐述过。

从系统的角度，当 ma（= her）从 Wray 编制的 tebima（give that to

her）中被分解出来后，这个 HU 中剩余的部分 tebi 实际上也被分解出来。这当然不仅是指它们在形式上被分解，HU 的意义也被分解成两个部分：尽管 tebi 可能还不是一个词，但是显然它的意义就应该是 give that（to）。我们当然不能认为 tebi 本身不具有任何意义，必须与 ma 在一起才有 give that 的意义，因为"在一起"这个表述已经预设了一个前提，即 ma 与 tebi 原初是可以分开的；对根本就不可能分开的事物，我们不能说它们在一起，比如可以说"左手和右手放在一起"，却不能说"手指和手掌在一起"。

这就是说，按照这个假说我们只能认为，一旦分解 HU 产生词的过程开始、ma 作为第一个（原始）词被分解产生后，tebima 这个 HU 剩余的部分，也就成为（至少）一个有独立形式和意义的符号。这时，即使按照 Wray 编制的 HU 我们似乎还不能把剩余部分称为"词"，但是，由原始语的 HU 产生出现代语言的词的进化过程，理论上就已经完成。这里产生的是多米诺骨牌效应：依照 Tallerman（Tallerman，2007）对某个子语音串能够从 HU 中分解出来的条件（有意义为依托的音位），ma 就应该能够从所有包含它的 HU 中，以相同的形式和相同的意义被分解出来。ma 被分解出来后，那些 HU 中剩下的部分至少都与 tebi 一样，也有了独立的形式和意义。这些类似 tebi 的单位当然也可能出现在另一批 HU 中，那些 HU 于是也被分解成组成部分。以此类推，整语话语原始语中所有可能存在的 HU，在 ma 从 tebima 中被分解出来的那一刻，理论上就已经不复存在，存在的只有可以称为原始词的那些曾经的 HU 的组成成分。原始语言的词汇，就在 ma 从 tebima 中被分解出来的那一刻，大致完整地产生了。

在那个时刻产生出来的，不仅仅是原始语言的词汇，还有尽管只是雏形的原始句法。理论上我们应该认为，在 ma 被分解而导致所有的 HU 同时被分解、产生出一组原始词时，原始人已经在说另外一种语言。这是因为，当他们需要表达 give that to her 的意思时，他们或许仍旧会说 tebima，但是这时他们说出来的已经不再是 HU，而是至少有 tebi 和 ma 这两个独立的组成部分的句子。这两个组成部分被放在一起说出来，原始人起码需要知道这两个部分是怎样（比如一定的顺序）组合在一起的。这个"怎样"，就可以被理解为语法规则的雏形。从形式上看，这种句法的雏形，与组合型原始语假说倡导的句法雏形"并合"并没有什么不同；只是从起源的角度，我们似乎不能认为这样的句法雏形与"并合"这种句法雏形同源。

有研究者认为（Smith，2008），原始人分解出 me = her 后，可以系统性地使用他的这个发现，这实际上也是在重复 Wray 关于原始词和 HU 并存的观点。但是从语言理论的角度，这是一个悖论。因为当原始人系统地使用 me = her 时，me 在交际系统中并不是孤立于其他话语之外，它必须与系统中的其他部分结合在一起。这样，按照 HPL 假说对 HU 的定义，原始人说出的就不再是 HU，而是由词的组合产生的句子。而且我已经论述过，me 不可能在已经被系统地使用时，仍旧是分解 HU 产生词这个过程的唯一产物。结论就是，尽管使用 me = her 的普通原始人可能并没有意识到，他在使用 me 的时候，他说出的话语已经不再是 HU，但是从理论上我们应该而且只能认为，不可能有与原始词并存的 HU。

或许 Wray 意识到，整语话语和组合型话语可以并存并被原始人同时使用的观点，在推论的逻辑性上有瑕疵，于是在（Wray，2000b）中提出了"强大的认知平台""参数结构""事后鉴定"这类概念，试图在一定程度上消弭推论的瑕疵。我不知道 Wray 有什么考古学、古人类学和神经科学的观察事实和实验数据，来证实所谓的"认知平台"在人类的大脑中是一个什么存在，在那里形成的参数结构是什么、以什么方式存在，但是，仅仅根据她对参数结构的描述和她在这里将分解 HU 解释为"事后鉴定"新词和结构，我们就只能假设，在分解 HU 之前，作为称名方式的词其实已经存在，分解 HU 只是为了鉴定词。逻辑推论的结果就是，在分解 HU 之前，在原始人类语言相关的智能行为中，已经发生了一个称名的过程，否则我们不清楚"事后鉴定"的对象是什么。既然如此，在语言起源和进化研究领域中已经有语言起源于原始词的假说时，为了最终"鉴定"原始词而提出 HPL 假说，除了额外假设一个看来并不需要的阶段之外，能够真正贡献什么新的、可信的思想？

主张 HPL 系统在分解第一个 HU 时就已经解体，我当然不是断言也并不认为从原始词 ma 产生的那一刻，原始人类的大脑神经布线和功能、以及原始人类的智能，就随之发生剧变，原始人因此就能意识到他们的交际系统已经发生了进化阶段相关的变化，意识到他们说的已经不再是整语话语；我们也不能认为原始人能够意识到说 tebima 和说 tebi-ma 的区别（正如现代普通人也不能意识到自己母语的语法规则、词汇系统和语音系统）。词的出现（姑且把我们的讨论放在 HPL 假说的框架内），或许并没有立即改变交际方式，原始人说的仍旧是形式上没有改变的话语，今后的发展在还需在千万年间经历无数代人。不过，我们现在讨论的是 HPL 假说，按照这个假说为我们构建的语言起源和进化理论，我们只能认为，如果像 HPL 假说的倡导者所说，HPL 是动物叫声和现代语言之间的桥梁，而现代语言的产生从分解 HU 产生词开始，那么第一个原始词的产生，已经结束了这座桥梁在进化过程中的使命，现代语言（尽管是雏形）在理论上已经瞬间形成[①]。这个结论听起来确实不可思议，然而如果我们不停留在只是推测 HU 可以怎样被分解而产生出词，而是按照这个假说的逻辑进一步探究：分解 HU 产生词对于 HPL 意味着什么（a），第一个词被分解后，HPL 可能成为一种什么状况的存在（b），这个不可思议的结论，逻辑地就不可避免。作为一种语言起源和进化理论，我们看来只能这样处理这个假说。

此外，Wray 关于词和 HU 并存的观点，实际上是说在分解 HU 的过程开始后，原始人的交际系统在同一时段处于两个不同的进化阶段。这种状况是否可能，并不是囿于 HPL 假说自身就能被证实，需要相关的古人类学证据和神经科学的实验来检验。不过我们至少可以认为，词和组合型话语的出现，并不能看作为某种用途发明了一种新工具，此前为同样用途使用的旧工具也没有被立刻丢弃，两种工具在相当长的一段时间内被并行使用。因为这种工具假说，需要预设原始人知道他们已经有两种不同进化阶段的语言供选择使用，他们可以自主地选择使用哪一种语言或者两者都使用。

由于分解 HU 产生词是 HPL 假说的核心，坚持这个假说就必须认同这个核心理论。然而这个核心理论并不能合理地解释，分解 HU 产生词后，人类语言在这个进化阶段到底是什么状况。一些可能也注意到了这个问题的 HPL 假说支持者，因此不无遗憾地认为（Kirby，2007：256）："我们不知道是否有一条道路，由不稳定的整体型语言通向稳定的组合型语言，因

[①] 瞬间，当然不是我们这些现代人在形容快时，说的"一眨眼之间"。我指的是，比如 ma 被分解出来，并定性为一个"词"的那个阶段。这个阶段要延续多长时间，我们不可能推测。不过我们应该认为，一旦 ma 这个词形成，现代语言的雏形就形成了。在语言产生和发展乃至人类进化的长河中，这或许也可以被视为"瞬间"。

为我们一点也不知道在它们之间的中间状况。"在我看来，Kirby 说我们不知道的中间状况，按照 HPL 假说自身的逻辑并不存在。Wray 的观点很明确：这种中间状况，是数十万年期间原始词和整体语音串的共存。只是 Wray 并没有提供或许也永远不可能提供可信的观察事实或实验数据，证明这样的中间状况在语言进化过程中真实存在过。

Kirby 尝试通过电脑模拟，来证明整体性的语音串可能以及如何被划分为子语音串；Kirby 还尝试通过电脑模拟，来证明从整体型语言向组合型语言发展过程中，意义空间（meaning spaces）的变化。Kirby 的这类实验不是我要观察的对象，不过他在这类实验中假设的那种同时包含整体型语言成分（我相信 Kirby 在这里指的是整语话语原始语，而不是现代语言中的所谓程式化话语，否则他的实验没有任何相关于语言起源和进化研究的意义）和组合型语言成分的"混合型"语言，与他的语音模拟实验相比，似乎更缺乏可信的实验对象，因为他并没有（也不可能）在实验中提供任何这种混合型语言的实例。

（四）学习瓶颈

或许由于 HPL 假说本身就包含了内在的逻辑矛盾，它的支持者为检验这个假说做出的种种努力以及他们试图提供的论据和对这些论据的相应解释，很多时候不仅不能为假说提供依据，反而在某种程度上背离了研究者自己的初衷。Kirby 关于学习瓶颈的论述，在我看来，正好就可以成为他支持的 HPL 假说的反例。

按照 Kirby 的观点（Kirby，2002；2007），整体型话语不太可能通过学习瓶颈迭代传输。学习瓶颈的通道是有限的，如果 HU 数量不大，那么下一代在婴幼儿时期，就可能听到所有的 HU，并逐个掌握它们。但是（最少）有两个因素妨碍 HU 通过学习瓶颈。一个因素是语音的变化。HU 没有词汇和语法结构，唯一能够辨识的标志就是语音。我们现在当然不可能知道每一个 HU（真实存在过的而不是研究者编制的那种 HU）的语音串是怎样构成的：是若干"元音＋辅音"，还是"辅音＋元音"音节，或者其他；我们也没有观察事实和实验数据，说明原始人类到底能够发出多少可区分的音素。由此我们只能推测，原始人类可能是用改变一些音素的发音方式或者改变音素的组合来创造新的 HU。然而更可能的情况是，研究者并不知道也不能证明，在这种情况下，原始个体发音的差异是被接受为（像现代语言那样的）音位变体还是确实出现了一个新的语音串也就是新的 HU。但是无论如何，这都是下一代婴幼儿学习语言的困境：他们需要辨识，他们听到的是不同的 HU 还是发音方式有变异的同一个 HU。

另一个因素是 HU 的数量和性质。在原始人类的生存环境中可能不断出现新的情境，随之出现的就是关于这些情境的 HU，HU 的数量因此不断地扩展。但是如 Kirby 所说，很多情境出现可能只是偶然的，关于它的 HU，在通常的语境中可能不再被有规律地说出来。迭代学习时，因为学习瓶颈的限制，婴幼儿就不再能完整地掌握整个 HU 的"系统"。Kirby（2007：264）通过实验和观察得出的结论是："语言必须通过学习瓶颈代代相传而不断适应，特质的（idiosyncratic）非组合型表达，也因此而消亡。"

学习瓶颈是语言进化相关的重要话题。对于 HPL 假说相关的讨论，我认为就 Kirby 的论述，可能还需要思考一些问题。比如，语言迭代传输需要通过的学习瓶颈，看来并不完全是一个通道宽窄的问题。语言的什么成分能够通过学习瓶颈迭代传输，应该是由人的（按照 Chomsky 定义的狭义）语言能力决定的，而不是由人自主地选择，哪些言语活动产品可能随机地通过学习瓶颈，传输到下一代。因此，Kirby 的一个观点，可能还需要更仔细的检验：如果瓶颈加宽，或许就能有更多的整语话语能够通过瓶颈，被传输到下一代。不过，我们现在对学习瓶颈的认识是：学习瓶颈驱动结构演化。这就是说，语言学习者必须在相对较小的一组语言数据的基础上，尝试学习一个庞大、能够无限表达的语言系统。这样的学习能够成功的大脑神经功能基础，大致就可以认为是语言的生成机制。然而，HU 不是通过某种生成规则产生的，它们必须全部通过学习瓶颈，才能被传递；因此，学习者并不能掌握比能够通过学习瓶颈的 HU 更多的语言知识和语言技能。就此 Kirby（2002：191）的看法是，由于学习者（通过学习瓶颈）接触到的意义的数量总是低于意义的总数，"所以一种完全特质的语言是无法生存的。从逻辑上讲，复合递归语言是唯一能够不加更改地通过瓶颈的语言"。

进一步观察，我们有什么依据认为，整语话语会在通过学习瓶颈"不断适应"的过程中逐渐消亡，而不是根本不能通过在人类自然语言意义上的学习瓶颈？HPL 不同于现代人类语言的一个基本点，就是这种原始语所有的 HU，除了语音数量的多少，完全是同质的，有完全相同的适应性，因此，如果有一个学习瓶颈，则这个瓶颈要么阻止，要么放行所有的 HU。没有观察和实验论述过或证明了这个瓶颈有某种特殊机制，可以随机地让一些 HU 通过却阻止另一些 HU；或者在这一时刻阻止了某个（些）HU，在另一时刻却又让它们通过。Kirby 关于整语话语逐渐消亡（虽然我在前边已经论述过，Wray 等人倡导的那种 HPL，并不可能逐渐消亡）的说法，在这里会遇到一个如果不是完全不可能也是很难解释的问题：如果每一个 HU 都可能随机地通过或者不通过学习瓶颈，判断"非组合型表达"消亡的标准是什么：某一些特定的 HU，比如语音串的长度超过了一个限度，不再能通过学习瓶颈？不能通过学习瓶颈的 HU 达到了某个特定的数量？能够通过的 HU 数量太少，不再足以成为独立的交际系统？或者不再有任何 HU 能通过瓶颈？

另一个与学习相关但是并不涉及学习瓶颈理论的观察事实，或许可以从一个侧面对 HPL 假说提出怀疑。为了研究人类语言的起源和进化，动物行为研究领域的许多研究者都以大型猿类动物，特别是黑猩猩为实验对象，尝试训练它们"说"人类语言，也确实发现了它们可能具有的一些"语言能力"。有意思的是，尽管采用的"教学用具"不同（说出的词、卡片、视屏、实物甚至计算机键盘），但是所有研究者都不谋而合地从现代人类语言的词开始实验。如果人类语言在起源和进化的过程中，确实经历了一个整语话语原始语阶段，而这个阶段就其定义，显然比现代人类语言更接近灵长类动物的交际方式，那么黑猩猩能够更容易学习的，应该就不是现代人类语言的词语，而是整语话语。Arbib 和 Wray 编制的那些 HU，虽然并不能被证实为就是人类原始语言的真实形式，但是至少这些虚构的、传递了关于一个情境的信息的 HU，可以作为一种实验手段，来检验黑猩猩学习人类语言的可能性。依据简单到复杂的进化论原理，我们显然应该假定黑猩猩学习人类原始语的 HU，比学习人类现代语言的词更容易。但事实是，动物行为研究者并没有采用更简单的训练方式，似乎可以说明他们从直觉上认为，对于普通的语言学习者和使用者，没有比词更简单的语言单位。

虽然动物行为研究者的直觉不能直接用作批评 HPL 假说的论据，但是我相信，就他们的研究领域和研究目的，他们应该对语言起源和进化研究的状况有大致的了解，而且也相信黑猩猩的大脑功能和发音器官结构更接近原始人类而不是现代人类。如果黑猩猩也能在其进化的过程中发展出语言，那么这个发展过程大致上不会与人类及其语言的进化过程有根本的差异。如此，训练黑猩猩"说"整语话语，应该更符合进化的阶段性原则。但是迄今为止我们并没有这样的实验报告。

第五节　从语言相对论的角度看

我从 Tallerman 对 HPL 假说的一个批评，开始这一节的讨论。

Tallerman（Tallerman，2005，2008）关于原始人类超常大脑能力的批评，主要是针对诸如上文提到的 Arbib 的例子，认为 Arbib 对原始人类语言能力的这种假说，与当前相关科学对人的大脑能力的研究并不相符。Tallerman 指出，Bock 等人（Bock et al.，1992）在心理语言学中研究现代语言使用者语言处理行为的实验数据表明，现代人言语活动相关的认知能力是有限的。比如，虽然在言语活动中人能够一次说出多少个句子并没有限制，但是言语行为的计划单位不可能超过一个子句（clause）；换句话说，人不可能一次计划两个或更多的句子，第二个句子的计划，不可能在第一个句子还没有被说出来的时候就完成了。然而，类似 Arbib 编制的那种包含了若干子句的话语，作为一个言语行为的计划单位，似乎在证明说整语原始语的原始人类，竟然能够拥有现代人类不能拥有的言语行为能力。

又比如关于 HU 的储存，Tallerman 坚持认为，相对于表达一个概念的词的学习、储存和提取，学习、储存和提取用于表达相当复杂的意思的 HU，是非常艰难的任务。HPL 的支持者并没有提供相应的观察事实，证明原始人类的大脑拥有这样的言语行为能力。Tallerman 将她的批评总结为（Tallerman，2008：84）："说整语原始语的人可能有若干其他的能力，但是既然他们还没有语言，依照定义他们也不可能拥有超常的语言处理能力。"

虽然我与 Tallerman 一样，是 HPL 假说坚定的批评者，但是她的这个批评中与语言行为的计划单位相关的部分，似乎不是有的放矢，很容易受到 HPL 假说支持者的反驳。比如后者可以认为，类似 Arbib 的例子，并不能从现代语言使用者语言处理行为的角度来评价，因为 HU 的使用者并没有违反计划单位不可能超过一个子句的原则。原始 HU 并不是若干子句的集合，而是一个完整的语音串。HPL 假说主张的是，一个 HU 包含若干层次的信息，而不是一个 HU 可以被划分为若干子句。Arbib 实际上也不能编制出以若干子句集合形式出现的 HU，只能用现代语言的形式，来转述他认为 HU 可能表达的意思。

仅仅针对 Tallerman 关于在语言处理行为中认知能力的限度，HPL 假说支持者的反批评或许有一定的道理，但是 Tallerman 批评中的弱点，并不能反证这种包含了多层次信息的 HU 可能是合理的存在。即使放弃从语言处理行为的角度作出的批评，HPL 假说仍旧没有可信的基础。在我看来，从语言相对论的角度，对 HPL 假说的批评或许更有说服力。单就 Arbib 等人的 HU 例子，语言相对论就至少可以对这个假说提出如下怀疑。

研究者对原始 HU 的虚拟，包含了两个层次：（a）构想在某一个情境中，原始人可能想要说什么，（b）虚拟一个能够把这个"什么"说出来的语音串并将其称为 HU。跟前边提到的动物行为研究者一样，HPL 假说研究者实际上忽略了一个很重要的事实：在虚拟原始人想说什么的时候，他们是站在研究者的而不是哪怕虚拟的行为者（"说话人"）的立场，做出的一个"反向推测"。语言研究者针对现代人的言语活动，同样可能做出类似的推测。人对某个情境的言语反应可能很简单，比如说汉语的人说一声"嘁"，他可能就是想表达一种不屑的情绪，这种情绪的确可能基于对情境或他人行为的各种评价。这些评价如果事后被研究者分析，可能成为要用若干句子来传递的一个或一些思想，但是，这种（些）思想并不是说话人用"嘁"这句话语传递出来的信息。这个语气词能直接传递的只是一种情绪，研究者对这种情绪解读，并不能被认为就是说话人在说这句话之前，已经计划好要传递的信息。

说现代汉语的人或许能在说出了"嘁"之后，将自己的情绪做一些整理，事后形成关于这个情境、关于他为什么会有这种反应的思想（注意这不是我们在语言相对论解释范围内定义的"思想"）。但是，如我在讨论语言相对论假说时反复强调并且已经相当可信地论证了的对 Saussure 观点的正确解读：没有语言的时候，人头脑中那"模糊混沌"的一团并不是思想，而是欲念、冲动、好恶等情绪的单独或综合的心理状况，要使这类情绪成为思想，必须有语言的参与。在这个基础上我们来观察原始语的 HU：Wray、Arbib 等人编制的话语，传递的信息都是清晰的思想。从语言相对论的角度，现代人的思维活动是在语言的形成力作用下完成的；现代人能够产生和表述条理清晰的思想，是因为有条理结构清晰的语言编码了那"模糊混沌的一团"。原始人并没有现代人掌握了的那种语言，他们如此清晰的思想是怎样形成的？HPL 假说或许可以假设，原始人能够用一种方式，比如某种能够将情绪整理成条理清晰的思想的智能行为，形成这样的思想，再用另一种方式，比如没有组成成分和语法结构的 HU，把这些思想说出来。但是这样的假设甚至不能被视为零假说，因为它一方面根本无法被任何研究方法检验；另一方面，这样的智能行为需要比 Tallerman 质疑的那种"超常的语言处理能力"更强大的大脑功能，才能处理甚至没有任何形式但却条理清晰思想。

我们显然也不能认为，原始人仅仅用一个语音串比如 HU，就能形成条理清晰的思想。按照内容和形式相互联系和制约的基本原理，我们似乎不能认为，一个有层次结构、条理清晰的内容，可以在一个没有任何层次结构、不能分析的形式中形成。然而，如果承认内容和形式的相应，我们就必须假定，作为 HU 的语音串，起码应该有语义结构，这就与 HPL 假说的基本立场矛盾了。我用前面提到的 Arbib 的例子 "koomzash = Take your spear and go around the other side of that animal and we will have a better chance together of being able to kill it"（拿起你的矛，绕到那个动物的另一边，这样我们有更多的机会来一起杀死它）来分析这个矛盾①。

我当然没有可以用作反例的观察事实，来证明 koomzash 这个 HU 不可能以其无结构的整体形式，传递起码有三个清晰层次的信息（共同猎取野物；使用武器；对行为结果的预测）。但是我可以用这个 HU 本身，来反证

---

① 这里姑且搁置 HPL 相关的另一个矛盾。一些 HPL 假说的支持者认为（Smith, 2006），HU 的意义必须非常简单，是指称性的，并且在使用它的话语中是可重构的，这是交际理解的关键。然而这些特征，实际上都不可能是在所有相关研究中定义的命题（HU 的内容是被定义为命题的）能够具有的。这更像是对词的描述。

这个假说的不成立。我的论证如下：

HPL 假说的支持者应该不能否认，原始人类在同样的场合，还可能想要传递这样的信息

——拿起你的棍子，绕到那个动物的另一边，这样我们有更多的机会来一起杀死它。

或者

——拿起你的矛，绕到那个动物的另一边，这样我们有更多的机会来一起杀死它，同时不会被它伤害。

于是，相应于 Arbib 编制的 koomzash，我们只可能做出以下三种推测：

1）虽然信息的内容改变了，但是表达这个信息的语音串不发生变化，它可以"整体性"地传递这些细节并不相同的信息。但是这样一来我们就只能认为，这个 HU 传递的信息只不过是"合作捕食"。也就是说，只要是在这个情境中，无论其细节有什么不同（用什么武器、多少人参加、结果如何，等等），HU 只有一个。结果是，相关情境的各种细节根本就没有被表达出来，被认为用 koomzash 传递了的三个层次的信息源于何处？类似"合作捕食"这样的信息，更低级的动物比如狗，不需要 HU 也能传递：陌生人走进有若干只狗的院落，被一只狗看到后吠叫着冲上去，其余的狗就会跟着冲上去，并从不同的方向围着陌生人扑叫。我想恐怕不会有动物行为研究者，会用 HPL 假说的方式解读狗的一声吠叫中包含的信息，认为是发出第一声吠叫的狗在运用类似说出 koomzash 的方式，指挥其余的狗去包围它们进攻的对象。

2）如果信息的内容改变了，增加了新的细节或减少了一些细节，传递这个信息的 HU 形式也随之改变，即 HU 相应地增加、减少一定数量的语音串或者改造语音组合。为配合内容变化而增加或减少或改造的子语音串，由此显然不可能没有相应的独立意义；增加或减少子语音串后形成的新 HU，显然也不可能再被认为是没有结构的浑然一体。但是这样一来，我们就不能否认 koomzash 和其他的 HU，可能也是在从前的某个 HU 基础上增加或减少语音组合形成的。这个符合逻辑的推论，还能让支持者们坚持认为，所谓的 HU 是一个没有任何（语法和语义）结构的整体吗？

3）研究者或许还能提出一个 *ad hoc* 假说，而且看起来也最符合 HPL

假说的基本原则：为了传递不同的信息，没有结构的 HU 并不能以调整结构的方式来应对；在这种场合，原始人只能再说出一个新的、传递的信息与已经说出来的 HU 相关的 HU。但是这个 ad hoc 并不能化解形式和内容的龃龉，因为这样一来，这个 ad hoc 就会面对 Tallerman 提出的那个合理的质疑：这样的 HPL 可能包含的 HU，数量无疑非常庞大，原始人类的大脑有这种超常能力，来储存和提取这些话语吗？而且，逻辑上我们还无法否认，按照"情境的名称"这个说法，原始人能够说出的任何两个 HU，都不可能是同一个情境的名称，因为我们甚至无法想象，基于原始智力和生存压力，原始人类会在没有任何生存需求的时候，耗费能量去创造"同义"的 HU。

问题还不仅仅在于 HU 的数量，这个 ad hoc 还会让 HPL 假说关于分解 HU 产生词的观点陷入困境。且不论原始人类是否有足够的智能，去"比较"和"分析"数十万 HU，寻找分解它们的依据，更大的困难在于，按照 HPL 假说，HU 中的某一个子语音串能够被分解出来，这个子语音串必须重复出现在若干有相同意义成分的 HU 中。然而我们必须认为，即使可能传递了相关信息的两个 HU，也不包含意义相同的子语音串，因为按照定义，HU 不是由分别有独立意义的子语音串组成。在数量可能相当庞大但是传递了不同信息（命题）的 HU 中，不可能有"意义"相同的子语音串，哪怕它们可能在形式上偶然相同。

Tallerman（2007：593）指出，如果同一个子语音串可能出现在没有任何相同意义成分的若干 HU 中，那么，将一个仅仅发音相同的子语音串从若干 HU 中分解出来、产生一个有意义的"词"的操作，就完全失去了可靠的依据。在我看来，按照这个 ad hoc，我们实际上并不能分解出任何"仅仅发音相同的子语音串"，这是因为，即使某一个语音串反复出现在若干独立地被创造出来的 HU 中，我们也不能认为这是被反复使用的同一个语音串，否则我们就回到了（2）。

对 Tallerman 的批评我还想补充的是：原始人在创造不同的 HU 时，重复使用某一个语音串，是一种完全偶然的巧合（虽然我在前边已经论证过，这样的偶然性其实不可能的）还是有意识地将这个语音串作为一个单位在使用？如果是前者，那么无论这个语音串重复多少次，它都不会被有意识地被看作同一个单位；如果是后者，这个单位的存在，与它是否出现在某个 HU 中，就没有因果关系：它是一个自由游离的单位。如此，我们还能认为词是分解 HU 产生的吗？

　　HPL 的支持者 Mithen 参照 Arbib 的例子编制的 HU（其实不是 HU，而是这个 HU 传递的信息），在我看来也说明了，在 HU 中并不可能形成以一个条理清晰的命题形式出现的思想。Mithen 的例子（Mithen，2005：172）是："去捕获那只我五分钟前在山丘上那块石头后边看见的野兔（Go and hunt the hare I saw five minutes ago behind the stone at the top of the hill）。"

　　Mithen 的这个 HU 一个显而易见的疑点在于，它包含了若干只有现代人类语言才可能具有的属性比如递归性。不过更确切地说，递归性并不是 Mithen 编制的 HU 的属性，而是他"反向推测"这个 HU 可能传递的信息时，用现代语言说出来的、内容是命题的句子的属性。Mithen 其实并没有编制出与他虚构的这个内容相应的 HU，虽然像 Arbib 或 Wray 那样随意编制一个语音串，并不受任何限制。我当然无法推测，用一个（看上去是一口气说出来的）现代语言的句子，来表述原始语言 HU 能够表达的命题，Mithen 是否想用现代语言的这种形式来表现 HU 的整体性，因为他的表述其实还可能是比如："五分钟前我看见了一只兔子，它在山丘上那块石头后边，去捕获它。"但是无论如何，我们在这里看到的，都是语言相对论所表述的语言对思想的形成力作用：Mithen 可以这样或那样解读一个虚构的原始语 HU，实际上是将同一个情境思考和描述为不同的事件，这种可能性是由他使用的语言提供的。更重要的是，Mithen（也包括所有描述动物叫声的"意义"的动物行为研究者，以及编制原始语 HU 的 HPL 研究者）是现代人类语言的使用者，受到语言对思维的形成力作用，他描述的是他在语言制约下观察到的语言世界图景，他甚至不能想象，这类现代语言构建的语言世界图景，对于说整语话语的原始人类，可能是什么形式的存在。我指的是下边这个可能需要从语言相对论的角度思考的问题：

　　如像 and，I，ago，behind 这些词语指称的事物或表示的关系，在无论是原始人还是现代人凭感知觉能够经验到的物理世界中，并不存在，它们只是由语言构建的语言中间世界里的组成部分。我不太相信 Mithen 在编制这样的例子时，会从语言相对论的角度做一些思考，不过我认为，如果仔细地、逻辑地思考，不仅 Mithen，任何 HPL 的支持者恐怕都无法回答一个问题：只能使用 HU 的原始人类，在交际中也只能将关于一个情境的信息作为整体来表述。那些在情境中并不存在的物理信息，在对于原始人的感觉是一个整体的情境中，是一种什么存在？如果没有可以依据的观察事实，我们怎么可以符合逻辑地推测，原始人类能够在感知觉接收到的物理信息外，认识到没有物理存在但却是传递的信息中不可缺少的组成部分，然后在没有结构成分的 HU 中同时传递这两个层次信息。

Mithen 的这个困境，其实是从 HPL 假说的支持者可能并未思考过的一个角度，反证了语言相对论的思想。HPL 假说的倡导者认为 HU 传递的信息是一个完整的命题。完整的命题，在现代人的言语思维活动中，显然不可能被定义为没有组成部分和组织结构的整体；不能这样定义，是因为命题（至少）是在有结构和有组成成分的语句中被表述出来。原始语的 HU 如果像 HPL 假说认定的那样，是表述了一个命题，那么，除非有直观实验数据和考古发掘的佐证（这当然只是研究者不可能实现的愿望），由 HU 不可分析的整体性我们只能符合逻辑地承认，HU 表达的"命题"，在原始人类的言语思维活动中是一个不能分析的整体。这种整体的命题当然不可能被检验，也不是可以被现代人认识和描述的任何一种心理状况，这或许就是 Saussure 所说的语言出现之前那"混沌一团"。现代人对自己任何心理状况的认识，都只能以命题的形式出现，更不用说将自己的某种心理状况作为信息传递给他人；而在现代人类的思维活动中，命题必须有清晰的结构。这种清晰的命题结构的产生，没有被相关的科学研究证明同语言无关，是由某种"原始的思维"形式直接发展而来的；也没有被生物生理科学证明，是直接来自对物理世界的感知觉经验。这样，除了只能按照 Saussure 的思路，假设这样的结构是由语言结构确定的，我们似乎并没有更可信的科学解释。

我们显然也不能认为，当原始的思想（我姑且采用这个说法，尽管这其实不能称为"思想"）是"混沌一团"时，它由不可分的整体 HU 来表达；直到 HU 分解成为词以后，有了合成的语言，思想（命题）才有了具有结构的表达形式。因为事实是，所谓 HU 表达的命题，不过是研究者的反向推测，而不是说出了 HU 的原始人自主地用话语传递的信息。这种

"命题"的结构和内容是什么,除了猜测,研究者实际上没有任何可以作为论据的观察事实。"HU 的意义 = 命题"可能导致的悖论在于:如果关于一个情境,原始人已经明确地形成了一个命题(思想),由此这个命题的结构和组成部分(我们显然不能认为存在着没有结构、没有组成部分的命题)不可能是他们无意识的刺激反应行为的产物,更何况他们的大脑已经进化到可以产生和理解命题,发音器官已经进化到可以在说话人自主的控制下发出离散、清晰的音素和音节(这也是能够说出 HU 的前提)。那么,原始人为什么只能使用没有任何结构的一串语音,来说出存在于他头脑中那个有清晰结构的命题。

HPL 假说支持者可能会辩驳说,HU 传递的信息确实相当于命题,只是原始人类大脑中的言语机制和发音器官还没有发展到那个程度,用可以分解的组合型话语把这个命题说出来。然而这样的辩驳,会让 HPL 假说更不可信,因为这样一来我们就必须认同:没有语言能力的动物头脑中也可能存在命题,虽然它们只能用更简单的叫声来表达这个命题。相关学科的研究至今没有任何观察事实和实验数据,让动物行为研究者可以信心十足地宣称,动物叫声确实具有相当于命题的语义[①],因为这事实上是不可能被检验的。

HPL 假说的支持者或许会求助 Arbib 关于"情境的名称"这个说法:在现代人的交际活动中,传递与某个情境相关的信息的话语,无疑是表达了一个命题;HU 传递的也是与一个情境相关的信息,它的内容当然也是一个命题。只不过 HU 的形式不是对情境细节的描述,而是给出了一个情境的名称,听到并理解了这个名称,也就是获得了 HU 表达的命题包含的信息。或许 Arbib 正是基于这个考虑,将 HPL 的单位称为原始词:一个 HU 等于一个原始词。这里的问题在于,名称的内容是一个命题,是从对名称的解释这个角度来谈论名称,并不能导出"名称表达了一个命题"这个结论。HU 作为情境的名称,包含了一个命题的内容,并不只是 Arbib 的原始词的特点,现代语言的词的意义,最终都只能用一个具有命题结构的

---

① 确实有研究者认为动物的叫声表达了命题(比如 Cheney et al., 2005),关于这个问题我在相应的章节讨论过。这种看法其实与我在(蒋国辉,2016)中讨论的将黑猩猩的叫声视为前思维的语言、将黑猩猩的简单智能行为视为前语言的思维,是同类的观点。

话语来描述。换句话说，作为情境名称的原始词和人类现代语言的词，从与命题相关的角度来看，并没有本质的区别：对它们的解释，都是命题形式的语句。如此，HPL 假说是依据原始词"形式与内容"的什么特殊性，认为"原始词"不能从现代语言的"词"的意义上来理解，而是一个表达了命题的整语话语原始语的单位？除了将"整语话语"换成"原始词"，原始词的说法其实并没有对 HPL 假说做出更多的解释。

HPL 假说支持者的另一个 *ad hoc* 解释可能是：我们显然不能否认，任何一个可以用来传递和交流信息的话语都有某种意义，这个意义也就是这个语句表达的命题；既然原始语言的 HU 也有意义，这个意义当然就是 HU 表达的命题。但是问题在于，有什么观察事实可以让我们认为，我们现在看到的那些对研究者编制出来的 HU 意义的解读，就是 HU 表达的"命题"的真实结构？实际的状况是，虽然 HPL 假说认定 HU 表达了命题，但是研究者并不知道甚至无法想象这种没有结构，也没有组成部分的命题是什么。研究者虚构的 HU 以及对其意义的描述，说到底并不是那种"原始命题"真实状况，而是这样的信息如果用现代语言来传递，可能是有什么样的结构和组成部分的命题。不知道原始命题真正的形式，追根溯源是因为作为现代人，研究者（以及任何人）并不知道，没有结构和组成部分的命题可能是什么形式。就此我们可以解读出如下的语言相对论思想：

不可否认的是，就与心智行为相关的神经生物生理属性而言，现代人类与原始人类是不可同日而语的。就人类自身及其心智能力的进化程度，我们可以认为，没有原始人类能够完成、现代人类却不能完成的心智行为。于是我们可以得到这样的推论：如果命题（思想）的形成和语言无关，如果原始人类能够组织并表达没有结构和组成部分的命题，这样的心智行为，肯定不是现代人类力所不逮的。但是就 HPL 假说来看，研究者并不能构拟出那样的原始命题。他们能做的，仅仅是运用现代语言，说出被他们认为存在于那个语言进化原始阶段的 HU 表达的命题。给我们的启示是，在我们使用的现代人类语言中，只能形成我们这些现代人能够说出来并且能够理解的命题。研究者无法提供真正的原始命题，是因为现代人类不能使用 HU，他们的思想也就不可能按照说 HU 的原始人类的方式，在原始语言中形成。

与此相关，Mithen 编制的那个例子不仅受到 HPL 假说反对者比如 Tallerman 的严厉的批评（Tallerman，2005），甚至 HPL 假说的倡导者 Arbib，也批评 Mithen 的例子违背了原始 HU 最基本的特征，即 HU 只是与"经常发生的典型情境"相关，而 Mithen 的例子中，有对准确的时间以及事物之间任意联系的表述（Arbib，2010：162）。

不过在 Arbib 对 Mithen 批评中，我们仍旧看到了我始终认为是 HPL 假说与生俱来的矛盾。Arbib 在这里至少（我姑且认为是）忽略了两个问题。其一，HPL 假说的一个基本观点是，原始的 HU 是操控性的而不是描述性的，如 Wray 强调（Wray，1998：52），在 HPL 的阶段，除了数量有限的 HU 表达命令、威吓、问候之类，原始人并不需要更多的交际行为，不会谈论诸如"今天晚上世界显得很美好"或者"我想知道明天会不会下雨"之类的话题。然而，Arbib 在这个问题上的观点与 Wray 并不相容，且不符合 HPL 假说关于 HU 只有操控功能的基本观点。在回应对他关于"豹子"的报警 HU 时，他说（Arbib，2010：157）："从物种特有的叫声进化到原始语言时，人们必须增加新的'原始词'来传递诸如'那儿有一只死豹子。我们来大吃一顿'或者'那儿有一只豹子。我们来猎获它，就可以大吃一顿了'之类的信息。人们不能使用对豹子报警的叫声，作为这些话语中的豹子这个词，否则会导致本能的且不适当的反应。"Arbib 的这个立场，贯穿了他关于 HPL 假说的全部论述：他编制的所有 HU 都是描述性的。顺便指出，Arbib 的这段论述给了我一个讨论的切入点：由报警的叫声转入平静的描述，正好就可能是原始词产生的过程。我在下一章将就此详细讨论。

其二，Arbib 在用自己的例子批评 Mithen 时特别强调，当原始人最初说出 grooflook 这类 HU 时，基于"经常发生的典型情境"的特点，他们不可能再说出即使与这个情境相关的其他 HU[①]，比如，The alpha male has killed a meat animal but it's too scrawny to eat. Woe is we（那个男子猎获了动物肉，但是它骨瘦如柴没什么可吃的。我们运气真不好），或者 The alpha male has killed a meat animal but is keeping it for himself（那个男子猎获了动物肉，但是他把它据为己有了）之类。我们不能否认，每一代人能够遭遇

[①] Arbib 的原话是（Arbib，2010：162）："我并没有声称最初就有关于所有这些变异的原始词。"我在这里强调的并不是原始人能与不能或者说与不说，而是 Arbib 怎样声称了这种原始词的可能性：它们可能不会同时出现，但是这并不排除终归会出现的可能性。

到的"经常发生的典型情境"是有限的，但是这样的情境肯定会随着人类的繁衍进化、生存行为的增加而增加，作为这些情境名称的 HU，自然也会随着增加。数量有限的 HU，在代代相传的过程中越来越多。问题在于，Arbib 在这里可能忽略了自己的观点与同行（比如 Wray）的观点在细节上的协调。原始人类的每一代都可能创造出新的 HU（我相信没有研究者会冒险假设，HU 的数量增长会止于某一代人，或者在数代人的延续期内保持不变），而 Wray 的假设是 HPL 稳定地使用了 100 万年以上。如果我们比较可信地假设原始人每一代的间隔是 10 年，而每一代人只创造出一个新的 HU，那么 HU 的数量在 100 万年内可以达到 10 万（注意我在这里的说法，是基于 Arbib 编制的 HU，它们基本上是描述性的）！

　　由这个小小的疏忽导致的悖论，对于 HPL 假说却可能是致命的。100 万年内原始人类可能遭遇到的情境，数量确实可能达到甚至超过 10 万，但是记忆、存储和提取 10 万之数的 HU，是现代人类的大脑也很难承受的负担。不过，如我在本章第三节已经提及，HPL 的支持者可以理据充足地认为，这个批评是针对描述性的 HU，如果坚持 HU 只是操控性的交际手段，对 HPL 假说的这个批评就是无的放矢了。这是因为，即使可能有如此多的新情境，原始人在这些情境中的生存相关行为，是大同小异的，用于操控目的的 HU 数量，当然不会随着每一个新情境的出现而增加。但是问题在于，用于操控的 HU 数量发展到什么时候就会停止，恐怕没有任何支持 HPL 假说的研究者能够做出可信的猜测。而且，如果因为用于操控的 HU 数量已经满足了生存和选择压力的需要，不再需要继续发展，那么分解 HU 产生词的动因来自哪里？

　　HPL 假说可能将这个动因诉诸人类大脑的进化和大脑神经结构的重构，使得原始人类除了用于操控的交际行为，还可能产生其他类型的交际行为，比如描述一个情境。原始语的 HU 不具有这个功能，因此需要将它分解而产生词和语法，来完成新形式的交际。值得注意的是，就这个辩解，我们仍旧可以解读出语言相对论的思想：

　　如果 HU 只用于操控等功能而不能描述情境，而且 HU 的数量不可能也不需要超出交际的需要，那么，无论有多少不同的情境，原始人类操控性的交际行为是相同的。换句话说，相对于原始人类的生存活动，他们遭遇到的和可能遭遇到的情境，实际上只限于与他们能够完成的操控行为。我指的是，当原始人类只能在各种情境中完成相同的操控性交际行为而不能描述这个情境时，对于他们，并没有任何新的情境出现。只有当他们在生存相关行为情境中，不仅为了共同行动而使用操控性的 HU，而且需要并已经做出对情境的细节描述时，区分不同的情境和发生的事件，对于他们才可能是有认识世界意义的智能行为。换言之，对新情境的群体经验，源于对情境的描述。这实际上已经是与语言起源和进化的过程相关的、需要从语言相对论的角度来讨论的问题：人类对情境和事件的认识而不是感知觉经验，发生在他们能够对后者做出描述之后，这是语言规定的世界观。

这个语言相对论的思想，在 HPL 假说批评者的论述中也得到支持，虽然我不能判断他们在语言和思维相关性的问题上，是否持语言相对论的立场。比如 Bickerton（2005）就认为："问题在于，是否有某个物种可以从没有中断的、连续的经验流中分离出一个情景，除非他已经拥有了能够做这件事的语言。"他还认为（1995：22）："说我们构建了关于世界的图景，然后给它穿上语言的外衣，是不正确的。更可信的是，语言为我们构建了世界图景，这个图景被我们用于思想和交际。"Tallerman 2008（2010：89）也说："产生出 HPL 的一个主要问题：（不使用语言），复杂却是整体的信息传递语义内容的过程是怎样开始的？"Bickerton 和 Tallerman 的这类表述，直接让我们联想到 Whorf 关于语言为我们划分来自物理世界的万花筒般印象流的表述。

第六章 语言起源和进化语境中的语言相对论

第一节 语言相对论假说的延伸

在语言起源和进化的语境中讨论语言相对论，对我和对任何一个想从这个角度论述语言相对论思想的人是一个艰难而且冒险的挑战，因为这项研究设定的目标，应该是在我们对语言和思维现有的认识水平上，至少符合逻辑的论证：从语言起源那一刻开始，思想就只能在语言中形成，语言就规定了人对真实世界的认识、塑造了人的世界观。以"符合逻辑"为方法论的要求，是因为这个论述涉及的两个主要部分，即语言的起源和语言相对论，至今都仍旧未被相关的科学理论、科学实验和直观实验数据检验过的假说，尽管语言学和相关科学的研究者收集了相当数量的观察事实，也对这两个假说做出了各种可信程度不同的推测和解释。在这个语境中，涉及这两个假说的任何理论探索，无疑是都是冒险的尝试，而且很可能就会进入 Bickerton 说的那个能将新的理论炸得粉碎的"雷区"。不过，这并不是我的假说的特殊处境，就语言学而言，这是研究语言的所有人共同面对的困境。只是对于我的这个假说，这个困境看来是双重的。

一方面，相关科学如大脑神经科学、生物生理科学到底能否提供、提供什么形式的直观实验数据，来检验语言相对论倡导的语言和思维的相关性，至今，甚至在可以预见的将来，仍没有也很难有答案。而且，因为语言起源和进化是一个跨学科的领域，以单一学科的证据为基础构建的假说，往往是脆弱的，这是因为，对于任何基于一个学科提出的假说，都可能受到来自其他学科的严肃挑战。

另一方面,相关科学研究尚不能提供没有争议的观察事实和直观实验数据,来检验语言起源和进化的各种假说;布洛卡区和韦尼克区、镜像神经、FOXP2 基因,等等,都不是检验这些假说的无可辩驳的证据。对动物如黑猩猩的行为,或婴儿习得语言过程的研究,最好的结果,也只是让研究者有一些立足点,大致推测原始人类和原始语言可能的状况,可以对某个假说,或者它的某一部分,在相关科学发展的某个阶段做出较为合理但最终仍旧是假说的解释。例如,考古发掘可以从解剖学的角度证明原始人类已经能够控制发音器官,发出各种语音,但却不能证明原始人确实就发出了那些语音;正如研究者论证灵长类动物能够发出的一些声音,并没有被实际观察到①。

这样的双重困境让我不能肯定,我现在开始的这项研究最后能够取得什么结果。不过我倒是认为,如果我没有比这两个假说本身已经拥有的观察事实和直观实验数据更多的论据,来检验自己的这个假说,那么我需要做的,也就是更加谨慎地观察和分析已有的论据,更加严密地推理和思辨,以期这个新的假说哪怕作为零假说,能够具有可以争论、可以被质疑和被反驳的价值。这里至少有两个事实,让我能够比较有信心地进入这个领域,并且相信这样的研究至少可以提出一些新的、值得探索的问题。

一个事实是,直接涉及语言和思维相关性的语言相对论,虽然在缺乏人类大脑神经相关研究的直观实验数据时,不可能按照科学理论发现程序受到真正的检验,但这并不是我们可以不再为这个问题寻找可能的解决方案的理由。在关于语言和思维相关性的争论中,语言相对论假说并不因为没有直观实验数据支持而处于劣势,因为被大多数研究者认可且不加证明地作为默认的公理而广泛运用的"思想在语言之外产生、语言的功能只是表达和传递思想"这个论断,其实也不过是没有直观实验数据支持的假说。然而在这个假说基础上发展起来的学科,比如认知语言学等,却并没

---

① Coudé et al.(2011)报告过训练两只猴子发出叫声的实验,在实验中同时记录猴子的声音产生过程和神经元活动。Coudé 等人观察到,猴子尝试发声时,它们产生典型的发声口面姿势,而且这种姿势的产生与实际发声同样频繁,但却没有发出声音。这表明,猴子可以控制自己的口面动作,但是这种控制对发声的自主控制没有什么效力。

有严肃地被认为是建立在假说基础上的理论。研究者似乎没有任何顾虑地、信手拈来地表达着可以被归于"自然逻辑"的思想，比如（Wray，2009，我的着重号）"……我们的祖先是如何思考和感知世界的（301），……其他物种不与我们分享他们的思想，……我们的祖先终于到了想要分享他们的想法的地步（305）"。又比如"语法的根源在于原始概念结构"（Newmeyer 2003：703。类似的观点参看 Pinker et al.，1990；Jackendoff 1987，2002；Kirby 1998；Hurford 1998，2003b；Lucy，2014，等等）。

我想指出的是，在科学发展的现阶段，我虽然不能理据充足地挑战这类从根上是自然逻辑的思想，但是让我困惑的是，持这种立场的研究者自己是否能够意识到，如果断然不认同语言相对论，他们的论述或许无法避免矛盾。比如，倡导认知语法的 Langacker 针对语言相对论思想如是说（Langacker，1986：13，并参看 Langacker，1976）："这种相对论的观点本身并不意味着词汇语法结构对我们的思维过程施加了任何重要的约束……在语言表达中运用的习惯性意象是一瞬即逝的事物，既没有定义也没有约束我们思想的内容。"在这段论述后，他随即用认知语法的思想解释了（i）Bill sent a walrus to Joyce 和（ii）Bill sent Joyce a walrus 的区别，认为在（i）中，"语法词素"to 指示了事物（walrus）移动的路径；而（ii）只是描述所有者的变换，没有特别指明路径。（iii）I sent Antarctica a walrus 之所以错误，是因为 Antarctica 不能被赋予所有者的角色。然而，从 Langacker 的这段论述中，我们看到的正是语言相对论的思想：相关于（i）和（ii），在真实世界中，我们只有一个可以被物理性经验的情景：一个事物被人为地从一个处所转移到另一个处所。在这种物理性质的转移中，并没有"自然而然"被特别突出、因而对人的认知有特殊作用、能够被（什么力量？）赋予某种角色的部分。特别强调这个情景中的某一部分，仅仅存在于对这个情景的语言描述中。事实上，没有任何生物生理属性，或者人的认知能力，可以就真实世界中的一个情景，让一些人经验到路径，让另一些人经验到所有者；或者让一个人在一些时候经验到路径，在另一些时候经验到所有者。没有语言描述，人们并不能凭借感知觉经验区分（i）和（ii）描述的事件。特别是在比较（iii）和（iv）I sent the zoo a walrus 两个句子时，Langacker 自己的解释是（Langacker, 1986：15，我的着重号）："……动物园也是一个**机构**，按照英语惯例，**机构**可以同人类比，这使它们可以在语言上充当代理人，拥有者。"换言之，动物园可以被赋予所有者的角色而南极洲不能，仅仅是英语的**规定**，不是感知觉经验到的真实世界状况。如果将这种区别归结为认知的结果，我们是否就只能认为，这样的认知是在语言的制约下实现的？

很有意思的是，尽管一些致力于语言起源和进化研究的学者可能根本没有想到或者不认为，语言的起源和进化问题，还可以同语言相对论思想联系起来考察，然而在他们的论述中，常常不经意地——我更倾向于说是不可避免地就出现了语言相对论的观点。比如，Jackendoff (Jackendoff, 1999：277) 在谈论关系词语 (relational vocabulary，即连接词、介词这类只有语法功能的词) 时说，"关系词语在思想中起着重要的作用……语言可以将思想增强为知觉对象 (即句子)，使得它们可以被操作，被注意，被修改和被记住"。虽然 Jackedoff 在这里只是谈论了语言中的部分虚词，不过仅就他的议论范围，我们也可以得到一个符合语言相对论思想的结论：没有这类关系词语，思想是完全不可捉摸的。换言之，清晰的思想而不是"模糊混沌的一团"，是在语言中形成的。就此我还想顺便指出，Langacker 认为语言不能约束思想的内容，实际上已经不在语言相对论的解释范围内。

怎样判断这类论述的价值，说到底是研究者的立场：虽然所有人都清楚至少我认为应该很清楚，思想在语言之外产生是假说，但是这个假说已经被默认为公理，在这个基础上做出的观察陈述，似乎更容易被接受。我当然不打算批评持这种态度的研究者，毕竟语言相对论现在能够提供的观察事实还不能成为论据，可以用来理据充足地挑战"思想在语言之外形成"这类假说。

不过，任何有心的研究者，不论他是否赞同语言相对论的主张，只要不先入为主地认真思考一下语言和思维的关系，都不难发现，离开了语言，至少有一些思维活动肯定不能发生。我在（蒋国辉，2016）中已经提供了大量的观察事实来证明这个论断，比如否定，比如运用指示语系统和参照系来观察和描述真实世界，比如将同一个情景描述为不同事件的观察和认识行为，等等。而且，说"至少有一些思维活动"，仅仅是因为研究者至今还未能基于大脑生物生理科学和神经科学的直观实验数据，真正地检验了语言和思维的本质及其相关性。不过，如果这些我认为基本上可信的观察事实和由此得出的结论，不能被另一些观察事实和结论推翻，我们或许就可以认为，所有的语言事实都支持语言相对论思想，否则，我们就只能被导向这样的结论：思维活动可以分成两个部分，一部分只能在语言中发生，另一部分则在语言之外发生。在这两种思维活动之间划出界线的企图，注定没有成功的可能，因为这无疑是说人有两套语言系统和两套思维机制。

　　如果一个假说永远至少在可以预见的将来不能被相关科学的直观实验数据检验，那么，基于一些可以观察到的事实做出符合逻辑的推理和思辨，虽然不能最终证实或证伪假说，但起码可以被看作这个科学理论发现程序的有建设性意义的组成部分。我提供的观察事实和对这些事实的分析和解释以及在此基础上构建的、源于 Whorf 思想的语言相对论理论体系，正是在这个意义上，可以认为是这个研究领域中一个阶段性的成果。以这个理论体系为基础，我们已经能够进一步拓展语言相对论研究领域的广度和深度。广度是指语言学和生物生理科学、神经科学、心理科学、认知科学、哲学等学科的共同努力；深度则是比如在语言学的范围，将语言和思维相关性的研究追溯到语言的起源和进化。

　　另一个事实是，在语言起源和进化研究领域中，存在"语言是思想的分析工具"假说。虽然这只是众多假说之一，而且就研究现状而言，它并不比其他假说拥有更多的观察事实或实验数据支持，不过，对于语言相对论，这个假说却有特别的意义，因为它起码假设了语言从产生之时，就与思想是不可分的，不论人们将这个"不可分"理解为语言只是用于分析最初混沌一团的"思想"，或者传递在语言之外已经形成的思想，或者用来形成思想，等等。既然语言从起源上就与思想相关，那么我们至少可以在语言起源和进化的语境中谈论语言相对论时，排除一些困扰，比如 Vygotsky 在谈论语言和思维的关系时，断言语言和思维在种系发育的根源上没有任何联系，只是在发展的过程中有部分相交。

> 在语言起源和进化的研究中，一些研究者（Limber，1982）关于语言体系和认知体系同步发展的观点，与 Vygotsky 的思想大致可以类比，他们认为，语言结构和认知结构是两个独立发展的交际系统，语言与认知结构的结合，首先是以命名范式的方式，将个体的"认知"（事物）与个体的语言表达（词）相关联。因此，认知系统和句法系统这两种截然不同的话语解释模式并存。从语言起源的角度，这类观点比 Vygotsky 的假说涉及面更广：研究者根据儿童和聋哑人没有语言参与的交际行为，推测认知结构作为交际系统是普遍的，它甚至被原始人类和当代的黑猩猩使用。认知结构是语言起源和进化的预适应。

虽然我们还不能从语言相对论的角度，仅凭语言作为思想的分析工具而起源和进化的假说，就能理据充足地论证思想是在语言以外还是在语言中形成，但是有一点已经可以肯定：从进化论的角度，语言能够产生是因为有了表达而不仅仅是操控的需要。换句话说，是因为原始人类不再由于与外界仅仅处于"刺激反应"行为模式之中从而产生出以操控为主要目的的交际需求；他们产生了陈述（declaratives）的愿望和需求。这在某种意义上当然也是选择压力所致。我指的是，在表达的需要产生后，人与真实世界的交流，就不再限于原始人类最初伴随觅食、求偶、避险等行为的维持生存和种系繁衍的本能，而是产生了在生存活动之外的对真实世界的认识。

我们现在当然不太可能描述这种原始的认识是什么，但是可以设想，第一个用一串声音来指称了哪怕一个具体事物的原始人，他对真实世界的认识已经发生了质的改变，因为他不再将这个指称行为作为生存活动的辅助行为，而是一个独立的仅仅是为了实现陈述这种需求，发生的对真实世界的认识行为。语言产生前，人对世界的认识与动物对世界的认识一样，表现为"刺激反应"的行为如求偶、避害、觅食等；语言产生后，人对世界的认识成为一种首先是心智的行为。按照一些研究者的说法（Gómez et al.，1993：419），陈述是猿类动物天生就具备的一种技能，但通常没有动机。学会了命名的类人猿，获得了使用陈述的方法和动机。

我认为，如果我们的研究对象是语言相对论，并且如果原则上认同语言起源和进化的非连续论假说，那么，语言是思想的分析工具假说，就不失为一个观察和思考语言和思维相关性的切入点。这种思考并不需要涉及语言的生物、生理属性和神经解剖特质，因为在人创造出语言并通过语言来理性地认识真实世界的行为已经开始时，我们显然应该假定语言产生的所有预适应阶段，基因突变、发音器官的改造和适应、大脑容量的增加和中枢神经系统的重构都已经完成（关于预适应阶段，参看 Hurford，2003，虽然我并不完全赞同他的假说，特别是关于所谓"前语义能力"）。从第一个词产生之时起，语言的发展更多的就是人能够自主控制的理性行为：人不断地说出新的词语，创造出能够表达更复杂思想的、由若干词语组成的有结构的符号链句子；在这个过程中，人对真实世界的理性认识逐渐形成。

其实，在语言起源和进化研究领域中，虽然似乎还没有人将语言在人类智能和认识能力的进化过程中的作用，同语言相对论联系在一起，但是语言和思维的关系，自18世纪起，已经是这个研究领域中的学者关注的话题。比如倡导思想的分析工具假说的 Condillac，认为语言和思维是同时发展的（Graffi，2005）。Chomsky（1982：321）则认为，这种"共同"是以大脑生理构造为基础，因为相关科学并未证明，在大脑进化过程中，10^{10}个神经元在篮球大小的大脑中，采用何种物理规则被放置，使得语言和思维在物理属性上能够被证明是区分开的。Chomsky 这个疑虑实际上是说，基于科学伦理，有些领域是我们永远不可能直接认识到的。

或许正是由于 Chomsky 式的疑虑，在当今的任何科学研究中，只要涉及语言和思维（思想）的相关性，必然会有两种截然对立的但却都没有最终被普遍认可的立场。就语言起源和进化研究而言，与"思想在语言之外形成"这个观点接近的立场，似乎更容易被接受，因为对于众多研究者，"尽管人们的直觉认为，单词是潜在心理概念的标签，不过这一观点并非无争议"（Cheney et al.，1997：177，我的着重号）。对于持这种立场的研究者，语音系统是自足的，而且可能的语音组合超过句法和语义的需要，以致产生大量"伪词"（pseudo-word），人类语言的原始形式，因此是没有意义的"裸语音"（bare phonology），意义是后来被赋予语音形式（Fitch，

2010：468）。虽然意义在语音形式之外怎样形成，没有任何研究能够做出可信的说明，除了一些没有也不太可能用实验检验的推测，比如言语产品是将认知代码（cognitive code）转换为语言代码（linguistic code）的结果（e. g. Goldman-Eisler, 1972；Ford et al. , 1978；Fay, 1979）；或者是将结构不定型（amorphously）的认知结构纳入生物性或文化性进化而来的句法结构（Limber, 1982）；或者，存在一个复杂的生成语音系统和一个复杂的生成概念系统，但这两个系统之间只有简单的整体/联想联系，连接整体到整体（Fitch, 2010：497, Wray 的 HPL 假说，也是依据这样的推测）。

这些问题，当然并非必然将研究者的思路引向语言相对论，因为这类问题实际上更多涉及的是"原始语言到底是什么"。不过，要在这些问题上完全避免触及语言和思维的相关性，看来并不容易，因为即使非专业研究人员，也可能也会产生这样的问题：没有意义的语音串是不是语言？因为他们会直觉地认为，在需要一种表达方式（对于现代人，最有可能就是发出一串声音）之前，必须先有要说点什么的需求。人可以随意甚至无意识地发出一些声音，但并不是任何没有目的和需求的声音，都应该被看作没有意义的"语音组合"。那么，原始人能够发出的任何一串声音，是不是都能视为"语言"？

同语言学界至今未有被所有人无争议接受的关于语言的明确定义相当，在语言起源和进化的研究领域里，也没有对原始语的明确定义。研究者都接受这样的观点：现代人类语言，并非由人类与黑猩猩的 LCA 使用过并遗传下来的、用作交际手段的叫声和肢体动作直接进化而来，而是经历了一个或若干中间阶段。这个（这些）中间阶段是什么形式，除了整语话语，还有如下一些观点：原始语是肢体语言，以手势和面部表情为表达形式（Hewes, Arbib 等）；原始语是以唱歌来传递信息的形式（Darwin, Jesperson 等）；原始语仅有原始形式的词，没有将这些词组织成话语的句法（Bickerton, Katz 等）；原始语是以上所有形式的总和，每种形式是一个发展阶段，相应地被处于这些发展阶段的原始人在现代人类语言产生之前使用（Tallerman），等等。如果再参照语言起源和进化研究中的其他假说，则原始语的定义可能会更加模糊。比如从"连续与非连续"着手，人们还可能产生这样的疑问：如果人类语言不是由灵长类动物的交际系统连续进化而来，那么原始语和现代人类语言的界线在哪里，等等。

原始语的定义模糊，当然会影响到与此相关的研究，在这个语境中讨论语言相对论也不例外。不过我认为，如果将词的出现作为语言对思维的形成力作用的开始，在这个基础上展开对语言相对论的讨论，那么，原始语定义的模糊状况，大致不会影响我对语言相对论相关思想的论述。

第二节　词和语法的产生与语言相对论[①]

我在第五章的讨论中已经指出，在语言起源和进化的语境中讨论语言相对论，我们需要认同这个研究领域中的如下假说：

1）语言的起源和进化是非连续的；

2）语言作为"思想（这里指 Saussure 所谓的'模糊混沌的一团'，而非语言相对论谈论的'思想'）"的分析工具而产生；

3）语言起源于个体的创造；

4）语言起源于原始词和原始语法。

在我的讨论中，对这些假说的解读着重于它们同语言相对论的关系，可能与它们在语言起源和进化研究领域中的解读有一些细节上的出入，不过这并不影响我将它们作为在这个语境中讨论语言相对论的基本出发点。

语言起源和进化的非连续性、语言作为思想的分析工具而产生，这两个假说为讨论语言相对论提供的思考切入点在于：语言不是作为灵长类动物原始交际系统的延续而产生。在语言相对论相关的讨论中，我们大致可以从两个方面来观察这两个假说和语言相对论的关系。

---

① 下边的讨论，并非只涉及"原始"的词和语法怎样产生和进化。实际上我将迄今为止人类语言不断产生新词的过程以及若干现代语言的语法现象，都纳入了观察和讨论的范围，因为我要讨论的，是语言在这样的（无论是原始的还是现代的）创造活动中对思维的形成力作用。在现代语言中，这样的作用其实更加显而易见。用"词"这个术语，来指称出现在原始语言时期的那些语言单位，并不等同我们在现代语言中使用的这个术语的所指。使用这个术语，仅仅是为了叙述方便，而且在这个领域里，确实也没有相应的术语，来准确地指称这样的语言单位。读者只需记住，我们谈论的原始语言中的词，只是用来完成信息编码和传递功能的一个语音串，我只是有条件地用"名词""动词"之类术语来指称它们。

一　分析思想的工具

关于原始语的大多数假说，有声（音乐）原始语、手势原始语、整语话语原始语等，都明显地或含蓄地预设了语言作为交际工具而产生这个前提；公开声称语言就是作为交际工具而产生的研究者也绝非个别（e.g. Rizzolatti et al.，1998；Frankish，2000；Smith，2000；Worden，2000b；Hurford，2001，2008；Pinker，2007；Tomasello，2008；Arbib，2012，interalia）。这些假说的逻辑是，人类在物种进化链上的近亲灵长类动物，都有交际行为和交际手段。不过，在认真思考这个问题时，甚至主张交际起源的研究者也不免踌躇。比如，一些研究者（Rizzolatti et al.，1998：193）在声明"我们的立场与那些将人类话语和灵长类动物的一些交际方式视为同源的作者是一致的"的同时，却又表示"我们认为人类语言（以及一些原始的一对一交际形式）起源于一个原初与交际并不相关的基础机制：对行为的认知机能"。

不过，在早一些的研究中，将交际需求看作语言起源和进化的前提，并不被所有相关研究认可。比如，生物学研究者认为（Luria，1974：195）：生物学研究已经提供了重要的论据，说明"交际的需要不可能提供任何重大的选择压力，来创造出一个语言这样的体系。语言与发展抽象的、创造性的思维有最关键的相关性"。Jacob 也表述了与 Luria 相同的思想（Jacob，1982：58）："语言在个体之间的交际体系中的作用是第二性的，让语言成为独特的那种性质，看来并不是它在发出行为指令的交际中的作用。" Bickerton（2010：167）用一个比喻来说明语言和交际的关系：计算机的发明最初是为了完成超大量和复杂的运算，但是它很快就获得了另一种完全不同的功能，即语言的操作。人类语言的核心计算能力，很可能也经历了同样的发展过程。Bickerton 的结论是（1995：5）："语言甚至不是主要的交流工具。相反，它是一种表现系统，是一种整理和处理充斥着我们日常生活的大量信息的方法。"

甚至 HPL 假说的倡导者也认为（Wray，2000a：291）"语法语言最初不是用于人际交流，而是用于'自言自语'，也就是说，由话语介导的语音循环（speech-brokered phonological loop），可以用作附加的记忆容量，即在复杂的思维过程中存储信息的额外空间"。Wray 的立场是可以理解的：她在这段话里论述的是现代人类语言；在她倡导的假说中，只是作为交际手段的 HPL 并不是现代语言学意义上的语言，而是人类语言和灵长类动物交际系统之间的过渡阶段。

在近期的研究中，Chomsky 及其同道试图从计算机制的角度，论证语言是作为思想的分析工具而产生。比如，Hauser 等人在讨论 FLN 的进化时指出（Hauser et al., 2002: 1569—1570）："重要的是区分关于语言是交际系统的问题和作为这个系统基础的计算机制，比如递归性，核心的计算能力可能是基于并非交际相关的原因进化而来。"Berwick 等人的解释是（Berwick et al., 2011: 32）："在计算效率和解释性的交际效率之间存在着冲突。一般说来，语言对这个冲突的解决有利于提高计算效率。这些事实立刻表明，语言是作为一种内在思维工具而进化的，而外化（指将语言运用于交际—蒋）则是一个次要的过程。"Chomsky（2010）明确指出："语言的最早阶段应该是思想的语言，可以在内部使用"（55），因为"并合首先应用于内部思维，并且是自适应的，因为它支持复杂的思维过程，如计划和解决问题。任何导致并合的基因突变都可以遗传给后代，这意味着语言使用者群体可能会形成。到了那个阶段，外化将具有优势"（59）。有研究者甚至认为，在最原始语法规则的"并合"出现之前，没有所谓的语言能力（Bolhuis et al., 2014）。

当 Bickerton 说（1990: 155），"只要选择的压力保持不变，即对信息的需求比竞争对手更丰富、更准确、传递更迅速，原始语言就会继续艰难地诞生"时，他的立场实际上是交际工具说。我并不打算再次涉及关于这个假说的讨论，不过有一点需要注意：在语言起源和进化研究领域里，事实上还没有产生出一个假说，说明为什么在非语言的交际系统已经存在，而且已经适用于生存活动相关的所有交际行为（a），并且没有任何阻止这样的交际系统进一步发展的因素（b）时，原始人类可能出于什么动机，创造出一种比叫声和肢体动作更具优势的交际手段，用它来取代以前的其他交际方式。或许可以认为，随着进化，原始人类产生出了在觅食、避险和繁衍等生存活动以外的更高级的需求，比如交流情绪，从而创造了能够将情绪或者其他心理状况"说出来"的语言。不过，这样推测语言的产生，仍旧会导向对交际工具说的否定，这是因为，将心理状况说出来，应该理解为将心理状况转换为一种"可以言说"的状况（依照上文提到的 Chomsky 和 Berwick 等人的观点）。"可以言说"并不等于必须被有声地说出来，"说出来"只是"可以言说"的一种实现形式。换句话说，从"语言为什么而产生"的角度来看，语言是在产生后，才被用于交际，而不是为交际而产生的。稍后我还会回到这个问题。

计算机制之说，也提示了如何正确理解语言和交际系统的关系。依据计算机制，我们似乎应该同意这样的说法：语言的产生，原初是让人能够在其中形成思想（也可以按照 Saussure 的观点表述为"分解一团混沌而产生思想"），只是在原始人认识到用语言传递信息的耗值和效用，优于他们此前一直在使用的交际手段，比如手势和各种功能性的叫声，语言才逐渐被运用到交际中，逐渐取代了旧的交际系统。尽管在语言起源和进化研究领域里持非连续论立场的研究者，并不完全是从这个角度来论述语言进化的非连续性，不过从我的角度，为形成思想而产生的语言和为群体的共同生存活动而产生的交际系统，本质上不处于一个连续的发展过程中。正如我们不能说计算机和打字机是同一个发展过程中的不同环节，尽管计算机现在已经基本上取代了打字机。

就此我认为还有必要区分两个观念：为交际目的创造一个系统和将一个为其他目的而创造的系统用于交际。我们当然不能认为，将语言用于交际，是在语言作为一个系统已经形成之后，原始人类才发现了语言的优势，并开始在交际活动中使用它。更可能的是，在最初的原始词产生出来之后，原始人类就已经开始在交际中使用这些原始的语言单位。不过，如果要证明语言就是为了交际而创造出来，而不是为了其他目的被创造出来，然后被运用到交际中，最后取代了原始的交际系统，那么，除了大脑神经重构、发音器官进化等技术性的细节，研究者起码还应该对下文这些问题做出合理的解释，交际手段说才能符合逻辑地被推论出来。

1）在现代人类的生存环境和科技条件下，要创造一个新的系统来取代功能相同的旧系统，基本的考虑应该是新系统比旧系统更好，比如效率更高、耗值更低等。为此目的，在着手创造之前，创造者至少需要对比

（设想中的）新（已经存在的）旧两个系统，哪怕仅在想象中思考和判断，新系统是否具有值得消耗一定的资源去创造的价值。因此，为了创造一个新的交际系统，即使原始人在大脑神经重构、发音器官进化等方面都完成了预适应，他们起码还需要知道或者有能力推测，可能有一种与它们现时使用的交际系统不同的、具有优势的系统；而且他们就生理心理能力而言，已经可以完成创造一个优势系统的行为。

语言产生之前，以群体形式生存的任何动物包括黑猩猩和在进化链上更早的大型猿类和灵长类动物的交际行为，都是天生的（innate）、本能的，而不是创造的。由此产生的问题是，一方面，相关研究没有告诉我们，猿类动物的智力是否达到可以放弃先天的本能、创造一个可以取代它的系统的程度；况且，它们并不拥有可以与其正在使用的交际系统对比的另外一个系统。另一方面，我们也没有相应学科的研究结论，证明原始人的智能已经发达到那种程度，使他们可以构想一种新系统并将它与现时的交际系统对比，发现前者的优势。他们"发现"语言的优势而将它运用于交际，只能是在语言已经（并非为交际而）被创造出来之后[①]。

2）语言产生前，原始人类交际系统完成的是操控功能，用以维系群体有序的生存行为。单就这个功能而言，动物行为研究者报告的观察事实告诉我们，没有语言的现代各种大型猿类动物的等级关系、食物获取和分配、交配繁衍等具有社会性质的行为，可能比普通人和非专业研究人员能够想象的要完善得多；这样的社会行为，都是在与人类祖先类似的交际系统中完成的。没有语言的原始人类，并未被证明有比现代大型猿类更多的生存需求，有能力完成超出上述范围的更多社会性行为。那么随着进化，在操控性的社会性行为之外，他们还产生了什么（社会性或非社会性的）行为，使他们正在使用的交际系统，不再能满足与这类行为相应的交际需要？人们可能会说，生存活动领域的扩展以及大脑容量扩充、中枢神经重构等生物生理特征的进化，导致了原始人类智力的发展，他们的行为可能

---

① 顺便需要指出的是，从这个角度，我认为 Bickerton（1990）和 Pinker（2007）将洋泾浜语言看作原始语言活化石的观点并不可信：在已有语言的基础上混合各种语言成分，并不等于从无到有的创造。在创造和使用洋泾浜语言时，人已经知道什么是语言、词和句子，知道作用于这些语言单位的语法规则。

就不再限于仅与生存需求相关的范围。于是，他们需要在社会结构和生存需求相关的、以操控为目的的交际行为之外的另一些交际行为，而原始的交际系统不再能满足这个需要。

姑且认同这个推测。接下来的问题是，在这些"另外的"交际行为中，原始人类需要交流的是什么。最有可能的推测，我想不外是智力的发展产生出精神的需求，比如，交流与生存需求和社会行为没有直接关系的情绪，或者告知一些并非直接来自刺激反应行为的信息，比如很多研究者提到过的所谓闲言碎语（gossip）。但是作为一种科学陈述，显然不能限于含混地说"智力发展产生出精神需求"，还需要更明确地解释，智力发展怎样就产生了更多的精神需求，或者说这些被交流的"对象"是怎样产生的。动物行为研究者的观察和论述没有向我们证明，与人类分手后的大型猿类的大脑和智力，至今仍旧停留在那个远古时期的水平，没有任何发展；他们也没有证明大型猿类拥有堪比人类语言的交际系统，可以传递相当于现代人类用语言传递的信息。在这种研究水平上我们只能认为，尽管现代大型猿类的大脑神经结构和智能，与它们数百万年前的祖先相比，多少也在一定程度上进化了，但是它们并没有产生出比传递生存和社会结构相关的信息更多的精神需求，它们的交际系统也不需要相应地被更新。因此我的推论是，首先需要产生出用作交际的对象，才会在旧的交际系统没有能力完成相应的任务时，代之以新的交际系统。或者说，新的交际对象不断产生，促进了交际手段的更新。

从语言相对论的角度我需要论证的是：这种新的交际对象，即人们需要，而且能够交流的那些"东西"，是由语言创造出来的。换句话说，因智能进化而产生的精神需求，是在语言出现之后才产生的。这不仅是因为这种需求必须而且只能在语言中，才能成为可以被传递、被理解的交际对象，更是因为，没有语言，我们永远不可能知道任何现代人，更遑论原始人类乃至猿类动物，会有什么本能的生存行为以外的精神需求。这个涉及"心智理论"的问题，其实普通人完全可以通过内省来检验，我在（蒋国辉，2016）中已经多次提到过这一点：人可能产生出一些心理状况，但是，如果不能用语言将这类状况描述出来，人并不知道这是什么状况。换句话说，没有语言，人不会知道自己有什么精神需求。

关于新的交际对象和交际方式，一些研究者提出了所谓"共同注意"（joint attention）的解释（e.g. Gómez et al., 1993；Tomasello, 1998；Brink, 1999, 2000, 2001；Brink et al., 2003）。研究者认为（Brink, 2000：4—5）"如果发送方和接收方共同注意，接收方可以知道发送方的意图并共享注意对象。共同关注是有意交流的线索，共同注意力是指，两个或两个以上的被试者同时将知觉集中在一个共同的注意对象上的能力，即产生以对象为中心的注意力，注意力状态是共享的，并为他人提供，而不是精神状态本身或其内在内容"。因此，由信息交际转向意向交际并非只依靠语言。

就此我当然不能评论其他研究领域中关于"共同注意力"的解释，不过，在语言起源和进化的语境中谈论语言交际，用上边定义的那种"共同注意力"来解释意向交际，似乎尚未触及问题的实质。若干（包括人）动物当然可以同时将视线投向一个对象，可以同时听见一个声音，然后可能同时对这个事物发出一个行为。但是，要把这个"同时"的行为解释为"共同"的行为（注意），并不是研究者从旁观察到若干动物将视线投向同一个对象，然后发出相同的行为，就可以断言的。这样的行为对于每一个行为者而言，都是它自己的行为，而不是源于"共同注意"的共同行为。断言"共同"，需要有一个前提，即同时完成相同行为的每一个个体，都知道其他个体也在完成与它相同的行为，而且所有个体都知道，他们的行为是相同的。这就是说，当一个个体有意识地看并看到一个事物时，要产生"共同注意"这个信念，他首先必须断定，其他的个体也与他一样，是有意识地看并看到了这个事物，而不是在完成其他行为时，目光不经意地触及这个事物。这样的知识，实际上就是知道其他个体在完成一个（可以从旁被第三者观察到的）行为时的心理状况。这样，我们又回到了"心智理论"的问题。相关研究告诉我们，即使与人类在进化链上最后分手的黑猩猩，也不具有个体间互相了解对方心理状况的能力。如果共同关注是意向交际的线索，那么，在不知道有所谓"共同注意"这个事实时，就没有个体会发动意向交际。事实上，动物行为和动物智能的研究也告诉我们，动物、哪怕与人类在进化链上有最后的共同祖先的黑猩猩，也不会发起意向交际行为，来有意地向对方传递某种描述性信息。

就意向交际而言，除了"共同注意"，还需要注意的是 Arbib（2015：

4）所谓的"对等属性"（parity property），即"一句话对说者和听者的意义大致相同"。"意义大致相同"，用通俗的话来说，就是说者和听者知道存在着一个对于他们共同的"意义"，而这个知识的前提，是他们都知道对方拥有的"意义"是什么。这仍是"心智理论"的问题。如我在上边的讨论，互相不了解心理状况，其实并不是未被证明有心智理论的黑猩猩在生物生理属性的层次上真正区别于人类的特征。单就这个层次而言，人类的每个成员也不可能知道其他人的心理状况。人拥有心智理论，能够知道其他人的心理状况，仅仅是因为人类有语言，人能够互相理解的思想是在语言中形成的。我当然不仅是指人类有语言来传递关于自己心理状况的信息，在这类信息的基础上了解相互的心理状况。这是语言在这个智能行为中第二性的作用。更重要的是，如我在前面已经论述过，有了语言，人才能明确地知道自己的心理状况，也就是首先能够条理清晰地、有层次地对自己描述自己的心理状况，形成对外界事物、对自己的物理生理状况、对与外界刺激相应的各种情绪等的认识，然后将这种已经被语言编码的信息，有意识地传递给其他人。

回到"精神需求"的话题，我们看到的是我在（蒋国辉，2016）中论述语言相对论的解释范围时表述的观点：就心理特征而言，每一个人都是真实世界的自主观察者；没有语言，每个人的心理状况都是孤立的世界。这个孤立的世界可以类比 Saussure 所谓语言前的"混沌一团"，是私人的心理状况。每一种语言，都将这种语言的每一个母语者"混沌的"私人心理状况，分析为相同的思想，让他们互相理解，并不计较那个混沌一团有什么区别。人通过语言明确认识到的自己的心理状况，大致就是我所说的"语言创造交际的对象"。

二 语言进化的非连续性同语言相对论相关的若干问题

首先，非连续的进化不能理解为语言作为一种优势的信息传递手段，取代了旧的交际系统；更重要的是，语言的产生，为人类提供了观察世界的一个不同于任何动物包括黑猩猩的角度。通过语言，人类不再限于对来自外部世界的物理刺激做出生物生理性的反应，他们开始对世界做出与本能的生存活动并非必然相关的观察和思考。对世界的观察和思考因此成为人类独有的认知行为，或者说是人在语言制约下形成了世界观。语言独特的属性是"允许符号的无限组合，由此在心理上创造可能的世界"（Jacob, 1982：58）。我们当然不能将 Jacob 的这段话，直接看作对语言相对论的支持，但它至少可以让我们在从这个角度论述语言和思维相关性时意识到，并非只有语言研究者在孤立地思考和论述语言塑造人的世界观，他们的立场在生物学领域里也得到了呼应。

其次，不认同语言是作为交际手段而产生，实际上也就是语言起源于个体创造的立场。在前面的讨论中，我已经提到许多研究者在这个立场上的一些共识，比如现代人类最早的祖先是一个非洲的女性南方古猿；比如与语言能力相关的基因突变原初地只能发生于个体；又比如哲学家对原始人类群体的所有成员共同讨论如何给事物称名这种原始人类智能行为的质疑。不过，这个立场也遭到一些研究者的反对，比如 Pinker 和 Jackendoff 就认为（Pinker et al., 2005），语言是思想的分析工具之说是不成立的，因为已经有文献记载，语言在没有语言知识的人群中可以自发出现；但是没有任何研究报告，语言只是为内心独白或思想而发展的（这里的"内心独白和思想"，并不是"思想的分析工具"中"思想"的同义表达，也不是我在语言相对论解释范围内定义的"思想"）。Nicaragua 聋哑人的手势语，据说就是仅仅为了交际而集体创造的。

在起源和发展的问题上，用一种人工创造的语言作为例证，来说明自然语言的起源和进化，委婉地说，有牵强附会之嫌。语言的起源和进化，是人类起源和进化链上相应的环节，对这个环节的推测和考证，都只能而且必须相应于它在整个进化链上的位置，相应于人类生物生理属性、大脑神经结构、智能、生存能力等，在那个阶段的状况。若干人在一起商讨后，创造出适合某一人群的一种语言，是现代人类能够使用现代语言完成的智能行为，以此解释语言的起源和进化，并不能得到可信的结论。就当前考古学、古人类学和动物行为研究提供的观察事实和实验报告，我们并没有看到，拥有群体（社会）生活和行为能力的动物，包括相关学科能够追溯到的某些灵长类动物的共同祖先的交际手段，是某种集体创造行为的结果；也没有研究报告，动物能够有意识地传授和学习作为传递信息手段的某种行为，比如完成操控性的交际行为的叫声或动作。

实际上，即使没有足够的考古发掘和动物行为研究提供的证据，我们也可以通过思辨，逻辑地反驳语言集体创造说。不能否认的是，集体创造这个行为的前提，是参加创造的每一个个体都有相同的创造动机和创造能力；而且，每一个参加集体创造的人，都必须让这个集体中的每一个个体知道他创造了什么，知道集体中的其他人创造了什么。

就每个人以心理特征都是真实世界的自主观察者而言，怎样感受来自真实世界的物理信息，只是个体的私人心理状况。从这个角度来观察语言的起源，我们姑且采取一种极端简化的表述，将一个原始人类群体，视为由那个最初遭受到可能与 FLN 相关的基因突变的个体的后代组成。一个或许符合事物发展规律的推论可能是：这个群体中的任何一个个体，在大脑容量和中枢神经系统发展到一定程度时，都有可能独立地产生对这些心理状况（尽管可能是模糊）的自知意识，也可能产生将自己的心理状况作为信息传递给其他个体的愿望，并且具有创造实现这个愿望的手段的能力。然而，相关研究并不能证实（虽然也不能否定），即使在我们假定的那个原始群体中，一些乃至全体成员由对生存环境的共同经验产生了相同的心理状况；他们的大脑和中枢神经系统的发展是同步的（因为都是遭遇了基因突变的那个个体的后代）；所有个体对相同心理状况产生了相同的意识；同时产生了要将这种心理状况作为信息传递给其他个体的愿望。实际上，对经验事实的观察几乎可以肯定，甚至在由若干现代人组成的群体中，这样的状况也不可能发生。

基于这种私人的心理状况，要论证语言是集体创造的结果，我们就需要解释：这个创造活动本身是什么，是怎样完成的。在原始语的第一个词被创造出来以前，原始人并没有在群体中通用的、将私人的心理状况转化为公众知识而不是操控他人行为的手段。在这种状况下，所有参加"集体创造"的个体都面临着 Quine 讲述的那个 *Gavagai* 困境（Quine，2005：29—31），他们中的任何一个个体，都无法让其他个体理解，他完成某个行为的结果，比如发出的一串声音有什么意义。其他个体甚至无法理解，发出一串声音这个行为表示了什么：是发声的个体提示自己要开始一个创造活动了，或者这就是他创造活动的结果？事实上，我们根本无法想象，原始人可以有什么手段，用于讨论或商量怎样创造一个"词"来指称某一个事物。这一类归根结底只能通过语言才能摆脱的困境，没有语言的原始人类根本无法摆脱。

动物行为研究者的一些观察事实（Cheney et al., 1990a, 1990b, 1997）或许可以说明，"集体创造"的不可能，是源于动物交际行为固有的性质。观察事实是，发出报警叫声的个体，并不会有意识地采取某种行动，帮助愚钝者从报警叫声中获得至少与聪慧者相同的信息。报警者也不会试图去纠正其他个体的错误信念，不会指导听者正确理解呼叫或对呼叫做出正确的反应，等等。因此，灵长类动物如猴子的叫声，反映的似乎只是信号传递者所拥有的知识，而不是它希望听者获得的知识。动物行为研究的这个结论，自然导向一个推测：用诸如报警叫声之类手段传递某种信息时，信息发出者并不关心他发出的信息是否以及怎样被接收和理解。而集体创造的一个基本前提，就是参加创造活动的每一个个体，都必然有让其他人正确理解他提供的信息和知识的愿望，并希望用这样的信息影响或改变别人的信念。在这个基础上达成的相互理解，是产生集体共识（集体创造）的基础。这样的智能行为，当然已经不是对来自外部世界的物理性刺激的反应，而是个体之间心理状况的交流；这样的交流，必须在心理状况可以被表述出来时，才能完成。因此，要证明语言是"集体创造"的结果，我们需要证明，在语言产生前，原始人类已经可以用与灵长类动物并没有本质区别的各种叫声，来表达和交流心理状况，而不是仅仅用于操控。当前的动物行为和动物智能研究，都没有而且显然不可能通过观察或实验来支持这个结论。

排除了群体所有成员共同创造的可能性，逻辑地，我们就只有一个推测：某一个个体先于其他个体，产生了对自己（某种）心理状况的自知意识，而且首先试图将这个信息传递给其他人，于是他说出了一串语音。当他的这个创造逐渐被群体的其他成员接受后，最早也是最小的、仅为传递信息而创造的原始语言单位即一个形式与意义的标签就出现了。这个创造过程可能非常简单，不过是这个个体用某个语音组合——可能是他自己创造的，也可能是利用了已经在群体使用的某种叫声，改变了一些发音特点，也许还辅以手势，代替了此前指示某个事物的肢体动作。

一个值得注意的事实是，语言起源于个体虽然也是尚待检验的假说，但是在谈论词的产生时，如果反对语言产生于个体，研究者很有可能会陷入他并未预料到的困境。曾经严厉且言之凿凿地批评过 HPL 假说的 Tallerman，在论述词汇的产生时，明确地反对语言起源与个体的假说。Tallerman 的说法是，最初，词是那位"普罗米修斯"［这是 Chomsky（Comsky，2010）在关于语言起源的假说中，假定的那个大脑最先被重构的个体］头脑中存在的、在共享词汇还没有出现之时，他的心理观念（mental concepts）的私人标签；而人能够创造私人标签的能力，依赖于他关于存在公共标签的知识。基于这种私人标签和公共标签的关系，Tallerman（Tallerman，2014a：209）得出的结论是，"词汇单位的意义原初地取自公共构建的意义"。至于词的意义怎样可以"公共构建"，Tallerman 在她的论述中援引 Pinker 等人（Pinker et al.，1990：716）关于"基因组可以将词汇储存于环境中"的观点，认为一套在社团中共享的可以被学习的词语是所谓的外部词汇（E-lexicon），它相对于每个说话人的内部词汇（I-lexicon）。每个个体并非必须掌握原始语言的全部词语，但是社团中所有的词语都是他能够掌握的。外部词汇不断地增长，个体则适应这样的增长，不断从外部词汇中接收新词、增加自己的内部词汇。作为论据，Tallerman 还以 Helen Keller 关于"每个东西都有名称，每个名称都带来一个新的思想"的经验为例，说明外部词汇怎样被个体学习掌握，进入了内部词汇。

I-lexicon 和 E-lexicon 似乎可以类比一些研究者提出的 I-language 和 E-language（Anderson et al.，2002；Matthews，2003；Mendivil-Giro，2006）。前者被解释为每个人的语言器官，这是自然存在之物，其表型（phenotype）取决于基因型（genotype）和发育。I-语言的基因型是一套通用语法，它根据语言环境获得不同的配置，即内在的普遍语法在不同的语言集团中被习得为不同语言的语法。E-语言是 I-语言的外部表现形式，例如话语，文本，句子集合或社交习俗。E-语言包含一系列 I-语言，因此，这些 I-语言的拥有者可以使用同一个 E-语言互相交流。

这里我们立即可以看出的是，Tallerman 论述的所谓公共标签和私人标签的关系，实际上是在现代人类语言已经存在时，人（比如婴幼儿或聋哑人）对世界的认识和描述怎样受已经存在的语言规范。这样描述一种语言的词汇结构以及这个语言集团中每个个体怎样掌握这个结构，并不是在语言起源和进化语境中讨论的原始词的产生。Tallerman 自己的表述，其实已经让我们看到，她谈论的并不是语言（原始词）的起源："……纯粹的'私人'词汇几乎没有增长的潜能，因为它从不被说出来，也就不可能由接收其他个体的词语而增加。"

进一步思考这个问题。姑且搁置"基因将词汇储存于环境中"这个基本上无法检验的表述，仅仅观察 Tallerman 的这段话，我们就会发现，从语言（词）起源的角度，它导致了若干她并未也无法解释的悖论。

——能够从"外部词汇"中接受新词而不断增加的个体"内部词汇"，以什么区别于"几乎没有增长潜能"的纯粹私人词汇？几乎没有增长潜能的私人词汇原初是怎样产生的：如果不是一开始就作为一个完整的、固化的系统产生出来（这看来不太可能被认同），它就只能是逐渐积累起来的，也就是逐渐增长的。我们有什么经验事实或实验数据，来同时肯定或否定这两个互相排斥的过程？

——如果我们不能区别"内部词汇"和"纯粹的私人词汇"（没有任何相关研究，包括 Talleman 自己，解释过这个区别），那么，在断言词的意义是"公共构建"时，研究者需要解释，纯粹的私人词汇也必须具有的"词的意义"是怎样构建的。如果也是"公共构建"，那么，外部词汇公共构建的意义增加了，基于"人能够创造私人标签的能力，依赖于他关于存在公共标签的知识"的私人词汇（私人标签），为什么不能增长？如果是"私人构建"，解释这个构建过程，就不是仅凭思辨和推理就能完成的工作了。

——如果每个人都有一套从不说出来的私人词汇（它们是用来做什么的？），这种私人词汇是否是人的母语词汇系统之外的另一个词汇系统？如果是，则有多少人就有多少种不同的词汇系统，这听上去已经近乎荒谬。况且，每个人的私人词汇（私人标签）不吻合，逻辑地蕴含他们的公共词汇（公共标签）也不吻合，因为词汇单位的意义原初取决于公共构建的意义。要断言由同一个公共标签构建了不同的私人标签，除非我们认为"公共构建"不是人的创造，而是一种天然存在物，而且被每一个个体运用并改造为仅仅属于他私人的一套词汇。如果一种语言的词汇系统以这种状况存在，说同一种语言的人们还能正常交流吗？

——如果承认每种语言只有一套词汇系统，那么，是什么因素将一种语言的唯一一套词汇划分为纯粹私人的从不被说出来的部分与非私人的可以被说出来的部分，并阻止每个人说出属于自己私人词汇的那一部分？换句话说，我们是否应该推测，每种语言都有一部分从来不出现在任何话语中的词汇？

回到语言的产生是个体创造这个话题。就我已经阐明的立场，我认为语言的起源，就是最简单的原始词的出现。对于语言起源和进化的研究，原始词的产生可能并不是"人类语言产生"的同义表达，因为在这个领域中，研究者至今并没有比"存在过某种形式的原始语言"更多的共识；至于原始语言最初以什么形式出现，并没有被共同认可的假说。对于我的讨论重要的是，如果原始的人类语言可能被认为是出现了，它必然是以某种形式出现了。第一个创造出某个语言形式的那个原始人，仅仅是一个语言使用者而不是语言研究者，所以更有可能的是，他并没有意识到他创造了最早的语言形式。通过他的行为在语言起源和进化史上最早出现的那个语言形式，对于他只不过是一个能够被他说出来并且自由使用的、有一定功能的语音串。HPL 假说把这样的语音串称为整语话语，并认为由整语话语组成的原始语，是语言前原始人类的交际系统和现代人类语言之间的桥梁。从原始词的产生来谈论语言起源和进化，我并不认为语言前原始人类的交际系统和现代人类语言之间，存在类似 HPL 之类的桥梁。人类语言的第一个词产生之时，就是现代人类语言起源和进化的开始，它不是灵长类动物交际系统连续发展的结果，而是人类理性地认识和思考世界的开始。如果一定要认为存在着某种形式的原始语言，我认为更确切的说法是：现代人类语言的原始形式，就是在最原始的语法出现、并构建出能够表达命题的语句之前，人类拥有的一套原始词汇，虽然这可能只是数量有限的若干个原始词。

在这一点上，我与 Bickerton 的观点并不完全吻合。Bickerton 认为，"语言"是指完全成熟的现代人类语言，那些没有人类现代语言形式的"语言"，都应该被看作原始语言，比如，现代人类 1—2 岁的儿童完全没有语法的语言；黑猩猩能够"学会"的人类语言的个别词语，没有语法的洋泾浜语言。"一系列（发展）结果，就在一个快速的、连续的进程中，将原始语改造为我们今天广为人知的语言。"（Bickerton，1998：353）

我当然不能理据充足地否认，在原始的非语言交际系统和人类现代语言之间存在过某种类似"桥梁"的原始语；也没有可信的论据足以让我声称，将只有零散的词语而没有语法的人类语言这个发展阶段称为原始语的观点，是表述了语言起源和进化的真实状况。关于这种状况的各种论述，本质上都不过是见仁见智的推测。只是，如果已经假设词是人类语言中最早出现的单位，我就看不出有什么本体论的必要而且有什么相关科学（考古学、古人类学、神经科学、生物生理科学甚至语言学本身）提供的观察事实和结论，使我们必须将人类语言发展的这个只有词而没有语法的阶段，看成另外一种性质的语言。

怎样看待语言进化过程中只有词而没有语法的阶段，其实只是一种方法论的选择，取决于研究者在自己构建的理论中，怎样对待和解释相关的现象。近似的例子比如对人类服装演化的研究：未经任何加工就披在或裹在身上取暖的兽皮，与原始人为更适合身体的轮廓、以更好地保暖而开始用某种方式加工兽皮相比，应该被研究者看作服装发展的连续过程中那个原始阶段还是一种完全不同于"服装"的原始保暖形式，对于人类服装演化的研究，不过是观察的角度问题，并不能改变用不同方法叙述的这个过程本身。而且，就 Bickerton 关于原始语"连续地"被改造为现代人类语言的观点和他列举的那些"原始语言"，我们可以看到，无论将只有原始词的人类语言称为有别于现代人类语言的原始语，还是称为现代人类语言发展的原始阶段，都只是观察的角度，并没有实质性地界定这个发展过程。不过，不将只有原始词的那种状况，解释为人类语言发展过程中的一个自足的原始语阶段，好处在于可以避免 HPL 之类假说的纠结。

Bickerton 对原始语言的那些界定，在语言起源和进化研究领域中可能会被怎样评价，对我的讨论并没有太多的影响。我在这里的讨论涉及的对象，并不是 Bickerton 所说的那个"完全成熟"的现代人类语言。围绕"完全成熟"的语言讨论语言相对论，我们没有必要追溯语言的起源。我的观察，只追溯到真正可以被称为"人类语言"的那个现象的出现，至于这个现象为什么出现，在什么生物属性、生理结构和大脑神经机制的基础上出现，"为语言准备好"（language-readiness）的大脑怎样进化而来，等等，都不在我的讨论范围。在语言起源和进化的语境中讨论语言相对论，论证类语言一经产生，语言和思维相关性就已经以语言相对论表述的那种原则存在，我们似不必囿于现阶段研究中，关于原始语存在形式的已经有的或者可能有的争议和结论。

虽然我在关于 HPL 的讨论中，对研究者用自己编制的那些并非真正语言材料的 HU 作为论据的可靠性表示了怀疑，但是不得不承认，我在自己的研究中也面临同样的困境。这个困境包括两个问题。

一个问题是，按照语言谱系学和遗传语言学（genetic linguistics）较为普遍的观点，现在世界上已经被调查并分类的语言约有 5000 种，分属 20 个语系和若干孤立的语言，但是这些学科的研究至今没有得出结论：这些语言是否起源于一个共同的原始语言。尽管考古学和古人类学已经大致得出结论：现代人类（智人）起源于一个共同始祖，由此似乎可以推论，所有的现代人类语言都源于一个共同的始祖语言，但是这个始祖语言是什么，已经是人类知识永远不可能企及的领域。因此，所有涉及语言起源和进化的语言学研究，都不可能获得任何原始语的语言材料。构拟原始语言或者原始语言的某一部分，比如 Saussure 构拟的原始印欧语元音系统，并不是在语言起源和进化研究领域内谈论的原始语，而是作为一个系统已经形成的现代人类语言（在某个）早期阶段的状况。这样的"原始语"，并不能有效地作为语言起源和进化领域内某个假说的论据。

另一个问题是，在需要用事例来印证某个推测而且没有其他研究者已经提供的资料时，我也不得不像论证 HPL 假说那样，编制一些原始语事例，比如原始词、原始语法形式、原始句子之类。不过，因为我要说明的是相对论效应与语言的产生同步出现，对于这样的讨论，只需假设有原始语言单位存在过，这种原始语言单位是某种语音形式和某种意义的结合，这或许并不会导致争论就足够了。所以，在编制原始词等语言单位时，我可以有较多的自由，不必考虑它们是否确实以我编制的形式出现过、是否确实有我描述的那个（那些）意义、它们形成的过程如何以及此后怎样发展。实际上，从方法论的角度，我的假说与 HPL 假说的取证方式，并没有实质的区别，在编制原始语言材料时，都是基于同样的考虑：这个原始语言单位,是一个有意义的语音串。

所有与这种研究方法相关的研究者（包括我）的一个共同点是,我们都是某种现代语言的母语者,由于语言相对论原则,我们的思维活动都受到语言的制约。比如,当 Wray 将她编制的 *tebima* 用现代英语表述为 give this to her 时,受语言的制约,她在这个表述中（以及后来关于分解 HU 产生词的讨论中）只能将原始语音串 *ma* 解释为 her,从而导致了反对者的批评:没有语法结构的 HU 中,不可能出现 her 这个表示语法结构的形式。设想这个 HU 由以汉语为母语的研究者编制,他就会将 *ma* 解释为"她"（汉语母语研究者其实不可能编制出 *tebima* 这样的 HU,因为 Wray 是按现代英语的发音特点,编制了这样的"原始语"）,就汉语语法而言,在用现代汉语表述 HU 的意义时,他不会陷入类似的困境。然而无论说英语还是说汉语的研究者,在这里仍旧不能摆脱语言对思维的制约,因为他们在用自己的母语表述这个编制的原始语 HU 的意思时,都使用了指示语系统（this,her;这个,她）,却没有考虑,指示语系统只能由发展到一定程度（比如已经有表示时间、地点、关系等概念的词语,并且有可以代替事物、属性名称的词语）的语言构建而不能产生于其他任何表达形式（叫声、手势等）中。那么,假设原始人说出第一个 HU 就是 *tebima* 时（这个可能并不能逻辑地排除）,这里使用的指示语从何而来?

在后边讨论中必要的地方,我使用的所谓"原始词",实际上是用现代汉语表述其内容的某个假设的形式（比如一个任意的语音串）,而不是真正原始词或句子。对这些原始语言形式的解释受到汉语制约,可能在所难免。我的讨论并不是关于某一种语言的产生和发展,只是,在我们所处的这个人类自身进化的阶段,以任何语言为母语的研究者,面临的都只能是"无论追溯到多么久远,语言都只是前一辈人留下的遗产"那种语言,而不是在人类进化的那个原始阶段起源的语言的原始形式。

第三节 词的产生

在被称为"词汇原始语"的假说（Fitch,2010）中,原始语言被认为最早是以词的形式出现。这个假说的逻辑是:人最早能够发出的是一些简单、孤立的声音（音素和音节），这些声音以某种方式具有了意义而成为原始的词；这些词被单独地运用于交际活动，没有任何规则将它们组织起来，以表述某种有命题结构的思想，或传递某种相对复杂的信息。随着这种词汇原始语的发展，句法在某种条件下以某种形式出现，它可以将单个的词组织起来，现代语言意义上的句子的雏形就出现了。

姑且不讨论 Bickerton 列举的那几种原始语"化石"，我认同他关于语言起源于词的立场：原始语言（或者更确切地说是现代人类语言的原始形式）就是若干原始词。这当然是一个相当含混的说法，因为当我们使用"词"这个术语来定义原始语言最早出现的那个单位时，我们关于"词"的概念，是来自现代人类语言的词，它并不能告诉我们原始语言中的"词"是什么。不过至少有一点似乎可以肯定，即那样的"词"，也指称了某个对象；或者用 Bickerton 的话来说（Bickerton，1990：128）："原始语是一个任意的语音提示（vocal reference）系统，被用作某种形式的标签，贴到事先存在的概念上。"因此，Bickerton 也将原始的词汇称为"对源自前语言经验的原始概念作出标签的初级表征系统"（Bickerton，1990：91）。

关于原始语言中的词，不少研究者也持类似的观点，认为词是原始语最重要的成分（Worden，2000a），"一种语言的句法体现（embodied）在它的词的特征结构里（356）词的特征结构准确地一代一代传递，就像 DNA 在细胞复制中准确传播（353）"（还可参看：Gentner，1982；Terrace，1985，2001；Donald，1991；Bickerton，1995；Deacon，1997）。

需要指出的是，Bickerton 的"概念的标签"之说，预设了在语言产生之前已经存在"思想（概念）"。在相关研究中，这是一个被广泛认同的立场。一些研究者认为（Cheney et al.，2005：153），"根据我们对猴子和猿类交流的了解，灵活的发音，以及由此产生新词的能力，似乎不太可能早于使这种发音具有适应性的概念能力。这一观点得到了儿童词汇学习研究的支持，该研究似乎表明，词汇是建立在已有的概念表征基础上的"（相同或相似的立场见 Hespos et al.，2004；Gleitman et al.，2005）。还有一些研究者（Steels et al.，2002：255）认为"概念化显然早于词语化"（verbalisation），理由是，有许多可能的方式可以将现实概念化，并不一定要依赖词语。比如，人可能在语言前就产生出"时间之旅"（time-travelling）

的思想，语言的结构不过是使这种想法成为可能。这是"语言结构进化来满足表达这种'时间之旅'的思想的需要，而不是语言结构实际上首先使这种穿越的思想成为可能……首先是私人的思想能力，然后是一种适应于将私人思想公之于众的交流系统"（Hurford，2008：257）。或许是基于这个思想，一些研究者（Fitch et al.，2005）推论，句法的结构来自概念的结构，比如句法的时态和逻辑关系，至少有一部分源于（前语言的）时间、空间和逻辑的概念。

这类争辩在当今的相关研究中，归根结底仍只能是见仁见智的讨论。很多时候，甚至研究者自己也在两种对立的立场之间犹豫不决。比如，Cheney一方面认为词汇建立在已有概念的基础上，另一方面却认为（Cheney et al.，1997：187）报警叫声和概念的联系仍旧是一个迷，因为"单词不仅仅是概念的标签"（无论概念是什么）。Chomsky在涉及词和概念的相关性时，也表现出犹豫不决，认为"关于概念和词汇项的不同，远不是一个简单的问题"（2010：57）；"我们没有理由相信词汇项目和概念之间存在任何差异"（2012：27），更遑论孰先孰后的问题。

从语言相对论的角度，我当然不能认同思想（概念）先于语言（词汇）的立场，在稍后的讨论中我还会回到这个话题。不过必须指出：从词汇原始语假说的立场构拟语言产生的过程，我们只能推论，思想（概念）是在语言中产生的。这是因为，我们只能将代替身体动作指示一个事物的一串语音，看作原始语言（词）的萌芽，却不能认为它表达了（已经存在的）概念，否则我们就必须探究并证明，任何动物的身体动作是否表达了当代科学意义上的概念。此外我们还必须假设，概念可以长时间甚至永远是没有语音形式的存在；随之而来的问题是，它以什么形式存在于什么地方？由此，更可能的推测应该是，从语言诞生之时，语言就和概念不可分割地联系在一起，而且最早的概念是在语言中产生的。从这个角度来看，另一些研究者的说法更接近人类语言和思维相关性的真实状况（Palfrey，2000：178）："'词'最早是被用于给物质世界中的事物和它们的运动贴上标签。"

语言相对论在当前的语言和思维相关性研究中，是一个弱势阵营。而且在语言起源和进化的研究中，人们或许根本就没有想到过，这个领域里的问题，还可以从语言相对论的角度来思考。在这个语境中，原始词作为

"概念的标签"而产生的观点，看来是一种"顺理成章"的解释，因为原始人能够发出与动物叫声不同的语音，是进化链上一个可以考察的环节；而概念的产生，无论推测它出现在物种进化链上的哪一个环节，都根本无法检验，更何况批评。所以，研究者在假设语言前的概念时，几乎可以不考虑可能招致的质疑。只是这个"标签"到底是什么，也正如前语言的思想（概念）到底是什么，并没有（我认为也不可能）可信地被定义。前边提及的 Tallerman 关于私人标签和公共标签的观点，实际上已经是针对现代语言的观察，并不是原始词的产生方式。而且，从她"即使可以认为每一个原始人都拥有大量私人标签，这也不是解释心理词汇（mental lexicon）的必要属性"（Tallerman，2014a：209）这个表述中，我们可以看到，她所谓的"私人标签"，更像上是原始人头脑中储存的与客观世界相关的各种形象；存储这种形象的能力，并不是原始人类独有的。实际上，原始人类的这种能力，或许并不比许多智能低于猴类和大型猿类的动物更发达。不过被这样理解的私人标签，与 Bickerton 的"概念的标签"已经相去甚远。至于所谓的心理词汇，我在第三章中观察 LOTH 假说时，已经做了一些讨论。

有意思的是，倡导 HPL 假说的 Wray 正是从这个角度，批评词汇原始语假说关于词是给已经存在的概念贴标签的观点，尽管 Wray 的出发点是为她的 HPL 假说辩护。Wray 认为（Wray，2009：301），如果原始语言可以"归结到名词和动词，则必须假设我们的祖先对事物和动作首先有相关的概念，后来才给它们贴上了标签"，这种说法不过是"空想式的推论，是用已知的（或者认为是已知的）现代语言的性质来倒推原始语言"。

不过，"私人标签与公共标签"之说，倒是为我们从语言起源和进化的角度检视语言相对论提供了一个视角。从发生学的角度，正如语言和思想孰先孰后无法检验，在原始词产生之时，语音仅仅是给已经存在的概念贴上标签，还是概念只能在词语中形成，也无人能给出单义的解释。但是，如果我们认同语言（词）的产生是一个从偶然的个体行为到群体行为的发展过程（这当然是一个极端简化的表述，不过它至少比集体创造说更可信），这个关系看来就比较清楚：群体接受一个被个体偶然创造出来的原始词，只能先接受这个语音串，再接受被这个语音串表达的概念。换句话说，起码对于接受原始词的群体所有成员，他们的概念，是在接收和理解了一个语音串的意义之后，才在他们的头脑中出现的。这在某种程度上就是我对我在本书前言中提到的那个问题的一种回答：词的意义和思想是否同一。

这个结论其实是由一个两难困境引出来的。

在断言"词语给已经存在的概念贴标签"时，我们面对必须二择一的选择：词语是给创造它的那个个体头脑中已经存在的概念贴上标签（a），还是给一个群体中所有个体头脑中都存在的那同一个概念贴标签（b）？

我们似乎不能否认（a）的可能性。我们当然可以认为一个概念可能偶然地出现在一个个体头脑中，就像基因突变发生于个体；然后他用一串语音来表达这个概念（暂且不论最原始的一串语音更可能并不是词，而是指称一个事物的身体动作的替代物）。问题在于，在这种情况下我们必须假定，在这个作为语音和概念相结合的词被群体中其他个体接受前，其他个体头脑中并没有相应的概念，对于他们，这个概念是在这个词中形成的。以此类推，第二个概念是在第二个词中形成的……，第n个概念是在第n个词中形成的。如果语言的词汇是一个公共标签系统，而说同一种语言的人群的概念系统，没有被任何科学研究证明是某种私人的特质；如果我们谈论的不是一个偶然的"概念"被一个偶然的语音串贴上了标签，那么，就语言系统和概念系统的相关性而言，符合逻辑的结论似乎应该是：概念（系统）是在语言（系统）中形成的。

我们似乎同样不能否认（b）的可能性。既然概念可以前语言地出现在一个个体头脑中，它同样可以出现在另外的个体头脑中。这个推测并不需要假设某个"智力超群"的个体，因为动物至少是与人类有共同祖先的大型猿类动物，也被不少研究者认为可以拥有概念。那么，创造出能够给概念贴标签的那个个体，是用这个语音串（词）给自己头脑中的概念贴标签，还是给其他乃至所有个体头脑中的概念贴标签？后一种说法几近荒谬，因为没有被语言表达的"概念"（如果有），只能是一种私人心理状况，即使智能远远超过原始人的现代人，也不可能在没有语言表述的时候，由自己的心理状况推知他人的心理状况，自然也就不可能知道，他对自己心理状况的表达（给自己的概念贴的标签），也同样表达了他人的心理状况（给他人的概念贴上标签）。我们显然不能假设一个群体中的每一个个体都会创造自己的一套语音串,来给自己的一套概念贴上标签。摆脱这个困境的唯一出路,就是所谓的"约定俗成"。但是这样一来,我们就回到了第一种可能:一个被个体创造的词被群体接受,也就是由这个词语贴上"标签"的、产生在这个个体头脑中的概念,借助词的产生和传递,出现在每个个体的头脑中。

就"语音标签",我还想指出的是,HPL 假说的 HU 和我在这里讨论的原始词,其实有本质的不同。HU 这个语音标签,据说是情景而不是事物的名称。从我们现代人的角度,我们也可能遭遇到某种新的情境,但是用名称的形式给一个情境"贴上标签",并不是仅仅依靠对外部世界的感知觉经验就可以完成的智能行为。要让一个情境的"名称"能够被说出来并且被理解,首先也是最基本的,是要明确一个情境包含了哪些被观察者看作包含在这个情境中的事物,这就需要对一个情境的观察、分析、判断等抽象的思维活动。并且,要让听到这个名称的人与创造这个名称的人对名称指称的情境有统一的理解,即听到名称的人也获得了关于哪些事物包含在这个情境中的信息,心智理论是必不可少的前提。然而,仅凭身体动作、哪怕是比较复杂的身体动作,我们这些现代人也不能互相理解心理状况。在不能证明原始人有心智理论时,断言它们可以用 HU 给情境贴上标签,并不是理据充足的推测。我们当然不能基于现代人不能用一个身体动作或者一个叫声来指称一个情境,就信心十足地断言,HPL 出现之前的原始人也不能完成这样的智能行为;但是我们同样没有理由认为,原始人类乃至猴类或更低级的动物的报警叫声之类,在它们的群体中就是诸如"豹子来了"之类的情境名称。这样的解读是作为现代人的研究者的思维活动结果,而不是原始人能够赋予情境的"名称"。归结起来,"指称"一个情境需要完成的思维活动,并没有被证明是原始人类能够完成的智能行为;我们也没有相关的论据,说明这类抽象思维活动可能在没有语言的状况下完成。

语言进化原始时期的"词"指称了什么,也可能导致一些争论。比如关于哪一类词最先出现或者说最早的词指称的是什么,在语言起源和进化的早期研究中,似乎吸引了研究者相当的注意。Graffi(Graffi, 2005)提到了 18 世纪在这项研究中比较有影响的两位学者 Condillac 和 Herder。Condillac 认为,在语言起源和进化的过程中最早出现的是名词,因为名词指称的，是人的感觉器官能够直接抽取出的、对应其感知觉的实体；随后出现的是"指示物体的各种有形属性"的形容词和指示"物体存在环境"的副词；动词出现得更晚，而且第一批动词是"表示灵魂在行为或受难时的条件"。当代的一些研究者，也认同名词在先的观点，认为凭着语言学研究者的直觉，名词的出现先于动词，因为"……语言被感知世界的本性所约束，要对对象完成有条理的词汇化……动词则不能获得这种感知觉固定的（世界本性）"（Gentner，1982：323）。

Herder 的立场正好相反，他的依据是他的"悟性（Besonnenheit）"之说，认为最早出现的词类是动词，因为语言是在（人）观察行为时产生的。比如人把羊羔称为羊羔，并不是因为它是一只羊羔，而是观察它咩咩叫的行为而领悟到的事物的名称。

从词类的角度来讨论原始词出现的顺序，是从现代语言研究的角度对原始词作"事后"分类。虽然这似乎并无不妥，但终归不是一个十分合理的观察角度，因为词类是一个语法概念，而我们假定的是，人类语言的原始形式是没有语法的一组原始词。正如 Tallerman（2014b：453）所说："原始语言没有词类。原始词（Proto-word）没有选择的限制，所以不能被划分为动词和名词"。在下文的讨论中，我因循地使用"名词""动词""形容词""副词"之类的划分，只是为了叙述的方便，并不表明我认同在语法产生之前，原始词可以这样分类。

不过，如果将讨论的范围限定为原始词，我认为抛开关于词类的概念，Condillac 的说法倒是一个可以启发思路的观察角度：就词的产生而言，我们的研究方法应该是，基于原始人类相应于生物生理属性的智能发展水平，来推测他们接触、观察和认识世界的能力，以及他们怎样用某种方式，将他们与外部世界交流的结果固定下来，由此逐渐扩大对外部世界的认识范围并积累生存和发展所需的知识。这是从语言相对论的角度，我讨论原始词的产生以及语言和思维相关性的最初表现形式的出发点。

一　描述世界的词

（一）事物的名称

Condillac 从"人的感觉器官能够直接抽取出对应其感知觉的实体"和

"指示物体的各种有形属性"的角度，来推测人类语言的词的产生，认为人类语言中最早出现的单位，应该就是指称这些事物和属性的词。尽管在当前关于语言起源和进化的研究中，大多数研究者都将注意集中于"名词+动词"这种原始语言状况，不过我倒更倾向于 Condillac 的本意，即最早出现在原始语言中的，应该是名词和形容词。我在后文的讨论中，遵循的就是这个思路。我当然不是要同持"名词+动词"原始语言状况的研究者争辩，只是我认为，"名词+形容词"这种原始语言的最初状况，更符合事物发展的逻辑。简单地说，动词指称的动作，并不是人凭感知觉能够直接经验的真实世界片段，也不是事物的有形属性，说出一个动词来指称和认识一个动作（行为），需要比感知觉更进一步的思考。

也有研究者认为（Jackendoff，2002；Tallerman，2014a），因为在原始人类的交际活动中，并没有共同关注的第三者（谈论对象），所以人类语言中最早出现的并不是有指称意义的、类似名词或类似动词那样的原始词，而是一些在现代语言中仍旧存在的所谓"缺陷"（defective）词，比如 yes，no，hello，wow，ouch，oops，shh，psst 等。这些词没有语义替代物（semantic displacement），没有词汇范畴，也没有词与词组合所必需的边缘特征（edge features）。具有意义和语音特征却没有句法特征的原始词汇，是在这些"缺陷词"之后，在所谓三元参与（triadic engagement）的交际行为开始后才产生的。按照 Dunbar（Dunbar，1996）观点，语言是交流关于第三者的信息的一种方式，即闲聊。通过这种方式，个人就能在自己的第一手经验范围之外，增强对集团成员的了解。

跟所有关于语言起源和进化的假说一样，关于在语言的原始时期最早出现的词是什么的争论，也不可能真正接受检验，得出普遍认同结论。不过我想指出，"缺陷词第一"之说，倒是有一定的合理之处，就这个领域的研究现状而言，一个被所有研究者认同的观点是，原始人类的交际行为，与其近亲大型猿类一样，只是操控性的，并不是要谈论第三者之类。因此，这类（原始语言中的）"缺陷词"作为引起注意和发出指令的一串声音，的确可能先于有指称意义的词而出现（显而易见，"缺陷词"之说，依据的就是关于语言起源的交际手段说）。或者更确切地说，它们可能并不是原始人类的创新，而是由人与猿类动物的共同祖先传承而来的本能的或者可能在某种程度上复杂化了的叫声。在这个意义上，虽然这类"缺陷词"可以作为研究人类语言起源和进化的观察对象，但是，如果我们谈论的对象是人类独具的语言，而且不认同关于语言起源的交际手段说，那么，不把这类"词"纳入讨论范围，是一个合理的研究方法。

依据儿童在成人的参与下，开始将注意指向外部世界的对象，开始学习指称这些事物的词并由此开始三元参与的交际为，来推论原始语言的词的产生（比如 Bickerton 的观点），也不是成功的论述。儿童交际行为是在人类现代语言的环境中发展起来的；儿童学习语言的过程，也不是原始人类经历的那个从无到有地创造语言过程。此外，关于原始词产生的这种推论，无法摆脱鸡与蛋的困境：是三元参与的交际导致了有指称意义的词出现，还是有指称意义的词出现，促成了三元参与交际的实现？对此我的看法是，谈论什么的交际，当然必须有谈论的对象，但是这个对象并不是操控性交际涉及的外部世界事物本身，而是替代外部事物的那个名称。当原始人与外部世界还处于直接的"刺激反应"行为模式阶段时，外部世界的事物只是让原始人以身体动作产生反应包括操控性交际行为的刺激物。词语的产生，是操控性的交际行为发展为交流信息的交际行为的前提。关于这一点，我在稍后还要详细讨论。

在我的讨论中，描述世界的词即原始的名词和形容词，被看作语言中最早出现的词汇。这倒不全是因循地采用 Condillac 的说法，而是因为在我看来，语言构建世界图景、塑造人的世界观，就是从语言产生的这个最原始阶段开始的。这些在后来的语言学中被划归"名词"和"形容词"的语言单位，如果从语言相对论关于语言和思维相关性的角度来看，它们是与所有其他词类甚至包括现代人类语言名词和形容词范畴中的绝大部分，有完全不同的属性。我指的是，除了可以按照 Condillac 的标准划分出来的那些名词和形容词，现代人类语言中所有的词，都不仅仅是直接来自感知觉经验的结果。不过从语言相对论的观察角度，原始语言的这两类词，对语言塑造人的世界观和对人的思维的形成力作用，并不完全相同。

Condillac 描述的那种指称人通过感觉器官直接经验到的真实世界片段的名词，在我看来，已经不能算是人类语言第一个甚至第一批（名）词。我并不打算讨论某种可能的先后关系，也不打算从语言学以外的角度，讨论这个产生的过程应该是什么，只是符合逻辑地推测，人类语言的第一个（名）词最有可能是怎样出现的。我当然不是要也不可能去猜测人类语言的第一个词是什么，我想论述的只是，如果人类语言起源于词，那么，不论研究者怎样假设第一个词产生的过程，在人类语言进化原始阶段的某一个时刻，肯定有第一个词产生出来这个事件发生。我们可以讨论这"第一个词"是怎样产生的，而不将注意力集中在"第一个词"是什么。第一个词是什么，显然永远不可能被检验，也不可能是科学研究的对象。不过，虽然我并不认为我的假设有相当可信的观察事实和实验数据为依据，而且我的假设也只是关于"第一个词怎样产生"的各种推测之一（比如 HPL 假说推测词是由分解 HU 产生的），但是在是否能够被检验这一点上，它与语言起源和进化研究领域中的其他假说，具有相同的价值。

此外，我要讨论的问题，实际上是从这个"产生出来了"的结果开始，所以，我的注意力并不在于这第一个语音串怎样被创造出来：沿用某种叫声还是偶然的随机语音串，产生这个语音串的初始动因是什么，在什么情况下被创造出来，代替了什么指称行为，等等。对这些问题的简略论述，都是同语言相对论相关的那个主要话题的铺垫：这个语音串怎样演变成了一个原始的语言单位（词）。

在下边的讨论中，我姑且假定"第一个词"源于动物的报警叫声，依据是，动物行为研究提供的观察事实表明，猴类动物（包括大型猿类）的一些叫声具有指称功能（referential calls），而且这样的指称功能首先是与被捕食的危险相关（Gouzoules et al., 1984; Uhlenbroek 1996; Hauser, 1998; Gouzoules et al., 2000; Crockford et al., 2003）。

动物行为和动物智能研究提供的观察事实是（Rescorla, 1988; Cheney et al., 1990a; Cheney et al., 1997; Zuberbuhler et al., 1997; Zuberbuhler et al., 1999; Seyfarth et al., 2003），灵长类动物（当然不仅是灵长类动物，不过与我的讨论相关，可以仅限于灵长类动物）在捕食者或其他危险临近时，都能发出特殊的报警叫声。这样的报警叫声可能并不区分捕食者的种类，甚至不区分危险的种类（捕食者、倒下的树、山洪暴发，森林大火或者群体内部的骚乱等）；也可能对捕食者有大致的区分（来自地面的猛兽或来自天空的猛禽），或者较细的区分（鹰、蛇、豹子等），甚至可能区分到更细（比如某一种专门捕食它们的鹰）。这类报警叫声有一些特点。比如研究者发现，在没有危险的时候，动物不会发出这样的叫声；这样的叫声不可能不引起同类相应的行为反应，等等。但是研究者并没有发现，在细节上对这些叫声的区分，与动物的智能有必然的联系。

灵长类动物这种可以区别捕食者种类的报警叫声，推测也应该遗传到比灵长类动物在进化序列上走得更远的人类与黑猩猩的 LCA 以及原始人类。没有语言但是发声的生物生理机能已经足够发达的原始人类，应该可以发出比灵长类动物更多的叫声，来报警在他们的生存环境中所有可能出现的捕食者。按照动物行为研究者的说法，这样的报警叫声，在捕食者没有出现时不会被发出。没有研究报告"一群绿长尾猴会围坐在一起，为了教育或回忆而发出鹰的报警叫声，这样的叫声本身不会是引用或描述"（比如：这是一棵树；树很高）（Wray，1998：50）；"它不具有 Halliday 所谓的'观念功能'（ideational function）"（51）。为了"教育或回忆"的目的，某些声音首先"需要有较高的'信息值'（informative value）"（Seyfarth et al.，2003：155），并且，"给定的叫声类型仅由鹰触发，而且鹰的出现，很少有可能不触发这种叫声，因此这种叫声有可能为听见它的人提供关于鹰的存在的可靠信息"（Cheney et al.，2005：146，参看 Rescorla，1988）①。比如，出现了一只鹰，原始人不会发出出现豹子时的报警声。进化的结果就是，每种这样的叫声与一种捕食者之间的固定联系，就逐渐建立起来。我们可以这样来区分操控的叫声和传递信息的描述：传递信息的描述是指向被描述对象的、有指称功能的词；报警的叫声并不指向事物，而是指向听话人，指令其注意并做出相应的反应。这或许可以认为是从报警叫声演化出原始词的生理心理基础。

现在，根据语言起源和进化研究中的若干假说，我们应该可以推测，在原始词能够被创造出来的那个时期，（a）原始人类创造语言的各种预适应阶段已经完成，（b）原始人类已经拥有了 FLB 和 FLN，（c）以及最近的两项研究表明（Cheney et al.，2005），猴类动物和类人猿可以组合它们能

---

① 持 HPL 假说的研究者把这样的叫声解释为"谨防鹰（豹子、蛇）来了"之类的整体话语。这与把这种叫声仅仅解释为相应于"鹰（豹子、蛇）"之类的词语，本质上不过是研究者为自己的推测作出的见仁见智的辩解，不能作为一种假说推翻另一种假说的证据。

够发出的叫声,并将这些组合分配到新的环境中,从而有效地增加它们的发声技能。Zuberbühler 的研究从动物行为的角度,也在一定程度上支持我下文的推测。Zuberbühler 观察到(Zuberbühler,2000:918),"……个体在被近距离捕食者惊吓时,可能发出一种警报,而在安全距离检测到同一捕食者时,可能发出另一种警报。……一些猴类动物的叫声,似乎与针对外部事物或事件的特定心理表征(比如掠食者的概念)相关,并用这个叫声充当其标签"。他还观察到(Zuberbühler,2000:924—925),"野生戴安娜猴并非简单地回应报警叫声,不同叫声的语音特征中似乎掺入了特定的语义内容;也就是说,意义与报警叫声相关",比如它们能够区分"鹰"或"豹子"的报警。

其实,关于语言起源的这种假说,可以追溯到 Darwin 的进化论观点(Darwin,1981:297—301)"……难道不是某些非同寻常的类人猿动物模仿了猛兽的咆哮,从而告诉了他的同胞猴子预期危险的性质吗?这本来是语言形成的第一步"。

由此,我的推测是,在这些生物生理属性的基础上,在某一个时刻,某一个智力超群的个体偶然(在语言起源和进化研究领域里,"偶然"是一个被认可的陈述形式)发现了一个事实:这类报警叫声并不是只能在捕食者出现时,才能作为"刺激—反应"的结果被发出来;报警叫声和捕食者之间固定的联系,也并不是只能用来报警。于是,他可能会尝试在没有刺激的时候,比如在豹子出现时,他已经躲避到了不会被豹子发现的安全地方,远远地看着豹子,(同样可能是偶然地)用平静的、不会让同伙如同听到报警叫声、听觉神经受到强烈刺激而产生躁动的声音,发出了发音器官的动作等同于尖利的报警叫声的那一串声音[①]。被他在这种场合发出来的这一串声音和豹子的联系,就已经不再是那种固定的"刺激—反应"联系,而是声音和当下在视觉中的形象的联系。Bow-how 之类假说,几乎都从声音的这一特点着手,也许不无道理,尽管一些研究者(Pinker,1994:

[①] Darwin(Darwin,1981:57)就是持这样的观点:"在自然状态下,它们(猴子)向同伴发出关于危险的叫声,似乎并不令人难以置信,有些异常聪明的与猿类似的动物应该想到模仿猛兽的咆哮,向它的同伴们表明预期危险的性质。这本来是语言形成的第一步。"对此当然还有其他一些猜测,比如 Knight(Knight,2008)猜测,如果一只猴子发生了"马基雅维利安"式的突变,它可能为达到某种目的有意欺骗同类,在没有捕食者出现的时候,发出捕食者报警的叫声。在我的讨论中,也可以推测这样的叫声演化为捕食者的替代符号。

352）坚决反对这类假说，认为这种以不同的声音组合对应不同的危险、使这些可控的声音组合获得"准指称"（quasi-referential）意义的假说，并不能够取得比 ding-dong 假说更多的证据。

许多动物行为和动物智能研究者，也对这样解释人类语言的起源不以为然，不过他们的角度与 Pinker 不同。在他们看来，从本能的报警叫声中，可能产生出声音和视觉形象的联系，或许可以说是一种最原始的"准指称意义"，并不是原始人类在经过了创造语言的预适应之后，才能完成的更高级的智能行为；动物的叫声，已经具有指称意义。比如 Cheney 等人（Cheney et al., 1997）认为，动物的报警叫声就功能而言是有语义的，对于听到叫声的同类，这类叫声能够引起与它们在看到叫声指向的对象时相同的反应；Zuberbühler 等人（Zuberbühler et al., 1997）观察到，动物可能用（雌雄性有别的）不同质的报警叫声指向相同的对象，这似乎说明有某种"内容"将不同的叫声联系在一起；Hurford（Hurford, 2008）认为动物报警叫声有指称对象，尽管它们能够掌握的代码十分有限。

不过，对动物报警叫声的这种解释，并不是动物行为研究领域中的共识。我在前边的讨论中（第五章第二节）提到过动物行为研究者的另一个结论：动物（包括灵长类动物）的报警声，并不是以其传递的"信息"来警告群体成员危险的临近，而是以发出的声音的音频、振幅等物理特性，来直接刺激信息接收者的神经，导致后者产生由神经信号到肌动的反应。

由此，我仍旧有依据沿着我的思路继续这个话题。当我们那个智力超群的个体将以前作为报警叫声的一串声音，在平静的状况下与豹子的形象联系起来后，这个报警的叫声作为一种信号，对于他——或许他也是偶然地发现，首次失去了声音的物理属性的作用，成为"豹子"这个信息的载体，成为一个原始的有声符号。我们或许可以说，原始人就此找到或发现了一个途径，循着它，声音（符号）和意义之间的联系就可以稳固地建立起来，虽然我们似乎还不能认为这种基于报警叫声的联系是任意的。

动物报警叫声是否有指称乃至意义，可能会在相当长的时间里，停留在见仁见智的水平上。不过，认为动物的报警叫声有指称（意义），倒是可以引出一个有利于语言相对论思想的推论：意义并不是从"外部"，事后赋予了没有意义的语音串而产生了原始的词，这样的意义"萌芽"，原初地就包含在各种有一定功能的叫声中，只是被有功能作用的物理属性掩盖了。原始词或者更确切地说是有某种功能的叫声（语音串）的意义，就是去掉叫声中的物理功能后剩余的，且固有的部分。

说是意义的"萌芽"，我当然不是说，在那个个体第一次偶然地发现了一个指向豹子的报警叫声可以移作他用并尝试了这个行为时，这个叫声就具有了"豹子"这个意义，人类语言的第一个词就产生了。在这个阶段，如一些研究者指出（Deacon，1997：70）"词与被指称对象的对应关系，并不足以解释词的意义，因为两个层次实际上很少相关"。Deacon 这段话是基于 Saussure 关于能指和所指这两个层次的对应关系。虽然这并不是在谈论原始词的产生，不过 Deacon 的观察确实可以说明词和叫声、意义和标签的区别：狗可以通过主人的一个指令（说出的一个词）而完成一些动作，仅仅因为它熟悉并牢记了这个声音是什么对象的标签，而不是它像人那样，懂得了这个词的意义。换句话说，词所以成为词，是因为它具有"非情境特异性"（non-situation-specificity，Jackendoff 的术语）的意义，而不是它可以是事物的标签。上文提到被移作他用的报警叫声，不过是那个个体给在固定情境中能够看见的对象的一个语音标签，显然不是具有意义的"豹子"这个词。在这个阶段，原始人并没有完成使这种原始词具有象征意义的关键一步：认识并突出发出的叫声涉及的两个项目（items，在我的例证中是一串声音和豹子）之间的关系。怎样才算认识了这种关系，Jackendoff（1999：272）有一个很容易理解的解释："指向豹子的报警叫声，可以报告看到了豹子，但不能用来询问最近是否有人看到了豹子。"

在这个意义上，我们或许可以同意一些研究者的说法（Matthiessen，2000）："我们必须修改关于词汇发展在先、语法随后的一般看法：原始语言最早的符号既不是词，也不是词汇单位，它们是原始语言符号。"Matthiessen 关于没有语法，原始语言的符号不是词的看法，实际上是 Deacon 表述的观点的另一种说法，其实也是前边提到的关于"原始语和语言发展的原始阶段"这两种假说之间的龃龉的另一种表达形式。

把这个阶段的语言单位称为原始语言符号而不是词的另一个理由，我认为还可能是，在这个符号被创造出来的最初阶段，它还只有代替身体动作的现场直指功能。我们来设想这样的情景：若干原始人躲避豹子藏到安全的地方后，想必不会无忧无虑地继续日常生存活动，而会一直紧张地注视着豹子，或者还有一些相应的身体动作，比如用手势传递"豹子还在危险范围"这类信息，直到豹子离去。当那个个体创造的、用来代替指示性身体动作的语音符号（最初当然可能还需与相应的眼神或身体动作配合）被群体接受并理解后，它可能就会替代眼神或身体动作，指向在场的豹子。这种替代反复出现后，这个语音符号和它指向的对象之间的稳定联系，就可以建立起来，它就可能不再被用作指示性的身体动作的替代物，而是用于Bickerton描述的那种场合（Bickerton，2010：171）：我们谈论的这个语音符号中包含的"豹子"这个信息，不再指向某一只具体的豹子，而可以指称任何在或不在感知觉范围内豹子。这种符号（原始的词）传递的关于某个对象的信息，可能就不再依靠对象的物理存和感知觉的可及（sensority-accessible），而可能是关于若干时间前、若干距离外的情景。这种符号由此就具有了人类语言的基本属性之一，即替代（displacement）功能。

这种独特的"指称替代"（displaced reference），使交际能够涉及当下不在感官范围的事物［Knight（in Arbib，2008：open peer comments）］。它能够引起听到这个名称的所有人共同的心理图景（mental picture），而不再导致立即的刺激反应肌动效应，比如逃离躲避。于是，一个有明确指称意义的词就产生了。在我们这个情境中，这个意义就是：如果在原始人的感知觉和活动范围内没有豹子出现，他们在发出这个声音时，头脑中会呈现出豹子的形象。因为这个声音现在已经可以不对应当下的感知觉经验，所以我们不必争论在这种场合是先出现豹子的形象，还是先发出声音，结果都是一样：这个声音和豹子的联系，已经不再是动物那种生而固有的"刺激—反应"联系，或具有"情境特异性"的联系，而是符号建立起来的声音和头脑中或视觉中的形象的联系。

"指称替代"当然已经不再是作为身体动作替代物的语音串的属性，而是词的属性。作为身体动作替代物的语音串怎样进化为词，是在语言起源的语境中谈论语言相对论思想的关键。我在第四章第一节的讨论中，做出过这样的论述：当人们开始用早先代替身体动作的一串声音来指称两个以上对象时，或者说当一串声音成为具有优于身体动作的指称功能即一串声音不再只完成不能离开身体动作的"现场实指"时，这串声音才成为一个能完成"指称替代"功能的原始词。这里的逻辑是,用这种原始词来指称两个以上的相同事物,原始人需要比较这些事物,看出并认为这些事物有共同的特点。这已经是一种哪怕很原始的抽象思维活动。这个"比较、看出并认为"的思维活动,就是站在从语言相对论的立场思考问题的出发点:语言在从无到有的进化过程中,怎样制约着人的思维;语言相对论主张的,因此是语言和思维"与生俱来"的相关性。

对此我的解释是,一方面,当原始人可以用一个语音串来指称两个以上的事物时,比如我们在这里谈到的"豹子",这个串声音(原始词)已经不再指向每一只出现在他们视界中的豹子。这是因为,两只以上的豹子,在他们的感知觉经验中不可能绝对同一,并不是原始人类不能辨识的物理现象。用一个语音串指称两个或更多的对象,特别是在非现场直指的场合,语音串指向的,是由它引起的心理图景,即豹子的形象轮廓。这个形象轮廓,就成为在这个原始词中形成的原始概念。这不是原始词在"包装"任何前语言的概念,而是因为有了原始词(完成指称替代的语音串),原始概念才能形成。因此我们说,概念不可能在一串声音之外的某个过程中形成,然后被某种力量赋予这串声音。没有最早作为身体动作替代物的语音串,以及由这个语音串发展出的普遍指称功能,或者说,没有一串声音由特殊的替代功能向普遍的指称功能的发展,概念是不可能产生的。在这个意义上,原始语言单位(词)的出现,意味着概念系统的萌生;原始语言单位的增加,意味着概念系统的扩大。语言相对论正是这样论述"思想只能在语言中形成"这个观点。

另一方面,由于原始词产生于"比较、看出并认为"这样的思维活动中,所以,人类语言的词从一开始就是具有了概念意义的类名。从这个角度我们说,虽然语言是人创造的,但是人并不能自由地创造"词"这个语言的基本单位。由于受到我们称为"语言"这个事物从起源之时就固有的特征的制约,人在任何时候、针对真实世界片断创造的(专有名词之外的)任何实词,都只能是类名。这可以看作"语言切分自然,形成语言世界图景"这个语言相对论思想的源头。这里的逻辑其实很简单:真实世界中,没有物理性存在的、可以被人的感知觉经验到、可以用身体动作指示的"类"。这就是说,在替代身体动作现场直指的语音串发展成原始词的那一刻，语言就开始为人类对真实世界的认识，构建语言世界图景。

关于语言与思维"与生俱来"的相关性，我在下边的讨论中还会详细分析。

按照 Bickerton（2010）的观点，当词的替代功能在技术上成为可行，比如词在语音上能够被说出来和被听辨，词可以在说出它和听到它的人头脑中引出相同的心理形象，等等，信号（语音串）发展成词的路就开通了①。Bickerton 所说的"路就开通了"，也可以理解为被一些研究者（Worden，1998，2000a）称为语言进化必要条件的所谓社会智能（social intelligence）的形成。就此我们或许可以进一步推论，从那个智力超群的个体首先建立了先前作为报警叫声的语音串和事物之间并非"刺激—反应"的联系，到这种联系被群体（当然并不一定是这个个体所在的群体，也可能是这个个体的后代发展形成的群体）所有成员接受，成为基于声音和意义任意联系的词之时，原始语言的产生和发展就开始了。第一个词的意义在于：原始人开始描述世界，其智能行为不再局限于群体内以操控为目的的交际。

就我在自己的讨论中坚持认同的语言起源和进化的非连续论立场，人类语言的第一个词由报警叫声演化而来这种假说，马上可能遭到质疑：这是否已经是连续论的立场？

我在前文的讨论中已经提到过，虽然非连续论在我看来更能说明人类语言起源和进化过程的实质，但是持非连续论的研究者的困境，很大程度上正好就在于他们很难证明，来自共同祖先、处于进化链上不同阶段的灵长类动物，比如黑猩猩和原始人的肢体动作和叫声，具有完全不同的属性和功能。如果我们不能否认，人类最后与黑猩猩从 LCA 分手后到人类语言产生前，也经历了一个用肢体动作和叫声作为群体内交际手段的阶段，我们似乎就没有理由断言，人类语言的语音，与语言前的原始人类和灵长类动物大致相同的叫声是截然分离的，没有任何进化的连续性。这实际上是

---

① 特别注意 Bickerton 关于"路就开通了"的说法。一些研究者（Hallam，2010）关于如何确定一个被创造出来的原始词会被他人接受的论述，不过是用 Quine 的 Gavagai 困惑来解释原始词的产生。这种说法的弱点在于，它论述的并不是我在这里描述的那个语言产生的原始阶段，而是人类有了一定的抽象思维能力时，才能够完成的智能行为。

不能证明的，因为不仅人类与灵长目动物，任何哺乳动物都只有由肺部到口腔的唯一一套发音器官，这套发音器官大致包括以下这些器官的全部（人类）或一部分（其他动物）：唇、齿、舌、小舌、口腔、鼻腔、硬腭、软腭、喉头、气管和肺。这套发音器官本身，以及经过这套发音器官发出的声音的物理属性（强度、音色、频率等），在物种进化的过程中可能发生了巨大的甚至本质的变化，比如控制发声行为的大脑神经结构的重组，又比如人类直立行走导致喉头下降，从而改善了对发音气流的控制，等等。但是作为动物的机体组成部分以及机体功能的结果，这些变化只能被看作一个连续的进化过程。

即便如此，我认为我对第一个原始词产生过程的猜测，并没有违背我认同的非连续论的立场，因为我们至少有两个不同研究领域的观察结果，说明作为语言之基础的发声行为的进化是非连续的。

一方面是发声行为的神经解剖基础。由大脑神经结构的重构导致发声行为的神经控制方式的改变，使得人类发出的语音与灵长类动物（或许还要包括在一个漫长进化期内的前语言人类）的叫声，不仅只有声音的物理属性区别，它们具有本质上不同的神经生物属性基础。发声行为的生物—生理—神经研究告诉我们，控制发声行为的神经机制有扣带回皮层（扣带回路径）和皮层下结构（皮层路径）。非人类灵长动物的发声行为主要不是绝对依赖扣带回皮层。人类控制发声行为的神经机制的重构（皮层下结构），以及人类发音器官的完善，使得人能够发出的语音和灵长类动物的叫声之间，出现了一个不可逾越的区别：灵长类动物主动控制发声的能力很弱，而人类依赖皮层下结构的主动控制发声行为，是产生有声言语行为的关键。基于这样的生物—生理—神经属性，灵长类动物作为声音信号发出的叫声是天生的、意动的（conative）、情绪化的、非自主的和高强度的。相比之下，人类的语音是习得的、认知的、理性的、意向自主的和低强度的。这显然不是一个连续进化的过程，而是两套完全不同的发声神经机制。

另一方面是发声行为的生理特征。与灵长类动物发音器官相比，人类喉头下降，使得人在发声时能够更有效地控制气流；口唇缩小，使人能够在发声时更灵活地控制其形状；舌头各部分可以单独活动，由此控制气流的强度、走向，并且与硬腭、软腭、唇、齿和鼻腔配合，发出各种不同的、可辨识的声音。灵长类动物受其发音器官结构的限制，发声能力大致限于30—40个含混的其组成部分基本不可辨识的声音信号。

不过，仅就随着发音器官的进化而逐渐改变的发声动作，以及发声行为产生出的可以直接观察到的结果即声音的物理属性（可以听见的、有一定频率、强度和音质，等等），我们或许没有足够的理由，否认灵长类动物的叫声与人类的语音是同一个进化过程中的不同阶段。我指的是，假设在一个足够长的期间里，研究者能够观察从人类与黑猩猩的LCA到原始人类发音能力的进化，下边这些现象应该是他能够从外部观察到的：原始人的发音器官（口唇、舌、齿等）形态的变化，使得它们的动作越来越灵活，原始人控制这些器官的行为越来越自如，他们能够发出的声音，由最初少量简单的叫声，到越来越多样的、可区分的声音，到能够把发出的声音简单组合起来，然后有能力说出复杂的语音组合。尽管另外一些研究领域的观察者或许会发现与此相关的另外一些事实，比如到了某个阶段，原始人发声行为的生物—生理—神经基础，与黑猩猩已经完全不同；他们能够发出的声音的物理属性，也不同于从LCA分化时他们能够发出的那些与黑猩猩叫声并无本质差别的声音。但是，如果我们假设的观察者能够观察到从少量简单叫声到说出第一个词的发展过程，他就有充足的理由认同连续进化论：人类语言的词的发音，是从原始人最初与黑猩猩并无本质区别的叫声发展而来，简单的叫声是复杂的语音的基础和先导。

语言起源和进化连续论的某些论据，或许就来源于对发音器官的生理特征、对发音行为结果的观察；与非连续论相比，这看来是一种较为浅表的观察和结论。推测由报警叫声产生出原始词，并不表明我认同语言起源和进化连续论的观点。我已经说明，我的语言相对论理论体系并不涉及语言起源和进化研究领域的全部问题，不能达到在这个领域中专门涉及这些问题的论述应有的深度。这就是说，我的讨论只涉及在这个进化过程中已经出现的语言现象，这些现象对于语言起源和进化这个多学科的研究领域，可能只是一些表面现象。不过，我的讨论也只需要涉及这个层次的对象。我并不能也不打算从语言研究以外的角度，证明这些对象产生和发展的根源。如果将语言相对论与语言起源和进化这个所有理论都基本上是假说的领域中的某些假说联系起来，那么，重要的不是争论这些假说，而是在语言和思维相关性的讨论关联到这些假说时，不会导致矛盾。比如我们"观察到"了语言中最原始的词并推测这个词的来源时，我们的观察仅限于词和报警叫声就发音行为本身以及声音的一些物理属性的联系，这并不是能够用于论证语言起源和进化连续性的全部论据。

平心而论，在生物生理科学研究领域中获得的观察事实和研究结论，并没有也不能否认人类和黑猩猩的 LCA 的叫声与原始人类的语音之间，就行为发生的生理过程和这个行为结果的物理属性而言，在进化链上有先后关系。神经科学研究提供的观察事实对于语言起源和进化研究的重要意义是，它们证明了 LCA 以及由它进化而来的黑猩猩的叫声，与同样由 LCA 进化而来的原始人类在某个进化的阶段已经能够发出的语音，并没有神经解剖意义上的连续性。这是语言起源和非连续进化论的一个重要依据。

"过程的先后"和"进化连续性"的区别，大致可以用电脑的发展来类比。一个个人电脑终端用户比如机械设计师在他的工作中，可能经历了人机界面发展进步的各个阶段，从输入设备只有键盘到键盘加鼠标再到触摸屏；屏幕显示从只有数码符号到简略的动画画面到清晰详细的平面图再到 3D 的图形。在他看来，这就是电脑不断发展完善的一个连续过程。然而从电脑硬件设计和制造者的角度，虽然电脑的设计和制造思路都基于同一个人工智能理论，但是电脑发展经历的真空管时期、半导体晶体管时期、集成电路时期，现在甚至到量子时期，是完全不同的技术阶段，是一种技术取代了另一种技术，而不是对旧的硬件实施改造、使其功能更加完善的一个连续过程。尽管这两种不同的观察角度并不相互否定，但是如果谈论计算机技术的发明和演变，我们观察的出发点应该是技术发展的非连续性。

语言原初并不是作为交际手段而产生，也可以说明人类语言的词最初来自报警叫声这个假说，并不是语言起源和进化非连续论的反证。从语言相对论的角度来看，人类语言的词的产生，意味着人类的言语思维机制开始形成。如果语言是这种人类独有的大脑神经机制的原因和标志，我们就有一定的理由，认为语言并不是某种连续进化的产物，除非相关研究能够证明，比如灵长类动物的叫声也具有这种与人类语言相同的意义，即形成某种"发声思维机制"，而不是它们发出的叫声，与作为人类原始语言肇始的语音串，在声音的物理属性上有什么关联。

回到我关于词的产生的讨论。就我假设的这个词的产生过程来看，我们或许还可以提出一个假说：这样的智能行为并非只限于特定的某个个体；新词产生的过程，也并非必须在前一个词的产生过程已经完成（被一个个体创造出来，被其他个体接受并开始在群体中使用）后才能开始。基于一些在语言起源和进化研究中已经在接受检验的假说，比如现代智人共同的祖先是一个女性的非洲南方古猿，比如偶然发生于个体的基因突变导致的大脑神经板块重构、语言能力预适应过程的完成，等等，更合理的推测或许应该是，创造并接受人类语言最早的原始词的智能行为，发生在一个并不十分庞大的原始人类群体中。这个群体的所有成员都是最初遭受基因突变那个个体的后代，都具有相同的 FLN，都能完成与那个说出了"豹子"的个体相同的智能行为。因此，由类似的报警叫声或者其他操控性的叫声产生出若干原始的词，可能在一段时间内，被这个群体内同一个或某几个或更多的成员，各自以相同的方式单独地创造出来。

我假设最早的词源于原始人遇到危险时的报警叫声，可能会被认为忽略了一个重要的问题：对于原始人类，与避险行为同等重要的另一个生存相关行为是觅食。原始人类生存环境中至关重要的这两个因素，用现代语言形式可以极其简化地表达为"吃我的与我吃的"。避险的叫声（吃我的）和通告觅得食物的叫声（我吃的），在使用的频率上大致应该相差不远，所以我们似乎不能排除的可能性是，原始人能够以相同的方式，产生指称觅食对象的词。为此我们并非一定要推测，被捕食是紧急的生命攸关场合，受到的刺激之强烈和反应速度之快，觅食的情景显然无法相比，因此报警叫声是一种更迫切、出现更频繁的信息，它必定早于食物叫声导致原始词的产生。动物行为研究者报告过一些观察事实，证明食物叫声对于动物生存的重要性。比如黑猩猩遇到食物时，它们会根据食物的种类发出不同的咕噜声，指导其他黑猩猩的觅食行为（Slocombe et al.，2005）；黑猩猩的食物咕噜声和其他一些叫声，在一定程度上受到环境包括社会和情感方面的影响（Corballis，2012）；听到食物叫声的同类，可以推断出呼叫者的状态以及最有可能触发发声的事件，即觅寻到食物（Owren et al.，1997，2001），等等。

不过关于食物叫声，我可能遇到的困境在于，语言起源和进化的研究涉及原始人的行为时，研究者基本上只能从动物行为的相关研究中寻找相应的观察事实，更何况我的讨论并非基于第一手资料，完全依赖动物行为研究能够提供的观察事实。在我掌握的资料范围内，动物行为研究者很详细地观察和研究了动物避险的叫声，却几乎没有涉及比如某个个体找到了食物后，用什么方式向群体传递这个信息。原始人在他们的一个至关重要的生存行为即集体狩猎中，可能发出什么规范集体行为的叫声，像避险叫声那样细致区分捕猎的对象，这样的观察事实和研究结论，在现代动物行为研究和古人类学研究中至今阙如。就我对动物和原始人类行为研究的理解，我当然不能对这样的研究现状妄加揣测，不过有一点可以肯定：研究原始人类的行为，不可能有任何直接的观察事实为佐证，这类研究可能做出的任何推测，都只能基于现在能够观察到的动物行为。比如，动物行为研究者或许能够观察到现代灵长类动物集体围捕猎物的行为，可以提供在这类行为中，可能与交际相关的一些观察事实（比如上边提到黑猩猩不同的咕噜声），但是鲜见有研究者就此推测，原始人在集体围狩中，怎样完成传递相关信息的交际行为。

动物行为研究者很少提供相应的观察事实，说明灵长类动物在与食物有关的情境中，怎样完成交际行为。对此我只能猜测，或许是因为找到食物并不是需要让个体或群体立即做出反应的、生死攸关的事件，对于饥饿的觅食者，找到食物的第一个行为应该是吃而不是发出关于食物的信息。另一个可能的原因是，吃食和发出叫声不是可以同时完成的行为，奔逃和喊叫则可以同时完成。这样的猜测，当然不可能对动物行为以及原始人类行为的研究有什么值得一提的意义，但是由此我想我们或许应该可以推测，"我吃的"事物的名称，并不是像"吃我的"事物的名称那样，直接由某种相关的叫声演化而来。现代人看见食物，一般不会有什么特别的发声反应；受到惊吓时，却会本能地发出叫声，似乎可以作为一个佐证。

Bickerton 关于"信号发展成一个词的路就开通了"的说法，给了我们一个思考更确切的猜测的切入点：在人类语言最早的若干个词直接从避险叫声或食物叫声中发展出来后，出现了语言进化过程中的一个飞跃时期。这就是，用一串声音最初指称然后（在私人心理活动和公众交际行为中）

替代外界事物这种创造活动，被智力和发音的生理机制都已经发展到相应程度的原始人不断重复。这个时期的开始，或许是每一个个体都有能力完成可能也确实完成了的创造行为：用一个任意的语音串［或者"声音—手势组合"（Matthiessen，2000）］，去代替此前指称某个事物的身体动作。与原始人类生存环境相关的那些事物，因此都能够逐渐用这种方式被指称；每一个有这种功能的语音串，都已经能够不受阻碍地被群体接受（通过模仿和迭代学习）。这种指称行为进一步的发展就是，一串声音（语音）与被它作为指称对象"贴上标签"的事物之间的联系，在一个相对不长的时期内，逐渐被语音形式与心理形象的联系取代（概念在词中形成）。自此，语音形式和意义结合而产生词这个语言进化的形式，进入了原始人智能可及的范畴。我指的是，以语音和意义的结合来指称同类事物，或许就成为一个直接的创造过程，不再需要经过"用语音串代替身体动作指称一个事物→用同一个语音串指称两个或更多相同的事物"这个阶段。语言最初的词汇系统就这样积累起来。

当前发展心理学的研究观察到，儿童在2—3岁的时候，由于刺激等效反应（stimulus equivalence responding）的出现，经历了一个所谓的"称名爆发"（naming explosion）期，这是他们语言发展的一个"起飞"阶段。因为许多研究者都倾向于依据儿童语言的发展，来推测原始人类的语言产生和发展的过程，所以我们不妨认为，人类语言产生的最初阶段，由于"创造词的路"已经开通，加上"刺激等效反应"，数量可观的词在一个相对较短的时期内相继被创造出来，人类语言由此也经历了一个词汇迅速产生和积累的阶段。

这样的猜测，加上语言和心理研究中的一些观察事实，或许可以支持语言起源和进化研究的一个假说，即现代人类语言产生于约50000年前。与人类种系最早的能人生存于210万年到150万年前相比，这是一个较近的历史时期；与人类祖先与黑猩猩分手于1300万—400万年前相比，50000年前起源的人类语言，确实可以称为突发事件；在这期间产生了人类语言的词汇系统，用"爆发"来描述也不为过。在这个原始阶段，语言是在一个并不算庞大的原始人类群体中产生和发展的。有研究者甚至推论（Ceuninck et al.，2000），现代人类的近7000种语言，追根溯源，都可以归结到 50000 年前那个原始人类群体产生出来的一种原始语言。随着原始人类群体的分化和迁徙，现代语言逐渐分化、演变而形成。

有一个与这里的讨论相关，虽然是只有逸事意义的观察事实，是对汉语和英语这两种在现代的语言谱系中几乎没有任何关系的语言中若干语音现象的比较。研究者（郑张尚芳，2013）构拟了早于 2000 年以前汉语中古、上古语音和现代英语的比较，似可暗示现代人类语言原始的同源。专门的语音研究或许可以通过对比上古的汉语和英语语音，或者其他语言包括印欧语的古语音，提供更有价值的观察事实：

汉字（现代发音）	—中古音	—上古音	—英语
协（xie）	—ghiap	—hleb	—help（帮助，协助）
夜（ye）	—yak	—nlak	—night（夜晚）
夹（jia）	—kia	—krep	—clip（夹子）
马（ma）	—ma	—mrah	—mare（母马）
明（ming）	—miang	—mrang	—bright（明亮）
壮（zhuang）	—tswang	—srang	—strong（强壮）
丫（ya）	—ghia	—qraa	—crotch（分叉处，丫叉）
暗（an）	—am	—qrum	—gloom（阴暗，阴沉）
叶（ye）	—yap	—lep	—leaf（叶子）
交（jiao）	—kiau	—kreew	—cross（交叉，十字架）

要成为科学研究的观察事实，这种逸事式观察的可信度显然不足。不过，它至少可以让我们感受到，有一些线索隐隐约约指向语言的原始状况。

我假设的人类语言最原始的词的产生过程，就其起始于用一串声音代替此前须要用身体动作完成的指称行为，看上去的确是"给事物"（不是给概念）贴标签的行为。需要强调的是，这样的语音串在最初被使用的时候并不是词，只是另一种仅用于现场直指的、可能较为便利的身体动作，即口腔等发音器官、可能加上面部的动作。只是在它被开始用来（并非一定在现场）指称两个以上的同类事物并由此成为一个类别的名称时，我们才能说原始的词已经形成。这个过程是在多长的时期内、以什么方式完成的，可以成为语言起源和进化研究领域里一个专门的议题，不是我在这里的讨论中能够独立论述的。不过有一点似乎可以肯定，认同语言是作为"思想"的分析工具而产生，我们应该说，人类最初的思想（按照我在讨论语言相对论的解释范围时对"思想"的界定）是随着词的产生而出现的，或者说词的产生导致了概念的形成；语言对思维的形成力作用，最早就可以追溯到语言的这个原始阶段。按照我叙述的词的产生过程，即词的产生始于替代身体动作的指称行为，然后发展为类别的名称，那么，词只是表达了已经存在于原始人头脑中的概念这个结论，似可以排除。这是因为，按照对"概念"最简单的解释，它是与范畴或类别联系在一起的，而这样的范畴或类别可以作为思维的对象而形成，原初地只是因为若干个体事物，通过"比较、看出和认为"，用了一个语音串来指称。

以语言起源和进化非连续论的立场，将词的产生和在词中形成概念，看作人类语言和思维相关性的最原始形式，我指的是，在大脑神经系统的预适应（大脑的容量增大、FOXP2 基因突变、神经板块的重构、言语行为相关的神经中枢比如布洛卡区的形成，等等）已经完成的阶段，语言的产生导致了人类言语思维机制，如果我们将这种机制合理地看成大脑的一种功能状况的形成。以"贴标签"的形式开始的词的产生过程一旦完成、并产生出最早的"描述世界"的词，词就不再是事物的标签，它已经开始引导和制约思想的形成、塑造人的世界观。也正是在这个意义上，我们应该认为语言不是作为交际手段而是为分析思想而产生的[①]。

我从几个方面来详细说明这个思想。我们当然还不能在假设了若干原始词产生时，就谈论这个发展阶段的语言塑造了人的世界观、具有了对思维的形成力作用，不过仅就人类语言的原始词的产生，我们已经可以从语言学的哲学角度，推论人类言语思维机制的萌芽状况，以及在这个阶段语言相对论论述的语言和思维的这种"与生俱来"的相关性表现在什么地方。

[①] 词的功能在于"描述世界"这个观点，可以参考一些研究者对动物群体内交流的看法，即"它们的交流大多是为了调节人际关系，不涉及对外部实体的共同关注"（Bowie, 2008：24；同时参看 Tomasello et al., 2003）。按照这种说法，关注外部事物，应该理解为语言对注意力的引导，是语言让人的智能行为指向外部世界，也就是描述世界。

1）我们当然不能认为，从替代现场直指的身体动作的语音串，到原始词的转变，是一蹴而就的。当人类语言还只是若干这样的原始词的时候，从语言相对论的角度说语言为人构建了"世界图景"，似乎有些牵强：有或没有语言，人能够认识到的真实世界可能有区别吗？问题其实不在于真实世界本身，语言相对论也从未表述过语言可能与真实世界的物理属性有某种关联。然而有或没有语言，人对真实世界哪怕是对那些就其物理属性能够被人直接感知的事物的认识，确实不相同。

语言产生之前，原始人类的智能和对生存环境的认知（我在这里用"认知"而不用"认识"，是因为动物行为和动物智力相关的研究几乎都确认动物的认知能力，因此我用"认识"来表示人对真实世界的理性认识。被公认的动物认知能力，是否可以作为语言相对论的反证，我在前边的讨论中已经有过论述。在后边的讨论中，我还会回到这个问题），虽然与其他动物甚至与同他们有共同祖先的灵长类动物相比，处于更高级的进化阶段，但是他们同外部世界的关系，大致上仍旧未超越刺激—反应，尽管这种反应的形式可能更复杂①。出现了捕食者，原始人可能在自己避险的同时，用某种叫声警告同伙；在觅食时遇到自己不能单独对付的大型猎物，会用某种方式召集同伙共同围捕，等等。这些都是猴类和大型猿类基于刺激—反应也能完成的行为。动物、包括灵长类动物甚至前语言的原始人类，对来自外界的刺激可能反应（与自身生存直接相关的刺激）也可能不反应（与自身的生存没有关系的感知觉信息），但是动物行为的研究者并没有报告，哪怕与人类最接近的黑猩猩，对外界刺激可能做出延宕的反应。由此我们似乎应该认为，在没有语言，且智能仍旧处于与当代黑猩猩大致相同水平的原始人类，也不太可能有对外界刺激的延宕反应。比如，没有任何相关研究告诉我们，原始人共同围捕大型动物的集体行为，不是对已经出现在视界中的捕猎对象的实时反应，而是一种事先商量过并计划好的行动；或者，一个破坏了群体秩序的个体不会立即遭受其他个体的攻

---

① 以语言产生作为原始人类认知能力发展的一个阶段性标志，当然只是在我的讨论中适用，研究人类进化的各种学科对人类和人类认知能力进化的阶段划分，很可能与我的划分发生龃龉。不过这并不影响我的推测和结论，因为我的研究只涉及人对世界的认识在"语言前"和"语言后"的不同。

击，而是在隔了一段时间后才被惩罚。

语言的出现，哪怕最初只是一组给事物贴标签的词，就已经实质性地改变了人和外部世界的"刺激—反应"关系。这个改变就是，人不再仅仅物理性地接触外部世界，而是开始有了对它的理性认识。就词的形成而言，这种原始的理性认识或许可以这样表述：当来自外部世界的刺激导致的直接反应（叫声）与刺激物之间的那种联系，在必然导致立即反应的刺激没有发生时，比如在没有任何危险时注视远处的捕食者被意识到，两者之间的联系，就在原始人的意识中初步建立起来。作为对刺激直接反应的叫声（一个语音串），就此逐渐失去了它为某种目的而被突出的功能，比如作为报警信号的功能。这个叫声作为"形式＋内容＋功能"的整体，去掉"功能"后的剩余部分（语音串和通过它建立的人的认知与事物的间接联系），就成为人能够获得的与外部世界刺激物相关的信息。换言之，在这个原始的词中，形成了关于事物的信息；这个信息被纳入长期记忆，成为可以被储存并反复提取的、关于外部世界的知识。我们于是可以认为，词的产生，使本能的反应（刺激—反应模式）演变为延宕的反应（言语—思维活动）。指称事物，因此可能只是在头脑中将事物和名称联系起来，而没有对事物的任何直接行为。

2）原始词由此前作为"刺激—反应"结果的叫声演化产生后，成为关于刺激物本身的信息（知识）的载体。在原始语言的这个进化阶段，作为载体的语音串已经能够被所有个体发出，而且语音串和它指称的事物之间的联系，已经在所有个体的长期记忆中被储存，所以，群体中的所有成员，现在都能够在有某种意愿时，通过一个语音串，从记忆中提取与之相应的信息。结果就是，每一个个体都能自由地说出一个词；而且，每一个个体说出的词，都能被其他个体正确地理解。这就是说，词在说者和听者的头脑中引导出相同的心理形象。

关于心理形象，我们还可以假设，原始词的出现，引导人将对外部世界的"刺激—反应"转化为对它的理性认识。这就是说，在此前作为刺激物的事物并未出现的时候，说出指称这个事物的词，就可以引导出关于这个事物的心理形象；这个心理形象已经不再是某一个具体事物的镜像，而是同类事物的大致形象，在人的头脑中留下的一种印迹。我们甚至可以认为，若干这样的心理形象的集合，就是语言在这个进化阶段为原始人构建的语言世界图景。

神经科学、心理科学、认知科学和动物行为的研究似乎都在告诉我们，形象并不是人类独有的认识世界的方式，动物也能够产生与外部世界事物相关的形象，我们有什么理由认为关于事物的心理形象是由词引导出来并由此推论语言为人构建了世界图景？

动物"头脑"中的形象是什么，在已知的研究领域，甚至很难作为零假说接受检验。这是因为，我们已知的关于人的形象思维的研究结论，也不过是基于受试者对自己心理状况的描述，并没有直观实验数据，能够真实地展示形象思维的过程和结果。并且，即使限于受试者的自我描述，这样的描述也不可能在以动物为对象的实验中取得。由此我们只能推测，动物（包括语言产生之前的原始人）头脑中的形象，并不是词语在人类头脑中引导出的那个总体轮廓形象（心理印象），而是每一个直接作用于它的视觉（或许动物还有现代人类不具备的某些特殊感觉能力）的具体事物。这一点虽然也没有得到实验证明，但是有一些观察事实，倒是可以成为逸事性的论据。有资料记载，一些有超强记忆能力的动物，比如大象、海豚、鹰等，能够将对某一个伤害或者救助过它们的人的记忆长久保存，以致在若干年后还能对这个人采取某种行动，比如攻击或友善行为。这里的区别在于，这样的形象是一个具体对象的形象（我的研究不涉及这些动物可能还有形象之外的一些人类不具备的帮助记忆的特殊能力）；对这种形象的记忆，只能被那个对象而不是任何一个同类事物唤起。这与语言（词语）引导的心理形象本质上是不同的，因为后者并不需要对象对于感知觉的实际存在，心理形象也不是某个具体事物的形象。

词语引导出相关于其指称对象的心理形象，其实是语言从最初的词产生之时直到现在，对语言使用者的思维最直接也是最稳固的作用。现代语言的使用者，在听到指称事物的名词时，头脑中都可能出现一个形象，这不是任何一个具体事物的形象，而是真实世界中并不存在的一类事物的形象。这或许也是为什么当前范畴研究中的原型理论，将"总体轮廓的心理形象"作为确认基本范畴的标准之一。我们是否可以认为，在从最原始的词"给事物贴标签"以配合乃至代替作为指称行为的身体动作，到最终成为同类事物的名称这个过程中，词和事物形象的联系，成为词对人的思维最基本的作用方式，它通过语言的迭代学习机制，一直遗传到现代人？正是基于此，我们才可以推论，就语言产生的初期而言，语言相对论所谓的语言世界观、语言为人构建的世界图景，或许就可以被粗略地理解为由语言（词和话语）可能引导出的心理形象的集合。

3）我在（蒋国辉，2016）中论述过，在科学和人类认识水平的现阶段，语言相对论的解释范围是有限度的，我们不能超出这个解释范围，从语言制约人的行为方式这个角度来谈论相对论效应。超出这个解释范围讨论语言相对论，可能很难获得支持的观察事实。不过，在语言起源和进化的语境中论述语言相对论思想，似乎可以让我们看到，语言的产生，确实决定性地改变了人的行为方式。在这个语境中我们谈论的是，人的行为方式在无语言和有语言两种状况下的区别。这个话题，本质上不同于在进化至今的现代人类和现代语言的语境中，谈论使用或不使用某种（某些）语言手段，对人的行为方式可能的影响。

我指的是，一方面，当与外部世界的"刺激—反应"联系，通过语言变成了对世界的理性认识后，人类群体中的交际就不再仅仅是生存相关的行为，个体之间可以在没有觅食、避险、繁衍等生存相关的需求时，想象和谈论外部世界，交流关于外部世界的信息；交际活动也由以操控为目的的行为，发展出了传输感知觉经验、交流情绪的作用。在人类进化到这个阶段时，因为语言的出现，个体之间的交际就不仅只能作用于对方的身体（操控），还可以作用于对方的理性：通过语言来理解或改变对方的心理状况，也就是在一定程度上拥有了心智理论，能够意识到自己的心理状况并通过言语行为推测他人的心理状况。对于没有语言的黑猩猩和其他大型猿类动物，这是不可能的行为。

语言起源和进化的研究，还提供了一个语言影响行为方式的观察事实，这就是语言起源和进化相关的所谓"欺骗假说"。我并不是欺骗假说的支持者，但是我们确实可以看到，语言的产生为人类提供了说谎和欺骗的可能。我当然不会认为语言的产生导致了原始人类道德的堕落，不过道德相关的这类可能性，也是源于语言改变了人类与外部世界的关系，以及人的行为方式。原始人能够完成的与生存活动并非直接相关的言语行为，与语言产生之前的那些用于群体内交际行为的叫声的区别在于，后者传递的信息正确与否，与生存息息相关。比如在看见豹子时，错误地发出了鹰的报警信号，可能导致同伙因错误的避险动作而丧命；找到食物时，还没有语言的原始人和大型猿类动物一样，不可能克制本能而发出伤心的叫声。语言却可以仅用来传递信息而并非以导致某种后续行为为特定的目标；语言信息的真实性，于是就可能不再具有第一位的重要性。或许是因为在许多场合，不真实甚至错误的信息都不会导致危险，原始人就可能由最初在传递信息时的疏忽、发展出了有意识地在需要的场合传递不真实的信息，由此改变了原始人类社会成员间互动行为的方式，产生了说谎和欺骗的行为。

另一方面，如我在前面已经提到过，由于刺激等效反应的作用，已经通过语言起源和进化的预适应阶段，并拥有了 FLB 和 FLN 的原始人类，推测也经历了一个"称名爆发"阶段。与现代人类婴幼儿不同，后者的这个称名行为立即就会受到语言的规范，并不会产生出真正的词汇，也不会在任何群体中被接受和传播。原始人的称名活动，在他们的发音能力允许的范围内，几乎不受任何限制。这种积极的称名活动导致的结果之一，就是原始人认识外部世界的行为的改变，以及认识范围的扩大。我指的是，语言产生之前，原始人与外部世界的关系，基本上限于生存行为相关的范围。他们或许不会注意到外部世界中那些并不会对他们的生存有什么影响的事物，他们的行为也都围绕着觅食（包括原始的工具制作）、避险、繁衍（包括原始饰物的制作）。这一行为特点，在现代大型猿类的行为中也可以观察到，比如用一个盒子装上坚果放在黑猩猩面前，它在攫取坚果的同时，并不会注意到盛放坚果的容器是什么（形状、大小、材料等）。

语言产生后，刺激等效反应让原始人开始意识到，他们能够用一串语音来指称的，并不只是"吃我的"和"我吃的"事物；他们逐渐意识到，一串语音这种"标签"，还可以被贴到其他任何事物上。我们可以认为，这样的称名行为对原始人认识范围的扩展作用，是它刺激了原始人认识外部世界的欲望。我指的是，由于已经拥有了给任何可能被感知到的事物称名的能力，原始人开始把注意力投向外部世界那些与他们的生存活动没有直接关系的事物。这种行为最初或许只是像现代人类好奇的儿童那样，将寻找这样的事物并为其称名，当作在生存相关行为的闲暇中的一种游戏[Dunbar（1996）将语言的起源归结为闲聊（gossip），想来大致也是近似这种思路]。这样的行为扩大了原始人与外部世界的接触和对外部世界的认识。这当然不是指他们通过名称的"游戏"，掌握了关于事物本身的一些本质性的知识，而是他们与外部世界的接触范围扩大，并且已经可以用名称将关于各种事物的信息储存在长期记忆中，由此至少知道外部世界中有这种或那种事物存在。他们还可以通过名称的传播，将关于外部世界那些部分的信息传递给群体中的其他个体。对外部世界的这种认识行为，没有语言是不会发生的。

一些研究者还从语言与情绪表达的角度，论述了语言对原始人行为的影响（Worden，2000b）：语言的产生促进了原始人情绪表达机制的重构。为了适应言语行为，人需要更迅速地表达更复杂的情绪，这样的重构和适应，促进了社会智能的发展。对此我还想进一步说明的是，语言对于人的情绪，应该说有规定性的作用。这不仅是因为需要用语言来更迅速地表达更复杂的情绪，实际上，复杂的情绪只能在语言中形成。尽管这个论断还需要生物生理和神经科学的实验来检验，但是这并不妨碍我们从语言相对论的角度，对情绪如何在语言中"形成"，做出一些推测。

言语行为及其内容可能导致某种情绪反应，这是无须证明的事实，不过这不是我要讨论的语言对情绪的规定性作用。动物行为研究或许可以让我们相信，灵长类动物至少黑猩猩也有喜怒哀乐之类的情绪[自 Darwin（比如 Darwin，1981）始，研究者对动物就有这样的信念]；但是这类研究并没有报告，黑猩猩能够表现出通过其行为和表情可见的、比喜怒哀乐更复杂的情绪。我们当然没有足够的理由，否认黑猩猩可能有若干复杂的情绪；但是这些情绪状况，对于我们这些普通人，不是任何可以看到的表情或动作；甚至专业的动物行为研究者，我推测也不能观察到黑猩猩的这类情绪状况。

人类当然有远比粗略的喜怒哀乐更复杂、细腻的情绪，但是有一点与黑猩猩相同：这些复杂、细腻的情绪，并不能在感知觉层次上被旁人观察到。观察者只能理性地知道，他观察到的他人的行为和表情，可能是什么情绪的表现；而这种理性的知识，是基于观察者对自己的情绪状况的认识。每一个思维健全的人都有一个常识：当且仅当一种情绪能被语言描述的时候，人才能清楚地知道他自己处于什么情绪状况中。换句话说，尽管我们现在还不能断言，没有语言，各种复杂的情绪作为人的心理状况不可能形成（虽然我认为正是如此），但是没有语言，除了那些可以通过面部表情或某些动作表达出来的喜怒哀乐，人的各种细腻复杂的情绪状况，并不能在语言之外被清晰地认识到从而可能成为关于人的心理状况的知识。

事实上，我们自己经常经验到或者听到别人说"有一种说不出来"或"说不清楚"的心情，其实就是因为我们已经拥有的语言手段，尚不能使这样的心情被真正认识到。普通人通过内省也可以清楚的一个事实是：如果能够创造出描述这类"说不清楚"的情绪状况的词语，这样的心情就成为可以言说、可以传递、可以理解的信息。换句话说，如果我们将关于人的情绪的知识，作为人对世界的认识的一部分，那么这种知识只能在语言中形成。

（二）"有形属性"的名称

如果以给"客观世界中的事物"贴上标签为依据，来推测人类语言进化原始阶段能够产生的词，那么我们还需要讨论的，就是指称事物那些可以被人的感知觉直接接触到的属性的词。

需要说明的是，我把从报警的叫声演化而来的词，推测为人类语言中最早产生的词，大致是依据"在若干刺激中，最强的刺激导致最迅速的反应"这个原理。对于原始人，最迅速的反应，推想应该是针对威胁生存的危险，如捕食者、自然灾害、群体内部的混乱争斗或者可能导致身体伤害的其他事物。作为这些危险的报警，需要具有对接收者神经最强的物理刺激，以导致准确而迅速的反应。这类报警叫声使用的频率可能是最高的，具有较强的可分辨性，与涉及对象的联系应该也是最稳固的，这可能就是它们能够被用来为事物贴标签的最重要的原因。基于此，我们或许可以推测，实际上我也是这样在推测，人类语言中最早出现的词是什么。较详细地讨论这些词的产生，是因为它们不仅开通了由原始信号发展为词的道路，而且是在语言中产生的思维活动的萌芽。对这类词语的讨论，应该是在语言起源和进化语境中讨论语言相对论的一个可取的切入点。

基于儿童语言发展过程中的刺激等效反应，我做出了推测：作为感知觉直接对象的事物的名称，一些名词可能最早产生，然后迅速且大量出现。但这不过是一种可能的假设。而且，推测到此，我们似乎就再没有类似以上的条件，来较为可信地推测，这样的词产生出来后，原始人随后会创造出哪些词。为此，作为方法论的折中，我在讨论中将人类语言的词区分为"描述世界"的词和"构建世界图景"的词，并依次讨论各类词的产生，以及它们对于语言和思维相关性的意义。不过，这只是从语言相对论的角度探讨问题的方法，并不是我认为人类语言的词汇，可以从语言学的角度做这样的划分；它们在讨论中的先后顺序，当然也不是它们产生的顺序。

在"描述世界"的意义上，与我在上一节讨论的名词同类的，就是Condillac所说的"指示物体的各种有形属性"的形容词。不过，用"描述世界"为标准，将前面讨论过的指称外部世界中可以直接作用于感知觉的具体事物的名词（注意这是从语言起源的角度）和所谓"指示物体的各种有形属性"的形容词，就其起源归于同类，同我在这个语境中讨论的语言相对论思想并不完全契合。此外，Condillac对"指示物体的各种有形属性"的形容词的定义，对于我的讨论还显得过于笼统。要谈论事物能够被直接感知的属性（有形属性），并由此推测相关的词（我并不是专指形容词，在下边的讨论中可以看到这是为什么）的产生，我们还需要注意这样两个事实。

一个事实是，人类感觉器官，依照其本身的功能特点，大致可以分成两类。人的听觉和嗅觉可以被认为是被动的，因为耳和鼻永远处于开放的功能状况中，外界的任何可能作用于这两个器官的物理性刺激，都会不受人自主控制地被这两个感觉器官接收。与此相对，接收视觉信息的眼和接收味觉信息的舌是否接收来自外部世界的物理信息，是人能够主动控制的行为。

就这些感觉器官接收的物理信息本身来看，人的听觉、嗅觉和味觉接收的信息是单一的，都是事物的一个属性：听觉—声音、嗅觉—气味、味觉—味道。相比之下，接收90%来自外部世界信息的视觉，可以感知作为这些属性载体的事物本身以及除上述三种属性之外事物所有的"有形属性"，比如颜色、形状、大小，等等。

将以上两点综合起来，我们还看到，这两类感觉器官接收信息的方式也有区别。耳和鼻可以在属性的载体不在可见范围时，直接感知到物体发出的声音或嗅到物体的气味；而要分辨事物的颜色、形状，或者尝到事物的味道，必须首先有对物体本身的感知觉经验。

在下文的讨论中可以看到，这样区分并不只是为了说明，被 Condillac 从整体上归入"指示有形属性"的词，大致由两个不同的途径产生，更重要的是，这些由不同途径产生的词，其产生的方式，从不同角度体现了语言相对论原则：语言构建世界图景，并制约人的思维方式。

不过我的讨论要从另一个事实开始。细心的读者或许已经注意到，我在上文的论述中没有提及人的触觉，因为在我看来，就感觉器官的上述几个特点，触觉器官皮肤处于上述两类感觉器官之间的特殊地位。我的表述当然不应该从生理学和人体解剖学的角度去理解。就自主控制与否，人可以在已经有了对事物本身的视觉信息时，主动触碰事物去感知它的一些物理属性，比如现在人们通常说的"手感"，就是这类由主动控制触觉器官而感知到的属性。与此同时，人的皮肤与耳、鼻一样，也一直处于开放的功能状况，来自外界的物理刺激比如冷热，可以被皮肤在不受人主动控制的状况下，在没有对事物的视觉信息时接收到。就能够感知的事物的属性而言，触觉比听觉、嗅觉和味觉的功能更多。重要的是，通过触觉接收到的来自外界的物理信息对接收到信息的个体可能产生的刺激，并不弱于捕食者的出现这类视觉信息或报警信号这类听觉信息产生的刺激，比如被火灼烧、被尖锐物刺伤、被重物砸伤的疼痛之类（这类感知觉经验是否能够在人的生理、解剖和神经科学研究中被归结为"触觉"，对我在这里的讨论没有决定性的意义，所以我不用深究这个问题）。原始人对"有形属性"的最早认识，在我看来，或许正是从这类属性开始的。

我们可以猜想，在比如被火灼烧、被尖锐物刺伤、被重物砸伤时，和现代人一样，原始人也会发出某种并非自主控制的叫声。不能自主控制，或许证明这样的叫声应该是比报警叫声更原始的"刺激—反应"本能行为。报警叫声究其本源，可能也是受到惊吓时发出的本能叫声，但是动物行为研究告诉我们，灵长类动物已经能够发出针对不同捕食者的不同报警叫声，这似乎可以说明，这样的叫声在获得了报警功能后，已经不完全是本能。此外，报警叫声必须能够引起群体相应的行为，因此必须区别于与群体其他成员无关的某个个体对自身伤痛的反应，这似乎也间接证明，报警叫声并非完全出于本能。语言前的原始人类与灵长类动物类似的报警叫声，在拥有语言的现代人类中已经消失，但是对疼痛之类刺激发出本能反应的叫声，仍旧存在于现代人类。

这里一个可能的猜测是：报警叫声演化出导致这个叫声的事物的名称，与此相似，由尖锐刺激导致的本能叫声与对刺激的感觉之间的联系被逐渐固定下来后，由这样的叫声就演化出了相应的词。我在这里强调"相应"，是因为这里可能有一个困境：由这样的叫声产生出来的词，是指向这种感觉还是指向引起这种感觉的事物的某种属性？观察现代人对类似尖锐刺激，比如利器刺伤、火焰烧灼、重物砸伤等的本能反应，我们可以看到的事实是，尽管所有能够立刻激起不受意识控制的身体自我保护动作的刺激物可能不同，但是它们能够导致的感觉大致都是"痛"；由于尖锐刺激发出的叫声的，也大致相同，而不是因人而异。用这个观察事实来推导原始人的状况，我们似乎可以认为，由这种叫声能够产生出的词，是指向了感知觉，而且只产生了一个词。在我们这个场合就是"痛"。

事实上，人的感觉器官能够接收来自外部世界的物理信息，都是事物以其各种属性对相应感觉器官刺激的结果，只是在日常生活环境中，可能除了引起痛感的刺激，来自外部世界的大部分物理信息，尽管都可能让人对这样的刺激产生相应的感受，但都并非以如此尖锐的形式刺激人的感觉器官。比如就触觉而言，气温变化导致皮肤感觉到冷或热，触碰物体感觉到硬或软，抚摸物体表面感觉到平滑或粗糙，等等。这样的刺激，一般不会强烈到让人产生不受意识控制的身体自我保护动作并伴随某种下意识的发声动作（虽然并不总是发出叫声）。尽管如此，描写这些事物属性的词最终还是产生了。它们产生的过程，是否也是我上文描述的那个从报警叫声到最早的事物名称的过程，对于我的讨论并没有实质性的意义，我要讨论的是，在语言学的研究领域内，我们可以怎样描述（推测）这些词的产生。

我的出发点是，就感觉器官的功能，就它们接收来自外部世界物理信息的方式的区别，Condillac 定义的指称事物"有形属性"的词，并非同质的词汇单位，也不是以相同的途径产生的。我指的是，一方面，人可以在没有直接看到或接触到任何物体时，听见某个声音、闻到某种气味；人在感觉到冷或热的时候,并没有看到刺激他的皮肤、让他产生这个感觉的空气,也不必理性地认识到,这是他的皮肤对无处不在的空气的温度这个属性的感知。另一方面,要观察和认识事物的颜色、形状,或者要知道食物的味道,人必须能看到事物,或者能舔触食物。这是现代人对事物属性直接的观察和认识方式。考古学、古人类学和动物行为研究没有,当然也不可能以某种方式让我们直接观察到,或者为我们证明,原始人是否也通过这两种不同的方式,接收和认识外界事物的属性。

对人和动物的生物学、生理学和神经科学研究,并没有提供任何论据和结论,让我们能够逻辑地推论,原始人的感觉器官,是以与现代人完全不同的方式,接收来自外部世界的与事物属性相关的物理信息。在这个前提下,如果我说原始人没有与现代人相同的感知觉能力,显然会受到来自相关研究的严厉批评;但是如果我说,语言前时期的原始人,并没有与现代人完全相当的对事物这类属性的认识,我就有充足并较为可信的理由,来反驳可能的批评。

为此,我以"非控制(被动)的感知与受控制(主动)的感知"作为最基本的归类标准,从几个方面观察指称所谓"有形属性"的词的产生,以及与此相关的一些现象。

1. 就我讨论的问题,并不需要以相关科学的直观实验数据为依据,我们就可以认为,人之所以能够在与事物本身没有感官直接接触的时候感知到事物的一些属性,是因为感知这类属性的感觉器官即耳、鼻、皮肤在接收外界物理刺激时,不受人的意志控制,并且对于外来的刺激一直自然地处于开放状态。由于感觉器官这种不受控制的开放状况,所有同一时间在同一地点的人,在来自外界的物理刺激出现时,都能以相同的形式接收到它,或者说对事物这类属性的感觉是所有人共有的。我指的是,在生理上感知(不是理性的认识)这类属性,对语言没有必然的依赖性。以动物行为研究的观察事实为例:看见捕食者或其他危险或者听到报警的叫声,群体的所有成员都会有相同的避险行为。从这个事实引申出的推论是:能够被共同感知到的事物属性的出现,会导致群体成员相同的刺激反应行为,比如,在接收到这种信息时,所有的个体必然会有相同的肌动反应,虽然这种肌动反应可能只是一些几乎不能觉察的面部表情(比如在声音刺耳时面部表情的变化),或者并非主动发出的身体动作(感到寒冷时蜷缩身体等)。感知物理世界的这一类属性,语言前的原始人类和现代人类并没有本质的区别,尽管两者的嗅觉、听觉和触觉可能已经有了明显的差异(比如灵敏度)。

与此相对,接收视觉、味觉和部分触觉信息的眼、舌和皮肤,须在人的主动控制下才能接收来自外界的物理信息。虽然人一睁开眼睛,他的视觉就不可能不接触到周围的环境和事物,但是人必须注意到并主动将视线投向某个事物,它才能作为视觉信息被人接收,人也才能说他看见了什么。因此,主动感知到的事物的这一类"有形属性",不是对所有的人都相同,而是每个个体对世界的私人经验。这是因为,在以能够主动控制的方式感知世界时,每个人都是不同的观察者。不仅语言前的原始人类,即使语言出现后的原始人类和现代人类的每个个体,任何私人的心理状况,在没有用可以被旁人准确无误地理解的方式表达出来以前,都不能成为对其他人有效的信息。这不仅仅在于人是否注意并将视线投向某个事物、是否用手触摸某个事物等,只是个体的行为,还在于即使同时完成了相同的主动感知事物的行为,每个个体能够感受到和认知到什么,仍停留于私人的心理状况。

就这个区别来看,我们可以逻辑地认为,语言前的原始人类对事物属性的感知和认识,与语言后的原始人类以及现代人类是不同的;而这个不同,并不在于感觉器官的进化(或退化),而是语言的作用。

基于对这种私人心理状况的讨论,我想进一步说明的是,对那些能够被所有人被动地感知的属性,也不能产生出同语言没有任何关系的信息。报警叫声可以导致群体所有成员相同的避险行为,但是相关研究并未证明,动物是否有心智理论、使得群体内的所有个体都知道,它们中的每一个,从报警叫声中获得关于外部世界的信息,是大致甚至完全相同的。冷热、刺耳、刺鼻这类并非导致本能的避险反应的"公共"物理事件出现时,在场的所有个体可能有相同或不同的肌动反应,但是这样的肌动反应,并不能证明他们对"公共"的物理事件有相同的认识。如果这样的感知结果不以能够被一个群体中所有个体都理解的方式进入交际,则没有个体能够知道,这样被感知的属性是否是"公共的"。这样,我们仍旧回到了语言相对论倡导的思想：对事物被被动感知的属性，而不是私人的心理状况的认识，是在语言中形成的。

2. 观察现代人类语言，我们可以发现，当 Condillac 所说的"事物有形属性"是指人能够自主控制地感受并认识的事物属性时，指称这些属性的词在所有语言中，几乎都是形容词，比如（这里姑且搁置汉语的词类问题）：

1) a. 绿（green, grün, зеленый, vert）
   b. 花哨（flowery, blumig, цветистый, fleuri）
   c. 甜（sweet, süß, сладкий, doux）
   d. 苦（bitter, bitterlich, горький, amer）
   e. 粗糙（coarse, grob, грубый, grossier）
   f. 软（soft, weich, мягкий, mou）

观察人通过听觉、嗅觉和部分触觉被动接收到的物理信息以及语言对这类信息的描述，我们可以发现一个很有意思的现象：尽管事物作用于这些感觉器官的属性，可以在事物本身没有被直接经验到的时候被人感知，但是语言却几乎没有直接描述这些属性的形容词。比如在汉语中，普通人似乎可以认为，形容词"香/臭"就是对我们能够闻到的气味的直接描述，但是观察下文这样一些表述，我们可以看到，这两个形容词并不是直接描述事物的"有形属性"，而是对嗅觉信息的评价。比如：将"花香、茶香、檀香、酒香"这些物理属性完全不同的嗅觉信息都评价为"香"；将"腐臭、焦臭、烟臭、腥臭"这些物理属性完全不同的嗅觉信息都评价为"臭"。比较印欧语言中有代表性的英语、俄语和法语，我们也能看语言的共性：

2) a. 英语：fragrant—having a *pleasant* or sweet smell
      Stink—a strong *unpleasant*s mell；astench
   b. 俄语：ароматный—обладающий ароматом，*хорошо* пахнущий
      вонючий—плохо пахнуть；испускать вонь
   c. 法语：parfumé—imprégné d'une odeur *agréable*
      puanteur—odeur très *désagréable*

关于听觉，在上述语言中，我们甚至找不到像"香/臭"这种可能被普通人视为直接描述事物属性的形容词。汉语的"响亮、嘈杂、悦耳、震耳欲聋、刺耳"之类表述，实际上都不是描述声音的属性，而是对声音的评价。就此我们大致可以推论：一方面，人可以通过听觉和嗅觉，感知到并没有被他实际接触的事物的一些属性，但是语言并不直接描述这些属性，而是描述人对这些属性的感受和评价。另一方面，或许正是因为人在凭嗅觉或听觉获得来自外部世界的感官信息时，没有对事物本身的直接经验，所以这类感官信息并不能直接和某个事物联系起来，它们更像是某种自足的存在。因此，这些属性其实是被当作独立的事物而不是附属的属性被描述和认识。

这是否是人类所有语言的共性，当然不是仅仅比较几种语言的几个实例就可以断言。不过就语言谱系中相隔甚远的语言表现出的这个共性，我们大致可以认为，这个特点可能和语言的起源有关。在科学发展的现阶段，我并没有相关科学研究提供的实验数据和观察事实为依据，说明为什么人凭听觉和嗅觉感知到的事物的属性，会导致语言用这样的方式来描述它们。下文对这个推论的分析，自然只是基于逻辑的思考。

我们可以推测，指称"事物有形属性"的词，是在不同的创造活动中产生的。采用语言研究中关于形容词抽象程度的说法，我认为按照不同的抽象程度，这一类形容词大致可以分为三个层次。

第一层次：指称事物不受人的主观控制而被感知（听觉和嗅觉）的属性的词，实际上是名词。在普通人的言语思维活动中，我们看到这类属性是作为事物而不是作为事物的属性被认识和描述的，比较：

3）听见了一个声音，闻到了一种气味（比较：看见了一个东西）。

4）听见了婴儿的哭声，闻到了烧肉的香味（比较：看见了海水的颜色）。

从相关科学的研究中我们获得的知识是，就人类通过感知觉与外部世界的接触方式而言，从人类与黑猩猩的 LCA 以降，人类的感觉器官和感知觉神经系统，除了灵敏度可能的增加或减少，并没有发生本质性的变化，从而影响了它们接收来自外部世界物理信息的功能。而且，就我们现代人对世界的认识，（a）事物的颜色和形状、（可能有的）味道和能够作用于触觉的属性，（b）事物能够产生的声音和发出的气味，都是事物的属性。除了由不同的感觉器官接收、被不同的神经组织加工，单就人接收来自物理世界的感官信息而言，是同一类型的生理现象。为什么在人对真实世界的认识中，前者会被看作附着于事物的属性，后者会被看作独立存在的事物，在从生物生理科学、神经科学和认知科学的研究中找到可信的直观实验数据之前，我认为可以从两个角度来逻辑地思考这个问题。

一方面，我们当然不能想象原始人有相当于现代人的逻辑思考和推理能力，可以将属性和承载它的事物区别开，作为单独思考和认识的对象。他们能够认识到的，是感觉器官能够直接接收到的来自外部世界的各种物理信息。在这样的物理信息中，耳朵听到的声音和眼睛看到的事物，应该是同一层次的物理信息。虽然原始人对颜色、形状、手感、味道之类事物属性并没有本质上的认识，但是他们必然的经验是，没有看到东西，就看不到它的颜色和形状，没有把东西放到嘴里，就不会知道它的味道，所以他们能够经验到的，也是语言产生后能够描述的，是"（这个）东西的颜色（味道）"之类。

另一方面，原始人的生存环境是有限，他们的视野可能也会被局限在一定的范围。在这种状况下，物理世界中的许多"事物"，他们只能通过听觉接触到；对这些事物的认识，可能就只是与它们相关或者由它们产生的声音；而且，听见声音，并不一定就能看见作为声源的事物。我们现在很难猜测原始人可能听到的声音有什么，以及通过声音可能经验到外部世界的哪些事物和事件，不过就现代人而言，物理世界中的一些事物在我们这些普通人的认识中，也就只是声音，比如雷声、耳鸣、天籁、收音机里的杂音，等等。由此我们可以推测，对于原始人，声音等于事物，在他们对外部世界的经验中，可能是一种常态。

基于这两个因素，我从语言相对论的角度，大致可以做出一个符合逻辑的推论：在语言产生的那个原始时期，原始人不可能（其实现代人也不可能）在没有直接接触到事物本身之前，经验到事物的视觉（味觉、触觉）相关属性，因此，这样的属性被认识之时——我指的不是个体在刺激—反应层次上的生理经验，而是这样的经验成为可以被表述、被传递的信息，就被看成附属于事物的属性。原始人对这类属性的认识，从词语产生之时起，就被将这种认识固定下来的语言形式（我在这里搁置了指称事物属性的形容词产生那个漫长的过程），限定在这个认知框架内。相反，可以在未直接接触事物之时被感知到的属性即声音和气味，在语言（词）被创造的时候，就被当作独立的事物来指称。这两类经验在原始词里固定下来，也就是人对事物及其属性的认识和思考以这种方式被语言固定下来，成为在语言中形成的对世界的认识即语言世界图景。

对事物"有形属性"的这两种不同称名方式，从语言产生之时起，再没有实质性地改变。观察不同的人类现代语言，我们可以看到一些似能追溯到上边描述的这类词汇起源的语言现象。例如，汉语（我观察过其他的语言也大致如此）有描写通过视觉、味觉或触觉感知的事物属性的形容词：红、绿、大、小、长、短、方、圆；酸、甜、苦、辣；软、硬、粗糙、柔和，等等。通过听觉和嗅觉感知的事物属性，除了"声音"和"气味"这两个概括性的名词，大致都是在这两个名词的基础上构成的描述性 NP，比如：雷声、风声、噪声、乐音、打击声、踩脚声、香味、焦煳味、血腥味、油漆味，等等。这类词语，其实是在描述作为"事物"的声音和气味，而不是将声音或气味作为事物的属性在描述。

下面这些汉语句子的对比，大致可以表现这样的差别。需要说明的是，我们现在能够看到的，当然只是成熟的人类语言，不过，从原始语言到现代人类语言的进化，显然不是一蹴而就的。从现代语言的状况，我们应该能够哪怕很模糊地追溯语言的原始状况：

5) a, 看见了婴儿，看见了烤肉。

5) b, ?听见了婴儿, ?闻到了烤肉。

关于 5b，在日常交际中，我们确实可以听到这样的话语，但是这并不推翻我的结论。比如，"听见了婴儿"，是根据听见的声音做出的判断，"婴儿"不是通"听"物理性地经验到的真实世界片段，而是"听"这个感知觉经验＋"推理"这个理性行为的结果，与"看见了婴儿"是完全不同的认知行为。

通过视觉（味觉、触觉）感知到的事物属性，则只能作为事物的属性，而不能作为事物被描述：

6) a, 看见了巨型的轮胎，看见了红色的花，尝到了苦涩的海水，摸到了坚硬的边缘；

6) b, 看见了（一个）形状，看见了红，尝到了苦涩，摸到了坚硬；

下面这些句子，看似将属性作为事物在描述，但是与 6b 对照，我们看

到的是,即使作为"事物",它们也必须附属于另一事物,才能作为正常的信息用于言语思维活动和交际:

6) c,看见了花的红色,尝到了海水的苦涩,摸到了边缘的坚硬。

这里涉及所谓的"名词化"现象。这当然已经不再是语言起源和进化相关的语言现象,不过这也是一个角度,可以观察指称"有形属性"的两类形容词区别。在下文的讨论中,我还要回到这个话题。就这样的观察事实,我们看到两类(我推测)就起源而言完全不同的"有形属性"名称的区别在于,虽然声音和气味对于现代人的认识,已经无疑是事物的属性而不是独立的事物,但是因为(在我的讨论中区分的)两类属性就产生的途径而言,被语言在其构建的世界图景中描述为性质不同的真实世界片段,人被语言塑造的世界观也相应如此。汉语句子(我观察过的若干印欧语言也基本相同)"听见了声音/闻到了气味"是语义正常的句子,而"看到了红/尝到了甜"则是语义异常。语义异常在这里应该解释为,人在听到这样的话语时,感觉到了语言构建的这种世界图景,并不吻合于他对真实世界的常识:名词指称的事物是人可以单独观察和描述的,可以是行为的对象、因而在句子中可以用作动词的直接宾语;形容词指称的属性不是人可以单独观察和描述的,它不能直接成为行为的对象。

顺便提及,既然一些事物是通过其可能发出的声音被人认识到,那么用模仿这种声音的一串语音,来指称作为声音源头的事物,对于创造词语来指称事物的原始人,无疑就是最便捷称名方式。由模仿某种声音的语音串,发展为指称声音源事物的名称,或许是原始人创造词的一个重要途径。从这个角度看,那些在现在的研究中已经被视为笑料的语言起源假说,如 ding-dong 假说之类,似乎也并非全然谬误,因为它们的出发点都是拟声,与我的讨论遵循的逻辑有一定的契合。同时,除了我(第四章第三节)引用过的那些词语,我们还可以在现代各种语言中,找到许多就源头而言,都来自拟声的词汇,它们至少可以作为间接论据,让我们推测原始人怎样通过声音认识外部世界的事物并创造指称这些事物的词。

第二层次:与视觉和味觉相关的形容词的产生,已经不再仅仅是刺激等效反应的称名行为的结果。形容词的产生和发展过程,在语言研究中是一个传统的话题,不少研究者都曾经很详细地推论过这个过程(e. g. Будагов,

1953；Вежбицкая，1996）。比如 Будагов（1953：160—180）认为，原始人最初并没有表示"绿"这个属性的概念和相应的形容词，他们能够认识和描述的是"绿色的树叶/绿色的草/绿色的果子"等。抽象概括认识能力的发展，使得原始人发现了这些事物的共同点，这个共同点此后被他们称为"颜色——绿"，形容词"绿"就这样产生出来。近期语言起源和进化领域中的一些研究者，比如 Arbib（2005：119）从他倡导的 HPL 假说的角度，对指称事物属性的形容词产生过程的论述，实际上是重复了 Будагов 半个世纪以前的研究。只是与 Будагов 相比，Arbib 的进步在于他强调了形容词是"天才先驱者"（genius pioneers）的发明，这个观点同语言产生于个体的假说是吻合的。

原始人（现代人也未尝不是如此）通过感知觉感受来自真实世界事物属性的两种不同方式，导致指称这两类属性的词以不同的途径产生，这个推测似乎可以在现代人类语言中找到支持的观察事实，比如名词化现象。观察以形态变化作为构词手段的印欧语言，我们可以看到，指称由视觉、味觉（和触觉）感知的事物属性的词，原初都是形容词；将属性作为事物来指称的抽象名词，是由形容词派生而来。我当然不是说形容词是原始人在语言产生的最初阶段创造的，它们可能是在语言已经趋于成熟时期的产物；而且，在成熟的人类语言中，多义词、近义词的纷繁，使我在并非历史语言学的研究中，只能大致观察一种趋势：

7）a. 英语：red-redness, long-lenth, small-smallness, round-round
（以下几种语言的例子与英语完全对应，例 8 同）

b. 俄语：красный-краснота, длиный-длина, маленкий-малость круглый-округлость

c. 法语：rouge-rougeur, longue-longueur, petit-petitesse, rond-ronde

d. 德语：rot-Röte, lang-Länge, klein-Kleinheit, rund-Runde

而指称由听觉和嗅觉感知的事物属性的词原初是名词，相应的形容词是由名词派生而来，不仅数量极少，而且多少已经有附加意义〔（比较前边 2）中的形容词，也可以看出由名词派生而来的痕迹〕：

8）a. 英语：sound-sound, odor-odorous

b. 俄语：звук-звучий（звонкий），запах-пахучий

  c. 法语：son-sons，odeur-odorus

  d. 德语：Ton-tonend，Duft-duftend

  第三层次：就是我在前文2）中列举的那一类形容词，它们似乎是指称通过听觉和嗅觉感知到的事物属性。以其抽象程度而言，这类形容词显然已经不是语言进化原始阶段的产物。创造这类形容词，一方面需要 Будагов 和 Arbib 描述的那种抽象思维活动，即在观察若干具有相同属性的事物基础上，完成相应的分析和概括。另一方面，这种所谓的"相同属性"，并不是被观察的事物在物理层次上具有的属性本身，而是观察者对某一个（类）属性的评价，这个属性可以在若干事物上观察到，能够引起观察者大致相同的心理状况。不同人类语言表现出的这类共性，似可以说明不同语言的发展，都经历了相同的过程。

  3. 从语言产生于个体这个出发点来论述形容词的产生，已经包含了语言相对论的思想。我们或许不能断言语言能够控制和引导人的感知觉，但是在语言起源和进化的语境中观察形容词及其产生的过程，我们至少可以认为，语言虽然不能规定人的感觉器官可能接收来自外部世界的什么信息，但能够规定人对事物属性的认识。我用人和黑猩猩的对比来说明这个观点，依据是，相关科学研究已经告诉我们，就对世界在生物生理层次上的感知而言，即对颜色、声音、气味、味道等的分辨能力，相对于动物，自然也包括黑猩猩，人类并不具有优势。

  虽然我没有生物生理研究提供的相关实验数据，但是下文的说法大致没有逻辑错误：普通人其实并不知道，他的各种感觉器官到底能够接收并分辨哪些、分辨多少来自外部世界的物理信息。比如，没有人能够信心十足地声称，他能够看到和分辨多少种颜色、尝出多少种味道；对声音和气味的分辨同样如此。他能够说的只是"我知道这是××颜色"或"这是××味道"之类，但这实际上不过是他能够说出某种颜色或某种味道的名称。也就是说，他对事物这些属性的认识（不是生理层次上的分辨能力）是语言提供的。我当然不是断言，没有语言，人不可能在感知觉层次上判断、识别来自外界的物理信息。对此一个显而易见的事实是，除了语言（形容词）能够描述的事物属性比如颜色，由于视力和辨色能力的区别，一些人还可能看到和分辨另一些人不能看到和不能分辨的颜色。然而，如果前者不能将他通过感觉器官接收到物理信息用语言形式说出来，哪怕"一种我没见过/说不出来/很奇怪的颜色"这类表述，这种感知觉经验就只能是他自己的私人心理状况。

这种私人的心理状况，我认为可以追溯到语言前的原始人类。动物行为研究并没有告诉我们，黑猩猩在视觉、听觉、嗅觉、味觉、触觉受到来自外界的物理刺激时，它们的心理状况是什么；也没有任何观察事实和实验能够无可置疑地证明，黑猩猩有对群体内其他个体心理状况的认识（心智理论）。以此为基础我们可以推论，语言前的原始人，也没有对群体内他人私人心理状况的认识。按照对思维最通常的定义，不能用（内在的或外显的语言）表述出来的私人心理状况不是思维活动。用这个定义来理解人对与事物属性相关的真实世界片段的认识，我们可以逻辑地得出一个结论：没有语言，仅仅基于对事物"有形属性"的感知觉经验，不能发生人认识真实世界的思维活动。我的这个结论可以大致解释如下。

沿用 Arbib 的例子（Arbib，2012：235），我们可以这样描述形容词产生的过程。某个原始人在没有预料到苹果是酸的时候，咬了一口苹果；突如其来的酸味，让他本能地产生了某种特殊的面部肌肉动作和表情。一个智力超群的个体多次观察到，几乎所有人在这样的时候，都会有这种面部表情；或许他还感受到自己在相同事件发生时，面部也会有一种特别的动作，于是判断这个表情同苹果有关。这时原始人已经有了"苹果"这个原始的名词，于是这个天才的个体就用了"××（一个语音串）苹果"这个表达，来指称与不会引起这种面部表情的苹果不同的苹果。××就是形容词"酸"的前身。我们大概不会推测，那个进化阶段的原始人，已经能够完成区分"事物"和"属性"这种高级的思维活动，所以××最初不过是他们建立的某种苹果与某种面部表情之间的联系。

当他们发现除了苹果，另外一些东西也能导致相同的面部表情时，于是就将他们创造出来的××，与另一些东西的名称放在一起，说出了"××甲物/××乙物"之类的话语。这时××已经被当成一个独立的词在使用，它的意思大致可以认为是"苹果/甲物/乙物……"都含有的、可以引起某种相同生理经验（面部表情）的"东西"。这个"东西"后来被现代人称为属性。Будагов 描述的形容词"绿"的产生，大概晚于"酸"这种基于可以被直接观察到的、导致较强刺激反应效果的形容词的产生，但是这种由比较共性而得出结果，是相同的智能行为过程。

只有在事物的属性被用语言表达出来之后，人对这些属性的认识才在语言中形成。这个表述当然不是否认在语言产生之前，事物的属性对于人不存在，或者人不能以某种方式比如感知觉，意识到它们的存在。而且，事物的属性作用于感知觉而导致感知觉主体知道它们的存在，甚至不是人类在进化中获得的优势，许多动物通过感知觉分辨事物属性（颜色、气味、声音、味道）的能力，据说远远超过人类，我们显然没有什么依据，断言动物（包括语言前的原始人类）没有对事物的属性的认知。

问题在于，如我在构建我的语言相对论理论体系时一再强调，当我们谈论语言对思维的形成力作用、语言塑造人的世界观和语言为人构建的世界图景时，我们谈论的并不是语言能够物理性地作用于真实世界，或者在生理上作用于人的感知觉，而是掌握了语言的人观察和描述的世界、也就是人理性地认识的世界，并不是他仅仅通过感知觉经验到的那个对于他是各种物理属性集合的真实世界。没有语言的原始人跟动物一样，当然也能在其感官能力所限范围内，通过感觉器官接收到关于事物各种属性的信息，也可以将这些信息以某种形象的形式储存到长期记忆中，并在受到相同刺激时，能够将新接收的物理信息和记忆中的形象做出比较和辨识。但是这样的形象只能是发生于个体的、不可能被他人触及的某种心理状况。

如果我们粗略地将"认识"表述为：(a) 主体生产知识的生活和生产活动，(b) 作为这种活动结果的一种心理或智能状况，那么，"共同认识"就是一个群体中若干乃至所有个体，在完成同一活动时，产生了相同智能或心理状况。如果再将"知识"表述为：被验证过的，（在一定的阶段是）正确的，而且是被人们相信的（那些认识活动的结果），那么我要说，以形象的形式储存到长期记忆中的信息，不是某个群体的人们，或者所有人对真实世界的共同认识，因为这样的形象不能被验证，也无从被人们相信，由它不能产生被如此定义的知识。

我们当然不能否认，被个体接收的来自真实世界的物理信息导致的私人心理状况和形象，是这个个体对真实世界的某种认识，是他自己关于真实世界的"知识"；但是我们同样无法否认的是，任何科学研究都不可能观察这样的认识和"知识"。换言之,这样的认识和知识,至少不是以人对真实世界的理性认识活动为对象的科学部门的研究对象。人们或许会认为,心理学可以研究这样的心理状况,但我并不认为心理学家们自己会认为,在没有信息交流也就是没有语言的状况下,他们能够完成这样的研究。这是因为,要研究人的心理状况,研究者最基本的方法是内省,也就是说,研究者必须首先假设自己和研究对象可能有相同的心理状况,然后用自己的心理状况,来推测和验证研究对象的心理状况。然而这样的研究方法,却让心理学研究者陷入循环论证:必须假设在相同的条件下,自己和观察对象会产生相同的心理状况,研究者才能推测后者的心理状况;然而,假设在相同的条件下,自己和观察对象会产生相同的心理状况,研究者必须知道,后者在这类条件下会产生什么心理状况。

在任何以人对真实世界的理性认识活动为对象的研究中,谈论群体公共的认识和知识,我们谈论的对象必须是可以验证的、能够被群体所有成员相信的;可以验证,则至少这个被验证和被相信的东西是公共可及的。在这个意义上,我们从语言相对论的角度可以认为,对事物属性的私人感知觉经验,由于其不可能被验证和被相信,不可能成为人类关于真实世界的知识;仅仅通过感觉器官接收来自外部世界物理刺激的行为,因此也不是人对真实世界的理性认识。

此外,一个与普通人的认识行为相关的观察事实,也说明接收来自外界物理刺激的感觉器官的活动,并不是在上述定义上对真实世界的认识。生理正常的普通人,通过舌头都能够分辨酸、甜、苦、辣等事物的属性,或许也没有人会怀疑这就是舌头的功能,和语言无关。但是我们可以做这样一个实验:把几种味道不同的东西混合起来,让人鉴别这个混合物的味道。任何一个正常人,都能通过舌头感知到这个混合物有一种味道,但是恐怕没有人能够说出来或者说能够认识到这是什么味道。人们当然可以说:好像是甜味、辣味混在一起,还有点苦,但是他们(在语言的制约下)已经不能意识到,如果没有语言,他们并不能认识到这种混合的味道。比如,如果要求他们不是描述(实际上,没有语言,描述也是不可能的)这种味道,而是说出这是一种什么味道,人们大概都只能无奈地说"不知道",这就是说,他们没有通过对这种味道的感知觉经验,获得了关于真实世界的同语言无关的知识（注意不是认知科学所谓的"认知"）。

下文这个推论是纯粹的思辨，不过逻辑上应该自洽：如果我们创造一个词来指称这个味道（酸、甜和苦的混合），或者用一段说同一种语言的人都能理解的话语来描述这个味道，"说出"这个味道就是一个普通的言语行为，而且没有人怀疑，这时他已经知道这是一种什么味道了。但是很显然，他知道这是一种什么味道（有了关于这个味道的知识），并不是他用舌头品尝出来的，而是他知道了这个味道叫什么。在没有这个词的时候，这种味道在他的感知觉中，正好用得上 Saussure 所说的"混沌一团"：他当然可能有关于这个味道的一种（并不清晰的）味觉形象，但是这个形象并不等于关于这个味道的概念。这个概念是在词被造出来以后，才在词中形成的。换句话说，他对这种味道的认识是他通过语言获得的知识，这是一种在说同一语言的群体中可以检验、可以交流和分享的知识，不再是每个人私人的感知觉经验或者一种并不能作为信息传递的形象。语言相对论正是从这个角度，谈论语言为人构建了世界图景。

由此我们看到的是，从语言起源和进化的角度，原始人是否认识到事物的属性（更广义地说，是对真实世界朴素的、前科学的认识），归根结底是能不能给事物的某个属性贴上"语言标签"。没有语言，原始人就没有可能认识到（而不是凭感知觉经验到或者说认知到）事物相应的属性。我当然不是说没有语言，真实世界对于原始人类和动物是一个不相干的存在，但是没有语言的原始人类和动物与真实世界的关系，就仅仅停留在刺激反应行为这个低级的水平上；与动物一样，前语言的原始人也不会自主地发出认识世界的理性认识行为。

这样推测指称事物"有形属性"的词的产生，以及这些词引导人对事物属性的认识，我的立场又再次归结到了 Kant 的认识论：人能够认识真实世界，是因为认识主体的头脑就像一个布满了挂钩的衣帽间，真实世界中的一个事物能够被认识，是因为它在这个"衣帽间"里能够找到将它定位的"挂钩"，否则它不可能被认识主体认识到。从语言相对论的角度，这个挂钩就是语言；人类创造语言，就是制造一个个挂钩，将原始人类在无语言的原始状况下与真实世界互动的刺激反应行为，提升为关于真实世界的知识。

二 构建世界图景的词：动词

将词的产生表述为构建世界图景，我想说明的是我在本书一开始就提出的那个思想：语言对思维的形成力作用和语言塑造人的世界观，并不是人类语言在发展到某个阶段后，逐渐获得的一种功能或者发生了某种异化作用，开始制约人的思维，就像科学幻想中，人创造的机器人最后成了地球的主宰，控制了人类的生存和行为。语言原初地就是为了形成思想而产生的（分析思想的工具）。在上文的讨论中，我因循地使用了"描述世界的词"这个表达，因为人们哪怕是语言研究者恐怕也很难摆脱一个思想：我们看见的真实世界的万事万物，并不会因为我们是否用语言来表述它们而存在或不存在；我们与万事万物相关的物理存在方式，也不会因为有否语言而改变。Bickerton 的"贴标签"之说，我不知道是不是研究者认为，词的产生这个问题，不可能有可信的答案，或者在语言起源和进化的研究领域中，没有值得过多关注的价值，因而采用的一种或许不至引出过多争论的折中立场。不过，即使认同给事物称名最初不过是贴标签的智能行为，我们或许也不应否认，这样的标签决定性地改变了原始人类与真实世界的关系，改变了原始人类群体中个体之间的关系。

我们还看到，一些被 Condillac 称为事物"有形属性"的真实世界片段，比如事物的颜色、形状、气味、手感等，看上去似乎与事物一样，都是我们能够通过感觉器官直接经验到的。但是认真的观察和思考告诉我们，语言为我们描述的这些属性，并不等同于真实世界作用于我们感觉器官的物理刺激；或者说，就事物的"有形属性"而言，语言前和语言后的原始人对真实世界的观察和认识是不同的。

在这个意义上，现代语言中的形容词其实不是"描述世界"的词，只是因为事物的这些属性具有可以直接作用于感觉器官的物理性质，所以我们姑且将它们看作介于为事物贴标签的（名）词和我在这里将要开始讨论的"构建世界图景"的词之间的状况，尽管从语言相对论的角度，我们需要把所有这些词都看成构建语言中间世界的材料。

与源自"贴标签"的名词和形容词相比，我要在这里观察和讨论的词，概括起来的共同点是，它们描述的不是人的感知觉可以直接从真实世界接收到的任何信息；它们构建世界图景（语言中间世界），来"过滤"人对真实世界的感知觉经验，并且让人在正常状况下（我指的是使用正确的语言表达形式），认为这样的世界图景就是他真实经验到和认识到的那个世界。

在语言起源和进化的研究领域内，或许没有研究者会思考语言相对论，但是在他们根据自己研究领域的观察事实得出的结论中，却已经包含了语言相对论的思想。比如，Hurford（Hurford，2008：257—258）在谈论语言使人不再受限于对外部世界的"刺激—反应"行为模式时指出，尽管心理学和哲学研究者一直倾向于将一些思想和概念赋予非人类，但是（起码）有一些思想显然只能在语言的帮助下获得。Hurford 的例子是，Tuesday, unicorn, ninety-three, zero, generosity, legal 这些词表达的概念，以及由短语 white horse with a single horn in its forehead 之类描述的概念，都是我们从未（凭感知觉）经验过的场景。由此他认为动物是不可能拥有这些概念的。其实，如果思路没有被表现（representation）、表达（expression）这类已经成为描述语言功能的刻板模式约束，研究者的思路会自然而然、认为甚至是不可避免地被引向语言相对论的思想。

回忆一下我在前面的讨论中提及的关于名词和动词产生的先后之争，这类争议可以追溯到 18 世纪的哲学家。

Herder 认为语言中最早出现的是动词，因为语言是在对行为的观察中产生的（绵羊叫声的事例）。在当前的研究中，也有研究者（Revesz, 1956；Diamond, 1959；Swadesh, 1971）呼应 Herder 的思想，认为在语言发展的原始阶段，最早的词是类似人类现代语言命令式的动词，用来指令某人做某件事。Jackendoff（2002：259）的观点是：在语言发展的某个阶段，表达情景的词获得了我们今天使用的动词的特殊功能，"成为表达一个叙述的语法要素……语法范畴最初的产生，是将动词与其他的东西区分开的结果"。

Condillac 的观点相反，认为事物的名称（名词）和事物有形属性的名称（形容词）是语言中最早出现的词。Condillac 的推测是，人类语言最早只是"行动的语言"（langage d'action）的补充，所以语言只包含一些被用于指称行为对象的名词，行为本身比如"吃（果子）/躲开（狼）/看（花）"等，使用相应的手势或表情来表达。直到表示"灵魂在行动或受难的条件"的第一个动词（to be）出现后，其他动词才在这个基础上产生。

Condillac 的观点，当前在语言起源和进化研究中也有支持者，比如 Heine 等人（Heine et al., 2009，还可参看：Gentner, 1982；Heine et al., 2002, 2007；Arbib, 2005）将词类出现的顺序整理为：名词（实时履行指称任务的单位）—动词—形容词—副词……不过 Heine 等人的研究并不侧重于名词和动词出现的先后，而是观察作为语言中最早出现的词类与语法的产生有什么相关性。Heine 等人（Heine et al., 2002：394）从他们感兴趣的语言如何语法化的角度是这样论述的："在语言可以想象的最早阶段，只存在两种形式的语言单位：一种单位（名词的前身）指称事物类似的（thing-like）、时间稳定的（time-stable）实体，另一种单位（动词的前身）指称时间非稳定的（non-time-stable）概念比如事件……名词和动词出现后，我们理解的语言过程就会进一步完成其余的部分。"

我们或许可以推测，语言中最早出现的是名词，而且在第一个名词出现后的一段时间内，由于等效刺激反应，可能会产生更多的名词，却没有产生动词。但是语言进化的这个阶段，并不能让研究者断言原始语言没有动词。在我看来，对原始阶段的语言没有动词的推测，实质上是两种不同的观点。

一种观点是，一些研究者（Carstairs-McCarthy, 1999）认为，现代人类语言可以分为句子和名词短语两个部分。句子要在语言产生出语法之后才能组成，在此前的原始阶段，语言中只有名词化的短语。为此 Carstairs-McCarthy 以其设想的单范畴（Monocategoric）英语和名词化英语，来说明原始语言没有动词可能是什么状况。比如短语 Mary's gift of an encyclopedia to John 中所有的成分都是 NP，主体和述语之间不存在强制性的区别，所以它可以被看作一个为"叙述—题元结构"（predicate-argument structure），没有动词也能表述一个完整的意思。用这个观点来解释语言的原始状况，当然显得生涩。Bickerton（Bickerton, 2007：516）对此的批评是：如果不知道 gift 是一个名词化了的动词，而 encyclopedia 不是，我们怎么知道在这个短语中有述语？

另一种观点实际上并不是针对原始阶段的语言是否有动词，而是诸如前边提到的 Tallerman 的观点，即名词和动词都是句法范畴，它们是在"主词+述语"这种句子结构中被辨识出来的。在尚无句法的原始阶段，名词和动词的区分，逻辑上是不成立的。

值得注意的是，在这一点上，HPL 假说的倡导者 Arbib 与这个假说的坚定反对者 Tallerman 的立场竟然相同。Arbib（Arbib，2005：120）在描述从镜像神经到语言产生的过程中的最后一个阶段（如果考虑到 Arbib 倡导的 HPL 假说，这似乎应该是分解 HU 后产生出词的那个阶段），即从"行为—对象"发展出"动词—题元"句子结构时，这种结构的组成部分并不是名词和动词，而是"某种像名词的东西"和"某种像动词的东西"（对照上边 Heine 等人的表述）。所谓的"原始句法"，不过是关于有限的一些题材的特定话语，而不是按照"类规则（rule-like）"组织起来的名词+动词结构。

我认为这样的观点是有理据的。基于这个考虑要说明的是，我在这里的讨论中使用"动词"这个表述，不过是一种因循的、现代语言相关的表达方式。需要记住的是：在谈论语言起源和进化的原始阶段时，更正确的表述或许应该是"指称行为"（动作）的词。

（一）能够"看见"的行为

我借用 Arbib 的观点作为以下讨论的切入点：如果把 Arbib 的两个表述"行为—对象→动词→题元"和"可以观察到的行为"（observable action）放在一起考察，我们就会看到，就我涉及的问题，Arbib 的观点并不是特例，而是语言研究中的普遍观点（参看 Sharon et al.，1998；Baldwin et al.，2001；Blakemore et al.，2001；Malle，1997，2002），其实是将行为和物理性地存在于真实世界中的事物，看成对于人的感知觉同类的现象，即行为也是可以在感知觉层次上直接观察到的。原始阶段的动词，就是这种行为的名称。

我并不认同这个看法。首先需要澄清的一个问题是，动词描述的行为是否可以在感知觉层次上直接"观察"到？按照 Arbib 对镜像神经的研究，我们需要认为，他所谓的"可以观察到"，应该理解为"可以看见"，而不是"注意、关注"这类现代人可以完成的理性活动。如果从神经生物生理基础的角度，将"看见"简单地解释为由来自外部世界的物理信息（光波）刺激眼球后，那一系列神经活动的结果，那么，看见了外部世界中有形的事物是什么样的生理—心理状况，并不是一个可能在相关的语言研究中引起疑虑和争议的问题。然而仔细的分析会将我们导向这样的问题：说看见了某种行为时，我们看见的是什么？这个问题我在（蒋国辉，2016）中讨论句子的结构规定人能够认识到的事件的结构时，曾详细地论述过，不过那里的讨论涉及的，是掌握了现代语言的现代人在语言的制约下，怎样观察和认识真实世界。现在我们不妨从语言起源和进化的角度来讨论这个问题。

我们仍旧以那个最简单的行为"走"为观察对象。在英语中，Walk（走）在 *Oxford Dictionaries* 里的释义是：Move at a regular pace by lifting and setting down each foot in turn, never having both feet off the ground at once（以固定的步伐移动，两只脚轮流抬起和落下，且两只脚不同时离开地面）。我们大致可以认为，这个释义描述的，就是当我们看见"走"这个行为时，我们真正看见的是什么。在这样描述"走"这个行为时，我们应该假设，已经直立行走的原始人能够完成的"走"这个行为、和能够看到的"走"的物理状况，与现代人的生理心理经验并没有本质的区别。问题在于，因为我们这些普通现代人对真实世界朴素的观察、描述和认识，是在语言的制约下完成的，*Oxford Dictionaries* 对"走"的解释，虽然是普通人在完成"走"这个行为或说出"走"的时候，实际上能够做的事或能够看到的真实世界物理状况，但是普通人并不会认为他是在做这样的事、看见的是这样的状况。他会理所当然地认为，他做的事就是"走"，他看见的也就是"走"这个行为，因为这个行为就叫作"走"。词典上的描述，普通人会说那不过是咬文嚼字的学者们，将本来简单的东西学究似的说得复杂了。

不过，如果我们能够在想象中脱离语言的制约，来推测原始人对"走"这个行为的观察，我们看到的是，被辞典编撰者"学究似的"描述的"走"这个行为，正好就是原始人在没有语言时，真正能够看到的"走"，虽然他们并不可能将他们的这些视觉经验用任何方式表述出来。现代普通人将他看到的这个情景简单地说成"走"，却是没有语言的原始人不可能完成的言语思维活动。将这一连串物理性的视觉经验简化成"走"这一个行为，就是原始动词（或者更准确地说是行为的名称）产生的过程，但是在我看来，这个过程与创造事物的名称，并不是同一层次的理性行为。

这首先是因为，当我们就是否可以被观察到（看到），来推测动词在原始阶段的语言中怎样产生，我们能够谈论的，实际上只是现代语言的动词词汇中极少的一部分。在等同刺激反应的条件下产生的事物名称，在语言产生的原始阶段，本质上是一个用（在人能够发出的语音和语音组合范围内）任意的语音形式，代替此前用身体动作完成的指称行为，所以原始人能够通过感觉器官感知到的任何事物，理论上都可以被"贴上语音标签"而得到指称它的名称，尽管在它发展成为类别的名称前，只是"类似名词的东西"。就此我们似乎有理由推测，作为真实世界中物理性存在的事物的名称那一套原始词汇（名词），大致应该是在一个相对不太长的时期内爆发式地产生出来。

然而我们似乎并不能猜测，动词的产生也经历了这样一个"爆发期"。原因在于，就考古学、古人类学和动物行为研究为我们提供的考古依据和观察事实，我们或许应该认为，原始人类的主要生存相关行为，仅在于觅食、避险和繁衍，他们在生理上需要和能够完成的行为，与现代人类相比是极其有限的。我们当然也应该认为，除了很少一些本能的行为比如用肢体动作移动身体位置，抓取食物放进嘴里、交配等，原始人类并非本能的行为，随着生存的需求也在不断地增加。不过，黑猩猩经过几百万年的进化，在攫取、攀缘，打击之外，只发展出66个前肢动作（Hobaiteret et al., 2014），可以作为原始人能够完成的动作有限的一个观察事实。原始人类身体行为的进化当然不是我的议题，以此我只是要说明，在语言原始阶段，对动词的产生最直接的限制，可能来自原始人自己的身体行为能力。

我在前面描述的第一个名词产生的过程，虽然可能永远只是不可能被检验的猜测，但是创造事物的名称，在感知觉经验的支持下，可能是一个相对容易的智能行为。我们可以将名词产生的过程猜测为："对于特定捕食者的报警叫声→将这个叫声与捕食者的形象联系起来→叫声具有了某种类似语义的内容（Cheney，1997）→在没有直接的危险时发出了这个声音→这个声音不再具有报警叫声那种尖锐刺激的物理属性，而成为指示捕食者的身体动作的替代→作为捕食者名称的词由此产生。"这样的猜测，应该说大致符合这种智能行为发生和发展的逻辑，而且，现代人类的行为方式，在一定程度上可以作为参照。

我指的是两种情况。一方面，不少人类语言起源和进化的研究者都倾向于认为，人类幼儿的言语行为大致类似原始人的言语行为。幼儿在习得语言的过程中，都有用任意的语音串给他们能够直接看到或接触到的事物"贴上标签"的言语行为（等效刺激反应）；然而，没有儿童言语行为和儿童心理发展的研究，报告过这个"贴标签"的言语行为，可能以动作或行为为对象。

另一方面，成年人在日常生活中，也可能遇到不认识的事物。在这种情况下，人最可能的传递关于这个事物的信息的方式，是将这个事物指示给别人看。这大致也就是原始人类群体中那个创造事物名称的智力超群者初次使用他创造的名称时，让其他个体知道他使用的一串语音有什么意义的行为方式。但是日常生活的经验告诉我们，普通人没有任何可能，在不使用语言的情况下，用某种能够被理解的方式，向与他交流信息的对方展示一个尚未被他（他们）认识到的行为或动作。

这就是为什么我要放弃对第一个动词产生过程的猜测：就人类已经掌握的现代语言，没有任何动词描述的行为，可以被解释为外部世界中某个可以被感知觉直接感知进而可以被贴上"标签"的物理存在。不过这不会成为让我的观点招致批评的弱点。我已经说明，我并不是要研究语言的起源和进化，而是要观察语言怎样一经产生，就具有了对思维的形成力作用，就塑造了人的世界观。名词和动词在语言原始阶段的产生过程本身，对于我的讨论并不重要，重要的是它们在语言原始阶段的本质区别：如果名词在产生之时，只是以给事物贴标签的形式来描述真实世界，那么动词从一开始就是以划分真实世界的方式，来构建语言世界图景。动词怎样以划分真实世界的方式产生，我大致可以从以下几个方面来说明。

1）迄今尚未有考古学、古人类学和生物生理科学的研究，证明原始人和现代人的视力有本质的区别，因此我们应该认为，我们在日常生活中能够看到的情景，原始人也能够看到；我们可以用自己的视觉经验，来基本可靠地推测原始人的视觉经验。生活经验告诉我们，正常人都能完成"走"这个行为。如果被问到什么是"走"，任何人都可以十分有把握地指着一个正在行走的人或者自己迈出几步，说"这就是'走'"。不过我们可以用一个简单的实验，来说明人们看见的并不是"走"这个行为，前提是不使用任何语言描述。

人能够看见的事物都是物理性的存在，当一个能够被看见的事物××缺席时，如果问××是什么，知道它普通人大致都可以在纸上勾画出××的轮廓形象（原型理论就是这样为我们解释基本范畴的属性）。尽管没有画画能力的人勾画出的形象，可能并没有表现出××的关键特征，但是人们至少拥有某种可能性，以"可见"的形式来指示××。

然而，如果被问的××是这个似乎能够被人很有把握地看见的行为"走"，通过内省我可以断言，没有任何人能够把"走"以形象的形式画出来。一定要坚持的人，可能绘画出一个双腿分开的人的侧面形象，说"这就是'走'"，然而他自己或许也很清楚，他画的并不是"走"这个行为，最多只是一个正在走的人。

普通人自认为在日常生活中能够看见的"走"这个行为，其实也就是他能够勾画出形象的一个正在行走的人。原始人并不具有与现代人不同的视觉能力，我们因此可以断言，在相同的情境中，原始人能够看到的，也只是正在行走的人。而且，普通人或许意识不到，他能够说他看见了"走"这个行为，仅仅是因为他使用的语言中有"走"这个动词，使得他能够将"走"作为一个单独的真实世界片段来描述和认识。然而，在"走"这个词被创造出来之前，原始人并不能单独地看到"走"这个真实世界片段，因为"走"这个行为的物理状况（我姑且使用这样的表述），并没有以同质的形式存在于真实世界。我说的"并非同质"是指，原始人可能看见的，是不同的人在交替迈出两腿使身体移动位置时，可能还伴随了身体其他部位如手、头或躯体的某种动作，可能嘴里还发出声音，两腿迈动的方式和频率也各有不同，等等。当一个智力超群的个体只把注意力集中于迈动两腿使身体移动位置这个单一的动作并将这个动作称为"走"时，他创造的这个词就构建了与他的视觉经验不同的世界图景：他在使用"走"这个词的时候，其他所有伴随的身体动作，都从他对真实世界的注意中被排除，在他的视觉中只剩下"迈动两腿使身体移动位置"这一个物理状况。现代人认为自己能够看见的"走"，也是由于动词产生之时被固定在其中的语义，制约了他对真实世界片段的观察和认识。没有人会认为，他为描述一个行为而说出"走"这个词语时，还同时描述了其他伴随的身体动作，虽然他在看见"走"的时候，他的视觉并不能排除同时看见其他身体动作的可能性。

2）否认动词的产生来自感知觉经验，以给事物"贴标签"的方式，给可能被看见的身体动作贴标签，这是问题的一个方面。另一方面我还认为，我们也不能将动词的产生，归结为那个智力超群的个体在创造出"走"这个词之前，头脑中已经有了"走"这个概念，动词只是给这个概念贴上了标签。这里涉及的，其实就是语言相对论的基本思想：思想（概念）是否能在语言之外产生。

尽管哲学、心理学、认知科学和动物行为的许多研究者，都论述过动物的观念、概念甚至思维（Herrnstein et al., 1976; Dawkins et al., 1978; Russell, 1983; Walker, 1983; Terrace, 1985; Allen et al., 1991; Mithen, 1996; Cheney et al., 1997; Breukelaar et al., 1998; Zuberbühler et al., 1999; Hillix et al., 2004; Hurford, 2007; Wray, 2009; Carruthers, 2013, inter alia），也报告了一些观察事实。但是，在没有神经生物生理科学的直观实验数据为依据时，肯定或否定所谓前语言的概念、动物的观念、动物的思想之类，都不可能受到真正的检验。对此我的看法是，随着理论的深入、研究方法的更新和完善以及实验工具的改进与精密化，相关科学对动物行为的研究，已经不再限于较低级层次上的跟踪观察，还可以更深入地观察和研究动物的行为与其大脑神经活动的联系，运用多种仪器收集信息、再用电脑来分析观察结果。通过这类研究得到的结论，当然比早期的观察有更多的量化指标。在这些新的实验结果和观察事实的鼓舞下，研究者自然可能跃跃欲试，挑战"拥有相对发达的大脑，能够使用语言，能够完成复杂的计算和抽象思维，具有复杂的社会组织与科技发展的生物"这个在心理、认知和思维等的研究中对"人"的定义，挑战人与动物之间在心智能力上不可逾越的鸿沟等传统观念。

我当然不能全面评价这样的挑战在多大程度上是成功的，但是至少关于动物也能拥有概念、思想之类的研究,迄今尚无建立在直观实验数据基础上、可以有效地否定传统理论的成果。一个例子是,按照传统的定义,概念是人类在认识过程中,从感性认识上升到理性认识,把所感知的事物的共同本质特点抽象出来,加以概括的结果。针对动物的概念和思维,研究者可以修改这个传统的定义,去掉其中的"人类""抽象、概括(这些只能通过语言完成的思维活动)"等限定,以此挑战传统的理论。然而,这样修改后的定义,事实上仍不可能受到直观实验数据的检验,哪怕研究者已经能够设计和完成许多只能对动物而不能对人施行的实验,比如用手术干扰和改变大脑神经组织的构造并观察这些改变对动物行为产生的影响。但是这样的实验并不能提供直观实验数据、可信地支持动物的概念、思想之类假说,因为即使在这类实验中,研究者能够观察到的,仍只是大脑神经活动的输入和输出(从刺激到肌动反应),这个神经活动的运行状况本身,对于研究者仍旧是未能也无法解构的黑箱。

我在(蒋国辉,2016)中已经讨论过这个问题。至今我仍旧没有看到相关实验报告和科学陈述,能够否定:

——没有语言,即使研究者能够通过某种仪器,观察到在屏幕上以光斑闪烁的形式显示的思维活动脑电波,他们仍不能读出这种"思想"的内容;

——心智理论必须得到关于心理状况的语言表述支持。在正常状况下,普通人已经意识不到这一点,不过人们的生活经验可以用作佐证。比如,一个人将一柄铁锤放进煮饭的锅里,如果他自己什么都不说,那么,即使他生气地吼一声或者微微一笑,其他人仍旧不能理解他的心理状况;或者通俗地说,不知道他在想什么。

断言动物能够完成思维活动,产生出前语言的观念、概念,本质上与断言那个将铁锤放进饭锅里的人的心理状况,可以在没有语言描述时被他人理解,是同样的推论。研究者看见猫守候在老鼠洞口,从而断言猫产生了关于"老鼠"的观念;或者观察到猿类动物群体的首领对某个个体发出威胁的吼叫或者驱赶它,就认为猿类动物已经有"社会""规则"之类概念,等等。其实研究者表述的,只不过是自己的概念;而且是用现代人类语言,来完成"猜测动物的概念"这个思维活动。

依照这个逻辑，断言原始语言中"走"这个动词，是用一个语音形式包装已经存在的概念，也只能是一种猜测。研究者可以这样猜测，不过是因为现代语言中有"走"这个动词，是因为他们认为这个动词不是神授而是原始人创造出来的。但他们面对的实际情况是，没有这个语言形式（动词），他们并不知道却也不能否认，在"走"这个动词包装的那个概念之外，原始人是否还有其他很多概念，比如关于"一边双脚移动一边拍打身体的某一部分""一边双脚移动一边唱歌""一边双脚移动一边东张西望"等行为的概念。为什么这些概念没有被语音形式包装而产生出独立的动词？这种存在于原始人头脑中却没有被词包装的概念有多少？它们为什么没有被包装？为什么现代人类头脑中没有这类概念（或者说，现代人有没有这样的"前语言"概念是不可能证明的）？坚持前语言概念的研究者，或许很难回答这些问题。

3）既然不是给感知觉经验贴标签，也不是包装已经存在的概念，指称行为的语音形式怎样与一个行为联系在一起、产生出将这个行为作为真实世界的一个片段划分出来的动词？我想这里最好的解释就是 Saussure 关于在语言出现之前，人头脑中只是模糊混沌的一团那个论述，因为我在这里谈论的就是：这种前语言的模糊混沌是什么以及语言怎样将它变成了思想（概念）。就此我们或许可以搁置众多细节、相当粗略地设想，原始人在完成相当于我们现在用"走"这个动词描述的行为时，比如某个个体为了某种目的（比如发现了食物）从一个位置向另一个位置移动，或者某个个体要另一个个体离开他，他可能发出某种叫声。这个叫声在原始人类发音器官进化到一定程度时，就可能是一个语音串。与报警叫声一样，这样的叫声可能最初也是以声音的物理特征比如音高、频率等，作用于听者的神经系统，引起后者的注意（我要去另一个地方了），或者让后者产生相应的肌动反应、完成一个动作（离开我）。这样的叫声，因此与包含这个行为的情景，逐渐产生出类似于报警叫声与捕食者之间的那种联系。当这样的联系在某个偶然的机会，被一个智力超群的个体明确地建立起来，即在情境以外、不以刺激听者的神经为目的，发出这个在此前必定引起刺激反应行为的语音串，这个原始形式的（动）词就具有了雏形。

作为假说，我当然不能否认这里会有其他的可能性，比如，"走"很可能并不是原始语言中第一个产生的动词，因此这种语音和行为的联系也可能是等同刺激反应的结果；又比如这个语音串并不是从任何叫声演化而来，而是被偶然创造的一个语音串，等等。不过这并不是我的假说的关键，我的假说只是要说明，为什么指称行为的词是语言对真实世界的划分、关于行为的思想只能在指称行为的词中产生。

从 Saussure 学说的角度来讨论原始形式的（动）词，我们或许还需要注意一个问题：描述"走"这个行为的动词最原始的形式，可能还不是现代语言中的动词"走"，或者说，最原始的这个（动）词，并不是一蹴而就地将 Saussure 讲述的那种"混沌一团"定型，形成了一个由现代语言的动词"走"表述的那个清晰的思想。相应于原始人的观察和认识能力、思考和推理能力的发展，这可能是一个漫长的、经历了若干阶段的发展过程。我想，我们或许可以这样来猜测这个发展的过程。

最初，一个由源自相关于情境的叫声演化而来的或者基于等效刺激反应偶然创造出来的语音串，与"一个人或一群人改变身体位置向前移动"这个情境之间的联系，被原始人群中某个智力超群的个体建立起来后，在这个语音串中形成的思想，可能就是关于这个情境本身的信息，就像 Arbib 所谓的"情境的名称"。一个起初对于人的感觉器官并没有结构成分和层次的实时视觉印象，在这个语音串中变成一个可以辨识的观念，即关于这个情境的可以被传递和理解的信息。或者更确切地说，这串声音在被群体接受后，造就了关于一个情境的某种"公共的"心理表征（mental representation）。有了这样的心理表征，掌握了这个"词"的人就可以用这串语音在情境现场之外替代这个情境、完成某种思维活动，比如自己回想已经发生的或者想象将要发生的情境，或者在现场之外的交际活动中提及这样的情境。

随着人的观察、认识和推理能力的发展，在这个语音串中形成的观念，可能不再满足发展到更高级阶段的人类心智能力和认识世界、传递信息的需求。对于这样的需求，这个关于一个情境整体的观念（思想）又成了"模糊混沌的一团"，因为它并不能清晰地传递关于一个情境的有层次的信息。此后，这个语音串逐渐失去了作为"情境的名称"这个功能，而将其指称对象缩减为指称这个情境的基本要素，即双脚移动带动身体的位移，语音串相应地就成为这个动作的标签。这个标签也像一个事物的标签发展成名词那样，由一个动作的标签发展成了动词。

新词的出现，在这个模糊混沌的思想（这里我们倒是真正用到了Saussure关于语言出现之前，思想只是模糊混沌的一团这个说法）中，定位（locate）一个片段，形成新的、更清晰的思想。比如人们会逐渐认识到，"走"可以只是腿脚带动的身体位置移动，而不是手足并用的行为；在腿脚动作导致身体位置移动的时候，其他可能伴随出现的身体动作，都与"走"这个行为本身无关。于是，在相当于"走"的原始动词中形成的观念，向它在现代人类语言中的语义发展了一步。

又如，再后来的观察，让人们区分出腿脚动作的速度和移动的方式（交替抬起或者可能同时离开地面），或者身体移动的方向不一样，或者完成身体移动行为的目的不同，等等。"走"的语义于是进一步清晰，新的动词也逐渐被创造出来，用于指称其他通过腿脚动作完成但动作方式不同于"走"的移动身体位置的行为。

这样一些发展阶段，或许并不都发生在语言起源和进化的原始时期。最原始的"走"作为情景名称，可能沿用得足够长久，直到人类通过迁徙而出现了因相距遥远而断了往来的不同人种、形成了不同的语言。在这个过程中，那个最原始的情景名称是一直保持下来，还是进一步发展了；进一步的发展发生在语言分化前或语言分化后；分化后的语言是否经历了不相同的发展阶段，这些阶段本身可能是什么？等等。对这些问题的任何回答，在没有直接的考古发掘可以检验时，都只能是猜测。不过就"走"这个动词而言，现代人类语言的一些现象，或许可以间接地表明，在动词的发展过程中确实发生过这样的变化。比如，汉语和俄语都清楚地区分"走"（ходить）和"跑"（бегать），英语（德语）却存在着并不做这种区分的动词 run（laufen）。英语和德语都区分仅仅描述腿脚动作带动身体位置移动并非必须有一定方向和目的的"走"（walk，laufen）和有行进方向的"走"（go，gehen）；俄语没有这样的区分，但却区分一次的、朝着一个方向的"走"（идти）和多次的、变换方向的"走"（ходить）。汉语的"走"，除了与"跑"的区别，不包含对身体位置移动有无方向、目的的任何说明，它既不同于英语的 walk，也不是英语的 go，它表述的思想似乎还停留在动词产生的较早期阶段,即"腿脚动作带动身体位置移动"。

我并不打算让我假设的这个动词产生和发展过程,成为语言起源和进化研究中可能被实验数据或考古发掘检验的某种假说,因为我并不是为研究语言的起源和进化而提出这样的假说。就语言塑造人的世界观而言,我认为,"腿脚动作带动身体位置移动"这个真实世界片段(情景),对于现代汉语、俄语和英语(德语)母语者是不同的概念,他们观察和认识到的,是不同的世界图景,这一点大概不会有争议。这个不同,并非由于这些属于不同种族的人感觉器官和感知觉能力有区别,也不是因为他们各有独特的大脑构造和神经生物生理属性,使他们能够将感觉器官接收到的物理信息,直接变成不同的概念。不同的概念或者说是关于真实世界的不同世界观能够形成,仅仅是因为他们说不同的语言。这是有争议的尚未被相关科学提供直观数据做出了检验的语言相对论思想。根据我在(蒋国辉,2016)中对这个思想的论证,并且基于两个大致可信的前提,我想我应该可以有理据地从现代不同语言母语者由语言规定的言语思维方式,来推测语言在其发展的不同阶段,怎样不断地塑造人的世界观和规定人的思维方式。这两个前提是:

其一,现代人的感觉器官和原始人的感觉器官没有生物—生理属性的本质区别,他们能够以基本相同的形式看到(听到……)真实世界;

其二,原始词(比如我们这里讨论的"走")并不等于(不同的)现代语言的词,从前者到后者经历了若干发展过程。

尽管我推测了划分出"腿脚动作带动身体位置移动"这个真实世界片段(情景)的(动)词是怎样产生的,但是这个推测基本上是见仁见智的思辨结论,我并不断言这个结论可信的程度。不过关于这一点,Arbib认为(2005:119,原文着重号,尽管我并不认同他关于"概念""交际"的说法),"当动物领会到视觉情景的实质并产生出相应的行为时,它们将有层次的概念结构转换成行为的时间顺序结构的能力是明显的。但是拥有这种能力并不蕴含拥有反映这种结构的交际能力",参照这个观点,我们大致可以认为,动词的产生让原始人拥有了对视觉情景做出思考的能力。换言之,在对情境的描述中反映出来的视觉情景的结构,不再是真实世界片段本身,而是由语言构建的世界图景。在语言世界图景的基础上,人的思维能力才得以产生，人才能够观察、思考和描述真实世界。

至于我刚才描述的那个由原始动词到不同现代语言的动词可能的发展，倒的确是一个可以逻辑地思考的过程，因为这个过程不再是"从无到有"，而是已经可以观察到的"有"的发展。我的思考是：当原始人类群体中那个智力超群的个体首先说出了指称一个情景的动词时，他完成的理性行为的结果，即创造了一个词，让他从无到有地获得了 Arbib 所说的反映视觉情景结构的能力，由此这个情境不再仅仅是他可以完成或者可以看到的身体行为，也是他并通过他的创造被群体接受而成为所有人可以想象的图景和可以表述、可以传递的信息。

但是，正如人对物理世界的认识会不断由简单到复杂、由粗略到细节地发展，在一个原始动词中形成的思想或者说由它构建的语言世界图景，可能在人类智能进化的某个时期，对于某个能够超前其他个体完成某种理性认识的个体，在观察和思考真实世界时，已经显得不足。这当然不是因为他能够看到其他个体不能看到的情景中的一些细节，而是他在运用原始动词思考和描述一个情景时，首先产生了需要辨认细节的冲动，于是，在原始动词中形成的思想对于他又成为"模糊混沌的一团"。为了将他能够用视觉分辨的并被他特别注意到的细节，在他对这个情景的观察、认识和思考中固定下来，而且能够将这个细节表述出来，他可能就创造出一个新的词，以此从一个模糊混沌的思想中至少划分出一个更清晰的思想。新思想的形成并没有改变他对真实世界的感知觉经验，却改变了在他的语言描述中的世界图景，这是因为，将哪几个物理性的身体动作放在一起，看成一个行为，是他创造新词的基础。新词的出现，使他对此前被一个原始动词描述的行为有了不同的认识，因为他认为自己分别看到了这个行为中的若干细节，而这种"认为"是语言作用的结果。他的创造被群体接受后，群体的所有成员由此开始了对真实世界从另一种角度的观察和描述。语言如此不断发展，一个语言集团的世界观也就在这个过程中逐渐形成。

（二）不能"看见"的行为和语言描述的限度

将动词指称的行为分成能看见和不能看见两类，并不是语言学或其他与语言相关的传统研究对动词的分类，只是我为了说明自己要论述的问题做出的 ad hoc 划分。此外，"不能看见"并不是我在下文要描述的行为的典型特征，只是为了简化叙述，因为划分出"不能看见的行为"，并不意味着上面以"走"为例描述的行为是真正可以看见的。关于这一点，我在（蒋国辉，2016）中关于句子结构规定事件结构的讨论中，已经做出了相应的说明：普通人在日常生活中看见的身体动作，并不是语言为我们描述的行为。但是，在语言的制约下，人们不会怀疑语言描述的行为是能够看见的，他们意识不到，他们能够描述、能够思考的行为，仅仅是语言为人构建的世界图景。

"看得见与看不见"的区别，我们其实可以用一个很简单的方法来检验。虽然我们检验的对象只能是现代人，不过我们似乎不能假设，原始人能够在他们的观察和认识能力进化的那个阶段，做出与我们这些现代人不同的回答。如果问"你看见一个人在走时，你看见了什么"，除了在到某个科学领域比如语言学中从事研究的人，可能引用词典里的那种解释，普通人最可能的反应，是觉得这个问题有点莫名其妙而不知道怎么回答，因为"走就是走，还能看到其他什么"。但是如果问"你看见一个人在找东西时，你看见了什么"，普通人只要稍加思索，就能理解这个问题并说出他看见了找东西的人的什么身体动作。

在语言起源和进化的语境中，从原始人被假设的观察和认识角度，这两类行为的区别在于，所谓"看得见"的行为，是指这种由个体发出的身体动作，自始至终呈现在观察者的视界中，比如走、叫、站、坐、打、摇，等等。这里一个重要的概念是"自始至终"，它表明这样的行为可以分成若干阶段或者由若干连续的身体动作组成；看见这样的行为，就是看见了所有这些连续的身体动作。不过对于普通观察者，这种行为是被看作一个完整的身体动作，它并未被观察者划分成若干阶段或若干"原子动作"。这并不是观察者凭视觉不能划分，而是这些行为自身的"物理性"结构不能被语言描述。这样的说法可能引起疑虑：视觉经验在前、动词产生在后，仅凭不能被语言描述，怎么就能断言这类动作不能被观察并描述它的人划分？关于这一点，下文我还要专门讨论。简短地说，这种物理性存在于真实世界中的、由个体完成的行为，在被语言作为一个完整的动作指称（而不是停留于私人的心理状况）时，语言会引导人认为他这样描述的行为，就是他的视觉经验；在他通过语言传送或接收的信息中，没有任何线索会将他的注意力引向这类完整动作的各个细节。

所谓"看不见"的行为,在我看来是语言相对论的一个可信的论据。我们大致可以观察到两类这样的行为。

与"走"之类对于普通人的观察和认识呈现为"单一"的身体动作相比,有一类由个体完成的行为,并非不可能被观察者划分为若干独立的身体动作。比如在"找"这个行为中,明显地可以区分出若干独立的视觉信息:行为者身体位置移动、头部转动、眼睛往不同地方看、手也可能在不断地触碰和搬动各种物体,等等。这些独立的行为不仅能够被视觉分辨,也能够被语言指称。这就是为什么普通人能够回答"看到一个人在找东西时,看见了什么":因为他可以(朴素地、前科学地)把他的视觉经验说出来。但是从语言相对论的角度看,这些独立的身体动作的简单加和,并不构成一个可以"物理性地"被看见的完整行为;这些独立的身体动作,也没有某种进行中的顺序,可以让人分阶段地、"自始至终"地观察它。只是在原始(动)词比如"找"被创造出来后,这些独立的身体动作才被掌握了这个词的观察者当成一个完整的行为"看见"了。在语言的制约下,普通人已经意识不到,他能够看见的"找"这个行为,实际上是语言构建的世界图景;离开了语言,人并不能仅凭视觉经验,就可以将上述那些独立的动作联系在一起,形成和传递关于"找"这个行为的信息,甚至不能画出一个图形或者仅仅用自己的身体动作,向别人展示"找"这类的行为。

这类或其他一些个体行为由若干个体共同完成时,就成了一种集体行为,比如狩猎、争抢、分(食物),等等。这样的集体行为,其实也就是 Arbib 所谓的典型的、重要的情景名称,只是在我的假说中,需要把这些情景名称看作词而不是 HPL 假说中的 HU。

虽然我并不认同 HPL 假说的立场,将这样的名称看作原始人对自己头脑中产生的"命题"的一个完整表述,但是我们显然应该认为,创造"看不见"的行为的名称,是比创造"看得见"的行为的名称更复杂的智能行为。创造"走"这类动词的原始人,大致可以像创造"豹子"之类事物的名称那样,给一个他(认为自己)看见了的身体动作"贴上标签"。然而要创造"找"这样的动词,须有相应的观察、分析和抽象概括能力,而且应该在对那些简单的、看得见的行为已经有认识并能够表述的基础上。我们似乎不能想象，在原始人群体已经开始使用比如"找、狩猎"这类动词时，他们还没有创造出"走、叫、打"这类动词、还没有在这些词中形成的相应概念。就这一点来看，HPL 假说认为原始语是从表达命题的 HU 开始，并不符合事物发展的普遍逻辑。事实上我们应该认为，如像"找、狩猎"这样的动词，只能在原始语言已经进化到一定的程度，已经拥有了一定数量的指称真实世界"可见"片段的词汇的基础上，被创造出来。

另一类"看不见"的行为，涉及我刚才已经提及的那个问题：为什么语言不能描述因而人"看不见"也不区分"原子"身体动作（参看本书第二章第三节关于"痛"这种感觉经验和语言描述的关系）。需要说明的是，对这个问题的说明只是我的推测，并未受到直观实验数据的检验，所以我并不排除被批评或者在将来的某个时候被推翻的可能。我的推测基于这样两个观察事实。一个事实是，所谓的"原子"身体动作，我指的是：比如"伸（手）"这个一般会被认为最简单不过的动作①，其实对于我们的视觉是一连串动作的组合，我们看见（a）处于静止状况的手（下垂或弯曲状），（b）手从下垂的状况中抬高或者由弯曲的状况展开，（c）手抬到一定的高度或者展开到一定的程度，并在若干时间内保持这种姿势。

相关的另一个观察事实是，现代人类语言中几乎没有动词可以单独指称这类"原子"身体动作，在已经足够发达的现代语言中，这类身体动作反而要用更复杂的，由若干词语按照相应语法规则构成的短语或句子才能描述。我在刚才的描述中使用的"静止、抬、展开、保持"之类动词，原本都不是指称那些"原子"身体动作（我所说的"原子身体动作"），并不是一些研究者主张的"语义原子"（semantic primes）。语义原子被认为是词义的基本结构成分，它们在所有语言中是普遍的。有兴趣的读者可参看（Goddard，2002，2010；Wierzbicka，1992，1996，2002）。

我认为对这种现象的解释，或许需要追溯到手势作为交际手段的原始时期。虽然手势原始语假说并不被普遍认同，但是依据动物行为研究对当

---

① 为了不使我的讨论陷入与语言相对论并非直接相关的繁复，我在这里不用上文和以前（蒋国辉，2016）的讨论一直沿用的"走"这个动词。实际上，辞典上在"走"的释义中描述的那些动作，归根结底并不是我在这里所说的"原子"动作，而是与我描述的"伸（手）"在同一层次上的动作。

代猴类和大型猿类动物的观察，我们或许不能否认，与它们有共同祖先的人类在原始时期，也经历过以手势作为交际手段的进化阶段；可以争论的仅仅是，现代人类语言是否原始手势的直接继承和发展。就此我认同 Corballis（Corballis, 2012）的一个观点：在谈论语言的起源和进化时，我们有必要区分 language 和 speech。现代人类语言是有声语言，但是如果我们谈论的是广义的"语言"，那么手势原始语应该也是谈论的对象，也是人类在进化过程中曾经拥有过的一种"语言"形式。即使我们不认同手势原始语和人类现代语言在进化上的连续性，手势原始语对于人类智能发展的作用，也是人们在讨论语言起源和进化时不应该忽略的。这也是我做出以下推测的基础。

顺便指出，这样谈论手势原始语，与我坚持认同的"思想分析工具说"并没有龃龉。这是因为，虽然没有实验数据，以下的推测也并非不值一驳：原始人的手势，并非仅仅是用于操控的交际手段，他们可能也会试图用手势来传递"关于世界"的信息，就像现代聋哑人使用的手势语。

手势原始语，顾名思义就是以手的动作（或许也包括其他一些身体动作）来传递信息。手势怎样传递信息、可以传递什么信息，不是我要讨论的问题，但是有一点我们似乎可以肯定，手的任何一个动作，都不可能编码和传递关于这个动作本身的信息。这样的不可能，与人要抓着自己的头发把自己提起来，是同一种生理物理现象，不是人的主观能力和愿望可以改变的。我不能断言这里是否有 Baldwin 效应的作用，但是可以推论，人的智能行为在手势原始语阶段受到的这种限制，最终进化为具有基因信息基础的行为习惯，成为人的语言能力的组成部分。这种能力对同样承载信息的有声语言的产生，预先就做出了限制：有声语言不可能产生出语言手段，将手势原始语用作信息载体，而不是信息本身的"原子"动作（可能主要是手的动作）不能传递的关于这种动作本身的信息，"无中生有"地编码为有效的有声语言信息。这就像任何一个音位或音位组合，是语言信息的载体，却不能传递关于它们自身的任何对于交际有效的信息。我们当然需要大量的调查和统计来检验，没有描述"原子"身体动作的动词，是否是普遍的语言事实。

关于"原子"身体动作和语言的相关性，是语言相对论一个很好的论据：虽然人的眼睛无疑能够看见这些"原子"身体动作，但是因为语言没有提供编码这些身体动作的手段，普通人对真实世界的观察和描述也就未能达到（或者更确切地说是"忽略了"）这个层次。换句话说，在语言世界图景中，这些物理性的真实世界片段并不存在，它们不是语言世界图景中包含的关于真实世界的有效信息。语言世界图景的这种状况，似乎是对Wittgenstein那句话一个较好的诠释："我的语言的边界就是我的世界的边界"，如果我们将"世界"理解为"世界图景"。

需要强调的是，这种"原子"身体动作并非不能被语言描述。我自己在上文的论述中，自己已经这样做了。我们在这里需要注意的是语言相对论的解释范围：语言当然可以描述这类"原子"身体动作，就像语言可以在文学作品中或者在科学论述中，描述人的全部生理、心理和精神状况，描述物理世界的所有细节，但是语言相对论并不解释这个层次的现象，因为它们并不是"语言对思维的形成力作用"的结果。

第四节 现代语言的词汇系统和语言世界图景

研究语言起源和进化的人们，基本上都认同在语言产生和发展的最初阶段，（为了简化不必要的烦琐，我们姑且认为）已经有名词和动词存在，因为就原始人类对世界的认识能力的发展过程而言，在语言产生的那个原始时期，最早产生的词可以粗略地被表述为用于给存在于外部世界中的、人能够通过感觉器官直接经验的事物和它们的运动贴上标签。不过研究者的这种描述，实际是基于普通人对他们面对的真实世界的感受。在上文的讨论中我们至少已经看到，比如动词描述的行为，并不是人通过感觉器官直接接收到的来自外部世界的物理信息。

如果依照Bickerton对原始语言的定义（Bickerton，1990），语法产生以后，原始语言就进化到了现代语言阶段，那么现代语言的绝大部分词汇与语言的起源和进化这个议题，其实已经没有太多的联系，因为它们更有可能是在语言进化到现代语言阶段后，人类基于理性的观察、分析和概括的创造行为的成果。这样的创造行为，本质上已经是在语言对思维的形成力作用下完成的思维活动。语言对这种思维活动的制约，我们大致可以从以下几个方面来观察。

一 任意的语音串

当代语言研究中一个被默认的事实是，无论将 Saussure 所说的从前辈继承下来的遗产追溯多远，语言的发展和变化主要在于词汇系统的扩大和更新；而词汇系统扩大的基础，是在科学和技术进步的前提下，人的生存相关活动的规模、对世界的认识和思考的范围不断扩张。如果我们基本上认同这样的观点，那么，一个随之而来（当然并不是来自人类语言史专门研究领域）的推论就是，从人类最原始的语言在大约 50000 年前产生之时，到大约 6000 年前的两河文明这段时间，人类生存环境和生活方式的变化是相当缓慢的。没有科学技术帮助人类扩大活动和认识的范围，相应地也就没有快速增长的称名行为和基于这种行为的信息交流的需求。我当然不能评价在语言发展的这个时期内，人类创造和掌握了多少词，但是我认为一个比较可信的推测是，现代人类语言的基本词汇，大致应该就是在那个时期内产生并且是那个时期的语言词汇系统的大部分。各种语言的这类基本词汇有一个共同特点，就是它们都没有可以从词源的角度来论证的内部形式。用语言起源和进化研究的说法，它们最初是人用语音形式给外部世界的事物"贴标签"的产物；或者用现代语言学的术语，这是语音和意义的任意联系。

在前文的论述中，我已经详细讨论过原始词的产生对语言相对论思想有什么意义，这里还需要再次强调的是，当原始人类群体中一个智力超群的个体第一次将一个报警叫声（或者其他叫声）变成引起叫声的刺激物的称名标签时，我们还不能认为原始词已经产生。只有在人们开始用这一串声音来指称两个以上对象，或者说当一串声音具有了优于身体动作的指称功能，即一串声音不再只完成不能离开身体动作的"现场实指"时，这串声音才成为一个词，这样的词才是具有了概念意义的类名。这是因为，用这种原始形式的词来指称两个以上的相同事物，人需要看出并认为这些事物有共同的特点，这已经是一种哪怕很原始的抽象思维活动，而这个思维活动始于事物的名称，并在这个名称中完成。这个名称，其实就是代替身体动作用于现场直指的语音串,这是最原始的语言形式。由此我想说明的,仍是语言相对论的那个基本思想,即思想(概念)是在语言中而不是在语言之外的某个过程中形成的。语言和思想的这种关系,可以追溯到原始词产生的阶段。在这个意义上,我们应该也可以认为:从起源的角度来看,词的意义和思想是同一的。

  不再用于现场直指,实际上就是一个语音串已经创造出一个心理形象。说"创造"了一个心理形象,我并不是断言,没有语言的原始人甚至动物头脑中不可能有形象,这是我不能证明的,不过我们需要记住的一点是:那一类形象和这个语音串创造出来的形象的区别至少在于,后者不再是私人的心理状况,而是可以作为信息被传递、被接收和理解。另外,虽然我不能证明没有语言的原始人或者动物头脑中的形象是什么,但是从一些逸事性的报告,比如鹰、大象、海豚等动物会长期记住与它们相关的某一个人,我们似乎可以推测,动物头脑中的形象只是某一个事物的具体形象。而语音串创造的形象,当语音串用于指称一个以上的事物时,这些事物都通过语音串,与人的头脑中唯一的一个心理形象联系起来,这些事物之间可能的各种差异,都在这个语音串(名称)中被消除。正因为如此,我们才说这个形象是语音串创造,而不是感知觉的经验所致。这也许是与上文说的那些动物头脑中形象的又一个实质性区别。这样的形象,或许就应该被认为是概念的原始形式。事实上,甚至对于现代的普通人,关于某个有形事物的概念,就是事物名称(词)在他头脑中引导出的心理形象。

现代语言词汇不断扩充的主要来源,就是指称被人在真实世界中新发现的或者新创造的事物的名词不断被创造出来,或者用我们讲述事物最原始的名称产生时的说法:给新认识到的真实世界片段贴上标签,尽管现代人创造的(比如)名词指向的真实世界片段,显然已经不是原始人用一串声音指向的一个事物。用"贴标签"的方式给真实世界片段称名,单从形式上看,仍是现代语言产生新名词的基本方式,但是这与原始词的产生是本质上不同的现象。

已经是现代语言使用者的现代人，在给新认识到的真实世界片段称名时，他创造的已经不再是他面对的那个个体事物的名称，而是一个类名。这个创造活动的目的其实很明确，尽管可能不一定是创造者有意识为自己制定的：创造任何新名词的现代语言使用者，从一开始就没有把他创造的（普通）名词，看作给他在完成创造行为时面对的那个个体事物贴上的语言标签；也不是要用它作为身体动作的替代物，用于现场直指，而是要用它来思考和谈论真实世界。名词一旦被创造出来，被它称名的那个个体事物在场与否、是否实时地作用于使用这个名称的人的感知觉，对于理解和使用这个名词已经不再有任何意义。人们可以在任何时候、任何一句话中使用这个名词，并且知道他们使用这个名词，可以指称与名词创造者在创造名词时面对的那个个体同类的任何一个个体。用语言学的表述就是，现代语言中名词的指称对象，并不是每一次话语中可以用这个名词来指称的个体，而是这个名词的语音形式引起的心理形象。在范畴理论中，这个心理形象是一个（基本）范畴所有成员共同的整体外形轮廓。在现代语言中，任何名词一旦被创造出来，就不再是触发这个创造行为的个体事物的名称，而是一个心理形象的"标签"。

人类现代语言的名词具有这样的属性，并非源于名词创造者的主观愿望，而是语言对人在创造语言单位时的制约。这个制约就是，在正常状况下，没有人能够创造出仅仅是一个个体事物的名称的普通名词。换句话说，普通人在经验到一个他此前从未经验过的"东西"时，他的确可以在他使用的语言允许的语音组合范围内，用任意的语音串给这个东西"取一个名字"。但是普通人可能不会意识到，他其实并不能给这一个东西取一个名字；人在现代语言中完成称名行为，创造的只能是一类事物的名称、而不是个体的名称。意识不到人在称名行为中受到的这个限制，当然不能归结为普通人的归纳推理能力的限度或者他没有关于语言构词规则的某种命题知识。这是语言的制约：语言中间世界就是如此，在那里，所有的普通名词都是类名，没有人可以随意改变语言中间世界的结构，在其中嵌入指称个体的普通名词。

说语言构建的中间世界就是如此，虽然现在还只是从语言相对论的立场观察若干语言后，通过归纳提出的并未被相关科学部门用实验检验过的假说，不过，一些经验事实却可以为我们提供思考的线索。一方面，并不需要任何实验来检验，我们就可以比较有信心地断言，普通人在日常生活中，并不能物理性地经验到事物的"类（范畴）"，他能够经验到的，只是每一个具体的事物，这是因为，真实世界里并不存在可以被人通过感知觉接收到的、物理性存在的"类（范畴）"。

另一方面，似乎原初地是针对个体创造出来的名词，并不能作为个体的名称进入普通人关于真实世界的思维活动；换句话说，在普通人的日常生活中，如果没有特定的限定（语境、上下文、限定名词指称范围的词语等等），说出一个名词，已经不再能完成指示性手势或者替代它的原始语音串的功能，将人的思维活动引向真实世界中的一个个物。

尽管这只能是推论，但是从我对"第一个"名词产生过程的猜测中，我们已经可以看到，语言对思维的形成力作用，并不是在语言进化到某个阶段才出现的"异化"效应。由替代身体动作的现场直指行为，发展成两个以上同类事物的共同名称（一类事物的名称），是一种比传递信息更复杂的智能活动。语言对思维的形成力作用，也需要从这个称名行为结果的角度来观察，而不能理解为，在人们最初给事物"贴标签"的时候，语言可以规定人选择或不选择某个语音串的智能行为。在生理物理层次上，人不可能用一次指称行为（一个身体动作）同时指称两个（以上）即使他认为同样的事物，这样的指称行为只能在心理上完成。既要在心理上完成，又要使这个指称行为成为公众信息而不停留于私人心理状况，则这样的指称行为必须外显。由心理状况向外显指称行为的转化，并没有物理对象介入，它只是一种符号的操作。而这种符号对于人类而言，最初就是承载一定信息的语音串。我们或许可以认为，选择语音串作为指称手段，是人类进化过程中的一个偶然事件；但是，即使可能偶然选择了或创造了其他的称名手段，由个体的"标签"到同类个体的共同名称这样的思维活动，也只能在可供操作的符号，即作为"标签"的某种可以对信息做出编码—传递—解码的手段出现之后，在符号中完成。

归结起来，将"标签"转化为名词的过程，可能是最原始的言语思维活动。这个活动受到的语言制约或许可以表述为：称名这种创造行为，原初地是被真实世界中物理存在的事物触发；但是由"标签"进化为名词，就不再是被物理性刺激触发的行为,这样的思维活动是被已经存在的"标签"触发的:为了扩大标签的使用范围,原始人需要完成哪怕最原始的抽象思维,即观察、比较、分析、概括。而这样的抽象思维活动能够被激发、被完成,仅仅是因为有了这个最原始的语言形式(语音标签)。作为思维活动的结果,标签就进化为名词。语言对词的产生这个最原始的思维活动的制约,或许就应该从这个角度来理解。

二 构词理据

词的语音形式和意义的任意联系,是语言学一个公理性的表述。在语言起源和进化的语境中讨论语言对思维的形成力作用、语言塑造人的世界观这些语言相对论思想时,我们可以从另一个角度观察到,这种任意性归根结底也表现了语言对思维的形成力作用。

事实上,在任何现代语言的词汇系统中[①],语音形式和意义的联系完全任意的词,只是为数不多的一批没有可以论证的构词理据(或者叫内部形式)的基本词汇。顾名思义,基本词汇在任何一种语言中,都是最早出现的那些词;但是这类词在语言发展的某个阶段就不再继续产生。无论语言研究者从构词的角度怎样解释这个现象、是否认同在词汇系统的发展过程中确实有过这样的阶段,我认为我们至少有两个理由可以做出这样的推测。一方面,如果一种语言中数量可能以十万计的词汇都有任意的语音形式,我们几乎可以断定,这对于人的记忆存储能力是一个难以胜任的负担。这不仅因为人要学习和掌握如此众多且没有任何规律可循的语音组合,根据"学习瓶颈"理论,如果不是绝对不可能,也非常困难。不仅如此,更重要的是,这种记忆的困难限制了人创造词语的能力,因为任何语言都只有有限的一套音位,语音的组合也有限制,于是,人在每一次运用任意语音组合创造新词时,都需要"查阅"他的母语中完整的词汇系统,寻找到还没有被使用过的而且被语音规律允许的语音组合。这显然不是我

[①] 说任何现代语言并不是一个严谨的表述,因为我能够描述的不过是若干印欧语言和汉语,不过这对我的讨论并没有太多的负面影响,因为我们应该不能否认,语言对于人类的任何一个群体、任何一个个体都是同一性质的存在物。

们在现代语言（即 Saussure 所说的永远只能是从前辈继承而来的语言）中能够观察到的创造新词的方法。

另一方面，在人类自身和语言的进化过程中，人类不可能永远停留在用任意的语音串沿用或改造某种叫声或者随机拼凑数个音素给事物"贴标签"的阶段。随着智能的发展，以称名的方式创造新词，也逐渐发展为以理性的思考为基础的言语思维活动；也就是说，人创造新词来指称事物，是从"为什么这样称名、怎样称名更合理"的思考开始。这就是后来在语言学中被称为构词理据的雏形。构词理据实际上已经是语言对真实世界的描述，而不是人对真实世界的感知觉经验。

我们当然不能将人在给真实世界片段称名时的那种理性思考，想象为哲学家的思辨或科学家的观察分析，这不过是完成称名行为的那个人，无论他是创造科学术语的学者还是日常生活中的普通人，在创造名称时的一种选择行为。与任意语音串相比，运用构词理据创造新词，一方面是对已经存在的语音串的重复运用，减轻了记忆的负担；另一方面，构词理据归根结底仍是一种任意的选择，是名称的创造者选择被他称名的事物的某一个或若干特征，作为重复或部分重复使用的某个语音形式来指称一个真实世界片段的依据。

用这种方式创造新词，一个最显著的特点就是：相对于同一个真实世界片段，不同语言采用不同的构词理据；以不同构词理据产生的词，因此为不同语言的母语者构建了不同的语言世界图景。比如指称"火车"这个真实世界片段，英语 train 的构词理据是"拖、拉"，源自拉丁语 trahere（=pull，draw）；俄语 поезд 的构词理据是"行驶"（ездить）；汉语"火车"的构词理据是"由（烧）火驱动的车"。创造这个词的英语、俄语和汉语的母语者，分别而且任意地选择了同一真实世界片段的不同特征，作为"火车"这个词的构词理据。以构词理据创造真实世界片段名称的言语思维行为，是现代语言最基本的构词方法。按照构词理据创造的有内部形式的词，在任何语言中都是词汇系统的主要组成部分，不断扩大的词汇系统中新增的都是这种词。

这类观察可以导向我在（蒋国辉，2016）中论述过的那个思想：就对物理世界朴素的、前科学的观察而言，从生物生理属性的角度，所有人是相同的观察者；从心理状况的角度，每个人是区别于任何人的独立观察者。能够将人类一个群体中的所有个体作为相同的观察者凝聚在一起的，只有语言。以构词理据的方式产生词这个语言发展的过程，正好能为这个思想提供一个观察的角度。不过，要可信地解释这个观察事实，我们仍旧会面对缺乏直观实验数据的困境。没有这样的数据，我们很难回答两个问题：

问题 1，为什么不同语言的母语者在创造新词时，会选择同一真实世界片段的不同方面作为构词理据。这个问题当然可以简单地用文化特质来解释，不过我并不认为从文化差异的角度，能够触及这个问题的实质。

问题 2，为什么人在创造新词时会采用这个（些）而不是那个（些）特征。这个问题还可以从另一个角度来表述：如果认同语言相对论思想，我们就需要回答一个问题：假设同一语言的若干母语者互不相干地为同一真实世界片段称名，他们是否会受到什么制约而采用相同的构词理据。

问题 1 本质上是研究者至今不能证据确凿地解释的关于语言起源和进化的问题。选择事物的什么特征作为其名称的构词理据，与选择什么语音串来作事物的"标签"，在选择的随机性这一点上，并没有实质性的区别。它们的不同仅在于，如果我们不能理据充足地判断，以任意语音串的方式产生词这个创造性行为，发生在语言进化过程中的哪个阶段，那么我们可以相对肯定地认为，构词理据的选择是语言相关的，因此这种构词行为（主要）发生在不同语言已经分化形成之后，是一个大概率事件。而且，在不同的语言中，真实世界某一片段的一些特征被选作构词理据，另一些特征被忽略，显然不是人的大脑相应神经中枢加工感知觉经验的结果；也不是真实世界片段本身对观察者产生了某种作用（"注视"着观察者），引导了他对构词理据的选择。对同一个真实世界片段完成称名行为的不同语言的母语者，通过感知觉接收的来自真实世界片段的物理信息，大致上应该是相同的，但语言事实是，他们选择了不同的特征作为构词理据。

站在语言相对论的立场，认为抽象思维活动只能在语言中完成，我们就应该说，这样的构词行为是在语言的制约下完成的。我当然并不认为，我们可以从语言相对论的角度，解释语言起源和进化的生物生理属性相关问题；也不能理据充足地断言，构词理据与人在言语思维活动中的神经生物生理属性截然无关。没有直观的实验数据，不仅语言相对论，包括语学、心理学、神经科学和认知科学在内的各种研究，现在都不能确切地回答：大脑神经活动的什么机制，可能或不可能导致有相同感知觉能力而说不同语言的人，对同一个事物有不同的感知觉经验；由此也不能推论：在这个基础上他们使用了不同的构词理据。

对这个问题，我现在只能做一些我认为同语言相对论思想有关的思考。不过，有一个事实是我们能够在这种构词行为中直接观察到的：人对构词理据的选择并不是完全任意的，他并不能选择被称名事物那些没有或者不能被语言描述也就是对于他的认识（而不是感知觉）不存在的特征，来作为构词理据。同时，尽管用作构词理据的事物特征是创造这个词的人任意选择的结果；但是这种任意性并非创造者主观的随心所欲。任意的选择，也必须是哪怕最朴素的抽象思维的结果，因为创造词的人在选择时，起码会思考：这个东西像什么，这个东西有什么用，这个东西从哪里来，等等。虽然下文这个表述现在还不能受到检验，但是我们显然没有理由否认：这样的思维活动不可能在语言之外完成。

必须承认的是，站在语言相对论的立场，我们现在尚不能依据神经科学的直观实验数据来理据充足地证明，在运用构词理据的创造行为中，人们选择的注意力是被语言引导的，因此他们只能选择已经被语言描述了的那些事物特征，作为创造词的构词理据。不过我们现在至少能够说，这样的词被创造出来，成为一种语言的词汇系统的成员后，它们就让人将被语言选择的少数特征构成的世界图景，等同于他通过感知觉接收到的关于真实世界的全部信息。如果认为按照构词理据产生的词是语言构建世界图景的手段，这样的词产生后，确实制约了人对真实世界的观察和描述。

而且，尽管我们尚不能从语言相对论的角度，合理解释为什么不同语言会使用不同的构词理据，但是同出自任意语音串的最原始的词汇相比，我们或许能够用语言相对论的观点来解释问题2。当我说人可以任意选择真实世界片段的特征，作为指称这个片段的名称的构词理据时，我依据的是我认同的那个语言起源和进化的假说：语言的起源于个体的创造。个体创造词的行为不是源于群体的某种规约，但是他创造词的思维活动要受到语言的制约。这是因为，关于某个事物，通过感知觉能够接收到来自真实世界的物理信息，显然远远多于被他用作构词理据的事物特征。他的选择可能不符合逻辑的推理，也不触及被称名事物的本质，甚至可能就是他对事物偶然的个人印象，比如汉语的"火车"这个名称，并不比"蒸汽车、铁轮车、轨道车、长串车"之类的名称有更充足的理据。这些可能的名称已经能够让我们想到：这个真实世界片段被称为"火车"，仅仅是因为创造这个名词的人任意选择了这个片段的"由（烧）火来驱动"这个特征。

基于"火车"这个观察事实，我们还应该认为，在构词理据的选择中，语言的制约表现为：并不是某个或若干特征能否代表事物的本质或者对认识事物有什么重要性，而是被选作构词理据的特征在语言中已经有表达形式。换句话说，能够追溯词源（内部形式）的词，都不是语言中"最原始的"基本词汇，按照构词理据创造的词，是基于已经存在的基本词汇的形式和意义（的一部分或全部）。比如，我们可能不知道为什么"火"和"车"被创造这个词的人选择作为构词理据，来给真实世界的"火车"这个片段称名，但是我们可以断言，这样的特征能够被选作构词理据，是因为指称这些特征（真实世界片段）的词（名词"火"和"车"）已经存在。

由此我们可以推论，假如一个真实世界片段的名称不是被这个人，而是被那个人创造出来，那个人当然可能任意地选择另外一个（一些）特征作为构词理据；指称这个真实世界片段的词，可能就会是另一种形式。重要的是，不同的个体可能采用不同的构词理据，但是他们受到语言的制约是相同的：他们不可能仅凭感知觉经验，选择构词行为针对的事物那些可能的、但是却没有被语言描述的特征。换言之，没有语言的引导，人不可能任意地将真实世界片段的某个（某些）特征，作为构词理据来创造新词。

三　行为和动词

对于思维方式和世界观无意识地受到语言制约的普通人，他周围的万事万物以及他（它）们可能的运动、行为，都被他认为是他能够凭感觉经验到的，比如看到、听到等。但是我在第六章第二节的讨论中已经说明，如果哲学和任何科学研究至今未有充足的理据，质疑事物对于人的感知觉的物理存在，那么，我们并不需要完全依赖相关科学的直观实验数据，就可以通过内省，符合逻辑地推论，语言用动词为我们描述的真实世界片段比如人的行为，并不是我们能够看到的在真实世界中物理性地发生了的身体动作，而是我们通过语言看到的世界图景。

我从语言相对论的角度，论述对动词的产生和动词与人认识的真实世界的相关性，当然还需要接受实验检验，当然也可能受到批评和修正。但是，如果基于对动词的这种认识，我们可以看到的是，现代语言中大部分词汇包括绝大部分动词，都是用来构建语言世界图景、塑造人的世界观，并不是真实世界中的物理存在在语言中的替代物。说"大部分""绝大部分"，其实只是在语言相对论并未真正受到检验时，为了让来自思辨和推理的解释较为可信的一个妥协的说法。从语言相对论的角度，更确切的说法应该是，现代语言的词汇系统，整体上就是语言中间世界的组成部分，它为人的认识构建了一个并不等同于感知觉经验的语言世界图景。

除了我在前边描述过的与人的身体动作直接相关因此似乎不太容易向普通人解释为什么我们不能看见的那些行为（比如"走"），现代语言词汇系统中的绝大多数动词描述的行为，都不是我们看得见的身体动作，这个说法似乎并不难理解。对此我在第六章第二节中已经作了一些说明。在那里我的讨论可以表述为"向微观的方向"，涉及的是人为什么不能在"前科学的、朴素的"的观察描述中，认识那些"原子"身体动作，不会在日常的交际中传递关于它们的信息。这一节的讨论，则可以表述为"向宏观的方向"，涉及的是那些因为语言可以描述，就被普通人认为是可以物理性地经验到、可以在身体动作的层次上完成的行为。

其实，可能并不需要语言研究者佶屈聱牙的解释，普通人只需简单观察一下自己的日常生活，就可以发现，可以用一个动词来描述的那些日常生活中最常见的行为，比如工作、学习、旅游、驾驶、锻炼、做饭、睡觉、扫地、聊天、买菜等，都不是人们直接的感知觉经验（能看到、听到的）。事实上，让普通人讲述比如"睡觉"是一个什么行为，他能够说出来的，只能是由若干连续的身体动作构成的一个情景，尽管对于他自己思考真实世界、对于在交际中传递关于真实世界的信息，这些身体动作都不是相关的要素。

为了从动词产生的角度更进一步说明语言怎样构建了世界图景，我将描述这类行为的动词分成两类。

第一类动词描述的，是人类在生理机能和智力的发展以及科学和文明的进步过程中，与生产活动、社会活动和生活相关的各种行为，就此我们至少可以认为，在已经进入文明社会的所有语言文化集团的语言中，都有描述这些行为的动词。我在（蒋国辉，2016）中对这类动词做了详细的讨论。一个基本的思想是，诸如吃饭、工作、学习、锻炼这类行为，都是由若干可以看见（或者同样不可以看见）的身体动作或者行为组成，人们只能谈论和思考这些行为，不能看见甚至也不能完成这些动词描述的行为本身。换句话说，这些行为只存在于语言构建的世界图景中，但是人在语言的制约下，不能将这些行为与他们从真实世界接收到的物理信息区分开，他们会认为自己能够看见并能够"身体地"（bodily）完成这些行为。

第二类动词是我在这里讨论的重点，它们是讨论语言相对论思想的一个有用的观察事实。我以印欧语言运用构词词缀产生的动词为例，来说明这个问题。观察这类动词，我们大致可以从两个方面谈论语言对思维的形成力作用和语言塑造的世界观。

一方面，对比汉语和印欧语言比如俄语，我们可以看到，俄语使用构词词缀构成的动词如 отходить（离开），уходить（走开），переходить（越过），проходить（走过），приходить（走来），входить（走进），выходить（走出），заходить（走去），исходить（出发），расходить（分开走）等，在汉语中没有对应的动词。如果我就此断言，俄语动词描述的这些行为，对于汉语母语者的观察和认识不存在，可能会招致在关于爱斯基摩语的"雪"的讨论中那类对语言相对论的批评。特别是以汉语为母语的语言研究者，会用他们认为显而易见的语言事实来反驳，认为汉语母语者可以完全正常地说出也就是能观察和认识到"走开、走过、走进、走来"等。然而仔细观察这些词语和被它们描述的真实世界片断，我们看到的事实，就是汉语和俄语母语者不同的世界观。

汉语母语者的确可以在看到一个人从某处走开时说"他走开了"。而且我们也不太可能认为，在汉语母语者说这句话时，如果俄语母语者相应地说"он отошел（他走开了）"，他们凭视觉看到的，是真实世界中物理性不同的情景。但是如果语言研究者仔细分析汉语的词汇和语法结构做出的描述，他们就应该认可：汉语描述的"走开"是"走"这个行为 + "离开了某处"这个行为构成的情境。"走"在这里是一个独立发生在真实世界中的行为,不论这个行为的结果是"进""出""上"等。在日常生活中。显然也没有汉语母语者会认为,他在说某人"走开、走过、走进、走上"时,他看到的"走"这个行为本身(姑且假定他能够"看见"这样的行为),在这些情景中是不同的行为。

而俄语母语者恰好就认为,在 уходить, входить, приходить 这样的情境中,不同的行为是物理存在而且能够被他们"看到"的;它们不是同一个行为在语言中被不同地描述。换句话说,在语言的制约下,俄语母语者认定 уходить(走开),входить(走进),приходить(走来)之类是真实世界的物理性存在,虽然事实上它们仅仅存在于俄语为他们构建的世界图景中。在这个世界图景中,"走"这个行为的运动方向作为行为的一种属性,被构词形式固定在动词的语义中,由此在俄语母语者的世界观里,不同行进方向的"走",就是不同的行为。汉语母语者的语言世界图景,则因为没有这样的构词方式对真实世界的划分,与俄语母语者的语言世界图景并不相同。

下面我不打算再从词源的角度,来深入讨论为什么俄语会产生不同的动词,描述汉语母语者在不同情景中看到的、只用一个动词就能描述的行为(或者说要用两个动词才能描述的行为,这对阐述语言相对论思想没有实质的影响)。我要说明的只是,如果我们不能认为,或者没有任何考古学、古人类学或动物行为研究能够证实,没有语言的原始人类中的某些个体或群体,可能由于某种神经生物生理属性的变化,获得了某种特殊的能力,以致他(他们)单凭感觉,就能经验到其他个体或群体经验不到的比如上述现代俄语动词描述的那一类行为,那么我们就只能认为,这是在语言发展到已经拥有足够的基本词汇、可以通过构词理据来产生新词的阶段,一个语言集团的人们或者更确切地说是这个群体中那个创造新词的个体,偶然地意识到某个(些)行为可以被如此描述,比如将"往某个方向运动"描述为一个完整的行为。或者说,他偶然发现的"往某个方向"之类的行为特征,并不是基于感觉器官的生物生理属性和大脑神经结构、能够物理性地"看到"的真实世界片段,而是他注意到被他观察的那个(些)行为,具有这个能够被指示出来的特征。但是这个能够被指示出来的特征，并不能成为他仅仅通过某种身体动作，比如手势，就能够传递的，可以被清晰理解的信息（思想）。这样的信息只能在语言中形成并通过语言来传递。这或许就是为什么我们需要认为，在语言发展到能够使用构词理据创造新词的阶段，创造词这个言语思维活动就受到语言制约。在这里我们看到的是语言对思想的形成力作用。

另一方面，由此我们可以进一步推测，正是由于这样的词在一种语言中被创造出来，说这种语言的人才在使用这些词的时候，开始在感知觉层次上注意到并由此认为自己确实看到了动词描述的行为，在作为构词理据的那个（那些）特征上的区别，即那些行为在运动的空间物理属性上的不同，是不同的行为。没有这些动词的语言、比如汉语的母语者，不会将注意力指向这样的区别，他们在相应的所有场合看到的，都只是同一种行为；空间特征，只是同一运动的不同表现形式。就此我们或许可以谈论语言对观察和认识这类行为乃至对人的感知觉的制约作用。

由此我们似乎还应该认为，在创造新词的那个语言进化阶段，产生出类似上述俄语动词的那些语言的母语者，其实能够意识到语言对他的观察和注意的引导作用。我们并不知道，在语言无论如何都只能被看作从前辈继承而来的遗产的哪一个时期，对语言引导感知觉经验的这种意识，最终被语言消除；语言引导人的注意和观察行为，就此成为人的一种无意识状况。换句话说，人不再能意识到，他能够观察和描述的情景，是语言为他构建的世界图景。

在词被创造出来并被使用的原初阶段尚能被母语者意识到的语言描述和感知觉经验的区别（如果没有这种有意识的观察，这种动词大致不会被创造出来），最后发展为他们在语言制约下认为"我说的就是我看见的"，看来是一个可以假设的过程。然而，要将母语者这种发展至今的言语思维活动形式，表述为"语言消除了人能够意识到的感知觉经验和语言描述的区别"，在语言起源和进化以及语言和思维相关性都仍基本是假说的今天，听起来更像是一个故事。我们既不能逻辑地否认，这种发生在一些语言（比如俄语）中的构词现象，在词语被创造出来之初，尚能够被人意识到这只是他对真实世界的语言描述而不是真实世界中"自在"的物理状况，也不能用实验来检验这个意识被"消除"是一个什么过程。不过我想，在尚无直观实验数据检验的时候，我们或许可以做出一个 *ad hoc* 的推测：参照迭代学习和 Baldwin 效应，我们大致可以假设，那些被偶然创造出来的描述行为的动词，虽然在最初通过学习瓶颈迭代传递时，只是被"学习到"的一种语言形式，但是经过许多代人的传递，最终进化为具有基因信息基础的行为习惯，这就是：有这类动词的语言的母语者，已经不再能意识到：（a）当他们这样描述真实世界时，他们对真实世界的物理性经验，与不这样描述真实世界的其他语言母语者的经验，并没有生物生理层次上的区别；（b）他们认为这类行为在真实世界中确实发生了，不过是因为他们的母语这样编码—传递—解码关于真实世界的信息；（c）这样的行为仅仅存在于他们说的那种语言构建的世界图景中；说其他语言的人，并不一定这样观察和认识真实世界。

四　事物的属性：关系形容词

我已经讨论过指称所谓"事物的有形属性"的形容词的产生。这里至少有两个显见的语言事实：（a）这样的形容词存在于我观察过的所有语言（而且我相信调查统计会确认是在所有的人类语言）中，（b）这样的形容词在词汇体系中数量极少。即使这样的形容词，也是（哪怕相对原始的）归纳和推理这类抽象思维的结果。除此之外的大部分形容词，比如"高山、大河、荒地、美丽的花、清澈的泉水、辽阔的草地"等，描述的事物属性显然不可能是"有形的"，只可能是抽象思维（评价、比较等）的结果，虽然它们中的很多也是语言的基本词汇成员。如果我们同意语言中最早产生的词是名词和动词，相应于原始人对外界事物和事物的运动的最原初的观察，那么形容词和（我主要指的是印欧语言中的）副词分别是对事物和运动的更深入的观察结果，即观察并描述事物的属性和运动的属性。

我们可以观察到汉语和印欧语中有一部分形容词，就其"指称事物的属性"而言，大致可以视为以相同的方式在构建语言世界图景。这类形容词在印欧语言的语法中被称为"性质形容词"。我在前边的讨论和在（蒋国辉，2016）中，已经论述了怎样从语言相对论的角度来观察这一类形容词：它们对思维的形成力作用在于，人在语言的制约下，认为他们能够而

第六章　语言起源和进化语境中的语言相对论

且确实通过感知觉经验（看、品尝、触摸）到似乎可以独立于事物的属性（中国古代所谓"白马非马"这一类哲学思辨，正好就是对事物属性的这样一种认识），虽然他们的感知觉实际能够经验的，只是具有某种属性的事物。

我在这一节特别观察的是另一类形容词，就构词的可能性而言，印欧语的各种语言都有这样一些形容词，尽管并非所有印欧语言都用相同的标准定义这些形容词。我在这里讨论的语言现象，是俄语语法定义的"关系形容词"，下文的讨论也基于俄语和汉语的比较。

我们立刻就可以观察到的一个语言事实是，汉语没有这样的形容词。或者换一个说法：如果粗略地将形容词指称的对象表述为事物的属性，则对汉语母语者而言，真实世界的事物并没有被俄语的关系形容词描述的那些属性。反对汉语就其语法不能直接将汉语母语者的思维导入反事实推理的研究者，可能也会反对我在这里表述的观点，并坚持认为，印欧语能够表达的任何东西，汉语同样能表达。比如，俄语可以说 родительская забота，дружеская встреча，государственная тайна，汉语可以丝毫不差地说"父母的关怀、朋友聚会、国家机密"，就像说"美丽的花，清澈的泉水"一样。我们有什么依据认为，对于汉语母语者，真实世界里的事物没有俄语用关系形容词描述的那种属性。

这里的问题在于，汉语没有构成关系形容词的构词手段，这类描述在汉语中是句法现象：汉语句法允许名词直接出现在定语的句法位上做另一个名词的修饰语。就其指称的对象而言，完成句法功能的修饰语并不等于形容词，后者作为一个词类，功能就是指称事物的属性；汉语中这类修饰语指称的，仍是它所属词类的词语指称的那一类真实世界片段。具体地说，俄语的 родительский（父母的）在句子以外也有作为一个形容词的意义，即"与父母相关的、像父母一样的"等，这是形容词固有的词性和功能；汉语的"父母"在句子之外（汉语"名词 + 的"并不构成形容词），并没有这种形容词的意义。因此，就像反事实推理一样，站在语言相对论的立场，我的结论是，并不是汉语可以或不可以表达俄语（或其他印欧语）可以表达的思想、描述俄语（或其他印欧语）可以描述的情景，而是两种语言为其母语者构建了不同的语言世界图景：俄语 родительская забота之类短语，让俄语母语者的思维指向事物及其属性；汉语"父母的关怀"之类短语，让汉语母语者的思维指向在该语境中相关的两个事物，用两个事物的某种关联，来描述被修饰名词所指事物的某种状况。汉语的这种结构，当然也可以看作描述了被修饰名词的所指对象在某个情境中的属性，但是，这显然已经是另外一种世界图景：俄语母语者的世界图景是一个具有某种属性的事物；汉语母语者的世界图景则是在某种情境中有某种关系的两个事物。

虽然就其词类归属而言，俄语关系形容词指称的是事物的属性，但是作为语言相对论的观察事实我们看到的是，真实世界中的事物，物理性地并不具有关系形容词描述的那种属性。关系形容词由名词派生而来，它所指称的属性，在上下文之外只是"与（作为构词词根的名词指称的事物）……有某种关系"。在上下文中，基于被它限定的名词，关系形容词比如родительский所描述的属性可能是"与父母相关的、属于父母的、像父母一样的、父母能够给予的"等。语言对思维的形成力作用在这里表现为，虽然俄语母语者在上下文之外也不能确定родительский具体描述了事物的什么属性，但是形容词的形式本身，使得俄语母语者将"与父母相关"作为一种属性来思考。对于他们，虽然родительский这样的属性与красный（红的），полезный（有益的），большой（大的）之类属性并不是同类，但是在他们的世界观里，这样的形容词仍旧指示事物具有的一种属性。俄语母语者并不会因为不知道这个形容词在上下文之外具体描述了什么属性，而为这样的属性在真实世界中是否确实存在感到困惑。

就所谓"关系形容词"而言，俄语已经在相同的抽象思维活动中，将родительский之类，抽象概括为与красный之类一样，可以指称独立于事物而存在的属性；汉语则只是在对情境的描述中，用句法形式表达两个事物之间可能的关系。尽管有这个区别，两种语言的母语者对事物之间的这种关系的认识，都受到语言的制约，而且都意识不到这种制约。比如，汉语母语者都会很自如地说出"父母的关怀、父母的祝福、父母的经历"之类话语，并不怀疑他就是在描述他在日常生活中面对的那个真实世界，也不会意识到这些话语并没有描述真实世界中的任何物理存在。实际上，没有语言描述，甚至没有人能够经验到"父母的房间、父母的钱"这些似乎

第六章 语言起源和进化语境中的语言相对论

看得见、摸得着的事物。

这样的论述很可能让人觉得是故弄玄虚：父母的房间、父母的钱就摆在那里，你说不说、怎么说，能够影响它们的存在吗？但是少许的逻辑思考会让人理解，摆在那里的只是房间和钱，而不是"父母的房间"和"父母的钱"。房间或钱属于谁，是一种法律关系或者约定，我们当然不能把这种关系的产生和存在归结为语言的作用。我的语言相对论理论体系，也将这样的现象排除在语言相对论的解释范围之外。按照语言相对论的解释范围，说这是"父母的钱"，包含了两个层次的信息：钱为什么是父母的，是同语言无关的法律、伦理问题；"父母的钱"这个话语将"属于父母"描述为钱的一种属性，则是语言相对论要解释的问题。按照我的理论，人们认为他们能够像看到"崭新的钱、揉皱的钱、拿在手里的钱"那样，看到"父母的钱"，是因为语言为他们构建了相应的世界图景。有意思的是，除了语言研究者对此的思辨，普通人也并非完全不能意识到这种纯粹由语言（俄语的关系形容词或汉语的名词修饰语）赋予事物的属性。两弟兄分家，其中一个拿着一叠钱说"这是父母的钱，我们不能动"。另一个认为他是想据为己有，不服气地说"这钱上哪里印着'父母的钱'？你说是就是呀！"说这句话的人应该已经意识到，"父母的"是说出来的，而不是钱在真实世界中自身具有的某种属性。

除了将两个事物之间的某种关系作为事物的属性，语言还提供了另一种构建世界图景的方式，这也是我观察过的语言的共性。我指的是将事物的运动或与行为相关的状态，作为事物的临时或固定的属性。在汉语中这也是一个句法现象，即动词可以出现在修饰或限定名词的句法位（定语）上，比如"读书的学生、哭闹的小孩、奔跑的马、用过的餐具"，等等。在语法意义由词的形态来表示的印欧语中，这样的属性由动词派生出的分词（英语：growing tree, running girl, discussed theme, destroyed building）或形动词［俄语：плачущий ребенок（哭闹的小孩），павший воин（牺牲的战士），изменяемый проект（可以改变的设计），прочитанная книга（读完了的书）］来描述。

各种语言将事物的运动或人的行为描述为它（他）的属性时，描述的角度和详尽的程度不同，这当然可以从语言相对论的角度，解释为不同语言塑造的不同世界观。不过重要的是，这些世界观的共同之处也就是语言相对论原则的普遍意义在于，动词描述的运动或行为，并不是人通过感知觉接收到的来自真实世界的物理信息，而是语言构建的世界图景。将运动（行为）作为事物（人）的属性来观察和描述时，无论什么语言的母语者，可以直接从真实世界经验到的，最多只有两种状况：①看到正在运动的事物（完成行为的人）；②已经完成的行为可能在被观察的对象上留下的痕迹。运动（行为）本身更何况发生在过去、在说话时刻已经不复存在的运动（行为），是不能被看到的。人能够将运动（行为）作为属性赋予事物，仅仅是因为他们这样思考被他们观察的对象。比如看到一个正在完成某种行为的人，认为这种行为是他当下的或固定的一种特征；看到某人的身体状况或情绪，推测他可能做了什么；看到留在物体上的某种痕迹，想象物体可能受到过什么作用，等等。

归结起来就是，普通人在日常生活中对运动（行为）的观察和认识，只是一种言语思维活动，而不是对真实世界的感知觉经验（参看前边关于动词产生的讨论）。在这个基础上将运动（行为）视为属性，就只是在语言可能提供的表述手段基础上、由语言规定的对真实世界的思考和认识。

五 行为的属性：副词

相应于指称事物的名词和指称行为的动词，语言中除了指称事物属性的形容词，还有指称行为属性的词。这样的词在印欧语言中被称为副词。以"指称行为属性"这样的标准划分出来的词类，在汉语中并不存在。汉语的副词不是实词，与印欧语的副词是完全不同的词类，我在这里说的"副词"是基于印欧语的词类划分，在汉语中，这是被称为状语或者补语与印欧语的副词功能相当的句法成分。为行文方便，下文的讨论中姑且忽略这个区别，将汉语用在相应句法位上、指称行为属性的词也称为副词，尽管实际上它们按照词性，基本上是汉语的形容词。

说到"行为的属性"，我们需要面对的是这样的问题：如果真实世界中的事物对于人的感知觉大致可以说是物理存在，那么，如我在前边的讨论中已经论述过，能够被普通人用动词"说出来"的行为，对于人的感知觉并不是真实世界中的物理存在，它只存在于语言为人构建的世界图景中；而真正可以成为人的感知觉经验的身体动作，并不是语言世界图景的组成部分。就行为而言，人的感知觉和语言描述并不吻合，但是在语言的制约下，普通人会十分自然地认为，被他描述的行为就是他看见的行为。这是我一再强调的语言相对论思想。由于行为本身的这种语言规定性，由副词描述的行为属性，就只能存在于由语言构建的世界图景里。我当然不是说在真实世界里，人不可能以某种方式完成行为；说"语言规定"，我指的是，当人们使用副词且丝毫不怀疑他们是在描述行为的方式时，他描述的，并不是他用动词说出的那个行为本身被完成的方式。

这段话听起来佶屈聱牙，我用下边的例子来说明。我们至少有以下两个观察事实。

1) 我们在日常生活中能够谈论的行为，都是由若干连续的、真正能够被人物理性地感知到的身体动作组成的，但是语言并不描述这些身体动作。描述行为属性的副词，实际上却正好相关于动词并未描述的那一类身体动作，然而语言会让人认为，他就是在描述他说出来的那个（那些）行为的属性。比如，"快（慢）+走"，不论说什么语言的人都会认为，在他说出"他走得快"（he walks quickly/slowly, Er läuft schnell/langsam, он ходит быстро/медленно）时，他描述的就是"走"这个行为的属性。但是如果仔细观察，语言描述的"快（慢）"并不是"走"这个行为本身的属性。如果我们依照对"走"的语义分析，这个行为大致可以分成三个组成部分：①双脚交替抬起、放下，②带动身体向人面对的方向移动，③双脚不同时离开地面。现在我们看到，"快（慢）"这个属性，其实只同"走"这个行为的身体动作①相关：两脚交替抬起、放下的频率比平均速度更高（更低）。身体动作②和③与"快（慢）"这个属性并没有直接的关系。比如，用"快（慢）"这个属性并不能区别"走"和"跑"这两个行为，因为这两个行为的基本区别在于身体动作③。

类似的观察事实还有比如"打"：①从静止的状况中移动手臂，②手臂以一定的力量朝一个方向（经常是快速地）伸出，③手掌张开或握成拳头，④手掌或拳头接触到一个物体的表面。"用力打"实际上只是对身体动作②的描述,"重打"则是对身体动作④的描述,但是人们在说"他用力打了他一下"或"他重重地打了他一下"时,他们并不会怀疑,这两个描述就其描述对象即行为的属性而言,是同类语言现象,它们不过是描述了"打"这个行为的不同方式。

"快(慢)走与快(慢)跑"的事例,能够较为可信地说明语言如何塑造了人的世界观,用语言学中惯常的说法就是"语感":尽管在真实世界中,快走和快跑对于人的视觉是截然不同的物理状况,人们却不将走和跑的"快(慢)"看作不同的属性,这是因为,语言用这两个副词描述的,是在这两个行为中不能区分"走与跑"的那个身体动作。就对行为方式的描述而言,这是一个普遍的语言现象。例如,汉语说打、拍、捏等所有用手或某种器具接触另一物体表面的行为的"轻与重";飘、飞、上升等离开地面的行为的"高与低";看、走(跑)、扔等导致(有形或无形的)某一物体到达离开出发点一定距离处的行为的"远与近",等等。

不过这里会产生一个问题:对于我们的观察的认识,任何行为都是以某种方式完成的;正如我们观察事物时,也可以看到并描述任何事物的形状、颜色、功能等,它们也是所有事物都具有的属性。我们当然不能说事物有颜色、有形状是因为语言这样描述它们,那么,为什么行为的方式就可以被"故弄玄虚"地说成仅仅是语言构建的世界图景?在语言相对论假说之争的现阶段,我当然不可能对这个问题做出无可辩驳的、有直观实验数据支持的解释,不过,下边的解释在逻辑上应该可以成立。

事物不依语言描述而存在于真实世界中(我姑且采用这种相对单纯的表述),其属性——这是指我在前边讨论过的所谓"有形属性"——自然也是真实世界的物理存在,尽管语言可以让人以不同于感知觉经验的方式,去观察和认识这些物理存在的属性。与事物相比,普通人在日常生活中观察和谈论的行为,如我在前边的讨论中已经多次说明,并不是真实世界中的物理存在,而是语言构建的世界图景。真实世界中与行为①相关的物理存在,是组成行为的各种细部身体动作②;这类身体动作,并不是日常思维和交际行为的对象。语言和行为的这种相关性导致的结果是:人的身体动作或者物体运动的那些可以物理性地量化的特征(轻/重、快/慢、高/低等等),在真实世界中实际上只是②的属性。我们现在可以看到的语言事实是，一方面，语言能够描述这一类属性；但是另一方面，语言却不能在词汇层次上，指称作为这些属性真正载体的身体动作。语言描述行为方式的副词，实际上描述的正好就是这些细部动作，而且副词可以描述组成一个行为的不同细部动作。这个关系的逻辑在于：可以物理性量化的特征，在真实世界中只能相关于物理性存在的身体动作。

这个矛盾的解决方案，就是语言将所有描述行为方式的副词——无论他们描述的是组成行为的哪一个细部身体动作，都表述为作为细部身体动作集合的行为本身的属性。普通人在语言的制约下，并不能意识到这一点，在他们观察、描述和思考真实世界时，他们并不怀疑他们描述的就是行为本身的属性。

"解决方案"实在是一个差强人意的表达，因为说到解决方案，让我们立即联想到人的主动行为，这显然与语言相对论的主张相悖。从语言相对论的角度，我们应该把动词相关的这些观察事实，视为发生在语言系统内的现象。从这个角度我们需要面对的问题是：为什么语言中的动词只能描述行为、不能描述细部的身体动作（上文的讨论中，我已经作过解释）；为什么描述行为属性的副词真正描述的，却正好是这些细部动作的属性。这是一个具有极大挑战性的问题，它需要从动词和副词产生的角度来解释。但是在语言起源和进化研究整体上仍处于假说的阶段，我也只能就这些问题做一些假设。

我们是否可以设想，描述行为属性的副词，是在现代人类语言已经形成后的构词行为中产生的？在人类语言发展的这个阶段，构词这个言语思维活动本身已经受到语言的制约（这个说法不能仅仅理解为：印欧语言副词就其语法形态，绝大多是由形容词派生而来，而"派生"只是在语言系统已经形成后才出现的语言现象）：人能够观察、描述和思考的行为，已经被限定在语言能够描述的行为这个层次上。因此，任何能够被感知觉经验到的行为的状况和属性，虽然实际上属于同样能够被感知觉经验到的那些身体细部动作，但是，由于人的思考和交际行为都只涉及语言能够描述的行为，被语言描述的这些属性，最终也只能同语言能够描述的行为联系在一起。归根结底，这也是语言对人的观察和认识的制约。在语言的引导下，人们已经无意识地将它们看作行为的属性，而不是构成行为的身体动作的属性。

2）还有一种语言构建的、行为相关的世界图景是：还有很多副词（汉语的状语或补语）描述的属性，实际上与组成一个行为的任何身体细部动作都没有关系。我指的是比如"温和（诡谲、无奈、奸诈）地笑"这种对行为的描述。就其语义成分而言，"笑"也是由若干身体（面部）动作组成，但是这类副词对"笑"的描述，都与完成"笑"这个行为的身体动作没有关系，它们描述的实际上是完成这个行为的人通过这个行为表现出来的某种心理状况。在语言的制约下，人们都会认为，在他说出比如"他温和地笑"（he gently smiles, Er lächelt sanft, он нежно улыбается）的时候，他看到的就是"笑"这个行为的"温和"这个属性。

前文提到，在我观察的语言中（我相信应该是在所有的语言中）都有大量动词，它们描述的行为与刚才讨论的基于身体动作的行为不同在于，这些行为不能分解为真实世界物理存在的一些身体动作，完全是语言为人构建出来的世界图景，例如学习、工作、作战、帮助，等等。这种不由身体动作组成的、离开了语言描述就不存在的行为，自然也不可能在语言描述之外有自身的某种属性。这种行为的属性与它们描述的行为一样，也只存在于语言构建的世界图景中，不可能相应于任何感知觉经验。"勤奋（学习）、努力（工作）、勇敢（作战）、热心（帮助）"这类属性，除了存在于语言描述中，是在语言中形成的思想，在真实世界不可能以任何方式被示例，相应地也不可能引出任何心理形象。对所有的人，这都一个很普通的经验事实："他走得快"这句话可能引出关于一个双脚快速交替迈出的行走者的心理形象；"他在努力工作"却不能引出这类有某种轮廓的任何心理形象。

六　派生和词类转化构成新词：语言构建的世界图景

运用构词或构形手段，从一个词类的成员产生另一个词类的成员，在以词的形态表示语法意义的印欧语言中，是一种普遍的构词手段，即派生。汉语没有这样的构词形式，但是汉语的词可以通过其句法位置的变化，实现词类的转换，一个词类的成员被用作另一个词类的成员。印欧语和汉语的这个区别对于我的讨论并不重要：无论是派生还是词类转化，都可以归结为新词的产生。不过，通过派生和词类转化产生的词，与上文观察过的那些指称事物、指称行为及其属性的词（包括指称"勤奋＋学习、努力＋工作"这类行为及其属性的词）的区别在于，它们其实包含了一个（我暂且这样表述）大致相当于命题态度的前提："我把它（某个真实世界片段）说成……"这当然不是哲学界讨论的那种命题态度，即人在言语行为中说出一句话时，对自己话语那种完全取决于主观意向的评价。这样的构词前提，已经不是人能够自主决定的对真实世界的观察和思考方式，而是产生词的言语思维活动受语言制约的结果，这是我在自己的语言相对论理论中一贯坚持的立场：语言对思维的形成力作用、语言对人观察和认识真实世界的制约，并不是语言强制人选择什么表达形式，而是一旦选择了某个表达形式，人对真实世界的观察和思考就受到这个表达形式的限制。我们在前边的讨论中观察过的俄语关系形容词以及汉语出现在修饰语这个句法位上的名词，就是这种语言对思想的形成力作用的表现：在两个事物之间存在某种关系时，将这种关系描述为其中之一的属性，并不是真实世界的客观存在，而是语言世界图景。

我以英语的名词化现象（其实也是印欧语共同的语言现象）作为观察事实，来较详细地讨论这个问题。讨论的出发点是，如果从语言起源和进化的角度来观察，原始人对真实世界最直接的生理感受大致应该是：世界由人可以通过感觉器官直接感知到的事物组成（a），这些事物可能处于静止和运动的状况中（b）。又因为人的注意力更容易被运动的物体吸引（动物的本能？），来自真实世界的最凸显的物理信息，对于原始人或许就是事物及其运动。相应地，当语言产生时，最早出现的语言单位就是事物的"标签"和运动（行为）的"标签"。由此，语言从产生之时就反映了人类对真实世界最原始的认识：从本体论的角度，真实世界至少可以分为两个不同的部分：事物和事物的运动，在语言中这就是名词和动词的区分：名词指称事物，动词指称事物的运动（行为）。抛开对这个问题从语言相对论角度的思考，我们或许可以在某种程度上认为，名词和动词的区分，反映了真实世界在人的朴素的、前科学的观察中的结构。

英语的名词化（我只观察动词的名词化）大致分为这样几种形式。

ⅰ，通过构词手段由动词派生名词：move→movement，leave→left，refuse→refusal；

ⅱ，通过构形手段由动词派生名词：move→moving，leave→leaving，refuse→refusing；

ⅲ，没有词形变化，由相应的句法位确定：change（one's position）（动词）→change（of the world）（名词），murder（a man）（动词）→（a cruel）murder（名词）；

ⅳ，动词和名词用音位或重音区别：increase /ɪnˈkriːs/（动词）→increase /ɪnˈkriːz/（名词），use /juːz/（动词）→use/juːs/（名词）。

如果我们将事物和运动的区分看作原始人对真实世界最基本的认识，并假定语言中的名词和动词分别是这种认识的表现形式，尽管现代人类语言的名词和动词的区别并不能归结于此，那么名词化这个语言现象，已经与真实世界的物理属性没有任何关系。当人们在言语思维活动中使用名词来指称一个行为时，除了将行为当成一个事物来思考，他们实际上并不能在言语思维活动之外，将真实世界中物理存在的事物的任何属性，赋予这个被当成事物来谈论和思考的行为。换句话说，对普通人的日常生活经验而言，作为真实世界物理存在的事物和运动，并没有被任何相关科学证明可以互相转化；这样的"转化"当然也不能发生在人通过感知觉对真实世界的认识中。"转化"只可能出现在人对行为的谈论和思考中。将行为当作事物来谈论和思考，并不是真实世界中的行为有任何属性可以如此引导人的思维；这样的谈论和思考能够发生，仅仅是因为语言可以将动词名词化，在语言中将行为转化为事物。没有语言，人不可能将行为作为事物来谈论和思考，这就是语言对思维的形成力作用。教学语法中通常用"抽象名词"这个术语来归类通过动词的名词化产生的名词。使用这个术语，当然并不表示运用教学语法的人们理解或赞同语言相对论思想，不过按照最粗浅的理解，"抽象"已经说明这种名词表示的"事物"仅仅存在于人的抽象思维中，而不存在于真实世界。

以形态变化标示的现代印欧语言的名词化现象，显然很难说与语言的起源有任何直接的联系，因为这样的语言现象，只能发生在已经拥有完整的词汇和语法体系的成熟现代语言中。相比之下，汉语（英语也可能）只用句法位来将动词用作名词的功能，看来是表达"行为是事物"这个思想的更原始的形式。现代印欧语的名词化，是将原初地在言语行为中形成的思想，用词汇形式固定下来。所谓更原始的形式，其实能够用来更简捷地解释语言相对论思想：将动词用在应该出现名词的句法位上，传递的语法信息是"只是在句子（话语）中动词才被用作名词，行为（动作）才能被看作事物"。换句话说就是，行为被当成事物，是被说出来的，而不是真实世界中的物理存在。从这个角度我们可以对自然逻辑做出的批评是：我们显然无法认为，人产生了一个要把行为当成事物来描述的"思想"，然后用语言将这个思想传递出来，因为将行为视为事物的思维活动，就是说出相应的话语。没有将行为作为事物说出来，或者说没有语言，这样的思想并不能形成。

第五节 构建世界图景的语言规则

在谈论语言的词汇时，普通人虽然可能不会有关于语言和世界、语言和思维相关性的思考，但是似乎都可能有对语言和真实世界的关系的朴素理解，即语言中的词总是对应真实世界的一个片段：名词→东西，动词→行为，形容词→东西的性质，等等。但是如果提出"语法和真实世界有什么关系"这个问题，恐怕就超出了普通人（当然是那些知道语法是什么的人）的想象。按照教学语法接受过一些语言知识人可能会认为，语法就是把词组织在一起，造出描写真实世界或者表达思想的句子。但是这个说法是关于语法在语言中的功能，而不是语法和真实世界的关系。谈论语言（语法）和真实世界的相关性，并不是研究语言本身的学科，而是关于语言、思维和人在日常生活中能够接触和认识的世界之间的关系的哲学研究，所以，专门从事语法研究的人们，可能也不会思考这个问题。

在我构建的语言相对论理论体系中，我从语言思维相关性的角度，对这种关系的定义很明确：语法是语言用于构建语言中间世界（语言世界图景）的规则。语法可以怎样将词语组织起来，语言就为人构建出什么样的世界图景，规定人对真实世界的观察、思考和认识。我在（蒋国辉，2016）中关于句子的结构和事件的结构，就是对这些规则之一的讨论。下文的讨论是从语法的产生和发展的角度，来观察这些构建语言世界图景的规则是怎样形成的。

语法（句法）的产生，在语言起源和进化的众多假说中，可能是争议最多的一个，我当然不可能在这里讨论这些假说。如我在本书讨论开始时就说明，我的讨论实际上是假设某种语法（句法）已经以某种方式产生出来，我要观察的只是这种语法规则在形成思想、塑造人的世界观并构建语言世界图景时，可能有什么规定性的作用。关于句法如何产生和发展，我仅限于简略地观察一些研究者的观点。

一 语法

Bickerton（Bickerton，2007）将语言起源和进化归结为两个主要问题：
1) 符号单位（词和手势）的产生和进化；
2) 句法的产生和进化。

并明确地将拥有句法定义为现代语言区别于原始语言的标志。这在语言起源和进化研究中，也是很多研究者的共识，比如（Graffi，2005：8）"原始语与语言截然的区别，在于后者出现了语法：原始语没有表现出任何语法"（参看 Davidson et al.，1993；Pinker，1994；Jackendoff，2002；Fitch，2010，inte ralia）。这里的逻辑似乎很简单：syntax 的词源是"放在一起（syn-）+归置的方式（tactica）"，它在语言学中的定义也是基于这个词源：一套设定的、支配句子结构特别是语序的规则、原则和程序；没有词，自然就没有组织它们的规则[①]。

Bickerton（1990）还从句法的角度归纳出了现代语言区别于原始语言的若干特征：

ⅰ，结构成分的顺序有表意的作用（比如预设信息和断言信息的区分）；
ⅱ，零成分的出现是规定性的且可预测的；

[①] 基于将 syntax 理解为"单位的组合"，一些动物行为研究者（Marler，1977；Cheney et al.，2005）认为，因为组合表达的意义是各部分的结合，所以灵长类动物的各种可能是若干不同发音组合的叫声也有句法。这类叫声的组合被称为"语音句法"（phonological syntax）；人类语言使用的句法被称为"词汇句法"（lexical syntax）。

ⅲ，动词的题元必须有明确表达或者是语义相关的零成分；

ⅳ，有递归性；

ⅴ，有功能词。

相比之下，原始语的特征是"慢速的、笨拙的、*ad hoc* 的符号串"（Bickerton，1995：65）。

在 syntax 的这个意义上，关于语言起源和进化的音乐原始语、手势原始语假说，都没有真正讨论过语法的产生问题；与语法的产生和发展相关的，实际上只是所谓的词汇原始语假说。这虽然可能是因为这两类假说涉及的是语言起源和进化的不同阶段，不过有一点或许应该很明确：没有词，不可能有语法，这几乎是研究者在涉及语法的产生这个问题时一致的看法，很多研究者（Jackendoff，1999，2002；Bickerton，1995；Bowie，2008；Tallerman，2014a）都或明确或含蓄地表述过这样的观点。比如 Heine 等人（Heine et al.，2007，2009）就明确地指出，在词语的数量发展到一定程度时，相应的语法化过程才可能发生。最简单的例子是，至少要有两个词，才会有将这两个词组合在一起的需求。

词语发展到什么数量才会产生出现代语言意义上的句法，显然是一个不可能有确切答案的问题。不过，关于语法的产生，并不只限于语言学的解释，其他领域的研究者也就自己的研究对象，尝试对语法的产生做出相应的解释，这样的解释，与词汇的数量并没有特定的联系。比如 Limber（1969，1976）将句法的产生与认知理论联系在一起，认为在语言获得的初始阶段，话语的接收和理解，要大量依靠非语言的手段、即由认知策略提供的意义，语音解析只是将这些意义中的相关部分独立出来。这似乎表明，在这种原始的语言中，句法是由发音/听觉机制伴随产生的。这种句法包装不仅能够满足输出输入的需要，并且能够更好地传递信息，即认知结构的内容。在稍后的研究中，Limber（Limber，1982）进一步将句法的产生，解释为人类进化过程中，优势最大化和劣势最小化之间的一种折中发展结果，认为语法的创造是语言表达的意义与其形式的分离。这种分离的结果使得关于表达形式的信息代代相传，逐渐成为基因的编码，而词汇作为称名方式，仍旧保留为个体经验中易于感受的部分。

动物行为研究者对句法产生的解释则是（Cheney et al.，2005），灵长类动物已经具有与社会等级结构相关的六种知识，这是它们的社会认知能力。这种社会认知能力驱动了心理特征的进化、词汇的产生，并最终产生出句法。Cheney 等人认为，最早的句法不是什么新创，而是建立在已经存在的技能之上；也就是说，人类说出有句法结构的话语，不过是将意义赋予了动物的叫声，从这种叫声中抽取出句法、支配规则和命题信息。最初的句法或许只是说话人对他们已经理解的关系的描述，是他们关于社会关系的知识的形式化结构。

从神经生物生理的角度，一些研究者（e.g. Woodrow, 1929；Campbell, 1974；Limber, 1977；Kimura, 1979）认为：当发音/听觉排挤了图标形象的表征而成为信息传递的通道后，器官就被迫寻找相应的编码策略，这种策略有更纯粹的符号性质并且更多地依靠时间而不是空间结构。语音化由此促进了人类大脑皮层相应区域的系统发育，以此实现对发音器官和语音的时间结构的自主控制。这是有结构的话语也就是句法产生的生物生理基础。

尝试从神经生物生理属性来解释语法产生的另一个例子，是关于动词题元的数量问题。一个语言学的观察事实是，动词的题元会被限定于不超过 3—4 个，按照 Hurford（Hurford, 2007：95）的解释，这是基于"我们祖先视觉注意系统的限制，这个系统能够容许人在一个视觉情境中，最多只能明确捕获四个独立的对象"。

关于题元，还需要提及的是 Bickerton（Bickerton, 1998）的推论：在语言进化的某一个阶段，由感知觉接收到的事件相关的信息，包括行为者、领受者和行为作用对象等事件的角色，与大脑中的某一体现"词的语音形态"的区域联系起来，描述事件的句子就具有了由题元结构形成的句法形式。不过一些研究者（Dessalles, 2006）认为，在依照原始句法构成的句子中，并没有 Bickerton 假设的那些题元角色，除非 Bickerton 的假说真正能够解释，在没有语言的时候，人的感知觉是否可能并且怎样确认事件以及一个事件中的行为发出者和行为作用对象以及行为领受者。

这与我在（蒋国辉，2016）中论述的观点也是一致的：能够被人观察和认识到的事件是语言构建的，而不是感知觉经验；事件参与者在这个事件中的角色，也不是人们能够"看到"的。普通人当然可以认为，看到甲在追打乙，将甲看作"追打"这个行为的发出者，是毋庸置疑的感知觉经验。但是对普通人的认识的这种解释，忽略了一个基本事实："追打"是人们用语言对一个他们认为是被自己的感知觉经验到的情景的描述。粗略地讲，这个情景就是两个个体一前一后快速移动，后边的个体在移动时可能还有一些手或身体的其他动作。但是这个在感知觉经验中的情景，并没有被真实世界物理性地规定为"追打"；位置在后的个体，确实可能完成了一些身体动作，但是他并没有物理性地被规定为与这个情景相关的任何事件的行为主体。所以，在 Bickerton 的假说真正受到直观实验数据检验并被证实前，我认为事件参与者的角色和词的语音形式的结合，并不能理据充足地被看作句法产生的原因之一。

也有研究者（Greenfield，1991；Friederici，2011；Tallerman，2014a）认为，词的组合（即句法的产生）与组合工具的制作和使用相关，因为层级区分的能力，总体上受布洛卡区内的同一神经机制，特别是 BA44 区调控。

还有一些从语言形式的角度对语法产生的解释。比如 SMT 理论认为语法起始于词的"并合"（merge）（Bolhuis et al.，2014）：两个句法单位（词）a 和 b 并合为一个更大的句法单位 {a, b}，这个句法单位又可以与另一个（一些）句法单位并合，产生出 {{a, b}, c} 或 {{a, b}, {c, d}}。这是人类语言的语法最基本的属性即递归性的起源，由此产生出人类语言所有的语法规则。

并合是语法的起源这个观点，已经被很多研究者认同，尽管可能使用的术语不同。比如，Jackendoff（Jackendoff，1999；2002）认为原始句法的两个主要特点是：①词的生硬并置（raw concatenation，大致就是在 SMT 中被称为并合的现象），以及②反映语义角色的词序，比如行为者在先，话题在后。这样出现的有主导成分的话语是一个创新，这个主导成分结合其他词，就是最早的句法结构。Bickerton（Bickerton，1990，2009）也认为，句法最早的形式就是词汇＋并合，这是语言发展的前句法（pre-sytactic）阶段。Bickerton 还尝试从神经生物生理属性角度，对这种前句法现象做出解释，认为在原始语言中，词是被单个地传输到言语器官，而不是像现代语言那样，在被说出来之前有层级地在大脑中组合。这种串珠似（beads-on-a-string）的表达方式最终被并合取代。

Bowie（Bowie，2008）运用观察到的儿童语言，推测两个词组合的原始形式，认为一个词加上手势的组合可能先于两个词的组合。在按顺序说出两个词的言语行为中，每个词可以是一个单独的话语；说出第二个词，可能是听话人的反应让说话人产生的再反应。

也有研究者（Salzen，2000）尝试将这种词的并合追溯到动物的叫声：在一些现代语言中，词汇单位的重复使用，可能成为复数、加强或尺度意义的表达形式，这可以追溯到动物用反复的叫声来表示信号的紧张度。进一步的变异就可以扩展语言的词汇并发展出句法。

从并合的角度谈论语法的起源，还有一些研究者（Dessalles，2006）认为，原始语言的句子没有述谓性，只是将与描述一个情景相关的所有词语置放在一起，成为如像 fight-Pierre-Paul 这种形式的原始句子。接收这种信息并判断行为的发出者和受事者，完全依靠听话人对情境的知识。

Arbib 等人（Arbib et al.，2008）论述的语法结构，看上去与整语话语原始语的观点相关。按照这样的论述，以操控为目的的原始交际范围的扩大，使得操控行为可能扩大其作用对象的范围。假设原始语中有相当于现代英语 punch 和 kick 的两个词。在使用这两个词完成的操控指令中，我们可以发现最基本的句子结构 hit with your x。从这个结构中发展出了（$x =$）hand，foot 等新词，并且可以接续产生另外的词；与此同时，x 还可能被用在其他动词的语境中。这样的结构还可能导致原始语言的另一个发展方向，即与 x 相关的行为超出了操控指令的范围，发展为以叙述为目的。于是，操控性的交际就因为陈述句的出现而扩展为信息交流的交际。

研究者都试图解释语法产生的原因，但是语法到底是怎样产生的，我们现在能够看到的诸如以上论述，正如 Pinker 等人（Pinker et al.，1990）所说，除了一些具体的、孤立的实例，比如某个构词词缀是怎样产生的，某个词序是怎样形成的等，并没有研究者明确地论述过语法产生的真正过程。就算我们可以认为，一些说话人可能掌握了有 n 条规则的语法，他们的后代则可能因为语言的发展而掌握 n + 1 条语法规则，但是这套规则中的第一条来自哪里，研究者都保持沉默。完整的语法最初来自哪里，完全是一个谜，语言的起源和进化因此也同样神秘。对此 Bickerton（Bickerton，2007：518）的评价是，一些研究者选择了"避开对句法产生的解释，他们只是假设句法或许已经以某种方式存在，或许是自动产生的，又或者是被一些聪明人借助人类发达的大脑发明出来的"。

关于语法产生的另一个问题，却是这个研究领域中的争论热点，这就是：语法的产生是突变还是一个渐变的过程（Pinker，1994；Jackendoff，2002；Bickerton，1998；Davidson et al.，1993；Berwick，2011；Berwick et al.，2011；Tallerman，2014a，2014b，inter alia）。如果在关于语言起源和进化的"连续与非连续"之争中，我们可以从基因突变的角度来说明，人类独具的语言能力（独特的发音器官提供的发音能力、大脑增容和大脑神经重构提供的控制发音能力和记忆、储存语言编码的能力）是起始于个体的基因突变结果，那么将语法的产生归结为再一次基因突变，似乎有些牵强。Bickerton（1998）曾经主张句法是"灾变性"（catastrophic evolution）产生的（他后来放弃了这一主张），因为他认为，单一阶段模式比需要若干阶段的模式更简单。只是这个理由听上去更像是希望简化研究方法，而不是对研究对象属性的描述。

不过，如果将语法的产生归结为第一条语法规则的出现，SMT 理论主张的最简约规则，也不失为解释语法产生于突变的一个论据（Berwick 2011；Berwick et al.，2011），因为我们可以假设有一条最简约规则从无到有、突变性地出现，虽然有研究者（Tallerman，2014a，2014b）坚决反对这种解释。这类争论与我要讨论的问题即语法的产生和语言相对论思想已经没有直接的关联，下文我不再涉及它们。与此同时必须承认，我的讨论仍没有走出 Pinker 等人指出的困境，也只能局限于假设一些可能的语言现象，提出一些假说。只是我的假说并不是关于语法的产生和发展，而是关于（被推测的）原始语法产生的过程，可能怎样支持语言相对论的思想。

我的讨论大致是基于由并合来推测原始句法的产生。

我们确实不能想象，人类语言已经拥有了足够数量的词以后，在人们需要表达的意思比一个词能够表达的更多时，还有比将两个词生硬地并置更简单的形式。这种最原始的语法形式怎样不断发展，直到产生现代人类语言完善的语法体系，以及这样的语法体系怎样规定了人的思维方式，当然是语言相对论的一个重要研究领域，我在（蒋国辉，2016）中也做了一些初步尝试。不过，仅仅观察这种可能的最原始的语法形式，我们已经能够看到语言怎样为人构建了世界图景，规定了人的思维方式。

我们大概可以推测，这种将两个词并置在一起的原始语法形式，最早可能就是表示这两个词指称的事物是在一起的。更确切地说，因为语言的替代功能，被已经有了语言的人描述为在一起的两个或若干事物，在被讲述的时候，并非一定存在于说话人或/和听话人的感知觉中。我们甚至可以进一步推测，如果 SMT 和 Jackendoff 关于原始语法的假说是合理的，那么人类语言语法的发展，就是始于将两个指称事物的词（而不是被指称的事物）放在一起，表示并列关系。从语言相对论的角度，如果能够逻辑地说明并列关系这条最原始的语法规则就是而且只是语言构建世界图景的手段，那么，推论在"并合"的基础上发展起来的人类语言所有的语法规律和规则，都是语言用于构建语言世界图景（语言中间世界），用于规定人认识真实世界的思维活动，看来就只是一项技术工作。由此，我在这本著述中要论述的语法的产生与语言相对论的相关性，就限于对这个最原始的语法形式的观察和分析。我们可以期待，在语言相对论的研究领域内，对人类语言的各种语法形式和规则如何规定了人的思维方式、塑造了人的世界观，能够有更细节的观察和更深入的论述。

真实世界中没有任何两个事物，可以用某种物理性的标准被判断为"在一起"，哪怕它们同时出现在观察者的感知觉中，并且同样程度地引起观察者注意。我们显然不能以用某种方式连接（比如树枝和树叶）或接触（比如手拉手的两个人）作为"在一起"的物理性判断标准，因为这样一来我们就必须认为，比如，一群人只要不发生身体接触，这个人群中的人们就不在一起，这显然不符合普通人的常识。放弃这个标准，我们仍然不能用两个物体间的距离在某个限度以内，来判断它们是否在一起：茶杯和茶壶可以在一起，地球和月球当然也可以在一起①。我们显然不能认为，当人们说到这两个"在一起"的时候，"在一起"这个语言表述有不同的内涵和外延；而且我们大概也不会赞成这样的反驳：茶杯和茶壶的距离，与地球和月球的距离差异如此之大，它们不可能是同样的"在一起"。其

---

① 中国有一首民歌《在一起》唱道："星星和月亮在一起，珍珠和玛瑙在一起，庄稼和土地在一起，劳动和幸福在一起……"正好可以例证在普通人的观察、描述和思考中，什么东西可以在一起，是被"说出来"的。

实，我们并不需要思考这样的反驳是否有理，因为这类反驳反倒认同了一个事实：两个或更多事物是否在一起，并不是它们在真实世界中的物理状况决定的。人们将"茶杯和茶壶在一起"，"地球和月亮在一起"描述为同类事件，也不是因为这两个被描述为"在一起"的事件，有某种物理性的可类比性质，让人获得了相似的感知觉经验，仅仅因为是语言用同一个句子形式来描述了它们。

不过，我从语言相对论的立场对并列关系的这种解释，仍旧可能受到如下批评：仅仅说明并列关系不是真实世界的物理存在，尚不足以证明并列关系是语言构建的世界图景。不认同语言相对论的人们，仍旧可以坚持认为，空间逻辑关系对所有人的认知能力是普遍的，两个或若干事物的并列关系，也不是仅凭语言就可能产生出的关于真实世界空间位置关系的概念，语言不过是将这个概念表达出来。在没有直观实验数据支持时，即使前语言概念的存在归根结底不过是假说，我们仍旧不能基于并列关系不是真实世界的物理存在，断言与这种空间位置相关的前语言概念不存在，如此等等。

为此，我们或许可以从没有语言的动物比如黑猩猩的行为，来尝试推测这类前语言的概念有否存在的可能。

推测对外部世界的事物只能产生"刺激—反应"本能行为的动物（灵长类动物，包括语言前的原始人）没有"在一起"的概念，当然不是断言它们不能同时看到两个或若干被置放在一起的事物，更不是断言将若干事物有意识地置放在一起这个行为，没有语言不可能完成。我在这里谈论的是，没有语言，被放置在一起（我姑且搁置这样的议题：没有被放置在一起的事物，可能或不可能被那些智能发达但没有语言的灵长类动物"看作"在一起）的事物之间那种"在一起"的关系，并不能被感觉器官作为来自真实世界的物理信息接收到。

真实世界的万事万物，至少对于只能通过感知觉来感受它们的动物，就其物理属性而言，都是独立的存在物，灵长类动物包括语言前的原始人类，在这一点上并没有与动物界其他成员的实质性区别。我当然不是说，动物不能分辨事物可能的组成部分比如树和树叶或者树上结的果实；也不是否认宇宙普遍逻辑规律的作用，比如烟与火几乎永远是不可分离的存在。动物行为研究者甚至告诉我们,灵长类动物具有关于它们的社会结构和等级以及个体的知识;黑猩猩可以将两根较短的竹竿连接起来作为攫取食物的工具,等等。这似乎说明动物(更遑论在动物界已经是智能最发达的语言前人类)既能够识别单个的事物,也能识别若干事物被置于同一处的存在状况。说后一种识别的能力是语言规定的,看来相当牵强。

但是我要说,人能够物理性地看到若干事物被置于一处,或者自己能够把若干事物放在一起,同将若干事物作为在一起这种状况来观察和思考,并不是同一种智能行为。灵长类动物包括语言前的人类,是否能够在看到置于一处的若干事物或自己将若干事物放在一起时,认识到这是事物在一起的状况,并没有动物行为研究的实验报告。不过我们至少可以从以下几个方面,来讨论为什么前语言的概念"在一起"不可能产生。

首先,研究者或许都会认同这样一些观察事实:将若干事物放在一起,比如收集食物并储存起来,应该看作动物的生存相关的本能行为,因为显然没有动物行为研究者会认为,没有大脑的节肢动物比如蚂蚁在收集和储存食物时,会有若干事物在一起的概念。但是研究者同样未能证明,已经有大脑的哺乳动物乃至灵长类动物收集并储存食物,不是动物生存本能的延续而是与蚂蚁的行为本质上不同的智能行为。因此我们并没有足够的依据,认为在一起这个"概念",可以由动物的某种本能行为,比如收集和储存食物的生存相关行为直接进化而来。

那么,研究者是否能够证明,在智能发展到黑猩猩这样的高级阶段时,没有语言的黑猩猩,可能发展出与本能的生存行为无关的、前语言的"在一起"这个概念?作为论据,研究者或许可以引用黑猩猩使用工具这个观察事实。对黑猩猩智能做了专门研究的心理学家 W. Köhler,用实验提供了这样的观察事实(Hothersall,1995):将香蕉放在笼子外边黑猩猩的手伸不到的地方,然后在笼子里放两根短竹竿,每一根都不够触及笼外香蕉的长度。黑猩猩可以将两根短竹竿连接起来,做成长度足以达到香蕉的工具。依据黑猩猩能够完成将两根竹竿连接在一起的智能行为,我们是否可以认为黑猩猩有"在一起"的概念?而且,因为 Köhler 并没有报告他用作实验对象的黑猩猩掌握了人类语言的词语,所以就这个实验我们似乎应该认为,如果黑猩猩的这个行为受到"在一起"这个概念的支配,那么,形成"在一起"的概念并不是语言的作用。

我当然不能在此评论Köhler的实验及其结论。不过，如果注意到这个实验的一些细节，我们可以观察到如下一些事实。在实验中，Köhler将手指插进一根竹竿的一端，以此暗示黑猩猩解决问题的途径。如果从在Köhler的时代尚未被动物行为研究认真考虑的镜像神经的角度来解读，黑猩猩在这里的行为更有可能是模仿，不一定就是自主产生了解决问题的方法。并且，为完成将一根竹竿的一端插进另一根的行为，Köhler的实验显然已经事先做好了两根竹竿可以如此连接的准备，比如将一根竹竿的一端掏空，而且要加工竹竿的端头，使得其中的一根可以插入另一根。这样的实验，并不能证明黑猩猩可以用其他方法，将任意两根短的长条物件连接起来、制成工具；也没有证明黑猩猩有能力自己寻找两根短棍子，并将其连接起来。而这些行为，正好就需要有已经存在的"在一起"的概念。

Köhler的实验当然不是用来证明黑猩猩是否有"在一起"的概念，而是观察和证明黑猩猩有比其他动物更优势的解决问题的智能。这是因为，解决这类问题的基本生物生理特征即空间距离的感受，并不是黑猩猩的优势，其他动物对空间普遍逻辑的认知能力，并不比黑猩猩低级，比如鱼鹰瞬间俯冲并准确地捕获水中的鱼，狮子等在捕食时最后准确的一跃，等等。

还需要注意的是，Köhler在上述实验中使用了四只黑猩猩，但是只有叫Sultan的那一只完成了连接两根竹竿的行为。除了Köhler的Sultan，迄今为止没有其他黑猩猩甚至"学会了"人类语言词语的黑猩猩，通过了同样的实验。这至少可以让我们思考这样一个问题：如果存在先于语言的概念，比如没有语言能力的黑猩猩有语言不相关的"在一起"的概念，那么，完成将两根竹竿连接在一起的行为，即使不能被看作本能的行为，而是基于某个智力超常的个体（比如Köhler实验中的Sultan）偶然产生的一个概念，这样的概念也应该能够由那个最先产生它的个体，用某种方式传送给其他个体（比如通过所谓心智理论，但是黑猩猩迄今尚未被证明有心智理论）。这是因为，概念最基本的属性之一就是概念的普遍性，也就是说，它必须是一个群体的所有成员共有的，而不是某个个体的私人心理状况。所以，即使假定概念在语言不相关的状况下，产生于某个智力超群的个体，那么它必须以某种方式在群体中传递并被接受。但是在 Köhler 的实验中，我们并没有看到发生了这种概念的传送。

既然黑猩猩甚至不能向自己的同类传送这样的"概念"，那么，即使观察到黑猩猩将任意两个物体放在一起的行为，我们也不能据此推论它可能具有"在一起"这个概念，除非我们能够观察到，比如在 Köhler 设计的实验环境以外，将 Sultan 与另外的黑猩猩放在一起；经过一段时间，将另外那些黑猩猩放进相同的实验环境，它们就能完成与 Sultan 相同的行为。在 Köhler 的实验中，Sultan 自己的这个行为尚不能证明它有完全独立的、可以与原始人类相提并论的制造工具能力，更遑论"教会"另外的黑猩猩完成这个行为，因为在 Sultan 可能向后者传授的技能中，必须包含"在一起"这个概念。研究者至今没有提供关于圈养黑猩猩相互传授技能的实验报告。黑猩猩行为研究者（Goodall，1971；Ella et al.，2014）更没有观察到野生黑猩猩有 Köhler 在实验中观察到的那种制造工具的能力。

由此，虽然我们并不能理据充足地否认黑猩猩有前语言的概念，但是我们至少可以认为，即使有，它也不是我们在谈论人的言语思维活动时谈论的那种概念。我们断言人类概念具有普遍性，是因为，即使反对语言相对论的人们不承认概念只能在语言中形成，他们也不能否认，人类拥有的概念能够用语言表达，而且能够在说同一语言的所有人之间传递并被理解。

进一步观察，与现代人类有 LCA 的黑猩猩，还能完成一些比制作工具更高级的智能行为。比如动物行为研究者报告过，黑猩猩通过训练，能掌握人类语言的一些词语[①]。如果这个训练结果可信，那么我们应该能够看到这样的情景：实验人员可以对黑猩猩说出一个东西的名称，指令黑猩猩从某处取出这个东西或者将这个东西指示给发出指令的人。这样的实验或许不难完成。但是就我在这里讨论的问题，研究者至少还需要设计和完成

---

① 研究者（Hayes et al.，1951；Gandner et al.，1969）通过教授黑猩猩人类语言的实验表明，黑猩猩的发音器官完全不适应发出人类语言的语音，它能够"学会"的，最终也只是一些手语，比如 ASL 的符号。Hayes 等人试图教会一个叫 Viki 的黑猩猩人类语言的发音，结果经过六年的努力，Viki 也只学会了 4 个英语词的近似发音（mama，papa，cup，up），并且不能正确使用它们。我在下边的讨论中所说的黑猩猩学会人类语言的词语，如果按照专门研究的结果，指的也就是手势或使用一些道具，比如各种形状的木块之类。为了讨论方便，我在这里姑且不区分手势语和有声语言的"词"，这并不影响我的推论。

如下的实验，我们才能依据试验提供的观察事实推测，学会了人类语言的一些词语，黑猩猩就可以拥有两个或若干事物在一起的概念。

有一种需要的观察事实，可能永远没有任何实验能够为我们展示，因为这涉及所谓的心智理论。我指的是，改变这种实验的一些条件，比如，实验设计者可以用某种方式让黑猩猩将两件同类或不同类的东西放在一起，并依次说出（?!）这两件东西的名称。我们是否可能推测，说出了这两个名称，黑猩猩就表达出了"物 a 和物 b"这个概念？在人类认识和科学水平发展的现阶段，我们对此不可能有肯定的答案，因为如果将任意两个东西放置在一起，在没有语言表达的时候，即使现代人也不可能知道完成这个动作的人想表达什么意思。在这个意义上，研究者可以推测完成了这个行为的黑猩猩头脑中，是否产生了与此相关的某种概念，但是不可能用任何实验来验证。在这个基础上推测"前语言的概念"，就现今的科学水平，甚至在可以预见的将来，都只是研究者的一种美好的愿望。

我们或许还可以设计另外的实验，提供不涉及心智理论的观察事实，来说明学会了人类语言一些词语的黑猩猩，是否可以产生"物 a 和物 b"的概念。

我们姑且假定，被训练掌握了人类现代语言一些词语的黑猩猩，其语言能力可以类同于原始语言产生的初期只拥有若干原始词的人类的语言能力。由于语言的替代功能，掌握了词语的原始人，可以在事物并未出现在感知觉可及的范围内时谈论事物。最原始的语法规则即将两个或更多的指称事物的词放在一起，表示事物的并列关系，或许最初是在某个原始人看到两个或若干被放置在一起的事物、并依次说出它们的名称时产生的。但是无论如何，这种并列关系，肯定在某个时候会发展到在没有对事物的任何感知觉经验时，被人用仅仅依次说出两个或更多的词来表示。这个进步至少有两层含义：

i，因为这不是对感知觉经验的描述，所以我们只能认为，在同一个言语行为中依次说出两个事物的名称，是说话人自己认为这两个事物是在一起的，而不一定是被他看见的它们在真实世界中被置放在一起的状况；

ii，听到这种表述的人，同样没有在真实世界中经验到被描述的情景。但是如果反复听到这样的表述，他们至少就会知道，在说话人的头脑中同时出现了两个事物的名称；并由此知道，不论真实世界的状况如何，两个事物可以通过它们的名称，一起出现在话语中。

这种言语行为的结果是，说话人用两个词和一种将两个词联系起来的语言手段，建立了事物之间可能在真实世界中并没有物理性存在的关系（在一起），比如，在依次说出两个词的时候，在它们之间做短暂的停顿；或者在两个词之间加入一个并不属于任何一个词的额外的音素或音节，代替这个停顿。说话人说出这样的话语后，他的想法在实物缺失的状况下被听话人理解；听话人通过话语，至少获得了一种知识：两个事物可以被说成在一起，并不依它们在真实世界中是否物理性地在一起。

基于这个推测，我们或许可以设计两种方法来检验，掌握了一些人类语言词汇的黑猩猩，是否也能掌握"并列关系"这条人类语言最原初的语法规则。

一种方法，是将受试黑猩猩掌握了名称的所有事物同时展示出来，观察黑猩猩在面对这些它都知道名称的事物时，是否可以多次地重复说出其中的两个或几个名称。如果这种情况能够被观察到，我们或许可以认为，反复被依次说出名称的那两个或几个东西，在黑猩猩的头脑中是在一起的（不过这仍不能证明黑猩猩有"前语言"的概念，因为它头脑中可能只有形象）。这是因为，能够同时看到所有的东西被放在一起，它却只选择其中的若干，说明被选择出来的这"若干"，是被它当成在一起的，这是在黑猩猩头脑中可能出现的"在一起"这个画面，而不是它实际看到的某个情景。

这样的检验结果看上去很理想，但是操作却不太可能。因为一方面我们现在看到的关于黑猩猩"掌握语言"的实验报告，都是受试黑猩猩根据测试者的操控指令，完成实验设计者的设想，并没有黑猩猩自觉地掌握和使用人类语言词语的观察事实。在这种情况下，我很怀疑能否让黑猩猩听懂测试者的复杂指令：只说出东西的名称而不去触碰它们，而且只是选择性地"说出"若干东西的名称。

另一方面我们看到的是，通过训练被黑猩猩学会了的人类语言词汇，大多是与它的日常活动相关的事物的名称，因此，即使黑猩猩总是反复说出几个词，我们也很难判断，是否某几个事物，比如饲养员（拿着一个）、盒子、（里边装着）香蕉，在它日常活动中总是同时出现，使得这个情景在黑猩猩（无论是否学会了人类语言中这几个事物的名称）的头脑中成为一个固定的、能够引起条件反射的形象，而不是它认为这几个事物是在一起的。

另一种方法，或许可以让受试黑猩猩免受真实世界物理状况的干扰：不让黑猩猩看到实物，只让它接触这些事物的名称，即它学会的那些人类语言的词，观察它是否能在这种状况下，选择性地重复两个或若干词。如果黑猩猩能够完成这样的行为，而且因为黑猩猩掌握的人类语言词汇只是它能够接触的实物的标签，而不是我们作为类名使用的词，那么我们或许可认为，黑猩猩能够将两个或若干词一起说出来，至少说明在它的头脑中，产生了被它依次说出名称的个体事物在一起的形象。

然而这个实验显然也只可能是纸上谈兵，因为这个实验最基本的条件即让黑猩猩在盲视的状况下，"接触"它学到的人类语言词汇，是很难实现的。这需要有一个前提，即我们已经能够观察到，将一只学会了若干人类语言词语的黑猩猩放在一个独处的环境中，在没有任何实物刺激的状况下，它就会自己"说出"它学会的词语。唯一可能的方法，是让黑猩猩听到测试者依次说出所有它知道的词，并且在每次说完后，观察黑猩猩是否能够重复其中的两个或若干。

这样的实验，实际上也不能成功，因为我们在这里又不可避免地触及了心智理论。动物行为研究者至今没有（或许永远不可能）报告，哪怕学会了一些词语的黑猩猩，能够在学到人类语言的一些词语后，就能同时拥有心智理论，能够理解说出若干词语的测试者的意图，并且按照它正确理解的这个意图来完成相应的行为。

回到我关于"并合"这个最原初的语法规则产生的讨论，我可以进一步说明，为什么我们应该从语言相对论的角度，认为语法的作用就是构建语言世界图景。

依照教学语法（在这里的讨论中，我们不必深究各种语言学理论对语法的定义）对语法最简单的定义，语法是组织词语、构建话语的规则，所以语法产生的基本条件是，（a）人类语言的词汇达到一定的数量，（b）词汇本身可以作为独立实体被组织起来。b 的意思，其实就是人类语言的那个基本特点即替代功能：使用词语时，被词语指称的对象，可以不是被词语使用者直接经验到的任何真实世界片段。这样一来，并列关系实质上就成了词语在话语中的关系：人们在同一句话语中将两个词同时说出来时，被词语指称的两个事物并不是必须在他的感知觉经验范围内。将可以指称相应事物的词语放在一句话语中说出来，我们能够观察到的，只是这两个词被说话人放在一起。由于语言的替代功能，用这两个词语指称的事物也应该被视为在一起，只不过它们并非在真实世界中必然物理性地在一起，而是在将它们的名称一起说出来的人的话语中也就是在他的言语思维活动中，被放在了一起。这是语言为他构建的世界图景。

我们当然不能认为，第一个使用了并列关系这条语法规则的那个人，是在语言的制约下，"看到"了并列在一起的两个事物这个世界图景。实际上我们更应该认为，与词的产生一样，并列关系这条最简单的语法规则，也是个体偶然智能行为的产物。我当然不能像推测"第一个"词的来源可能是报警叫声那样，推测并列关系的根源在哪里。我们能够将最早的一个或者若干作为事物名称的词，看作原始人为物理性存在的事物"贴标签"的创造性行为；但是，哪怕"并列"这条最简单的语法规则，也不可能来自真实世界的物理性信息。两个以上事物在一起这种关系，并不是人能够通过感知觉接收到的来自真实世界的信息。产生这条语法规则的神经生物生理属性基础是什么，我并不能在语言相对论这个关于语言的哲学讨论中作出细节性的考察，这或许能够成为语言起源和进化研究中的一个专门课题，比如从大脑神经重构的角度，或者从只有词的原始语言时期人类认知能力发展的角度，或者从某种选择压力的角度，来解释为什么人会产生出对真实世界的这种认识。

不过，如果始终坚持语言相对论的立场，我们或许就应该同意，并列关系这条最原始的语法规则，只能是抽象思维的结果。既然人的抽象思维是而且只能在语言的制约下完成，语法就是在语言的制约下产生的。这个结论听起来难以接受，因为语法本身就是人类语言最基本的组成部分，我的这个结论的同义表达就是：语言的一部分是在语言的制约下产生的。这个结论看上去似乎不能经受一个简单的质疑：缺少了其基本组成部分的语言还是语言吗？

这里我们需要记住的一个简单的事实是，当我们谈论语法的产生时，我们谈论的是还没有语法的原始语言。掌握了语言的现代人类，其抽象思维是以命题的形式完成的；用语句形式表达的命题，自然不可能在没有语法的"语言"中形成。所以我们现在可能很难猜测，刚开始拥有原始语言的人类能够完成的原始抽象思维，是以什么形式产生和完成的。在这样的前提下谈论语言对思维的制约，我指的并不仅仅是，语法作为组织词语、构建句子的规则，必须在词语已经产生也就是有需要被组织的实体单位时，才在对组织规则的需求中产生出来。只有词汇的原始语言对语法产生的制约作用还表现在，如前边已经提到过，没有语言，真实世界中并不存在"a 和 b 在一起"这样的关系。

我当然不是说没有语言，真实世界中两个以上事物不能在同一时间出现在同一地点，也不是说原始人类的个体不可能在不使用语言的状况下，将两个以上的物体置放在一起或者将视线同时投向两个或更多物体。但是，同时出现两个以上事物这个事实本身，并不表明其间存在用语法规则确立的并列关系；这种关系需要用可以理解的方式来建立。所谓"建立"，也就是人对这种状况的思考和描述，我们是否可以将最原始的"并列"这条语法规则的产生，假定为为完成这种"建立"而创造出来的方式？没有语言，或者就原始语言而言，更确切地说是没有词，这种创造活动是无法完成的。

无法完成有两层意思。一方面，我们或许不能否认，原始人类的个体也会有将两个东西放置在同一个地方的愿望或需求，而且在能力所及的状况下，确实完成了这个愿望。问题在于，正如 Sapolsky（2010）评价 Gardner 等人（Gardner et al., 1989）关于为黑猩猩 Washoe 有能力将若干符号放在一起表达一个整体事物的实验报告时所说：将两个或若干东西放在一起的行为及其结果本身，并不能单义地表示，完成这个行为的个体把被他放在同一个地方的两个或若干东西看成是在一起的。由这个观点我们可以推论，相对于思维尚处于原始阶段（形象思维？）的原始人，如果事物之间的并列关系并不能由事物本身对人的感知觉呈现出来，那么我们似乎更应该认为，"a 在这里、b 在这里……"这种将若干被置于一处的事物看成单独的存在，才是真正的直接视觉形象。特别是对于并非行为者的其他个体，他们除了能够看见每个单独的事物a、b……，并不能看出完成这个行为的人创造了一个"这些事物在一起"的情景，由此建立了事物之间的"并列"关系。这样的状况甚至并不仅限于原始人，即使我们现代人，看见某人把一些物件放在一起，也无法准确知道他想以此来表达什么意思。这是因为，不能用可以理解的方式传递的信息，只能是私人的心理状况。

另一方面，既然"并列关系"并不是物理存在，"建立关系"就应该是"形成一种概念"的同义表达。"建立关系"这种智能行为，或许与词的起源是同类现象。我们可以假设：某个智力超群的个体，有意识地完成了将两个物体放在一起的行为，意在表示这两个物体可以"同时存在于同一处"；这个行为后来被这个个体不断重复，并且渐趋复杂，比如一开始是摆放两个同类的物体，后来可能是非同类的物体，再后来可能不再动手摆放，而是将视线同时投向两个或若干物体；最后可能在没有任何感知觉经验时，仅仅是头脑中呈现出两个或若干物体的形象。这是一个漫长的进化过程还是一种爆发式的出现，不是我要讨论的问题。我想要说明的是，这个智能行为显然不再是出于本能，而是一种有目的的行为，不论这个目的是为了操控他人还是表达自己对外部世界的某种感受或经验。当"同时存在于同一处"这个最初是给置放于同一处的两个事物这个情景贴上的标签，被扩展用于相同的情景时，"在一起"这个概念就形成了，或者说并列关系就建立起来了。这当然不能被理解为"在一起"的概念在语言之外形成：为了让建立起来的并列关系不止于私人心理状况，给一个情景"贴上"的标签当然必须是公共标签，这个公共标签，就是语言表达形式（参看我在前边的假设：说出两个词之间的一个停顿或两个词之间嵌入一个特别的语音信号）。换言之，有了语言标签，这种并列关系才可能由一种私人的心理状况，发展成一个具有"可以传递、可以理解"这种基本属性的概念。在下一节的讨论中，我将继续讨论这种关系怎样在语言中建立起来，或者更确切地说，观察为什么这种关系不能归结于"前语言的概念"。

就此我们还有一个经验事实。如果我说真实世界中确实存在绝无可能在同一时间、同一地点出现的两个或若干事物，比如长江和阿尔卑斯山的处女峰，正在电脑中运行的一个程序和菜板上的一块肉或者一朵玫瑰花和一个宇宙黑洞等，人们当然可能理直气壮地声称：我就是可以将这些不可能在一起的东西想象成在一起,我的头脑中确实也能出现它们在一起的形象。这当然无可非议。但是这样声称的人们却忽略了或者根本就没有思考过,在他的感知觉并未从真实世界中经验到他声称"在一起"的那些物理状况时,他的头脑中能够产生的相应形象,当然不可能来自真实世界,只能是来自对这些真实世界片段的语言描述。在他的头脑中在一起的,是词语引导出的心理形象。

我们当然也不能认为,看到画家在一张纸上画出比如一朵玫瑰和一个宇宙黑洞,或者摄影师通过后期制作,将长江和处女峰显示在同一张照片,我们就能在语言以外,获得"a 和 b 在一起"的信息。这其实仍是我们在前边的讨论中说过的那种场合:把任意两个东西放在一起,没有语言,看到图画或照片的人并不能理解,完成这类行为的人就是想传递"在一起"这个信息。

归结起来,一方面,既然被认为已经掌握了一些人类语言词汇的黑猩猩尚不能表达"在一起"的概念,动物行为研究者也未能证实,黑猩猩可以用语言之外的某种方式表达它有"在一起"这个概念;另一方面,"在一起"最初是人使用语言给情景贴上的标签。由此我们就可以推测,所有灵长类动物以及智能更低级的动物,都不可能产生出这个概念。如此,既不能证明这个概念能够在语言之外产生和存在,也不能证明这个概念能够在语言之外被表达,我们是否仍旧有理由坚持认为,没有语言的动物和原始人有"在一起"这个(和其他)概念?这里的结论逻辑地只能是,"在一起"只是语言对真实世界的一种描述,而不是通过感觉器官可以感知到真实世界若干事物被置于一处的那种物理状况,也不是随着认知能力的进化,在语言之外形成的概念。"在一起"是人的语言世界图景。

我想我们还可以对此补充一个较有意思的观察事实。一方面,每个人都可能毫无障碍地说出"长江和阿尔卑斯山的处女峰在一起"这句话,而且可能没有人会怀疑这只是他说出来的一个场景,因为在日常生活中普通人都明白,他对真实世界不可能有这样的感知觉经验。另一方面,在日常生活中,同样几乎没有人会认为,"在一起"只是被称为"并列"的语法现象构建的语言世界图景,而不是真实世界的物理存在。普通人的这种看法,我可以引用我在(蒋国辉,2016)谈论语言对注意力的引导以及句子的结构决定人观察到的事件结构时得出的结论来解释：普通人在日常生活中能够看到 a 物和 b 物在一起，是因为他把这两个物体同时纳入了他的注意范围。然而在这种情况下，他的感觉器官以及真实世界的物理属性，并不可能将 a 物和 b 物从同时进入他视线的若干真实世界片段中划分出来，然后将 a 物和 b 物联系在一起。这两种理性的认识行为，实际上都是在语言的引导下完成的。这个结论，当然需要大脑神经科学的实验数据来检验，不过，日常生活中一个普通的事实，可以让我们对此有一些直观的认识。

如果两个人同时观察到同一个情景，而且他们都相信他们的目光是指向同一处，所以都能看到目光所指处的那些事物（心智理论）。甲这时可能说"a 物和 b 物在一起"。如果乙不认同甲的说法，依照我们的日常生活经验，他显然不会问"你怎么看见了 a 物和 b 物在一起"，而是可能问"你为什么说 a 物和 b 物在一起"。可以看到，情景现场中的"a 物和 b 物在一起"，与仅存于语言表述中的"长江和阿尔卑斯山的处女峰在一起"，在普通人对真实世界的理性认识中，本质上是同质的理性行为。只是在情景现场，因为事物可能同时进入视界，在普通人对真实世界的观察和认识中，进一步突出了感知觉经验，并掩盖了普通人本来就意识不到的语言的制约作用。

"并列"是否人类语言最早出现的那条语法规则，不是我要在这里证明的问题，不过确实有研究者将这种名—名组合的并列关系视为语法化的基础，认为（Heine et al.，2009）语法"由两个名词组合开始，止于一个名词和派生词缀的结合（157）……这样的组合还可能导致屈折范畴的产生（160）"。Heine 讨论的语法化，实际上是发生在现代语言中的现象，似乎还不是语法怎样从只有词汇的原始语言中产生出来那个进化过程。详细地描述并列语法关系，我当然不是要讨论这个进化过程本身，只是从语言相对论的角度论述，即使最原初的语法规则，也是语言构建世界图景的方式，并非对真实世界中某种物理存在的描述。

并列关系大致可以符合逻辑地被视为在人对真实世界的认识中，事物之间可能具有的其他关系的基础。比如，随着人的观察和理解能力的发展，对于两个被语言描述为"并列"存在的事物，人们可能不再仅仅看到它们同时出现在一个情境中并认识到这两个事物之间有并列关系，还会认识到（而不是看到）它们之间的关系可能不是平等的并列，比如其中一个的存在必须以另一个的存在为前提。这样，在事物之间被认识到的并列关系基础上，另一种关系即主从关系被认识到。这种认识，当然也应该被认为是源于某个个体。当这个个体把他的这种认识用某种形式在话语中表示出来，使他的这种最初只是私人心理状况的模糊混沌的"思想"（Saussure的表述），成为一种可以传递的信息进而成为群体的认识，"主从关系"这个概念就在语言中形成了，这就是语法的领属关系。

从语言相对论的角度，"并列"只是语言赋予真实世界中两个事物的一种关系而不是真实世界的物理存在。在这个关系的基础上，由语言表达的两个或若干事物之间的其他关系，比如上边谈论的主从关系，也应该被视为语言构建的世界图景的组成部分。下面我再以事物之间的位置关系为例，进一步说明这个语言相对论的思想。

站在语言相对论的立场，我的观点是，现代人类语言用各种方式描述的物体位置，是语言世界图景而不是真实世界物理存在的两个事物之间的位置关系。粗略地说，真实世界的任何事物都占据一个空间位置，每个这样的空间位置与其他的空间位置，在物理世界中当然是相关的，最起码我们可以看到不同的物体在不同的空间位置。但是这样的空间位置是否就是现代人类朴素的、前科学的空间位置"概念"？就现代人类的空间概念而言，一个物体被认识到的位置，无非是以在它以外的物体为参照点的定位。要说这样的定位是语言的规定，或许会被认为不符合真实世界的物理状况。不过，讨论这个问题，我们需要排除比如蜜蜂靠太阳的位置定位蜜源、候鸟靠地球磁场引导迁徙这类本能的生存行为，因为这样的生物属性并不属于所有的物种，比如灵长类动物的行为研究，就没有关于它们有这类定位能力的报告。

不过，根据对灵长类动物研究的报告，我们不能否认灵长类动物有另外的并非语言相关的定位能力，比如，对于能够运用60多种手势的黑猩猩（由此可以推及没有语言的原始人），用手指向自己身体以外的某个方向，来施行操控，应该是它们可能完成的行为。这应该是猿类动物（和原始人）能够用肢体动作完成的生存相关的交际行为之一。但是我认为，这样的肢体定位动作,并不是对任意两个物体之间位置关系的非语言表达形式,除非动物行为研究者能够用观察事实或实验证明,比如黑猩猩可以用让它的同类明白的方式,从另一个黑猩猩的位置来定位某个物体的位置。我们这些智能发展远远超过黑猩猩的现代人,其实也无法仅用肢体动作做到这一点。就此我们似乎应该认为,因为用手指示位置是指示者自己的肢体动作,所以原始人能够在语言之外认识到的两个事物之间的位置关系,仅限于发出肢体动作的个体认识到的他自己和他要指示的事物之间的位置关系;而这个位置关系,就是前语言的原始人能够认识到的唯一位置关系:我手指的那个物体与我相关的位置。

对此我的观点是:能否定位自身以外的事物之间的位置关系,才是检验在语言之外原始人(也是现代人)能否认识到两个事物之间的位置关系的真正有效标准。如果没有语言的原始人并不能完成这样的定位,我们就没有理由推论,对两个或若干事物之间空间位置的认识,是在语言以外形成的。我在(蒋国辉,2016)中已经论述过:①真实世界中的任意两个事物之间,物理性地并不存在我们用语言描述的那些位置关系;②语言不能描述的位置关系,并不进入普通人在日常生活中对空间位置的观察和认识。

黑猩猩行为研究者没有提供观察事实和实验报告,证明黑猩猩能够判断和描述任意两个物体(比如它的同伴和食物)之间的位置关系。研究者或许可以向我们展示,黑猩猩可能有能力任意摆放比如两块石头,让其中的一块固定不动,然后将另一块变换着置放于相对于固定方的某一个位置(姑且用现代人类语言将这些位置表述为"前、后、左、右……")。就此研究者或许也可以推论,原始人的形象思维能力,可以让这些位置关系出现在他们的想象中,虽然这永远不可能甚至作为零假说被检验。他们甚至可以争辩,即使原始人还不能运用上下左右这些表述,但是他们已经在语言之外至少拥有了这样的"概念":两个被我视为有"在一起"相关性的物体占据了两个空间位置,这两个物体的空间位置可以变动。现代人类语言的"上、下……"之类词语,只是将这样的前语言的概念用可以区分的形式明确表达出来了。这个说法立刻就让我们联想到 Saussure 关于语言出现之前思想只是模糊混沌的一团的说法;这种假设的两个物体那种前语言空间位置关系，可能是原始人头脑中的一种形象，却并不是现代人类的空间概念，因为我们必须严格区分，形象思维只是一种私人心理状况，而概念是能够被传递、被理解的公众信息。

其实，并不需要设计专门的实验，普通人通过内省也能感受到的一种心理状况是：他根本不能哪怕想象任何没有语言描述的空间位置；换句话说，他根本没有语言之外的任何空间位置概念。要形成空间的概念并将这样的概念用可以理解的方式表述出来，是人不可能在语言之外完成的智能行为。

这个语言相对论的观点听上去很极端，动物行为研究者、认知科学研究者或者语言相对论的反对者当然不会同意。他们可能会寻找各种观察事实，设计和实施各种实验，以证明至少灵长类动物确实拥有与语言无关的空间位置概念，并由此推论，语言前的原始人同样有这样的空间位置概念。然而，他们自己的内省又确实不能让他们领悟到并以可以被理解的方式展示这种语言以外的空间位置概念。在这种困境下，我能够为他们想到的唯一辩解就是：我们的语言前祖先确实能够在语言以外形成空间位置"概念"，只不过由于语言的产生，以至于现在已经成为"语言动物"的人类，失去了拥有这种"前语言概念"的能力，就像人类在进化过程中失去了灵长类动物的若干体能和生理机能。

然而……这不正是语言相对论的思想吗：是语言改变了人类观察和认识世界的思维方式，使得甚至想象那种"前语言概念"，都成为人不可能完成的智能行为。由此我们或许应该说，所有试图证明动物有语言以外的概念的努力，实质上都是研究者试图抛开自己的大脑神经活动特质，我指的是人的"语言动物"特质，去想象动物的大脑神经活动状况。这注定是不能成功的。

我从语言相对论的角度认为注定不能成功，平心而论，也只是一个见仁见智的观点，动物行为研究者当然也有理由认为，他们的观察和实验确实能够证明成功的可能性。比如，动物研究者或许会援引 Köhler 的另一个实验：当黑猩猩不能伸手取得挂在高处的香蕉时，它可能搬来一个在它视界内的东西比如木箱，以便站上去提高自己的空间位置高度；如果仍旧不够，而且在它的视界内有另一个木箱，黑猩猩可以将第二个木箱叠放在第一个上面，如此直至能够摘取挂在高处的香蕉。这是否说明黑猩猩有"一个物体在另一个物体上边"的概念呢？

Köhler 的这个实验，原本不是为了检验黑猩猩是否有这个概念；如果有研究者根据这个实验的结果或者设计并完成了类似的实验后，坚持认为这就是黑猩猩的"上"这个前语言概念的表现，我自然没有可以依据的观察事实和实验数据，对此做出任何反驳。不过我认为，如果黑猩猩行为研究者能够在 Köhler 的实验基础上，为我们提供更多观察事实，关于黑猩猩具有两个物体位置关系的前语言概念这个假说，才可能有进一步检验的价值。

黑猩猩将两个木箱叠放起来，是因为黑猩猩具有前语言的"上"这个概念，还是为适应空间关系的普遍逻辑规律，进化而来的一种生存相关的智能行为，或许是一个值得思考的问题。普通人能够观察到其运动的动物（为了避免专业知识不足，我姑且用这个常识性的表述，这并不影响我要讨论的问题），都具有判断空间位置的能力，这归根到底是普遍逻辑规律的作用，并不是某种思考或观念所致。比如避役能够以极快的速度伸出舌头，捕获到一定距离外的昆虫；狮子能够在追捕猎物的最后一瞬间猛然一跃，准确扑倒与它同样在快速奔跑的猎物，等等。这表明它们有对空间位置极其准确的判断能力，但是似乎没有动物行为研究者主张避役有"距离"或者狮子有"提前量"之类的概念。黑猩猩对空间位置的判断能力，实际上可能远不如避役、狮子或其他很多动物。Köhler 的实验更多的是让我们看到黑猩猩的另一种能力，即它对空间位置的判断并不准确，但却拥有可以通过尝试、利用自己身体以外的物体来修正错误的认知能力和行为能力。黑猩猩的这种能力可能被动物行为研究者怎样评价，不是我要关心的问题，但是如果要以此来说明黑猩猩有前语言的"上"这个概念，或者更一般地认为它拥有关于两个物体空间位置关系的概念，研究者还需要对 Köhler 的实验作一些延伸。如果仍能够观察到肯定的结果，或许黑猩猩具有前语言的"上"这个（以及其他空间位置）概念的假说，就向着被证实的方向迈进了一步；而语言相对论关于思想只能在语言中形成的观点，就会受到严肃的挑战。

这样的延伸大致应该是：

1）如果研究者观察到的，不是黑猩猩为了攫取食物，通过尝试、用重叠木箱的方法修正空间位置判断的错误，而是在并不需要解决由空间位置关系导致的任何问题时，直接把两个或更多的木箱或其他物体重叠起来，那么我们或许就较难否定，黑猩猩的这个智能行为，并不仅仅是对两个箱子重叠起来的高度大于一个箱子这种基本上是对空间关系普遍逻辑规律的认知能力，而是（在没有语言的状况下）拥有"一个物体可以放在另一个物体上边"这个概念，因为这至少可以让人推测，在没有被一定的目的驱使时，黑猩猩同样可能将任意两个物体按照"上下"这个空间位置关系摆放。只是我们尚未有研究报告，证明黑猩猩可以这样无功利目的地重叠任意两个物体。

不过，即使这样的情形能够被观察到，研究者仍很难以此说明黑猩猩有"放在上边"这样的思考能力，也就是有前语言的"上"概念。这是因为，我们其实没有太多的可能，证明黑猩猩的这个行为，确实表明它有"上、下"的空间位置概念，而不是仅仅模仿它曾经看见过的一个行为，或者机械地复制它经历过的一个情景。

2）按照心理学对思维最简单的解释，概念作为思维活动的结果，是可以传送的。延伸 Köhler 的实验以证明黑猩猩有前语言的"上"概念，研究者需要用实验来证明，Köhler 观察到的不是受空间普遍逻辑规律制约的、本质上可以被视为黑猩猩先天的认知能力，而是可以被传递的概念。如我在上文的讨论中已经涉及过的类似问题，这样的实验大致应该这样设计：当一只黑猩猩（黑猩猩1）用重叠木箱的方式完成了 Köhler 设计的试验后，将它放回并没有观察到它的行为的同类群体中。一段时间后，用另一只黑猩猩（黑猩猩2）重复 Köhler 的实验，如果它直接使用了黑猩猩1的方法，研究者又多了一个前语言概念的证据：黑猩猩2不再通过尝试纠正错误，显然是借助黑猩猩1传递的概念，获得了解决问题的知识。我们当然知道，这样的结果并不会发生，因为没有心智理论的黑猩猩并不知道它的同类有否某个知识，也不会向同类传授知识。然而，如果黑猩猩的"概念"永远只是个体的不可传递的心理状况，它的智能行为，比如将两个木箱重叠起来增加高度，只可能被同类模仿而不能在情景之外被学习，我们还能用研究人类思维和语言时使用的"概念"这个术语，来定义黑猩猩的智能、将这种心理状况称为"前语言的概念"吗？

3）一个毋庸置疑的事实是，"上"不是一个可以独立存在的空间位置，它只能相对于"下"这个空间位置而存在，因此，即使研究者用重叠木箱的行为，来假设黑猩猩有前语言的"上"概念，在最乐观的情况下也只是完成了一半的工作，因为从黑猩猩能够被前语言的"上"这个概念支配、完成将一个木箱重叠在另一个木箱上的行为，并不能逻辑地推论它必然拥有前语言的"下"这个概念。研究者还需要设计一些实验，来证明黑猩猩有前语言的"下"概念。事实上我们应该承认的是，在 Köhler 的实验中，黑猩猩把第二个木箱重叠在第一个木箱上面，似乎并不关乎空间位置的概念，只是行为发生的顺向程序；就连智能远非黑猩猩能够相比的现代普通人，在日常生活中需要利用若干物体的重叠来达到一定高度时，都会以自然的顺序将物体依次往上叠放；在一般情况下，不会以违背普遍逻辑规律的方式，将先放下的物体抬高，再将另一物体置放在它下面。所以，研究者可能很难设计出这类需要用逆向程序来完成的行为的实验，来检验黑猩猩是否有前语言的"下"概念，因为完成这样的行为，黑猩猩还必须拥有更多的知识，比如两个物体一大一小，重叠时大物必须置于下边，因为大物不能稳定地重叠在小物上边；或者置于下边的物体需要有足够的强度，不至被置于上边的重物压塌。

其实，Köhler 的实验以及之后一些类似的观察和试验（Köhler，1925，1970；Boring，1950；Hothersall，1995；Hergenhahn，2009 inter alia），可能展示或者证实的，都只是黑猩猩解决问题的智能。这样的智能，当然可以纳入认知能力的范畴，作为动物行为研究的一个课题。不过对于我要讨论的语言相对论思想，这类智能的发现并没有真正的借鉴价值。如我一再强调，语言相对论并没有主张语言可以引导或制约人的整个认知能力。即使我们或许不能否认，抽象思维（概念思维）能力也是一种认知能力，但是除了思维活动，认知能力的其他组成部分并不在或者现在还不在语言相对论的解释范围内。空间位置的认知，可能只是在普遍逻辑规律的作用下解决问题的智能行为，也可能是独立的（概念）思维活动，我要说明的只是，针对空间位置的思维活动，是在语言的引导下完成的。

动物行为和动物智能研究现在还没有证实，甚至与人类有 LCA 的黑猩猩有这样的思维活动能力；我当然也无法证明，在语言出现之前的原始人是否有这样的思维活动能力。不过有一个事实可以为我们提供思考的线索：每个物体都占据着一个空间位置，但是这个物理性的空间位置对于观察它的人的感知觉，并没有"上/下、前/后、左/右/旁边"这样的属性，或者通俗地说，人不能看到具有这类属性的空间位置。这些空间位置是观察它们的人任意赋予它们的。"任意"是指，人不可能认识和描述单独一个物体的空间位置，对任何物体空间位置的认识和描述，必须有参照系（a）；这个参照系不是真实世界的任何物理属性（b）；观察者以被观察的若干物体中哪一个为参照，来描述一种空间位置关系，也不受真实世界物理属性的限制（c）。但是普通人并不能意识到这种任意性，当他说"我看见 A 在 B 上边"时，他会认为他确实看见了真实世界中的"A 在 B 上边"这种物理状况。观察和描述事物空间位置关系的任意性以及普通人不能意识到这种任意性，实际上已经不是人对自己行为的自主控制；思考或/和说出"我看见 A 在 B 上边"却不能意识到这不是他能够凭感知觉经验到的真实世界物理状况，表明人的思维已经受到某种制约。语言相对论将这种制约表述为语言对思维的形成力作用。

当我们断言人对事物空间位置的认识和描述是在语言中形成时，"上/下"这个空间位置，似乎可以成为这个论断的反例。不认同语言相对论的研究者乃至普通人都可能认为，事物的上下空间位置，并不会因为有否语言描述而不同。不过需要注意的是，这样的批评实际上是混淆了"上/下"空间位置和"高/低"空间位置。对空间位置高或低的判断，虽然也可能包含两个空间位置的比较，但最终是以地球表面为参照系，这在任何认知系统中都不会改变。以地球表面为参照系的空间位置，当然也不会受制于语言描述。这是我在（蒋国辉，2016）中已经说明的一个限制：人的整个存在，包括言语思维机制，最终都不可能超出我们作为一个物体存在于其中的三维空间的限制。

不认同语言相对论思想的人们可能反驳说，两个物体的空间位置关系比如"A 在 B 上边"并不是在语言中形成的，这种位置关系完全可以以形象的形式出现在人的头脑中，甚至可以出现在动物的头脑中，语言最多只是将这样的形象表达出来的一种方式，不能规定形象能否形成。

语言相对论确实没有表述过语言对"形象"有形成力作用，不过即使从这个角度，我们仍可以做出一些符合逻辑的解释。我们当然不能否认，当原始人开始从"是相关的"（姑且搁置一个无可争议的事实："是相关的"是人的思维活动的结果，而不是真实世界的物理属性）这个角度，来观察两个或若干事物的空间位置时，这两个或若干事物自身，确实可能以某种形象出现在他们的头脑中。虽然我们已经不能想象原始人头脑中的这个形象是什么，但是有一点似乎可以肯定：如我在前文的讨论中已经说明，人并不能描述和认识单独一个物体的空间位置，这个空间位置只能从与另外的物体相关的角度来描述和认识。在没有被用某种方式描述语言相对论认为只能是语言的描述时，人头脑中的形象最多只能是：一个物体在某个地方，另一个物体在另一个地方，等等，它们之间并不存在空间位置上的相关性。因此，即使两个形象可能同时出现在人的头脑中，其中任何一个的空间位置与另一个相关，已经不是由形象本身可以表示出来的。在没有语言的时候，同时出现在人的头脑中的形象，不会是比如两个物体的"上/下"（或其他）位置关系，最多只能是同时出现在一个被观察或经验到的情景中的、空间位置高度有区别的两个独立的物体，是真实世界物理状况通过感知觉在大脑神经系统相关部位的一对一投射。要将这种位置关系定义为"上/下"，至少需要满足两个条件。

一个条件是，普通人并不能认识和描述一个独立物体的空间位置（科学是否能够描述，不是我要讨论的问题），因此，对任何物体空间位置的认识和描述，必须要有参照系。在日常生活中，这个参照系对于普通人的观察和认识，就是另外一个或一些物体。换句话说，普通人在日常生活中能够认识和描述的某个物体的空间位置，实际上是两个物体之间的位置关系。这种认识和描述的前提，是这两个物体必须被看作是在一起的（其实，两个物体的形象同时出现在头脑中，已经表明这两个物体被看作是在一起的）。我在前边的讨论中已经说过，"在一起"并不是事物在真实世界中的物理状况，而是观察者认为而且是在语言中形成的两个或若干事物在同一情境中的并置关系。

另一个条件是，必须确定被描述空间位置关系的两个或若干物体中，哪一个被确定为参照物。参照系这个信息，并不可能包含在以一对一形式反映真实世界物理状况的形象中；借助参照系描述的事物空间位置，因此也不是关于真实世界的感知觉经验，而是由语言构建的世界图景。虽然在人类对自身的认识和相关科学发展的现阶段，论述普通人对空间位置的认识在语言中形成，只能是假说，但是相关科学至今没有观察事实和实验报告，证明人的大脑有另一套神经活动机制，可以在语言之外确立参照系，并借助这个同语言无关的参照系，观察和认识两个事物的空间位置关系；而且这种观察和认识的结果，可以不用语言介入，仅基于人类共同的大脑神经活动机制，成为所有人观察和思考真实世界的共同形式。所以，即使不认同人认识事物空间位置的思维活动只能在语言中完成，我们也无法否认一个事实：迄今为止，除了语言描述，研究者并没有直接观察到任何在语言之外能够被认识并能够有效地被编码和传递的事物空间位置的信息。

其实，如我在（蒋国辉，2016）和本书中已经论述过，从信息编码和传递的角度，不仅"形象"的空间位置就连形象本身，也不能成为有效的、可以被传递和被理解公共信息。我们看到的是，即使同时出现在原始人甚至动物头脑中的两个独立物体的形象，可以在记忆中被共同储存并多次提取；即使所有的个体都可能形成这样的形象，它也永远只可能是个体的私人心理状况。我们显然没有理由相信，作为私人心理状况的若干事物的形象之间，存在能够被研究者以某种方式观察到的空间位置关系。由此我们几乎可以断言，我们现在能够认识和描述的物体空间位置，并不相关于不可能作为信息（知识）被传递的动物或原始人头脑中的形象。

由此我们应该认为，推论认识和描述事物空间位置这种抽象思维活动乃至人类整个抽象思维活动是在而且只能在语言中完成，比假设研究者并不能用任何方式展示的、在语言之外完成的抽象思维活动，至少更具有推理和论证的可信度。比如我们可以符合逻辑地大致推测，词的出现，使得原始人无须在任何时候都只能用身体动作来传递关于一个情境的现场直指式的信息，他们由此摆脱了受限于身体动作和现场直指的描述，拥有了扩大描述范围的手段。由于生存活动的需要，原始群体中某个智力超常的个体可能偶然有一个发现：如果两个或若干事物同时出现在一个情景中，它们的位置可以被看作有一些关系；依靠这样的关系，事物的空间位置定位可能更简单清楚。但是这个关系不是他可以看到的。因为没有感知觉经验的支持，这样的"想法"在他的头脑中，最初可能就是 Saussure 描述的那种模糊混沌的一团。为了让这个想法成为可以把握的思想，已经拥有了原始语言的这个个体，就可能创造出某种语言形式，来表示他关于事物空间位置关系的发现，比如用两个事物的名称被说出的顺序；或者再用一些辅助形式，比如一个并没有被使用过的语音串，等等。

这个推测的过程让我们看到的是，两个或若干事物之间空间位置的关系，不是真实世界的物理存在，也不是从关于真实世界的形象中产生，而是抽象思维的结果。我们当然不能从现代人思维能力的角度，来解释原始人的这种抽象思维。原始的"思维"，不是我们在谈论现代人时所说的那种思维，那不过是两个事物之间有某种关系这种"模糊混沌"的感受。我已经说过，作为抽象思维对象的概念只能在语言中形成；在语言中形成的概念出现以后，这类位置关系才有可能成为思维操作的对象。在语言描述（语法结构）中被固定下来的这种事物空间位置关系，通过迭代学习进化为群体的言语思维模式，展示的就是语言对思维的形成力作用。

二 虚词

我在这里使用"虚词"这个术语，并不是从语法理论的角度来解释现代语言词汇系统的结构和词类的划分，而是指现代语言中所有不具有与客观现实直接相关的语义内容、功能仅在于辅助"内容词"形成各种结构的语言单位。将汉语（虚词）、英语（function words：功能词）和俄语（служебные слова：辅助词）对这类词的名称合在一起，正好从这三个方面完整地定义了这样的语言单位。"辅助"功能实际上是从现代语言的角度对虚词的描述，从语言起源和进化的角度来看，虚词的重要性在于，它可以被认为是原始语言进化为现代语言的标志之一[①]，它存在于所有已知的现代人类语

[①] 说"之一"，是因为在上边的讨论中我们看到，很多研究者将语法的出现，视为现代语言产生的标志。这里其实没有矛盾。比如，"并合"这种语法关系的确立，归根结底就是出现了表示这种关系的一个虚词。

言中,"在这类成分尚未发展之时,我们不能将一个系统称为完整的语言"(Tallerman,2014a:8)。

从语法的角度,我们说虚词辅助实词实现其句法功能,构建出符合语法的句子;从语言相对论的角度,虚词的这种功能就是形成语言中间世界的结构,使人透过语言中间世界看到的语言世界图景是有结构的,并就此让日常生活中的普通人认为,真实世界就是以他们能够思考的和能够说出来的那种结构形式存在,尽管这种结构实际上不过是在虚词的辅助下形成的语法结构。

我们或许可以假设,在虚词和由虚词辅助形成的语法结构出现之前,语言世界图景和感知觉经验中的真实世界之间的界线并不完全清晰:拿一个东西向人展示或者对人说出这个东西的名称,两个行为或许还能被解释为指向同一真实世界片段。当人与真实世界的关系不再限于刺激—反应的行为方式,而开始观察和描述真实世界时,真实世界本身就逐渐失去了对人的观察类似刺激—反应行为那种物理性的约束。人的观察于是不再仅仅受限于真实世界的物理状况和人的感知觉经验而是受到(他或许不能意识到的)语言的作用。这样,语言世界图景和感知觉经验中的真实世界之间的界线就清晰了:拿两个东西示人和说出"A 和 B",不再可能被理解为指向同一真实世界片断,因为可以被看见的,只是 A 和 B 两个各自独立存在的东西,而不是"A 和 B"这个事件。A 与 B 的并存关系,显然不是感知觉经验,连接词(虚词)"和"也不是对任何物理存在的语言描述。对真实世界这样的观察和描述之所以可能,是因为产生了能够引导这种观察的语言;更确切地说,是因为产生了语言手段,即语法和虚词,它们将人的观察行为结果(或者称为思想)组织成有序的结构系统、以区别于真实世界物理状况。这个结构系统就是语言中间世界,虚词则是这个结构系统能够产生的决定性因素。

由此看来,虚词应该是讨论语言相对论的一个重要观察事实,因为虚词显然与真实世界没有直接的联系,却是语言不可少的结构成分。通过对虚词的分析,我们可以观察到语言怎样以其结构系统、而不是一些特殊的词汇成分,从整体上具有对思维的形成力作用。我的讨论,仅仅是对这项研究的一个可能的简短引导,我希望它可以成为深入研究语言相对论的一个切入点。

我当然不可能系统地观察和讨论语言中全部的虚词,这可能成为全面讨论语言相对论的一个切入点。我在这里的讨论只涉及两个语言现象。

(一) 构词词缀

在我的讨论中,我把一种在语言学中并不划归为词的语法形式,也归入虚词的范畴,这就是改变词的语法类属或者词汇类属的词缀。这种语法形式并非人类语言的普遍现象,多见于词的语法形态丰富的语言,比如屈折语和粘着语;而且这种语言现象应该是在人类现代语言已经形成后,语言发展变化的结果。这些语言形式可能应该归结为某种特定语言现象的产生、变化和发展,而不属于语言起源和进化的研究对象。不过,不论是人类语言本身的起源和进化、还是某种特定语言现象的产生和发展,从语言相对论的角度需要解释的是同一个问题:为什么语言即它的任何成分和所有成分,一经产生,就对人的思维有形成力作用,就是用于构建语言世界图景的手段。

就我界定的与语言相对论原则相关的虚词,最容易招致质疑的,或许就是这些改变词类属性的构词词缀,我就由此开始关于虚词的讨论。

将构词词缀放到语言起源和进化的语境中来观察,只是我从方法论角度的考虑。如果我们认同关于现代人类起源于一个共同祖先的假说,并且由此不太可能否认,尽管现代人类的数千种语言,不太可能有各自独立的起源,但是却可能有各自的进化途径,那么,对现代语言的谱系考察,可以让我们认同这样的语言事实:用构词词缀来产生新词,已经是人类现代语言中的现象,至少是在现代人类语言谱系分类中的各个语系或语族的原始共同语产生之后,才出现的语言现象。这基本上是研究者关于语法化的共识(Bickerton, 1990:53ff; Heine et al., 2002; Hurford, 2003a; Tallerman, 2014a),即语法的成素(grammatical morphemes)来自已经完全成熟的语言,是由词汇成素特别是动词和名词演变而来。就构词词素而言我们看到的是,这样的构词法并未被所有现代人类语言采用;采用构词词缀的语言,词缀的形式、意义和运用规则也都显著有别。

不过这并不妨碍我们从"产生"的角度,来观察这个语言现象怎样成为论证语言相对论思想的观察事实。我们来看一些英语的例子:run-runner, dance-dancer，swim-swimmer，sing-singer，等等，动词词根加上后缀－er，就构成指称行为者的普通名词。这是否说明后缀－er在这个构词意义里，至少包含了"人"这个语义成分，如是，我们依据什么可以说，这个后缀（虚词）与真实世界的物理状况无关？

我并不打算在此讨论后缀－er的起源，或许它确实是由原始共同语中指称人的名词，经过所谓语法化的过程演变而来。不过有一点应该很明确：这样的称名方式，显然不同于指称可以被感知觉经验到的事物的名词。比如，runner（这当然不一定就是英语中第一个以－er为构词后缀构成的词，不过这并不影响我的讨论）在现代英语中，通常不是指称一个被看见的正在奔跑的人，而是从事与"跑"相关的职业或者重复完成跑步行为的人，无论人们在用这个名词指称他时，是否确实看见他在跑。由此符合逻辑的推论是，在－er作为一个构词后缀用来构成名词的时候，它并不是任何真实世界片段的名称，它的"（职业地或经常地）从事某种行为的人"这个意义，甚至不同于作为类名的名词，后者被我假定是在原始语言阶段代替身体动作指称事物的一串语音，被运用于指称所有同类事物的结果。传统的语言学理论将这类构词手段的意义，称为抽象的语法意义，是比词汇意义更高级的抽象。这不是我的发现，只是我要从语言相对论思想的角度，将构词词缀的这种作用，看作语言对思维的形成力作用的体现。

我可以这样来解释这个思想。可能比较符合语言进化的状况是：－er并不是人们凭空制定出来的构词规则，而是观察已经存在的语言现象后总结出来的一个规律性现象，并将其抽象概括为一条构词规则。在这条构词规则产生之前，语言中可能已经存在若干－er这个（在原始语言中可能是独立的）"名词"与另一个（可能是动词的）词的简单并合，用来指称"一个人完成了一个行为"这个情景。我们或许可以假设，首次将－er附着于一个动词从而创造出一个新的名词，是某个个体偶然的智能行为。与其他名词的产生方式的区别在于，这样的称名行为，本质上不再是"贴标签"的行为，而是将称名的对象与一个情景联系在一起，将这个对象在情景中表现出来的某种属性比如行为，作为称名的依据。如果"贴标签"的称名行为最初确实基于来自真实世界的物理信息，那么依照构词规则创造出的、有可以分析的内部形式的名词，其构词的基础就不再是物理信息。

这是因为我们应该认为：如果这样的词是指称职业者或反复行为者，那么这里的情景并不是实时的现场感知觉经验，而是所谓的"事件记忆"（episodic memory）。职业和反复发生的行为都不是来自真实世界的物理信息，而是来自储存在记忆中的已有经验。将什么样的感知觉经验储存到记忆中，是人将某个真实世界片段看成什么，而不是这个片段在真实世界中物理性地是什么。

我们并不能将"从事某种职业或反复完成某种行为的人"看作一个在语言之前已经形成的概念，也不能认为 - er 只是将这个概念用语言形式表达出来。这里仍旧是我在自己的语言相对论思想中一再强调的观点：感知觉经验可能以形象的形式储存在记忆中，但是感知觉经验或者形象是否以及怎样在语言之外被加工成为抽象的概念，并没有被任何相关研究以直观实验数据检验和证明。因此，我始终坚持的假说是，这个由感知觉经验到形成概念的神经活动过程，是只能在语言中完成的言语思维活动。尽管这个假说现在并没有得到比前语言概念假说更具说服力的观察事实和实验数据支持，但是我相信，无论是科学研究者还是普通人，通过内省对于他们都很清楚的一个事实是：没有人能够拥有并展示"前语言"的概念，因为任何说不出来的"东西"（我们确实不可能将"概念"的科学定义用于这样的 something），都不可能清晰地出现在人的头脑中。即使有人坚持宣称他就是有这样的"概念"，但是这样的坚持是不堪一击的：我们只需要求他将这个不依赖语言而产生并存在的"概念"作为信息传递出去——概念是抽象思维活动的结果，而抽象思维活动的一个最基本的属性是，其结果一定能够用可以理解的方式表达，恐怕就没有人能够再坚持他拥有"前语言概念"了。

涉及形象，我还需要将讨论再延伸一下：假设 runner 是英语中第一个使用后缀 - er 创造出来的名词。当创造这个词的英语母语者首先用这个词来指称职业从事或反复完成"跑"这个行为的人时[①]，他的头脑中可能确实有一个跑者的形象，但是这个形象并不能具有"职业"或"反复"这样

[①] 从词源的角度来看，我这是极端简化了词的产生过程，因为这样的构词词缀和构词方式可能并不是发生在英语中，而是发生在更古老的某种共同语中。不过这样的简化对于说明我的思想也足够了，即使再往前追溯，我坚持的语言相对论的基本原则仍旧不会被动摇。

的属性，因为后者并不是任何可以由储存感知觉经验而形成的形象。单从语言学的哲学这个角度我们或许不能断言，"正在跑的人"这个形象是否或怎样与非形象的"职业"或"反复从事"这类概念结合在一起，也没有神经科学研究以相关的实验数据，为我们展示了这种"形象＋概念"在语言之外是否能够或者怎样结合而形成了一个完整的概念，等待语言将其表达出来。不过我们至少可以认为，这种"形象＋概念"的混合状况即便可能，归根结底这也是 Saussure 所说的模糊、混沌的一团。只是在语言形式 - er 中才被固定为"职业地或反复地从事一种行为的人"这个清晰的概念（思想），使得如此构成的 runner 这个名词有了明确的意义。

第二个以及更多借助 - er 构成的词（我们当然不能假设这样的词只能依某种顺序、一个一个地创造出来，说"第二个"……只是讨论的思路展开的形式），很可能就不再是个体偶然的创造，而是类比的结果。被偶然使用来形成"职业地或反复地从事某种行为的人"这个思想的 - er 这个语言成分，现在与指称其他行为的动词（词根）一起使用，构造出职业地或反复从事其他行为的人的名称。这样的类比称名，甚至可以不再需要事件记忆为依托，而成为纯粹的语言操作：对任何动词运用相同的语言操作，就可以构成具有一个相同语义成分的名称。这样的语言操作过程，后来被抽象为相应的语法规则，即构词词缀，这时我们或许就可以断言，"职业者"或"反复行为者"的概念在语言中即在这个构词词缀中形成了；这是语言世界图景而不是真实世界具有物理属性的片段。

如果将虚词从整体上看作一个语法现象，那么上文关于构词词缀的讨论也可以从语法化的角度来观察。在若干研究者的论述中，语法化就是实词或实词的某个意义转化为虚词的发展过程。"句法最初就是将实词放在一起，后来这些实词中的一部分获得了新的语法角色"（Tallerman，2014a：8）。Heine（Heine，2003：576—578）将虚词由实词派生而来的过程表述为四个阶段：实词（a）非语义化（desemanticization），（b）运用于新的上下文，（c）非范畴化（decategorialisation），即失去词的语法形式，（d）失去语音物质形式。按照 Heine 的这个解释，我们也可以将上边讨论的英语名词构词后缀 - er，当然也是在所有使用词缀构词的语言中使用的各种构词词缀，看作语法化的结果。比如我们可以假设，表达与现代英语的名词

runner 基本相同的意义的那个语言单位的原始形式，是动词 run 与指称人的一个名词的并合。这个名词经过 Heine 论述的语法化过程，最终演变为构成名词的后缀 - er。这个语法化过程，与我在前面关于使用英语名词构词词缀 - er 来产生名词的观点并没有矛盾，只是按照语法化的理论，- er 确实被原初地看作名词（或许形式上有一些差异）。

不过，如果构词词缀的产生，确实经历了 Heine 描述的语法化过程，那么我必须要说，这个语法化过程同语言相对论思想并没有直接的相关性。语言对思维的形成力作用，表现为思想（概念）只能在语言中形成，无论这个原初的形式被假设为"动词+名词"还是"动词词根+构词词缀"。如果将构词词缀的产生看作语法化，那么假设的"名词→构词词缀"导致的，只是词缀相对于名词有了更大而且更抽象的指称范围；"动词词根+构词词缀"代替"动词+名词"成为语法的构词规则，具有更强大的构词能产性。在"动词+名词"这种形式中形成的思想（概念）以及在这种表达方式中表现出来的语言对思维的形成力作用，并不会因为名词语法化为构词词缀而改变。

（二）"并合"，语法中的各种并列关系和并列连接词

关于虚词的产生和语言相对论思想的联系，如果我们认同最原始的语法形式是并合，我想我还可以进一步推测，现代语言的并列连接词，是怎样从最原始的语法形式"并合"中产生，尽管这也同语言起源与进化研究领域里的所有假说一样，尚不能真正受到直观实验数据和观察事实的检验。

回顾我在本章第一节中的讨论。当并合作为原始语言最初的语法规则产生之时，{a，b} 这种形式的话语并不能单义地传递信息。比如 fight-Pierre-Paul 这种假设的原始语句（姑且不论它显然已经不是最原始的并合形式），对它的理解依靠信息接收者关于情景的知识。现在我们假设，{a，b} 并合已经成为原始语言构成句子的一条语法规则，这就是说，人已经脱离了现场直指的限制，可以在任何场合当然也可以在没有感知觉经验的场合，谈论两个或若干被视为在一起的事物。为此我们需要认同的是，脱离了现场直指只通过语言信息认识两个或若干事物同时出现（存在）时，信息接收者就不再拥有如像理解 fight-Pierre-Paul 这种话语所需的情境相关知识。

第六章 语言起源和进化语境中的语言相对论

事实上，这样的情境相关知识能够提供的交际有效信息，也只会越来越少。这不仅仅是因为我们在情境中看不出事物之间物理性的并列关系，更重要的是，随着原始人类生存范围的扩大、生活方式和行为方式逐渐细节化和复杂化，"并列"这种关系本身对于人的认识，也不再只是两个或若干事物简单地"在一起"。在人的认识中，两个或若干同时出现在一个情境中的事物，可能就不再在同等程度上或者以同样的形式与人的生存行为相关。比如，在一个情境中的两个事物，可能有这样一些关系会影响人的行为方式：它们处于完全等同的状况，或者有主次之分，或者其中的一个只能伴随另一个出现，或者人的行为只能选择性地与并存的两个事物中的一个相关，等等。重要的是，如果这是对当下情境的观察，那么人的感知觉经验并没有改变，事物对人的行为可能的物理性作用也没有改变，改变了的只是人对这种并列关系的认识，更确切地说，是人开始把这些与并列有关的关系区别开。

问题在于，人用什么方式来区别它们，或者换一个说法：人是否可能以自然逻辑倡导的那种方式，在语言之外形成关于这些关系的概念（思想），然后用语言将这些关系表达出来。

要假设这些并列关系在语言之外形成，我们无非有两种可能的推测。一个推测是，这样的关系是真实世界的物理存在，人首先通过感知觉经验到它们。感知觉经验经过中枢神经相关部位加工，成为关于这些关系的前语言思想，储存在大脑中的某个部位，等待语言将其表达出来。这个推测显然很难成立，因为真实世界事物之间的任何关系、包括我们在这里讨论的并列关系，都是相对于观察者而存在的：我们可以看见果实挂在树上，但是不能看见果实和果树之间的"部分与整体"关系；可以看见磁铁吸引铁制品，却不能看见"作用者与被作用者"关系，等等。既然真实世界中物理性地并不存在这类关系，以接受物理性刺激为信息来源的人的感知觉，显然就不可能经验到这些关系。要谈论这些"关系"是否存在于语言之外，研究者就需要说明，中枢神经相关部位接收到的刺激是什么？它们怎样把这些"什么"加工成"关系"这个概念并储存起来，等待语言表达。这可能是神经科学研究的一个很难回应的挑战。

另一个推测是，人能够通过对真实世界的观察，直接认识到这种关系，这样的认识并不需要借助语言来完成，语言只是表达这种认识结果的手段。在这里要坚持语言相对论的思想，我们似乎就需要证明（依照科学理论发现程序的那种证明，显然是在人类认识能力发展的现阶段无法完成的难题，我所说的证明，因此最多只能是一种不至于导向悖论的思辨）：在能够将这些关系明确表述出来的语言单位（比如连接词）产生之前，原始人并不能认识到这些关系。语言相对论看来无法证明这一点，因为动物行为研究者似乎已经以各种观察事实向我们证明，没有语言的灵长类动物、甚至更低级的动物，都起码有对某些"关系"的认识，比如父母和子女（亲子关系），群体中的个体和个体（群体认同），等等。不过我想指出的是，将母兽对幼兽的呵护、幼兽对母兽的依赖这样的动物行为，称为对亲子关系的认识，是动物行为研究者基于观察并按照人对这种关系的认识，对动物"心理状况"的推测，实际上并不可能用实验直观地证明。将动物的行为解释为基因传承而导致的本能，或许更能得到生物学和遗传学的理论和实验的支持。

仅从语言相对论的角度，我们似乎没有充足的理由，①谈论原始人可能或不可能在语言之外认识两个事物间的各种并列关系，②断言这些关系是人在语言中创造的或者说以创造语言单位（连接词或其他虚词）的方式创造了这些关系①。我当然不是断言没有人的创造行为，真实世界中不可能发生两个或若干事物同时存在于同一地方之类物理性现象；也不是断言，人怎样描述两个或若干事物的并列，与事物的物理状况全然无关。我反复强调的只是，这些关系不是感知觉作为物理信息接收到的。真实世界的这些物理状况，在人的认识中被视为"关系"，只是因为语言如此描述这些物理状况。同语言相对论和自然逻辑的所有争论一样，从原始语言的角度做出的各种推断，比如并列关系（包括现代语言中用虚词表述的各种关系）是人在语言中创造的，而不是人在语言之外产生了关于这些关系的概念，创造语言单位仅仅是为了包装这些概念，都不能真正受到基于大脑神经科学实验的直观试验数据检验。不过我们有一些现

---

① 这里所涉及的，实际上已经世界的形而上结构，我在这里姑且搁置与形而上学相关的讨论，因为我现在还没有深入研究语言和世界的形而上结构的相关性，不过这可能成为进一步研究语言相对论的一个很好的切入点。

代语言的观察事实，可以让我们为语言相对论在这里倡导的思想，做出符合逻辑的推测。

我们来观察一些单纯表示两个或若干事物共存的并列连接词。

汉语中两个最常用的并列连接词"和"和"同"，都表示并列关系，但是在汉语标准语中，"和"可以表示任何两个事物的并列关系，"同"则基本上只用于表示两个人的并列关系，如像"椅子同桌子"这样的表述，听上去不符合汉语母语者的语感，这样的形式只出现在一些（没有连接词"和"的）方言或俚语中。

英语表示两个事物并列关系的连接词 and 却没有汉语"和与同"的区别，可以表示任意两个事物的并列关系。但是英语特别表示两个事物的并列关系时，有一个特殊的连接词形式 both... and... 区别于表示更多事物的并列关系。汉语却没有特殊的连接词形式，区别两个事物的并列关系和两个以上事物的并列关系。

俄语也有意义大致与 both... and... 相应的词 оба... и...，但是俄语 оба... и... 只能表示两个事物并列，而英语的 both... and... 则不仅可以表示两个事物的并列，还可以表示两个属性（甚至可能两个行为）的并列。

汉语和英语、俄语这些印欧语相比，表示并列关系的连接词还有一个明显的区别：汉语连接词"和"只能表示两个事物的并列，不能表示属性或行为的并列；英语 and 和俄语 и 则能自由地表示真实世界任意两个片段的并列：事物、属性或者行为。

我当然不是要对比和讨论不同语言的这些语法现象本身。用这个例子我想说明的是，无论是否认同语言相对论思想，一个不能否认的事实是，至少就现代人类语言中能够观察到的上述区别，我们应该认为，对于真实世界中同时出现在一个情境里的两个或若干片段，不同语言的母语者观察和认识到的，是不同的并列关系。我已经说明，并列关系不是真实世界的物理属性，而且我坚持认为这种关系也不可能是前语言的思想。这是因为，如果我们断言这是前语言的思想，我们就必须认同一个前提：不同语言的母语者能够在语言之外以不同的方式观察同样一些物理性地共存于真实世界的片段并将这种共存认识为不同的并列关系，是因为他们的思维方式 *per se* 就是不同的。但是，神经生物生理科学至今未能提供相关的直观实验数据，证明不同种族的人，就其大脑中枢神经结构，可以在语言之外，以不同的方式观察到真实世界的若干片段之间没有物理存在的并非感知觉经验的各种关系，由此直接形成不同的思想。比如，就我们刚才观察到的那些区别，神经生物生理科学需要证明：在语言之外，以汉语为母语的族群认为，在真实世界中，事物和事物可以并列，属性与属性（行为与行为）不能像事物和事物那样简单地并列；以俄语为母语的族群则认为，在真实世界中，事物、属性、行为都可以以同样的方式并列。

语言规定或者说在语言中形成真实世界片段之间的并列关系，这样的说法可能会遭受质疑：从现代语言的角度，人们或许可以这样解释语言和思维的相关性，但是我们在这里谈论的是原始语言。如果把我在这里讨论的问题同语言起源和进化联系起来，那么，我们至少还需要面对两个悬而未决的问题：

——如果现代人类的始祖可以追溯到那个雌性南方古猿，那么所有的现代人类语言，是否可以追溯到一个共同、单一的原始语言；

——如果存在过一个共同的原始语言，语法，具体到我在这里讨论的并列连接词，是产生于这个共同原始语，还是在语言分化后才产生。

对于语言起源和进化的研究，这两个问题可能并没有特殊的意义，但是在这两个问题中，至少蕴含了一种可能性：表示并列关系的最原初的连接词，可能出现在人类共同的那个原始语言中（上面的讨论中，已经包含了并列连接词在语言分化后才产生的推测，只是对于本书的议题，这样的推测看来是一种退而求其次的方法）。如果不否认这样的可能状况，我们怎样站在语言相对论的立场，证明在表示最简单的并列关系的连接词（姑且认为它相当于现代汉语中的"和"、现代英语的 and，等等）出现之后，人才有了关于两个事物并列关系的概念？

在语言起源和进化的相关研究以及人类大脑神经中枢的言语思维机制研究的现阶段，我确实无法对这个问题做出可信的说明，虽然我更愿意相信，如果我们可以用"贴标签"的形式来解释原始的实词如何产生，这样的解释无论如何不可能延伸到虚词的产生。这是因为，认同虚词也是"贴标签"的产物，人们起码需要认可存在着关于各种关系的前语言"概念"，虚词只是为这些概念贴上的标签。这显然是同语言相对论截然对立的自然逻辑立场。虽然在前边的讨论中我已经试图逻辑地推论，并列关系是由语言建立的，不过平心而论，依据当今所有相关科学部门的研究结论，语言前的原始人到底有没有关于两个或若干事物之间的并列关系的概念，确实不是我在语言相对论的研究中可以真正解释的问题，我也未拥有充足的观察事实更遑论实验数据，可以让我信心十足地挑战前语言概念的观点。尽管如此，有一点看来可以肯定，要证明"并列"这种概念的"前语言"存在，人们面对的困境并不比语言相对论更少，因为站在自然逻辑的立场认同前语言概念，研究者需要解释：

——"并列关系"这个概念是怎样独立发展起来的；

——对于在其视界中可能同时出现两个或更多事物的所有动物，在整个物种进化链的哪个环节上，产生了"并列关系"这个概念；

——这个并非本能也不是刺激—反应行为结果的"前语言"概念，就"概念"的定义而言，当然不应该是个体的私人心理状况，而至少是同类中所有个体共有的。这就是说，这个概念必须能够以某种方式在同类个体间作为信息传递。相关研究并未能用直观实验数据的形式，向我们展示过"前语言"的概念以及这样的概念怎样在个体间传递。科幻小说的作者或许可以想象，有一种神秘的力量，让个体之间可以用非语言的方式完成信息包括"前语言"概念的交流，不过，即使在科幻作品中，完成这样的交流，也至少需要个体之间的默契。在科学语言的表述中，这样的默契大致就是所谓的心智理论。然而，动物行为研究者尚未报告，哪怕在进化链上离人类最近的黑猩猩有心智理论，能够理解同类的意图之类心理活动，继而交流"前语言"概念，更遑论其他在进化链上智能低于黑猩猩的动物。如此，"并列关系"这个概念（也包括所有前语言概念）的存在，可以用什么观察事实来证明？

——既然动物可以产生"并列关系"这个概念，那么我们就无法理据充足地否认，理论上它们也可能在语言之外，产生出现代人类语言用虚词能够表示的所有关系的概念。这样的推测，或许已经超出了甚至最激进的动物行为研究者对动物智能的推测，因为没有任何相关研究证明了或者可能证明，甚至与人类有 LCA 的黑猩猩，有这样一个表述事物之间各种关系的概念系统。我们也不能将人类有这些概念而黑猩猩没有，归结为大脑容量的增加和神经系统的重新配置，因为神经生物生理科学研究告诉我们，这类神经生物属性的特点，甚至不是解释人类有语言而黑猩猩没有的依据①。

——从前边几种语言的对比这个观察事实中，我们可以推论的是，即使我们尚不能证明，人类拥有的所有概念都是在语言中产生的，逻辑上我们或许已经不能否认，至少有一部分关于事物之间的关系的概念，比如我在这里讨论的关于并列关系的概念，是在语言中产生的；而且产生出这些概念的语言已经是人类现代语言。

实际上，如果在相关科学研究尚不能用直观实验数据的方式，为我们展示现代人拥有的、存在于语言之外的概念时，坚持认同"前语言概念"的自然逻辑立场，在关于这类关系的概念这个问题上，可以进一步被证明是一个困境。如果我们将黑猩猩作为参照，我们就只有两种可能：

一方面，我们可以假设人能够产生关于这类关系的前语言概念，而黑猩猩不能。顺着这个假设的思路，我们或许就应该认为，人类与黑猩猩在 500 万年前从 LCA 分手后，在各自的进化路径上同步进化过程中的某一个阶段，人可能率先获得了一种特质，他可以通过感知觉，物理性地经验到这类关系；然后基于在进化中获得的特殊神经机能，直接将这些感知觉经验加工成了概念并存储在大脑中枢神经的相关部位。语言产生后，这些概念就被编码并表达出来②。

我们当然不能否认，与此同时黑猩猩也在进化，所以理论上它也可能在进化的某个阶段，获得了人类早于它获得的那些感觉器官和神经结构特质，从而也仅凭感知觉经验和神经机能，就能产生出并存储关于这类关系的前语言概念。但这是发展到现阶段的科学无法证明的，因为黑猩猩能够产生的前语言概念，是根本无法观察到的。

---

① 研究者甚至认为（Wynn，1988），相关研究至今未能在人类制造和使用工具的考古发掘证据与大脑进化的化石证据之间，找到任何联系。

② 为了简化叙述，我在这里有意忽略了一个由此必然导致，但却几近荒谬的情节：如果我们不能假设这类前语言概念的产生和语言的产生是连续发生的事件（产生一个概念，随即就产生一个包装它的语言形式），那么我们又面临一个几乎无法解释的困境：一个相同的前语言概念怎么可能同时产生于若干人的头脑中？如果只产生于一个智能超常的个体，那么，在语言产生前的数十万乃至上百万年期间，这样的概念以什么方式迭代传输下去。

不过，如果科学不能证明黑猩猩的进化已经停止甚至进入了退化的过程，那么，认同前语言的概念，我们还不能否认的是，黑猩猩至今仍在产生这样的概念。由此蕴含的结论是，在智能进化上远超黑猩猩的人类，当然也可能在语言之外不断产生各种概念，包括关于这类关系的概念。然而，且不论这个结论是否能够被发展至今的科学证明，任何研究者（我们暂且搁置普通人）仅凭内省，也无法得出自己能够产生并拥有前语言概念的结论。我在（蒋国辉，2016）已经详细论述过这一点。

另一方面，我们可以假设在平行进化的大致相同的阶段，人类和黑猩猩都获得了同样的生物生理和神经构造特质，不仅都能够产生其他前语言概念，也能凭感知觉，经验到真实世界片段之间并非物理性存在的关系，并在神经活动中直接将这些关系加工成前语言的概念。于是我们回到了上边论述过的那种状况：黑猩猩的"前语言概念"还在继续产生。

如果研究者无论用什么方法，都不能检验和证实产生并存在于人的头脑中的前语言概念，那么，起码在这一点被真正证明以前，相对严肃的科学态度，应该是起码对这样的"前语言概念"存疑。疑虑在于，如果无人能够证明自己在语言之外产生并存储概念，那么，人类是否因为语言的出现，不再能够在语言之外产生和存储概念；换言之，语言的产生和发展让人类失去了这个能力。这样，如同我在讨论空间认识能力时得到的结论，我们仍旧回到了语言相对论的思想：语言让人失去了这种捕捉非物理性刺激而产生概念的能力；换言之，语言导致了人的现在这种思维方式。

讨论至此，我想至少有一点已经很明确：人类语言语法中最简单的并列关系的产生，是语言相关的。尽管对这个原始状况的猜测可能将我们导向"鸡生蛋/蛋生鸡"的困境，但是认同自然逻辑的立场，推测"前语言"概念的存在，不可避免会将在这个基础上的进一步推理导向悖论。由此，我仍旧认为语言相对论能够给出较好的解释：在原始语言只有"并合"这条语法规则时（特别注意，说"合"是一条语法规则，表明"并合"只是语言现象，它并不是任何存在于真实世界的物理状况），人们并不能清晰地区分和表达现代语言用虚词如英语的 and, or 和 with 表达的那些并列关系。于是我们可以认为，"并合"这条语法规则（尽管我们已经无法猜测这条语法规则的表现形式）的出现，形成了"在一起"这个思想（概念）。

随着语言进一步的发展，在"并合"的基础上产生的其他虚词，将"在一起"这个对于人类关于真实世界的已经扩展了的知识显得过于笼统的思想（概念），整理为更清晰、更细致的新概念。有意思的是，我们在这样的推论中看到，虚词和实词的产生和发展途径，大致是相同的，都有一个从概括到细分的过程。论证这个过程必须有语言参与，是语言不断发展的结果，可能会是从语言起源和进化的角度论证语言相对论的一个研究方向。

通过对"在一起"这个概念和"并合"这条语法规则的讨论，我们大致可以有两个结论：

1）两个或若干事物同时进入视界，只是一个生理物理现象。这样的感知觉经验，并不是普通人关于真实世界中事物"在一起"的知识。这样的知识是在语言中形成的。

2）语言将这个物理现象描述为不同的并列关系，为人构建了不同的语言世界图景。在语言的制约下，普通人不能意识到，他观察和描述的各种并列关系，并不是他通过感知觉经验到的真实世界，只是语言对同一真实世界物理片段的不同描述。

三 指示语

关于现代语言的"I-now-here"指示语系统，我在（蒋国辉，2016）中的论述是，指示语所指的对象，并不存在于真实世界，它是语言构建的语言中间世界的组成部分。语言相对论的这种解释，看来只是针对现代普通人对世界的观察和认识，因为它依据的是现代人类语言的现象。如果把这个解释用在语言起源和进化的语境中，语言相对论的观点就会逻辑地导向这样的结论：没有语言，没有指示语系统的原始人，不可能认识到"自己、对方、第三者/这里、那里/过去、现在、将来"这些由语言划分真实世界而形成的概念。

语言起源和进化研究领域中的一些研究者，正好就持这样的观点。比如 HPL 假说的倡导者 Wray 就认为（Wray, 2000b），说原始人有代词和指示语系统的概念很难信服。如果说没有语言的原始人拥有某种指示的系统，那么这种系统只能是实时的肢体动作。与这种肢体指示动作对应的

"这/那"等指示代词，只能在语言出现后才能出现。而且按照 Wray 的说法（Wray，1998：56）：在语言（更确切地说是指示语）产生之前，也不可能有代替个体名称的代词，这就是说，使用名称指称个体的行为，必须伴随指示性的身体动作。显然，Wray 在这里谈论的，已经不是她所倡导的整语原始语，而是已经有词汇和语法的人类语言，尽管它可能还没有发展到现代语言的完整形式。Wray 的这个结论和语言相对论思想是一致的：指示语系统仅仅是语言表述，而不是真实世界的物理存在；语言之外，用指示语（代词）指称的那些对象，并不存在于人通过感知觉能够经验到的真实物理世界中。

谈论人类语言的指示语系统如何产生，并由此谈论没有指示语系统，人对真实世界不可能有怎样的认识，我们就不可避免地需要面对一个认知科学、动物行为学和心理学的难题：现代语言的指示语系统以"我"为核心，也就是以人的自知意识（autonoetic consciousness，或自我概念 self-conception）为核心，那么，没有语言的动物包括没有语言的原始人，是否有与现代人类相当的自知意识？我当然无法预测，未来在相关科学发展的某个时期，研究者是否能用某种方法检测动物至少是与人类有 LCA 的黑猩猩有否自知意识？但是在科学发展的现阶段，这种与动物认知能力相关的研究，遇到的是"一个不可逾越的障碍"（Shettlworth，2001）：研究者或许可能将动物的行为与人的同类行为做比较，并根据人在这些行为中的主体意识，来推测动物是否可能产生自知意识。然而，人是否经验到自知意识，我们只能根据经验者的言语表述来判断，动物却不可能将其经验表述出来。

作为观察事实，Shettlworth 引用了 Clayton 等人（Clayton et al.，1999）关于动物情景记忆（episodic memory）的实验。用作实验的松鸦将只能保存 4 个小时不腐烂的蜡螟幼虫和能够保存 120 小时的花生，分别储存在一些很特殊的地方。喜食蜡螟幼虫胜于花生的松鸦，在 4 小时之后或 120 小时之后，都能够找到它曾经储存起来的幼虫。松鸦没有嗅觉，要准确地找到若干时间以前储存的东西，研究者推测它应该有情景记忆，能够记住过去发生的事。Shettlworth 对此的看法是，从动物的这种行为最多可以推测出"类情景"（episodic-like）记忆，因为情景记忆需要包括自知意识，即记忆的是记忆者自己在过去某个时候、某个地点完成了某种行为或遭遇了某个事件，区别于并非自我经验的关于"what-when-where"的语义记忆。然而在这样的实验中，松鸦并不能"表述"它有这样的自知意识。

虽然人有自知意识是不可置疑的科学结论，但是没有对自知意识的语言表述，我们并不能判断，一个人在他的什么行为中表现出了他的自知意识；就像我们知道人能够思考，但是在没有听到语言表述时，我们并不知道一个人是否在思考、思考什么。因此，谈论动物比如人类近亲的大型猿类动物的自知意识，至少现在还是无法检验的假说，或者说更像大胆的猜测。比如一些研究者（Povinelli et al., 1995）的假说是，大型树栖灵长类动物的自知意识，是由认识自己身体的机制进化而来，因为为了在它们栖息的树上灵活地攀爬，它们需要时时估量自己身体的重量和树枝的承受力。

动物（包括灵长类动物）和没有语言的原始人的自知意识，是否人类语言以"我"为中心的指示语系统产生的前提，在它们是否有自知意识这个难题尚未有答案之时，我们似乎处在一个两难的境地：一方面，没有语言表述，我们不可能知道原始人是否以及在什么时候开始有了自知意识。另一方面，没有自知意识为前提，我们可以怎样解释"我"和以"我"为中心的指示语系统的产生。就我的研究领域，我当然不可能为这个难题找到论据充足的、科学的解决方法，而且我在这里讨论的问题，与哲学家谈论"我为什么是我"或"我思故我在"之类话题，也没有太多的联系。我的讨论仅限于在相关科学研究的基础上，从语言相对论的角度，推测现代人类语言以"我"为中心的指示语系统可能是怎样产生的并怎样规定了人对真实世界的观察和认识。

如果一定要从动物有否自知意识来开始这里的讨论，我现在只能说，这样的"自知意识"和语言的指示语系统的产生，并没有直接的因果联系。在没有相关科学的观察事实和实验数据支持的时候，我并不追求这个断言的可信度，不过一些简单的生物学事实似乎能够告诉我们，生物界有许多貌似以"自我"为中心的现象，并不能用"自知意识"来解释。比如密林中的树似乎竞相笔直地往上生长，我们不能说每棵树自己"意识"到它必须往上长，长得高于其他的树，才能获得更充足的阳光，更容易存活。一些鸟类的雏鸟，先孵化出来的会将尚未孵化的蛋挤出巢外摔碎，只留下自己以获得更多的食物，增加生存的机会，但是鸟类研究者并未告诉我们，这是雏鸟在"自知意识"支配下的作为。群体生存的许多哺乳动物，一个强壮的雄性必须占有群体内所有的雌性，尽管群体内雌性的数量实际上超过雄性，动物研究者也没有将这样的动物行为，解释为雄性动物基于"自知意识"的占有欲。事实上，对上述现象最基本的解释或许应该是，为自身生存和基因延续而努力寻求并占有最有利的生存条件，是每个生命体求生的本能，并不是生命体受意识支配的机能。在自然的生存环境中，除了为自己的后代觅食，黑猩猩不会帮助同类寻找食物，也不会主动与其他个体分享自己得到的食物（Hare et al., 2000, 2001；Byrnit, 2004；Tomasello, 2006），在我看来，无非是这种求生的本能进化到了更高级阶段的表现。我不知道这样的本能是否可以解释为"自知意识"最原始的起因，但是我并不认为我们需要或者可能从这个层次上解释以"我"为中心的指示语系统的产生。

依据动物行为研究者提供的关于人类近亲黑猩猩行为的观察事实，我们必须认为，没有语言的原始人，当然已经能够在身体和行为上区分自己和其他个体，比如发现了危险向其他个体报警，比如知道自己在群体中的社会地位，又如能够向其他个体发出指令、操控他人的行为，等等。但是现阶段的动物行为、动物心理、动物认知等研究都没有得出黑猩猩有心智理论的结论，对于我的讨论这一点尤其重要，因为这其实是说，黑猩猩可能有"自知意识"（尽管研究者也承认，这不过他们是根据动物行为与人类行为的相似，比照人类在这类行为中的自知意识是什么，来推测黑猩猩的心理状况），但是黑猩猩并不能认识到它有"自知意识"。我指的是，黑猩猩可能意识到它自身的独立存在，如果把这种意识称为"自知意识"，那么这种意识的局限在于，每个黑猩猩都不知道同类的其他个体是否和它一样，能意识到自己是一个不同于他人的个体，它也不能用任何方式让同类知道，它是一个与它们不同的个体。相应于黑猩猩的这种心理状况，没有语言的原始人的"自知意识"，也应该没有超出私人心理状况的范围，并不是现代科学定义的人对自身的认识。也就是说，语言前的原始人并没有认识到，"自知意识"是人类每一个个体都拥有的同一种心理状况。

现在还需要说明的一个问题是，我们能不能将"自知意识"看作思想，然后同意自然逻辑的观点：将"自知意识"说出来，就是用语言形式

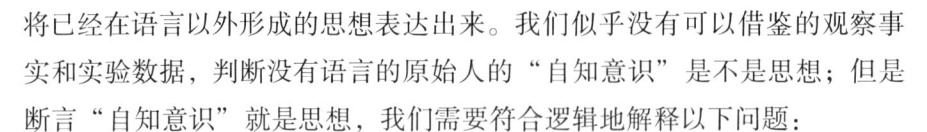

将已经在语言以外形成的思想表达出来。我们似乎没有可以借鉴的观察事实和实验数据，判断没有语言的原始人的"自知意识"是不是思想；但是断言"自知意识"就是思想，我们需要符合逻辑地解释以下问题：

1）动物行为和动物智能研究至今没有提供观察事实和实验报告，证明灵长类动物拥有心智理论，更遑论证明它们的心智理论包含了对"自知意识"的认识。就此，相关研究首先需要面对的问题是，作为自在的"思想"发展途径上之一环的"自知意识"，是否起源于每个生命体可能是在基因层次上对自身生存和繁衍后代的需求？如果是，那么这种连植物的生命体都具有的生存需求，在动物进化链上是怎样一脉相承地进化到了比如原始人的"自知意识"这种"思想（概念）"。对于相关科学研究，可能还是一个几乎看不到前途的漫长而艰难的检验和证明过程。

2）假设经过研究者的不懈努力，最终验证了"自知意识"就是这样起源和进化而来；或者摒弃任何从进化的角度无法检验的难题，仅就当前动物行为和动物智能研究的结论，断言动物至少灵长类动物确实具有"自知意识"。由此，也是灵长类动物也没有语言的原始人，当然也有"自知意识"。即便如此，从自然逻辑的角度人们仍旧无法证明，指示语系统的核心"我"，只不过是已经在语言之外发展成思想（概念）的自知意识的语言表达形式。这是因为，要得出这样的结论，研究者必须说明：（a）灵长类动物的自知意识是否在几千万年前就已经形成了概念，或者是进化到了某个阶段，比如进化到大型猿类动物或者原始人类时，原始的"自知意识"才发展为概念？（b）如果有这样的进化过程，那么它是怎样完成的？或者说，出现了某种能够被相关研究追溯的标记，让我们可以断言：在这个标志出现以后，表现为生存本能的基因层次上的自知意识，就发展成理性层次上的关于自我的思想（概念）。

3）在我看来，2）的证明不仅很难成立，而且可能将在这个方向上努力的人们带入一个方法上的陷阱。既然灵长类动物（当然不止灵长类动物）的自知意识已经被证明在进化的某一时刻产生了，我们就不太可能有什么依据，认为它们不能产生出其他意识。比如我在第二章第三节中引述过的动物行为研究者提供的观察事实说明，食果的灵长类与食叶动物相比，前者由于特殊的生存压力，可能产生出一些特别的意识：水果有季节性及时间意识，水果藏匿在树叶中即空间概念，两者都需要记忆；水果成熟与否即视觉辨认；在树间攀爬时，估计自己的体重和尺寸即自知意识和空间意识。如果自知意识能够以某种方式"自然"地、独立地进化为思想（概念），再被此后产生的语言表达出来，那么我们就没有可能逻辑地否认，其他意识也能这样进化为思想，比如空间意识自然进化为"前/后/左/右"等概念，然后才被语言表达出来。但这显然是谬误，因为做出这种推论的人们，没有任何理由将这样的"意识"局限于灵长类动物。

因为没有直观实验数据和观察事实的支持，也因为对"意识（包括自知意识）"本身的相关研究，并不是我从语言相对论的角度可以深入探讨的课题，所以，批评自然逻辑就这个问题无法给出合理的解释，并不能顺理成章地推论出语言相对论解释的合理性。不过我认为，语言相对论的解释，至少在逻辑上更可信。这个解释大致可以是：按照我（也是语言起源和进化研究中的非连续论）一直坚持的观点，人类现代语言的第一人称代词，同样起源于原始人类某个智力超群的个体偶然的创造行为。这个创造行为的基础，或许就是一个偶然的刺激，激活了他对自己是一个与群体中其他个体分离的、有独立行为能力的个体的认识。而这个认识的结果，或许就应该理解为他创造了"我"这个词，并在这个词中形成了"自知意识"的概念。我当然无法在没有任何线索的时候，猜测"我"这个词是如何产生的，不过可以做如下的尝试。

原始群体中一个智力超群的个体，在一些偶然的场合领悟到自己不仅是群体的一员，而且是一个独立存在的个体。比如，在一定的时间、一定的地点，一个群体的所有成员，都在某种动因的驱使下本能地完成一个行为，而我们这个智力超群的个体，突然被某种力量阻止了参与这个共同的行为。当然，他可能不是遭遇这种状况的唯一个体，只是因为他超群的智力，他可能意识到，既然他的缺席并未影响这样的共同行为，说明他并非必然与完成这个共同行为的整个群体以及群体中的任何一个成员，不可分离地联系在一起；说明他自己可以处于与群体其他成员不同的状况、完成与其他成员不同的行为。此后他进一步意识到，他可以是与群体其他成员区分开的一个独立个体。这种过于简单的猜测，听起来更像是科幻小说的情节，不过，语言起源和进化研究的许多假设，归根结底大致也就是这样的故事。

至此，我们当然还没有足够的理由认为，因为智力超群，这个个体还可能进一步猜测，同类的其他个体在同样的情形中，也可能有跟他一样的行为方式，也都拥有他们各自"是独立的个体"这种心理状况。不过以下的推论大致不会违背逻辑：

这个个体通过对群体所有成员的观察，应该可以判断，他的生理属性（比如有眼睛、能看见）和他的行为方式，与群体的其他成员并没有实质上的差异。这样，我们这个智力超群的个体就面临一个需要解决的问题：一方面他已经意识到，他的生理属性和他的行为只是他自己的个体属性和行为，以此类推，其他个体的属性和行为也应该是他们的个体属性和行为。另一方面，在实际的生存活动中，他的个人生理属性和行为（比如行走、吃食、交配等），并不能以任何可以被观察到的形式，区别于其他个体的生理属性和同样的行为。在这种状况下，他可能想到的（首先是为自己）解决这个问题的途径，就是用某种形式将这种区别清晰化，也就是将他的属性和行为，看作只是他自己的属性和行为。比如最初，或许就是他在描述自己的行为时，用一串语音（我当然不能排除最初这可能只是一个肢体动作，不过这对于我的讨论没有实质的影响），作为区别"自己的"属性或行为和"别人的"属性或行为的标记。

这里我们并不需要假设有某种 *a priori* 的思想存在。代词"我"在产生之初，或许只是在描述行为的话语中的一个区别性标记，如一些研究者（Knight，1998，2000）推测，我们这个物种最早使用的任意符号，或许就是运用语言来确认个体身份（personal identity）。我们或许可以认为，在代词"我"出现之前，原始人的自知意识只是一种相应于一些特殊生存状况的私人感受（在情景中出现的自知意识），而不是清晰的、独立于任何情境之外的自我认识。这种认识或者说是关于自我的思想（概念），是在语言中形成的：这个标记出现后，"自知意识"就由这个智力超群的个体的一种私人心理状况，发展为他关于这种心理状况的知识。这个意识由此就成为一种可以编码和传递的信息。

现在我们从语言相对论的角度来进一步探讨，为什么可以说代词"我"的出现，表明关于自我意识的思想（概念）是在语言中形成的。这里我们至少可以符合逻辑地做出两个推论：

——这串用作区别性标记的语音在话语中是独立的符号，通过（迭代）学习，可以被群体中的所有个体掌握。在描述行为的话语已经能够被说出来的时候，掌握了这个区别性标记，原始人就可以用一个语言（语音）符号来表明，他讲述的是"自己的"行为，并将这个符号用在描述自己的各种行为和状况的话语中。

——这个标示"自己"的符号（一串语音），可以用在描述使用这个标记的人所有行为的话语中，当然也包括"说话"这个行为。"说这句话的人（完成'说话'这个行为的人）＝我"这个思想，就在这串语音中产生出来。或许正因为如此，现代语言学对代词"我"的解释（当然不是在语言相对论解释范围以外的哲学、心理学等的解释）就是"说话人"。

尽管在语言起源和进化研究中的所有推测和结论都不过是假说的时候，推测代词"我"的产生，不可能比其他假说更有说服力，不过，推测原始人意识到说每一句话——我当然不是指原始人可以像现代人那样，随心所欲地说出他母语的任何一个句子，都是自己的行为，给了在语言起源和进化语境中讨论语言相对论一个重要的切入点：当人认识到他说话这个行为是他独立的行为，同时也观察到自己以外的其他人在完成"说话"这个行为时，与他并没有任何生理机能上的本质区别，都是口舌的动作，加上所有人都能发出的那些音。于是他应该意识到，表明他的"说话"这个行为是他自己的、不同于其他任何人的说话行为的唯一标志，就是被他说出来话的内容。这样，在说话行为中的"我"这个自我意识，除了"这是我完成的'说话'这个行为"，还应该加上了"这是我（对这件事或这个东西）说出来的话"。

对于原始人类，我们或许不能断言他们有这样的判断，不过站在语言相对论的立场我们应该认为，如果我们不能否认一个事实，即关于一个真实世界片断，不同的人可以做出若干不相同的描述，那么我们就不能不同意，人在一句话里说出的一件事或一个东西，并不是这件事（这个东西）在真实世界中的物理状况，仅仅是他这样说而已：这件事（这个东西）就是我说的那样。语言相对论把普通人这个判断，归结为语言构建的并不等同于真实世界物理片段的世界图景。正是在这个意义上，我在自己的语言相对论理论体系中推论，"我"这个语言成分的出现，制约了说话人的思维方式：他是通过自己说出的话语在观察和描述世界。

我们或许能为支持这个推论找到一个观察事实：在当代语言学中，"说话"这个个体的独立行为，被标记为人说出的每一句话中的超句成分"我说（我认为、我断言……）"。超句成分的意义在于，人说出的每一句话，都是说话人自己对真实世界的描述；这样被描述的真实世界，只是这个说话人透过语言构建的中间世界，实时看到的世界图景。从语言相对论的角度就是：人关于自己是不同于其他个体的这种"自知意识"（也是一种思想），是在语言中形成的，因为这个自知意识是被说出来的。尽管这听上去像是一种调侃，不过在这里借用笛卡儿那个表述，也许不无道理：我说故我在。

第一人称代词"我"是指示语系统的核心，这个系统中的其他成分，都是在"我"的基础上产生出来的。我不再一一观察这个系统的每一个成分，这或许能成为继续研究语言相对论的一个领域。重要的是，指示语系统仅仅存在于语言对真实世界的描述也就是语言构建的世界图景中。日常生活中的普通人并不能意识到，他们只能通过语言的指示语系统观察、描述和认识真实世界，并不能通过感知觉经验到这样被描述的真实世界片段。这是语言塑造人的世界观、制约人的思维的典型观察事实之一。

四　否定

说出一个否定句，对于掌握了现代语言的普通人，是最一般的言语思维行为，可能没有人会考虑，他说出的否定句，与他想要描述的那个真实世界片段有什么关系。不过对于语言研究者，无论他是否认同语言相对论的思想，有一个事实应该很明确：用否定的语言形式描述的对象，并不是人对真实世界的任何感知觉经验。我当然不能断然否认，或许有语言研究者会在语言的否定形式和真实世界之间，找到不同于语言相对论的解释。不过，就当前能够看到的关于否定这个语言现象的相关论述，我仍旧坚持认为，我在（蒋国辉，2016）中从语言相对论的角度对否定这个语言现象的论述，可能是对语言和思维相关性的一个较好的示例，这就是：否定只

第六章　语言起源和进化语境中的语言相对论

存在于语言中间世界，是语言构建的世界图景的组成部分。对语言否定现象的讨论，应该可以成为在语言相对论的语境中讨论语言—思维—真实世界相关性的一个重要切入点。

在语言相对论研究中关于否定的讨论，当然只涉及作为语言现象的"否定"，尽管在其他一些研究领域中，研究者也使用"否定"这个术语来描述自己的研究对象。比如在哲学中，否定被定义为任何事物中蕴含的矛盾双方的一个方面，即事物中促使自身消亡、破坏事物的现状，使其转化为他物的那个方面。按照哲学的观点，否定一个事物并不是否定这个事物的存在，这不过是在生物界和非生物界的任何事物螺旋式发展过程的一个环节。又比如在心理学中，"否定"的含义可以简单地表述为：人的一种个体早期发生的（ontogenetically）、最原始的自我保护机制，是一种心理过程（行为）。

虽然这样被定义和论述的否定都是直接指向真实世界，但是它们并不是语言相对论的反例，因为在这些研究中使用的"否定"这个概念，并不相关于人们在日常言语思维活动中使用"不"这个词（及其各种变体形式）来完成的"否定"行为。哲学、心理学等描述的"否定"，是指两种或更多的事物之间的相互作用而导致的事物状况变化，这样的事物及其变化过程，本质上都是真实世界中的"有"。

真实世界的任何片段永远只能以"有"的形式存在，没有任何真实世界片段可能以"无"的形式作用于人和动物的感觉器官。而且，任何动物，当然也包括灵长类动物和原始人，都不可能针对真实世界完成"否定"的行为。我指的是，任何能够被完成的行为，或者说我们能够观察到的任何行为，都是这个行为自身，而不是对真实世界某个物理性存在的片段，比如事物、行为、属性等的否定。比如狮子可以完成"捕食"这个行为，却不能完成"不捕食"这个行为。我们可以将狮子捕食以外的任何行为看作"不捕食"。但是不捕食并不是狮子的一种行为，因为狮子在捕食以外的任何行为本身，都是独立的行为，将其看作或不看作"不捕食"，只是我们对狮子行为的解读，而不是这个行为本身在真实世界中的状况。这或许为我们提供了一个生物学的观察事实，让我们可以推论：对世界的认识基于刺激—反应的任何动物乃至没有语言的原始人，都不可能 *a origin*

（本源地）地产生直接针对真实世界的某个物理存在的"否定"这个行为。而且，如果坚持认为否定是推翻先前的思想或改变先前的意愿，我们就需要假设，否定是在语言起源和进化的过程中较晚出现的现象，它只能出现在描述真实世界存在的片段的话语已经能够产生出来之后，虽然这样的话语不一定就是按照现代语言的语法规则构造的肯定陈述句。

一些研究者确实断言动物不能使用否定（e.g. Bateson，1972，Morris，2005），但是这样的研究似乎不多。更多的研究是围绕动物是否有信念，特别是错误的信念；动物如何区分朋友和敌人，等等（Davidson，1975；Carruthers，1996；Slezak，2002；Seed et al.，2010）。这类研究当然也只可能停留在假说的层次。比如，有研究者认为动物有信念；也有研究者认为动物不可能有信念，依据是：信念必须要先有思想才能产生，因为（Davidson，1975）"一个生物不能有思想，除非它能解释别人的话（9），……能够理解对与错的对立（22）"。不过，两个对立的观点都没有真正可以反驳对方的可信论据。

我们来设想这样一个情境。一个事物在原始语言中获得了名称 X。一个不知道这个名称，或者辨认出了错的人 A 指着这个事物说"这是 Y"，知道 X 和 Y 的区别的人 B 对此不外乎有两种反应：他可能直接将正确被称为 Y 的事物指给 A 看，并告诉他这才是 Y；他也可能发出一串声音（或许还伴随某个动作），让 A 明白他指示的事物并不是 Y。我想，如果把后者看作语言否定的起源，或许也不无道理。

上述两种纠正称名错误的言语行为，在原始的言语交际行为中是同时出现还是先后出现，显然是无法考证的猜测。不过这并不是问题的关键。关键在于，当 B 纠正 A 的错误时，他并没有在意 A 的生理感受有什么问题，或者被 A 指称的事物本身可能怎样导致了辨识的错误。B 使用否定仅仅是为了指出，A 说出来的词语不是这个事物的名称；换句话说，B 的否定仅仅指向 A 用词语形式表达出来的辨识结果。于是我们说，B 用语言表达的否定，仅仅指向 A 的言语行为本身，并不指向真实世界，这是因为，如果没有 A 使用语言而不是身体动作的指称行为，B 不可能对事物 Y 说出任何否定的话，或者产生任何与否定相关的思想。否定在这里充分表现了"思想依赖于言语"这个语言相对论的结论。

　　顺便提及一个很有意思的观察事实。在原始语言阶段，人以发出某种声音的方式表示否定，似乎可以追溯到心理学关于个体发展中形成的自我保护意识。我们可以观察到，能够主动发出功能性叫声的动物甚至低级至鸟类，在受到某种威胁其生存的强制性外力作用时，比如被捕食者抓住，除了挣扎，都会伴随发出一些声音，这些声音可否解释为一种本能的抵制行为，或者说就是一种自我保护的姿势？

　　这种最初是本能的声音，在上述原始人纠正错误观念的场合，或许就被借用为否定的一个"代理形式"；或者说，抵制外来强制行为的声音，在这里转化为一种否定的言语行为。这种言语行为，最初可能只是指示错误的一个语音标签；有了这个标签，否定的思想（概念）才在这种声音中形成。由此我们是否可以推测，在语言进化过程中，这种声音也被保存下来，成为否定的一种语音形式？比如印欧语言口头言语行为中，用短促的/n/表示否定（几乎所有印欧语言的否定语气词，都是辅音/n/ + 元音的组合，似乎也指向否定源于一个原始的叫声），汉语中表示拒绝或不认同时，也用稍长的/n/表示否定。语言谱系中相距如此遥远的语言在这一点上的相似，是否在某种程度上可以追溯到人类语言，至少是人类语言中的"否定"这个范畴的共同起源？

第六节　语言单位的重新分类：描述真实世界和构建世界图景

　　从语言相对论的角度，大致观察和讨论了语言，主要指词和语法的起源后，我想引入一个的讨论新话题：什么是语言。对于所有与语言相关的研究领域，"什么是语言"当然不是新的话题，尽管研究者至今尚未找到"语言"的普遍认同的明确定义。我当然不是要尝试提出又一个"语言"的定义。我所说的"什么是语言"，涉及的是一个看似在语言研究中早已定论的问题，这就是：语言系统由哪些部分组成。最简单的解释是，对于任何一个能够理性地认识自己的母语，或者学习过一门外语的普通人，语言的三个最基本组成部分是：

——语音，这是语言物质形式。

——词，这是在话语中能够被自由分离出来的最小的、能够被普通人意识到并能够被单独使用的语音和意义结合的单位。

——语法，这是组织语言单位的规则。

这三个部分也可以看作语言结构的三个层次，而且每一个层次都可以分解成更基本的组成部分或者从不同的角度来观察和分析。不过，后者是语言研究者对语言的认识，普通的语言使用者并不能也不需要认识到音素、音位（音位变体）、音节、词素、词根、词缀、语义成分、主语、谓语这些层次上的语言现象。所有这些语言单位或语言系统的组成部分，在迄今为止的任何语言理论中都是公理性质的共识。我姑且把这样理解语言结构的观点，称为语言本体观，即将语言本身作为观察和分析的对象。在这样的研究中观察和分析的，是语言作为一个实体的各种属性和功能。

不同于上述基于语言本体观的划分，我从语言相对论的角度对语言系统结构的划分，在某种程度上可以看作从认识论角度对语言的研究。我在（蒋国辉，2016）中，将语言相对论看作对语言的一种认识论研究，即语言相对论并不是研究语言本身的属性，而是研究语言在人认识世界的理性活动中的作用。这个作用归纳起来就是：语言对思维具有形成力作用；语言塑造人的世界观；由于语言的制约，普通人不能区分感知觉经验中的真实世界和语言构建的世界图景，将语言世界图景的组成部分当成真实世界的物理片段。

相应于语言相对论从认识论角度对语言的这种解释，我们可以将语言系统划分为两个组成部分：

——描述真实世界的语言成分

——构建世界图景的语言成分[①]

[①] 一些研究者（Boroditsky，2001；Gentner et al.，2001）对语言单位也做出了不同于传统的分类，而且与我的分类有某种联系。在这样的分类中，词被划分为开放类和封闭类。前者包括名词、动词、形容词，这类词与真实世界的关系由认知主导，语言只是包装认知的内容。后者包括前置词、冠词、连接词等，这类词与真实世界的关系由语言主导，其意义不可能独立于语言而存在。这大致就是传统语言研究中划分的实词和虚词。

在这里和下边使用"语言系统"这个术语时,我没有考虑语音。不过这并不意味着,在思考语言作为一个完整的系统与人的思维,与真实世界的相关性时,可以完全忽略作为语言的物质部分的语音。我在(蒋国辉,2016)中已经观察过所谓的范畴知觉现象,涉及的就是在语音层次上表现出来的语言对感知觉的某种引导作用。只是我在这里的讨论中,暂且不将语音作为必须的观察对象。

前面那些章节讨论的词和语法的产生与发展,就是以这个区分为线索。把依照我的标准划分出来的语言系统组成部分称为"语言成分",可能不是一个成功的术语,这是因为,在传统的语言研究中,辅音、名词、句子之类术语,清晰地定义了语言系统中的各个次范畴;就连"语言单位""语言形式"这些相对宽泛的定义,也大致界定了一个语言系统中的某些次范畴。比如,研究者可能对什么是语言单位没有共识,但是他们对"第三人称代词的指称对象只能由它的先行词或者在上下文中确定"这条句法规则不应被划入"语言单位"这个范畴,想必不会有异议。

然而我使用的"语言成分"这个术语,似乎并不能让人哪怕大致了解,它界定的是语言的什么组成部分。在我的理论中,我把这类句法规则甚至语用规则,与词、句子这些语言次范畴放在一起观察,统称"语言成分"。好在我使用这个术语作出的划分,并不是为了讨论在这个术语界定的范畴中任何成分的语言属性,比如形式、意义、功能等,而是为了说明它们在人认识世界的理性活动中,怎样体现了语言相对论的原则。

无论如何,通过语言相对论的讨论,我们可以对语言系统的构成有一个新的认识,这就是说,语言的起源和进化过程,或许正好与我在这里对语言系统的划分相吻合:从用一串声音给真实世界物理存在的事物"贴标签",到创造出并非描述人对真实世界的感知觉经验的词语(比如动词)和语法规则,语言正是循着由对真实世界的描写到构建语言世界图景的过程而发展。

还需要注意的是,语言构建的是一个完整的语言中间世界,人透过这个中间世界看到的语言世界图景,也是完整的,并不能以"描述与构建"为特点划分成两个部分;这就是说,语言的所有成分,都同等地参与构建语言世界图景(语言中间世界)。将它们区分为描述真实世界和构建语言世界图景，只是我从语言起源的角度做出的一个有条件的划分。我们大致可以这样来理解：描述真实世界的语言成分，在语言起源和进化的过程中以"从世界到语言"的方式产生，即这种语言成分原始地起源于人对真实世界物理状况的感知觉经验；构建语言世界图景的语言成分，在语言起源和进化的过程中以"从语言到世界"的方式产生，即这种语言成分原始地起源于人在已经具有某种原始状况的语言中完成的对真实世界的思考，而不是源于对真实世界物理状况的感知觉经验。

一 描述真实世界的语言成分

描述真实世界的语言成分，指的是我在谈论词的起源时所说的事物的名称和有形属性的名称。我把它们称为描述真实世界的语言成分，看上去就是普通人对自己的言语行为的朴素理解："我说的就是我看见（听见、闻到……）的。"语言研究者如果碰巧有机会同普通人谈论语言相对论的观点，他们可能确实很难以普通人能够理解的方式，回应后者的一个看似非常简单的诘难：你说语言制约和引导我对世界的观察和认识，但是没有语言，那棵树不是仍旧长在那儿吗？我不是仍旧能够看见它，知道它是一棵树吗？反对语言相对论的研究者，特别是错误理解了语言相对论解释范围，而从能否引导感知觉经验的角度来批评语言相对论的人们，可能在潜意识中，也没有摆脱普通人对语言相对论思想的这种理解。

我界定的语言相对论理论的解释范围，并不涉及在人的认识之外物理世界存在与否这个哲学议题，也没有将语言是否引导人的感知觉这类需要从神经生物生理科学的角度来研究的问题，作为研究的对象。我谈论的是，语言是否以及怎样作用于人对世界的认识。不过，如果在我的理论中将语言与感知觉的关系解释为"在语言的制约下，人不能区分他对真实世界的感知觉经验和语言对真实世界的描述"，那么我仍需要面对并解释这样的质疑：如果有人指着甚至用手触碰着一棵树，说"这是一棵树"，我们显然不能否认，他是在描述他凭感知觉经验到的真实世界片段。那么，我们能够依据什么，断言说出这句话的人对真实世界的这种观察和描述是语言引导的？

第六章 语言起源和进化语境中的语言相对论

我们当然不能用光波对视觉的作用，以原子、分子等世界物质结构层次之类的事实，来作为讨论语言相对论的立足点，论证即使指着树说"树"，也不是人在视觉、触觉神经结构层次上的感知觉经验。人凭借自身的生物生理构造和感知能力，当然能够在相应的状况下经验物理世界。不过一个明确的事实是，如果我们尚不能信心十足地断言或者更确切地说是用浅显易懂的语言，向普通人解释：指着树说"这是树"，就是语言引导的人对真实世界的认识，而不是感知觉经验，那么，我们几乎可以不用怀疑，当人指两棵树说"这棵树和那棵树"时，他表述的不是真实世界的物理状况。

要说明这个问题，我们可能需要澄清：指着一棵树说"这是（一棵）树"的人完成的行为，是否仅仅是将自己对真实世界的感知觉经验用语言表达出来。为此我需要再次强调语言相对论的解释范围：这个感知觉经验本身是否可能，并不是语言引导的结果。语言当然不能引导人看见或看不见一棵树，也不能限定人是否产生将这个感知觉经验用某种方式表达出来的意愿。不过我们需要明确的一点是，如果没有语言，指着一棵树这个行为本身，在现代人类的社会—文化环境中，不能传递任何信息。

或许在没有语言的原始人类群体中，指着一棵树的手势〔我姑且这样表述，因为根据一些动物行为研究者的观察和分析（Tomasello，2006），黑猩猩并不会使用指示（pointing）的手势，以此推测与黑猩猩有 LCA 的人类在没有语言且智能未进化到一定程度的原始时期，也不会使用指示的手势〕，可能是一个群体的成员都能识别的某种意愿或情绪的表达，就像捋毛、跳跃、吼叫等。这类以操控为目的的交际行为，对于原始人类的生存环境和生存方式，可能承载了相应的信息。

除了猜测，我们并不能知道这样的信息是什么？怎样被传递和被理解。但是对于我们有一点是明确的：虽然我还无法推测这同语言的产生和发展在时间上有什么联系：现代人类不再具有（或许从不曾具有）那种能力，即不借助语言、仅用一个指示的手势，就可以传递被看到这个手势的人单义理解的信息。这是普通人的日常生活经验，并不需要任何心理学和行为科学的实验来检验。在这个意义上我可以初步推论，虽然我们还没有证明语言能够引导感知觉，但是没有语言，感知觉经验只是私人心理状况，不是能够被传递、被理解的信息；个体的感知觉经验，只能通过语言成为关于真实世界的信息。换言之，如果语言不能引导生物属性层次上的感知觉神经活动，那么它至少要引导将感知觉经验作为信息传递的理性行为。

在我看来，这个疑问还可能根植于"贴标签"的称名方式。创造一个语音串来指称可以被感知觉直接经验的事物，看来是所有正常人包括已经学会了说话的幼儿，都能随时完成的智能行为。这种称名方式不仅是原始语言第一个和最早的那些名词产生的途径，掌握了成熟语言的现代人，也可能用这种方式给他第一次经验到的、尚无名称的事物称名①。人们可能会认为，说出真实世界中可以看到（听到、触摸到）的事物的名称，特别是当这个事物还没有相应的语言描述（名称）时，我们似乎没有足够的理由认为，人对真实世界的描述和认识在这里被语言引导。其实，这样思考这种称名方式的人，正好就是由于语言对思维的形成力作用，已经意识不到语言对"称名"这种言语思维活动的制约作用。这样的制约作用，当然不仅是指现代人的称名行为必须使用语言手段。对于论证语言相对论思想更重要的是，这样的称名行为能够完成，是因为称名者的行为基于一个信心（我姑且这样表述），而这样的信心是基于人已经是"语言动物"这个前提：他用于称名事物而发出的一串声音，被与他是同一语言母语者的所有人接收后，首先就会被认同是一个名称（名词）。

这其实也是原始人的称名行为的必要前提。只不过对于原始人，这样的称名行为被认同为创造了一个词，需要经历一个相当漫长的协同（negotion）过程。对于现代人，这个协同差不多不需要任何时间延续，因为与语言的发展不可分离的现代人类智能进化至今，人类在自然状况下（而非用特定的方式控制发音器官，发出的有特定功能的声音，比如乐声）能够发出的任何非本能叫声的声音，都不以人的意志为转移地被赋予了语言的意义。这就是说，某人指着一个从未被任何人经验到的事物而发出一串声音，马上就会被与他有相同感知觉经验（比如也看到了被称名的事物）、并听到这串声音的所有人，认同为对事物的一种语言表述（Quine 关于 Ga-

---

① 在现代语言中，这其实只是专有名词产生的途径。现代语言中的普通名词都是类名，所以，人能够创造一个名词来指称的，只能是一类事物，无论他第一次经验到的是一类事物中的一个或若干个体；而事物的"类"并不存在于真实世界中。

vagai 的困境，也是对这种状况的描述）。这样的认同，显然不是基于发出声音的人和听到声音的人相同的感知觉经验；他们在面对双方都陌生的事物的场合能够完成交际行为，是基于对相互交际意向的理解：听到这串声音的人，会将指着事物发出一串声音者的意图，理解为传递关于这个事物的某种信息，而不是某种情绪的流露或者某种操控行为（其实，表达情绪和操控行为，现代人也只能用语言来完成，我暂且搁置对此的讨论）；发出声音的人也知道，听到声音的人知道他的意图是针对事物给出某种信息，比如可能是给事物称名。这个行为显然只能在语言中完成。由此，在这里谈论语言的制约作用，虽然仍旧是假说，但是思辨的逻辑性看来毋庸置疑。

不过，掌握了成熟语言的现代人，显然不会沿袭原始人从无到有创造词的方式，用指着一个对象并发出一串声音的方式，来创造新的名词。现代语言创造这样的词语（事物的名称），是说出比如"我（我们）可以把这个东西叫作……"这样的话语。我在（蒋国辉，2016）中从现代语言的名词都是类名的角度，论述了语言对称名这个思维活动的制约作用。在这个基础上，我想我们可以进一步论述所谓"描述真实世界片段的语言成分"，说明人对真实世界的描述也是由语言引导，而不是"我说的就是我看见的"。

为此我们首先需要讨论的是，已经拥有了成熟语言的现代人，是否能够摆脱语言的制约，用另外的方式给真实世界片段称名。需要指出，对于智能发展至今的现代人，真实世界片段的名称起码必须满足两个条件，才可以被接受为一个名词。条件之一，它必须成为其结果能够在内隐或外现的言语或动作中表现出来的思维活动的对象；条件之二，它必须满足使用同一种符号系统（同一种语言）的人们在以信息交流为目的的交际行为中对交际意向的理解。这样，我们基本上可以将可能与称名意图有关的非语言行为，排除在"给真实世界片段称名"这个理性行为之外，比如用一个任意身体动作或者用某种标记或图形之类，在一些场合作为替代某个事物的符号。不过，与此相关我们还需要解释两种现象。

一种现象与所谓的形象思维相关。我已经反复论述过，形象思维或许确实是人类的一种思维形式，但是它并不能与在语言的形成力作用下完成的抽象思维相提并论。由于不存在形象思维赖以在其中完成的符号系统，形象思维的过程和结果，都不可能单独使用形象表达出来。形象思维的这个属性，显然与称名这个思维活动本身是不相容的，因为称名这个思维活动已经完成的表现形式，单就字面意思，就是事物的名称被说出来并且被识别了。或许在某些专门领域中，人们可以约定一套形象符号系统，比如~、※、◎、♂、☉、♀、§之类，在新的现象出现在这个领域中时，用这些符号或它们的组合来为它称名。但是，在人类当前对自身的认识范围内，没有任何领域的人，可能是人类现代语言语境之外没有掌握现代语言意义上的某种语言的特殊人群。于是，这里的悖论就在于，一方面，创造和使用这种符号的人都至少是一种语言的母语者，他们的世界观和思维方式已经随着母语的习得而被语言塑造，为此他们的思维活动，比如创造这些符号并赋予它们意义，是不可能在语言以外完成的。这一点不需要任何实验检验，所有人都可以通过很普通的内省来确认。要使用这些符号，则需要一个特定的学习过程，这个学习过程，就是掌握这些符号的意义，而这个意义是在语言中形成的。

另一方面，即使这些符号已经在一个领域中被约定俗成，并且确实可以在一些场合、在形式上离开语言而传递一些关于这个特殊领域的信息，比如人们可以书写一连串符号，声称这是指称该领域的一个现象。但是这实际上是语言制约思维活动的一个最直接的例证：人在书写一串符号时，不论他是否意识到，如 Sapir 所说，他实际上已经默默地用自然语言说出了一个相应的语句。没有这个正常的言语行为，他并不能写出一串哪怕仅仅对于他自己有意义的特殊符号。

创造和使用这样的符号，与行业语、黑话之类有一些相似。区别在于，行业语、黑话是对语言系统个别成分的非正常使用，主要是以变异的语言形式，改变真实世界片断已有的名称。行业圈外的人，可能因为这些异常的名称而不能理解行业语、黑话传递的信息；但是这样的话语至少能够被说出来并被听到它的圈外人确信为语言信息，虽然名称和指称对象之间的联系，在这样的信息中无法被普通人正常建立。然而上面列举的那种形象符号，甚至不可能在正常的交际中被说出来，即使使用这些符号的专门领域中的人，归根结底也只能在语言中间接地、以书写形式完成使用特殊符号的称名行为，比如"我（我们）把这个叫作◎♂☉"。但是这句话甚至不能被看到它并知道符号意义的人有声地读出来。由此我们得到的结论是，离开了语言，使用非语言的符号或形象，掌握了成熟语言的现代人不可能完成对真实世界片断称名的思维活动①。

另一种现象涉及聋哑人。从这个角度来讨论称名问题，我其实已经将聋哑人的手势语排除在自然语言之外。判断聋哑人的这种交际手段是否可以看作与自然语言相提并论的语言［有研究者确实质疑过，美语手势语（ASL）是否是一种真正的人类语言（Pepperberg, 2017）］，不是语言相对论研究范围内的话题，所以在讨论这个问题时，我将语言理解为健听人正常使用的有声语言。

在这里我们首先需要观察的最极端情况，是根本没有掌握现代人类语言的先天聋哑人。由此产生的问题就是，这种聋哑人是否能用可能是他们唯一的交际手段，比如手势，来创造真实世界片段的名称。这里的难题在于，虽然聋哑人也是现代人类的成员，他们的大脑神经结构和智能都是人类的；我们也没有相关的科学研究报告，说明聋哑人的思维能力在神经生物生理属性层次上，与健听人有本质的区别。但是聋哑人的手势对于普通健听人，却是一个隔绝的封闭系统，这与研究者并不可能真正知道黑猩猩的心理状况，大致可以看作同一个范畴的现象。因此，即使一个不断观察聋哑人手势的人发现了某个新的手势，即使聋哑人在做这个新的手势时，用某种方式指示了一个事物，由于没有可以被健听人理解的思维活动和交际意向，普通的健听人并不能理解聋哑人的手势，更无从得知这个手势是否某个事物的名称（又是 Gavagai 困境！）。普通人在这种情况下，最多只能就聋哑人的行为判断，他想表达的，应该是与这个事物有关的某种交际意向。但这仅仅是基于健听人与聋哑人同属人类，因此健听人可以推论，聋哑人对真实世界的感知、理解和采取相应行为的理性活动，大致也应该

---

① 书面语言当然不可能作为符号系统独立存在，它只是记录有声语言这个符号系统，或者更确切地说是记录语音的一套符号，可以使得（在现代录音技术出现之前）在时间上无法延续的有声语言产品能够被保存下来。书写的语言符号的意义，必须有有声语言的支持。形象的符号虽然可能被"写"出来的，但是它没有记录任何可以独立存在、可以与语言系统相提并论的符号系统。无论研究者怎样努力论证形象思维的重要性和可能性，迄今为止的形象思维研究能够向我们展示的仍只是：形象符号的使用和理解只能依靠语言系统的支持。

与他相同（心智理论）。基于这些人类共同属性的判断，并不是语言相对论观察和讨论语言和思维相关性的出发点，因为在这个层次上，人类所有的成员都没有本质的区别；这不是判断聋哑人交际意向和表达手段的意义的充分条件。事实上，聋哑人的手势必须被"翻译"成有声语言的表达形式，才可能被健听人理解。

将聋哑人的手势语翻译成正常的有声语言这个程序，会让细心的观察者产生一个问题：一个中国聋哑人做出的手势，可以被懂得聋哑人手势语的中国人"翻译"成汉语，它是否可能没有障碍地也被懂聋哑人手势语的美国人（俄国人、日本人）用英语（俄语、日语）直接"翻译"出来呢？从并非专门从事手势语研究的角度，仅就"中国手语，ASL，РЖЯ，日本手話"这些名称，我们应该推断这是不可能的。这就将我们的思路导向一个结论，虽然从专业的聋哑人手势语研究角度来看，这个结论对该领域的研究并没有任何贡献：手势语并不是可以与正常的有声语言相提并论的一种"语言"，它是由对聋哑人的手势做了研究的学者，为聋哑人能够与健听人交往、由此融入社会正常生活，而创造的一套基于自然语言的符号，是每一种现代人类有声语言都可能衍生出的一种附属交际手段。

从这个角度来看，关于聋哑人是否能用创造新的手势来为真实世界片断称名，至少对于语言相对论并不是一个有价值的问题，因为使用聋哑人手势语，并不需要也不能"创造"词。手势语中出现的"新词"，都不过是创造新的手势，来"翻译"自然语言中出现的新词。换句话说，如上边讨论形象符号时我指出的那样，聋哑人使用手势语能够与健听人交流，从而进入正常的社会生活，是因为手势语有自然语言支持。

事实也是如此。自从社会开始关心聋哑人，为他们融入正常社会而展开特殊教育并为此创造和教授给聋哑人的交际方式，就是用各种方法使他们能够理解健听人使用的自然语言。Helen Keller 对自己学习语言的经历的描述，正好说明聋哑人通过学习掌握的，正是人类现代有声语言，而且也能通过这种语言与社会交流、表达自己的思想。Helen Keller 或许只是一个特例，她除了不能发出声音和只能使用盲文外，已经与健听人没有区别地完全掌握了语言和言语思维。不过，我们仍可以推测，就一般的聋哑人而言，在学会了基于自然语言的手势语之后，也不太可能有自然语言之外的言语思维活动，尽管在这样的言语思维活动中使用的语言，并不是自然语言本身，而是有声语言的载体，即手势或文字。深入讨论这个问题，已经不是语言相对论的话题。

聋哑人通过手势语来学习，而不是创造事物的名称这个推论，我们可以从 Helen Keller 自己的这段描述中找到佐证（摘自《海伦·凯勒自传》）："郝博士拿来一种特定的物品让萝拉抚摸，然后在她手上比画出这个物品的名称。起初萝拉并不能领略这二者之间到底存在着什么关系。一天，郝博士把一把钥匙放到了萝拉手里。这是把很普通的钥匙，不过郝博士无数次让萝拉抚摸这把钥匙，也无数次在她手心上拼写'钥匙'这一单词。几次拼写后，郝博士发现萝拉在接触钥匙时愣了好一会儿，然后，她的脸上就浮现出领悟真谛般的微笑。是的，经过反复训练，萝拉终于明白了手里的东西是什么，她终于可以将物品与单词联系起来！她突然意识到，原来老师在她手上拼下的一个个单词，背后都代表着一种神奇的事物。"

我们当然不能否认的另一些事实是：①并非所有聋哑人都能够或者都受到过特殊教育，从而掌握了语言；②接受过特殊教育的聋哑人在受教育之前，也必然有只能使用他们之间通行的那些手势（不是 ASL 这样的手势语）的经历。不过，一些接受了特殊教育、已经融入正常社会生活的聋哑人的自述，可以让我们相信前边的推论是可信的：在接受特殊语言训练之前，聋哑人并没有形成抽象思维能力。接受教育前的思维活动，可以说是不成熟的，是雏形的，基本建立在想象和连续画面基础上。处于这种心理状况的聋哑人，当然也会有一套用于相互交际的手势。我们假设这套手势是一个 *per se* 的独立实体，可以被研究者用自然语言来解释，却不可能用自然语言来"翻译"，否则我们就回到了我在这里的讨论的出发点：聋哑人手势语只是自然语言的特殊替代符号，而不是一种独立的"语言"，那么，这样的手势对于普通人的社会生活就是一个完全封闭的体系。谈论这样的手势是否能够创造名称来指称真实世界片段，推测的可信度，并不高于推测也被认为有某种手势交际形式的黑猩猩的手势，是否可以为真实世界片段称名。在黑猩猩行为和智能研究的现阶段，这样的推测显然是没有意义的。在这个语境中，讨论聋哑人同自然语言没有联系的手势能否创造"词"，在从认识论的角度研究语言、思维和真实世界相关性的领域中，也没有意义，正如我们不能谈论任意的肢体动作和真实世界片段的相关性。

回到给真实世界片段称名也是受语言制约的思维活动这个话题。通过上文的讨论，我们大致可以推论：语言是现代人能够给事物称名的唯一方式，除此之外，现代人没有任何方式，可以将真实世界片段转换为思维活动的对象。通过感知觉接收到的关于真实世界的物理信息，虽然可能通过形象（符号）或者手势，与人的一些理性行为联系起来，但是这样的理性行为，并不是现代人类直接指向真实世界的思维活动。没有自然语言的支持、没有相应的语言形式作为媒介，形象和手势最多只能是特定人群在特定环境中，传递一些特殊信息的手段，它们并不能参加其结果用可以被理解的形式表达出来的、人类普遍的思维活动。聋哑人可能会（在已经掌握了 ASL 之类的手势语之后！）报告自己在接受特殊教育之前，对真实世界的观察和认识以连续画面的形式呈现在他们的头脑中，他们或许也可以用手势将这样的信息传递给其他的聋哑人，但是我想说的是，这甚至不是研究者谈论的形象思维，而是某种更原始的交际形式。这种将头脑中呈现的关于真实世界某个情景的画面，与一个或一串手势联系起来的表达能力，或许是不具有在抽象思维层次上与健听人社会沟通的能力的聋哑人的一种生存方式。随着语言的产生和发展，以及抽象思维能力相应地日臻完善，作为现代人类主体的健听人，已经失去了不用语言完成对真实世界的任何理性认识的能力，包括聋哑人将头脑中的画面与手势联系起来那种能力，正如直立行走和手脚分工，让现代人类丧失了在树上灵活攀爬的能力。现代人不再是树居动物，这已经是无须检验的事实；而现代人不再有对真实世界任何脱离了语言的理性认识，至今仍停留在一些很难检验的假说层次上。语言相对论就是假说之一。

给真实世界片段称名或者说创造一个指称事物的词，是对真实世界最基本的描述。普通人为了给事物称名而说出"我（我们）可以把这个东西叫作 A"，与语言相对论说"人用 A 来划分出这个真实世界片段"，是等值的表述。同意这个论断，我们就可以认为，无论完成这个称名行为的人自己是否意识到，他的这个称名思维活动，实际上只能在语言中完成。说"在语言中"，而不说"在语言制约下"，听上去似乎更符合普通人的理解：我们的确只能用语言来给真实世界片段称名，但是这个行为并不是在语言制约下完成的。比如，我们现在把桌子叫"桌子"，把椅子叫"椅子"，是最早想出这些名词的人自己的选择，如果他把桌子叫"椅子"，把椅子叫"桌子"，我们现在使用的名称不是由他的选择决定的吗？

我们当然不能责备普通人的这种认识，但是从语言研究的角度我应该说，这种对语言称名的通俗见解，实际上从能指（词的语音形式）和所指（词的指称对象）之间的关系的角度，误解了语言相对论的原则。

创造一个真实世界片段名称的那个人，当然可以相对自由地选择名称的语音形式，虽然这里已经有语言系统的强制性：能够被选择的语音串，被局限在一种语言的音位系统内。不过从语言相对论的角度，语言对称名这个思维活动的制约作用，并不体现在这里。一个显而易见的事实是，使用现代语言的人能够针对真实世界片段创造的普通名词只能是类名，人在这里并没有可以不受语言限制的选择自由，他不可能创造出仅仅指称一个个体事物的普通名词。现代语言对思维的这种形成力作用，当然还不能透彻地说明称名这个思维活动要受到语言的制约；要把能指和所指之间关系的任意性，也归结到称名的思维活动受到语言制约的框架内，我们需要回溯语言的原始状况。

关于语言的制约，我在以前的论述中已经多次阐述了我的观点，这就是：基于语言相对论原则，我始终认为，人类语言并不是一经产生，就是一种同动物行为截然分离了的心智现象。人类那些与来自共同祖先的（猿类）动物大致相同的身体行为、大致相同的叫声，逐渐发展到较高级的身体行为、较复杂的叫声，再发展到用一串声音来代替指示一个事物的身体动作，然后发展到用这一串声音来指称两个以上被他们看作相同的事物。这是在现代语言进化过程中一个漫长的时期。我们当然不能认为，在这个时期中的人类及其身体动作和"语言"，与他们的动物界同类之间有一条一夜之间就划定了的清晰界限。更合理的推测是，如我在前面的讨论中已经说过，当人用一串声音来代替之前指示事物的身体动作时，这一串声音或许可以说是词最原始的形式，并不包含任何概念，就像我们很难认为，一只狗扯着主人的裤腿将主人拉到某个物体旁边，用这样的方式来指示一个事物时，狗的这个动作包含了关于这个事物和关于它的动作的概念。

只是在人们开始用早先代替身体动作的一串声音来指称两个以上对

象，或者说当一串声音成为具有优于身体动作的指称功能即一串声音不再只完成不能离开身体动作的"现场实指"时，这串声音才成为一个（原始）词，这样的词才是具有了概念意义的真实世界片段的名称（类名）。这是因为，要用这种原始形式的词（语音串）来指称两个以上的相同事物，人需要看出并认为这些事物有一个或一些共性，这已经是一种哪怕很原始的抽象思维过程。思考的结果就是概念。这样的原始概念，是在不再使用一串声音完成替代身体动作的指称行为时形成的，或者说，当一串声音由特殊的替代功能向普遍的指称功能发展时，概念就在这串完成指称功能的声音中产生了。这样看来，概念不可能在一串声音之外的某个过程中形成，然后被某种力量赋予这串声音。没有早先作为身体动作替代物的声音在人的认识行为中的这个作用，概念是不可能产生的。

我当然不能断言在这样的叙述中被极端简化了的过程，就是真实世界片段的名称（词）的产生过程；而且原则上我们不能认为，离开了概念的一串声音可以被称作词。没有语音形式或者没有概念的"东西"，都不是自然语言的词。不过从我假设的那个过程，我们至少可以认为，词的语音形式从语言产生和发展的最原始阶段开始，就不是包装先于它产生出来的概念，它是概念能够产生而不是能够被表达出来的前提。我们甚至可以说，包含在原始词中的原始概念，仅仅是原始词发展了的指称功能，词的概念意义，是从这个指称功能发展出来的。由此我想说明的，仍旧是语言相对论的那个基本思想，即思想（概念）是在语言中而不是语言之外的某个过程中形成的。

说到这里，关于能指和所指之间关系的任意性，我的观点已经很明确：这种任意性指的仅仅是，原始人可以创造一个任意的语音串，来替代先前指称一个事物的身体动作。这种一对一的联系建立起来以后，在这串语音中形成概念的理性行为（思维活动），就已经受到语言的制约：概念只能在这个就其产生方式而言是任意的语音串中形成。没有任何相关研究提供的观察事实也没有任何符合逻辑的推理，可以让我们认为，（a）最初替代身体动作指称事物的一个任意语音串包含了概念；（b）创造词的原始人没有使用这个替代身体动作的任意语音串，而是创造了另外一个语音串，来表达已经先于语言形成了的，与被先前那个任意语音串指称了的事物相关的概念。

对指称真实世界片段的语言成分的论述，已经可以让我们得到一个基于语言相对论原则的结论：用语言描述真实世界，并不是一个"我说的就是我看到的"的言语思维活动。人类进化至今，日常生活中的普通人已经不再具有在语言之外思考和描述他面对的真实世界的能力；对真实世界的思考和描述，必须始于对思考和描述对象的确定。当这个对象只能由语言创造时，我们显然没有理由认为，人思考和描述真实世界的理性行为，可以脱离语言的制约而完成。

二　构建世界图景的语言成分

Morris（Morris，2005：58）关于语言和世界的一段论述，尽管并不是从语言研究的角度，却很确切地表述了我在上一节以及将在这一节讨论的语言相对论思想："我们与世界上的这个或那个事物联系在一起，我们可以通过重新解释事物的形象来创造新的意义和行为，所以对于我们来说，事物具有可变的或模棱两可的意义，需要约定。我们与周围的事物有一种特殊的距离或隔离。我们在这个世界上的生活方式与动物的生活方式不同，因为我们必须创造出一个世界，而动物的生活方式已经被安排好了。对我们来说，这个创造世界的过程与语言和解释有关，与人类的集体存在有关。"

用"构建世界图景的语言成分"这个表述，我指的是除了那些可以用于现场直指的"这是……"这种话语结构中的名词以及那些指称所谓"可见属性"的形容词，语言系统的其余组成部分，即动词、大部分形容词、代词、语法系统以及完成各种语法功能的虚词。将语法规则和词汇系统看作同一范畴内的语言成分，从现代语言的角度似乎是一种很难接受的分类，不过，如果将语法的产生追溯到语言最原始的阶段，我们或许并不难理解，语法的产生其实也是从词开始的。

在前文的讨论中我们已经看到，语言起源和进化研究领域中，关于语法产生的一个较为普遍的观点是，语法最原始的形式，就是两个或若干词的并合以及它们在话语中出现的顺序。逻辑地推测，由并合关系可能产生表示这种关系的虚词，由词的顺序可能产生词与词之间的先后、主次等关系，然后可能产生表达这些关系的虚词或实词的各种形态。所谓的"语法化"，其实也就是对个别、特殊的事物或事件的描述，逐渐被抽象概括为对事物或事件的普遍描述的规则。

也有研究者从其他角度谈论语法和词汇的同一性。比如 Hurford（Hurford，2008：253）就认为："近期被称为结构语法（construction grammar）的语法理论认为，词汇单位和语法结构之间并没有原则性的区别。语法结构和词汇单位一样有若干变量，即允许插入范围或宽或窄的其他可能的结构单位。"Золотова（Золотова，1973）在更早的时候论述的功能句法，也是从这个角度研究词汇单位和语法规则的统一。类似的观点，当然不是我从语言相对论的角度划分语言系统结构成分的观点是否合理的佐证，不过它们至少可以说明，将词汇和语法的区别粗略地归结为结构材料和结构规则的区别，只是研究语言的一种方法，并不能证明语言系统从本体论的角度就是这样构成的。况且，语言相对论并不是以语言本身为研究对象，而是从认识论的角度，研究语言在人认识世界的理性行为中的作用。我划分的"描述世界的语言成分与构建世界图景的语言成分"，因此只是出于在语言相对论研究领域中的方法论考虑，并非一定要影响语言学领域中的其他研究对语言的本体论描述。

（一）动词

与描述真实世界的语言成分不同，构建世界图景的语言成分承载的信息，并不是人的感知觉从真实世界中接收到的物理信息，而是语言构建的世界图景；或者说，没有语言，人们不能通过感知觉经验到（看到、听到等）出现在话语描述中的那种真实世界。从人类成熟的现代语言的角度，这个说法并不难理解，我们甚至可以用浅显易懂的方式向普通人解释这个思想。比如"工作"，仅仅因为语言中有这个动词，所以我们才会认为"工作"是一个行为（我姑且使用一个简单定义：动词表示行为），才会认为人可以在一个具体的时间、在一个具体的地方"工作"。但这其实只是语言为我们构建的世界图景。我们可以看到教师站在讲台上讲课、司机坐在驾驶室里开车、售货员在卖货和收钱，秘书在编写文件，等等，但是没有语言，我们并不能看到任何人能够完成"工作"这个行为。"教师（司机、售货员、秘书）在工作"不是感知觉经验，但是语言让我们认为自己确实看见了"工作"这个行为。严格地讲，"讲课/开车/售货/编写文件"之类的行为，我们也不可能看见；更确切的说法是，被语言仅用一个动词描述的任何行为，其实都不是人对真实世界的感知觉经验的复制。

从语言相对论的角度似乎并不难解释，"工作/学习/锻炼/休息"这样的行为和"勇敢/漂亮/凶恶/疲倦"这样的属性，仅仅是语言对真实世界的描述或者说只存在于语言世界图景中。姑且不讨论这些词是如何产生的，有一点大致可以确定：它们或者它们现在使用的意义，基本上是在人类语言已经成熟的阶段才产生出来。但是我刚才断言，任何仅用一个动词描述的行为，都不是真实世界的物理状况，这就遇到了一个需要解释的问题：那些在语言产生的原始阶段出现的、似乎是描述人最基本的各种行为（动作）的动词，比如"走/叫/看/打/吃"之类，我们有什么理由认为这些行为不是真实世界的物理状况？语言产生之初，原始人难道不正是看见了这些行为，才给它们"贴上标签"的吗？

我在本章第二、三节中已经涉及了这个问题。我们不妨再从一个简单的观察着手，进一步解释我的这个观点。

我们无法观察原始人的行为。不过，因为迄今为止没有相关科学关于现代人就视力而言与原始人有本质区别的报告，所以我们大致上可以假设，原始人在其生活环境中能够看到的，我们这些现代人应该也能看到；反之，如果我们看不到，我们就没有充足的理由推测原始人能看到。现在，假设我们向一个受试者提问：你看见一个人在走路，你知道他的行为是"走"，但是你认为你到底看见了什么？如果受试者能正确思考并理解测试者的意图，并且能条理清晰地表述自己的思想，他大致就会说，他看见的是一个人的双腿交替抬起、朝与他身体正面朝向的方向伸出，然后放下，随着这些动作，他的身体朝着其正面朝向移动。不过，这样的描述归根到底仍旧不是人真正能够看到的物理现象，而是语言世界图景，因为"抬起、伸出、放下"这每一个动作，同纯粹的视觉经验相比，仍旧是对一串连续的物理状况的语言描述。也就是说，我们的受试者认为他真正能够看见的"走"这个行为的物理状况，本质上也是人在语言的制约下、在日常生活中能够观察到的世界图景。

如果再进一步追问："你看见了这个在走的人首先将一只腿抬起来，你知道这个动作是'抬'，但是你真正看见的是什么？受试者或许就不那么容易回答了，虽然他确实看见了'抬'这个动作从静止到完成的那个连续过程。"这个问题的难于回答，正好就体现了语言塑造的普通人的世界观：当语言中没有对构成"抬"这个动作的那若干个连续物理状况的描述时，普通人的语言世界图景就达到了边界。这样的连续物理状况当然也可以用语言来描述，但是，这样的描述可能是科学的或文学艺术的，却不再是语言相对论解释范围内的现象，因为它不再是语言为人构建的"前科学的、朴素的"世界图景。

虽然这很难想象也基本上不可能受到检验，但是我们应该甚至只能推测，在"走"这个动词还没有被创造出来的时候，因为没有"交替、正面、朝向、移动"等概念，原始人能够看见我们现在用"走"这个动词描述的行为，正好就是现代人在日常生活中很难用语言描述的那一连串身体动作。这当然只是从神经生物生理层次上，对视觉对象借助光波投射到视网膜并经过视神经加工后的视觉形象，并不是原始人确实能够看到或者更确切地说是能够注意到的物理现象。不过，我们正好可以从原始人能否注意到这一点切入，来推测动词最初是怎样被原始人创造出来的。

这里的一个基本前提是，相关科学研究并没有告诉我们，语言产生之前的原始人类的视觉、听觉、嗅觉、味觉、触觉是否优于或次于现代人类，但是现代人的观察、分析和注意能力，无论这些能力是否依赖感知觉肯定优于原始人。比如刚才提到，普通人可以通过注意和观察（姑且搁置语言在此的作用），将"走"这个行为分解为身体正面朝向、两腿交替完成抬腿、伸出、放下的动作、身体位置移动这些组成部分。这样的注意、观察和分析，并不是原始人在其智能发展的那个阶段可以完成的理性行为。基于此，一个大致符合逻辑的推测是，原始人创造"走"这个动词时，就他相对原始的智能能够把握的观察对象而言，他看到的更可能仅仅是腿脚带动的身体位置移动。腿脚本身的动作以及其他一些细节，并不在创造这个动词的原始人的观察和注意范围内。

由此我们可以做出的推测是，在人类智能发展的那个原始阶段，就真实世界片段（动态或静态）的属性而言，原始人能够通过观察把握到的真实世界，已经不是真实世界本身的物理状况，而是他们对这种物理状况的认识：我能够看到什么。相应的动词比如"走"，也就是他们给他们认为被自己"看见"的行为（腿脚带动的身体位置移动）贴上的标签。由此我们看到的就是，动词以及除了少数描述被 Condillac 定义为"有形属性"的形容词之外的绝大多数形容词，究其起源，并不是对真实世界物理状况的描述，而是（原始）人对他认为自己经验到（比如看见）的行为或属性的描述。换句话说，动词"从起源上"就是用于构建世界图景的语言手段，因为真实世界中并没有动词描述的行为的物理存在。原始人类能够"看到"的真实世界中的行为，是动词描述出来的。

我们或许不能否认，动词是原始人自己创造出来的，动词描述的是原始人自己对真实世界的认识，那么在这里应该怎样解释语言相对论的思想、断言是语言为人构建了世界图景？是语言引导（制约）了这个创造活动。

其实从语言起源和进化的角度来看，"贴标签"应该是所有原始词产生的方式，只是被贴标签的对象，可能是人的感知觉实际可以触及的事物（相应于名词和表示"有形属性"的形容词），也可能是被原始人认为他可以看见或听见的行为或属性（相应于动词和多数形容词）。真实世界片段的物理状况和语言构建的世界图景的区分，正是始于这种原始的称名行为：给行为或属性贴上标签，同给事物贴标签一样，原始人依据的仍旧是（用现代语言学的术语来表述，就是所谓的构词理据）：我看见了什么、我就说什么。然而，他通过"看"把握的，并不是真实世界的物理状况。处于原始智能水平的原始人当然不可能意识到这个区别，也就是意识不到这里的实际状况应该是：我说的才是我看见的。

如此我们是否可以推测，原始人创造动词（以及在语言发展的过程中被现代创造出来的所有动词）的那个"构词理据"，已经过滤了没有被创造动词的人注意到或认识到的真实世界实际状况，因为动词只是他认为自己经验到的真实世界片段的标签。语言和人的思维进化至今，通过语言的迭代学习，这种经过语言过滤的对真实世界的认识，最终成为现代人的一种思维定式：不能被动词的创造者，原始人和现代人注意到的真实世界实际状况，因此也就不再能通过语言中间世界被人们观察和认识到（注意语言相对论解释范围）。当人们认为他们说出来的行为，就是他们完成的或者看见的行为本身时，他们的世界观也就是他们能够看见的世界图景，就已经是语言构建的了。

（二）语法

我在本章第四节中以 Jackendoff 假设的最原始的语法规则，即词的并合和词的顺序为切入点，讨论了这些语法规则怎样体现了语言为人构建语言世界图景。如果我们可以猜想最原始的语法确实如此，那么我们至少可以逻辑地做出一个推论：如果我们不能否认现代人类语言的所有语法规则都是在这个基础上产生和发展起来的，如果最原始的语法规则已经体现了语言相对论的原则，那么，人类现代语言完善的语法规则，其作用最终可以归结为：语法规定语言可以用什么方式来构建语言中间世界。我指的是，语法规定语言符号的结构，人用有结构的符号系统来描述世界，但是，语法规定的符号结构，并不反映真实世界本身的物理结构，它只是语言中间世界的结构。或者换一个说法，语法规定的是一种语言为其母语者构建的"标准"语言中间世界（或者叫世界观、语言世界图景）的结构，规定了"正确的"思维方式，人只能在这种"标准的"语言中间世界制约下观察和思考真实世界。使用正确的语法说出正确的话语来描述真实世界，与真实世界的物理结构是否能够或应该这样被描述，并没有必然的联系；语法规定了"标准的"语言世界图景结构，却不严格限定关于真实世界的信息在每一次言语行为中怎样被传递。后边这句话说的，实际上就是我一再强调的语言相对论的解释范围：语言世界图景，并不是人们可以怎样使用语言在哲学、文学、科学等领域中，或者在日常生活中阐述的思想、讲述的故事、论证的科学事实，或者关于油盐柴米、闲言八卦的聊天。

我用一些语言事实来解释上文这段论述。

所谓"标准的"语言中间世界（语言世界观或语言世界图景），我指的是语言系统本身的状况。如果按照 Chomsky 倡导的生成语言学对语言的定义，即语言是无限句子的集合，那么语法就是一套可以用过滤装置来比拟的系统。这个系统只让符合语法规则的符号串通过，成为一种语言的句子。这些通过了语法规则过滤装置的句子的总和，就构成了一种语言能够构建的语言世界图景。把这样的语言世界图景称为"标准的"，是因为构成一个语法正确的句子的符号，仅就排列方式而言，还可以有其他的组合形式，它们虽然不能通过过滤装置因而被视为语法错误，却并不一定不能出现在言语活动中，而且在相应的上下文中，也能传递可以被理解的关于真实世界的信息。我们来看下边的汉语句子：

11，我今天上班要迟到，（所以）不吃早饭了。

12，我今天不吃早饭了，（因为）上班要迟到。

这是符合汉语语法的句子，由它们规定了结构的事件，是汉语语言世界图景的组成部分；所有汉语母语者在相同的情景中，都是在这种结构的句子中形成关于这个事件的思想，都可以用这个句子传递关于这个事件的信息。但是在非正式场合的日常口头交际中，这类语法正确的句子并不是能够被说出来而且能够传递可以被理解的信息的唯一形式。在同样的情境中：

13，要迟到上班我不吃了今天早饭

14，早饭今天上班我要迟到不吃了

15，上班要迟到今天早饭不吃了我

……

也可以传递并被理解为与句子 11 和 12 相同的信息。

由这个语言事实我们可以看到的是，关于物理性地存在于真实世界中的一个情景，汉语可以用同样一些词语、以不同的组合形式来描述。在这些不同的组合形式中，有一个（一些）被规定为符合语法的形式。从这个角度来观察语法，我们可以将语法规则表述为：将描述同一个真实世界片段的所有可能语言形式中的一个（一些）规定为正确的。换句话说，如果采用"标准的"语言中间世界这个说法以及句子结构规定事件结构这个语言相对论思想，语法的作用就是规定语言中间世界的架构或者判断这样的架构是否正确。语法是构建语言中间世界的规则和标准，它并不反映真实世界中的任何物理存在。正是在这个意义上我们应该认为，语法是构建世界图景（语言中间世界）的语言成分。

句子 11—15 还让我们得到了一个关于语言对思维的形成力作用的观察事实，尽管这个观察事实是否能够成为语言相对论的论据，还需要相关神经生物生理研究的试验数据检验。这个观察事实是，一方面，按照生成语法的原则，13—15 这样的语句（姑且称为语句）应该被汉语句法规则作为语法错误，并在句子生成的程序中被过滤掉；然而在日常言语行为中，我们确实可以听到这样的话语。另一方面，这样的话语一般只出现在有某种急迫状况的随机交谈中，在相对平静从容的交际场合，比如事后回忆时，普通汉语母语者大概都会说 11 或 12。然而符合汉语语法地说出 11 或 1 时，他们并不是意识到在某个时候说出的 13—15 不符合语法，意识到汉语语法规定正确的句子只能是 11 或 12，从而有意识地纠正自己的错误。在以后有急迫状况的交际场合，他们仍会毫无障碍地说出 13—15。而且，听到 13—15 的人，也可以毫无障碍地理解它们传递的信息，并不会意识到这是语法错误的汉语句子。从言语活动的心理机制角度，各个科学部门的研究者对这种现象可能会有自己的思考，我的讨论只涉及语言相对论思想。

我在（蒋国辉，2016）中已经论述过，从句子的结构和事件的结构相关性的角度，11 和 12 是在语言的形成力作用下，从不同的角度对真实世界的观察和思考；被它们编码的信息，是关于真实世界中的不同事件，因此在它们中形成的思想是不同的。如果依照自然逻辑的观点，语言只是表达已经在语言之外形成的思想，那么我们现在需要进一步观察，与 11 和 12 对照，13、14 和 15 表达的是同一个还是不同的"前语言"思想？这是一个二择一的选择，但是我要证明，无论怎样选择，坚持"前语言思想"的自然逻辑观点都是谬误。

选择之一：如果句子 13—15 各自表达了在语言之外形成的不同思想，那么，当我们根据汉语语法规则，判断句子 13—15 是不符合语法的错误结构时，我们怎样判断这类语法错误的句子表达的"前语言"思想是正确的还是错误的？断言错误只在语言表达，"前语言"的思想是正确的，只不过是一种强词夺理的辩解，因为没有也不可能有任何科学研究能够为我们提供实验数据或观察事实，证明被语法错误的句子表达的"前语言"思想的正确性。断言语法结构的错误根源在于"前语言"思想的错误，我们同样不能证明这样的思想本身错在什么地方：语法错误的鉴定标准是语法规则，然而，没有任何科学研究能够为我们提供鉴定"前语言"思想错误的标准。

自然逻辑在这里唯一可能的退路，就是借助"逻辑混乱"的说法，认为"前语言"思想可能出现逻辑混乱，使得包装它的语言形式也不符合语法。然而这并不能让自然逻辑的观点摆脱困境。这是因为，如果某个学科的研究者用直观实验数据为我们证实了脑电波和思想的直接联系，那么，除了观察到脑电波的"反常"运动（虽然脑电波运动的"反常与正常"仅仅作为一种表述，听上去都十分怪谲），比如某一束在"正确的前语言思想"中应该出现在另一束脑电波前边的脑电波，却没有出现，或者出现在前者的后边，我们并不知道"前语言"思想可以怎样"逻辑混乱"。其实，提出"逻辑混乱"作为论据，自然逻辑观点本身在这里已经陷入了语言相对论的反对者（错误地）批评 Whorf 的论证方法时所指责的循环论证：表达"前语言"思想的句子是语法错误，因为它表达的思想是逻辑混乱；"前语言"思想可以被判断为逻辑混乱，因为表达它的句子是语法错误的。

"逻辑混乱"不能作为"前语言"思想错误的判断标准，还因为我刚才提到的那个语言事实：无论是说出或者听到 10—12 的汉语母语者，至少在听辨和理解它们而不是分析语法结构时，都不会将它们判断为（实际上他们根本不会主动地做任何判断，"判断"实际上是指语感）语法错误的句子，因为他们从这样的句子中，仍能够获得可以正常理解的信息。我们显然不能认为，人们可以一方面不将这样的句子判断为语法错误，另一方面却将被句子表达的"前语言"思想判断为逻辑混乱。

退一步讲，即使我们认可存在所谓的"逻辑混乱"的前语言思想，自然逻辑的困境，仍旧会顺理成章地将我们的思路导向语言相对论：如果汉语母语者由于不会将句子 13—15 判断为语法错误，从而意识不到它们表达的"前语言"思想的逻辑混乱，那么，除了认为这是语言对思维的形成力作用，我们还可能有其他解释吗？

选择之二：把句子 11、12 和 13—15 放在一起观察，自然逻辑会遭遇更大的困境。如果所有这些句子各自表达了在语言之外形成的同一个思想，那么自然逻辑就需要说明，为什么一个思想可能同时被语法结构正确和语法结构错误的若干句子表达。这里或许可以求助于一个并非科学的民众理论（folk-theory）：13—15 这样的句子多是在紧迫而且非正式的交际场合说出来的，于是我们似乎可以认为，在急迫的状况下，人可能没有时间按照语法、正确地组织话语，词可能就是按照它在头脑中闪现的次序，而不是按照语法结构的词序被说出来，因此，说出来的句子虽然不符合语法，但表达的仍旧是语法正确的句子表达的那一个"前语言"思想。

但是这样的解释仍旧不能让自然逻辑观点摆脱困境，因为无论是自然逻辑还是任何研究对象与人的思维活动相关的科学部门，都需要认同的一个近乎公理的推论：思想是有结构的。有意思的是，不认同这个推论，我们就自然地、符合逻辑地认同了语言相对论。不过由此当然不能反证：认同思想有 a priori 的结构，就能证伪语言相对论，为此人们还需要用直观实验数据证明思想确实有自身的、前语言的结构。现在我们姑且从自然逻辑的立场，认同思想有自身的"前语言"结构，当人处于急迫状况时，这个结构会被某种力量（荷尔蒙？光波或声波的刺激？）作用而解体，其中的这个或那个成分可能在不同的场合、对不同的说话人随机被突出，以致说话人用了相应的词来表达它；随后这个结构中的第二个、第三个……第 n 个成分没有任何规律地突出并得到表达，最后的结果就是不符合语法的句子。

在没有相关科学直观实验数据检验的时候，这类神秘的力量、随机的突出等，更像是虚构的科幻故事，并不能成为有价值的论据。然而站在语言相对论的立场，我们或许能够对这个问题作出较为合理的解释。为此我们先来对比句子 13—15 在俄语中可能的表达形式：

13'，опаздываю на работу сегодня не буду завтракать

14'，завтракаь сегодня опаздываю на работу не буду

15'，на работу опаздываю завтракать не буду сегодня

……

在正常的交际中，这些句子在俄语母语者听来，可能有些别扭，但是在急迫的状况下，并不是没有被说出来的可能。更重要的是，它们都是符合俄语语法的句子。按照语用学的解释，在同一场合可能说出的句法结构不同的句子，是说话人的交际策略，即话题和焦点的选择；在急迫的状况下，说话人的选择可能就受情景中最先或最突出的部分影响，这些部分可能就按照其凸显的程度，被依次说出来。这个心理过程对于汉语和俄语母语者应该是相同的，只不过俄语的曲折形式，使词序不再是语法正确性的重要标志；但是汉语的词序，几乎就是句法结构唯一的规则。汉语母语者因此不可能借助词序来实现交际策略，因此在这类急迫的状况下，说出的话语可能就是语法错误的句子。

继续观察，我们还可以发现一个不利于自然逻辑的事实。前边的汉语句子 13—15，尽管不符合汉语语法，但仍旧可能被说出来、被听懂；然而下面这样的汉语"句子"，却是在任何场合都不可能被自然地说出来：

16，*不早饭迟到今天吃上班要我

17，*吃迟到不今天我早饭上班要

我们可以看到，比如，16 不能被说出来，是因为"不"在汉语中不能用来否定名词，"今天"不可能完成"吃"这个行为，"上班"这个动词不能作"吃"的宾语，等等。这些都是汉语的句法（词序）和词汇语义决定的。基于语感，汉语母语者无论如何急迫，都不会说出这样的句子，甚至相反，对于日常生活中的普通人，编造这样的"句子"并不是轻而易举的、可以在急迫的状况下完成的言语行为。持自然逻辑立场的人们可能会说：是的，这样的"句子"不可能被说出来，因为没有任何思想可能被它包装。姑且认同这个说法，但是我们马上就可以反问：我们大脑的什么功能或机制，可以在语言之外"筛选"思想，过滤掉结构错误的思想，只留下结构正确的思想，等待语言包装。比如，"不"和"没有"能够否定的对象不同，但这是语言（汉语语法）的规定。在没有语言的时候，汉语母语者的大脑神经机制能够将"否定"区分为两种不同的脑电波或神经突触的状况，形成不同的思想吗？

我们当然不能指望用这一个观察事实，就可以证明思想只能在语言中形成，但是我们起码可以看到，坚持自然逻辑的立场，可能导向什么样的谬误。

第七节 一点题外话

语言研究领域有一个值得注意的现象，一方面，在 Saussure 开创现代语言学之时，如今已经被详尽研究过的各种现代人类语言的语法系统本身，在他那个年代甚至还可以追溯到之前更久远的年代，基本上已经停止了进化。Saussure 自己也正是持这样的看法：我们能够追溯到任何久远年代的语言，都是从前辈继承而来的遗产。另一方面，Saussure 之后，用"雨后春笋"来形容各种语法理论的出现也并非夸张：行为主义语法、结构主义语法、转换生成语法、蒙太奇语法、格语法、功能语法、词汇功能语法、认知语法、构式语法、配价语法、实体语法、视觉语法、三个平面（adjoining）语法、依赖（dependency）语法、流动（fluid）结构语法、符号基础（sign-based）结构语法，等等，以及这些语法理论的变体或扩充。不过，哪怕粗略地观察这些语法理论，或者讨论如此众多的语法理论和普通人说出符合语法的正确句子所依赖的、对自己的母语那个唯一的语感之间有什么联系，都已经超出了我构建的语言相对论理论体系的解释范围。说这是一个值得注意的现象，是因为语法理论层出不穷这个事实本身，在我看来就已经体现了语言相对论的思想。

在语言学领域，我们可以将所有这些语法理论归入同一个阵营，即理论语法，与所谓的教学语法相对。教学语法本质上是从母语者的言语活动中归纳出来的规则系统。这套规则系统的作用，一是语言教育，包括对儿童的母语规范化教育和外语教学；二是规范公众的言语行为，比如言语交际行为、媒体用语、文字作品语言的正确性，等等。理论语法种类繁多，但是它们的理论体系，最终都应该遵循 Chomsky 创建生成语言学时阐述的语法研究的宗旨：解释普通母语者的语感即他直觉地判断他自己或其他人用他的母语说出的句子的正确性。语法需要解释这种直觉怎样形成、在言语活动中如何起作用。

虽然不同语法理论可能从不同的角度观察和解释语感，但是他们面对的语言事实，也就是教学语法归纳出来的一种语言可能的语法结构，是唯一的。形象地说，所有的语法理论面对的是同一个虚拟的母语者，他们试图解释的，是他说出的同一个句子的语法结构。这个事实将我们的思路导向一个问题：不同的语法理论从不同的角度解释人的语感，这个解释的实质是什么？在相关学科现今的研究水平上，我不能单义地回答这个问题，但是我想，下文的思考应该是符合逻辑的。

我的思考基于两个合理的假设：

——用不同的理论来解释同一个句子的语法结构，理论的倡导者似乎都认定他的理论系统是排他的。我们并没有看到某个语法理论的倡导者开宗明义地宣称，他的理论是另一个理论的延伸和补充。

——所有这些语法理论的倡导者都不认同语言相对论思想，至少没有给语言相对论涉及的研究领域以足够的关注，否则他们就应该意识到并且直接或间接地说明，他们的语法理论怎样处理语言与思维的相关性。

普通人通过语感判断的，并不是句子语法结构的正确与否，而是他听到的句子表达的思想、传递的信息是否符合他对真实世界的观察和认识。在这个意义上，说语感就是一套语法装置，在理论语法研究中是正确的定义。不同的语法理论，实际上都是在力求解释这套装置本身：这套装置有什么结构成分以及这些结构成分怎样构建为一个体系、这个体系怎样判断句子语法正确与否并阻止语法错误的句子生成。这样的解释，需要大脑神经科学直观实验数据的支持，因为语感这套语法装置，说到底是大脑的神经活动。各种语法理论之所以层出不穷，也正是因为它们都没有大脑神经科学的直观实验数据支持，没有一个理论的倡导者可以宣称，他的理论是对这套语法装置的终极解释。

不过，语法研究的这种现状，对我从语言相对论的角度讨论这个问题并不重要。重要的是，对于普通人，经这套装置过滤的句子，在他们对自己母语的认识中，并不是各种语法理论描述的那些语法结构。语法或者叫作母语者的语感，对于普通人而言，不过是规定他们的言语思维活动的一个框架，他们意识不到，但却只能在这个框架中观察、认识、理解和描述真实世界。无论现有的语法理论可以怎样解释这套语法装置，在语言起源和进化的语境中我们已经看到，能够导致和规定这套语法装置形成和发展的，并不是在语言之外产生的思想，也不是人对真实世界的物理结构的感知觉经验。这就是说，如果坚持"解释普通人的语感"这个语法研究的宗旨，而不是满足于将句子的语法形式演绎为一些哪怕十分严谨堪与数学演算式媲美的符号结构，那么，理论语法的研究最终需要解释的是，普通人怎样在其母语的语法规定的框架中而不是在感知觉或者某种语言之外的"思想"引导下，观察、认识、理解和描述真实世界，也就是解释人的思维和这套语法装置（语言）的相关性。

虽然这个话题必然涉及认知科学和 LOTH 的相关思想，而且后者实际上与自然逻辑的立场基本相同，也是主张思想可以产生和存在于自然语言之外。不过我并没有做好准备，在认知科学和 LOTH 涉及的所有领域中参与争论，所以我的讨论仍旧只是针对语言相对论的对立面，即认知科学和

LOTH 中包含的自然逻辑观点。

无论认知科学和 LOTH 主张的在自然语言之外形成的思想是什么，有一点研究者想必不能不认同，即他们主张的前语言思想必须是有结构的，而且这个结构是固定的、自在的。否则他们就需要说明，这样的前语言思想，以什么区别于 Saussure 描述的在语言出现之前，人的头脑中那个"模糊、混沌的一团"，只是在语言出现之后，它才在语言中形成结构清晰的思想。认知语言学以及并不认同语言相对论原则的各种语法理论，实际上共同为我们描述了这样的状况：在人的头脑（或者称为知识结构、认知结构）中，并存着两个各自独立的、言语思维机制相关的系统：独立的、语言以外的思想系统和独立的语言（语法）系统，后者的作用就是用语言形式将前者包装并将其表达出来。

在没有任何大脑神经科学直观实验数据支持的时候，认知语言学、LOTH 以及各种本质上是自然逻辑的观点，都在本体论意义上预设了各自独立的思想结构和语言（语法）结构，但是这样的预设，与各种语法理论立论的基础并不兼容。各种语法理论的研究对象，本质上都是句子在表层上可以被观察的语法结构下边那个深层结构（我并非特指转换生成语法定义的那个深层结构）；而这个深层结构和可以被观察到的句子语法结构之间的关系，归根结底就是这个深层结构的各个成分，怎样与词语匹配，最终形成在句子中表达出来的思想。各种语法理论，不过是从某个特定的角度，解释实现这个匹配的方式和过程。

在这样理解语法结构的前提下，若以存在着自在的、有自身结构的前语言思想为前提，我们就会面对一个悖论：我们不能否认的一个事实是，不论各种理论从什么角度解释语法结构，语法是一套已经定型的规则系统，这个系统可以从不同的角度被解释，但却不会随着能够被语言编码的、千变万化的思想而发生变化。由此我们就只能认为，前语言的思想是在固定存在的语法规则框架内，选择表达它的语言形式。前语言思想能够怎样被表达，最终受到语法的制约；找不到可以匹配的语法结构的前语言思想，即使存在，也不能被表达出来。这实际上是说，产生了有自身结构的前语言思想的人，当他将这个思想表达出来时，他的表达形式并不是这个思想的结构，而是语法的结构。换句话说，没有被表达出来的前语言思想或许有自身的结构,然而被表达出来的思想,其结构只能是表达它的句子的语法结构。

然而,无论是产生前语言思想的普通人还是科学研究者,都不可能知道更无法描述离开了语言的这个前语言思想自身的结构是什么。摆脱这个悖论只有一个途径:我们不能仅仅认为,没有语言(语法)前语言思想不能表达,更确切的说法是,没有语言,所谓的前语言思想根本没有能够被表达出来、可作为信息被传递的任何形式。在这种状况下,断言有自身结构的前语言思想的存在,与断言没有任何形式的、虚无缥缈之物的存在,并没有实质的区别。

自然逻辑在这里或许可以找到一个辩解:每个前语言思想的结构是唯一的,表达它的句子也是唯一的;前语言思想本身并不需要选择表达形式,被说出来的句子就是它的表达形式。句子表达的是前语言思想自身的结构:思想结构是什么形式,表达它的句子语法结构就是什么形式。换言之,句子的语法结构被前语言思想的结构预设。各种语法理论描述的句子语法结构,并不是本体论意义上的、作为各种理论解释对象(表现为母语者语感)的那一套语法装置及其组成部分;这些语法理论不过是从不同的角度,解释每一个句子的语法结构,与预设了这个结构的前语言思想结构之间可能的形式和意义的联系。

没有相关大脑神经科学研究提供的直观实验数据支持,自然逻辑的这类可能的解释近乎强词夺理。不过,语言相对论迄今也没有相关实验数据支持,来理据充足地反驳自然逻辑。因此,我在这里姑且认同,自然逻辑的这个辩解或许可以将前语言思想的观点带出困境。不幸的是,这样的辩解却让各种语法理论的倡导者陷入了尴尬:他们倡导的语法理论要解释的语法装置,既不是一个本体论意义上自足的系统(因为句子并没有自在的结构,它的结构取决于前语言思想的结构),也不涉及未被语言表达出来的前语言思想的结构(因为迄今为止没有任何语法理论倡导者宣称,他的理论可以解释语言表达之外的思想的结构)。那么,这些语法理论解释的是什么?

理论语法的研究者显然不会将从自然逻辑角度可能产生的这类龃龉视为严肃的话题。如果每套语法理论的倡导者都不认为自己提出的语法理论只是为了消遣，那么他就应该同意，被他的理论解释的，其实就在他倡导的那种语法结构中，作为概念载体的词，怎样同句子的语法成分匹配，形成被有那种语法结构的句子规定了结构的思想。我们可以这样来理解这样的"匹配"：语法研究领域里的人们大概都认同这样的说法：语法理论完美的标准，就是它是否能准确地解释母语者的语感。母语者凭借语感判断的，当然不是句子的语法结构正确与否，而是他会不会这样说话；从语言相对论的立场就是：句子表述的内容是否符合他对真实世界的朴素的、前科学的认识。因此，当一种语法理论试图解释句子的语法结构时，它要解释的，肯定不是或者不应该是那些可以由一些抽象符号标示的、没有任何语义内容的句法成分自身应该以及怎样出现在句子的什么位置上，才能让这些符号组成的那个符号串可以被称为"语法正确"的句子。实际上，在任何语法理论中，每一个研究者自己定义的抽象符号，都必须与词汇成分结合，才能对语法的正确性做出判断。也就是说，对句子的语法分析，并不是在分析语法成分本身的组合正确与否，而是在分析出现在各个语法位置上的词语的组合是否正确，分析这样的组合是否正确地编码了一条可以被传递、被理解的信息。从语言和思维相关性的角度，我宁愿这样表述语法的正确性：按照语法规则组织词语而构建的一个句子，是不是表达了一个被正确组织起来（形成）的思想。我在前文的讨论中引用的语言事实（10—14），正好可以让我们做出这样的推断：符合语法的句子并不只是表达了一个思想或者说是传递了一个可以理解的信息，它必须符合一个标准，即思想在这样的结构中被正确地组织起来了[①]或者说正确地形成了。被语法装置过滤的语法错误，并不是抽象的句子成分组合排序的方式有问题，而是这样的组合排序没有正确地组织思想，或者说在这样的组合中不能形成思想。

现在我们看到，如果前语言思想确实存在，那么层出不穷的众多语法

[①] 就10—14这样的观察事实，我们或许可以这样来理解"符合语法"：在符合语法的句子中被编码的信息（形成的思想），可以让听话人通过正常的解码程序来理解；不符合语法、但在相应的场合仍旧可以被理解的句子，听话人需要启动的是信息的编码程序，在听到的不符合语法的句子的基础上，为自己编码出可以理解的信息。至于13、14这样的句子只可能被判断为语法错误，是否与人的大脑处理词汇及句法匹配错误能力的限度相关？这可能是另一个研究课题。

理论，就不过是研究者在象牙塔中自娱自乐的结果。这是因为，在前语言思想存在的前提下，任何一种语法理论的倡导者能够说明的，只是在他倡导的那种理论中，句子的语法结构怎样与那个唯一的前语言思想匹配。然而迄今为止，大脑神经科学以及其他相关科学研究，并没有为我们揭示这种前语言思想自身的结构，这就是说，在谈论句子语法结构正确与否时，各种语法理论的研究者，并没有可以检验句子语法结构和思想匹配正确与否的参照，他们也无法判断，按照他的理论分析的句子的语法结构，是否就是前语言思想真实的结构；也无法判断，按照他的语法理论构建的句子结构表达的思想，是否就是那个无须语言表达就已经存在的前语言思想。其结果，判断各种语法理论孰优孰劣，就不再是它们是否真正解释了母语者的语感，而是各种被称为句子成分的符号自身组合形式的完美与否。

这样看来，语法理论的层出不穷，正好说明这些语法理论的倡导者并不认同存在有自身结构的前语言思想。他们面对的是同一个句子、同一个可以观察到的表层语法结构；他们的理论，是要寻求在这个表层结构下的深层结构，怎样以他们各自倡导的那种方式组织一个句子里的词汇成分。检验这种组织的依据，是在这样的词汇即语法结构中组织起来的思想而不是抽象的语法结构自身是不是符合母语者的语感。各种理论的排他性，说明每一种理论都假设思想在深层结构里被组织的方式，是由它解释的那个独特系统。研究者倡导以解释母语者的语感为目标的语法理论，实质上就是要寻求一种方法，解释思想在语法结构中怎样被组织，或者说是想怎样在语言中形成。如此，依照所有语法理论倡导者追求的目标，即解释母语者的语感，理论语法研究仍旧不可避免地被导向了语言相对论思想：判断思想的结构是什么，依据是语法怎样解释句子的结构！

把观察的范围从不同的语法理论切换到不同语言的语法结构，前语言思想的倡导者和支持者需要面对更加棘手的难题：如果在人类认识能力和科学水平的现阶段他们尚不能证明，不同语言的母语者被什么样的认知结构和神经生物生理属性引导，产生（在语言相对论解释范围内的）不同的前语言思想，那么他们至少需要证明，为什么同一个前语言思想需要不同的表达方式，即不同的语言（语法结构）。

从语言起源的角度来看，需要证明的就是这些不同的表达方式怎样产生。认为相同的前语言思想本身就可能导致不同的语法结构产生，这样的观点不论从什么研究领域着手，显然都不可能真正被科学理论发现程序检验。就语言相对论的解释范围而言，认知科学和 LOTH 研究者显然也不可能证明，地域的隔离和人种的分化，会导致同一个原始的前语言思想以某种方式分化为若干不同的前语言思想。而且，即使某种原始的前语言思想已经被证明存在的，倡导自然逻辑的人们还需要证明，表达这种共同前语言思想的人类语言最原始的形式（我是指第一个原始词和第一次被使用的原始语法形式）就是在不同的地域、在拥有这个共同前语言思想的不同原始人群体中，分别被创造出来的。困境在于，这样的假说会让整个语言学陷入困境：虽然语言起源和进化的研究并没有证明，原始语言起源于我们这个种系的人类（智人）还只是那个女性非洲南方古猿的一群尚未迁徙、分化的后代那个时期（a），还是发生在人类走出非洲，分散到地球的各个地区之后（b）。b 假说或许可以解释在神经生物生理层次上性质相同的前语言思想，为什么会有不同的语言表达形式；但是语言学就此根本无法解释的是，为什么在起源上完全不相干的各种人类语言都是离散组合系统（discrete combinatorial system）；为什么分散在地球各地、几乎完全隔绝而且其隔绝程度或许并不亚于今天地球人类与火星的隔绝的人群，创造出了若干（应该说没有语言就）基本上无法沟通的智能行为体系，比如婚丧习俗、宗教、图腾、仪式等，但却不约而同地创造出基本属性完全一样（离散组合系统）、可以沟通的符号系统即语言？

　　我们可以假设这样的情景：在远古时代，有三个原始人群体分别生活在完全隔绝的三个地区：森林、草原和山崖。当捕食者出现时，不论生存在什么环境中的原始人，本能的反应都是逃生。逃生这个本能行为，是它们共同的生物生理属性决定的。在这个行为中，原始人产生了对自己和捕食者之间关系最原始的认识，这是基于刺激反应的、应对危险的一种心理状况，这或许就是 Saussure 所说的那个模糊、混沌的一团。语言的产生，把这种心理状况整理为"逃离危险"这个思想，这种心理状况是所有原始人是共同的，只不过由于语言编码的区别，在语言中形成的思想可能是"跑""奔走""窜"等。至于生活在森林中的原始人可能爬到树上去躲避捕食者，山崖上的原始人躲进山洞，草原上的原始人藏到草丛中，不是大脑神经生物生理属性的特点决定的，而是生存环境不同所致，同在语言相对论的解释范围内讨论的思想并无直接的相关性。

在人类认识能力和科学发展现有的水平上，我认为目前对这些问题较好的解释，还是语言相对论，尽管它也是尚待检验假说：在语言起源和进化的历史上，存在过一个唯一原始语言的阶段；在这个共同的原始语言中，形成了原始人类共同的原始思维形式（而不是基于广义认知能力的那些智能行为）。语言的分化导致了在语言中形成和完成的思维活动的差别，最终的结果就是我们现在看到的语言和思维的相互关系：不同语言规定了不同的思维方式。

参考书目

Aiello, Leslie, C. and Robin, I. M. Dunbar, "Neocortex Size, Group Size, and the Evolution of Language", *Current Anthropology*, Vol. 34, No. 2, 1993.

Aitchison, Jean, *The Seeds of Speech*, Cambridge: Cambridge University Press, 1996.

Allen, Colin & Marc, D. Hauser, "Concept attribution in nonhuman animals: Theoretical and methodological problems in ascribing complex mental processes", *Philosophy of Science*, Vol. 58, No. 2, 1991.

Allott, Robin, *The Motor Theory of Language Origin*, Sussex: The Book Guild, 1989.

Alston, William, P., *Philosophy of language*, Englewood Cliffs, N. J.: Prentice-Hall, 1964.

Anderson, Stephen, R. and David W. Lightfoot, *The Language Organ, Linguistics as Cognitive Physiology*, Cambridge University Press: Cambridge, 2002.

Arbib, Michael, A., "The mirror system, imitation, and the evolution of language", In C. Nehaniv and K. Dautenhahn (Eds.), *Imitation in Animals and Artifacts*, Cambridge, MA: MIT Press, 2002.

— "The evolving mirror system: a neural basis for language readiness", In Morten H. Christiansen & Simon Kirby (Eds.), *Language Evolution*, Oxford Scholarship Online, 2003.

— "From monkey-like action recognition to human language: An evolutionary framework for neurolinguistics", *Behavioral and Brain Sciences*, Vol. 28, No. 2; discussion, 125 – 167, 2005.

— "Holophrasis and the protolanguage spectrum", *Interaction Studies: Social Behavior and Communication in Biological and Artificial Systems*, No. 9 (2008), pp. 151 – 165, 2008.

— "Invention and community in the emergence of language: A perspective from new sign languages", In S. M. Platek & T. K. Shackelford (Eds.), *Foundations in evolutionary cognitive neuroscienc, e: Introduction to the discipline*, pp. 117 – 152. Cambridge: Cambridge University Press, 2009.

— "Holophrasis and the protolanguage spectrum", In Arbib, M. & Bickerton, D. (eds.), *The emergence of protolanguage: holophrasis vs. compo-sitionality*, pp. 153 – 166. John Benjamins Publishing Company, Amsterdam, 2010.

—*How the Brain Got Language, The Mirror System Hypothesis*, Oxford University Press, 2012.

— "From Action-Oriented Perception to Language", *Cognitive Semiotics*, No. 8, pp. 1 – 17, 2015.

Arbib, Michael, A., Erhan Oztop and Patricia Zukow-Goldring, "Language and the mirror system: A perception/action based approach to communicative development", *Cognition, Brain, Behavior*, Vol. IX (3), pp. 93 – 210, 2005.

Arbib, Michael, A., Katja Liebal and Simone Pika, "Primate Vocalization, Gesture, and the Evolution of Human Language", *Current Anthropology*, Vol. 49, No. 6, pp. 1053 – 1076, 2008.

Arif, Hakim, "FOXP2: A gene for language and speech", *The Dhaka University Journal of Linguistics*, Vol. 2, No. 3, pp. 173 – 184, 2009.

Armstrong, David, F., Stokoe, William, C. and Wilcox, Sherman, E., *Gesture and the Nature of Language*, Cambridge, Cambridge University Press, 1995.

Armstrong, David, F., Original Signs: Gesture, Sign, and the Source of Language, *Gallaudet University Press*, Washington, DC, 1999.

Aydede, Murat, The Language of Thought Hypothesis, *Stanford Encyclopedia of Philosophy*, from the Fall 2015 Edition, 2015.

Baars, Bernard, J., *A Cognitive Theory of Consciousness*, Cambridge: Cambridge University Press, 1988.

—— "The Conscious Access Hypothesis: Origins and Recent Evidence", *Trends in Cognitive Sciences*, Vol. 6, No. 1, pp. 47 – 52, 2002.

Balari, Sergio & Guillermo, Lorenzo, "Specters of Marx: A Review of Adam's Tongue by Derek Bickerton", *Biolinguistics*, Vol. 4, No. 1, pp. 116 – 127, 2010.

Baldwin, Dare, A., Jodie, A. Baird, Megan, M. Saylor and M. Angela Clark, "Infants parse dynamic action", *Child Development*, Vol. 72, No. 2, pp. 708 – 717, 2001.

Bangert, Marc, Thomas Peschel, Gottfried Schlaug, Michael Rotte, Dieter Drescher, Hermann Hinrichs, Hans-Jochen Heinze and Eckart Altenmüller, "Shared networks for auditory and motor processing in professional pianists: Evidence from fMRI conjunction", *Neuroimage*, Vol. 30, No. 3, pp. 917 – 926, 2006.

Batali, John, "Innate biases and critical periods: Combining evolution and learning in the acquisition of syntax", In R. Brooks and P. Maes (Eds.), *Artificial Life 4: Proceedings of the Fourth International Workshop on the Synthesis and Simulation of Living Systems*, pp. 160 – 171. Redwood City, CA: Addison-Wesley, 1994.

Bates, Elizabeth, Donna Thal and Virginia Marchman, "Symbols and syntax: A Darwinian approach to language development", In N. Krasnegor, D. Rumbaugh, M. Studdert-Kennedy & R. Schiefelbusch (Eds.), *The Biological Foundations of Language Development*, pp. 29 – 65. Oxford University Press, 1989.

Bateson, Gregory, *Steps to an Ecology of Mind*, New York: Ballantine Books,

1972.

Beckermann, Ansgar, "Can there be a Language of Thought?" In R. Casati, B. Smith and G. White (Eds.), *Philosophy and the Cognitive Sciences*, *Proceedings of the 16th International Wittgenstein Symposium*, pp. 207 – 219. Wien: Hölder-Pichler-Tempsky, 1994.

Bentham, Jeremy, 1962/1843, The Works of Jeremy Bentham. Ed. By J. Bowring, published Under the Superintendence of his Executor, John Bowring (Vol. 8), Edinburgh, 1962.

Bergman, Thore, J., Jacinta C. Beehner, Dorothy L. Cheney and Robert, M., Seyfarth, "Hierarchical classification by rank and kinship in baboons", *Science*, 302 (5648), pp. 1234 – 1236, 2003.

Bergen, Benjamin, K. and Nancy, Chang, "Embodied construction grammar in simulation-based language understanding", In V. Evans, B. Bergen & J. Zinken (Eds.), *The Cognitive linguistics reader*, pp. 601 – 637. London, UK: Equinox, 2007.

Beritoff (*Beritashvili*), Ivan S., *Neural mechanisms of higher vertebrate behavior*, Boston: Little, Brown and Company, 1965.

—*Vertebrate Memory*, Ttrans. by, J. S. Barlow, New York: Plenum Press, 1971.

Bernardis, Paolo and Maurizio, Gentilucci, "Speech and gesture share the same communication system", *Neuropsychologia*, No. 44, pp. 178 – 190, 2006.

Berndt, Rita, S. and Alfonso, Caramazza, "A redefinition of the syndrome of Broca's aphasia: Implications for a neuropsychological model of language", *Applied Psycholinguistics*, No. 1, pp. 225 – 278, 1980.

Berwick, Robert, C., "Syntax facit saltum redux: biolinguistics and the leap to syntax", In A. M. D. Sciullo & C. Boeckx (Eds.), *The Biolinguistic Enterprise: New Perspectives on the Evolution and Nature of the Human Language Faculty*, pp. 65 – 99. Oxford: Oxford University Press, 2011.

Berwick, Robert, C. & Noam, Chomsky, "The biolinguistic program: the current state of its development", In A. M. Di Sciullo & C. Boeckx (Eds.), *The Biolinguistic Enterprise: New Perspectives on the Evolution and Nature of* the Human Language Faculty, pp. 19 – 41. Oxford University Press, 2011.

Berwick, Robert, C., Angela, D. Friederici, Noan Chomsky and Johan J. Bolhuis, "Evolution, brain, and the nature of language", *Trends in Cognitive Sciences*, Vol. 17, No. 2, pp. 89 – 98, 2013.

Bever, Thomas, G., "The cognitive basis for linguistic structures", In R. Hayes (ed.), *Cognition and Language Development*, pp. 279 – 362. New York: Wiley & Sons, 1970.

Bickerton, Derek, *Language and Species*, Chicago, IL: Chicago University Press, 1990.

—*Language and Human Behavior*, Sesttle, WA: University of Washington Press, 1995.

— "Catastrophic evolution: The case for a single step from protolanguage to full human language", In J. R. Hurford, M. Studdert-Kennedy & C. Knight (Eds.), *Approaches to the Evolution of Language*, pp. 341 – 358. New York: Cambridge University Press, 1998.

— "How Protolanguage Become Language", In Knight, C., Studdert-Kennedy, M. & Hurford, J. R. (Eds.), *The Evolutionary Emergence of Language: Social function and the Origins of Linguistic Form*, pp. 264 – 284. Cambridge: Cambridge University Press, 2000.

— "Foraging versus social intelligence in the evolution of protolanguage", In A. Wray (Ed.), *The Transition to Language*, pp. 207 – 225. Oxford: Oxford University Press, 2002.

— "Symbol and structure: a comprehensive framework for language evolution", In Christiansen, M. H. & Kirby, S. (Eds.), *Language Evolution*, pp. 77 – 93. Oxford University Press, 2003.

— "Mothering plus vocalization doesn't equal language", *Behavioral and Brain Sciences*, Vol. 27, No. 4, pp. 504 – 505, 2004.

— "Beyond the mirror neuron: the smoke neuron?" *Behavioral and Brain Sciences*, No. 28, p. 126. In Open Peer Commentary of Arbib, M., 2005.

— "Language evolution: A brief guide for linguists", *Lingua*, No. 117, pp.

510 – 526, 2007.

—*Adam's Tongue: How Humans Made Language, How Language Made Humans*, New York: Hill and Wang, 2009.

— "But how did protolanguage actually *start*?" In Arbib, M. & Bickerton, D. (Eds.), *The emergence of protolanguage: holophrasis vs. compo-sitionality*, pp. 167 – 174. John Benjamins Publishing Company, Amsterdam, 2010.

Bindra, Dalbir, *A theory of intelligent behavior*, Oxford: Wiley-Interscience, 1976.

Biro, Dora and Tetsuro Matsuzawa, "Numerical ordering in a chimpanzee (Pan troglodytes): Planning, executing, and monitoring", *Journal of Comparative Psychology*, Vol. 113, No. 2, pp. 178 – 185, 1999.

Blakemore, Sarah-Jayne and Jean Decety, "From the perception of action to the understanding of intention", *Nature Review Neuroscience*, No. 2, pp. 561 – 567, 2001.

Boas, Franz, "Introduction", In F. Boas (Ed.), *The handbook of American Indian languages*, pp. 3 – 83. Washington, DC: Bureau of American Ethnology, 1911.

Bock, Kathryn and J. Cooper, Cutting, "Regulation mental energy: performance units in language production", *Journal of Memory and Language*, Vol. 3, No. 1, pp. 99 – 127, 1992.

Bohannan, Paul, J., *Social Anthropology*, New York: Holt, Rinehart & Winston, 1963.

Bolhuis, Johan, J., Kazuo, Okanoya and Constance, Scharff, "Twitter evolution: Converging mechanisms in birdsong and human speech", *Nature Reviews Neuroscience*, Vol. 11, No. 11, pp. 747 – 759, 2010.

Bolhuis, Johan, J., Ian Tattersall, Noam Chomsky and Robert C. Berwick, "How Could Language Have Evolved?" *Plos Biol*, Vol. 8, No. 12: e1001934. doi: 10.1371, 2014.

Boring, Edwin, G., *A history of experimental psychology* (2nd ed.), Englewood Cliffs: Prentice Hall, 1950.

Boroditsky, Lera, "Does Language Shape Thought?: Mandarin and English Speaker' Conceptions of Time", *Cognitive Psychology*, No. 43, 1–22, 2001.

Botha, Rudolf, P., "On the role of bridge theories in accounts of the evolution of language", In *3rd Conference The Evolution of Language*, April 3rd–6th, 2000.

—*Unravelling the Evolution of Language*, Amsterdam, Elsevier, 2003.

Bouchard, D., *The Nature and Origin of Language*, Oxford University Press, 2013.

Bowie, Jill, "Proto-discourse and the emergence of compositionality", *Interaction Studies*, Vol. 9, No. 1, pp. 18–33, 2008. (In special issue of journal edited by M. Arbib and D. Bickerton, and republished 2010 in Benjamins Current Topics series as *The Emergence of Protolanguage: Holophrasis vs. Compositionality*, Amsterdam; Philadelphia: Benjamins.)

Boyd, Robert and Joan, B. Silk, *How Humans Evolved*, New York: W. W. Norton, 2000.

Boysen, Sarah, T., "Representation of quantities by apes", *Advances in the Study of Behavior*, No. 26, pp. 435–462, 1997.

Brackel, J. Van, "The plasticity of categories: The case of colour", *British Journal for the Philosophy of Science*, No. 44, pp. 103–135, 1993.

Bradshaw, John, L. and Lesley, J. Rogers, *The Evolution of Lateral Asymmetries: Language, Tool Use, and Intellect*, San Diego, CA: Academic Press, 1993.

Brain, Walter, R., "Speech and handedness", *Lancet*, No. 249, pp. 837–841, 1945.

Brannon, Elizabeth, M. & Herbert, S. Terrace, "Ordering of the Numerosities 1 to 9 by Monkeys", *Science*, 282 (5389), pp. 746–749, 1998.

Breukelaar, John, W. C. and John, C. Dalrymple-Alford, "Timing ability and numerical competence in rats", *Journal of Experimental Psychology Animal Behavior Processes*, Vol. 24, No. 1, pp. 84–97, 1998.

Bridgeman, Bruce, "Action planning supplements mirror systems in language evolution", *Behavioral and Brain Sciences*, Vol. 28, No. 2, pp. 129 – 130, 2005.

Brinck, Ingar, "Attention and tool-use in the evolution of language", In book: *Spinning ideas-Electronic Essays Dedicated to Peter Gördenfors on His Fiftieth Birthday*. Eds. Halldén, Hansson, Rabinowicz adn Sahlin, pp. 1 – 20, 1999.

— "Attention and the evolution of intentional communication", *Evolution of Language*, pp. 23 – 26. *Proceedings from the Conference on the Evolution of Language*, 2000.

— "Attention and the evolution of intentional communication", *Pragmatics & Cognition*, Vol. 9, No. 2, pp. 255 – 272, 2001.

Brinck, Ingar and Peter, Gördenfors, "Co-operation and communication in apes and humans", *Mind and Language*, Vol. 18, No. 5, pp. 484 – 501, 2003.

Browman, Catherine, P. and Louis, F. Goldstein, "Dynamics and articulatory phonology", In R. F. Port & T. van Gelder (Eds.), *Mind as Motion*, pp. 175 – 194. Cambridge, MA: MIT Press, 1995.

Brown, Roger, *A First Language: The early stages*, Cambridge, MA: Harvard University Press, 1973.

Brown, Steven, "The 'Musilanguage' model of music evolution", In N. L. Wallin, B. Merker, and S. Brown (Eds.), *The Origins of Music*, pp. 271 – 300. Cambridge, MA: MIT Press, 2000.

Buccino, Giovanni, Ferdinand Binkofski, G. R. Fink, Liciano Fadiga, Leonardo Fogassi, Vittorio Gallese, Seitz, R. J., Karl Zilles, Giacimo Rizzolatti and Hans-Joachim Freund, "Action observation activates premotor and parietal areas in a somatotopic manner: an fMRI study", *European Journal of Neuroscience*, Vol. 13, No. 2, pp. 400 – 404, 2001.

Burling, Robbins, "Comprehension, production and conventionalization in the origins of language", In C. Knight, J. R. Hurford & M. Studdert-Kennedy (Eds.), The Evolutionary Emergence of Language: Social Function and the Origins of Linguistic Form, pp. 27 – 39. Cambridge: Cambridge University Press, 2000.

— *The Talking Ape: How Language Evolved*, Oxford: Oxford University Press, 2005.

Buttelmann, David, Malinda Carpenter, Josep Call and Michael Tomasello, "Enculturated Chimpanzees Imitate Rationally", *Developmental Science*, Vol. 10, No. 4, F31 – F38, 2007.

Buttelmann, David, Josep Call and Michael Tomasello, "Do Great Apes Use Emotional Expressions to Infer Desires?" *Developmental Science*, Vol. 12, No. 5, pp. 688 – 699, 2009.

Byrne, Richard, W., "The evolution of intelligence", In P. J. B. Slater & T. R. Halliday (Eds.) & P. Barrett, *Behaviour and Evolution*, pp. 223 – 265. New York: Cambridge University Press, 1994.

— "The early evolution of creative thinking. Evidence from monkeys and apes", In S. Mithen (Ed.) *Creative in Human Evolution and Prehistory*, pp. 110 – 124. Routledge, London & New York, 1998.

— "Evolution of Primate Cognition", *Cognitive Science*, Vol. 24, No. 3, pp. 543 – 570, 2000.

Byrne, Richard, W. and Andrew Whiten, *Machiavellian Intelligence: Social Expertise and the Evolution of Intellect in Monkeys*, apes and humans, Oxford: Clarendon Press, 1988.

Byrne, Richard, W. and Anne, E. Russon, "Learning by imitation: A hierarchical approach", *Behavioral and Brain Sciences*, Vol. 21, No. 5, pp. 667 – 721, 1998.

Byrne, Richard, W., Nadia, Corp and Jennifer, M. Byrne, "Manual dexterity in the gorilla: bimanual and digit role differentiation in a natural task", *Animal Cognition*, No. 4, pp. 347 – 361, 2001.

Byrnit, Jill, "Øjenvidneberetning fra chimpanse-stalden-en kommentar til professor Henrik Høgh-Olesen (English title: Eyewitness account from the chimpanzee stables)", *Bulletin fra Forum for Antropologisk Psykology*, No. 14, pp. 53 – 60, 2004.

— "Primate theory of mind: A state-of-the-art review", *Journal of Anthropological Psychology, No. 17 (2005), pp. 2 –21, 2006.

Call, Josep and Michael, Tomasello, *The Gestural Communication of Apes and Monkeys*, London: Lawrence Erlbaum, 2007.

Calvin, William, H. and Derek, Bickerton, *Lingua ex Machina: Reconciling Darwin and Chomsky with the Human Brain*, MIT Press, Cambridge, MA, 2000.

Campbell, Bernard, G., "The physical basis of language use in primates", In M. L. Leaf (Ed.), *Frontiers of Anthropology*, New York: Van Nostrand, 1974, pp. 290 –307.

Cann, Rebecca, J., Mark Stoneking and Allan, C. Wilson, "Mitochondrial DNA and evolution", *Nature*, Vol. 325 (6099), pp. 31 –36, 1987.

Cantalupo, Claudio and William, D. Hopkins, "Asymmetric Broca's area in great apes", *Nature*, 414 (6863), p. 505, 2001.

Carey, Susan, "Whorf versus continuity theories: bringing data to bear on the debate", In Bowerman, M. & Levinson, S. (Eds.), *Language Acquisition and Conceptual Development*, pp. 185 – 214. New York: Cambridge University Press, 2001.

Carlson-Radvansky, Laura, A. and David, E. Irwin, "Frames of Reference in Vision and Language: Where is Above?" *Cognition*, Vol. 46, No. 3, pp. 223 – 244, 1993.

Carnap, Rudolf, *Der Logische Aufbau der Welt & Scheinprobleme in der Philosophie*, 2 Aufl. Hamburg: Felix Meiner Verlag, 1961.

Carroll, John, B. and Joseph, B. Casagrande, 1978/1958, "The function of language classification in behaviour", In E. E. Maccoby, T. M. Newcomb & E. L. Hartley (Eds.), *Reading in Social Psychology* (3rd ed.), pp. 18 – 31. New York. Rinehart & Winston, 1978.

Carruthers, Peter, *Language, Thought and Consciousness: An Essay in Philosophical Psychology*, Cambridge: Cambridge University Press, 1996.

—*The Opacity of Mind*, New York: Oxford University Press, 2011.

— "Animal Minds are Real, (Distinctively) Human Minds are not", American Philosophical Quarterly, Vol. 50, No. 3, pp. 233 – 248, 2013.

Carstairs-McCarthy, Andrew, The Origins of Complex Language: An Inquiry into the Evolutionary Beginnings of Sentences, Syllables and Truth. Oxford University Press, Oxford, 1999.

— "The evolutionary origin of morphology", In M. Tallerman (ed.), *Language Origins: Perspectives on Evolution*, pp. 166 – 184. Oxford: OUP, 2005.

Cartmill, Erica, A. and Richard, W. Byrne, "Orangutans modify their gestural signaling according to their audience's comprehension", *Current Biology*, Vol. 17, No. 15, pp. 1345 – 1348, 2007.

Cassirer, Ernst, Die Kraft der Metapher, *Chapter VI in Sprache und Mythe*, pp. 68 – 80. Leipzig-Berlin, 1925.

Chase, Philip, G., "How different was Middle Paleolithic subsistence? A zooarchaeological perspective on the Middle to Upper Paleolithic transition", In P. Mellars & C. Stringer (Eds.), *The Human Revolution: Behavioural and Biological Perspectives on the Origins of Modern Humans*, pp. 321 – 327. Edinburgh: Edinburgh University Press, 1989.

Chen, Shaofu, Karyl, B. Swartz and Herbert, S. Terrace, "Knowledge of the ordinal position of list items in rhesus monkeys", *Psychological Science*, Vol. 8, No. 2, pp. 80 – 86, 1997.

Cheney, Dorothy, L., Robert, M. Seyfarth and Barbara, Smuts, "Social relationships and social cognition in nonhuman primates", *Science*, 234 (4782), pp. 1361 – 1366, 1986.

Cheney, Dorothy, L. and Robert, M. Seyfarth, *How Monkeys See the World: Inside the Mind of Another Species*, University of Chicago Press, 1990a.

— "Attending to behaviour versus attending to knowledge: examining monkeys' attribution of mental states", *Animal Behaviour*, Vol. 40, No. 4, pp. 742 – 753, 1990b.

— "Précis of How Monkeys See the World", *Behavioral and Brain Sciences*, Vol. 15, No. 1, pp. 135 – 182, 1992.

— "Function and intention in the calls of nonhuman primates", *Proceedings of the British Academy*, Vol. 88, pp. 59 – 76, 1996.

— "Why Animals Don't Have Language", *The Tanner Lectures on Human Values*, 19 (1998), pp. 173 – 210. Delivered at Cambridge University, 1997.

— "Constraints and preadaptations in the earliest stages of language evolution", *Linguistic Review*, 22, pp. 135 – 159, 2005.

— *Baboon Metaphysics: The Evolution of a Social Mind*, Chicago, IL: University Of Chicago Press, 2007.

Cheney, Dorothy, L. , Robert, M. Seyfarth and Joan, B. Silk, "The Responses of Female Baboons (*Papio Cynocephalus Ursinus*) to Anomalous Social Interactions: Evidence for Causal Reasoning?" *Journal of Comparative Psychology*, Vol. 109, No. 2, pp. 134 – 141, 1995.

Chomsky, Noam, *Cartesian Linguistics: A Chapter in the History of Rational Thought*, New York & London: Harper & Row, 1966.

— *Language and Freedom*, in *For Reasons of State*, pp. 166 – 186. London: Fontana/Collins, 1973.

— *Reflections on Language*, New York: Pantheon Books, 1975.

— "Rules and representations", *The Behavioral and Brain Sciences*, Vol. 3, No. 1, pp. 1 – 15, 1980.

— *Lectures on Government and Binding*, New York: Foris, 1981.

— "Discussion of Putnam's comments", In M. Piattelli-Palmarini (ed.), *Language and learning: The debate between Jean Piaget and Noam Chomsky*, Harvard University Press, 1982.

— "Prospects for the study of language and mind", Paper presented at the *Conference Linguistics and Cognitive Science: Problems and Mysteries*, University of Tel Aviv, 1988.

— *Su natura e linguaggio*, a cura di Adriana Belletti e Luigi Rizzi, Edizioni dell'Università degli Studi di Siena, 2001.

— *Language and mind* (third edition), Cambridge University Press, 2006/1972.

— "Human nature and the origins of language", *Radical Anthropology*, 19–23, 2008.

— "Some simple Evo Devo theses: How true might they be for language", In R. K. Larson, V. Déprez & H. Yamakido (Eds.), *The Evolution of Language: Biolinguistic Perspectives*, pp. 45–62. Cambridge: Cambridge University Press, 2010.

—*The Science of Language: Interviews with James McGilvray*, Cambridge University Press, Cambridge, 2012.

Christiansen, Morten, H., *Infinite Languages, Finite Minds: Connectionism, Learning and Linguistic Structures*, University Edinburg PhD thesis, 1994.

Christiansen, Morten H. & Simon, Kirby, "Language evolution: consensus and controversies", *Trends in Cognitive Sciences*, Vol. 7, No. 7, pp. 300–307, 2003a.

— "Language evolution: The Hardest Problem in Science?" In Christiansen, M. H. & Kirby, S. (Eds.), *Language Evolution*, pp. 1–15. Oxford University Press, 2003b.

Clark, Herbert, H., "Communities, Commonalities and Communication", In Gumperz, J. J. & Levinson, S. C. (Eds.), *Rethinking Linguistic Relativity*, pp. 324–355. Cambridge: Cambridge University Press, 1996.

Clark, J. Desmond, "The origins and spread of modern humans: A broad perspective on the African evidence", In Mellars, P. & Stringer, C. (Eds.), *The Human Revolution: Behavioural and Biological Perspectives on the Origins of Modern Humans*, pp. 565–588. Edinburgh: Edinburgh University Press, 1989.

Clayton, Nicolas, S. and Anthony, Dickinson, "Scrub jays (Aphelocoma coerulescens) remember the relative time of caching as well as the location and content of their caches", *Journal of Comparative Psychology*, Vol. 113, No. 4, pp. 403–416, 1999.

De Condillac, étienne Bonnot, An Essay on the Origin of Human Knowledge: Being a Supplement to Mr. Locke's Essay on the Human Understanding (A facsimile reproduction of the 1756 translation by T. Nugent of Condillac's 1747 essay), Scholars' Facsimiles and Reprints, Gainesville, FL, 1971, 1971/1756.

Conklin, Harold, C., "Hanunóo Color Categories", *Southwestern Journal of Anthropology*, 11, pp. 339–344, 1955.

Cooper, David, L., "Broca's arrow: Evolution, prediction, and language in the brain", *The Anatomical Record-Part B, the New Anatomist*, 289, pp. 9–24, 2006.

Corballis, Michael, C., "On the evolution of language and generativity", *Cognition*, Vol. 44, No. 3, pp. 197–226, 1992.

—*From Hand to Mouth: The Origins of Language*, Princeton, NJ: Princeton University Press, 2002.

— "From mouth to hand: Gesture, speech, and the evolution of right-handedness", *Behavioral and Brain Sciences*, Vol. 26, No. 2, pp. 199–260, 2003.

— "FOXP2 and the mirror system", *Trends in Cognitive sciences*, Vol. 8, No. 3, pp. 95–96, 2004.

— "How language evolve from manual gestures", *Gesture*, Vol. 12, No. 2, pp. 200–226, 2012.

Corbett, Lionel, "A History of Psychology" (Internet resource. http://cdn.preterhuman.net/texts/science_and_technology/psychology/Corbett L.-A History of Psychology), 2009.

Coudé, Gino, Pier F. Ferrari, Francesca Rodà, Monica Maranesi, Eleonora Borelli, Vania Veroni, Fabio Monti, Stefano Rozzi and Leonardo Fogassi, "Neurons controlling voluntary vocalization in the macaque ventral premotor cortex", *PLoS ONE*, 6 (11), e26822. doi: 10.1371/journal.pone.0026822, 2011.

Craik, Kenneth, J. W., *The Nature of Explanation*, Cambridge: Cambridge University Press, 1943.

Crane, Tim, "The Language of Thought: No Syntax without Semantics", *Mind & Language*, Vol. 5, No. 3, pp. 187–212, 1990.

Crane, Tim and Brian, P. McLaughlin, "Introduction", *Synthese*, 170, Issue 2, pp. 211 – 215, 2009.

Critchley, Macdonald, *Silent language*, London: Arnold, 1975.

Crockford, Catherine and Christophe, Boesch, "Context-specific calls in wild chimpanzees, Pan troglodytes verus: Analysis of barks", *Animal Behaviour*, 66, pp. 115 – 125, 2003.

Croft, William, Logical and typological arguments for Radical Construction Grammar, In Östman, J. -O. & Fried, M. (Eds.), *Construction grammar, Cognitive grounding and theoretical extensions*, pp. 273 – 314. Amsterdam, Philadelphia: Benjamins, 2004.

Crow, Tim, J., "Putative location and identity of the gene for cerebral asymmetry and language", In: 3rd Conference The Evolution of Language, April 3rd-6th, 2000.

Darwin, Charles, *On the Origin of Species*, London: John Murray, 1859.

—*The Descent of Man and Selection in Relation to Sex*, Princeton University Press, Princeton, New Jersey, 1981/1871, 1981.

Davidson, Donald, "Thought and talk", In Guttenplan, S. (Ed.), *Mind and Language*, pp. 7 – 23. Clarendon Press, Oxford, 1975.

— "Seeing through language", In Preston, J. (Ed.), *Thought and Language*, 15 – 27. Cambridge University Press, Cambridge, 1997.

Davidson, Iain and William, Noble, "Tools and language in human evolution", In Gibson, K. R., Ingold, T. (Eds.), *Tools, Language, and cognition in human evolution*, pp. 363 – 388. Cambridge University Press, 1993.

D'Esposito, Mark and Michael, P. Alexander, "Subcortical aphasia: Distinct profiles following left putaminal hemorrhage", *Neurology*, 45, pp. 38 – 41, 1995.

Deacon, Terrence, W., "Brain-language coevolution", In J. A. Hawkins & M. Gell-Mann (Eds.), *The Evolution of Human Languages*, pp. 49 – 83. Redwood City, CA: Addison-Wesley, 1990.

— "The neural circuitry underlying primate calls and human language", In

J. Wind, B. A. Chiarelli, B. Bichakjian & A. Nocentini (Eds.), *Language Origin: A Multidisciplinary Approach*, pp. 121 – 162. Dordrecht: Kluwer Academic Publishers, 1992.

——*The Symbol Speech*, New York: Norton, 1997.

Decety, Jean, Julie Grezes, Nicolas Costes, Daniela Perani, Marc Jeannerod, Emmanuel Procyk, Franco B. Grassi, F. and Fiorina Fazio, "Brain activity during observation of actions. Influence of action content and subject's strategy", *Brain*, 120, pp. 1763 –1777, 1997.

Dennett, Daniel, C., *A cure for the common code*, In: his *Brainstorms*, pp. 90 – 108. Vermont: Bradford Books, 1978.

Dessalles, Jean-Louis, "Altruism, status and the origin of relevance", In J. R. Hurford, M. Studdert-Kennedy, and C. Knight (Eds.), *Approaches to the Evolution of Language*, pp. 130 – 147. New York, NY: Cambridge University Press, 1998.

—— "Du protolangage au langage: modèle d'une transition", *Marges linguistiques*, 11, pp. 142 –152, 2006.

Diamond, Arthur, S., *The History and Origin of Language*, London: Methuen, 1959.

Dickins, Thomas, E. and David, W. Dickins, "Symbols, Stimulus Equivalence and the Origins of Language", *Behavior and Philosophy*, 29, pp. 221 –244, 2001.

Diller, Karl, "Why linguists and anthropologists should be interested in the aquatic ape theory for the origin of speech", In: 3rd Conference The Evolution of Language, April 3rd –6th, 2000.

Donald, Merlin, *Origins of the Modern Mind*, Harvard University Press, Cambridge, MA, 1991.

—— "Mimesis and the executive suite: Missing links in language evolution", In J. R. Hurford, M. StuddertKennedy & C. Knight (Eds.), *Approaches to the Evolution of Language*, pp. 44 –67. Cambridge, MA: Cambridge University Press, 1998.

Dronkers, Nina, F., Jonathan, K. Shapiro, Brenda, B. Redfern, B. & Robert T. Knight, "The role of Broca's area in Broca's aphasia", *Journal of Clinical and Experimental Neuropsychology*, 14, session 8, Lang Aphasia, 1992.

Dunbar, Robin I. M., *Grooming, Gossip and the Evolution of Language*, Cambridge, MA: Harvard University Press, 1996.

— "Theory of mind and the evolution of language", In J. R. Hurford, M. StuddertKennedy & C. Knight (Eds.), *Approaches to the Evolution of Language*, pp. 92 – 110. Cambridge, MA: Cambridge University Press, 1998.

Dupanloup de Ceuninck, Isabelle, Andre Langaney and Laurent Excoffier, "Correlation between genetic and linguistic differentiation of human populations: The specific action of linguistic boundaries on gene flow?" In 3rd Conference The Evolution of Language, April 3rd – 6th, 2000.

Durbin, Mary, K., "Basic Terms-Off-Color?" *Semiotica*, 6, 257 – 278, 1972.

Elman, Jeffrey, L., "Origins of language: A conspiracy theory", In B. MacWhinney (Ed.), *The emergence of language*, pp. 1 – 27. Hillsdale, NJ: Lawrence Erlbaum Associates Publishers, 1999.

Emmorey, Karen, *Language, Cognition and the Brain: Insights from sign language research*, Mahwah, NJ, US: Lawrence Erlbaum Associates Publishers, 2002.

— "Sign languages are problematic for a gestural origins theory of language evolution", *Behavioral and Brain Sciences*, Vol. 28, No. 2, pp. 130 – 131, 2005.

Enard, Wolfgang, Molly Przeworski, Simon E. Fisher, Cecilia S. L. Lai, Victor Wiebe, Takashi Kitano, Anthony P. Monaco and Svante Pääbo, "Molecular evolution of FOXP2, a gene involved in speech and language", *Nature*, 418 (6900), pp. 869 – 872, 2002.

Evans, Vyvyan, Benjamin, K. Bergen and Jörg, Zinken, "The cognitive linguistics enterprise: an overview", In V. Evans, B. Bergen & J. Zinken (Eds), *The Cognitive Linguistics Reader*, pp. 2 – 36. Equinox Publishing

Ltd, London, 2007.

Evans, Vyvyan, "Prototypes, polysemy and word-meaning", In V. Evans, B. Bergen & J. Zinken (Eds), *The Cognitive Linguistics Reader*, pp. 127 – 131. Equinox Publishing Ltd, London, 2007.

—— "Cognitive Linguistics", In Susan E. F. Chipman (Ed.), *Oxford Handbook of Cognitive Science*, Online Publication Date: May 2015. DOI: 10.1093/oxfordhb/9780199842193.013.14.2014.

Farb, Peter, *Word Play: What Happens When People Talk*, London: Jonathan Cape, 1974.

Farroni, Teresa, Mark, H. Johnson, Margaret Brockbank and Francesca Simion, "Infants' use of gaze direction to cue attention: The importance of perceived motion", *Visual Cognition*, Vol. 7, No. 6, pp. 705 – 718, 2000.

Fay, David, A., "Performing transformations", In R. A. Cole (Ed.), *Perception and production of fluent speech*, pp. 441 – 468. Hillsdale, N. J.: Lawrence Erlbaum Associates, 1979.

Ferrari, Pier, F., Leonardo Fogassi, Vittorio Gallese and Giacomo Rizzolatti, "Mirror neurons for mouth actions in monkey ventral premotor cortex", *Society for Neurosciences Abstracts*, Vol. 27, p. 7294, 2001.

Ferrari, Pier, F., Leonardo Fogassi, Vittorio Gallese, Giacomo Rizzolatti, "Mirror neurons responding to the observation of ingestive and communicative mouth actions in the monkey ventral premotor cortex", *European Journal of Neuroscience*, Vol. 17, No. 8, pp. 1703 – 1714, 2003.

Fillmore, Charles, J., "Frame semantics", In V. Evans, B. Bergen & J. Zinken (Eds), *The Cognitive Linguistics Reader*, pp. 239 – 262. Equinox Publishing Ltd, London, 2007.

Fillmore, Charles, J., Paul Kay and Mary C. O'Connor, "Regularity and idiomaticity in grammatical constructions: The case of let alone", *Language*, 64, pp. 501 – 538, 2007.

Fisher, Cynthia, "The role of abstract syntactic knowledge in language acquisition: A reply to Tomasello (2000)", *Cognition*, Vol. 82, No. 3, pp. 259 –

278, 2002.

Fishman, Joshua, A., "A Systematization of the Whorfian hypothesis", *Behavioral Science*, Vol. 5, No. 4, pp. 323 – 329, 1960.

Fitch, W. Tecumseh, "Vocal production in nonhuman mammals: Implications for the evolution of speech", In: 3rd Conference The Evolution of Language, April 3rd – 6th, 2000.

— "Kin selection and 'mother tongues': A neglected component in language evolution", In D. K. Oller and U. Griebel (Eds.), *Evolution of Communication Systems: A comparative approach*, pp. 275 – 296. Cambridge, MA: MIT Press, 2004.

— "The evolution of language: A comparative review", *Biology and Philosophy*, 20, pp. 193 – 230, 2005.

— "Evolving meaning: The roles of kin selection, allomothering and paternal care in language evolution", In C. Lyon, C. Nehaniv, and A. Cangelosi (Eds.), *Emergence of Communication and Language*, pp. 29 – 51, New York, NY: Springer, 2007.

—*The Evolution of Language*, Cambridge University Press, 2010.

Fitch, W. Tecumseh, Marc D. Hauser and Noam Chomsky, "The evolution of the language faculty: Clarifications and implications", *Cognition*, Vol. 97, No. 2, pp. 179 – 210, 2005.

Fitch, W. Tecumseh and David Reby, "The descended larynx is not uniquely human", In *Proceedings of the Royal Society, Biological Sciences*, 268 (1477), pp. 1669 – 1675, 2001.

Flombaum, Jonathan I. and Laurie R. Santos, "Rhesus Monkeys Attribute Perceptions to Others", *Current Biology*, Vol. 15, No. 5, pp. 447 – 452, 2005.

Fodor, Jerry, A., *The Language of Thought*, Harvard University Press, 1975.

—*Representations*, Cambridge: MIT Press, 1981.

—*Psychosemantics: The Problem of Meaning in the Philosophy of Mind*, MIT Press, 1987.

—*LOT2*: *The Language of Thought Revisited*, Clarendon Press, Oxford, 2008.

Fodor, Jerry, A. and Zenon, W. Pylyshyn, "Connectionism and Cognitive Architecture: A Critical Analysis", *Cognitio*, Vol. 28, No. 1 – 2, pp. 3 – 71, 1988.

Ford, Marilyn and Virginia, M. Holmes, "Planning units and syntax in sentence production", *Cognition*, Vol. 6, No. 1, pp. 35 – 53, 1978.

Foucault, Michel, *Les mots et les choses*, *Une archéologie des sciences humaines*, ch. , 4. Paris, Gallimard, 1966.

Fox-Keller, Evelyn, *Refiguring life*: *Changing metaphors in twentieth-century biology*, New York: Columbia University Press, 1995.

Frankish, Keith, "Evolving the linguistic mind", In: 3rd Conference The Evolution of Language, April 3rd – 6th, 2000.

Friederici, Angela, D. , "The brain basis of language processing: from structure to function", *Physiological Reviews*, Vol. 91, No. 4, pp. 1357 – 1392, 2011.

Gallagher, Helen, L. and Chris, D. Frith, "Dissociable neural pathways for the perception and recognition of expressive and instrumental gestures", *Neuropsychologia*, Vol. 42, No. 13, pp. 1725 – 1736, 2004.

Gallup, Gordon, G. Jr. , "Self-awareness and the emergence of mind in primates", *American Journal of Primatology*, Vol. 2, No. 3, pp. 237 – 248, 1982.

— "Self-awareness and the evolution of social intelligence", *Behavioural Processes*, Vol. 42, No. 2 – 3, pp. 239 – 247, 1998.

Gardner, R. Allen and Beatrice, T. Gardner, "Teaching sign language to a chimpanzee", *Science* (*New Series*) 165 (3894), pp. 664 – 672, 1969.

Gardner, Howard, "Reflections on multiple intelligences: Myths and messages", *Phi Delta Kappan*, 77, pp. 200 – 209, 1995.

—*Thinking About Thinking*, New York Review of Books, 1997.

Gazzola, Valeria, Lisa Aziz-Zadeh and Christian Keysers, "Empathy and the somatotopic auditory mirror system in humans", *Current Biology*, Vol. 16,

No. 18, pp. 1824 – 1829, 2006.

Gentilucci, Maurizio, Francesca Benuzzi, Massimo Gangitano and Silvia Grimaldi, "Grasp with hand and mouth: a kinematic study on healthy subjects", *Journal of Neurophysiology*, Vol. 86, No. 4, pp. 1685 – 1699, 2001.

Gentilucci, Maurizio, "Grasp observation influences speech production", *European Journal of Neuroscience*, Vol. 17, No. 1, pp. 179 – 184, 2003.

Gentilucci, Maurizio, Paola Santunione, Alice C. Roy and Silvis Stefanini, "Execution and observation of bringing a fruit to the mouth affect syllable pronunciation", *European Journal of Neuroscience*, Vol. 19, No. 1, pp. 190 – 202, 2004a.

— "Action observation and speech production: study on children and adults", *Neuropsychologia*, Vol. 42, No. 11, pp. 1554 – 1567, 2004b.

Gentilucci, Maurizio and Michael, C. Corballis, "From manual gesture to speech: A gradual transition", *Neuroscience and Biobehavioral Reviews*, Vol. 30, No. 7, pp. 949 – 960, 2006a.

Gentilucci, Maurizio, Paolo Bernardis, Girolamo Crisi and Riccardo Dalla Volta, "Repetitive transcranial stimulation of Broca's area affects verbal responses to gesture observation", *Journal of Cognitive Neuroscience*, Vol. 18, No. 7, pp. 1059 – 1074, 2006b.

Gentner, Dedre, "Why nouns are learned before verbs: Linguistic relativity versus natural partitioning", In Kuczaj, S. A. (Ed.), *Language development: Vol. 2. Language, thought and culture*, pp. 301 – 334. Hillsdale, NJ: Lawrence Erlbaum Associate, 1982.

— "Why we're so smart?" In Gentner, D. & Goldin-Meadow, S. (Eds.), *Language in Mind: Advances in the Study of Language and Thought*, pp. 195 – 235. Cambridge MA: MIT Press, 2003.

Gentner, Dedre, and Lera, Boroditsky, "Individuation, relativity, and word learning", In Bowerman, M. & Levinson, S. (Eds.), *Language Acquisition and Conceptual Development*, pp. 215 – 256. Cambridge: MIT Press, 2001.

Gerardin, Emmanuel, Angela Sirigu, Stéphane Lehericy, Jean-Baptiste Poline, Bertrand Gaymard, Claude Marsault, Yves Agid and Denis le Bihan, "Partially overlapping neural networks for real and imagined hand movements", *Cerebral Cortex*, Vol. 10, No. 11, pp. 1093 – 1104, 2000.

Gergely, Gréta, Zoltan Nádasdy, Gergely Csibra, and Szilvia Bíró, "Taking the intentional stance at 12 months of age", *Cognition*, Vol. 56, No. 2, pp. 165 – 193, 1995.

Gilbert, Aubrey L., Terry Regier, Paul Kay and Richard B. Ivry, "Whorf Hypothesis is Supported in the Right Visual Field but not in the Left", *Proceedings of the National Academy of Sciences*, Vol. 103, No. 2, pp. 489 – 494, 2006.

Giurfa, Martin, Shaowu Zhang, Armin Jenett, Radolf Menzel & Mandyam V. Srinivasan, "The concepts of 'sameness' and 'difference' in an insect", *Nature*, 410 (6831), pp. 930 – 933, 2001.

Givón, Thomas, *Functionalism and Grammar*, Benjamins, Philadelphia, PA, 1995.

Gleason, Henry, A., *An Introduction to Descriptive Linguistics*, New York: Holt, 1952.

Gleitman, Lila, R., "The Structural Sources of Verb Meaning", *Language Acquisition*, Vol. 1, No. 1, pp. 3 – 55, 990.

Gleitman, Lila, R. and Anna, Papafragou, "Language and thought", In R. Morrison & K. Holyoak (Eds.), *Cambridge Handbook of Thinking and Reasoning*, pp. 633 – 662. Cambridge: Cambridge University Press, 2005.

Glock, Hans-Johann, "Philosophy, thought and language", In: Preston, J. (Ed.), *Thought and Language*, pp. 151 – 169, Cambridge University Press, Cambridge, 1997.

Goddard, Cliff, "Semantic primes and universal grammar in Malay (Bahasa Melayu)", In C. Goddard & A. Wierzbicka (Eds.), *Meaning and universal grammar-Theory and empirical findings*, Vol. I, pp. 87 – 172. Amsterdam/Philadelphia: John Benjamins, 2002.

Goddard, Cliff, "Universals and Variation in the Lexicon of Mental State Concepts", In B. C. Malt & P. Wolff (eds.), *Words and the Mind, How Words Capture Human Experience*, pp. 72 – 92. Oxford University Press, 2010.

Goddard, Cliff and Anna, Wierzbicka (Eds.), *Semantic and Lexical Universals-Theory and Empirical Findings*, Amsterdam: John Benjamins, 1994.

Goldberg, Adele, E., "Constructions: a new theoretical approach to language", *Trends in Cognitive Sciences*, Vol. 7, No. 5, pp. 219 – 224, 2007.

Goldman-Eisler, Frieda, "Pauses, clauses, sentences", *Language and Speech*, 15 (1972), pp. 103 – 113, 1972.

Gómez, Juan, C., Encarnació Sarriá and Jordi Tamarit, "The comparative study of early communication and theories of mind: Ontogeny, phylogeny, and pathology", In S. Baron-Cohen, H. Tager-Flusberg & D. J. Cohen (Eds.), *Understanding Other Minds: Perspective from Autism*, pp. 397 – 426. New York: Oxford University Press, 1993.

Goodall, Jane, *In the Shadow of Man*, *Mariner Books*, Houghton Mifflin Harcourt, 1971.

Goody, Esther, N., "Social Intelligence and Language: Another Rubicon?" In A. Whiten & R. W. Byrne (Eds.), *Machiavelli Intelligence 2: Extensions and Evaluations*, pp. 365 – 396. Cambridge: Cambridge University Press, 1997.

Gopnik, Alison, "Theories, language, and culture: Whorf without wincing", In Bowerman, M. & Levinson, S. (Eds.), *Language Acquisition and Conceptual Development*, pp. 45 – 69. Cambridge: MIT Press, 2001.

Gopnik, Myrna, "Feature Blindness: A Case Study", *Laguage Acquisition*, Vol. 1, No. 2, pp. 139 – 164, 1990a.

— "Feature-blind grammar and dysphasia", *Nature*, 344 (6268), p. 715, 1990b

Gopnik, Myrna, and Martha, B. Crago, "Familial aggregation of a developmental language disorder", *Cognition*, Vol. 39, No. 1, pp. 1 – 50, 1991.

Gould, Stephen, J. , "Panselectionist pitfalls in Parker & Gibson's model of the evolution of intelligence", *The Behavioral and Brain Sciences*, 2, pp. 385 – 386, 1979.

— "Integrity and Mr. Rifkin", In S. J. Gould (Ed.), *An Urchin in the Storm: Essays about books and ideas*, pp. 229 – 239. New York: Norton, 1987

Gouzoules, Sarah, Harold Gouzoules and Peter Marler, "Rhesus monkey (Macaca mulatta) screams: Representational signalling in the recruitment of agonistic aid", *Animal Behaviour*, Vol. 32, No. 1, pp. 182 – 193, 1984.

Gouzoules, Harold and Sarah, Gouzoules, "Agonistic screams differ among four species of macaques: The significance of motivation-structural rules", *Animal Behaviourm*, Vol. 59, No. 3, pp. 501 – 512, 2000.

Graffi, Giorgio, "The Problem of the Origin of Language in Western Philosophy and Linguistics", *Lingue e Linguaggio*, Vol. 4, No. 1, pp. 5 – 26, 2005.

Gray, Colin, D. and Phil, Russell, "Theory of mind in nonhuman primates: Aquestion of language?" *Behavioral and Brain Sciences*, Vol. 21, No. 1, p. 121. In Open Peer Commentary of Heyes. C. M. Theory of mind in nonhuman primates, 1998.

Green, Steven, M. , David, L. Wilson and Sian, Evans, "Anecdotes, omniscience, and associative learning in examining the theory of mind", *Behavioral and Brain Sciences*, Vol. 21, No. 1, p. 122. In Open Peer Commentary of Heyes. C. M. Theory of mind in nonhuman primates, 1998.

Greenfield, Patricia, M. , "Language, tools and brain: The ontogeny and phylogeny of hierarchically organized sequential behavior", *Behavioral and Brain Sciences*, Vol. 14, No. 4, pp. 531 – 595, 1991.

Greenfield, Patricia, M. and Joshúa H. Smith, *The structure of communication in early language development*, New York: Academic Press, 1976.

Grèzes, Julie, Nicolas N. Costes and Jean Decety, "Top-down effect of strategy on the perception of human biological motion: A PET investigation", *Cognitive Neuropsychology*, Vol. 15, No. 6 – 8, pp. 553 – 582, 1998.

Griffin, Donald, R. , *The Question of Animal Awareness*, New York: Rockerfeller University Press, 1976.

Grimsley, Ronald, "From Montesquieu to Laclos, Studies on the French Enlightenment", *Revue Belge de Philologie Et D'Histoire*, Vol. 56, No. 2, pp. 478 – 479, 1974.

Gumperz, John, L. and Stephen, C. Levinson (Eds.), *Rethinking Linguistic Relativity*, Cambridge University Press, 1996.

Hacker, Peter, M. S., "Languages, Minds and Brains", In C. Blakemore & S. Greenfield (eds.), Mindwaves: Thoughts on Intelligence, Identity and Consciousness, pp. 485 – 505. Oxford: Blackwell, 1987.

Hallam, Jeff, The History of the Holistic Protolanguage Idea. The University of Edinburg (Internet source: https://www.era.lib.ed.ac.uk/handle/1842/6039), 2010.

Hammerschmidt, Kurt, Viveka Ansorge, Julia Fischer and Dietmar Todt, "Dusk calling in Barbary macaques (Macaca sylvanus): Demand for social shelter", *American Journal of Primatology*, Vol. 32, No. 4, pp. 277 – 289, 1994.

Hanakawa, Takashi, Ilka Immisch, Keiichiro Toma, Michael A. Dimyan, Peter van Gelderen and Mark Hallett, "Functional properties of brain areas associated with motor execution and imagery", *Journal of Neurophysiology*, Vol. 89, No. 2, pp. 989 – 1002, 2003.

Hansen, Björn and Ana, Drobnjakovic, "Polish in the Light of Grammaticalization Theory", *Cognitive studies | études cognitives*, 10, pp. 35 – 51. SOW Publishing House, Warsaw, 2010.

Hare, Brian, Josep Call, Bryan Agnetta and Michael Tomasello, "Chimpanzees know what conspecifics do and do not see", *Animal Behaviour*, Vol. 59, No. 4, pp. 771 – 785, 2000.

Hare, Brian, Josep Call and Michael Tomasello, "Do chimpanzees know what conspecifics know?" *Animal Behaviour*, Vol. 61, No. 1, pp. 139 – 151, 2001.

— "Chimpanzees Deceive a Human Competitor By Hiding", *Cognition*, Vol. 101,

No. 3, pp. 495 – 514, 2006.

Harris, Paul, "Desires, beliefs, and language", In P. Carruthers and P. K. Smith (Eds.), *Theories of theories of mind*, pp. 200 – 220. Cambridge, England: Cambridge University Press, 1996.

Harvey, William, "Linguistic Relativity in French, English, and German Philosophy", *Philosophy Today*, Vol. 40, No, 2, pp. 273 – 288, 1996.

Hauser, Marc, D., *The Evolution of Communication*, MIT Press, Cambridge, MA, 1996.

—— "Functional referents and acoustic similarity: Field playback experiments with rhesus monkeys", *Animal Behaviour*, Vol. 55, No. 6, 1647 – 1658, 1998.

Hauser, Marc, D., Pogen MacNeilage and Molly Ware, "Numerical representations in primates", *Proceedings of the National Academy of Sciences*, Vol. 93, No. 4, pp. 1514 – 1517, 1996.

Hauser, Marc, D., Elissa, L. Newport and Richard, N. Aslin, "Segmentation of the speech stream in a nonhuman primate: statistical learning in cotton-top tamarins", *Cognition*, Vol. 78, No. 3, B53-B64, 2001.

Hauser, Marc, D., Noam Chomsky and Fitch, W. Tecumseh, "The language faculty: what is it, who has it, and how did it evolve?" *Science*, 298 (5598), pp. 1569 – 1579, 2002.

Hauser, Marc, D. and W. Tecumseh Fitch, "What are the uniquely human components of the language faculty"? In Christiansen, M. H. & Kirby, S. (Eds.), *Language Evolution*, pp. 158 – 181. Oxford: Oxford University Press, 2003.

Hayes, Keith, and Catherine, Hayes, "The intellectual development of a home-raised chimpanzee", *Proceedings of the American Philosophical Society*, Vol. 95, No. 2, pp. 105 – 109, 1951.

Heidemann, Carsten, "On some Difficulties Concerning John Searle's Notion of an 'Institutional Fact'", *Analyse & Kritik*, Vol. 21, No. 2, pp. 251 – 264. Westdeutscher Verlag, Opladen, 1999.

Heine, Bernd, "Grammaticalization", In Brian D. J., Richard D. J. & Blackwell (Eds.), *The Handbook of Historical Linguistics*, pp. 575 – 601. Oxford: Oxford University Press, 2003.

Heine, Bernd, *Ulrike Claudi and Friederike Hünnemeyer, Grammaticalization: A conceptual framework*, Chicago, IL: University of Chicago Press, 1991.

Heine, Bernd and Tania, Kuteva, "On the evolution of grammatical forms", In A. Wray (Ed.), *The Transition to Language*, pp. 376 – 397. Oxford: Oxford University Press, 2002.

Heine, Bernd and Tania, Kuteva, *The Genesis of Grammar: a Reconstruction*, Oxford: Oxford University Press, 2007.

Heine, Bernd and Tania, Kuteva, "The genesis of grammar: on combining nouns", In R. Botha & H. de Swart (Eds.), *Language Evolution: the View From Restricted Linguistic Systems* (LOT Occasional Series 10), pp. 139 – 178. Utrecht: LOT, 2009.

Herder, Johann Gottfried, *Abhandlung über den Ursprung der Sprache*, Hg. Hans Dietrich Irmscher, Stuttgart: Reclam, 1966/1771.

——*Essay on the Origin of Language in On the Origin of Language Two essays*, Jean-Jacques Rousseau, Johann Gottfried Herder, pp. 87 – 166. Trans. *with afterwords by John H. Moran and Alexander Gode*, Chicago: University of Chicago Press, 1986 /1772.

Herder Rosch, Eleanor and Donald Olivier, "The structure of the color space in naming and memory for two languages", *Cognitive Psychology*, Vol. 3, No. 2, pp. 337 – 354, 1972.

Hergenhahn, Baldwin, R., An introduction to the history of psychology (6th ed.), Belmont: Wadsworth, 2009.

Herman, Louis, M., Douglas, G. Richards and James, P. Wolz, "Comprehension of Sentences by Bottlenosed Dolphins", *Cognition*, Vol. 16, No. 2, pp. 129 – 219, 1984.

Herrnstein, Richard, J., Donald, H. Loveland and Cynthia, Cable, "Natural concepts in in the pigeon", *Journal of Experimental Psychology: Animal *Behavior Processes*, Vol. 2, No. 4, pp. 285 – 302, 1976.

Herrnstein, Richard, J., William, Jr. Vaughan, David, B. Mumford and Stephen, M. Kosslyn, "Teaching pigeons an abstract relational rule: Insideness", *Perception & Psychphysics*, Vol. 46, No. 1, pp. 56 – 64, 1989.

Hespos, Susan, J. and Elizabeth, S. Spelke, "Conceptual precursors to language", *Nature*, 430 (6993), pp. 453 – 456, 2004.

Hewes, Gordon, W., "Primate communication and the gestural origin of language", *Current Anthropology*, Vol. 14, No. 1 – 2, pp. 5 – 24, 1973.

Heyes, Cecilia, M., "Theory of mind in nonhuman primates", *Behavioral and Brain Sciences*, Vol. 21, No. 1, pp. 115 – 148, 1998.

Hillix, William, A. and Duane, M. Rumbaugh, *Animal bodies, human minds: ape, dolphin, and parrot language skills*, Springer, 2004.

Hinton, Geoffrey, E. and Steven, J. Nowlan, "How learning can guide evolution", *Complex Systems*, Vol. 1, No. 3, pp. 495 – 502, 1987.

Hinton, Leanne, Johanna, Nichols and John, J. Ohala (Eds.), *Sound symbolism*, Cambridge: Cambridge University Press, 1994.

Hobaiter, Catherine and Richard, W. Byrne, "The Meanings of Chimpanzee Gestures", *Current Biology*, Vol. 24, No. 14, pp. 1596 – 1600, 2014.

Hockett, Charles, F., "Logical considerations in the study of animal communication", In W. E. Lanyon & W. N. Tavolga (Eds.), *Animal Sounds and Communication*, pp. 392 – 430. Washington, DC: American Institute of Biological Sciences, 1960.

Hothersall, David, *History of Psychology*, New York: McGraw-Hill, 1995.

Holland, Morris, K. and Michael, Wertheimer, "Some physiognomic aspects of naming, or *maluma* and *takete* revisited", *Perceptual and Motor Skills*, Vol. 19, No. 1, pp. 111 – 117, 1964.

Holloway, Ralph, L., "Human paleonotological evidence relevant to language behavior", *Human Neurobiology*, Vol. 2, No. 3, pp. 105 – 114, 1983.

Humboldt, Wilhelm von, *Gesammelte Schriften*, Band 4. Berlin, 1903.

Hunt, Stephanie, "FOXP2: A gene of linguistic importance", *Linguistics Tri-

College Class of 2007 (Internet source: http://hdl.handle.net/10066/10881), 2007.

Hunter, Walter, S., "The delayed reaction in animals and children", *Behaviour Monographs*, Vol. 2, No. 1, pp. 1 – 86, 1913.

Hurford, James, R., "Biological evolution of the Saussurean sign as a component of the language acquisition device", *Lingua*, Vol. 77, No. 2, pp. 187 – 222, 1989.

— "The evolution of critical period for language acquisition", *Cognition*, Vol. 40, No. 3, pp. 159 – 201, 1991.

— "Introduction: The emergence of syntax", In J. R. Hurford, M. Studdert-Kennedy, and C. Knight (Eds.), *Approaches to the Evolution of Language*, pp. 299 – 304. Cambridge: Cambridge University Press, 1998.

— "The evolution of language and languages", In R. Dunbar, C. Knight & C. Power (Eds.), *The Evolution of Culture*, pp. 173 – 193. Edinburgh University Press, 1999.

— "The Roles of Expression and Representation in Language Evolution", In A. Wray (Ed.), *The Transition to Language*, pp. 311 – 334. Oxford: Oxford University Press, 2002.

— "The language mosaic and its evolution", In M. Christiansen & S. Kirby (Eds.), *Language Evolution*, pp. 38 – 57, Oxford University Press, 2003a.

— "The neural basis of predicate-argument structure", *Behavioral and Brain Sciences*, Vol. 26, No. 3, pp. 261 – 283, 2003b.

— *The Origins of Meaning: Language in the Light of Evolution*, Oxford: Oxford University Press, 2007.

— "The evolution of human communication and language", In P. d'Ettorre & D. P. Hughes (Eds.), *Sociobiology of Communication: An interdisciplinary perspective*, pp. 249 – 264. Oxford University Press, 2008.

Hurst, Jane, A., Michael Baraitser, Elizabeth Auger, Graham, F. and Norell, S., "An extended family with a dominantly inherited speech disorder",

Developmental Medicine and Child Neurology, Vol. 32, No. 4, pp. 352 – 355, 1990.

Husserl, Edmund, 1962/1913, Ideas: General Introduction to Pure Phenomenology, *Translated by W. R. Boyce Gibson*, London, New York: Collier, Macmillan, 1962.

Iacoboni, Marco, Roger P. Woods, Marcel Brass, Harold Bekkering, John C. Mazziotta and Giacomo Rizzolatti, "Cortical mechanisms of human imitation", *Science*, 286 (5449), pp. 2526 – 2528, 1999.

Iacoboni, Marco, Istvan Molnar-Szakacs, Vittorio Gallese, Giovanni Buccino, John C. Mazziotta and Giacomo Rizzolatti, "Grasping the intentions of others with one's own mirror neuron system", *PLOS Biology*, Vol. 3, No. 3, e79, 2005.

Itakura, Shoji and Tetsuro, Matsuzawa, "Acquisition of Personal Pronouns by a Chimpanzee", In H. L. Roitblat, L. M. Herman & P. E. Nachtigall (Eds.), *Comparative Cognition and Neuroscience. Language and Communication: Comparative Perspectives*, pp. 347 – 363. Hillsdale, NJ, US: Lawrence Erlbaum Associates, Inc, 1993.

Jablonski, Nina, G. and Leslie, C. Aiello (Eds.), *The Origin and Diversification of Language*, San Francisco: University of California Press, 1998.

Jackendoff, Ray, *Consciousness and the Computational Mind* (Explorations in Cognitive Science Series), New York: Basic Books, 1987.

— "What would a theory of language evolution have to look like?" In "Open peer commentary" of Pinker, S. & Bloom, P., 1990.

— "Possible stages in the evolution of the language capacity", *Trends in Cognitive Science*, Vol. 3, No. 7, pp. 272 – 279, 1999.

—Foundations of language: brain, meaning, grammar, evolution, *Oxford University Press, first published*, 2002.

— "Linguistics in Congnitive Science: The stste of the art", *The Linguistic Review*, Vol. 24, No. 4, pp. 347 – 401, 2007.

Jacob, François, *The possible and the actual*, University of Washington Press,

Seattle, 1982.

Jakobson, Roman, "Vivre et parler-un débat entre François Jacob, Roman Jakobson, Claude Lévi-Strauss, et Philippe l'Héritier", *Les Lettres françaises*, 1221, pp. 3 – 7 & 1222, pp. 4 – 5, 1968.

Jakobson, Roman, *La linguistique et les sciences naturelles*, *Essais de linguistique générale*, Paris: Les éditions de Minuit, 1973.

Jespersen, Otto, *Language: Its Nature, Development and Origin*, New York, Henry Holt & Company, 1922.

Johansson, Antero and Frode, J. Strømnes, Cultural differences in occupational accidents, Part I: Theoretical background, Presented at Nord. Meet. Work Environ, 44th, Naantali, Finland, 1995.

Johnson-Laird, Phil, N., "The mental representation of the meaning of words", *Cognition*, Vol. 25, No. 1 – 2, pp. 189 – 211, 1987.

Jolly, Alison, *The Evolution of Primate Behaviour*, Oxford, England: Mcmillan, 1972.

— "Conscious chimpanzees? A review of recent literature", In C. A. Ristau (Ed.), *Comparative cognition and neuroscience. Cognitive ethology: The minds of other animals: Essays in honor of Donald R. Griffin*, pp. 231 – 252. Hillsdale, NJ, US: Lawrence Erlbaum Associates, Inc, 1991.

Juhasz, Barbara, J., "The influence of semantic transparency on eye movements during English compound word recognition", In R. P. G. van Gompel, M. H. Fischer, W. S. Murray & R. L. Hill (eds.), *Eye movements: A window on mind and brain*, pp. 373 – 389. Amsterdam: Elsevier Science, 2007.

Jürgens, Uwe, Manfred Maurus, Detlev Ploog and Peter Winter, "Vocalization in the squirrel monkey (Saimiri sciureus) elicited by brain stimulation", *Experimental Brain Research*, Vol. 4, No. 2, pp. 114 – 117, 1967.

Jürgens, Uwe, "Correlation between brain structure and vocalization type elicited in the squirrel monkey", In H. O. Hofer (Ed.), *Proceedings of the Second International Congress of Primatology*, Atlanta, Vol. 3, pp. 28 –

33. Basel: S. Karger, 1969.

— "Neural pathways underlying vocal control", *Neuroscience & Biobehavioral Reviews*, Vol. 26, No. 2, pp. 235 – 258, 2002.

Jürgens, Uwe and Petra Zwirner, "Individual hemispheric asymmetry in vocal fold control of the squirrel monkey", *Behavioural Brain Research*, Vol. 109, No. 2, pp. 213 – 217, 2000.

Jusczyk, Peter, W., "Finding and remembering words: some beginnings by English-learning infants", *Current Directions in Psychological Science*, Vol. 6, No. 6, pp. 170 – 174, 1997.

Kaminski, Juliane, Julia Riedel, Josep Call and Michael Tomasello, "Domestic goats, Capra hircus, follow gaze direction and use social cues in an object choice task", *Animal Behaviour*, Vol. 69, No. 1, pp. 11 – 18, 2005.

Kant, Immanuel, 1991/1768, Von dem ersten Grunde des Unterschiedes der Gegenden im Raume. Translated as: "On the first ground of the distinction of regions in space", In J. van Cleve and R. E. Frederick (Eds.), *The philosophy of right and left: Incongruent counterparts and the nature of space*, pp. 27 – 34. Dordrecht: Kluwer, 1991.

Katz, Gregory, "The Hypothesis of a Genetic Protolanguage: an Epistemological Investigation", *Biosemiotics*, Vol. 1, No. 1, pp. 57 – 73, 2008.

Katz, Matthew, "Analog and Digital Representation", *Minds and Machines*, Vol. 18, No. 3, pp. 403 – 408, 2008.

Kay Paul and Willett Kempton, "What is the Sapir-Whorf Hypothesis?" *American Anthropologist*, Vol. 86, No. 1, pp. 65 – 79, 1984.

Keith, Arthur, *A New Theory of Human Evolution*, London: Watts, 1948.

Keller, Rudi, On Language Change: the Invisible Hand in Language, London: Routledge. Translation and expansion of *Sprachwandel: Von der unsichtbaren Hand in der Sprache*. Tübingen: Francke, 1994.

Kemmerer, David, "How Words Capture Visual Experience: The Perspective from Cognitive Neuroscience", In B. C. Malt & P. Wolff (Eds.), *Words and the Mind, How Words Capture Human Experience*, pp. 87 – 327. Oxford

University Press, 2010.

Kendon, Adam, "Some considerations for a theory of language origins", *Man*, Vol. 26, No. 2, pp. 199 – 221, 1991.

— "The Place of Gesture in Language Origins Theories: A Critical Evaluation", In: *Protolang 4, Ways to (proto) Language Conferences Series*, pp. 8 – 9. Rom Tre University, 2015.

Kendrick, Donald, F., Daniel, K. Tranberg and Mark, Rilling, "The effects of illumination on the acquisition of delayed matching-to-sample", *Animal Learning and Behavior*, Vol. 9, No. 2, pp. 202 – 208, 1981.

Keysers, Christian, Evelyne Kohler, Maria Alessandra Umilta, Luca Nannetti, Leonardo Fogassi and Vittorio Gallese, "Audiovisual mirror neurons and action recognition", *Experimental Brain Research*, Vol. 153, No. 4, pp. 628 – 636, 2003.

Kimura, Doreen, "Manual activity while speaking: I. Right-handers", *Neuropsychologia*, Vol. 11, No. 1, pp. 45 – 50, 1973a.

— "Manual activity while speaking: II. Left-handers", *Neuropsychologia*, Vol. 11, No. 1, pp. 51 – 55, 1973b.

— "Neuromotor mechanisms in the evolution of human communication", In H. Steklis & M. J. Raleigh (Eds.), *Neurobiology of Social Communication in Primates*, pp. 197 – 219. San Diego: Academic Press, 1979.

— *Neuromotor Mechanisms in Human Communication*, Oxford: Oxford University Press, 1993.

Kirby, Simon, "Fitness and the selective adaptation of language", In J. R. Hurford, M. Studdert-Kennedy, and C. Knight (Eds.), *Approaches to the Evolution of Language*, pp. 359 – 383. Cambridge: Cambridge Univ, Press, 1998.

— *Function, Selection and Innateness: The Emergence of Language Universals*, Oxford: Oxford University Press, 1999.

— "Syntax without natural selection: How compositionality emerges from vocabulary in a population of learners", In Knight, C. (Ed.), *The Evolutionary Emergence of Language: Social Function and the Origins of Linguistic*

Form, pp. 303 – 323. Cambridge University Press, 2000.

— "Learning, Bottlenecks and the Evolution of Recursive Syntax", In T. Briscoe (Ed.), *Linguistic Evolution through Language Acquisition: Formal and Computational Models*, pp. 173 – 204. Cambridge University Press, 2002.

— "The evolution of meaning-space structure through iterated learning", In Lyon, C., Nehaniv, C. & Cangelosi, A., (Eds.), *Emergence of Communication and Language*, pp. 253 – 268. Springer Verlag, 2007.

Kirby, Simon & James, R. Hurford, "The Emergence of Linguistic Structure: An overview of the Iterated Learning Model", In A. Cangelosi & D. Parisi (Eds.), *Simulating the Evolution of Language*, pp. 121 – 148. Springer Verlag, London, 2002.

Kirby, Simon, Hannah Cornish and Kenny Smith, "Cumulative cultural evolution in the laboratory: an experimental approach to the origins of structure in human language", *Proceedings of the National Academy of Sciences*, Vol. 105, No. 31, pp. 10681 – 10686, 2008.

Kirby, Simon, Tom Griffiths and Kenny Smith, "Iterated learning and the evolution of language", *Current Opinion in Neurobiology*, 28, pp. 108 – 114, 2014.

Kirchhof, Janna and Kurt, Hammerschmidt, "Functionally Referential Alarm Calls in Tamarins (Saguinus fuscicollis and Saguinus mystax) Evidence from Playback Experiments", *Ethology*, Vol. 112, No. 4, pp. 346 – 354, 2006.

Klein, Richard, G. and Blake, Edgar, *The Dawn of Human Culture*, Wiley, New York, 2002.

Knight, Chris, "Ritual/speech coevolution: A solution to the problem of deception", In J. R. Hurford, M. Studdert-Kennedy, and C. Knight (Eds.), *Approaches to the Evolution of Language*, pp. 68 – 91. New York, NY: Cambridge University Press, 1998.

— "Introduction: The Evolution of Cooperative Communication", In Knight,

C., Studdert-Kennedy, M. and Hurford, J. R. (Eds.), *The Evolutionary Emergence of Language. Social Function and the Origins of Linguistic Form*, pp. 19 – 26. Cambridge University Press, 2000.

——Comments in *Primate Vocalization, Gesture, and the Evolution of Human Language* (Arbib et al., 2008), 1064, 2008

Köhler, Wolfgang, *The mentality of apes*, London: Routledge & Kegan Paul, 1917/1925.

——*Gestalt psychology: An introduction to new concepts in modern psychology*, New York: Liveright, 1929/1970.

Kohler, Evelyne, Christian Keysers, Maria Alessandra Umilta, Leonardo Fogassi, Vittorio Gallese and Giacomo Rizzolatti, "Hearing sounds, understanding actions: Action representation in mirror neurons", *Science*, 297 (5582), pp. 846 – 848, 2002.

Konopka, Agnieszka, E. and Kathryn, Bock, "Lexical or syntactic control of sentence formulation? Structural generalizations from idiom production", *Cognitive Psychology*, Vol. 58, No. 1, pp. 68 – 101, 2009.

Konorski, Jerzy, *Iintegrative Activity of the Brain*, University of Chicago Press, 1967.

Kosslyn, Stephen, M., *Image and Brain*, MIT Press, Cambridge, MA, 1994.

Krebs, John, R. and Richard, Dawkins, "Animal signals: information or manipulation", In J. R. Krebs & N. B. Davies (Eds.), *Behavioural Ecology: an Evolutionary Approach*, pp. 282 – 309. Oxford: Blackwell Scientific Publications, 1978.

Kuhl, Patricia, K. and James, D. Miller, "Speech perception by the chinchilla: Voiced-voiceless distinction in alveolar plosive consonants", *Science*, 190 (4209), pp. 69 – 72, 1975.

Kuhtz-Buschbeck, Johann, P., Christian Mahnkopf, Holzknecht, C., Hartwig Roman Siebner, Sandra Lee Ulmer and Olav Jansen, "Effector-independent representations of simple and complex imagined finger movements: a combined fMRI and TMS study", *European Journal of Neuroscience* Vol.

18, No. 12, pp. 3375 – 3387, 2003.

Kummer, Hans, "Social Knowledge in Free-ranging Primates", In D. R. Griffin (Ed.), *Animal Mind—Human Mind*, pp. 113 – 130. Springer Verlag, 1978.

Kuperman, Victor, Raymond Bertram and Harald Baayen, "Morphological dynamics in compound processing", Language, Cognition and Neuroscience, Vol. 23, No. 7/8, pp. 1089 – 1132, 2008.

Laguna, Grace Andrus de, Speech, its Function and Development, New Haven: Yale University Press, 1927.

Lakoff, George and Rafael, E. Núñez, *Where Mathematics Comes From: How the Embodied Mind Brings Mathematics Into Being*, New York: Basic Books, 2000.

Landau, Barbara and Ray, Jackendoff, "'What' and 'where' in spatial language and spatial cognition", *Behavioral and Brain Sciences*, Vol. 16, No. 2, pp. 217 – 265, 1993.

Langacker, Roland, W., "Semantic representations and the linguistic relativity hypothesis", *Foundations of Language*, 14, pp. 307 – 357, 1976.

Langacker, Roland, W., "An introduction to cognitive grammar", *Cognitive Science*, Vol. 10, No. 1, pp. 1 – 40, 1986.

Lashley, Karl, S., "The problem of serial order in behavior", In L. A. Jeffress (Ed.), *Cerebral Mechanisms in Behavior: The Hixon Symposium*, pp. 112 – 146. New York: Wiley, 1951.

Laurence, Stephen and Eric, Margolis, "Regress arguments against the language of thought", *Analysis*, Vol. 57, No. 1, pp. 60 – 66, 1997.

Lawick-Goodall, Jane van, *In the Shadow of Man*, Houghton Mifflin Harcourt, 1971.

Leavens, David, A., Autumn, B. Hostetter, Michael, J. Wesley and William, D. Hopkins, "Tactical use of unimodal and bimodal communication by chimpanzees", *Pan troglodytes*, *Animal Behaviour*, Vol. 67, No. 3, pp. 467 – 476, 2004.

Lenneberg, Eric, H. and John, M. Roberts, "The Language of Experience: A Study in Methodology", *International Journal of American Linguistics*, *Memory*, No. 13, 1956.

Lenneberg, Eric, H., *Biological Foundations of Language*, New York: Wiley, 1967.

Levinson, Stephen, C., *Pragmatics*, Cambridge University Press, 1983.

Libben, Gary, "Semantic transparency in the processing of compounds: Consequences for representation, processing, and impairment", *Brain and Language*, Vol. 61, No. 1, pp. 30 – 44, 1998.

Lieberman, Philip, "Interactive models for evolution: neural mechanisms, anatomy, and behavior", In Harnad, S. R., Steklis, H. S. & Lancaster, J. (Eds.) *Origin and Evolution of Language and Speech. Annals of the New York Academy of Sciences*, 280, pp. 660 – 672, 1976.

—*The Biology and Evolution of Language*, Harvard University Press, Cambridge, MA, 1984.

— "Some biological constraints on universal grammar and learnability", In M. Rice & R. L. Schiefelbusch (Eds.), *The Teachability of Language*, pp. 203 – 223. Paul H. Brookes, 1989.

—Eve Spoke: Human Language and Human Evolution. W. W. Norton & Company, New York, 1998.

—Human language and our reptilian brain: The subcortical bases of speech, syntax, and thought, Cambridge: Harvard University Press, 2000.

— "Language Evolution and Innateness", In Banich, M. T. & Mack, M. (Eds.), *Mind, Brain, and language: Multidisciplinary perspective*, pp. 3 – 22. New York: Lawrence Erlbaum Association, 2003.

— "The Evolution of Human Speech-Its Anatomical and Neural Bases", *Current Anthropology*, Vol. 48, No. 1, pp. 39 – 66, 2007.

Limber, John, E., *Semantic characteristics of English adjectives in terms of usage. Unpublished doctoral dissertation*, University of Illinois, Urbana, 1969, 1969.

— "Syntax and sentence interpretation", In R. J. Wales & E. C. T. Walker (Eds.), *New Approaches to Language Mechanisms*, pp. 151 – 181. Amsterdam: North Holland, 1976.

— "Language in child and chimp?" *American Psychologist*, Vol. 32, No. 4, pp. 280 – 295, 1977.

— "What can chimps tell us about the origins of language?" In S. Kuczaj (Ed.), *Language Development*, Volume 2, pp. 429 – 446. Hillsdale, NJ: L. E. Erlbaum, 1982.

Lindblom, Björn, Peter MacNeilage and Michael Studdert-Kennedy, "Self-organizing processes and the explanation of phonological universals", In: B. Butterworth, B. Comrie, and Ö. Dahl (Eds.), *Explanations for Language Universals*, pp. 181 – 203. Berlin: Mouton, 1984.

Lucy, John, A., "Methodological approaches in the study of linguistic relativity", In L. Filipovi and M. Pütz (Eds.), *Multilingual Cognition and Language Use: Processing and Typological Perspectives*, pp. 17 – 44. John Benjamins, Amsterdam, NL, 2014.

Ludwig, Kirk, Alan and Susan, Schneider, "Fodor's Challenge to the Classical Computational Theory of Mind", *Mind & Language*, Vol. 23, No. 1, pp. 123 – 143, 2008.

Luria, Salvador, "Comments", In M. Piattelli-Palmarini (Ed.), *A Debate on Bio-Linguistics. Centre Royaumont pour une Science de L'homme Report*, Conference held at Endicott House, Dedham, Massachusetts, 20 – 21 May, 1974.

Luuk, Erkki and Hendrik, Luuk, "The evolution of syntax: Signs, concatenation and embedding", *Cognitive Systems Research*, 27, pp. 1 – 10, 2014.

Macedonia, Joseph, M., "What is communicated in the antipredator calls of lemurs: evidence from playback experiments with ringtailed and ruffed lemurs", *Ethology*, Vol. 86, No. 3, pp. 177 – 190, 1990.

MacNeilage, Peter, F., "Evolution of the mechanisms of language output: Comparative neurobiology of vocal and manual communication", In J. R. Hurford, M. Studdert-Kennedy, and C. Knight (Eds.), *Approaches to the Evolution of*

Language, pp. 222 – 241. New York, NY: Cambridge University Press, 1998a.

— "The frame/content theory of evolution of speech", *Behavioral and Brain Sciences*, Vol. 21, No. 4, pp. 499 – 511, and discussion pp. 511 – 546, 1998b.

MacNeilage, Peter, F., Barbara, L. Davis, Ashlynn Kinney and Christina, L. Matyear, "The motor core of speech: A comparison of serial organization patterns in infants and languages", *Child Development*, Vol. 71, No. 1, pp. 153 – 163, 2000.

MacNeilage, Peter, F. and Barbara, L. Davis, "Motor mechanisms in speech ontogeny: Phylogenetic, neurobiological and linguistic implications", *Current Opinion in Neurobiology*, Vol. 11, No. 6, pp. 696 – 700, 2001.

— "The frame/content theory of evolution of speech: A comparison with a gestural-origins alternative", *Interaction Studies: Social Behaviour and Communication in Biological and Artificial Systems*, Vol. 6, No. 2, pp. 173 – 199, 2005.

Magee, Beatrice, B., *Confessions of a Philosopher*, Weidenfeld & Nicolson, London, 1997.

Malle, Bertram, F. and Joshua, J. Knobe, "Which behavors do people explain? A basic actor-observer asymmetry", *Journal of Personality and social Psychology*, Vol. 72, No. 2, pp. 288 – 304, 1997.

Malle, Bertram, F., "The relation between language and theory of mind in development and evolution", In T. Givón & B. F. Malle (Eds.), *The evolution of language out of pre-language*, pp. 265 – 284. Amsterdam: Benjamins, 2002.

Marcus, Gary, F. and Simon, E. Fisher, "FOXP2 in focus: what can genes tell us about speech and language?" *Trends in Cognitive Sciences*, Vol. 7, No. 6, pp. 257 – 262, 2003.

Marler, Peter, "The structure of animal communication sounds", In T. H. Bullock (Ed.), *Recognition of Complex Acoustic Signals*, pp. 17 – 35. Berlin: Springer, 1977.

— "The instinct to learn", In S. Carey & R. Gelman (Eds.), *The Jean Piaget Symposium series. The Epigenesis of Mind: Essays on biology and cognition*, pp. 37 – 66. Hillsdale, NJ: Lawrence Erlbaum Associates, 1991.

Martin, Alex, Cheri L. Wiggs, Leslie G. Ungerleider and James V. Haxby, "Neural correlates of category-specific knowledge", *Nature*, 379 (6566), pp. 649 – 652, 1996.

Masharov, Mikhail and Martin, H. Fischer, "Linguistic Relativity: Does Language Help or Hinder Perception?" *Current Biology*, Vol. 16, No. 8, pp. 289 – 291, 2006.

Matthews, Peter, "On Change in 'E-Language'", In Hickey, R. (ed.), *Motives for Language Change*, pp. 7 – 17. Cambridge University Press, Cambridge, 2003.

Matthiessen, Christian, M. I. M., "The evolution of language: A systemic functional exploration of phylogenetic phases", In: 3rd Conference The Evolution of Language, April 3rd – 6th, 2000.

Mayr, Ernst, *The growth of biological thought*, Harvard University Press, 1982.

McNeill, David, *Hand and Mind: What Gestures Reveal about Thought*, University of Chicago Press, Chicago, 1992.

Meck, Warren, H. and Russell, M. Church, "A mode control model of counting and timing processes", *Journal of Experimental Psychology: Animal Behavior Processes*, Vol. 9, No. 3, pp. 320 – 334, 1983.

Meck, Warren, H., Russell, M. Church and David, S. Olton, "Hippocampus, time, and memory", *Behavioural Neuroscience*, Vol. 98, No. 1, pp. 3 – 22, 1984.

Meguerditchian, Adrien and Jacques, Vauclair, "Vocal and gestural communication in nonhuman primates and the question of the origin of language", In: L. Roska-Hardy & E. M. Neumann-Held (Eds.) *Learning from animals? Examining the Nature of Human Uniqueness*, pp. 61 – 85. London: Psychology Press, 2008.

Melis, Alicia P., Josep Call and Michael Tomasello, "Chimpanzees (Pan troglodytes) Conceal Visual and Auditory Information from Others", *Journal of Comparative Psychology*, Vol. 120, No. 2, pp. 154–162, 2006.

Mellars, Paul A. and Chris Stringer (Eds.), *The human revolution: Behavioural and biological perspectives on the origins of modern humans*, Princeton, NJ: Princeton University Press, 1989.

Meltzoff, Andrew N. and M. Keith Moore, "Imitation of facial and manual gestures by human neonates", *Science*, 198 (4312), pp. 75–78, 1977.

Mendivil-Giro, José-Luis, "Languages and Species: Limits and Scope of a Venerable Comparison", In J. Martín & J. Rosselló (Eds.) *The Biolinguistic Turn*, pp. 82–118. Barcelona: Publicacions de la Universitat de Barcelona, 2006.

Menzel, Emil, W., "Chimpanzee spatial memor organization", *Science*, 182 (4115), pp. 943–945, 1973.

Merker, Bjorn and Kazuo, Okanoya, "The natural history of human language: Bridging the gaps without magic", In C. Lyon, C. L. Nehaniv & A. Cangelosi (Eds.), *Emergence of Communication and Language*, pp. 403–420. London, Springer, 2007.

Miller, George, A., Eugene Galanter and Karl, H. Pribram, *Plans and the Structure of Behavior*, New York, NY: Henry Holt & Co, 1960.

Milner, A. David and Melvyn, A. Goodale, "The Visual Brain in Action", *Psyche*, 4 (12). DOI: 10.1093/acprof: oso/9780198524724.001.0001, 1998.

Mitani, John, C. and Peter, Marler, "A phonological analysis of male gibbon singing behavior", *Behaviour*, Vol. 109, No. 1, pp. 20–45, 1989.

Mithen, Steven, *The Prehistory of the Mind: The Cognitive Origins of Art, Religion and Science*, Thames & Hudson, 1996.

—*The Singing Neanderthals: The Origins of Music, Language, Mind, and Body*, London: Weidenfeld & Nicolson, 2005.

—"Seven Steps in the Evolution of the Human Imagination", In Roth, I.

(Ed.) *Proceedings of the British Academy* 147: *Imaginative Minds*, pp. 3 – 29. Oxford University Press for the British Academy, Oxford, 2007.

Mithen, Steven, Iain Morley, Alison Wray, Maggie Tallerman and Clive Gamble, "Review Feature: The Singing Neanderthals: the Origins of Music, Language, Mind and Body by Steven Mithen", *Cambridge Archaeological Journal*, Vol. 16, No. 1, pp. 97 – 112, 2006.

Molinaro, Nicola, Paolo Canal, Francesco Vespignani, Francesca Pesciarelli and Cristina Cacciari, "Are complex function words processed as semantically empty strings? A reading time and ERP study of collocational complex prepositions", *Language and Cognitive Processes*, Vol. 28, No. 6, pp. 762 – 788, 2013.

Moon, Seung-Jae & Bjørn Lindblom, "Two experiments on oxygen consumption during speech production: Vocal effort and speaking tempo", *Proceedings of the 15th International Congress of the Phonetic Sciences*, Barcelona, pp. 3129 – 3132, 2003.

Morris, David, "Animals and Humans, Thinking and Nature", *Phenomenology and the Cognitive Sciences*, Vol. 4, No. 1, pp. 49 – 72, 2005.

Müller, F. Max, "Lectures on Mr Darwin's philosophy of language", *Fraser's Magazine*, 7 – 8, pp. 147 – 233. [Reprinted in R Harris (Ed), *The Origin of Language*, Thaemures Bess, Bristol, 1996], 1873.

Myers, Roland, E. , "Comparative neurology of vocalization and speech: Proof of a dichotomy", *Annals of the New York Academy of Science*, Vol. 280, No. 1, pp. 745 – 760, 1976.

Nettle, Daniel, *Linguistic Diversity*, Oxford: Oxford University Press, 1999.

Newmeyer, Frederick, J. , "Grammar is grammar and usage is usage", *Language*, Vol. 79, No. 4, pp. 682 – 707, 2003.

Nicchiarelli, Serena, "Formulaic Language: A Living Linguistic Fossil for a Holistic Protolanguage", *Academic Journal of Modern Philology*, 3, pp. 67 – 73, 2014.

Nishitani, Naoya & Riitta Hari, R. , "Temporal dynamics of cortical representation for action", *Proceedings of the National Academy of Science USA*, Vol. 97, No. 2, pp. 913 – 918, 2000.

Noble, William & Iain Davidson, Human Evolution, Language, and Mind: A psychological and archaeological enquiry, Cambridge: Cambridge University Press, 1996.

Nowak, Martin A. and Natalia L. Komarova, "Towards an evolutionary theory of language", *Trends in Cognitive Sciences*, Vol. 5, No. 7, pp. 288 – 295, 2001.

Olton, David, S. and Robert, J. Samuelson, "Remembrance of places passed: spatial memory in rats", *Journal of Experimental Psychology: Animal Behavior Processes*, Vol. 2, No. 2, pp. 97 – 116, 1976.

Orr, William, F. and Stephen, C. Cappannari, "The emergence of language", *American Anthropologist*, Vol. 66, No. 2, pp. 318 – 324, 1964.

Owings, Donald, H. and David, F. Hennessy, "The importance of variation in sciurid visual and vocal communication", In J. O. Murie & G. R. Michener (Eds.), *The Biology of Ground-Dwelling Sciurids: Annual Cycles, Behavioral Ecology and Sociality*, pp. 169 – 226. Lincoln, NE: University of Nebraska Press, 1984.

Owings, Donald, H. and Eugene, S. Morton, *Animal Vocal Communication: a New Approach*, Cambridge: Cambridge University Press, 1998.

Owren, Michael, J. and Drew, Rendall, "An affect-conditioning model of nonhuman primate vocalizations", In D. H. Owings, M. D. Beecher & N. S. Thompson (Eds.), *Perspectives in Ethology*, Vol. 12, pp. 299 – 346. New York: Plenum Press, 1997.

— "Sound on the rebound: Returning form and function back to the forefront in understanding nonhuman primate vocal signaling", *Evolutionary Anthropology*, Vol. 10, No. 2, pp. 58 – 71, 2001.

Palfrey, Edward, "Immediate checkability as a criterion for the establishment of the very first words", In J-L. Dessalles & L. Ghadakpour (Eds.), *Proceedings of the International Conference on the Evolution of Language*, 177 –

178. Paris: ENST, 2000.

Paritsis, Nicolas, C. and Donald, J. Stewart, "A Cybernetic Approach to Colour Perception", New York: Gordon & Beach Science Publishers, 1983.

Parker, Alistair, "Primate cognitive neuroscience: What are the useful questions?" In Open Peer Commentary of Heyes. C. M. 1998. Theory of mind in nonhuman primates, *Behavioral and Brain Sciences*, Vol. 21, No. 1, p. 128, 1998.

Parsons, Lawrence, M., Peter, T. Fox, Hunter, J. Downs, Thomas Glass, Traci, B. Hirsch, Charles, C. Martin, Paul, A. Jerabek and Jack, L. Lancaster, "Use of implicit motor imagery for visual shape discrimination as revealed by PET", *Nature*, 375 (6526), pp. 54–58, 1995.

Passingham, Richard, E., "Specialization and the language areas", In H. Steklis & M. J. Raleigh (Eds.), *Neurobiology of Social Communication in Primates: An Evolutionary Perspective*, pp. 221–256. New York: Academic Press, 1979.

Paton, Ray, C., "Towards a Metaphorical Biology", *Biology and Philosophy*, Vol. 7, No. 3, pp. 279–294, 1992.

Penn, Derek, C. and Daniel, J. Povinelli, "On the lack of evidence that chimpanzees possess anything remotely resembling a 'Theory of Mind'", *Philosophical Transactions of the Royal Society B Biologic Sciences*, 362 (1480), pp. 731–744, 2007.

Pepperberg, Irene, M. and Michael, V. Brezinsky, "Acquisition of a relative class concept by an African Grey parrot (Psittacus erithacus): Discriminations based on relative size", *Journal of Comparative Psychology*, Vol. 105, No. 3, pp. 286–294, 1991.

Pepperberg, Irene, M., "Animal language studies: What happened?" *Psychonomic Bulletin & Review*, Vol. 24, No. 1, pp. 181–185, 2017.

Peretz, Isabelle, Julie Ayotte, Robert, J. Zatorre, Jacques Mehler, Pierre Ahad, Virginia, B. Penhune and Benout Jutras, "Congenital Amusia: A Disorder of Case Study Fine-Grained Pitch Discrimination", *Neuron*, Vol.

33, No. 2, pp. 185 – 191, 2002.

Piattelli-Palmarini, Massimo, "Evolution, selection and cognition: From «learning» to parameter setting in biology and the study of language", *Cognition*, Vol. 31, No. 1, pp. 1 – 44, 1989.

Piattelli-Palmarini, Massimo and Juan Uriagereka, "The Immune Syntax: the Evolution of the Language Virus", In Jenkins, L. (Ed.), *Variation and Universals in Biolinguistics*, pp. 341 – 377. Oxford, Elsevier, 2004.

Pinker, Steven and Paul, Bloom, "Natural language and natural selection, followed by Open Peer Commentary", *Behavioral and Brain Sciences*, Vol. 13, No. 4, pp. 707 – 784, 1990.

Pinker, Steven, *The Language Instinct. The New Science of Language and Mind*, William Morrow Company, New York, 1994.

—*Words and Rules: The Ingredients of Language*, New York: Basic Books, 1999.

—*The Stuff of Thought: Language as a Window Into Human Nature*, New York, NY: Viking, 2007.

—*Language, Cognition, and Human Nature: Selected Articles*, Oxford University Press, 2013.

Pinker, Steven and Ray, Jackendoff, "The faculty of language: what's special about it?" *Cognition*, Vol. 95, No. 2, pp. 201 – 236, 2005.

Place, Ullin, T., "The Role of the Hand in the Evolution of Language", *Psycoloquy*, 11 (007), 2000.

Ploog, Katia, "L'approche syntaxique des dynamiques langagières: non-standard et variation", Toulouse: *Cahiers de Grammaire*, 27, pp. 77 – 96, 2002.

Povinelli, Daniel, J., "Reconstructing the Evolution of Mind", *American Psychologist*, Vol. 48, No. 5, pp. 493 – 509, 1993.

— "On the possibilities of detecting intentions prior to understanding them", In B. F. Malle, L. J. Moses & D. A. Baldwin (Eds.), *Intentions and intentionality: Foundations of social cognition*, pp. 225 – 248. Cambridge, MA:

MIT Press, 2001.

Povinelli, Daniel, J. & John G. H. Cant, "Arboreal clambering and the evolution of self-conception", *The Quarterly Review of Biology*, Vol. 70, No. 4, pp. 393 – 421, 1995.

Power, Camilla, "Old wives' tales: The gossip hypothesis and the reliability of cheap signals", In J. R. Hurford, M. Studdert-Kennedy, and C. Knight (Eds.), *Approaches to the Evolution of Language*, pp. 111 – 129. New York, NY: Cambridge University Press, 1998.

Premack, David, "The infant's theory of self-propelled objects", *Cognition*, Vol. 36, No. 1, pp. 1 – 16, 1990.

Premack, David and Guy, Woodruff, "Does the Chimpanzee Have a Theory of Mind?" *The Behavioral and Brain Science* (4, A Special Issue on Cognition and Consiousness in Nonhuman Species), pp. 515 – 526, 1978.

Pylyshyn, Zenon, "What the mind's eye tells the mind's brain: a critique of mental imagery", *Psychological Bulletin*, Vol. 80, No. 1, pp. 1 – 24, 1973.

—*Computation and Cognition*, MIT Press, Cambridge, MA, 1984.

Quine, Willard Van Orman, *Word and Object*, The Massachusetts Institute of Technology (Chinese translation by Chen Q. -W, Zhu, R. & Zhang, X. -G. China Renmin University Press, 2005), 1960/2005.

Rainey, Hugo, J., Klaus Zuberbuhler and Peter, J. B. Slater, "Hornbills can distinguish between primate alarm calls", In *Proceedings of the Royal Society of London Series B: Biological Sciences*, 271 (1540), pp. 755 – 759, 2004.

Ramachandran, Vilayanur, S., "Mirror neurons and imitation learning as the driving force behind 'the great leap forward' in human evolution", *Edge*, 69, 2000.

Ray, Verne, F., "Techniques and Problems in the Study of Human Color Perception", *Southwestern Journal of Anthropology*, Vol. 8, No. 3, pp. 251 – 259, 1952.

Rendall, Drew, Dorothy L. Cheney and Robert, M. Seyfarth, "Proximate factors mediating 'contact' calls in adult female baboons and their infants", *Journal of Comparative Psychology*, Vol. 114, No. 1, pp. 36 – 46, 2000.

Rendall, Drew, Michael, J. Owren and Michael, J. Ryan, "What do animal signals mean?" *Animal Behaviour*, Vol. 78, No. 2, pp. 233 – 240, 2009.

Rendell, Luke and Hal, Whitehead, "Culture in whales and dolphins", *Behavioral and Brain Sciences*, Vol. 24, No. 2, pp. 309 – 382, 2001.

Rescorla, Robert, A., "Pavlovian conditioning: It's not what you think it is", *American Psychologist*, Vol. 43, No. 3, pp. 151 – 160, 1988.

Révész, Géza, *The origins and Prehistory of Language*, London: Longmans, 1956.

Rives, Bradly, "Lot 2: The language of thought revisited (book review)", *Philosophical Psychology*, Vol. 22, No. 4, pp. 525 – 529, 2009.

Rizzolatti, Giacomo, Luciano Fadiga, Vittorio Gallese and Leonardo Fogassi, "Premotor cortex and the recognition of motor actions", *Cognitive Brain Research*, Vol. 3, No. 2, pp. 131 – 141, 1996a.

Rizzolatti, Giacomo, Luciano Fadiga, Scott, T. Grafton and Michael, A. Arbib, "Localization of grasp representations in humans by positron emission tomography. 2. Observation compared with imagination", *Experimental Brain Research*, 112, pp. 103 – 111, 1996b.

Rizzolatti, Giacomo and Michael, A. Arbib, "Language within our grasp", *Trends in Neuroscience*, Vol. 21, No. 5, pp. 188 – 194, 1998.

Roberson, Debi and J. Richard Hanley, "Color Vision: Color Categories Vary with Language after All", *Current Biology*, Vol. 17, No. 15, pp. 605 – 607, 2007.

Roberts, William, W., "The interpretation of some disorders of speech", *Journal of Mental Science*, 95 (400), pp. 567 – 588., 1949

Robinson, Bryan, W., "Vocalization evoked from the forebrain in Macaca Mulatta", *Psychology and Behaviors*, Vol. 2, No. 4, pp. 345 – 354, 1967.

Rorty, Richard, *Philosophy and the Mirror of Nature*, Princeton, H. J.: Princeton University Press, 1997.

Rosch, Eleanor, "Natural categories", *Cognitive Psychology*, Vol. 4, No. 3, pp. 328 – 350, 1973.

Rosch, Eleanor, "Principles of categorization", In E. Rosch & B. B. Lloyd (Eds.), *Cognition and categorization*, pp. 28 – 49. Hillsdale, NJ: Lawrence Erlbaum Associates, Inc, 1978.

Rousseau Jean-Jacques, *Discours sur l'origine de l'inégalité parmi les homes*, Chicoutimi, Québec, 2002/1754.

Rousseau, Jean-Jacques and Johann Gottfried Herder, *On the Origin of Languages*, Chicago, IL: University of Chicago Press, 1966/1781.

Ruben, Robert, J., "Sign language: its history and contribution to the understanding of the biological nature of language", *Acta Oto-Laryngologica*, Vol. 125, No. 5, pp. 464 – 467, 2005.

Rumelhart, David, E. and James, L. McClelland, "PDP Models and General Issues in Cognitive Science", In *Parallel Distributed Processing*, *explorations in the microstructure of cognition*, 1, pp. 110 – 146. Cambridge, Massachusetts: MIT Press, 1986.

Russell, Bertrand, *The analysis of mind*, London: George Allen & Unwin, 1921.

Russell, Bertrand, A History of Western Philosophy and Its Connection with Political and Social Circumstances from the Earliest Times to the Present Day, 4th edition. Simon and Schuster, New York, 1945.

Russell, Bertrand, Human Knowledge. Its Scope and Limit. Simon and Schuster, 1948. Chinese translation by Zhang J. -Y., Commercial Press, 1983, 1983/1948.

Ryle, Gilbert, *The Concept of Mind*, London: Hutchinson, 1949.

— "A puzzling element in the notion of thinking", In Strawson, P. F. (Ed.), *Studies in the Philosophy of Thought and Action*, pp. 7 – 23. Oxford University Press, Oxford, 1968.

Saffran, Jenny, R. and Diana, P. Wilson, "From syllables to syntax: multi-level statistical learning by 12-month-old infants", *Infancy*, Vol. 4, No. 2, pp. 273 – 284, 2003.

Salminen, Simo and Elina, Hiltunen, Accident frequency of Finnish-and Swedish – speaking workers in Finland. Presented at Nord. Sem. Safety Res., 15th, Espoo, Finland, 1993.

—Cultural differences in occupational accidents. Part II: A case study of Finnish-and Swedish-speaking workers in Finland. Presented at Nord. Meet. Work Environ, 44th, Naantali, Finland, 1995.

Salminen, Simo and Antero, Johansson, *Different languages. different information processing systems? Part II: A case study of occupational accidents*, Presented at Int. Symp. Work Inf. Soc. Helsinki, 1996.

— "Occupational Accidents of Finnishand Swedish-Speaking Workers in Finland: A Mental Model View", *International Journal of Occupational Safety and Ergonomucs*, Vol. 6, No. 2, pp. 293 – 306, 2000.

Salzen, Eric, A., "From calls to words: Bridging the divide", In: 3rd Conference The Evolution of Language, April 3rd-6th, 2000.

Sampson, Geoffrey, "There is no language instinct", In: 3rd Conference The Evolution of Language, April 3rd-6th, 2000.

Sands, Stephen, F. and Anthony, A. Wright, "Serial probe recognition performance by a rhesus monkey and a human with 10 – and 20 – item list", *Journal of Experimental Psychology: Animal Behavior Process*, Vol. 6, No. 4, pp. 386 – 396, 1980.

Santos, Laurie, R., Aaron, G. Nissen and Jonathan, A. Ferrugia, "Rhesus monkeys (Macaca mulatta) know what others can and cannot hear", *Animal Behavior*, Vol. 71, No. 5, pp. 1175 – 1181, 2006.

Sapir, Edward, "The Status of Linguistics as a Science", *Language*, Vol. 5, No. 4, pp. 207 – 214, 1929.

Sapolsky, Robert, M., *Human Behavioral Biology* 23: *Language*, Video Lectures at Stanford University, May, 2010.

Saunders, Barbara, A. C., "Comment on MacLaury's 'From brightness to hue: An explanatory model of color-category evolution'", *Current Anthropology*,

Vol. 33, No. 2, pp. 165 – 167, 1992.

Saunders, Barbara, A. C. and Jaap van Brakel, "Are there nontrivial constraints on colour categorization?" *Behavioral and Brain Sciences*, Vol. 20, No. 2, pp. 167 – 228, 1997.

Schenker, Natalie, M., William, D. Hopkins, Muhannad, A. Spocter, Amy, R. Garrison, Cheryl, D. Stimpson, Joseph Marvin Erwin, Patrik, R. Hof and Chet, C. Scerwood, "Broca's Area Homologue in Chimpanzees (Pan troglodytes): Probabilistic Mapping, Asymmetry, and Comparison to Humans", *Cerebral Cortex*, Vol. 20, No. 3, pp. 730 – 742, 2010.

Schepartz, Lynne, A., "Language and Modern Human Origins", *Yearbook of Physical Anthropology*, Vol. 36, No. S17, pp. 91 – 126, 1993.

Schild, Romuald, Zofia Sulgostowska, Achilles Gauthier, Andrzej Bluszcz, Helle Juel Jensen, Halina Krolik and Andrzej J. Tomaszewski, "The Middle Paleolithic of the northern European Plain at Zwolkn: Preliminary results", In M Otte (Ed.), *L'Homme de Neandertal*, Volume 8, Liege: ERAUL 32, pp. 149 – 167, 1988.

Schusterman, Ronald J. and Kathy, Krieger, "California sea lions are capable of semantic comprehension", *Psychological Record*, Vol. 34, No. 1, pp. 3 – 25, 1984.

Searle, John, R., *Speech acts: an essay in the philosophy of language*, Cambridge: Cambridge University Press, 1969.

—*The Construction of Social Reality*, New York, 1995.

— "Social Ontology and the Philosophy of Society", *Analyse & Kritik*, Vol. 20, No. 2, pp. 143 – 158. Westdeutscher Verlag, Opladen, 1998.

—*Mind, Language, and Society Philosophy in the Real World*, Basic Books, 1999.

Seed, Amanda and Michael, Tomasello, "Primate Cognition", *Topics in Cognitive Science*, Vol. 2, No. 3, pp. 407 – 419, 2010.

Senghas, Ann, "Reinventing the Word", In B. C. Malt and P. Wolff (Eds.), *Words and the Mind. How Words Capture Human Experience*, pp. 16 – 28.

Oxford University Press, 2010.

Segrè, Daniel, "Compositional genomes: Prebiotic information transfer in mutually catalytic noncovalent assemblies", *Proceedings of the National Academy of Sciences of the United States of America*, 97, pp. 4112 –4117, 2000.

—Language, genes and the evolution of combinatorics. Evolution of Language: 4th International Conference, Harvard University, 2002.

Seyfarth, Robert, M., Dorothy, L. Cheney and Peter, Marler, "Monkey responses to three different alarm calls: evidence of predator classification and semantic communication", *Science*, 210 (4471), pp. 801 –803, 1980.

Seyfarth, Robert, M. and Dorothy, L. Cheney, "The assessment by vervet monkeys of their own and another species' alarm calls", *Animal Behaviour*, Vol. 40, No. 4, pp. 754 –764, 1990.

— "Signalers and receivers in animal communication", *Annual Review of Psychology*, Vol. 54, No. 1, pp. 145 –173, 2003.

Seyfarth, Robert, M., Dorothy, L. Cheney and Thore, J. Bergman, "Primate social cognition and the origins of language", *Trends in Cognitive Sciences*, Vol. 9, No. 6, pp. 264 –266, 2005.

Sharon, Tanya and Karen, Wynn, "Individuation of action from continuous motion", *Psychological Science*, Vol. 9, No. 5, pp. 357 –362, 1998.

Shettleworth, Sara, J., "Animal cognition and animal behavior", *Animal Behaviour*, Vol. 61, No. 2, pp. 277 –286, 2001.

Shu, Weiguo, HH Yang, LL. Zhang, Mangeng Lu and Edward E. Morrisey, "Characterization of a new subfamily of wingedhelix/forkhead (Fox) genes that are expressed in the lung and act as transcriptional repressors", *Journal of Biological Chemistry*, Vol. 276, No. 29, pp. 27488 –27497, 2001.

Silk, Joan, B., Robert, M. Seyfarth and Dorothy, L. Cheney, "The Structure of Social Relationships among Female Savanna Baboons in Moremi Reserve, Botswana", *Behaviour*, Vol. 136, No. 6, pp. 679 –703, 1999.

Simon, Herbert, A., "The architecture of complexity", *Proceedings of the American Philosophical Society*, Vol. 106, No. 6, pp. 467 –482, 1962.

Sinder, Neal and Inbal Arnon, "A unified lexicon and grammar? Compositional and non-compositional phrases in the lexicon", In S. Gries & D. Divjak (Eds.), *Frequency effects in language*, pp. 127 – 163. Berlin: Mouton de Gruyter, 2012.

Siyanova-Chanturia, Anna, "On the 'holistic' nature of formulaic language", *Corpus Linguistics and Ling Theory*, Vol. 11, No. 2, pp. 285 – 301, 2015.

Skinner, Burrhus Frederic, "Herrnstein and the evolution of behaviorism", *American Psychologist*, Vol. 32, No. 12, pp. 1006 – 1012, 1977.

Slabakova, Roumyana, "What is easy and what is hard in second language acquisition: A generative perspective", In M. del Pilar García Mayo, M. Junkal Gutierrez-Mangado & M. Martínez Adrián (Eds.), *Contemporary Approaches to Second Language Acquisition*, pp. 5 – 28. Amsterdam: John Benjamins, 2013.

Slaughter, Virginia and Linda, Mealey, "Seeing is not (necessarily) believing", In Open Peer Commentary of Heyes. C. M. (1998), "Theory of mind in nonhuman primates", *Behavioral and Brain Sciences*, Vol. 21, No. 1, p. 130, 1998.

Slezak, Peter, "Thinking about thinking: language, thought and introspection", *Language & Communication*, Vol. 22, No. 3, pp. 353 – 373, 2002.

Slobin, Dan, I., "Language evolution, acquisition, diachrony: Probing the parallels", In T. Givón & B. F. Malle (Eds.), *The evolution of language out of Pre-language*, pp. 375 – 392. Amsterdam: Benjamins, 2002.

Slocombe, Katie, E. and Klaus, Zuberbühler, "Functionally referential communication in a chimpanzee", *Current Biology*, Vol. 15, No. 19, pp. 1779 – 1784, 2005.

Smith, Adam, An Inquiry into the Nature and Causes of the Wealth of Nations: in three volumes (Fifth edition, A Strahan and T Cadell, London), Edited by S. M. Soares. MetaLibri Digital Library, 29 May 2007, 2007/1786.

Smith, Andrew, D. M., "Semantic reconstructibility and the complexification of language", In Cangelosi A, Smith, A. D. M. & Smith K (Eds.), *The*

Evolution of Language, pp. 307 – 14, Singapore: World Scientific Press, 2006.

Smith, Kenneth, "Learners are losers: Natural selection and learning in the evolution of communication", In: 3rd Conference The Evolution of Language, April 3rd – 6th, 2000.

— "The protolanguage debate: bridging the gap?", In Cangelosi A, Smith A. D. M. & Smith K (Eds.), The Evolution of Language, pp. 315 – 322. Singapore: World Scientific Press, 2006.

— "Is a holistic protolanguage a plausible precursor to language? A test case for a modern evolutionary linguistics", Interaction Studies, Vol. 9, No. 1, pp. 1 – 17, 2008.

Smith, Peter, K., "Language and the evolution of mind-reading", In P. Carruthers & P. K. Smith (Eds.), Theories of theories of mind, pp. 344 – 354. Cambridge: Cambridge University Press, 1996.

Smith, Barry and John, Searle, "An Illuminating Exchange: The Construction of Social Reality", American Journal of Economics and Sociology, Vol. 62, No. 2, pp. 285 – 309, 2003.

Squire, Larry, R., "Declarative and nondeclarative memory: Multiple brain systems support learning and memory", In D. Schacter & E. Tulving (Eds.), Memory systems, pp. 203 – 231. Cambridge, MA: MIT Press, 1994.

Steels, Luc, Frederic Kaplan, Angus McIntyre and Joris van Looveren, "Crucial factors in the origins of word-meaning", In A Wray (Ed.), The Transition to Language, pp. 252 – 271. Oxford: Oxford University Press, 2002.

Steinthal, Heymann, Der Ursprung der Sprache: Im Zusammenhange mit den letzten Fragen alles Wissens. Eine Darstellung, Kritik und Fortentwicklung der vorzüglichsten Ansichten. III edition, Berlin, Ferd. Dümmlers Verlagsbuchhandlung, 1877.

Steklis, Horst, D. and Michael, J. Raleigh, "Comment on Livingstone", Current Anthropology, Vol. 14, No. 1 – 2, p. 27, 1973.

Steklis, Horst, D. and Stevan, Harnad, "From hand to mouth: Some critical stages in the evolution of language", In S. R. Harnad, H. D. Steklis & J. Lancaster (Eds.), *Origins and Evolution of Language and Speech*, Annals of the New York Academy of Sciences, 280, pp. 445 – 455, 1976.

Stillings, Neil A., Mark H. Feinstein, Jay L. Garfield, Edwina L. Rissland, David A. Rosenbaum, Steven E. Weisler and Lynne Baker – Ward, Cognitive Science: An Introduction, Cambridge, MA: MIT Press, 1987.

Stokoe, William, C. Jr., "Motor signs as the first form of language", In R. W. Wescott, G. W. Hewes & W. C. Stokoe, Jr. (Eds.), *Language Origins*, pp. 35 – 49. Silver Spring, Maryland: Linstock Press, 1974.

— "Sign language structure", *Annual Review of Anthropology*, Vol. 9, No. 1, pp. 365 – 390, 1980.

—Language in Hand: Why sign came before speech, Washington, DC: Gallaudet University Press, 2001.

Stringer, Chris, B. and Peter, Andrews, "Genetic and fossil evidence for the origin of modern humans", *Science*, 239 (4845), pp. 1263 – 1268, 1988.

Sturtevant, Alfred, Henry, "The linear arrangement of six sex-linked factors in Drosophila, as shown by their mode of association", *Journal of Experimental Zoology*, 14, pp. 43 – 59, 1913.

Studdert-Kennedy, Michael, "Evolutionary implications of the particulate principle: imitation and the dissociation of phonetic form from semantic function", In Knight, C., Studdert-Kennedy, M. & Hurford, J. (Eds.), *The Evolutionary Emergence of Language. Social Function and the Origins of Linguistic Form*, pp. 161 – 176. Cambridge University Press, 2000.

Studdert-Kennedy, Michael and Louis, Goldstein, "Launching language: the gestural origin of discrete infinity", In Christiansen, M. H. & Kirby, S. (Eds.), *Language Evolution*, pp. 235 – 254. Oxford Scholarship Online, 2003.

Swadesh, Morris, The origin and diversification of language. Sherzer Joel (ed.), *with a foreword by D. Hymes*, Chicago: Aldine Atherton, 1971.

Stuss, Donald, T. and D. Frank Benson, *The frontal lobes*, New York: Raven, 1986.

Swartz, Karyl, B., SF. Chen and Herbert, S. Terrace, "Serial learning by rhesus monkeys: I. Acquisition and retention of multiple four-item lists", *Journal of Experimental Psychology: Animal Behavior Processes*, Vol. 17, No. 4, pp. 96 – 410, 1991.

— "Serial Learning by Rhesus Monkeys: II. Learning Four-Item Lists by Trial and Error", *Journal of Experimental Psychology: Animal Behavior Processes*, Vol. 26, No. 3, pp. 274 – 285, 2000.

Swoyer, Chris, "How Does Language Affect Thought?" In V. Cook & B. Bassetti (Eds.), *Language and Bilingual Cognition*, pp. 23 – 42. New York and Hove: Psychology Press, Taylor & Francis Group, 2011.

Számadó, Szabolcs and Eörs, Szathmary, "Selective scenarios for the emergence of natural language", *Trends in Ecology and Evolution*, Vol. 21, No. 10, pp. 555 – 561, 2006.

Szathmary, Eörs, "The origin of the human language faculty: the language amoeba hypothesis", In: Trabant, J. & Ward, S (Eds.), *New Essays on the Origins of Language. Trends in Linguistics, Studies and Monographs*, pp. 41 – 55. Berlin: Mouton de Gruyter (formerly Mouton Hague), 2001.

Szathmary, Eörs and John, M. Smith, "The Major Transitions in Evolution", *Nature*, 374 (6519), pp. 227 – 232, 1995.

Talmy, Leonard, "The Relation of Grammar to Cognition", In V. Evans, B. Bergen & J. Zinken (Eds.), *The Cognitive linguistics reader*, pp. 481 – 544. London, UK: Equinox. Equinox Publishing Ltd, London, 2007.

Tallerman, Maggie, "A Holistic Protolanguage cannot be stored, cannot be retrieved", In A. Cangelosi, A. D. M. Smith & K. Smith (Eds.), *Evolution of Language. Proceeding of the 6th International Conference* (EVOLANG 6), pp. 447 – 448. World Scientific Publishing, 2006a.

— "Challenging the syllabic model of 'syntax-as-it-is'", *Lingua*, Vol. 116, No. 5, pp. 689 – 709, 2006b.

—"Did our ancestors speak a holistic protolanguage?" *Lingua*, Vol. 117, No. 3, pp. 579-604, 2007.

—"Holophrastic protolanguage: Planning, processing, storage, and retrieval", *Interaction Studies*, Vol. 9, No. 1, pp. 84-99, 2008.

—"No syntax saltation in language evolution", *Language Sciences*, 46 (Pt B), pp. 207-219, 2014a.

—"The evolutionary origins of syntax", In Carnie, A., Sato Y. & Siddiqi D. (eds.), *The Routledge Handbook of Syntax. Routledge*, pp. 446-462, 2014b.

Taylor, Insup, K. and Maurice, M. Taylor, "Phonetic symbolism in four unrelated languages", *Canadian Journal of Psychology/Revue Canadienne de Psychologie*, Vol. 16, No. 4, pp. 344-356, 1962.

Terrace, Herbert, S., "Is problem-solving language?" *Journal of the Experimental Analysis of Behavior*, Vol. 31, No. 1, pp. 161-170, 1979a.

—*Nim*, New York, NY: Knopf, 1979b.

—"Animal Cognition: Thinking without Language", *Series B, Biological Sciences*, 308 (1135), pp. 113-128, 1985.

—"Chunking by a pigeon in a serial learning task", *Nature*, 325 (7000), pp. 149-151, 1987.

—"Serial Expertise & the Evolution of Language", In A. Wray, J. R. Hurford & F. J. Newmeyer (Eds.), *The Transition to Language*, pp. 64-90. Oxford University Press, 2001.

Terrace, Herbert, S., Laura-Ann Petitto, Richard, J. Sanders and Thomas, G. Bever, "Can an ape create a sentence?" *Science*, 206 (4421), pp. 891-902, 1979.

Thompson-Schill, Sharon L., Mark D'Esposito, Geoffrey K. Aguirre and Martha J. Farah, "Role of left inferior prefrontal cortex in retrieval of semantic knowledge: A reevaluation", *Proceedings of the National Academy of Sciences*, Vol. 94, No. 26, pp. 14792-14797, 1997.

Tobias, Phillip, V., "The brain of Homo habilis: A new level of organization in cerebral evolution", *Journal of Human Evolution*, Vol. 16, No. 7 – 8, pp. 741 – 761, 1987.

Tomasello, Michael, "Do apes ape?" In C. M. Heyes & B. G. Galef, Jr. (Eds.), *Social learning: The roots of culture*, pp. 319 – 346. San Diego, CA, US: Academic Press, 1996.

— "Reference: intending that others jointly attend", *Pragmatics & Cognition*, Vol. 6, No. 1 – 2, pp. 229 – 243, 1998.

— *The Cultural Origins of Human Cognition*, Cambridge, MA: Harvard University Press, 1999.

— "Do young children have adult syntactic competence?" *Cognition*, Vol. 74, No. 3, pp. 209 – 253, 2000a.

— "Primate Cognition: Introduction to the Issue", *Cognitive Science*, Vol. 24, No. 3, pp. 351 – 361, 2000b.

— "Not waving but speaking: How important were gestures in the evolution of language?" *Nature*, 417 (6891), pp. 791 – 792, 2002.

— "On the different origins of symbols and grammar", In M. Christiansen & S. Kirby (Eds.), *Language Evolution*, pp. 94 – 110. Oxford: Oxford University Press, 2003.

— "Why Don't Apes Point?" In N. J. Enfield & S. C. Levinson (eds.), *Roots of Human Sociality: Culture, Cognition and Interaction*, pp. 506 – 524. Oxford & New York: Berg, 2006.

— *Origins of human communication*, The MIT Press, Cambridge, 2008.

Tomasello, Michael and Josep, Call, *Primate Cognition*, Oxford: Oxford University Press, 1997.

Tomasello, Michael and Katharina, Haberl, "Understanding attention: 12 – and 18 – montholds know what's new for other persons", *Developmental Psychology*, Vol. 39, No. 5, pp. 906 – 912, 2003.

Trabant, Jürgen, "Wilhelm von Humboldt: Jenseits der Grönzlinie", In J. Gessinger und W. von Rahden (Eds.), *Theorien vom Ursprung der Sprache*, Berlin, New York, de Gruyter, Vol. 1, pp. 498 – 522, 1989.

Tulving, Endel and Daniel, L. Schacter, "Priming and human memory systems", *Science*, 247 (4940), pp. 301–306, 1990.

Uhlenbroek, Charlotte, The structure and function of the longdistance calls given by male chimpanzees in Gombe National Park. Ph. D. thesis, University of Bristol, 1996.

Ulbaek, Ib, "The origin of language and cognition", In James R Hurford, Michael Studdert-Kennedy, Chris Knight (Eds.), *Approaches to the Evolution of Language*, pp. 30–43. Cambridge University Press, Cambridge, UK, 1998.

Ungerleider, Leslie, G. and Mortimer, Mishkin, "Two Cortical Visual Systems", In D. J. Ingle, M. A. Goodale and R. J. W. Mansfield (Eds.), *Analysis of Visual Behavior*, pp. 549–586. Cambridge, MA: MIT Press, 1982.

Vaas, Rüdiger, "Evolving language, I-consciousness and free will", In J.-L. Dessalles and L. Ghadakpour (eds.), *Evolution of Language*, pp. 230–235. Paris: Ecole Nationale Supérieure des Télécommunications, 2000.

Vajda, Edward, J., "The Origin of Language", Linguistics 201 (Internet source: http://cii.wwu.edu//vajda/ling201/test1materials/origin_of_language.htm), 2001.

Van der Weele, Cor, "Images of the Genome: From Public Dabate to Biology, and Back, and Forth", In Reydon, T. A. C and Hemerik, L. (Eds.), *Current Themes in Theoretical Biology: A Dutch Perspective*, pp. 9–32. Springer, Netherland, 2005.

Vargha-Khadem, Faraneh, Kate, E. Watkins, Katie J. Alcock, Paul Fletcher and Richard Passingham, 1995. Praxic and nonverbal cognitive deficits in a large family with a genetically transmitted speech and language disorder, *The Proceedings of the National Academy of Sciences*, Psychology, Vol. 92, No. 3, pp. 930–933, 2005.

Vargha-Khadem, Faraneh, Kate E. Watkins, Catherine J. Price, John Ashburner, Katie J. Alcock, Alan Connelly, Richard S. J. Frackowiak, Karl J. Friston, M. E. Pembrey, Michael Mishkin, David G. Gadian and Richard E. Passingham, "Neural basis of an inherited speech and language disorder", *The Proceedings of the National Academy of Sciences*, Neurobiology, Vol. 95, No. 21, pp. 12695 – 12700, 1998.

Verhoef, Tessa, Bart de Boer and Simon Kirby, "Holistic or Synthetic Protolanguage: Evidence from Iterated Learning Whistled Signals", In: Scott-Phillips, T., Tamariz, M., Cartmill, E. A. & Hurford, J. R. (Eds.), *The Evolution of Language: Proceedings of the 9th International conference* (EVOLANG9), pp. 368 – 375. Hackensack, NJ: World Scientific, 2012.

Vico, Giambattista, *La Scienza Nuova*, Laterza, Bari, 1953/1744.

Vygotsky, Lev, 1962, *Thought and Language*, MIT Press, 2012.

Waal, Frans B. M. de, Complementary methods and convergent evidence in the study of primate social cognition, *Behaviour*, Vol. 118, No. 3 – 4, pp. 297 – 320, 1991.

Waldenfels, Bernhard, "Comment on John Searle's 'The Construction of Social Reality'", *Analyse & Kritik*, Vol. 20, No. 2, pp. 159 – 165. Westdeutscher Verlag, Opladen, 1998.

Walker, Stephen, F., *Animal thought*, Routledge & Kegan Paul plc, 1983.

Wallace, Alfred, R., The origin of human races and the antiquity of man deduced from the theory of "natural selection", *Anthropological Review and Journal of the Anthropological Society of London* 2, pp. 158 – 187. Revised and reprinted as "The development of the human races under the law of natural selection" in Wallace 1870, pp. 303 – 331, 1870/1864.

Wasserman, Edward, A., "Successive matching-to-sample in the pigeon: variation on a theme by Konorski", *Behaviour Research Methods and Instrumentation*, Vol. 8, No. 3, pp. 278 – 282, 1976.

Wasserman, Edward A. and Suzette L. Astley, "A Behavioral Analysis of Concepts: Application to Pigeons and Children", In D. L. Medin (Ed.), *The Psychology of Learning and Motivation*, 31, pp. 73 – 132. San Diego, CA: Academic Press, 1994.

Watkins, Kate. E., Nina F. Dronkers, N. F. and Faraneh Vargha – Khadem,

"Behavioural analysis of an inherited speech and language disorder: comparison with acquired aphasia", *Brain: A Journal of Neurology*, Vol. 125, No. 3, pp. 452 – 464, 2002.

Watson, John, B., *Psychology from the standpoint of a behaviorist*, London: Philadelphia Lippincott, 1919.

— "Is Thinking Merely the Action of Language Mechanisms?" *British Journal of Psychology*, Vol. 11, No. 2, pp. 87 – 104, 1920.

— "The Unverbalized in Human Behavior", *Psychological Review*, Vol. 31, No. 4, pp. 273 – 280, 1924.

Weiss, Gerald, "On Livingstone's 'Did the Australopithecines sing?'" *Current Anthropology*, Vol. 15, No. 1, pp. 103 – 104, 1974.

Weiss, Jonathan, H., "Phonetic symbolism re-examined", *Psychological Bulletin*, Vol. 61, No. 6, pp. 454 – 458, 1964.

— "A study of the ability of English speaker to guess the meanings of non-antonym foreign words", *Journal of General Psychology*, 74 (1st Half), pp. 97 – 106, 1966.

Weissengruber, Gerald, E., Gerhard Forstenpointner, Gustav Peters, Anna Kübber-Heiss and W. Tecumseh Fitch, W. T., "Hyoid apparatus and pharynx in the lion (Panthera leo), jaguar (Panthera onca), tiger (Panthera tigris), cheetah (Acinonyx jubatus), and domestic cat (Felis silvestris f. catus)", *Journal of Anatomy*, Vol. 201, No. 3, pp. 195 – 209, 2002.

Wellman, Henry W. and Ann T. Phillips, "Developing intentional understandings", In B. F. Malle, L. J. Moses & D. A. Baldwin (Eds.), *Intentions and Intentionality: Foundations of Social Cognition*1, No. 60, pp. 125 – 148. Cambridge, MA: MIT Press, 2001.

Westbury, Chris, "Just say no: The evolutionary and developmental significance of negation in behavior and natural language", In: 3rd Conference The Evolution of Language, April 3rd – 6th, 2000.

Whiten, Andrew, "Primate culture and social learning", *Cognitive Science*, Vol. 24, No. 3, pp. 477 – 508, 2000.

Whiten, Andrew and Richard, W. Byrne, "Tactical deception in primates", *Behavioral and Brain Sciences*, Vol. 11, No. 2, pp. 233 – 273, 1988.

— "The emergence of metarepresentation in human ontogeny and primate phylogeny", In A. Whiten (Ed.), *Natural theories of mind: Evolution, Development and Simulation of Everyday Mindreading*, pp. 267 – 281. ambridge, MA, US: Basil Blackwell, 1991.

Whorf, Benjamin, L., "Science and Linguistics", In: Carroll J. (ed.) *Language, Thought and Reality: Selected Writings of Benjamin Lee Whorf*, M. I. T. Press: Cambridge, 1956, pp. 207 – 220, 1940a.

— "Languages and logic", In: Carroll J. (ed.) *Language, Thought and Reality: Selected Writings of Benjamin Lee Whorf*. M. I. T. Press: Cambridge, 1956, pp. 233 – 246, 1941a.

— "Language, Thought and Reality", In: Carroll J. (ed.) *Language, Thought and Reality: Selected Writings of Benjamin Lee Whorf*, M. I. T. Press: Cambridge, 1956, pp. 246 – 271, 1941b.

—Language, Mind, and Reality, *Theosophical Sociaty from Theosophist*, January and April issues, Madras, India, 1942.

Wierzbicka, Anna, *Semantics, Culture and Cognition*, Oxford: Oxford University Press, 1992.

—*Semantics: Primes and universals*, Oxford: Oxford University Press, 1996.

— "Semantic primes and universal grammar in Polish", In C. Goddard & A. Wierzbicka (Eds.), *Meaning and Universal Grammar-Theory and Empirical Findings*, Vol. II, pp. 65 – 144. Amsterdam/Philadelphia: John Benjamins, 2002.

Wilfried, Ebang, E. G. and Juichi, Yamagiwa, "Use of tool sets by chimpanzees for multiple purposes in Moukalaba-Doudou National Park, Gabon", *Primates*, Vol. 55, No. 4, pp. 467 – 472, 2014.

Woodrow, Herbert, "Discrimination by the monkey of temporal sequences of varying numbers of stimuli", *Journal of Comparative Psychology*, Vol. 9, No. 2, pp. 123 – 157, 1929.

Woodward, Amanda L. , Jessica A. Sommervile and José J. Guajardo, "How infants make sense of intentional action", In B. F. Malle, L. J. Moses & D. A. Baldwin (Eds.), *Intentions and intentionality: Foundations of social cognition*, pp. 149 – 170. Cambridge, MA: MIT Press, 2001.

Worden, Robert, "The evolution of language from social intelligence", In J. R. Hurford, M. StuddertKennedy, and C. Knight (Eds.), *Approaches to the Evolution of Language*, pp. 148 – 166. New York, NY: Cambridge University Press, 1998.

— "Words, Memes and Language Evolution", In Knight C., Studdert-Kennedy M., Hurford J. R. (Eds.), *The Evolutionary Emergence of Language: Social function and the Origins of Linguistic Form*, pp. 353 – 371. Cambridge: Cambridge University Press, 2000a.

— "The co-evolution of language and emotion", In: 3rd Conference The Evolution of Language, April 3rd – 6th, 2000b.

Wray, Alison, "Protolanguage as a holistic system for social interaction", *Language & Communication*, Vol. 18, No. 1, pp. 47 – 67, 1998.

— "Holistic utterance in protolanguage: the link from primates to humans", In C. Knight, M. Studdert-Kennedy & J. R. Hurford (Eds.), *The Evolutionary Emergence of Language: Social Function and the Origins of Linguistic form*, pp. 285 – 302. Cambridge: Cambridge University Press, 2000a.

— "A protolanguage with no declaratives and no names", In: *3rd Conference The Evolution of Language. Abstracts*, April 3rd – 6th, 2000b.

—Formulaic Language and the Lexicon, Cambridge University Press, 2002.

— "Book review: James R. Hurford. 2007. The origins of meaning: Language in the light of evolution", *Functions of Language*, Vol. 16, No. 2, pp. 298 – 308. John Benjamins Publishing Company, 2009.

— (ed.) *The Transition to Language* (Oxford Studies in the Evolution of Language), Oxford: Oxford University Press, 2010.

Wray, Alison and Michael R. Perkins, "The functions of formulaic language: an integrated model", *Language & Communication*, Vol. 20, No. 1, pp. 1 –

28, 2000.

Wright, Anthony A., Héctor C. Santiago and Stephen F. Sands, "Monkey memory: Same/Different concept learning, serial probe acquisition, and probe delay effects", *Journal of Experimental Psychology*, *Animal Behavior Processes*, Vol. 10, No. 4, pp. 513 – 529, 1984.

Wynn, Thomas, "Tools and the evolution of human intelligence", In R. W. Byrne & A. Whiten (Eds.), *Machiavellian intelligence: Social expertise and the evolution of intellect in monkeys, apes, and humans*, pp. 271 – 284. New York, NY, US: Clarendon Press/Oxford University Press, 1988.

Yolton, John, W., Perception & Reality: A History from Descartes to Kant, *Cornell University Press*, Ithaca, 1996.

Zawidzki, Tadeusz, W., "Culture vs. propositional thought as 'missing link' in the evolution of language", In: 3rd Conference The Evolution of Language, April 3 – 6, 2000.

Zhang, Jianzhi, David M. Webb and Ondrej Podlaha, "Accelerated protein evolution and origins of human-specific Features. Foxp2 as an example", *Genetics*, Vol. 162, No. 4, pp. 1825 – 1835, 2002.

Zuberbühler, Klaus, "Referential labelling in wild Diana monkeys", *Animal Behaviour*, Vol. 59, No. 5, pp. 917 – 927, 2000.

— "Predator-specific alarm calls in Campbell's monkeys, Cercopithecus campbelli", *Behavioral Ecology and Sociobiology*, Vol. 50, No. 5, pp. 414 – 422, 2001.

Zuberbühler, Klaus, Roland Noë and Robert M. Seyfarth, "Diana monkey long-distance calls: messages for conspecifics and predators", *Animal Behaviour*, Vol. 53, No. 3, pp. 589 – 604, 1997.

Zuberbühler, Klaus, Dorothy, L. Cheney and Robert M. Seyfarth, "Conceptual semantics in a non-human primate", *Journal of Comparative Psychology*, Vol. 113, No. 1, pp. 33 – 42, 1999.

高名凯：《关于汉语的词类分别》，《中国语文》1953年10月号。

高名凯：《关于汉语实词分类问题——在北京大学1959年五四科学讨论会

上的发言》，《语言学论丛》第四辑，上海教育出版社 1960 年版。

高名凯：《三论汉语的词类分别》，《中国语文》1955 年 1 月号。

高名凯：《再论汉语的词类分别》，《中国语文》1954 年 8 月号。

《古希腊罗马哲学》，北京大学哲学系外国哲学史教研室编译，商务印书馆 1982 年版。

蒋国辉：《语言和语言相对论》，黑龙江教育出版社 2016 年版。

蒋运鹏：《客观世界的界线》，《清华西方哲学》2018 年夏季号。

卢利亚 A. P.：《神经语言学》（中译本），卫志强译，北京大学出版社 1975 年版。

罗素 B. A. W.：《人类的知识——其范围和限度》（中译本），张金言译，商务印书馆 1983 年版。

索绪尔 F.：《普通语言学教程》（中译本），高名凯译，商务印书馆 1982 年版。

《西方哲学原著选读》（下卷），北京大学哲学系外国哲学史教研室编译，商务印书馆 1982 年版。

郑张尚芳：《上古音系》，上海教育出版社 2013 年版。

Апресян В. Ю., Семантика и ее рефлексы у наречий усилия и малой степени, *Вопросы Языкознания*, 1997（5）.

Будагов Р. А., Очерки по языкознанию. АН СССР, Институт языкознания. М.：Издательство Акад. наук СССР, 1953.

Вежбицкая А., Метатекст в тексте. В кн.：*Новое в зарубежной лингвистике*, с. 404 – 421. М., 1978.

Вежбицкая А., Обозначения цвета и универсалии зрительного восприятия. В кн.：Вежбицкая А. *Язык. Культура. Познание*, с. 231 – 291. М., 1996.

Виноградов В. В., Основные понятия русской фразеологии как лингвистической дисциплины. Л., 1944.

Выготский Л. С., Мышление и речь. Изд. 5, испр. Издательство "Лабиринт", М., 1999.

Золотова Г. А., Очерк фукционального синтаксиса русского языка. М., 1973.

后 记

对语言起源和进化能否成为科学研究对象持怀疑态度的 Slobin，将 Malle 描述的心智理论和语言互相影响、共同经历了几个进化阶段的推想称为"出色的科幻故事"（Slobin，2002）。对此，Malle 的回应是（Malle，2002：280—281）："……对科学的并无先入之见（最终摆脱了新实证主义束缚）的观点，允许用推测的甚至虚构的模式来完成探索或假说。比如，讲述在 10 万年前发生过什么的那种认知进化模式，在严格意义上是不可能受到实证检验的；讲述一亿年前发生了什么的天体物理模式也同样如此。在这两种场合我们构建的，是与我们已经掌握的事实最近似的模式，并且，如果这样的模式是正确的，我们就可以开始寻找在这种模式中可能为真的新事实。"

就相关研究的现状而言，所有对语言思维相关性的推测或者可能的研究结论，所有涉及语言起源和进化的研究，最终都只能是出色的、不那么出色的或者不出色的科幻故事，而且至少在可以预见的未来，这些故事还将也只能以"科幻"的形式继续写下去。这是因为，这些研究领域，不仅受到与自然科学相同的科学技术手段和方法的限制，还受到基于理性的人类伦理道德限制。这些领域内的研究结论，因此只能以解释的现象的范围大小和解释的可信度来评价，并且在相当长的时期内，都不可能受到科学理论证伪程序的检验，也因此不能取得真正的科学理论的地位。

将对语言相对论的研究延伸到语言起源和进化的领域，我的初衷是从语言起源的角度来论述，语言相对论的原则实际上贯穿于人类语言发展的整个过程，从而增加语言相对论能够解释的事实、增加就此得出的结论的可信度。不过，这样的初衷可能本身就包含了矛盾：我可以尽量多地借助在这些领域里已有的研究结论和观察事实，也竭力让自己的思路更严密，避免陷入悖论，但是这些努力可能并不会让我的理论更加可信，因为同时涉及两个迄今为止都只能被看作产生"科幻故事"的领域，最直接的后果，就是在整个体系中引入了更多的不确定因素。

关于语言和思维的相互关系，甚至在科学发展至今，也仍旧是一个见仁见智的研究领域，更何况涉及其存在形式本身就无法追溯的原始语言和原始思维。因此，这种研究可能永远只能是笔和纸的工作。在这个领域里，对所有假设和结论的评判标准只能是：①它们的论据是不是在所涉及的研究领域内确实存在、可以被研究者从任何角度观察；②提出假说和得出结论的推理过程，更多是依靠符合上述标准的观察事实，而不是依赖不可能被观察到、只能被想象或推测可能存在的现象。

就这两个评判标准，语言相对论思想似乎应该比动物思维和 LOTH，具有更高的可信度。让我感到困惑的是，虽然对语言相对论的关注自 20 世纪 90 年代以来正逐渐提升，但是众多研究者并未真正自觉地利用语言材料这个在语言和思维相关性研究中确实可靠的观察事实，来深入地、符合逻辑地思考语言和思维的相关性，而是"顺应潮流"地在心理学、认知科学和大脑神经科学等领域中，寻求观察事实和结论，反过来质疑和批评语言相对论。语言相对论作为一个尚未在科学理论发现程序中被真正检验过的假说，当然可以质疑和批评。然而，动物没有语言，却能够完成（抽象）思维活动并产生思想；或者心理语不是自然语言，但是任何语言母语者的心理语，就是他的 quasi——母语之类最多只能（甚至不能）算作逸事证据的论据，并不能用来有效地批评语言相对论。

迄今为止，研究者对语言相对论的质疑和批评，除了源自我在（蒋国辉，2016）中指出过的那些对语言相对论思想的轻视和偏见、以及对语言相对论解释范围的错误理解，可能还在于他们潜意识中一些同语言起源有关的困惑：语言是人创造的。按照对"创造"行为的一般理解，人创造一种工具或其他什么，其目的都是能够被自己使用，创造语言的行为自然也不能例外。但是语言相对论倡导的是"语言制约人的思维方式、塑造人的世界观、为人构建语言世界图景"，而制约、塑造、构建之类，显然已经不是人自己运用语言主动完成的行为，而是语言对人认识和思考真实世界的理性行为的引导和约束。研究语言和思维的相互关系，我们当然不能将解释寄托于诸如人创造了机器人却反过来被机器人控制甚至消灭这样的科幻情节中。

我在这本书的讨论中，较为详细地论述了为什么语言从产生之时，至少就已经具有了上述属性的雏形。语言和它的创造者之间，在已经无法追溯的漫长进化过程中，也应该处于 Baldwin 效应的作用范围内：没有任何基因信息基础的行为方式和习惯，经过许多代的传递，最终进化为具有基因信息基础的行为习惯。比如某一物种在进化过程中遭遇到一个新出现的捕食者威胁，之后这个物种中的某个个体可能会偶然经验到，有一种行为能让这种捕食者很难捕杀它。在捕食者出现的时候，完成这个行为，对它的生存是有利的。观察并模仿这个个体，对于群体中其他个体就是生存压力的必然结果。随着时间推移，学会这种行为的个体会越来越多，这种行为于是成为一种进化优势。经过一个漫长的迭代学习过程，这种行为就演化为该物种有基因信息基础的本能，可以一代一代地遗传下去。

人类语言归根结底也是一种进化的优势。它可能最初是没有任何基因信息基础的个体行为方式和习惯，许多代人的迭代学习和承传，使语言最终进化为人具有基因信息基础的一种能力。Humboldt 说语言是一种器官，Chomsky 说语言是先天的机制，或许就是对这里的 Baldwin 效应的不同表述。人类语言机制进化至今，除了时刻都可以为某种目的完成言语思维活动，人可能已经意识不到语言的力量和作用。这或许就像人能够看到和分辨颜色，但是眼球构造中的锥体细胞的存在，不能被人用任何形式意识到；只是在锥体细胞损坏、人不再能分辨颜色时，他才可能意识到眼睛出了问题。

语言的状况，显然比锥体细胞更加不可捉摸，因为任何人甚至科学研究者，都不可能体验甚至想象到自己，也无法得知他人在没有语言时（我指的是没有语言能力，而不是像布洛卡区或维尼克区损伤的病人，仅仅是口头言语行为有障碍，并不是丧失了语言能力），会处于什么心理状况。下边这个经验事实，每个人都可以通过内省意识到，尽管它还不足以示例科学的结论：没有语言，人实际上根本不可能思考，更遑论将思考的结果用任何形式表达出来。"语言已成为智人无处不在的、基于神经的适应系统"（Schepartz，1993：96 脚注）。通俗地说就是，人类已经进化到了这样一种程度，人在原始时期可能拥有的许多动物性能力，都已经随着语言的使用而退化了，比如人不再能以身体动作之类，传递动物可能以此传递的信息，也不能辨识和传递完全脱离语言，却能够用于交流并被理解的其他信息。

没有相关证据证明，科学研究者（包括我自己）关于语言的这种内省的能力，可以处于超越普通人的另一个层次上。因此，各种证明思维活动可以在语言之外完成并产生出前语言思想的努力，可能都经不起最简单的内省的检验。研究者当然可以认为，他们的研究方法和结论，已经超越了普通人通过内省可以达到的领域，就像科学研究能够说明锥体细胞的结构和功能，普通人的内省永远达不到这个层次。我无法否认这一点。但是，如果主张思维活动可以没有语言的参与、人可以产生出前语言思想的研究者，不能将这种语言以外的思维活动过程和前语言思想，以直观实验数据的形式展示出来，就像神经解剖学可以直观地为我们展示锥体细胞的构造和功能，我们就有充分的理由坚持语言相对论的思想，因为我们能够获取任何人在任何时候都能观察到的语言事实，而且能够推导出基于这些观察事实、而不是基于猜测和想象的结论。比如，我们可以通过否定只是一种言语行为，来论证并不存在前语言的否定思想；然而 LOTH 的支持者，却只能想象、无法证明英语母语者的 LOT 是一种"准英语"。

从语言起源和进化的角度来论述语言相对论思想，在语言相对论的研究领域中是一个新的课题。虽然这项研究可能取得的成就，距离论证 Whorf 关于"未知的、更广阔的世界在语言中的前兆，我们置身并从属于这一未知世界，而物理现象不过是它的表面或表皮"的语言相对论思想还很遥远，不过我希望，我的讨论可以成为研究语言相对论的一个新的切入点。

      初稿 2015 年 12 月 3 日 法兰克福
      二稿 2016 年 7 月 18 日 珠海
      三稿 2020 年 4 月 27 日 法兰克福
      定稿 2021 年 12 月 3 日 法兰克福